苏丹农业

◎张雷 著

中国农业科学技术出版社

图书在版编目（CIP）数据

苏丹农业 / 张雷著 . —北京：中国农业科学技术出版社，2018. 8

ISBN 978-7-5116-3613-3

Ⅰ. ①苏… Ⅱ. ①张… Ⅲ. ①农业发展—研究—苏丹 Ⅳ. ①F341.23

中国版本图书馆 CIP 数据核字（2018）第 083553 号

仅以此书献给工作在中国援助的非洲国家和“一带一路”沿线国家农业战线上的同行们！

责任编辑 于建慧
责任校对 李向荣

出 版 者 中国农业科学技术出版社
北京市中关村南大街12号 邮编：100081
电 话 （010）82109708（编辑室）（010）82109702（发行部）
（010）82109709（读者服务部）
传 真 （010）82106650
网 址 http: // www.castp.cn
经 销 者 各地新华书店
印 刷 者 北京建宏印刷有限公司
开 本 710mm × 1 000mm 1/16
印 张 33.25
字 数 560千字
版 次 2018年8月第1版 2018年8月第1次印刷
定 价 120.00元

بسم الله الرحمن الرحيم

Ambassador
Embassy of the Republic
of the Sudan Beijing
苏丹共和国驻华大使馆

الســـــفير
ســـفارة جمهـورية السودان
بكين

المقدمة

يمثل قطاع الزراعة في السودان إحدى ركائز الاقتصاد ،حيث يساهم بنسبة 48% من الناتج المحلي الإجمالي، ويتميز السودان بتنوع بيئي في المناخ الزراعي يتيح إختلافا في أنماط الإنتاج الزراعي ،خاصة في المحاصيل ذات العائد الاقتصادي مثل القمح والذرة والسكر والقطن والحبوب الزيتية وهي من أهم المنتجات الزراعية في السودان. التحولات الجارية على مستوى العالم والطلب المرتفع على الحبوب والزيوت جعل السودان يتجه إلى دعم وتسهيل الاستثمارات الأجنبية في الزراعة خصوصا من الصين والدول العربية.

هذا الكتاب ((**الزراعة في السودان**)) هو ثمرة إنجاز لعمل دؤوب لسنوات عدة من خلال (المركز النموذجي لتطبيق التقنيات الزراعية) بدعم من جمهورية الصين الشعبية الصديقة والذي يمثل النموذج الافضل والحي علي عمق علاقات الصداقة بين الصين والسودان . يقدم الكتاب معلومات علمية قيمة عن الموارد الزراعية الطبيعية وإمكانات التنمية الزراعية الشاملة التي يزخر بها السودان ،حيث يتطرق الكتاب الي الجهود التي بذلت بالسودان من أجل تطوير القطاع الزراعي في الماضي ونتائج تلك الجهود في الوضع الحالي ،إنتهاءا بالقراءاة المستقبلية للتنمية الزراعية ،الامر الذي سيمكن الباحثين والدارسين والراغبين من التعرف علي إمكانات السودان في مجال الزراعة بشكل أفضل ،علاوة علي تقديمه المزيد من المساعدة المعرفية للشركات الصينية الراغبة للاستثمار في السودان في المجال الزراعي ،كما سيساعد علي لعب هذه الشركات دورا إيجابيا في تعزيز التنمية الزراعية بالسودان.

عمر عيسي أحمد

سفير جمهورية السودان

لدي جمهورية الصين الشعبية

مارس 2018

No. 1, Dong Er Jie. San Li Tun, Beijing 100600, P.R. China Tel: 86-10 65323715 Fax: 86-10 65321280

序　言（译）

FOREWORD (translate)

苏丹农业部门是其经济的支柱之一，约占其国内生产总值的48%。苏丹的农业气候具有环境多样性特征，可用于不同类型的农业生产。尤其是某些具有高经济价值的农作物，如小麦、玉米、糖、棉花和油料作物等，都是苏丹最重要的农产品种类。在目前全球对谷物和油料类作物需求强劲的形势下，苏丹将为外国投资者在农业领域的投资给予大力支持并提供便利，特别是对来自中国和阿拉伯国家的投资者。

这部《苏丹农业》是中国援苏农业技术示范中心多年工作成果的结晶，也是对中苏两国间深厚友谊的最好诠释。书中比较全面地介绍了苏丹农业自然资源状况和农业发展潜力，以及苏丹过去对农业发展所作出的不懈努力和目前所取得的成就。相信该书可以让研究者、学者和投资者更好地了解苏丹在农业领域未来发展的巨大潜力，可以帮助更多中国企业到苏丹投资创业，也必将对苏丹未来农业发展起到应有的促进作用！

欧玛尔·伊萨·艾哈迈德

苏丹共和国驻中华人民和共和国大使

2018年3月

序　言

FOREWORD

苏丹地处北非，与我国传统友好、政治互信、高层往来频繁、经贸合作互惠。作为典型的农业国，苏丹光、热、水、土等资源丰富，特别适宜大宗农产品的规模化、区域化、标准化和机械化种植开发，是国际公认的未来粮仓，是我国农业对外合作规划的重要国别。苏丹政府高度重视中苏农业合作，期盼将其打造成中苏合作新的旗帜。

苏丹农业技术示范中心是中国援建的重点项目之一，由山东省农业科学院和山东对外经济技术合作集团公司联合承担，山东省农业科学院负责项目技术合作期的实施和运营。项目承担单位与苏丹农业部和苏丹国家农科院开展了广泛合作，引进了一批中国品种和技术，审定了2个棉花品种、1个玉米杂交种和2个油葵杂交种。集成了一套“ETE”新型棉花栽培技术。目前，“中国一号”棉花品种种植面积占苏丹棉花种植总面积的90%以上。举办各类技术培训班20期，培训当地专业技术人员500多人次。中苏农业产业园区于2016年揭牌成立，已吸引带动多家中国企业在苏丹投资农业项目。

本书作者张雷是山东省农业科学院选派的中国援苏丹农业技术示范中心棉花专家。从2009年7月就进驻苏丹法乌镇，开展田间试验。近10年来，作者几乎走遍了苏丹各州的农业主产区，对苏丹各种农业生态类型下主要农作物的生产状况都有直接的了解，为《苏丹农业》的编写积累了大量鲜活素材。

作为作者辛勤劳动的成果，也是中国援苏丹农业技术示范中心成果的集中展示，更是我国援助非洲农业重要举措的结晶，《苏丹农业》首次系统地介绍了苏丹的人文习俗、自然资源、经济现状、农业发展现状和农业投资环境等，可为各级政府部门制定农业对外合作政策措施提供决策参考，为中国企业到苏丹乃至非洲从事农业投资提供有益借鉴，也是从事苏丹农业研究专家学者难得的案头文献，必将为推动中国农业走进苏丹提供直接帮助。希望国内更多的企业家、农业专家能够走出去，把所到国家和地区的收获成果带回来，为扩大和深化我国农业对外合作作出更大的贡献。

农业农村部国际合作司司长　隋鹏飞

2018年4月

前　言

PREFACE

农业一直是苏丹的支柱产业。石油经济兴起之后，苏丹农业的地位一度下降， 2011年南苏丹独立后带走了大量石油资源，苏丹政府又恢复了对农业的重视。苏丹农业资源丰富，特别是水土资源和多样的生态环境及气候条件，使其非常适合发展农业。因此，苏丹吸引了大批外国投资者前来开发。但由于对苏丹的土地政策、管理体系等缺乏了解，使有些投资项目招致了当地农民的抗议，甚至暴发了严重冲突，这种失败的农业投资屡见报端。

近几年，随着中国援非农业项目的推进和“一带一路”倡议的实施，大批中国企业也纷纷进入苏丹农业。我在中国援苏丹农业技术示范中心工作的9年多来，接待了许多来苏丹考察的中国企业，也参加过许多苏丹农业投资项目的考察，深深体会到在苏丹考察农业项目的困难。在苏丹要想找到真实的、有用的农业资料并非易事。况且项目考察往往只有几天或者十几天时间，在那么短的时间里要想掌握翔实的一手资料简直不大可能。也有许多中国企业只从中国的国情或者企业的角度考虑投资的需要，而忽略了苏丹的自然环境、传统习惯或者政策法规而导致投资失败。例如，有的企业发现苏丹地广人稀，在租赁土地时就希望把项目区内的所有原住居民全部迁出，或者投资水利设施时不考虑当地居民的用水问题，导致许多农业项目谈判失败；再比如，苏丹高粱在收获时价格非常低廉，而收获后2～3个月的时间价格就要翻一番到两番，有的企业就想投资搞粮食收储，这肯定导致当地百姓甚至苏丹政府的反感。写作本书的最主要目的，就是为了让来苏丹投资的中国企业少走弯路，尽可能多地提供一些必要的帮助；也为来苏丹从事农业科研的人员提供一些参考。

本书分为4个部分，共16章。第一部分为第一章到第三章，主要介绍了苏丹宏观经济和社会发展概况。第二部分从第四章到第七章，主要介绍了苏丹自然资源禀赋。第三部分从第八章到第十一章，主要介绍了苏丹农业战略及政策、法律法规。第四部分从第十二章到第十六章，分别介绍了种植业、畜牧业、林业、渔业和农业加工业。

本书参考文献大体分为3类：一是国际组织的国别报告，例如联合国粮农组织、国际货币基金组织等调查报告或年度报告。二是苏丹政府部门和科研部门的年度报告或者专业论文，尤其苏丹专家发表在一些国际专业报刊上的文章。三是苏丹国内科研机构的调研报告或者大学学报论文等。

正如一份研究报告中所说"苏丹人非常热衷于健康和农业研究"。这从两个方面可以得到证实。一是苏丹科学技术学报发表的科研文章，几乎全部是关于健康和农业的文章。二是收集到农业研究论文近千份，为了写作本书，阅读的也有几百份，但这些文章真正有参考价值的少之又少，很多文章不是结论错误，就是研究方法欠妥，有些是东拼西凑的结果。这给本书的写作带来了很大困难。但也让我体会到，就是苏丹真正有学术价值的东西，大多是苏丹资深科学家多年前出版的成果。正如苏丹农科院在一份年度报告中所说，随着国外受训的老科学家退休，苏丹的科研水平日趋下降。幸运的是，从繁杂的研究报告中分拣出了一些有用的东西，能呈现给读者诸君，也是非常欣慰。

需要特别说明的几个问题是：

一、本书中引用的数据并不一定恰当，但肯定是进行了多方对比之后的选择。写作过程中，数据的选择首先是以国际组织公布的数据为准，其次以苏丹政府的做参考，最后是以资深专家的观点做补充。正如罗伊·比恩克和哈拉·穆罕默德·奥斯曼（2012）在一份调研报告中所说："没有人知道苏丹境内现在有多少牲畜，所有数据都是依据36年前进行的最后一次全国牲畜普查""苏丹官方估计的畜牧数量是由苏丹畜牧和动物资源部根据牛群增长模式产生的，而这个模型的增长参数并不合理""我们之所以仍然采用这些数据，是因为我们找不到更准确的数据来替代这些数据，而且这些数据是官方的"。

二、本书引用的参考文献，有些在章节的开头做了说明，但有些并未在引用处注明，有些未注明引用的页码。这是因为有的文献在书中多个章节有所引用，而有的观点或者数据是多个论文的共同观点，因此这些文献都列入最后的参考附录之中。而部分只引用了一组数据或者一个观点的文献，在行文中列出了作者的姓名和发表时间，并未在附录中出现。也有许多文献因其观点与其他文献多处重复，虽然也有采用，但并未在书中注明。有些资料只是影印资料或者电子版，很难找到其发行的期刊或者发表的时间。有几份关于苏丹植被和地理的影印资料，有许多缺页，但非常珍贵，可惜的是连书的题目和作者都没能找到。

三、关于本书中的计量单位并未统一采用国际单位。这是因为苏丹有许多当地的特殊习惯，无论是要在苏丹投资农业的企业家或者是要在苏丹进行农业研究的科学家，都必须面对当地传统的计量单位。正如在中国搞农业研究必须要知道面积单位“亩”一样，如果在苏丹不知道面积单位“费丹”、不知道重量单位“肯塔”，就很难与当地农民甚至专家进行交流，也很难快速对产量指标做出判断。

四、关于名词的汉译问题。对于人名、地名，只有部分参考国内常用的汉语变译法，而更多的是以在苏丹工作的华人圈通用的说法为准，目的是为了更贴近当地的发音习惯。对于动植物拉丁语学名的翻译，如果有对应的汉语的物种，以通用的汉语为标准；对于没有对应汉语而有相应英语名称的，则以英语发音音译为准；对于当地独有的物种，有当地标准阿拉伯语发音的，音译成汉语；对于当地独有物种而又没有当地通用发音、只有拉丁语学名的物种，拉丁语存而不译。

本书能够得以出版，是因为得到了许多朋友的大力支持。在这里特别要感谢的是阿诗玛威·萨比尔·阿里（Ashmawi Sabir Ali）先生。作为苏丹政府派驻中国援苏丹农业技术示范中心的联系人，9年来阿诗玛威先生陪着我几乎访问了苏丹所有农业主产区、农业灌区、雨养区及主要涉农机构；同时，他帮我收集了近千份有关苏丹农业政策、法律法规、研究报告和专业论文，并翻译了大量的阿拉伯语第一手资料；在写作过程中，阿诗玛威先生还给我解答了许多苏丹历史、文化习俗、称谓和专有名词等，而这些在其他地方很难找到答案。可以说，没有阿诗玛威先生的帮助，就没有本书的出版。

还要感谢我的同事王婷婷女士、张丽萍女士，在本书的写作过程中，她们帮我打印资料，计算并核对数据，还做了大量翻译工作。还有我的同事棉花专家王忠亮先生，在我写作遇到困难的时候给了我很多鼓励和帮助，并给我提供了很多他拍摄的珍贵照片。同时也要对中国农业科学院农业信息研究所首席科学家许世卫研究员和副研究员王东杰博士、《21世纪经济报道》首席记者赵忆宁女士、海南大学付云芝教授、山东省农业科学院作物研究所尹庆良研究员、山东省农业可持续发展研究所副研究员杨萍博士以及中国援苏丹农业技术示范中心屈磊、梅群、宋正龙等在本书写作过程中为我提供过帮助的所有朋友表示最诚挚的感谢。

本书涉及的内容繁多，参考资料却几乎全部为英文资料，而有些重要资料是从阿拉伯语翻译成的英语，这对英语水平很差的我来说无疑是困难重重。因此，本书中难免存在错漏之处，给读者带来的不便敬请谅解，也请读者诸君批评指正。

2018年5月于苏丹法乌

目　录

CONTENTS

第一部分　苏丹社会经济发展概况

第二部分　苏丹农业资源禀赋

第三部分 农业发展战略及政策法规

第四部分 农业及农业加工业

第一部分

苏丹社会经济发展概况

第一章　苏丹概况①

苏丹共和国（阿拉伯语جمهورية السودان，英语 The Republic of the Sudan），南苏丹独立后有时也被称作北苏丹，位于非洲东北部，红海沿岸，撒哈拉沙漠东端。苏丹北邻埃及共和国，西接利比亚及乍得、中非共和国，南毗南苏丹，东壤埃塞俄比亚、厄立特里亚。苏丹国名源于阿拉伯语“Bilad-al-Sudan”，字面意思为“黑人的土地”。苏丹国歌为《我们是真主和祖国的军队》，苏丹国鸟为鹰，国树为椰枣树。苏丹国体为联邦制，执政党是全国大会党。官方语言阿拉伯语，英语为通用语言。苏丹国土面积1 886 068平方千米，为非洲面积第三大国，全球第16大国。首都喀土穆。苏丹约有3 340万人（2013年），农业人口约占70%。苏丹国民生产总值840.7亿美元，人均GDP 1 722.72美元（2016年）。

南苏丹于2011年1月9日举行公民投票，98.83%的投票支持独立，1.17%选择统一。2011年7月9日，南苏丹共和国正式宣布独立。

第一节　苏丹历史沿革

一、古代

苏丹古称努比亚，这一地区早在4 000年前，就有原始部落在苏丹居住。公元前2800年至公元前1000年为古埃及的一部分。公元前8世纪，苏丹人爆发规模宏大的反抗运动，赶跑埃及人，公元前750年努比亚人在苏丹建立了库施王国。公元前751年，库斯王国征服埃及，建立埃及第25王朝。库斯人在埃及的统

---

① 本章部分内容来自维基百科和互动百科

治持续88年。公元前530年左右，库斯王国迁都麦罗维（今喀土穆北），从此，又被称为麦罗维王国。公元4世纪，麦罗维的统治者们发生内讧，削弱了国家的防卫力量，曾一度被强大起来的阿克苏姆帝国所征服。6世纪中叶，基督教大规模从埃及传入，并成为麦罗维国家的正式宗教。不久以后，麦罗维分裂为两个基督教国家：穆库拉和阿尔瓦。前者以栋古拉为都，故又称栋古拉王国；后者建都索巴，故又称索巴王国。639年，阿拉伯人占领埃及，并从阿拉伯半岛带入伊斯兰教。651年，阿拉伯人控制下的埃及开始侵入努比亚。之后，阿拉伯穆斯林从埃及和阿拉伯半岛等地大规模移民至苏丹，并不断向土著黑人施压，伊斯兰教便逐渐在大部分地区占据优势。13世纪，埃及以武力袭击南方（即苏丹北部）。1276年，栋古拉王国灭亡，阿尔瓦王国亦渐趋衰落。15世纪末，芬吉人在杰齐拉地区游牧，后其领袖奥玛尔·冬卡与北部阿拉伯人首领阿卜杜拉·詹马结盟。1504年，阿尔瓦王国灭亡，芬吉人建立芬吉苏丹国，首都在森纳尔。1762年，科尔多凡总督、哈马杰人阿布·利凯立克起兵反叛，废除国王，立国王之子为傀儡。芬吉苏丹国王权落入哈马杰人大臣手中。1821年，埃及人使用先进的欧洲武器再次占领努比亚以及其南部的白尼罗河。

苏丹宗教兴起于基督教的传播。公元6世纪苏丹进入基督教时期。公元13世纪阿拉伯人征服苏丹，伊斯兰教得以迅速传播，在15世纪出现了芬吉和富尔伊斯兰王国。公元16世纪被并入地跨昔日欧、亚、非三洲的奥斯曼帝国势力范围。早在公元元年前后，就有一部分阿拉伯人从埃塞俄比亚进入努比亚，建立殖民点。阿拉伯人征服埃及以后，在8世纪中叶曾侵入努比亚，直到13世纪时才最终征服努比亚全境。从此，阿拉伯文化和伊斯兰教在努比亚广为流行；伊斯兰教逐渐排斥了基督教。努比亚日益伊斯兰化和阿拉伯化。

苏丹很早就与中国有文化交流。公元1世纪左右，麦罗维王国繁荣昌盛起来。麦罗维地处东非的交通要冲和贸易枢纽，同埃及、埃塞俄比亚、印度、西亚等地都有贸易来往。在麦罗维出土的中国铜鼎，说明当时麦罗维王国同中国也有文化交流。

二、近代

英国于19世纪70年代开始向苏丹扩张。1881年，苏丹宗教领袖穆罕默德·艾哈迈德领导群众开展反英斗争，于1885年建立了马赫迪（即‘救世主’）王国。1899年，苏丹成为英国和埃及的共管国。

1873年，埃及赫迪夫邀请查理·乔治·戈登（Charles George Gordon）①出任苏丹赤道省的总督。

1876年，戈登任整个苏丹的总督。他在苏丹的六年间，致力于打击奴隶贸易。

1880年，戈登递交辞呈，离开苏丹。在他的继任拉乌夫的统治下，苏丹的奴隶贸易又恢复过去的规模。

1881年，苏丹宗教领袖穆罕默德·艾哈迈德宣布自己是马赫迪，号召人民进行“圣战”，驱逐外国侵略者，建立“普遍平等，处处公正的美好社会”。

1883年11月，反抗军集中4万多优势兵力，一举歼灭英军1万多人。英国重新起用戈登，戈登再次回到苏丹。

1884年2月18日，戈登抵达喀土穆。一个月后，马赫迪军队完成对喀土穆的包围。

1885年1月26日，反抗军攻陷首都喀土穆，杀死戈登。

1885年6月，马赫迪病逝。阿卜杜拉（约1846—1899年）继位，称哈里发（伊斯兰教国家元首），他建立了统一的伊斯兰封建国家——马赫迪王国，首都恩都曼。

1896年6月，英国殖民军队再次向苏丹发动进攻。

1898年4月，首都喀土穆陷落，英国重新占领苏丹。阿卜杜拉率残部退守科尔多凡省，直至战死。9月，英军在恩都曼战役中获胜。

1899年1月，英国与埃及签订《英埃关于共管苏丹的协定》，英埃共管苏丹，苏丹总督由英国人担任，只在名义上由埃及任命。

三、现代

进入20世纪，苏丹被盎格鲁—埃及共同统治，独特的宪法状态可追溯到1899年的《英埃关于共管苏丹的协定》。第一次世界大战后，苏丹民族主义情绪从埃及民族主义中吸取了灵感。然而，在1952年7月的埃及革命之后，苏丹才获得了独立。1953年“盎格鲁与埃及协定”规定了自治前3年的过渡期。

1956年1月1日，苏丹宣布独立，成立共和国。但政治对抗和经济无能很快

---

① 查理·乔治·戈登（Charles George Gordon）（1833年1月28日至1885年1月26日），即八国联军入侵北京时的联军总指挥，维多利亚时代的英国工兵上将。由于在殖民时代异常活跃，被称为中国的戈登和喀土穆的戈登。从中国返英后接受埃及总督邀请两度赴苏丹任总督。后在马赫迪起义中被杀

就扑灭了人们的乐观主义。1958年11月，易卜拉欣·阿布德（Ibrahim Abboud）少将率领军队进行不流血的政变，决心结束政治家的短缺和缺陷统治。6年后，阿布德政权崩溃，1965年举行了新的议会选举。议会民主变得脆弱，治理不稳。

1969年，贾法尔·尼米里（Jaafar Nimeiri）上校政变掌权，改国名为苏丹民主共和国。与此同时，苏丹南部政府部队和反叛分子之间的冲突升级。1972年，尼米里与南方叛军（南苏丹解放运动）签署了一项和平协议。20世纪70年代，政权的承诺逐渐瓦解。1983年，当尼米里宣布在全国各地实行伊斯兰法律（Shari'a）时，南方的抵抗力量正在重新组织成为苏丹人民解放军/运动（SPLA/M）。尼米里在北方比较受欢迎，但他的统治遭到了血腥的挑战。1985年4月6日，扩大的愤怒最终引发了军事接管，达哈卜军事政变上台，改国名为苏丹共和国。并于次年举行了选举。1986年4月苏丹举行大选，萨迪格·马赫迪（Sadiq al-Mahdi）出任第一总理。议会统治时间不到4年，这是由5个政府组成的时期，每个政府都在资深政治家萨迪格·马赫迪首相领导之下，与南方人和经济上坚持异议的贫穷州进行和平谈判①。

1989年6月30日，军队推翻了民主选举的萨迪格·马赫迪政府，巴希尔军事政变上台，成立“救国革命指挥委员会”（简称革指会）。巴希尔通过“革指会”主席的法令进行统治，解散议会、内阁及地方政府；取缔除国家伊斯兰阵线（伊阵，NIF）（1998年更名为全国代表大会）以外的一切政党，停止一切非官方新闻机构的活动。1991年起在全国范围内（南方部分省除外）实行伊斯兰法，以《古兰经》和《圣训》作为制定政治、经济、社会生活方针和政策的准则。1993年10月，革指会解散，巴希尔改任总统。

1996年，巴希尔当选总统，并在一个由反对派抵制的选举中选出了国民议会。1998年6月，苏丹颁布新宪法，明确规定言论、结社自由和政治协商等原则，承认宗教平等、信仰自由，确立了独立、开放和不干涉别国内政的外交政策。同年年底，政府制定并通过《政治结社组织法》，约30个党派注册成为合法政党。1999年年底，巴希尔总统宣布解散议会，图拉比随后宣布退出执政的全国大会党（由伊阵演变而成），另组建反对党——人民全国大会党。

2000年，巴希尔以86%的支持票再次当选，原伊阵领导人图拉比当选议

① 1985年军政权的崩溃和1989年民选政府被军事接管的原因，请参阅第八章第一节“对1970—1992发展规划的综合评估”

长。2001年2月，图拉比领导的人民全国大会党与加朗领导的南方反政府武装签署谅解备忘录后，苏丹安全部门逮捕了图拉比。2004年，苏丹政府先后于3月和9月挫败由人民全国大会党策划的3次政变，同时继续奉行全国和解政策，积极寻求与北方反对派和解对话、与南方反政府武装和谈。

在美国和政府间发展组织（简称伊加特）的直接参与下，苏政府与南方反政府武装“苏丹人民解放运动”（SPLM）的和平谈判取得积极进展，双方于2005年1月9日在内罗毕签署《全面和平协议》。至此，长达22年之久的苏丹内战宣告结束，并于7月9日起进入为期6年的过渡期。过渡期内由北南双方联合执政，巴希尔继续任总统，苏丹人民解放运动主席加朗就任苏第一副总统（加朗于2005年7月31日坠机身亡，其副手基尔继任）。9月，民族团结政府成立。10月，南方成立以苏丹人民解放运动为主的自治政府，基尔任主席。苏丹政局基本稳定。2005年，在“全面和平协议”签署后，巴希尔领导了包括苏丹南部领导人在内的民族团结政府；苏丹南部享有有限的自主权，并承诺在2011年的全民投票中获得充分独立的选择权。2005年组建统一政府和全民投票是“全面和平协议”的一部分，旨在结束苏丹南部的冲突，这是非洲历时最久的内战。从2006年6月起，苏政府与东部反政府组织“东部阵线”开始在厄立特里亚首都阿斯马拉举行和谈。双方签署了《原则宣言》等文件，为和谈取得实质性突破奠定了良好的基础。

苏丹政府与达尔富尔地区主要反政府组织“公正与平等运动”于2010年2月23日在卡塔尔首都多哈正式签署解决冲突和实现和平的框架协议，为结束举世关注的长达7年的达尔富尔地区武装冲突及人道主义灾难创造了条件，也为双方最终签署全面和平协议带来了希望。

2010年4月，在全国选举投票之后，巴希尔再次连任总统。

2011年7月9日，南苏丹共和国正式成立，成为一个新的主权国家。原面积约250万平方千米的苏丹，在南苏丹独立后，苏丹共和国面积已缩减至188万余平方千米。

2015年4月16日，苏丹举行大选，巴希尔再次连任总统。

经各政治派别艰苦卓绝的谈判，2017年5月12日苏丹政府再次改组。

第二节　苏丹地理位置

苏丹位于非洲东北部，红海西岸。北邻埃及，西接利比亚、乍得、中非，南毗南苏丹，东接埃塞俄比亚、厄立特里亚。东北濒临红海，海岸线长约720千米。苏丹境内四周高，中间低，东北有红海山脉，西部有穆尔山区，南部为努巴山区（图1.1）。

图1.1　苏丹地理位置

苏丹有铁、银、铬、铜、锰、金、铝、铅、铀、锌、钨、石棉、石膏、云母、滑石、钻石、石油、天然气和木材等丰富的自然资源。2013年，全国共查明主要矿物资源储量铁约3亿吨，铜900万吨，铬70万吨，银约9 000吨，石油约5亿吨。森林面积约6 400万公顷，占全国面积23.3%。在林业资源中，阿拉伯树胶占重要地位。水力资源丰富，有200万公顷淡水水域。

第三节　苏丹行政区划

苏丹共设三级政府，即中央政府和两级地方政府。首都喀土穆。州（state）是苏丹最高级地方政府，州下设地区（locality）若干，地区管辖若干村镇或者部落。

全国共设18个州，分别是：喀土穆州、北方州、尼罗州、红海州、卡萨拉州、加达里夫州、杰齐拉州、森纳尔州、白尼罗州、青尼罗州、北科尔多凡州、南科尔多凡州、西科尔多凡州、北达尔富尔州、西达尔富尔州、南达尔富尔州、中达尔富尔州（2011年年底新设）、东达尔富尔州（2011年底新设）。

苏丹首都喀土穆（Khartoum），意为“大象的鼻子”，人口约600万。

苏丹主要城市：海拉伊（Halai）、瓦迪·哈尔法（Wadi Halfa）、栋古拉（Dongola）、凯里迈（Karima）、阿布·哈梅德（Abu Hamed）、阿特巴拉（Atbara）、大迈尔（El Damer）、苏丹港（Port Sudan）、海亚占（Haiya Junction）、卡萨拉（Kassala）、瓦德·迈达尼（Wadi Medani）、科斯提（Kosti）、欧拜伊德（El Obeid）、奈胡德（En Nahud）、法希尔（El Fasher）、朱奈纳（Geneina）、尼亚拉（Nyala）、坦布拉（Tambura）①。苏丹人口密集的主要城镇参见附件一。

第四节　国家象征

苏丹共和国（阿拉伯语جمهورية السودان，英语 The Republic of the Sudan），国家的名字源自于阿拉伯语“Bilad-al-Sudan”字面意思“黑人的土地”。

一、国旗

苏丹国旗呈横长方形（图1.2），长与宽之比为2∶1。靠旗杆一侧为绿色等腰三角形，右侧为3个平行且宽度相等的宽条，自上而下依次为红、白、黑三

图1.2　苏丹共和国国旗

① 部分已归入南苏丹

色。红色象征革命与进步，白色象征和平，黑色象征属非洲黑色人种的南方居民（现属南苏丹），绿色象征北方居民所信奉的伊斯兰教，以及繁荣、幸福。

二、国徽

苏丹国徽（图1.3）图案简洁，线条明快，中心图案是一只左望的苏丹特有的沙漠鹭鹰。雄鹰的双翅与身体，正好化作苏丹的六大行政区（苏丹独立之后的行政区划）。国徽上下各绘有一条白色饰带，分别用阿拉伯文写着“胜利属于我们”以及“苏丹民主共和国”字样（1985年4月，尼米里政权被推翻后，国名再次改为‘苏丹共和国’）。甘于忍受一切艰苦，为了荣誉，不惜生命的苏丹人，定将以双手、勇气和信心，使国家千秋万代长久兴盛。

图1.3　苏丹共和国国徽

三、国歌

《我们是真主和祖国的军队》是苏丹国歌，由艾哈默德·穆罕默德·萨利赫作词，穆尔谱曲。歌词大意是：我们是上帝的兵，祖国的兵，我们无所畏惧，勇于牺牲。乐于忍受一切艰苦，为了荣誉，不惜生命。祝愿祖国苏丹，千秋万代永兴盛，向各国示以周行。苏丹儿女，挺身而起，肩负保卫祖国的使命。

第五节　苏丹政治

一、宪法

1973年4月苏丹实行首部宪法，1985年4月废止。同年10月颁布过渡宪法，1989年6月30日废止。

1998年6月30日，苏丹颁布并实行新宪法，规定苏丹是多种族、多文化、多宗教国家，国家实行建立在联邦制基础上的非中央集权制；总统是国家主权的最高代表，军队最高统帅，拥有立法、司法、行政最高裁决权，由全民选举产生，任期5年，可连选连任一届；议会为立法机构；司法独立；确立言论、结社自由原则和政治协商原则；宗教信仰自由，各宗教平等相处，南北方公民权利与义务平等。

2002年4月，全国大会党协商会议就修宪问题作出决定，取消总统任期两届的规定，可连选连任。2005年7月，巴希尔总统签署了成立苏丹民族团结政府的过渡期宪法。过渡期为6年，过渡期内苏丹保持统一，实行“一国两制”，建立南北两套立法系统。南方成立自治政府，北方保持建立在伊斯兰法基础上的政府机构，过渡期后南方可行使民族自决权。

南苏丹独立建国后，过渡期宪法已不再适用。2014年苏丹颁布了宪法第三次修正案。该宪法修正案弱化了地方选举议员的权力，削弱了地方政府的立法、土地管理等权限；强化了中央政府对武装力量、土地国有化和对地方财政支配权；强化了总统对武装力量和司法的领导权、对地方政府首脑任命等权力；该宪法修正案将国民议会审议通过的“国家投资计划”列入宪法。

二、议会

根据1998年颁布实施的宪法，国民议会为苏丹国家立法机构，75%的议员由直选产生，25%由社团、组织间接选举产生，议长由第一次议员大会选举产生，每届议会任期4年。第一届苏丹全国议会于1996年4月1日成立，共有议员400人，议长为哈桑·阿卜杜拉·图拉比（Hassan Abudulla Turabi）。1999年12月，巴希尔总统宣布解散议会，罢免议长图拉比。2000年12月，苏丹选举产生新一届议会，2001年2月5日，艾哈迈德·易卜拉欣·塔希尔（Ahmed Ibrahim Al-Tahir）当选为议长。2005年8月31日，选举产生新一届过渡期国民议会，塔希尔连任议长。2010年4月，苏丹进行了包括国民议会在内的全国大选，塔希尔再次连任。南苏丹独立后，原南苏丹籍议员自动离职。2013年12月，法提赫·伊扎丁（Al-Fatih Izz alden）当选议长，国民议会共有354名议员。2014年宪法修正案将各州议员人数由2名增加到3名，但弱化了各州自行选举议员的权限；各州议员的选举要由州立法委根据全国选举法和全国选举委员会确定的程序提名。

三、政府

在1989年之前，非联邦政府体系由8个地区（省）构成，自1990年以来，诞生了一个由26个州组成的联邦政府。2005年9月20日，由北南双方联合执政、其他党派参政的民族团结政府成立，并于2007年12月、2008年2月、2009年5月、2010年6月、2011年12月和2012年6月6次改组。

2011年以来，受西亚北非地区局势持续动荡、南苏丹独立等影响，苏丹政局受到一定冲击。巴希尔总统依靠全国大会党努力巩固执政地位，维护了局势稳定。2014年以来，巴希尔总统倡议开展全国对话，积极推进国内和解。2015年4月27日，苏丹选举委员会宣布，现任总统巴希尔在大选中获胜，连任苏丹总统。

2016年年底至2017年年初，苏丹各政治派别经过和平谈判达成共识，苏丹政府再次改组。2017年5月12日，苏丹共和国第一副总统巴克利·哈桑·萨利赫宣布新的民族和解政府成立，这一届政府是包括参加全国对话的各党派、各武装运动达成共识所组建的。在新政府中，国大党放弃了6个关键部门以及6个部长职位，同时原联邦党放弃了国务部长的职位。这是苏丹各政治派别等待已久的全国共识政府，包括31名部长和44位国务秘书。同时总统奥巴尔·巴希尔还任命了65位议员，代表参加全国对话的政治团体。他们将按照在政治进程中认可的国家文件的决议，参与制定新宪法。

四、政党

截至2014年，苏丹全国约有30余个政党进行了登记。主要政党如下。

1. 全国大会党（National Congress Party）

苏丹执政党（简称国大党）。前身为苏丹全国伊斯兰阵线，由穆斯林兄弟会演变而成，1989年政变后成为执政党。1998年起用现名。1999年10月召开首次全国代表大会，巴希尔总统任国大党主席，哈桑·图拉比为秘书长。2000年6月，国大党召开协商委员会会议，决定免去图拉比全国大秘书长职务。9月，易卜拉欣·艾哈迈德·奥马尔（Ibrahim Ahmed Umar）当选国大党秘书长。2005年11月，全国大二大召开，巴希尔总统连任党主席。2009年10月，全国大三大召开，巴希尔总统再次连任。

2. 乌玛党（Umma Party）

由苏丹伊斯兰安萨教派第二任教长阿卜杜拉赫曼·马赫迪于1945年1月创立。1956年7月起开始走上执政舞台。该党领袖萨迪克·马赫迪（Sadig Al Mahdi）曾任苏丹总理（1985—1989年）。1989年，现任总统巴希尔发动军事政变，推翻了以乌玛党为主的政府。1996年12月，萨迪克带领部分乌玛党领导人逃亡厄立特里亚，后转至埃及。2000年11月，萨迪克结束流亡返苏，并开始参与苏政治事务。2011年底，其子阿卜杜拉赫曼·马赫迪被任命为总统助理。

3. 民主联盟党（Democratic Unionist Party）

成立于1967年，由民族联合党和人民民主党合并组成。在苏注册登记的民联党为民联党辛迪派，领导人为谢里夫·宰因·阿布丁·辛迪（Al-sharief Zainal-Abdin Al-Hindi）。该党部分成员在联邦政府中担任部长职位。流亡埃及的穆罕默德·奥斯曼·米尔加尼（Muhammed Uthman Al-Mirghani）领导的国外民联党曾参与组建了包括加朗反政府武装在内的反对党组织联盟“苏丹全国民主联盟”。2001年，国外民联党副主席艾哈迈德·米尔加尼结束12年的流亡生涯返回苏丹。2002年，巴希尔总统、塔哈副总统及外长穆斯塔法等分别与流亡埃及的反政府联盟主席、民联党主席米尔加尼进行接触和对话。2011年年底，民联党入阁参政，党主席之子贾法尔、民联党分离派领导人贾拉勒被任命为总统助理。

五、司法

苏丹设高级司法委员会，下设最高法院和总检察院。2014年，首席法官为贾拉勒丁·穆罕默德·奥斯曼（Jalaldin Mohamed Osman），总检察长欧麦尔·艾哈迈德·穆罕默德（Omer Ahmed Mohamed）。

六、政要

1.总统奥马尔·哈桑·艾哈迈德·巴希尔（Omer Hassan Ahmed Elbashir）

1944年1月1日出生于苏丹北部尼罗河省的一个农民家庭。1960年高中毕业后考入瓦迪西纳军事学院，1966年毕业后先后在西部军区、空降部队和独立第八步兵旅服役。曾获苏丹指挥参谋学院军事学硕士学位及马来西亚国家军事学院硕士学位。1989年6月30日发动军事政变前任第八步兵旅准将旅长，政变成功后任救国革命指挥委员会主席，兼总理、国防部长和武装部队总司令，并晋升为中将。1989年 6 月出任救国革命指挥委员会主席。1993年10月改任总统，1996年、2000年、2005年、2010年和2015年5次连任，2015年6月宣誓就职，任期5年。曾于1990年11月、1995年9月、2016年9月访华。2005年4月出席亚非峰会期间，同胡锦涛主席进行了会晤。2006年11月，来华出席中非合作论坛北京峰会，2016年9月应国家主席习近平邀请，出席世界反法西斯胜利70周年庆祝大会（图1.4）。

图1.4　苏丹总统奥马尔·哈桑·艾哈迈德·巴希尔

苏丹总统新任期面临诸多挑战。2015年6月2日苏丹举行总统就职仪式，巴希尔再一次宣誓就任苏丹共和国总统，开始新的5年任期。根据苏丹选举委员会发布的选举结果，在2015年4月的大选中，现年71岁的巴希尔击败其他15名候选人，以94%的高得票率当选。就职仪式上，巴希尔誓言在新的任期内将会带领苏丹人民努力实现社会安定、国家团结，并致力改革，解决日益恶化的经济问题。巴希尔就任新一届总统，有助于促进苏丹国内政治和解，有利于苏丹及其所在地区的和平、稳定与发展。但来自安全、政治和经济等方面的阻力及问题亦将使巴希尔新任期面临巨大挑战。自2010年以来，苏丹经历了一系列风风雨雨，也让巴希尔政权屡次经历严峻考验。2011年7月，南苏丹独立之后，南北苏丹关系一直处于紧张状态，双方在边界上发生了至少 3 次大规模武装冲突和无数次小规模冲突。2015年 4 月，反政府武装“苏丹人民解放运动（北方局）”在南达尔富尔发动较大规模武装袭击，试图破坏拖延大选，被政府军剿灭。5 月初，东达尔富尔州部落冲突造成上百人伤亡，数万人无家可归。达尔富尔危机的持续，以及在南科尔多凡州和青尼罗州的战争不断。在政治层面，巴希尔在就职仪式上呼吁重启“全国对话”。这项2014年1月由他提出的和平倡议，拟邀请反对党和武装运动加入，以谈判的方式解决苏丹旷日持久的一系列政治问题。但“全国对话”曾一度遭到反对党的质疑和抵制。经济方面，苏丹经济形势一直比较严峻，特别是南苏丹独立后，苏丹失去了绝大部分石油资源和最主要的外汇收入来源，进而造成巨大的财政赤字。巴希尔曾鼓励发展农业来弥补石油收入方面的损失，但苏丹目前大部分农产品和几乎全部工业产品都必须依赖进口。外汇收入的减少和外汇储备的枯竭，迫使政府采取一系列紧缩措施，导致通货膨胀率居高不下，民众也多有不满。经济状况恶化还导致外国投资者纷纷撤离苏丹，在建的一些基建工程项目也因为缺乏资金或安全形势恶化而停滞不前。特别是国际刑事法院在2009年3月以巴希尔在苏丹达尔富尔地区犯下战争罪、反人类罪为由对他发出通缉令，西方社会对苏丹实施制裁之后，苏丹在国际上的处境愈发孤立。但巴希尔在这个艰难时刻开始其新任期，并非完全没有希望，至少苏丹民众渴望和平和发展的强烈愿望是他执掌国家政权的最大利好。民众从发生在其他阿拉伯国家的事例中看到，单纯以推翻现政权为目的的革命不能彻底改变普通人的穷困命运。相反，国家一旦陷入混乱，受到伤害的首先是普通民众，人们更希望保持稳定而不是无尽的战火。巴希尔在2015年4月大选中高票当选亦表明，绝大多数苏丹民众寄希望于国家在巴希尔的领导下渡过难关，结束苦难。

2. 南苏丹现任总统，原苏丹第一副总统萨尔瓦·基尔·马亚尔迪特（Salva Kiir Mayardit）

接替了前反叛分子领导人约翰·加朗（John Garang）成为第一副总统。加朗在2005年的直升机坠毁中死亡。根据2005年和平协议，作为加朗先生在苏丹解放运动（SPLM）的副手，他被任命为苏丹南部副总统。基尔先生在1972年和平协定之后加入了苏丹军队。他于1983年叛逃到叛军重燃战火，并成为苏丹人民解放运动的军事领导人。和加朗先生一样，他是南部最大民族丁卡族人。但与加朗先生不同的是，萨尔瓦·基尔一贯赞成南部独立。他在南部尤其是苏丹人民解放军退伍军人中非常受欢迎（图1.5）。

图1.5　南苏丹现任总统萨尔瓦·基尔·马亚尔迪特

2010年4月，在南部举行的多党民意调查中连任，与巴希尔总统连任的北部选举同时举行。2011年南苏丹独立后，基尔成为首任南苏丹总统。

第六节　苏丹外交

苏丹奉行独立自主的外交政策，维护国家主权，反对西方强权政治，主张加强阿拉伯国家团结，密切同非洲国家的合作，重视同中国等国家发展友好合作关系。近年来，致力于睦邻友好，积极改善同美国等西方国家关系，外交更趋灵活、务实。目前，苏丹已同世界上近100个国家建立了外交关系。

一、关于国际形势

苏丹认为当今世界在政治、战略、经济、社会、文化等方面均处于失衡状态。新的矛盾和冲突此起彼伏，世界局势很不安宁，人民无安全感。世界经济正向大型经济集团化的方向发展，主张阿拉伯和非洲地区集中自己的资源，建立牢固的地区经济联盟和共同市场，走一体化的道路。

二、关于建立国际新秩序

主张在国际大家庭广泛参与的基础上，以联合国宪章为准则建立国际新秩序，以维护世界的安全与稳定，根除不平等的政治、经济关系。

三、关于反对恐怖主义

拒绝并谴责恐怖主义，认为国际社会必须对恐怖主义采取统一立场。呼吁国际社会对恐怖主义概念做出明确界定；反对将恐怖主义与某一特定的文明挂钩，以及在反恐问题上实行双重标准。强调国际反恐战争应以国际法为基础。

四、关于安理会改革

支持安理会改革，认为安理会改革应在联合国改革的大框架内进行，应通过协商一致作出决定。苏丹原则上支持非盟统一立场，主张吸收非洲国家成为安理会常任理事国。安理会的工作应增加透明度和民主，奉行公正、客观的原则，批评动辄以制裁解决争端的做法，反对双重标准。

五、关于人权问题

主张各国应通过合作客观地探讨解决人权问题，反对在人权问题上采用双重标准的做法。强调各国有权选择各自的发展道路和模式，反对某些国家以人权为借口向别国施压，干涉别国内政。

六、关于中东问题

承认巴勒斯坦国，认为巴人民享有自决权和建国权。坚决反对以色列建立隔离墙，主张以色列应撤出所有阿拉伯被占领土。要求国际社会和安理会向以施压，敦促以执行安理会有关决议，实现地区安宁和稳定。

七、关于伊拉克问题

反对美英对伊动武，强调国际法的权威性，主张在联合国框架内通过和平途径解决当前伊拉克问题。呼吁保证伊领土完整，尽快解决伊国内安全和人道状况恶化问题并恢复其行使主权。

八、主要外交关系

1. 同中国的关系

中国同苏丹于1959年2月4日建交，两国长期友好。苏丹政府在台湾、西藏、新疆等问题上支持中国。2000年联合国千年首脑会议期间，江泽民主席与巴希尔总统举行了会晤。2005年4月亚非峰会期间，胡锦涛主席与巴希尔总统举行了会晤。2006年11月，巴希尔总统来华出席中非合作论坛北京峰会，胡锦涛主席、温家宝总理分别与其会晤。2007年2月，胡锦涛主席对苏丹进行国事访问。2009年11月中非合作论坛第四届部长级会议期间，温家宝总理与巴希尔总统举行了会晤。2011年6月，巴希尔总统再次访华，胡锦涛主席、吴邦国委员长和李克强副总理分别与其会谈、会见。2013年3月，巴希尔总统致函祝贺习近平同志当选中华人民共和国主席、李克强同志当选中国国务院总理。2016年9月巴希尔总统出席世界反法西斯胜利70周年庆祝大会。

双边经贸关系和经济技术合作：两国经贸关系发展顺利。自1970年以来，中国向苏提供一定数量的经济援助。近年来，中苏贸易额稳步增长。2013年1—9月，双边贸易额33.32亿美元，同比上升18.63%，其中，中国出口18.82亿美元，同比上升26.97%，进口14.49亿美元，同比上升9.31%。两国经济技术合作涉及范围较广，包括石油、地矿勘探、建筑、路桥、农业、纺织、医疗和教育等。

中苏石油合作始于1995年，由中国政府经援项下合作和互利性质合作两大部分组成，均由中国石油天然气集团公司承担。南苏丹独立前中石油在苏丹已有8个投资项目，包括：1/2/4区项目（现大部分位于南苏丹境内）、3/7区项目（现位于南苏丹境内）、6区项目、红海15区勘探项目、13区项目、喀土穆炼油厂项目、喀土穆化工厂项目、成品油销售项目，已建成集油气勘探、开发、生产、管道、炼油化工和销售于一体的完整石油产业链。由于南北苏丹在石油利益分配问题上矛盾突出，2012年1月南苏丹宣布停产决定并强制执行，1/2/4区南苏丹境内油田全部停产，3/7区项目也已全部关停。在国际社会积极推动下，南北苏丹于9月就石油利益分配等问题达成协议，南苏丹石油于2013年4月开始复产。

中苏政府间成立有经贸混委会，迄今召开过10届会议。

文化、科技、教育与军事等方面的交往与合作：两国文化交往在建交前就已经开始。20世纪70年代，中国武汉杂技团帮助苏培养出一大批杂技艺术人才，并协助组建苏丹杂技团。该艺术团被苏丹人民称为“苏中友谊之花”，成为一支在非洲具有较大影响的艺术团①。1970年8月，两国签订了《中苏科学、技术、文化合作协定》。随后，双方连续签署了9个文化协定执行计划，并于2006年6月签署《中苏2006—2008年执行计划》。近年来，两国保持文化往来，中国艺术团、政府文化代表团、陕西杂技团、上海杂技团、四川杂技团、北京电视台代表团等先后访苏，中国还在苏举办了中国工艺品展。苏丹国家歌舞团及著名画家莱奥特先后访华演出和举办画展。在苏丹首都设有孔子学院。

中国驻苏丹大使：李连和

苏丹驻华大使：欧玛尔·伊萨·艾哈迈德②

2. 同美国的关系

1952年，美国在喀土穆设联络处，苏丹独立后升为大使馆。1967年，苏丹为抗议美支持以色列对阿拉伯国家发动侵略战争，同美断交。1972年复交。1989年巴希尔政变上台后，因推行激进的内外政策，两国关系急剧恶化。1993年，美将苏列入支持恐怖主义国家的黑名单。1996年发生埃及总统穆巴拉克遇刺事件后，美推动安理会通过对苏制裁决议。1997年，美宣布对苏实行单方面制裁。1998年8月美驻坦桑尼亚和肯尼亚使馆发生爆炸后，美称苏卷入此事，并指责苏生产化学武器，用导弹炸毁了苏首都喀土穆的希法制药厂。“9·11”事件后，苏积极配合美反恐，两国关系较前改善。2001年9月底，在美默认下，联合国取消对苏制裁。11月，美开始介入苏南方问题，设立苏丹问题特使，颁布《苏丹和平法》，为达成和平协议设定时间表，并召集苏政府与苏人解（SPLA）代表赴美磋商。2003年10月，美国务卿鲍威尔亲赴双方在肯尼亚的谈

---

① 这个艺术团年长的成员现在很多从事中阿语翻译工作

② 欧玛尔·伊萨·艾哈迈德于2018年5月底退休。新任驻华大使艾哈迈德 沙瓦于2018年6月初赴任

判现场，敦促双方加快谈判进程。2005年1月，在美及“伊加特”[①]的斡旋和推动下，苏政府与苏丹人民解放军在内罗毕正式签署《全面和平协议》。6月，苏外长伊斯梅尔访美，向美提出了一系列旨在改善两国关系的要求和建议。7月，美国务卿赖斯专门就达尔富尔问题访问了苏丹。11月，苏丹第一副总统基尔访美。美副国务卿佐利克年内四次访问苏丹。

2017年10月6日美国国务院发表声明，宣布将从10月12日起解除对苏丹长达20年的经济制裁。声明称，鉴于苏丹致力于减少在国内冲突区域的军事活动、改善国内人道主义援助准入状况，并与美国在反恐、地区冲突等问题上进行合作，美国决定解除对苏制裁，鼓励苏丹政府的积极行为。苏丹外交部随即发表声明，欢迎美国政府这一决定，称美方此举意味着苏美关系取得重要积极进展。

制裁令废止后，美国将解除对苏贸易禁运，苏丹在美资产也将“解冻”，美国公司和个人将被重新允许参与对苏能源等领域合作。分析人士称，随着金融限制的取消，苏丹将重返国际金融体系之中，有助于其吸引外部投资，扩大对外贸易，改善经济状况。

预计外界，特别是海湾国家加大对苏投资力度，部分西方企业也将重返苏丹寻找机会，苏丹经济发展将迎来新的机会。但苏丹经济界普遍认为，其国内经济沉疴难起，在能源收入锐减后，缺乏“造血”能力，对外出口疲弱，贸易赤字庞大，通货膨胀高企，本币贬值严重，短期内不可能随着制裁的解除很快见到起色。苏丹政府应着手进行经济结构改革，尽快改善投资环境，并稳定金融市场，以便抓住解除制裁之机，吸引外资，扩大出口，释放在农业、矿业等领域的经济潜能。

3. 同埃及的关系

苏埃两国关系源远流长。1974年两国制订一体化计划，1976年签订共同防御协定。1979年时任苏丹总统尼米里公开批评埃以和约，导致双方撤回大使。1981年两国恢复大使级外交关系。1995年6月刺杀穆巴拉克总统未遂事件发生后，埃指责苏涉嫌此案，两国关系一度恶化。近年来，苏埃关系进入全面正常

---

① 政府间发展组织（Inter Governmental Authority on Development），简称伊加特（英文简称IGAD），1986年1月成立，原名“政府间抗旱与发展组织”，1984年10月4日，东非六国外长在纽约开会，讨论成立抗旱与发展组织。1985年2月六国在吉布提举行首次部长会议，确定吉布提市为该组织所在地，推举吉布提外交和合作部长穆明·巴敦为协调员。同年5月、11月和1986年1月分别举行了部长级会议和专家会议，就该组织的预算、机构、章程和行动计划达成了原则协议。1996年3月改为现名

化阶段。

4. 同埃塞俄比亚的关系

双方曾因相互支持对方反对派而长期交恶。1996年7月非洲统一组织第32届首脑会议期间，巴希尔总统与埃塞总统梅莱斯举行会晤，双方均表示愿意和平共处，和平解决边界争端。1998年埃塞同厄立特里亚发生武装冲突后，苏、埃关系明显改善。近年来，苏埃关系进入全面正常化阶段，两国保持睦邻友好关系。埃塞对苏和平进程予以支持。

5. 同厄立特里亚的关系

苏曾长期支持厄立特里亚的独立运动，但1993年厄独立后，两国反目成仇，时常发生边界冲突。1994年厄宣布与苏断交。1999年，巴希尔总统同厄总统伊萨亚斯两次举行会晤，并签署和解协议，决定恢复两国外交关系。近年来，苏丹和厄立特里亚相互指责对方支持各自反政府武装，两国关系持续紧张。2005年5月后两国关系出现积极改善势头。

6. 同乌干达的关系

双方曾因相互支持对方反政府武装而长期交恶，并导致1995年断交。1999年巴希尔总统与穆塞韦尼总统在内罗毕会晤，签署关于恢复两国外交关系、不以武力解决争端和停止支持对方反政府武装的协议。2000年9月，经埃及、利比亚调解，苏乌关系基本实现正常化。

7. 同肯尼亚的关系

苏丹与肯尼亚之间有领土争端，肯长期同情与支持苏南方反政府武装。巴希尔执政后，与肯就两国边境地区现状达成谅解，签署了安全协定，两国关系得到显著改善。肯与埃塞俄比亚、厄立特里亚、乌干达组成“伊加特”四国调解委员会斡旋解决苏南方问题。在肯的积极斡旋下，自2003年9月起，苏第一副总统塔哈与SPLA领导人加朗在肯举行了多轮政治谈判，并于2005年1月在肯签署了《全面和平协议》。2005年5月，苏丹和肯尼亚签署两国武装部队关系协议。

8. 同利比亚的关系

尼米里时期，苏丹、利比亚两国关系紧张。1975年和1976年，苏丹发生两起有利比亚背景的未遂政变，苏同利断交。1978年两国复交。1981年因乍得问题，苏再次与利断交。1985年苏发生政变，利率先承认苏丹新政权。1989年巴希尔执政后，两国正式签署政治、经济、教育、文化社会、安全和思想等方面实现全面统一的一体化协议但无实质性进展。苏反对美借洛克比事件对利的制裁。1997年后，利积极调解苏与埃及、乌干达和厄立特里亚等国关系，还在苏政府与反对派之间进行斡旋。2001年5月，利领导人卡扎菲访苏。利积极支持苏政府为实现苏和平所作的努力。

9. 同沙特阿拉伯的关系

尼米里执政时，两国关系密切，沙特阿拉伯是阿拉伯国家中对苏援助最多的国家。萨迪格执政期间，沙对苏同利比亚、伊朗发展关系不满，冻结了对苏的经援。1989年后，巴希尔为改善和发展与沙关系，两次访沙。在海湾战争中，苏因支持伊拉克，得罪了沙特、科威特等海湾国家，另外由于苏曾一度支持沙特反对派分子本·拉登，沙断绝对苏的一切援助。1995年后，苏主动修复与沙关系。从1996年起，沙开始恢复向苏提供少量经援。2000年，巴希尔总统访沙，苏沙关系恢复正常。2002年，沙提出中东和平新倡议后，苏表示支持。6月，巴希尔总统访沙。此后成立了部长级委员会，并签署了政治、经贸合作框架协议。沙支持苏政府的和平努力并积极在苏投资，沙特发展基金会向苏麦罗维大坝项目提供贷款1.5亿美元。2005年3月，两国在反毒品走私和安全合作签署了协议。双边关系得到进一步加强。

第七节　苏丹国家安全情况综述

一、国际争议

自20世纪中期以来，苏丹几乎一贯的民族和反叛民兵斗争的影响已经渗透到所有邻国。乍得希望成为解决达尔富尔冲突的有益调解者，并于2010年与苏丹建立了一个联合边界监测部队，有助于减少跨境盗匪和暴力事件。截至2013年中期，乍得、埃及、埃塞俄比亚、中非共和国和南苏丹等为60多万苏丹难民提供了住所；在同一时期，苏丹反过来安置了大约11.5万名厄立特里亚人，3.2万名乍得人和一些埃塞俄比亚人和中非人士；苏丹指责厄立特里亚支持苏丹反叛集团；由于苏丹东部的民族和种族冲突，与埃塞俄比亚划定多边界线的努力进展缓慢；苏丹声称，事实上埃及在管理第22平行边界以北的哈拉比地区的安全和经济发展；在与中非共和国边界相关联的牧区人口和苏丹居民中持续存在因用水和放牧权而定期发生的暴力冲突；苏丹与南苏丹边界代表1956年1月1日的一致行动，在谈判和划界之前进行最后一致确定；阿卜耶伊地区的最终主权地位有待在南苏丹和苏丹之间进行谈判。

二、难民和国内流离失所者

流入苏丹的外国难民：厄立特里亚109 640人，乍得41 666人（2013年）；南苏丹85 705人（2014年）。国内流离失所者：因1983—2005年内战，达尔富尔地区持续的冲突，南苏丹边界的政府和反叛分子，部族间冲突而导致的国内流离失所者达281.8万人（2014年）。

三、人口贩运

苏丹是遭受强迫劳动和贩卖男子、妇女和儿童的来源、过境和目的地国家。苏丹妇女和女孩，特别是那些来自农村地区或国内流离失所者的妇女和女孩，容易受到国内家庭佣工强迫劳动的困扰；其中一些妇女和女孩随后被家庭的男主人性虐待或被迫从事商业性行为。苏丹妇女和女孩在中东国家遭受家庭奴役，并在欧洲国家遭受强迫性贩卖；一些苏丹男子自愿迁徙到中东，因为低技术劳工面临强制劳动的条件；沙特阿拉伯的苏丹儿童被迫街头乞讨和被贩卖；苏丹是在苏丹和中东国家受到家庭奴役的埃塞俄比亚和厄立特里亚妇女的过境和目的地国家；也是埃塞俄比亚，索马里以及可能遭受强迫卖淫的泰国妇女的目的地。达尔富尔的苏丹儿童被强行征兵，有时被绑架，被武装团伙和政府安全部队征招。苏丹政府已经采取了一些初步步骤，起草打击贩卖人口的立法，起诉嫌疑犯，遣散童兵；通过执法，预防打击贩运人口（2013年）。

四、新的起点

2017年5月，苏丹各政治派别和武装力量达成共识，成立了联合政府，国内安全形势渐趋明朗。2017年起苏丹采取积极的外交政策，与英国、卡塔尔、沙特等国加强了经贸合作。与美国积极斡旋，促使美国解除了对苏丹的经济制裁。在中国的努力下，加大对南苏丹人道主义援助力度，有望和平解决阿卜伊地区的争议问题。

五、面临的挑战

南苏丹独立后，由于石油资源的转移，苏丹经济陷入困境，通货膨胀压力加大，苏丹货币大幅度贬值，物价大幅度上涨，社会不满情绪增加，贫困人口比例增加。特别是1970年以来，因苏丹政府确认了1925年“未注册土地法”而导致的大面积人口流离失所的局面未能从根本解决，社会动荡根源依然存在。2017年7月上旬，3个达尔富尔反叛派别组成了一个名为“苏丹解放力量联盟”的运动，宣称新联盟不会遵守苏丹政府宣布的单方面停火决议，并继续与政府进行武装斗争，安全形势依然严峻。但南科尔多凡州的政党对苏丹总统宣布的延长冲突地区停火期限表示欢迎，有很多反叛团体在停火协议后已经回归，南科尔多凡有望尽快实现和平。

第二章　苏丹社会发展状况

2013年，苏丹约有3 340万人，农业人口约占70%；人口增长率2.7%，人均寿命56.4岁，14岁以下人口占总人口的45%。苏丹人口分布相对集中，其中喀土穆及周边约有650万，其他人口较多的城市有迈达尼、苏丹港、阿特巴拉、达玛津等。全国有19个种族，597个部落，其中，黑人占52%，阿拉伯人占39%。人口多为阿拉伯穆斯林，另外还有丁克（Dinka）、贝贾（Beja）、富尔（Fur）、努尔（Nuer）、罗沃（Luo）等民族。70%以上的居民信奉伊斯兰教，多属逊尼派，主要居住在北方，南方居民多信奉原始部落宗教及拜物教，仅有5%的人信奉基督教；南苏丹独立后，苏丹80%以上的人信奉伊斯兰教。

第一节　风俗习惯

一、习俗礼仪

苏丹有手抓饭吃食的习惯，妇女不戴面纱。苏丹人民热情好客，注重礼节。友人相遇，特别是老朋友久别重逢，彼此握手拥抱，亲切问候，一般以右手互拍对方左肩，然后拥抱；拥抱贴紧对方方为礼貌；如一方丧失亲人，则相遇双方面对伫立，双手持在胸前祈祷逝者若干分钟，然后再相互拥抱；从个人问好一直问候到对方的家属、亲人和朋友等，历时数分钟之久。中国人出席苏丹人的婚礼或者丧礼，不要参与全部过程，只对主人表示祝福或者哀悼，送上象征性礼物即可，也可随当地人就餐后离开。按照苏丹的商务礼俗，冬天宜穿保守式样的西装。访问政府机关或大公司须预约。持用英文、阿拉伯文对照的名片会有帮助。苏丹商人几乎都会说英语。销售姿态宜低。对方迟早会向你要求，千万小心对方的信用。首次与苏丹人做生意，务必要求对方开出不可撤销信用证。报价最好用苏丹镑报CIF价，勿报FOB价①。对方敬咖啡或邀请你至咖啡馆坐坐，不宜拒绝，否则，他会认为有失面子。应邀至苏丹人家中参加晚宴，一般只有男性参加。切记带份礼物给对方，不要给他的太太带礼物。与苏丹人握手或者递送东西一定要用右手，切不可用左手，握手一定用右手，不要用双手。苏丹人如厕，大小便都是用左手冲洗，他们认为左手脏而不礼貌。

二、饮食传统

苏丹的阿拉伯人以高粱、玉米、小麦、牛羊肉为主要食品，他们保持着自己伊斯兰的传统，忌吃猪肉，不吃狗肉、驴肉等，干不动活的老驴就放生回归大自然任其老死荒野，即使非正常死亡如交通事故撞死的牛羊肉也不能吃，所以经常在苏丹公路边看到死牛羊；不吃蛇、鸟等，但吃大型蜥蜴；苏丹人吃怪形食物，不喜欢吃红烩带汁的菜，不饮酒。苏丹的努比亚人喜欢吃在铁板上烙成的高粱面饼。高粱是苏丹人最主要的粮食作物，一般做成烤饼；老百姓日常则磨成面粉发酵变酸，然后拌成糊状用手抓着吃。副食主要是豆类做成的酱，苏丹的豆类作物品种繁多，如豌豆、豇豆、鹰嘴豆等，发酵后做成酱用饼蘸着吃。酱是苏丹人最主要的副食，无论吃什么一般都要有1～2盘豆酱或者辣椒酱、芝麻酱之类。他们爱饮用椰枣酿制的饮料，这种饮料当地人称为萨尔博特（Sharboat），基本不含酒精，发酵时间不能超过24小时。南方黑人以高粱、花生、秋葵荚、药豆、薯类为主食，还吃牛肉、羊肉、野味、鱼、蜂蜜。黑人的家常便饭是高粱面稀粥，里面掺上牛奶、肉汁或熟肉块。南方人，尤其信仰基督教的黑人爱喝用高粱酿制的啤酒和烧酒。苏丹贝贾人爱喝鲜奶或炼乳与高粱面混合而成的“奶粥”，也爱吃煮肉和烤肉，但不喜欢吃蔬菜，也不吃鱼、蛋和飞禽之类的食物。牛奶和高粱酿制的啤酒是他们的主要饮料。苏丹人早晨不吃饭，早晨8—9时喝早茶，然后上班，11时是他们的早餐，早餐一般也非常

---

① FOB（Free On Board），也称“船上交货价”；CIF是到岸价（Cost Insurance and Freight）。提供外贸出口中FOB/CIF条款下价格计算：

FOB单价={{1−[退税率/（1+增值税率）]}产品含税单价（1+利润率）+杂项费用}/汇率，其中，杂项费用=工厂集港费用+港口费用+其他费用；

FOB（总价）=FOB（单价）×数量；

CIF总价=（FOB单价×数量+总运费及其他杂费）/[1−（1+投保加成率）×保险费率]；

CIF=FOB+运费+保险

简单，15时下班，晚饭在傍晚时分。咖啡和茶是苏丹人的生活必需品，无论贫富贵贱，早晨和餐后都要喝一杯茶或者咖啡，而且加糖非常多；苏丹人招待客人，热的饮品就是苏丹的红茶或者咖啡，其他瓶装水或者饮料要冰镇之后才喝，苏丹人一般不喜欢喝常温的水；苏丹的公共场所如公安交警队、法院、汽车站、机场等都提供大桶装的饮用水，但饮水工具只有一个公共使用的杯子；各村镇路边也常常有人放置2～4个羊乳形状的土陶缸，每天早上有人向里边补充净水，方便过往行人饮用，这是穆斯林虔诚善良的表现。

三、宗教信仰

南苏丹独立前，70%以上的居民信奉伊斯兰教，多属逊尼派，主要居住在北方，南方居民多信奉原始部落宗教及拜物教，仅有5%的人信奉基督教，多居住在南方和首都喀土穆。南苏丹独立后，苏丹80%以上的人信奉伊斯兰教。最虔诚的穆斯林一天要祈祷5次，无论在做什么工作无论身处哪里，时间一到必须祈祷，祈祷前要洗净手足。礼拜五是苏丹人法定休息日，是与家人团聚的日子，也是祈祷最重要的日子；礼拜五都要去清真寺祈祷。若遇出差或者在路上祈祷次数可减少。开斋节和宰牲节是苏丹穆斯林最重要的节日。斋月期间，从日出到日落不能饮水进食更不能有色欲需求，所以在斋月期间体力工作要安排在上午，下午一般不工作或者只干些轻体力活，下班时间也比正常时间要早。

苏丹人执行公历，但更多的是执行穆斯林历法，穆斯林历法是根据月亮的运转规律制定的，类似于中国的阴历，一年也是12个月但没有闰月，所要斋月每年都要提前十几天不等。开斋节和宰牲节法定假期是3天，但这前后十几天一般无人办公，所以出访或者会谈要避开这些日子；开斋节和宰牲节之前通常物价大涨，特别是活羊价格要翻倍。苏丹主要节日如下（表2.1）。

表2.1 苏丹主要节假日

序号	节假日名称	公历	伊历	放假天数
1	伊斯兰教历新年		1月1日	1
2	圣纪		3月12日	1
3	登霄节		7月27日	1
4	开斋节		10月1日	3
5	宰牲节		12月10日	3
6	独立日	1月1日		1

（续表）

序号	节假日名称	公历	伊历	放假天数
7	复活节	4月22日		1
8	惠风节	4月24日		1
9	救国革命日	6月30日		1
10	圣诞节	12月25日		1

资料来源：中国驻苏丹大使馆经济商务参赞处

四、生活习惯

苏丹是一个忌讳颇多的国家，外来人须尽量熟悉和尊重。贝鲁族人忌讳直呼女性的姓名。这个民族妇女的地位比男人高，如果有人当着一位贝鲁族男子直呼他家中女眷的姓名，他会当场大发雷霆，造成宾主双方都很不愉快。苏丹的贝贾族有一些特殊的禁忌：日常生活中，忌讳打骂儿童。男孩不得提及母亲和姐姐的名字；7岁以上的儿童不得与母亲同宿，女孩必须与外祖母一起住；已婚男子为了回避岳母，白天不得待在家中；夫妻二人的枕头不得放错位置，否则，就意味着夫妇二人感情不和。正常的穆斯林家庭都是单人床，即便是夫妻也是一人一张床，白天分开晚上合并。苏丹家庭喜欢摆设茶具，尤其中国茶杯、茶碗，有一专门橱柜盛放，摆放整齐，且要放在家里显耀位置，越多越好，代表家族的富有。苏丹人室内一般非常干净，若去苏丹人家里做客，进门前要脱掉鞋子。苏丹人心态比较平和，幸福指数较高。只要饿不着一般没有紧迫感，生活压力不大，所以苏丹人性格比较开朗，遇事从不着急；即使遇到交通事故，当事双方也很少吵架，大多是握手言和，损失自理。苏丹人待人比较有礼貌，尤其在交通最繁忙的时候也会为过马路的妇女儿童或者需要调头的车辆让道。在苏丹，男子满15岁，女子满10岁便可结婚。男人娶妻必须给女方家庭一定数量的牛作为彩礼。一个男人可以根据自己拥有牛的数量来决定娶妻的多少。在阿夸特所在的丁卡部落里，如果妻子婚后几年不育或婚后出走，男方还可以提出离婚，这时女方父母就应该把当初要的牛全部退还给男方；假如妻子在婚后两年内去世，那么当初娶亲时的彩礼可由双方平分。苏丹婚姻法规定穆斯林最多可以娶4个老婆，但若娶第5个老婆时必须与原来的其中之一离婚；苏丹有钱人娶两个老婆的不在少数，但更多的人还是一夫一妻；苏丹女人对丈夫娶小老婆一样会吃醋；苏丹非穆斯林没有明确规定娶多少老婆。

第二节 交通通讯

苏丹交通运输环节比较薄弱。运输基础设施由于缺乏维护，长期的战争和内乱，预算削减和外国融资渠道的限制而恶化。大部分道路和桥梁、机场和铁路线路需要改善和修复。

一、铁路

苏丹铁路总长5 978千米，是英车标准窄轨铁路，主要网络系1930年之前英国人修建，年久失修，大多不能通车；2015—2016年苏丹政府修缮了喀土穆到迈达尼路段，但运输能力仍然较差。2017年6月苏丹完成了阿特巴拉到苏丹港的铁路重建工作。苏丹铁路线主要是从苏丹港通过阿特巴拉到喀土穆，通过杰齐拉、森纳尔然后向西延伸到欧拜伊德，连接20世纪50—60年代修筑的西线铁路，直到南达尔富尔的尼亚拉（Nyala）；备用铁路线从苏丹港通过卡萨拉、加达里夫延伸到森纳尔，但已经瘫痪多年。另外有多条分支路线。苏丹铁路在地理上分为五个区域，其中一个是总部设在巴巴努萨的西线。由于安全问题，巴巴努萨和尼亚拉之间的列车目前每周运送3~4班，每列火车20节。这些列车沿铁路线即时停车，卸燃料、食物和水，并修理轨道。由于安全原因，脱轨和修理、延误频繁。平均过境速度不超过15~20千米/小时，335千米线路上的通行时间往往超过24小时。2010年政府通过合并交通运输部和道路桥梁部门而重组运输部，并成立了苏丹铁路公司（SRC）。苏丹铁路公司的总部在喀土穆，其主要的营运和维护中心位于喀土穆以北313千米的阿特巴拉（Atbara）。苏丹铁路公司拥有近120台主干机车，44台分路机车，3 500台货运车皮，800节箱式车皮和167节乘客客车，其中运营的车辆不到1/3。

二、公路

苏丹公路总长11 900千米，其中4 320千米铺有沥青。苏丹沥青公路主要是沿尼罗河左右两岸和到苏丹港的公路，沥青路面双向两车道；公路运输是苏丹主要运输渠道，但运输成本较高，吨千米汽车运费一般2~3苏丹镑；但交通及税务部门收取17%的运营税，每肯塔[①]（包）4苏丹镑的作物税，还有运输税等。

---

① 肯塔：苏丹最常用重量单位，即100磅。详见专栏5：苏丹主要计量单位

三、水运

苏丹水运刚刚起步，有远洋商船10艘，总吨位12.2万吨；内河航线总长5 310千米，有轮船300多艘。苏丹港是苏丹的主要商港，年吞吐量800万吨，承担着90%的进出口运输任务。

四、空运

苏丹总计74个机场，铺设跑道的机场总计16个；跑道超过3 047米的2个；2 438～3 047米的10个，1 524～2 437米的2个，低于914米的2个（2013）。未铺设跑道的机场共计58个：跑道2 438～3 047米的1个，1 524～2 437米的17个，914～1 523米的28个，914米以下的12个（2013）。直升机场共6个。苏丹空运在苏丹运输中占据重要地位。苏丹民航局（CAA）是苏丹航空的中央组织部门，负责所有空中交通的开发和运营。苏丹民航局有大型喷气客机10多架，全国共有民航机场63个，喀土穆、苏丹港、卡萨拉、朱巴、朱奈纳机场为国际机场，苏丹各州首府都有小型国内机场，比较大的城市和灌区还有农用机场，也可供直升机起降。南苏丹的航空比达尔富尔更为发达。朱巴、马拉卡勒和瓦乌以及苏丹南部各州首府均有国内机场。朱巴国际机场有往来世界各地的航班，包括欧洲和美国以及从喀土穆到喀布尔的2～3班的航班。由于安全原因，大达尔富尔局势是不同的，每个州府，例如尼亚拉、埃尔法希尔（Elfashir）和埃尔基内纳（El Genena）都有一个主要机场；在州内重要的一些城镇里也有航线。但只有尼亚拉机场每周有一次往返于利比亚的国际直航。一个新的国际机场也正在埃尔基内纳附近建造（费用为3 700万美元）。苏丹航空系统需要升级，因此，苏丹民航局已经着手制定达尔富尔机场和空中航行的发展规划。

五、管道运输

苏丹港至喀土穆建有输油管道，全长815千米，年输油能力80万吨。1999年，苏中南部油田经喀土穆至苏丹港长1 640千米的输油管道投入使用；2011年南苏丹独立后，这条输油管道基本停止使用。

六、互联网

互联网用户：420万（2008），互联网主机：99（2012），互联网国家代码：.sd。苏丹互联网用户占总人口的26.6%，移动电话用户达70.5%。

第三节　旅游资源

苏丹旅游业正在兴起。2013年旅游吸引了591 350人次，并向苏丹提供了7.35亿美元外汇收入。统计显示，这些数字自2009年以来一直在稳步增长（旅游部，世旅组织，2014）。旅游业自1993年以来一直在进行私有化进程，是该国2012—2016年度国家发展方案的首要任务之一。据旅游部介绍，所有与旅游有关的公司都已经出售给私营部门，或与其合作。

苏丹旅游业并不发达。由于南部长期战乱，资金严重短缺及遭受安理会制裁，旅游业发展受到严重影响。首都喀土穆仅有五星级宾馆1座，4座高级宾馆。床位约1 200张。现在有较大规模的中国宾馆3家。旅游景点较少，且卫生、住宿条件较差，接待能力不强。

苏丹拥有丰富的旅游资源。苏丹是非洲野生动物、鸟和尼罗河自然风景等具有旅游投资价值最丰富的国家之一。苏丹主要旅游景点如下。

一、苏丹港

连绵700多千米的红海海岸和撒哈拉沙漠的东端，尤其以划船、划水、潜水、水下摄影等许多旅游项目为代表，可以一边看海一边欣赏沙漠美景；由于红海海岸地区环境未受污染，旅行者可以享受到清新的海湾和珊瑚礁。

二、野生动物保护区

丁德尔（Dinder）公园位于丁德尔河上游，是苏丹与埃塞俄比亚联合建设的国际生态保护区，保护区内有狮子、野牛、鸵鸟等，野生动物丰富；降雨季节公园成为沼泽地，若去旅游需乘直升机，旱季可驱车前往（图2.1）。

三、历史古迹

苏丹也享有古文明遗产，吸引了众多游客。

（1）北部地区：苏丹古文明遗产集中在北部地区，包括穆萨瓦拉特（Al-Musawarat）、卡里玛（Karima）、麦罗维（Merowie）、博尔卡（Al-Berkal）和栋古拉（Dongola）等。这些地区和其他一些地方仍在出土金字塔和庙宇的遗迹，也证明了这里的古代文明。这个领域的很多专家和学者被吸引到这里。这些地区拥有巨大的旅游资源，正在考虑将那些未对游客开放过的景点建成考古景点。

野牛

鹳

野鹿

野猪

图2.1 苏丹丁德尔（Dinder）国家公园的野生动物（摄影：王忠亮）

注：丁德尔国家公园是苏丹东部苏丹与埃塞俄比亚交界的国家公园和生物圈保护区。邻近的埃塞俄比亚对应是Alatash国家公园。公园内有许多野牛、野猪，狮子、鸵鸟等野生动物。进入雨季，这里成为沼泽地，要想进入需乘直升机；旱季，清除杂草后才能驱车前往。

（2）中部地区：森纳尔（Sennar）和森贾（Sinja），这里有古代芬吉（Al-Funj）王朝遗址。该地区的古代遗物证明王国的悠长历史，这些古代遗迹反映了苏丹人民的光辉历程。

（3）东部萨瓦金（Sawakin）地区：存在大量古代遗迹，显示苏丹重大历史阶段的存在。

（4）苏丹小金字塔群（图2.2）位于首都喀土穆北约250千米处的尼罗州的凯卜希耶（Kabushiya）附近：建于公元前7世纪至公元前3世纪的麦罗维王朝，是当时非洲最强大的民族努比亚人的杰作。古代苏丹处于尼罗河第1 ~ 6瀑布之间的地区，古称努比亚。公元前5世纪末，这里已有居民。埃及早王朝时期（公元前3100至公元前2686），第2瀑布以南出现库施国家。埃及第一王朝法老哲尔曾立碑记载他对努比亚的征服，第4王朝法老斯奈夫鲁在这里掠获7 000俘虏和20万头牛羊。公元前8世纪，以纳帕塔为首都的库施王国在努比亚崛起。库施王皮安基（约公元前751至公元前716在位）曾征服埃及，其弟沙巴卡建立埃及第25王朝。库施王退出埃及后不久，将首都南迁至第6瀑布以北的麦罗维。公元350年，阿克苏姆王国国王埃扎纳摧毁麦罗维城，库施灭亡。麦罗维是努比亚人的最后一个首都和最大的城市。这些金字塔群是苏丹博尔戈尔山及纳巴塔世界遗产保护区的一部分，保存较完整的金字塔40多座。

注：苏丹小金字塔位于首都喀土穆北约250千米处的Kabushiya附近，建于公元前7世纪至公元前3世纪的麦罗埃王朝，是当时非洲最强大的民族努比亚人的杰作。

图2.2　苏丹小金字塔

第四节　人民生活

一、人口动态

2013年苏丹约有3 340万人，2015年4 023多万人，2017年7月，最新一次联合国全球人口估计和预测苏丹人口为4 216.6万人，自然增长率2.41%，世界人口排名第33位，人口密度23人/平方千米，居全球186位（WPP，2017）。苏丹人口动态见表2.2。

表2.2　苏丹人口动态

年份	人口	男（%）	女（%）	密度（人/km²）	密度排序	出生率（%）	世界排序
2017	42 166 323	50.20	49.80	23	186	2.41	33
2015	40 234 882	50.20	49.80	22	186	2.31	33
2010	36 114 885	50.17	49.83	20	186	2.20	34

（续表）

年份	人口	男（%）	女（%）	密度（人/km²）	密度排序	出生率（%）	世界排序
2005	31 990 002	50.17	49.83	18	187	2.53	36
2000	28 079 664	50.19	49.81	15	188	2.55	37
1995	24 691 970	50.21	49.79	13	188	3.09	37
1990	20 008 804	50.21	49.79	11	191	4.17	42
1985	17 097 619	50.21	49.80	9	194	3	43
1980	14 418 063	50.20	49.81	8	193	3.53	47
1975	12 075 841	50.18	49.82	6	196	3.50	50
1970	10 232 758	50.17	49.83	5	195	3.23	51
1965	8 738 703	50.16	49.84	4	196	3.09	54
1960	7 527 450	50.17	49.83	4	192	2.91	59
1955	6 542 583	50.21	49.80	3	197	2.73	62
1950	5 733 944	50.28	49.72	3	192	2.58	62

资料来源：WPP，2017

由于地区冲突，数十年来在苏丹进行准确的人口普查是一个非常大的挑战，而南苏丹政府则指责苏丹蓄意操纵富油地区的普查数据。自独立以来，苏丹在北方进行了4次人口普查，南北方一起进行了一次人口普查。第一次人口普查是在1956年进行的抽样调查。这次人口普查所提供的数据只不过是全国人口统计的总体指标，当时估计苏丹总人口为1 010万人，没有区分年龄和性别，因为收集了4个广泛年龄组的数据。通过相对改进的方法和人口基金的支持，又于1973年、1983年、1993年和2008年分别进行了4次人口普查。期间，2006年进行了苏丹家庭健康调查（SHHS），这是首次对整个苏丹进行的住户调查。1983年的人口普查，苏丹的总人口（包括现在的南苏丹）达到2 160万，在过去20年中大幅增加。虽然苏丹创造了许多难民，但也拥有相当多的其他国家难民涌入苏丹，2007年有超过31万人在苏丹寻求庇护或避难。记录苏丹人口的最后一次官方人口普查是在2008年，包括苏丹东部、西部和北部的人口，并录得3 000多万公民。2013年苏丹人口增长率为1.83%，增长幅度较前10年有所下降。但苏丹人口总生育率高达每名妇女出生4.05名儿童，而且避孕普及率只有9%。尽管婴儿死亡率高，是世界孕产妇死亡率最高的国家之一，但苏丹仍然高于替代生育率，人口预计将继续上升。据世界银行收集的发展指标和据官方公布的消息来源来看，苏丹的人口在2015年为40 234 882人，苏丹的人口增长率在2015年为2.22%。苏丹的大多数人口都是农村人口，城市人口只有33.2%（图2.3）。

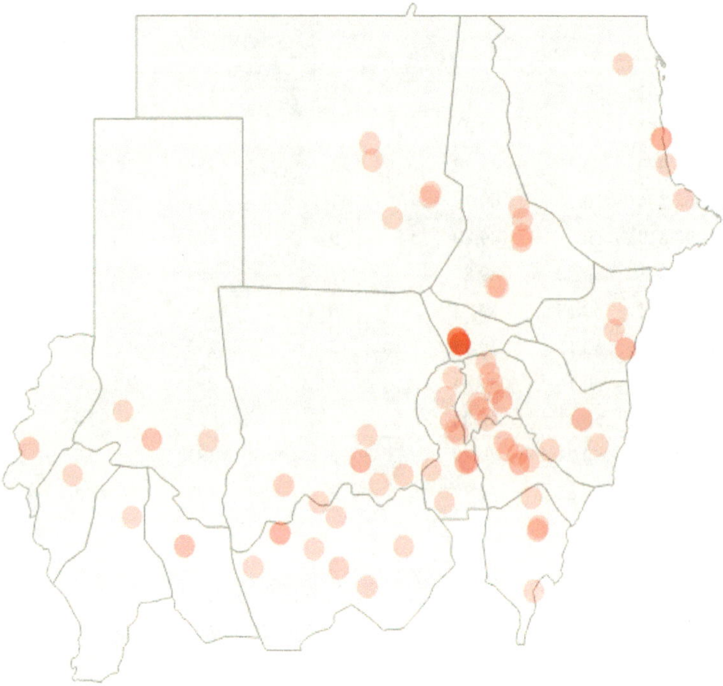

图2.3　苏丹人口分布（图片来源：WPP）

2015年苏丹的城市人口有1 360万人，城市人口增长率在2015年为2.765 9%。最大的都市喀土穆（其中包括喀土穆，喀土穆北和恩都曼）迅速增长，范围在600万～700万，其中约有200万来自南方战区和西部、东部受旱灾影响地区的流离失所者。苏丹人口密度如图2.3所示。主要城市人口见表2.3。

表2.3　苏丹主要城市人口

城市	人口	城市	人口
Khartoum喀土穆	1 974 647	El Daein大恩	264 734
Omdurman恩都曼	1 200 000	El Fasher法希尔	252 609
Port Sudan苏丹港	489 725	Singa森佳	250 000
Kassala卡萨拉	401 477	Ad-Damazin达玛津	186 051
El Obeid欧拜伊德	393 311	Geneina朱奈纳	162 981
Al Qadarif加达里夫	363 945	Rabak拉巴克	135 281
Kosti考斯特	345 068	Sinnar森纳尔	130 122
Wad Medani麦达尼	332 714	Al Manaqil迈纳琪	128 297

资料来源：WPP，2015

二、人口结构

苏丹阿拉伯人占苏丹人口的70%，其余的人口是贝贾人、科普特人、努比亚人和其他的阿拉伯族裔群体。苏丹有597个部落，有400多种方言和语言。苏丹几乎完全是穆斯林，大多数公民讲苏丹阿拉伯语。大多数阿拉伯人和土著部落，例如，说乍得阿拉伯语的马萨利特（Masalit）和扎格哈瓦（Zaghawa），由于语言和文化差异，与其他人口几乎没有文化融合。该国绝大多数阿拉伯部落原本在12世纪迁入苏丹，然后与土著居民结婚，并引进了伊斯兰教。苏丹东部和北部地区的苏丹阿拉伯人主要来自阿拉伯半岛的移民和一些已经存在的土著人口，例如与埃及有着共同历史的努比亚人。虽然一些伊斯兰阿拉伯部落从早期的西阿拉伯移民进入苏丹，但大多数是在12世纪之才后抵达苏丹。

苏丹是一个年轻的国度，有一个年轻的人群，15岁以下的人口占总人口的41%。20%的苏丹人是15～24岁，31%在25～54岁，只有不到4%是55～64岁。65岁以上人口仅为3.3%。苏丹的中位年龄非常低，为18.9岁（联合国WPP的人口数据2015年修订）。

三、人类发展指数

苏丹大多数人口生活在绝对贫困之中。可用的贫困指数表明，贫困仍然是苏丹最严重的问题之一，已成为公众、政府以及国家、区域和国际组织的主要关切。在农村和城市地区，苏丹90%以上的人口被列为贫困人口。此外，识字率、预期寿命和儿童死亡率等重要人类发展指标仍远低于许多中等收入国家的水平。

自从2011年南苏丹独立以来，苏丹已经变得越来越贫穷，这是人类发展指数突然下降的一个现实。2007年苏丹人类发展指数（HDI）为0.531，在参与评估的182个国家中排名第150位。2010年人类发展指数排名第154位。仅仅两年后的2012年，排名降到第171位。占人口一半的穷人面临着食品价格大幅上涨和日常生活费用上涨的困境。同时，由于政府削减卫生和教育预算，减少基本服务的资金，对整个国家未来的发展将会带来到严重损害，这是2012年财政紧缩措施的严峻后果。2015年苏丹的人类发展指数值为0.490，在188个国家和地区中排名第165位，比南苏丹独立后略有改善；但2015年苏丹的人类发展指数低于发展中国家的平均水平0.497，低于阿拉伯国家平均水平的0.687。2016年苏丹

HDI为0.460，在参与评估的188个国家和地区中排名145位。总体来看，苏丹人类发展指数出现了波动式增长：1990—2015年，从0.331增加到了0.490，增长了48.1%。1990—2015年，苏丹预期寿命增加了8.2岁，已经达到64.16岁，平均受教育年数增加了2.0年，预期的上学时间增加了3.3年。1990—2015年，苏丹人均国民总收入增长约140.1%。

苏丹人类发展状况和趋势结果显示，战前（1975—1982年）的平均人类发展指数（HDI）估计为0.34。卫生、教育和收入对人类发展的贡献估计分别为37%，28%和35%。战争期间（1983—2004年），平均HDI估计为0.43。生活水平的贡献从战前时期的35%大幅下降到战争期间的30%，卫生和教育的贡献分别为（37%）和（33%）。所有人类发展分指标的贡献的波动在战争期间有所增加。在冲突后（2005—2008年）的苏丹平均HDI估计为0.527。卫生、教育和收入对人类发展的贡献估计分别为34.2%，33.5%和32.3%（UNDP苏丹人类发展报告，2016）。

四、贫困状况

2010年苏丹《人类发展报告》介绍了多维度贫困指数MPI，其中，确定了家庭在三维方面遭受的多重重叠剥夺：教育、健康和生活水平。教育和健康方面都是基于2个指标，而生活水平则以6个指标为依据。建立国家MPI所需的所有指标均取自同一家庭调查。对指标进行加权，以创建剥夺评分，并在调查中为每个家庭计算剥夺评分。33.3%的剥夺分数（加权指标的1/3）用于区分穷人和非穷人。如果家庭剥夺评分为33.3%或更高，家庭（及其中的每个人）被归类为多层面的穷人。剥夺分数大于等于20%但低于33.3%的家庭生活在多层面的贫困之下。最后，剥夺分数大于或等于50%的家庭生活水平，处在严重的多层面的贫困中。《2015年人类发展报告》对102个发展中国家的MPI计算。苏丹MPI公布的最新调查数据是指2010年，MPI为0.290。53.1%的人口是多维度贫困人口，31.9%的人处于严重多维贫困，处在每天1.9美元贫困线以下的为14.9%，另外，17.9%的人口接近于多层面的贫困线附近，每天工资低于3.10美元的占总就业人数的27.6%。

关于苏丹生活水准的文献着重于贫困指标，这是因为76%的人生活在贫困线以下。这一领域的开创性工作是由阿南德（Anand）和努尔（Nur）（1984）进行的研究，他们估计了苏丹的绝对贫困线。为此，他们采用食品能源摄入（FEI）方法以及由世界卫生组织（WHO）确定推荐的卡路里每日摄入（RDAC）。使用当年的价格，将摄入食物转化为货币价值，估计苏丹的年度粮食贫困线为Ls.444.935。假如穷人平均花费1/3的收入在食物上，将贫困线的值乘以3倍，以获得苏丹的绝对贫困线，估计值为Ls.1 334.805。艾哈迈德（2003）利用（1980—1999年）的数据，研究了自由化政策前后苏丹人均收入和消费趋势。将这一时期（1980—1999年）分为两个分期，即自由化前期（1980—1989年）和自由化后期（1990—1999年）。他获得的结果表明，实行自由化政策后，实际GDP和实际人均收入增长率有明显改善。实际GDP增长率自开放后的2.99%上升至自由化后的6.05%，实际人均国内生产总值增加了两倍多，从增加1.20%至3.96%。另一方面，自由化之前，真正的私人消费下降了1.22%，自由化后为6.84%；而实际人均私人消费在开放前下降了3.01%，自由化后更为显著的8.93%。因此，虽然经济自由化政策可能导致经济的显著增长，但这些收益显然不能弥补消费增长的速度。所有贫困指数在1978—1993年期间都呈上升趋势。随着时间的推移，人民达到最低生活水准的能力不断恶化，该国正面临着粮食不安全的问题。2004年，苏丹人均国内生产总值594美元；1975—2004年人均年增长率估计为1.6%，而1990—2004年，人均年增长率和平均年度变化的国内生产总值分别为3.4%和46.1%。2003/2004年CPI的变化为8.5%（人类发展报告，2006）。苏丹人力和收入贫困指标指数表明，2005—2010年，未能活到40岁的概率为23.9%，人口无法持续改善水源的为30%（2006），1999—2007年成人文盲率为39.1%，2000—2006年体重不足的儿童（5岁以下）为41%，人类贫困指数为34（2007）。

五、就业状况

伴随着城市化的不断发展和人口不断增长的高失业率，仍然是政府的主要挑战之一。苏丹失业率从2011年的15.90%上升到2014年的19.50%，达到历史最高点。1993—2014年，苏丹的失业率平均为15.83%，历史最低点是1993年的11.10%。失业人数最多的是青少年，这是一个令人关切的人群，其中有一半以上的人口在24岁以下。

苏丹15岁以上就业率41.6%，5～14岁童工占相同年龄段总人口的25%。农业就业人数占就业总人数的44.6%；服务业就业人数占就业总人数的40.1%。劳动参与率占15岁以上总人数的48.1%。总失业率占劳动总人数的13.6%，15～24

岁青年失业率22.5%。从长远来看，卫生和教育部门的资金减少将加剧苏丹失业的挑战。一个被剥夺教育和医疗保健的人群，意味着失去健康和最基本的谋生技能，他们最终将会在竞争激烈的全球市场上去寻找工作机会。多年的冲突和不安全感使得就业率受损。这意味着技能没有得到加强，而且经常丢失；专业能力尚未建成；人口流离失所和缺乏经济机会导致了“人才流失”，使得该国在公共和私营部门丧失了基本能力。这对苏丹政府管理其基本职能是一个真正的挑战，包括确保提供服务和促进社会经济发展。

苏丹总体安全状况令人担忧。每10万人凶杀案6.5起；平均每百万人中有556人因自然灾害无家可归。本国难民总数62.25万人。每10万人中有50人在监狱。

六、财政预算

2014/2015年度苏丹财政预算支出情况为：教育5.35%，卫生3.89%，基础设施3.7%，自然资源和农村发展3.25%，社会及人道主义救助0.87%；财政2.58%，经济功能3.46%，公共行政7.83%，司法行政13.7%，国防及国家安全35.19%，内阁事务等11.61%。而这些支出39.1%的用于支付工资，23%的用于购买食物和服务。一般家庭基本生活费用占工资的66.52%，住房占12.36%。名义上实行全民免费医疗。

七、人口指标

每个家庭平均5.7人，5岁以下儿童占14.7%，60岁及以上人口比重5.4%，男女比例100：104.0，城市人口33.2%，残疾率4.8%。已婚人口49.1%，未婚人口比重36.4%，一婚离婚率25.7%。总生育率1.9%，总人口出生率3.9%。平均预期寿命59.8，人口总死亡率16.7%，婴儿死亡率7.9%，5岁以下儿童死亡率11.1%，产妇死亡率41.7%。教育指标：15岁及以上有读写能力的人口比例55.7%，15～25岁有读写能力人口比例67.0%，小学中女孩与男孩比例83：100。劳动指标：参加经济活动比例37.4%，失业率15.9%，15～24岁失业率25%，经理和立法者比例8.6%，专业人士占5.7%，教授、副教授1.9%，文书工作者3.1%，机械工人及装配工4.8%，手工艺及相关行业11.3%，初级工作者30.5%，服务和销售业6.7%，熟练农林渔从业者27.4%，就业率6.8，非营业性工作29%，带薪员工30.4%，不带薪家庭工作者19.6，不带薪为他人工作0.5%（UNDP，2015）。

总之，苏丹自独立以来的大部分时间一直处于战争状态。因此，毫不奇怪，迄今为止，还没有能够充分回应人民有尊严、健康和富有成效的生活的愿望。苏丹南北战争造成世界上最大的国内流离失所者，人数达300万～400万；达尔富尔冲突爆发加剧了这个问题，估计增加了大约120万国内流离失所者和约20万难民（苏丹政府和联合国，2004）。这些内部冲突消耗了经济增长积累的大部分资源，毫无疑问是破坏性的。在达尔富尔、南科尔多凡州和青尼罗州的一些地区，武装冲突已很常见，一个2.1万人强大的非盟联合维和部队自2007年以来一直驻扎在达尔富尔。政府在2015年启动了全国对话，但这一进程受到主要反对党和武装反叛集团的抵制。

2016年年初，在非洲联盟和国际社会的支持下苏丹发起了和平路线图。5月，政府就达尔富尔常设行政地位举行公民投票，6月宣布在南科尔多凡州和青尼罗河单方面停止敌对行动。2017年5月各独立党派和武装力量达成共识，成立了联合政府，但达尔富尔叛军拒不接受投降也不加入联合政府。苏丹的安全形势依然严峻。

第五节　苏丹教育

根据联合国开发计划署最新报告（2016），苏丹15岁及以上成人识字率75.9%。学前儿童入学率34%，小学入学率70%，中学入学率43%，高等教育入学率17%。全国平均接受教育年限为3.5年。受过中等及以上教育的占16.3%。小学辍学率20.6%。受过正规的训练的小学教师占60%，小学教师与小学生的比1：25。

苏丹的教育制度分为3个阶段，2年（4～5岁）的学龄前阶段，持续8年的基础教育阶段和3年的中等教育阶段。苏丹教育有3种主要形式，90%的学术教育，5%的技术和职业教育，5%的宗教教育。从财务的角度来看，教育可以归为90%的政府教育和10%的家庭教育。过去50年来，苏丹的教育已经通过3种不同类型学制，从20世纪70年代的4-4-4制，至1991年的3-3-6制，到今天的3-8制。

苏丹的教育系统在过去40年里迅速扩大。尽管如此，基础教育普及化的政策面临着许多具有挑战性的问题，其中苏丹一些欠发达地区没有学校或学校不能使用，而且由于中学生的学费太高，贫困儿童无法进入。2004年，近29%的成年男性是文盲，成年女性文盲率约为48%。男子平均识字率和入学率分别为69.40%和37.50%，而女性的平均识字率和入学率分别为46.79%和32.38%。而在1997—2004年期间，女性识字率平均为男性的66.61%，女性入学率平均为男性的86.19%。

据苏丹教育部的资料（2001），苏丹的教育制度面临着许多问题。其中，包括流动人口文盲率高，在城乡之间分配不均衡，技术熟练的青年从农村向城市地区和海外迁移；内战和自然灾害导致基础设施薄弱，严重迟滞了教育发展。外援减少加上经济禁运，进一步加剧了严峻的局势。其结果是将教育预算减少到了国民生产总值的2.8%，从而使教育质量下降。苏丹教育部给出的解决方案是：加快传播数据库网络覆盖所有州的进程；提高公共预算中教育预算的百分比，以满足教科书规定的培训、改善学校环境和覆盖教育服务的需要；通过不同手段加强中央与各州之间的联系；更多地关注专业培训以及持续的师资培训，以便有足够的受过训练的人员来承担联邦治理制度，以适应课程的创新；促进教育领域的对外关系，吸引更多的教育资金和技术援助。

苏丹基础教育中女孩与男孩的比例从1999/2000年度的0.84下降到2004/2005年度的0.82。最重要的结果表明，到2015年总入学率和男孩女孩的入学指标，苏丹远远没有实现普及小学教育。关于中等教育水平，教育部宣布的政策是保证所有成功完成基础教育的人有平等机会和通道。但到2004年苏丹男孩和女孩的中等教育入学率仅25.8%。此后苏丹教育部通过了一项为期25年的教育战略（2003—2027年），其中包括其总体框架，介绍了教育史上取得的成就，内部和外部挑战，理念和总体目标，公共政策，输出（相同的时间和未来一代的规格）和日程。战略的第一个中期计划（2003—2007年）侧重于与获得教育和平等接受教育机会有关的问题。在基础教育方面，该策略的目标是在战略的第一阶段将六岁儿童的入学率提高到90%。还强调偏远农村地区和遭受战争影响地区以及特殊情况的群体（如残疾人，游牧民众和流离失所者）和一些地区的女孩等群体的入学率。此外，该策略旨在将基础教育年龄（6～13岁）儿童的入学率提高至80.9%，以减少州级之间的差异。该计划旨在将目前基础教育入学率达到50%～60%的州的入学率提高到75%。对于相对较先进的州（入学率达65%以上），该计划旨在实现基础教育100%入学的目标。同样，在提高扫盲率和降低文盲率的同时，目的是吸收80%的获得基础教育技能之前的无法完成基础教育而退学、小学生年龄段的孩子；五年结束前将成人（15~45岁）的识字率提高到75%。该计划采用所有可用的手段，分州开设了一些新的大学和高校，明显增加了学生的吸收量。人文社会科学系的学生人数比例是科技领域的两倍，分别为66.23%和33.77%。根据高等教育和科学研究部收集的数据，医学、牙科、制药、工程、计算机及其他学院的学生人数估计分别为3.79%，0.40%，1.10%，11.58%，83.13%。鉴于大学毕业生失业率较高，一方面高等教育部与科技部缺乏协调，另一方面包括政府的就业来源也很少。新开张的大学以及古老的大学由于大部分熟练的人力和大学教授移民到海湾和欧洲国家，寻求更好的就业机会，员工和人力资源短缺严重，没有移民的少数教授，实际上很难满足各大学的所有教育需求。另一个问题是参考资料、技术研讨会和科学实验室以及计算机和研究设施等设施和资源短缺。

以苏丹东部卡萨拉州教育为例：2005—2006年入读政府基础学校的女童为58 790人，占女童（6~13岁）总入学人数185 224人的31.3%；男孩为73 088人，占男童（6~3岁）总入学人数188 683的38.7%。入学政府基础学校男女总人数为131 878人，占（6~13岁）入学总人数381 108的34.6%。政府基础学校入学人数从2005—2006学年到2008—2009学年增长21%。女教师分别占总人数的69%和66%，受过训练的女教师分别为54.5%和58%，受过教师培训的人员总数比教师人数高出60%。教师与学生的比例分别达到了29名学生和30名学生1名教师。学校数量从405所增加到630所，比例增加了55%，学生人数增加了27%。在非政府基础学校教育中，学生人数增加了4%。2008—2009年入学基础中学考试10 991人，成功7 005人，成功率63%，男生33%，女生30%。入学基础学校考试10 991人，成功7 005人，成功率63%，男生33%，女生30%。

第六节　卫生保健

根据联合国开发计划署最近报告，苏丹卫生支出占GDP的1.8%。人预期寿命63.7岁。女性成人死亡率19.7%，男性成人死亡率25.4%。每10万人因疟疾死亡16.5人，因结核病死亡21人。成年人（15~49岁）艾滋病流行病率0.3%。活产婴儿死亡率4.76%。5岁以下儿童中度或者重度发育不良占38.2%。5岁以下儿童死亡率7.01%（UNDP，2016）。

据苏丹联邦卫生部（FMOH），1989—2000年，保健中心的数量每年平均增长3.5%，医院平均增长3.8%。医院病床数量增加了20%（年增长率为1.7%）。在全国范围内，床位数相当于每1 000人约1张床，相比之下，埃及的每1 000人口中有0.5张床，而在中等收入的欧洲国家每1 000人约有10张床。然而，最重要的是这些保健设施的分布极度不均衡，在农村地区几乎没有初级保健单位。卫生服务的主要问题是：缺乏转院制度，缺乏病人运输和救护车辆，缺乏质量工作标准，服务不是基于客户满意的概念，基础设施配置薄弱，许多保健设施不是按照标准建造的等。低质量的服务导致患者出国寻求治疗，治疗和预防服务环节之间联系薄弱，导致医疗工作孤立，缺乏明确的愿景、使命和计划（FMOH，2004）。由于石油收入促进了政府收入的增加，使得卫生部门的公共支出有所增加。1999—2002年，联邦和州政府卫生系统支出翻了一番，然而，公共卫生支出相对保持在2%～3%。政府卫生支出一直低于GDP的1%。苏丹政府卫生支出排在世界最低水平之列，年人均卫生支出估计平均为265SDG（2000—2003年约为1美元）。1岁儿童全程接种预防结核病51%，1岁儿童全面接种麻疹疫苗59%。

苏丹艾滋病和其他重大传染病率。2009年，艾滋病（Hiv/Aids）成人患病率1.1%；艾滋病患者—艾滋病感染者260 000人；艾滋病毒/艾滋病—死亡人数：12 000人。主要传染病：风险程度非常高的食物或水源性疾病：如细菌和原生动物腹泻（霍乱）、甲型和乙型肝炎，以及伤寒症。③流行性疾病：如疟疾（马来热）、登革热和裂谷热；④水接触疾病：如血吸虫病；呼吸系统疾病：如脑膜炎球菌性脑膜炎，肺结核；⑤动物接触疾病：如狂犬病。注意：该国已确定高致病性H5N1禽流感。

苏丹流行病多是因为蚊虫传播和饮用水不洁而引起。一般苏丹每人每年要得2～3次马来热；马来热、霍乱经常暴发且导致死亡。2000年，47%的家庭主要用水来自他们的住宅，1个公共水龙头，1口水井，1个深水井，而苏丹北部平均报告的水源取水时间64%为38分钟，北达尔富尔的平均时间88分钟，南达尔富尔和西达尔富尔20～21分钟。对受冲突影响人口营养调查发现，2005年的63%和2006年的73.3%获得了足够的水源。据报道，获得清洁水的限制是：水不足的占59.9%，水质差的占21.6%，长距离或取水时间长的占20.0%。在这两个时期，约有60%的人可以使用厕所，但应该强调的是，这些调查只对360万人的“受冲突影响”人口进行了抽样。人道主义方案的供水减少了州之间的差距，但却造成了各州不同群体之间的差距。

第七节 西部冲突

一、达尔富尔主要历史脉络

大达尔富尔地区（图2.4）现分为5个州，北达尔富尔州、西达尔富尔州、南达尔富尔州、中达尔富尔州（2011年底新设）、东达尔富尔州（2011年底新设）。

达尔富尔1200—1300年位于杰贝·马拉（Jabal Marra）东南部的大久（Daju）州。1500—1600年位于杰贝·马拉和杰贝·斯（Jabal Si）北部的汤久尔（Tunjur）州。1650年富尔（Fur）州出现在杰贝[①]·马拉以西的平原上。凯拉富尔（Keira Fur）王朝的第一个历史统治者是苏拉曼·索隆多戈——“阿拉伯人”。1700—1750年基拉（Keira）州与西邻邻国瓦代（Wadai）之间发生了一系列战争。1751—1786年穆罕默德·泰拉布（Muhammad Tayrab）统治，在山东扩张。泰拉布征服科尔多凡（Kordofan），当时的达尔富尔州比现在尼日利亚面积还大。1791—1792年在法西尔（al-Fashir）建立一个常设首都。1821年科尔多凡被埃及人征服，并入埃及—苏丹。1850—1860年达尔富尔是埃及的主要贸易伙伴。一系列很大程度上的徒劳征战以对抗游牧民族。1874年马奴瓦什战役，标志着奴隶贸易商祖巴耶·帕夏·曼苏尔（Zubayr Pasha al-Mansur）从南部征服达尔富尔的最后阶段，达尔富尔并入埃及苏丹。1874—1882年由凯拉组织系列抵抗埃及统治——“阴影

图2.4 大达尔富尔位置（图片来源：世界地理）

① 杰贝（Jabal）：阿拉伯语，山

苏丹”。1882年马赫迪主义革命来到达尔富尔。1893年最后一幕“苏丹”[①]，阿里第纳尔b.扎卡里耶亚（Ali Dinar b. Zakariyya），向马赫迪主义者投降。他被带到马赫迪首府恩都曼（Omdurman）。1898年9月的恩都曼战役前夕，英国人摧毁了马赫迪军队，阿里第纳尔和一群达尔富尔酋长回到了达尔富尔。达尔富尔苏丹国重建。1916年英国征服达尔富尔，阿里第纳尔死亡。1921年在尼亚拉发生反抗法基赫阿德·阿拉的达尔富尔最后一次伊斯兰教革命。1922年巩固达尔富尔间接的统治。1930—1950年是代达尔富尔“间接规则”全盛期。1956年苏丹独立。1966年形成达尔富尔发展阵线；与乌玛（Umma）党的萨迪克·玛赫迪（al-Sadiq al-Mahdi）结盟。1972年“直接规则”制度开始。1985年6月干旱和荒漠化在达尔富尔北部开始严重蔓延。2003年2月苏丹解放军/运动组成（SLA/M），2003年4月组建正义与平等运动（JEM）。2003年6月开始达尔富尔长期冲突。2006年《阿布贾和平协定》签署。

二、达尔富尔冲突的原因

达尔富尔今天面临的巨大挑战既是目前冲突的后果，也是一系列可追溯到数百年前的潜在因素。自然和地理因素，特别是降水量减少、沙漠化日益加剧、定期干旱，人口迅速增加，加上治理的失败导致收入差距日益扩大，扶贫开发进展不力。边缘化和忽视被认为是苏丹各种冲突的主要根源。

1. 财政支出不平衡

中央政府对各州的财政支持的不平衡也是导致冲突的一个根源。例如，2001年，中央财政对达尔富尔3个州的总扶持金额为30亿第纳尔（SD）[②]，根据当时的人口普查，人口数量为600万。相反，中央政府向两个北方州扶持资金30亿和1 300万的可持续发展资金，而两个北方州人口为50万（Kabag，2005）。这些数字反映了政府制定国家预算的结构性不平衡和明显的偏见。上述数字并非例外，1997年，整个大达尔富尔政府划拨总额为30亿和5.43亿SD，两个北方州的财政扶持达到了30亿和4.69亿SD。同时，喀土穆州在发展方面的支出远远高于工资和薪金。另一方面，达尔富尔的公共开支相对较少，其中大部分资金

① 此处“苏丹”由Sulṭān翻译而来，与Sudan不同。指一个在伊斯兰教区域内类似国王的称谓。它也有很多其他的译法，在古文翻译为“素檀”“速檀”等，民间也又叫“素里檀”“唆里檀”“算端”“层檀”等。在阿拉伯语中意为“力量”“治权”“裁决权”，后来变为权力、统治。最后，它变为对一个特殊统治者的称号

② 参阅专栏1：苏丹货币

用于支付工资和薪金。一般来说，国家支出的组成一般偏离了发展支出（喀土穆除外）。在组成方面，达尔富尔州的预算遵循类似于国家预算的经济支出分类制度。尽管总数不断增加，然而，在公平的划拨份额方面，国家对发展项目的拨款在过去六年中证明是非常有限的。这主要是由于分配给当前支出，特别是工资和薪金的资源份额不断上升，这些资源正在挤出其他活动（如开发和维护）。国家财政部报告说增加工资是主要原因。即使根据过去几年中央授权的重大加薪决定，报告的工资单上涨幅度也令人惊讶。这种增加工资和薪金的一个可能解释是，越来越多的地方而不是地方领导人要求获得更多的基本服务，他们由行政权下放转向力量需求。这反映了达尔富尔真正治理危机。

2. 缺乏发展动力

发展努力不足仍然是一个重大挑战。发展支出仍然很低，因为大部分的支出被工资和薪水挤出；也是因为将发展支出责任分配给地方一级，资源相对较差。达尔富尔每年的人均发展支出不到一美元（2006）。在大多数指标中，达尔富尔排在苏丹最不发达地区之列。超过一半的家庭是最穷的；净小学入学率低于50%；文盲女性与男性的比例为76：100；每1 000名儿童5岁以下死亡率为100人；只有不到一半的人口可以获得改善的饮用水；只有1/4的人口可以获得改善的卫生设施。达尔富尔面临的巨大挑战不仅反映了目前冲突的影响，而且反映了数十年可追溯到的一系列潜在因素（D-JAM，2007）。住户调查数据集（2009）显示，苏丹的贫困现象普遍深入，15个北方州之间的差距很大，事实上，这种不平等现象似乎也在上升。公共支出模式反映的城乡差距扩大，与冲突、孤立、剥夺、流离失所和长期贫困密切相关。与其他北方州相比，达尔富尔州是排名最低的州之一。而基于人均消费量的估计贫困线对于北部15个州平均约46%，大达尔富尔约62.7%，贫困线差距约为24%。达尔富尔的食物份额占家庭总预算的60%，显示出边际消费倾向高，这一非常明显的福利指标迹象很低。调查显示，家庭人数不一，从5%的1～2个成员的家庭到49%的超过9个成员的家庭。虽然大型家庭通常有规模经济，但似乎食物的获取量随着成员数量的增加而减少（FAO，2010）。总之，与营养不良水平相关的最重要因素似乎是收入。最贫穷的20%人口的营养不良水平惊人地高达91%，而最高收入的20%人口中几乎没有。

3. 教育水平低

达尔富尔教育水平低也是导致冲突的一个关键因素。达尔富尔小学和中学的入学率较低。2005年，达尔富尔的毛入学率（GER）为52%。南达尔富尔的人均收入最低，入学率也最低，为22%；而达尔富尔北部和西部则分别为61%和59%。这可以与2003年的苏丹北部总体估计的全球收入水平进行比较，到2004年为62%，撒哈拉以南非洲的平均GER估计为87%。性别差距也很大，在学校女孩比率比男孩要大大降低。2005年，女孩与男孩的GER的比例为0.75。

由于低入学率，青年人和高中毕业生构成了加剧达尔富尔冲突的最危险因素，也是未来和平的重大风险。由于没有明确有效地解除武装，复员和重返社会方案难以吸收最年轻的前战斗人员。关于内战的实证文献，得出了有助于内战后再次发生暴力事件的一些相当有力的结论。当政治组织能够获得组织资本（资金）、人力资本（武装团体和个人）、社会资本（缺乏信任和支持暴力的社会规范）和物质资本（武器）时，复发的风险就会大大增加（Collier, 2003）。当激起叛乱的基础投诉没有得到满足时，再次出现战争也更为可能。

在苏丹所有主要城市，城市化进程非常快，达尔富尔大约250万人流离失所，这些人正在不断被纳入城市中心的难民营安置。由于内部流离失所，达尔富尔城市化进程迅速，达尔富尔人口现在40%～45%居住在城市中心，或者靠近城市中心的难民营。这种快速的城市化进一步加剧了环境资源恶化，同时增加了基础设施服务如水、卫生、电力和道路压力。

第八节　东部冲突

一、东部民族构成

苏丹东部由3个州组成：红海、卡萨拉和加达里夫。联合区位于苏丹东北部，北部与埃及接壤，东南是厄立特里亚和埃塞俄比亚。苏丹东部面积330 860平方千米，人口4 534 294人。苏丹东部主要居住着贝贾族（Beja），一个几乎是苏丹最古老且人口众多的民族。贝贾可以分为4个主要部落，每个部落都有自己的纳扎拉（nazara），相当于市长。哈达德瓦（Hadadawa）是最大的贝贾部落，巴沙林（Basharin）分布在苏丹和厄立特里亚之间。阿马尔（Amar'ar）主要在红海州，巴尼阿米尔（Bani Amir）分布在苏丹和厄立特里亚之间。每部落的纳齐尔（nazir）①，有4个等级，构成了权力结构的系统性权威。东部和解以后还有人想恢复这种头领负责制，但被总统巴希尔否决了。此外，还有较小的部落阿米迪亚·阿尔特加、阿什拉夫（Ashraf）等。所有贝贾部落使用相同语言的不同版本。大多数贝贾是游牧民族，虽然也能熟练地种植高粱，但放牧是他们主要的经济活动。

东部也居住着其他一些部落。秀科里雅（Shukriyya）是居住在加达里夫州的农牧民。北方的阿拉伯人，如萨伊克雅（Shaiqiyya）、佳阿雷雅（Ja'aliya）和拉沙达贝都因（Rashaida Bedouin）都是游牧民族，他们是1869年以后从沙特阿拉伯移民而来。来自苏丹西部和西非的经济移民也被吸引到该地区，如豪萨（Hausa）和热巴尔玛（Zabarma）等。在苏丹港和卡萨拉也有许多达尔富尔人、努巴人和南苏丹人。

经济主要依靠大型农业和港口。苏丹东部农业项目历史悠久，英国人在1924年建立了盖斯（Gash）项目和1945年在加达里夫建立了盖荡姆博丽雅（Ghadambaliya）项目。自20世纪60年代以来，苏丹第一个农业灌区托卡尔（Tokar）三角洲就已经种植了棉花。农业和港口是东部收入的重要来源，使东部地区成为全国富裕地区之一。虽然这些经济活动可以为拥有农场和港口的公司提供很多利润，为员工提供稳定的收入，但它们对农村地区的游牧民众和小农户几乎没有什么好处。因为农民是以种植业和畜牧业谋生为主。

二、东部冲突原因

苏丹东部的冲突没有单一的根源，一系列相互关联的因素正在推动冲突。历史积怨，排斥和边缘化的感觉，不同群体之间公平分享权力的诉求，经济资源和利益分配不平等以及欠发达是互相冲突的因素，但都不是唯一的或主要的原因。

1. 贝贾人的诉求

在苏丹东部，特别是贝贾人中的申诉可追溯到殖民时期。东部独立的历史像苏丹其他地区如达尔富尔和努巴一样，被界定为对政治和经济集权的挑战。贝贾族缺乏对于政治代表性的不满，其结果导致了社会经济边缘化、欠发达和缺乏服务。贝贾族议会是由一群受过教育的贝贾族人于1958年组建的。贝贾议

---

① 纳齐尔（nazir）：即部落首领，分4个等级，以阿拉伯语发音为：纳扎拉（nazara），哈特（khat），奥马迪亚（omodyya）和马沙伊卡（mashayka）

会呼吁通过联邦政府平等分配苏丹所有地区的权力。到目前为止，冲突的原因与60年前的贝贾议会所表达的不满没有多少不同。许多地方观察家都强调，苏丹东部是一个物产丰富的地区，因为它拥有瓦斯、黄金、石油储藏和其他矿产，拥有畜牧和渔业，并且是苏丹唯一的港口。

2. 社会分配不均

红海州是苏丹最富有的州之一，但也是最贫穷的州之一：根据一项家庭调查，2004年的人均收入为93美元；卡萨拉州农村每户每年的收入约为156美元，而红海州农村人均年收入为93美元；这两个指标都远低于人均每日1美元的国际极端贫困线。在卡萨拉州的家庭识字率和慢性营养不良与红海州的急性营养不良之间存在着显著的相关性，在卡萨拉州农村，43%的户主是文盲，而红海州农村是54%；在15岁以上的人口中，卡萨拉农村的文盲人率为56%，而红海州农村的文盲率为62%。健康服务主要集中在苏丹港和其他像卡萨拉这样的大型中心；只有20%的红海州农村有保健中心或诊所，而在卡萨拉州，半数的村有某种形式的保健设施，虽然经常缺乏医生、实验室和药物。

3. 谋生手段单一

一些贝贾族领导人评论说，贝贾没有分享该地区生产的任何财富。当地社区广泛招揽了许多私营公司和良好关系的个人在该地区开展盈利性业务，没有任何利益流向社区。近几十年来的干旱和饥荒在贝贾造成了很多剥夺。导致粮食生产遭受损失，许多人群死亡。随着农村资源不断下降，其中越来越多的人被迫迁入城镇劳动，许多人抱怨说，农村几乎完全缺乏服务和发展举措，使得大部分人口转移到城镇，特别是苏丹港。饮用水资源短缺是将人们从农村推向城市的关键因素之一。在红海州，城市人口从1993年的总人口的38%增长到2003年的61.2%。在有服务的城镇贫困人口不能够负担基本的需求和服务，地方性疾病，如结核病也加剧了生活条件的恶化。港口机械化，对成千上万的个人和家庭收入产生了直接影响，无疑也激化了贝贾的反政府意识。贝贾族人从20世纪30年代初就一直在码头从事搬运工和休闲劳工的工作，而装卸工作是贝贾族人的最后安全保障。这个港口还为失去了所有牲畜的人提供了一个替代的生计来源，特别是在80年代中期的饥荒之后。红海和卡萨拉州的农村人口正在经历传统生计制度的严重侵蚀。

4. 竞争更加剧烈

由于苏丹港港口的机械化，贝贾族工人在市场上别无选择，导致失业率急剧上升。一些观察家指出，在装卸工作之外，苏丹港的非技术性劳动机会主要在建筑业。但是贝贾族人必须与更多经验丰富的移民劳工竞争。苏丹港和其他城市中心的非贝贾族的人数上升，埃塞俄比亚和厄立特里亚难民涌入以及苏丹西部一些受旱灾影响的群体到来，这些激烈的人口变化对贝贾人造成了严重的影响。随着他们失去大多的畜群，贝贾族人必须与这些连续浪潮般的新来者在城镇、农业项目和服务方面进行竞争。在卡萨拉，农业项目提供劳动机会，但是人们也抱怨说项目缺乏工作，特别是因为大量的土地侵蚀使得土地无法复原。很少有贝贾人在正规的政府部门就业，很可能是因为教育机会很少的原因所致。苏丹港和卡萨拉的青年大学毕业生，与普遍缺乏受过教育的贝贾人一样缺乏就业机会，对于贝贾族人在申请工作时受到歧视的看法普遍表示沮丧。在卡萨拉，土地被转让给非土著土地所有者，这些土地所有者逐渐拥有大量的农业项目，而当地人却无法获得农田。虽然不可能核实这些指控的延伸情况，但是还是要提到卡萨拉的许多贝贾人都认为他们的土地被其他人霸占了。在红海州，“黑希里”（Hosheiry）土地案例是直接没收，以开发石油出口新口岸，直接剥夺了他们的土地。

三、东苏丹和平协议

2006年10月14日，东苏丹和平协议（ESPA）在全部3个州签署。本协议终止了东部阵线（EF）与国家政府之间持续12年的低水平冲突。2006年11月6日，国民议会通过了“东苏丹和平协议”并在联合国秘书处登记。东苏丹和平协议由五章组成：①政治问题：政府与权力；②经济，社会和文化问题；③完成停火和最终安全安排；④东苏丹和平协议咨询会议；⑤一般规定。

要重新恢复东部的和平与稳定，苏丹面临一系列挑战。这些包括复员和解除交战各方的武装，创造一个信任和信心的一般环境；建立一套机制和政治安排，确保建立政治进程，最终消除贫困对象，逐步缓解经济不平等。这项研究强调并更新了苏丹政府和参与早先的维持和平努力、建立持久和平的国际机构所采取的步骤。联邦修正了法律并制定了3个州的宪法，以符合东苏丹和平协议规定，代表“东部阵线”的成员由联邦和州级不同的立法委员会任命，更多地是在地方层面。东苏丹和平协议认识到，政治、社会和经济边缘化是东部冲突的主要原因。因此，协议第22条规定了解决这些问题所必需的战略目标。

东苏丹和平协议的目标包括受战争影响地区的恢复和发展、社会和基本服务、基础设施、农业等优先部门，消除贫困并制订方案解决妇女、国内流离失所者和难民的具体需要。为实现这些目标，双方同意，除了东部苏丹在财政和财务分配和监测委员会（FFAMC）划拨中的份额外，政府将在2007年为东部3个州分配相当于1亿美元的金额；而2008、2009、2010和2011年的每年不得低于1.25亿。

东部3个州实施的项目：①2008年快速应急计划，计划项目总数为282个，实施率为97%。这些项目分布在3个州，红海州52个项目，卡萨拉州132个项目和加达里夫州98个项目。这些项目涵盖了卫生、教育、水、道路和经济发展等领域，总预算为5 514 699.80SDG。②中国向苏丹提供了30亿SDG的贷款资金，用于以渔业、饮用水和技能培训能项目。③2009年联邦财政部拨出7 300万SDG的资金用于其他迅速应急计划阶段的资金。项目总数为496个。恢复和发展计划项目分布在3个州之间，红海州67个项目，卡萨拉州367个项目和加达里夫州62个项目。项目涉及社区赋权、卫生、教育、水、道路、电力部门和经济发展等领域。④妇女发展项目：在这方面，恢复和发展计划为3个州的总投入20.2万SDG，为妇女提供小规模生产工具。⑤高粱配发：在卡萨拉和红海州的农村地区免费提供高粱，总成本为200万SDG。

解除苏丹东部的武装、复员和重返社会进程是和平协定的一部分。复员方案是巩固任何和平协定的支柱，如果不能重新融入战前的生活，可持续和平是不可能的。东部苏丹复员方案是在开发计划署对人类安全项目的支持下进行的。在第一阶段（2007—2008年），东部阵线的1 700名前战斗人员已经复员和重返社会。在联合重返社会努力中，东部苏丹解除武装，复员和重返社会委员会（联合国开发计划署，粮农组织和非政府组织）1 251名前战斗人员接受了兽医和基础业务管理技能方面的培训。还为他们提供了山羊、绵羊等，帮助他们开办小企业。作为复员方案第二阶段的一部分，政府现在正在遣散来自苏丹武装部队（SAF）和人民防卫力量（PDF）的2 254名战斗人员。苏丹政府与加拿大、英国、欧洲委员会、挪威、意大利和开发计划署一起提供了约600万美元支持第二阶段项目。在支持东苏丹和平协议的情况下，卡塔尔资助了东部各州的3个基础设施项目：①连接卡萨拉镇与埃雷的26千米柏油路，总数达到1 200万美元。②在卡萨拉州涛库科（Talkook）农村建立一个新村，总费用为300万美元。③在卡萨尔州拉法农村建立一个新村，总费用为300万美元。

四、面临的主要挑战

东部和平协议的主要挑战是2010年4月举行选举后的有效性问题。①“东部阵线”和政府官员都证实，东苏丹和平协议的实施没有取得重大进展。恢复和发展计划的主要限制之一仍然是政府有限的规划和服务提供能力。司法和警务制度仍然大量军事化。②由于普遍存在和使用小武器，且仍然受到地雷威胁，潜在的安全隐患仍然存在。地雷的存在和未爆弹药（奥克苏斯）在一些地区，如Hamesh Koreib、卡萨拉州和南托卡尔、红海州（RSS），限制获取诸如水和牧场等资源。联合国排雷行动组织（UNMAO）目前在这两个领域都很活跃。③尽管东苏丹和平协议已经签署，但对国内流离失所者并没有大的回报。东苏丹和平协议之前该地区的武装冲突导致了约6.8万人的流离失所；大约80%的流离失所者已经定居在营地，主要是在卡萨拉。RSS没有正式的营地，大约10万个境内流离失所者住在苏丹港郊区的棚户区。④厄立特里亚和埃塞俄比亚之间的冲突也引发了难民涌入，估计达9.5万多人；现在大多数难民生活在营建于1976—1985年的12个营地。⑤农村人口迅速向城市区域迁徙；城市人口从1993年的38%增加到2003年的61%。与RSS相关的过程在农村经济的深刻危机中尤为显著。⑥东部苏丹展示撒哈拉（Sahelian）地区的典型特征，年降水量少，定期干旱常常持续2~3年。东部苏丹严重的环境退化问题，最具破坏性的后果包括：供水严重短缺，生产性土地荒漠化，森林资源和木本植被下降，土壤侵蚀；由牧豆树侵占了大面积土地，以及所有土地生产力的下降。⑦根据2006年的年度需求和生计评估（ANLA），卡萨拉和RSS的粮食安全形势反映了受长期贫困影响的情况。苏丹东部社区的主要收入和生计来源是农业和畜牧业。然而，从传统生计转向不同的收入来源，例如劳动工资和出售木柴和木炭；但木柴和木炭的生产和销售已经导致该地区自然资源明显枯竭，影响了环境，并对民生造成了不利影响。

和平协议之后，通过多年的努力，苏丹东部冲突基本解决，但深层次的矛盾仍然存在。

第九节 苏丹粮食安全

20世纪70年代和80年代初期的干旱，导致苏丹植被覆盖和粮食生产减少，引发了农村大规模移民，从而破坏了许多地区的经济和社会状态。洪水和降雨在20世纪80年代末和90年代对人民和环境的影响喜忧参半。

苏丹经历了各种各样的政治阶段：一是文职统治和多党制，二是军事统治和一党制度。一党制实现了国家的稳定，其农业部门的经济政策和发展战略得以实施（阿里，2003）。在讨论苏丹的粮食安全形势时，应考虑到政治不稳定，经济压力，包括自然资源和人力资源的破坏以及苏丹南部长期的内战。在达尔富尔、青尼罗和南科尔多凡地区的冲突，也是造成该国的粮食危机的重要因素。几十年的冲突造成了人身和人力资源的破坏，机构的侵蚀和对社会资源的破坏已经在苏丹引起了贫穷（FAO，2010）。由于农业生产率低，失业率高，农村地区的贫困处于较高水平。区域不平等、性别差距、性别收入差距很大。

石油工业在过去10年引发的经济增长并没有显著地惠及穷人（农发基金，2009）。这可能是因为石油和相关业务以及电信业等增长都没有为穷人创造就业机会。其他可能的因素是穷人缺乏安全和公平地获得生产资料，特别是土地、水和信贷；或者由于营养不足，教育水平低下，身体素质差，年龄或社会歧视，他们不能立即抓住这些机会。区域冲突和持续的不稳定已经迫使数百万人流离失所，并使数百万人面临极端贫困（FAO，2010）。

总而言之，由于长期战争及其对人民生活的影响（农发基金，2009）、经常性干旱、水灾、动物疫病爆发（FAO，2010），苏丹面临高度的粮食不安全状况。此外，人口、粮食安全、环境和自然资源之间存在着动态的相互关系（Zuberi，2012）。

根据粮农组织全球监测营养不良发生率的方法框架，粮食不安全的严重程度取决于食物匮乏程度，这是指食物消费量持续低于最低膳食能量需求的人的状况。在苏丹，饮食能耗低于最低膳食能量需求量1 751卡尔的人被视为食物匮乏。2009年进行的“国家基线调查”发现，1/3的苏丹人食物匮乏（NBHS）。

关于苏丹营养指标的其他研究发现，5岁以下的儿童31%的体重偏低，几乎48%的发育迟缓，18.1%中度或重度或严重营养不良。城市和农村人口的营养不良患病率为31%和34%。在营养不足发生率方面，北部各州被归类为经历高危险食物匮乏（SHHS，2006；苏丹政府，2008）。

2009年，苏丹连续第五年成为最大的唯一受援国，受援额达14亿美元。尽管如此，数百万人仍然面临严重和长期的粮食危机（FAO，2010）。几十年来，苏丹的许多地区长期存在严重粮食不足以及长期的粮食危机状况。在达尔富尔、努巴山区和青尼罗州，其原因主要与冲突有关，但也是自然灾害、资源退化和管理不善的结果。北部和东部地区许多农村人口的长期危机是由环境恶化造成的，干旱和长期的政治和经济边缘化导致的长期贫困的发生率日益增加。结果是或多或少的严重的粮食不安全状态。贫困和粮食不安全的最高水平记录是传统的雨养农民和牧民（世界银行，2003；FAO，2010）。

边界地区的影响最为严重，其中发生冲突，流离失所和贸易限制。南苏丹的独立和难民和国内流离失所者返回原籍地的激增是2011年的标志。最脆弱和不安全的地区是三个协议区（阿卜耶伊、南科尔多凡州和青尼罗州）与南苏丹边界，达尔富尔和喀土穆州（FAO，2011）。许多因素导致长期贫困，如高通货膨胀，苏丹镑的贬值和南苏丹的石油收入损失，中东和北非部分地区的政治动乱减少了苏丹移民的汇款。

自从2011年7月南苏丹独立以来，通货膨胀率继续大幅上扬。据苏丹中央统计局（CBS）的统计，2012年5月的通胀率为30.4%，而4月为28.6%。政府实行了几项重大经济改革，其中包括逐步取消燃料补贴。这种燃料补贴的取消是具有挑战性的，因为它将大大增加生活、运输和农产品的成本（USAID，2012）。此外，由于2011—2012年的雨季不佳，加之高通货膨胀而降低了购买力，红海、北科尔多凡、白尼罗河和卡萨拉等州约有100万人口受到严重粮食危机影响。此外，阿卜耶伊地区和达尔富尔180万流离失所者中大约有10万～12万人面临着粮食不安全（USAID，2012）。

2012年8—9月，降雨高峰造成苏丹许多地区严重的洪灾。大约有10万人受到影响。造成房屋和财产受到损害，造成数千只动物死亡，数千公顷的农田被毁（USAID，2012）。这也导致了约320万～350万人严重的粮食危机（饥荒预警系统网络，2012）。

归纳来看，苏丹粮食不安全的主要原因：基础设施遭到破坏；损害社会和经济结构；弱化服务机构；人口流离失所；交战各方阻止国际援助和粮食救济等（苏丹中央统计局）。

还可以注意到其他综合因素，如：①以干旱和洪水的形式出现反复发生的自然灾害；最严重的干旱发生在1983—1984年、1997—1998年和2000—2001年，造成人口流离失所和牲畜高死亡率。②有限的基础服务，如供水和卫生服务。在一些州，特别是红海州这一点尤为严重（IFAD，2009）。③因限制内部市场的货物和食品的自由流动、基础设施缺乏，对粮食安全造成负面影响。粮食不能从食品生产地区或粮食剩余地区运送到粮食不足地区，导致食品价格不断上涨。④邻国的不安全事件造成了大量难民涌入。再加上分布在全国各地的国内流离失所者，难民总数估计有580万（FAO，2010），这进一步压缩了已经很差的社会经济和环境资源。此外，全国各地的人口增长迅速，这些进一步加剧了粮食安全形势。⑤最后，政策和方案拟订框架的缺点以及不良机构设置不利于改善粮食安全。

第三章　苏丹宏观经济概况

苏丹是联合国宣布的世界最不发达国家之一。苏丹经济结构单一，以农牧业为主，工业落后，基础薄弱，对自然及外援依赖性强。

农产品占重要位置，长绒棉产量仅次于埃及，居非洲第二位，阿拉伯树胶产量居世界第一位，还产玉米、高粱、花生、芝麻、椰枣等。畜牧业也非常重要，多羊、牛和骆驼。工业有食糖、油料加工，化工、炼油、纺织和制鞋等。小规模开采盐、金、铁、铜、白云母等矿藏。出口棉花、阿拉伯树胶、花生、芝麻、活牲畜等农牧产品，进口原油、油品、原料、食品、纺织品、机械和设备、化工产品等。苏丹港是主要海港，喀土穆—苏丹港铁路是对外联系的要道。

国际货币基金组织把苏丹列为无力偿债和不宜提供贷款的国家，于1993年8月停止其会员国的投票权。为加快经济复苏的步伐，巴希尔政府于1993年和1996年分别发布新经济法规，实施一系列经改措施，一方面减少政府对经济的干预，实行市场经济，鼓励外国投资，发展农业，促进出口，另一方面大力推进私有化进程。1997年，苏政府按照国际货币基金组织的要求实行财经紧缩政策，严格控制公共开支，限制依赖银行借贷开支比例，减少货币发行量，重点扶持优先发展的战略项目，利用石油出口带动经济复苏，通胀率和赤字均明显下降，经济状况趋向好转。1998年和1999年，苏政府均按期偿还了国际货币基金组织贷款，受到该组织好评，并于2000年恢复其会员国的投票权。此后几年，建立起石油工业。随着大量石油出口，苏经济状况有所改善，目前苏在非洲国家中保持了较高的经济增长率。南苏丹独立后，苏丹经济经历了痛苦的转型，由单一对石油的依赖转向恢复农业和黄金开采，但仍然是资源依赖型经济。

2016年，苏丹国民生产总值840.7亿美元，人均GDP 1 722.72美元。苏丹经济以农牧为基础，国内最重要的农业区为青、白尼罗河相夹之“半岛”杰齐拉区以迄喀土穆，重工业的建设较少。苏丹社会经济指标（2012年）表明，苏丹经济32%依赖于农业，39%依赖于服务业，29%依赖于工业。南苏丹独立后，苏丹通货膨胀一直居高不下。2017年4月通货膨胀从3月的34.68%上升至48.18%，已经连续12个月上涨；4月消费者物价指数达到737.98点，比3月上涨14.90点，4月食品饮料价格指数上涨26.06点；食品饮料整体价格上涨了1.91%，而其他11个商品和服务贡献了0.16%，农村总体价格指数上涨了17.88点。苏丹2017年预算赤字估计为国内生产总值的2.1%，而2016年为1.6%。2016年GDP增长速度为6.4%，2017年预计5.3%；2017年目标平均通胀率为17%。苏丹货币为苏丹镑（SDG），2017年5月法定汇率1美元兑换15.8SDG，黑市价格17.5 ~ 18.4SDG；7月美国决定推迟取消对苏丹制裁后，汇率飙升到1美元兑23苏丹镑，10月12日解除制裁后，有所回落，但到11月中旬上升到26苏丹镑。

从1956年苏丹独立到2011年南苏丹独立，苏丹经历了两次大的冲突。第一次冲突从1955—1972年持续了17年，最后由“亚的斯亚贝巴协定”结束；第二次冲突从1983—2005年持续了22年，最后由内罗毕全面和平协议（CPA）终结。这些冲突和内战严重迟滞了苏丹经济的发展，而其间更令苏丹经济雪上加霜的是2007年世界金融危机和2011年南苏丹分裂。1999年之前的苏丹经济是“农业经济”，是缓慢发展时期；1999年石油工业的崛起使苏丹经济进入到“石油经济”时代，苏丹经济出现了短暂的辉煌；而2011年南苏丹的独立将严重依赖石油出口的苏丹经济拖入破产的边缘，经过了三年的整改，苏丹经济进入到“农矿经济”时期或者称为“黄金、石油和农业”的后石油经济时期。本节将苏丹经济分为“国家分裂前期”和“国家分裂后期”进行探讨。

第一节 国家分裂前期

南苏丹独立前苏丹经济有一个漫长的发展过程，为了理清这一时期的发展脉络，可将这一时期分为三个阶段：1973—1983年为冲突前，1984—2004年为冲突期，2005—2010年为冲突后。

苏丹经济在1972—2010年期间的基本结构和增长出现了很大变化，实现经济结构转型、多元化和经济增长面临着诸多问题和困难。苏丹政府通过健全经济政策和基础设施投资，扭转了经济的困难局面，但仍然面临着巨大的经济问题。2005年的人均国内生产总值处于753美元的较低水平，到2006年为970美元，到2008年增加到1 015美元（IMF，2007；2009）。

苏丹是2007年全球金融危机爆发之前世界发展最快的石油主导经济体之一。开发计划署赞助的一项研究发现，实际国内生产总值增长率从2007年的10.9%的高峰放缓至2010年的5%。石油繁荣期（1999—2010年），服务业迅速扩张，超越农业成为经济主导。虽然服务业和公用事业部门在经济中发挥越来越重要的作用，但农业部门继续雇佣大部分劳动力。平均而言，农业贡献了国内生产总值的1/3，而在石油开采期间，工业（以石油部门为主）占国内生产总值的1/4左右。南苏丹于2011年7月9日正式分裂，对苏丹的社会经济格局造成了重大影响。

一、冲突—和平过渡期的经济表现

表3.1和表3.2分别表示经济部门对GDP的贡献率以及从1972年到2008年的行业增长率。作为不发达国家，苏丹依赖于原材料和初级商品的生产。因此，尽管过去10年来对石油的依赖程度日益提高，但经济依然主要是农业经济。农业占该国出口总额的80%（不包括石油），为80%的人口提供生计。

表3.1　1972—2008年各行业占国内生产总值份额　（单位：%）

时期		农业	工业	服务业
冲突前	1973—1979	36.3	14.2	49.5
	1980—1983	35.1	13.9	51
	期间平均	35.7	14.1	50.3
冲突间	1984—1989	33.2	15.9	50.9
	1990—1994	36.4	16.4	47.2
	1995—1999	46.8	14.8	38.4
	2000	46.4	21.4	32.2
	2001	45.5	22.8	31.7
	2002	46.2	23.1	30.7
	2003	45.6	24.1	30.3
	2004	39.2	28	32.8
	期间平均	42.4	20.8	36.8
冲突后	2005	38.6	28.2	33.2
	2006	38.9	28.9	32.2
	2007	38.4	29	32.6

（续表）

时期		农业	工业	服务业
冲突后	2008	38.1	29.2	32.7
	期间平均	38.5	28.8	32.7
	总平均	40.1	21.2	38.7

资料来源：苏丹财政部，苏丹中央银行

表3.2　1972—2008年实际GDP和行业增长　　（单位：%）

时期		GDP	农业	工业	服务业
冲突前	1972—1975	4.1	2.3	1.3	2.8
	1980—1983	3.7	1	1.2	2.6
	期间平均	3.9	1.7	1.3	2.7
冲突间	1984—1989	2.3	0.6	0.7	2
	1990—1994	5	3.5	5.1	2.1
	1995—1999	6.2	9.6	5.5	1.5
	2000	8.3	0.7	46.5	1.6
	2001	6.4	4.7	12.2	4.2
	2002	4.9	7.2	8.1	4
	2003	6.1	5.2	10.6	4
	2004	7.2	-3.6	12.9	6.6
	期间平均	5.8	3.5	12.7	3.3
冲突后	2005	8.1	6.9	7.6	9.9
	2006	10.3	8.3	12.5	10.8
	2007	10.2	4.9	8.3	9.6
	2008	6.8	7.8	6.1	8.2
	期间平均	8.9	7	8.6	9.6
	总平均	6.2	4	7.5	5.2

资料来源：苏丹财政部，苏丹中央银行

1. 农业

从表3.1可以观察到，农业（包括畜牧业）对国内生产总值的贡献1973—1979年为36.3%，1980—1983年间下降到35.1%。由于不良农业政策，20世纪90年代初期进一步下滑，从而加剧了1980年代中期由于严重干旱而导致的严重问题。20世纪90年代末和21世纪初期农业部门实现了反弹，对国内生产总值的贡献达到了46%，2000—2008年期间贡献了38%以上。这个反弹主要归因于有利的经济环境和政治条件。随后期间的份额下降主要是由于工业份额的稳步增长，工业部门从1972—1984年的平均14%增加到2008年的29%。反过来说，这归因于强劲的石油部门的出现。

2. 工业

工业部门包括石油、制造业、电力和水利建设。自独立以来，苏丹的现代制造业加强了农产品加工和进口替代工业。食品、饮料和服装的生产占很大一部分；但作为合资公司的苏丹科技（SMT）所拥有的吉亚德（GIAD）工业城的成立，并组装小型汽车、卡车以及装甲运兵车等重型军事装备，真正开启了苏丹的重工业领域。

工业部门1972—1983年年间平均占国内生产总值的14%，1985—1989增长到了平均的15.9%，2000—2008年期间进一步升至26%以上。工业贡献的上升趋势主要是来自于20世纪90年代后期石油部门的出现，这是增长的根源。

3. 服务业

服务行业包括运输和电信服务、金融、商业和旅游以及教育与卫生。1972—1984年期间服务业贡献率超过国内生产总值的46%，在冲突期间下降至36.8%。2008年份额进而下降到32.7%，这也是新兴石油行业直接导致的结果。

表3.2显示，1972—2008年期间的实际国内生产总值虽然增长波动，但呈现上升趋势。

农业在1972—1975年和1980—1984年期间平均增长率分别为2.3%和1.0%。由于经济不稳定，1985—1989年期间下降到0.6%，1990年后回升至3.5%，1995—1999年达到9.6%。虽然2004年该行业下降到了3.6%，但在2005年和2006年出现强劲复苏，增长率分别为6.9%和8.3%，经过了一年下降到4.9%的明显减速后，2008年进一步增长到7.8%。

工业在整个1972—1984年间均保持同样的格局，平均为1.3%，仅下降到了0.7%，冲突结束后立即得到恢复。然后，该行业成为经济中的明星，其增长率从1972—1975年最低的1.3%和1985—1989年的12.7%提高到2000年的46.5%。然而，从那时起，该行业的增长在8.1%~12.9%徘徊。工业部门的强劲增长表现主要来自于石油，石油行业占工业活动的绝大部分，而且石油的潜力巨大。截至2009年，已探明的石油储量增加至50亿桶，远高于2006年1月的5.63亿桶。然而，由于内战和冲突，石油仍然有待进一步探索。这意味着被认为是重要的未开发的储备将会推动这一部门的进一步增长，特别是在旧有的基础设施正在恢复的情况下。

1972—1984年期间，服务业的增长率平均为2.7%，到20世纪80年代后半叶，服务业平均下降到了2%；由于政府服务业增长速度由1980—1984年的3.6%

大幅上升至2006年的7.6%，表现在2006年服务业总增速达到10.8%的两位数。2007—2008年，由于国际金融危机，服务业也出现了放缓。

二、主要宏观经济指标

1. 金融危机对苏丹经济的影响

国际金融危机对苏丹的影响包括：全球主要经济体的低迷或零增长将减少对石油的需求，并导致其价格下滑。这将立即反映到国家收入，因为石油占国家出口总值的95%左右；所有商品价格会增加，一方面会提高公众的消费价格，另一方面减少或放缓发展项目，影响就业和商品（特别是食品）供应。除了中国和马来西亚在石油方面的投资外，大多数其他外国投资都依赖于西方银行的信贷或担保（特别是海湾），这会减少或阻止投资流动（阿卜杜勒·阿蒂，2009）。

2. 对外贸易

随着国内需求和国内经济活动的加剧以及世界石油价格的上涨，苏丹的外贸活动日益增加。与1990年代中期相比，2008年出口增长97.4%，达到117亿美元，由于石油出口和国际石油价格上涨，进口也增长了37.6%，2008年达到114亿美元。结果，经济出现了3亿美元的贸易顺差。而2006年贸易赤字达14.5亿美元，比2005年高30%。自2001年起，赤字是由于经济快速增长的需求而扩大进口幅度所导致。

3. 汇率的上涨

政府经济改革和快速增长的结果，导致苏丹镑汇率的上涨。与2004年相比，2005年SDD兑美元上涨5.7%。根据苏丹财政与经济部的报告，政府公共赤字在1981—1983年和1995—1999年期间平均增长了1.3亿和2亿SDG，2008年为20.9亿SDG。这些赤字分别在1981—1983年度和1995—1999年度分别占国内生产总值的6.1%和1.1%，2008年则分别占国内生产总值的2.7%。1985—2004年期间苏丹的公共财政平均只有2%，那么和平的高昂代价就是宣告2005—2008年度以超出国内生产总值3.4%的平均水平。由于世界石油价格上涨，公共收入大幅增长，需要向地方政府进行额外转移的维和行动和燃料价格补贴导致支出激增，高于收入，从而转化为2008年较高的财政赤字，占支出的17.5%，占GDP的2.9%。

专栏1：苏丹货币

1960年苏丹银行成立，同年被授权发行硬币，并负责监管货币的流通、交易和破损货币回收，货币名称为苏丹镑。1991年，发行了面值为100、500、1 000和5 000的纸币以及5、10、50的硬币，货币名称改为第纳尔（SDD）。

2006年7月，苏丹政府决定将苏丹货币第纳尔改为现行的货币苏丹镑（SDG），2007年6月30日之前完成新旧货币兑换，2007年7月1日苏丹镑在全国流通。苏丹镑为不可自由兑换货币。

苏丹镑流通后，对美元的汇价呈下降趋势。据苏丹央行行公布的官方牌价，2007年全年苏丹镑对美元汇价为1美元=2苏丹镑，2008年年底为1美元=2.22苏丹镑。2009年伊始，苏丹政府采取积极措施稳定国内经济，防止经济滑坡，包括扩大投资领域，取消行政障碍，为投资者提供便利；监管外汇市场，保障外汇储备，稳定苏丹镑汇率；维持社会稳定，保障投资者安全；加大石油生产，保障基础设施建设。2010年年初，美元对苏丹镑汇价约为1美元=2.4苏丹镑。

南北分裂后，苏丹中央银行换发新货币，新旧版货币图案没有任何调整，只是颜色有所改变。2011年9月旧版货币停止流通。此后半年中，苏丹镑对美元贬值严重，2012年年底，黑市中汇率一度达到1美元=7苏丹镑，但苏丹各银行的标价仍为1美元=5.67苏丹镑。2013年3月南北谈判出现重大转机后，苏丹镑小幅升值，但此后受南方内战、外汇短缺等因素影响，苏丹镑持续贬值，2017年美国解除对苏丹制裁后，苏丹镑小幅升值，但很快大幅度贬值，到2017年7月中旬外汇黑市1美元=26苏丹镑，但苏丹央银行的标价仍为1美元=6.3苏丹镑。

4. 通货膨胀

苏丹经济被推向长期的通货膨胀。在1980—1983年每年平均通胀率为38.4%。当GDP实际增长率（2.3%）与其他的时期的记录相比时，1984—1989年期间经济衰退更为严重。通货膨胀率飞升了65.3%，汇率贬值了74.2%（表3.3）。除了原来的经济问题外，特别是1984—1985年的严重干旱，以及1985年4月政权垮台和过渡政府上任，从而导致的政治不稳定。自1989年现政府执政以来，采取经济体制改革以及经济私有化和自由化政策后，经济出现了巨大变化。改革开始于3年经济救助方案（1990—1993年），重点优先考虑的是解决农业部门经济停滞。

表3.3 1972—2008年苏丹宏观经济指标 （单位：%）

时期		储蓄/GDP	投资比例	GDP增长率	通胀率	名义汇率贬值
冲突前	1972—1983	7.3	12.7	3.8	19.6	9.2
	1980—1983	4.8	7.7	3.7	38.4	7.5
	区间平均	6	10.3	3.6	28.5	8.5
冲突间	1984—1989	5.7	9.9	2.3	65.3	74.2
	1990—1995	11.5	18	5.1	105.4	165.9
	1996—1999	11.2	22.8	6.6	52.7	34.5
	2000	8.9	22.6	8.3	8.1	0.1
	2001	8.2	17.6	6.4	4.9	0.006
	2002	13.4	19.4	4.9	8.3	0.014
	2003	15.3	20	6.1	7.4	−0.006
	2004	18.7	22.6	7.2	8.4	−0.01
	区间平均	11.6	19.1	5.9	32.6	34.3
冲突后	2005	14.8	38	8.1	8.5	−0.05
	2006	13.6	34.3	10.3	7.2	−0.053
	2007	13.3	34.1	10.2	9.8	−0.032
	2008	12.7	30.2	6.8	14.3	0.001
	区间平均	13.6	34.2	8.9	10	−0.034
	总平均	10.4	21.2	6.1	23.7	14.3

资料来源：苏丹财政部，苏丹中央银行

5. 宏观经济指标

根据世界银行（2009）的统计，2008年苏丹的国内生产总值为584.34亿美元，位居世界第64位。多年来，增长率呈现波动的趋势，反映了气候变化和不明朗的经济政策对农业生产的影响。自1956年独立以来，经济在20世纪70年代和90年代的两个时期都呈现了正增长。根据苏丹银行（1982）的统计，1970年代，实际国内生产总值年均增长3.8%。这个时期的特点是1972年“亚的斯亚贝巴和平协定”结束了南方内战，政治相对稳定。因此，1973年第一次石油价格上涨之后，开始了石油出口，阿拉伯国家的资金大量流入，以资助其所谓的“面包篮子”战略的资金。苏丹经济在20世纪70年代中期发起的雄心勃勃的发展计划之后面临着许多问题。这些问题包括增长停滞不前，庞大的预算和国际收支赤字，通货膨胀率高涨，累积外债以及本国货币兑美元贬值。国际货币基金组织诊断的问题之一是经济发展不平衡，这是由于成本/价格结构扭曲导致部门间资源分配扭曲；普遍的公共部门效率低下，国家部门参与经济活动和打压私营部门。1983年南方内战爆发，1984—1985年度的经济政策、自然灾害和干旱，导致经济的这种糟糕表现进一步恶化。

三、石油经济

1999年，石油生产和出口成为苏丹经济增长和收入的新的主要来源。拓展宏观经济和稳定价格成为1997—2001年期间加强改革方案的重点。随着石油生产的推进，通过与石油有关的外商投资、石油出口收入、减少原油和石油产品进口支出等措施，外汇获取渠道拓宽。因此，贸易差额、贸易条件和外国投资流入量都有所改善。此外，汇率最终稳定下来，并于2003—2004年度开始升值，2005—2008年再次得到提升。当时有人认为，到2012年，政府的石油收入总额可能高达300亿美元以上。然而尽管受到制约，原油产量平均增长了8%；而在2001—2005年期间，成品油生产平均增长了6.8%。因此，苏丹正在成为世界重要的石油生产国，并被邀请加入石油输出国组织（OPEC）。苏丹虽然不是成员，但维持观察员地位。

总之，在国家分裂之前，苏丹作为非洲最大的国家，自1956年独立以来的经济表现非常糟糕。国内因素导致教育水平偏低，健康状况恶劣，疾病负担沉重，严重内战，政治不稳定，恶劣的天气，基础设施不足和欠发达（包括道路、河流、铁路、电力、水以及灌溉设施）。在这方面，区域差距很大，由于长期忽视必要的维护和保养，现有的那一小部分的功能已经下降。另一方面，外部因素表现在世界大综商品价格薄弱，国外汇款下降和适得其反的经济政策。根据国际货币基金组织（2006）的数据，1960年代苏丹人均国内生产总值（名义上）增长了46%，到1970年代达到了175%的高峰。但这证明是不可持续的，而且在80年代，经济增长也缩减到34%。最后，它在20世纪90年代缩小到了26%。同样地，1970年代、1985—2004年和2005—2008年期间，实际国内生产总值分别增长了3.9%、5.8%和8.9%。

在1989年之前，非联邦政府体系由8个地区（省）构成，自1990年以来，诞生了一个由26个州组成的联邦政府。面对由于竞争力损失而导致的国际收支不断恶化，与偿债相关的资本流动逆转，通货膨胀上升，1989年政权被迫承诺在1992年宣布“自由化计划”作为其“全面国家战略”（1992—2002年）的一部分。该计划的主要内容包括放宽对进口、外汇和价格的管制，稳定汇率，财政紧缩和严格的预算现金控制，公立企业私有化，并通过金融体制改革奖励节约。事实上，1999年石油生产和出口构成经济增长的新主要来源，也是政府鼓励经济活动的收入，政府与苏丹人民解放运动在2005年的全面和平协议至少保证了20世纪增长的可持续性；而更多的是2003年达尔富尔战争和国际金融危机（IFCs）造成的伤害。

第二节　国家分裂后期

国家分裂时期（2011—2013）苏丹宏观经济形势非常严峻。南苏丹独立对苏丹经济造成了巨大的冲击，国际货币基金组织指出，这已经使该国面临“艰巨的挑战”。由于这一永久性的冲击，苏丹的石油产量几乎下降了75%，其财政收入的近55%和外汇收入的2/3在一夜之间消失。这严重削弱了宏观经济基本面，对苏丹经济和国家未来的发展造成了严重影响。

根据世界经济观察2017年6月最新调整数据，2011年和2012年苏丹实际国内生产总值分别为-1.26%和-3.41%，连续两年负增长，请参阅附件二。石油收入的突然下滑导致政府收入急剧下降，通货膨胀上升，粮食价格飞涨，货币疲软。

2012年6月为解决这一情况而采取的紧缩措施反过来又推动了通货膨胀，迫使价格进一步上涨。紧缩措施涉及政府削减财政支出，包括联邦划拨到各州的资金，增加税收以及逐步取消燃料、糖和小麦消费补贴。从短期来看，这次危机首当其冲的是普通苏丹人民，因为生活费用越来越昂贵。紧缩措施进一步推动了通货膨胀，已经不受欢迎。由于2013年9月取消部分燃料补贴，引起运输费用猛涨，导致了2013年9月的抗议示威活动。到2013年11月，运输通货膨胀月率达到114.3%，这些紧缩措施引起了社会紧张局势和潜在的不稳定状况。从长远来看，削减联邦对地区的划拨资金，减少卫生和教育预算以及总体上的低开发支出水平正在影响到提供基本服务和国家未来的发展。这个危机对国家人类发展的代价已经很明显，在南苏丹分裂以来的这几年里，苏丹在人类发展指数上下滑了近20个点。虽然出口增加，特别是黄金，加上紧缩措施，在过去两年中，有助于改善一些经济失衡，但苏丹不能吸引其增长需要的投资。研究表明，该国腐败程度很高，随着政治环境的不确定性，国家部分地区的冲突，货币走弱，吸引外资或国内投资越来越困难。

国家分裂期间，苏丹宏观经济变化趋势表现在如下方面。

一、增长率

分离前的苏丹是非洲石油经济增长最快的经济体之一。1999年石油生产开始后，苏丹经历了持续10多年的繁荣。2005年以来，人均国内生产总值急剧上升是石油收入增加的结果，2005年全面和平协议（CPA）签署后的和平红利的影响。但是2007年的全球经济危机加上南苏丹在2011年的分裂已经结束了这一时期的快速增长。2007年因全球危机再次下滑，然后是简单的复苏，南苏丹分裂后导致2010年以后持续下降。国际货币基金组织的评估表明，苏丹经济在分裂年份实际上已经出现负增长，其数字估计，实际国内生产总值从2010年的3.4%下降至2011年的−1%，国际货币基金组织进一步估计2012年实际国内生产总值的增长将下降至−2.6%，2013年将恢复到4.1%（IMF，2014）。根据世行2017年6月最新调整数据，2011年和2012年实际国内生产总值分别为−1.26%和−3.41%，连续两年负增长。根据世界银行的报告（2011）分裂导致苏丹失去75%的石油储量和20%的人口。在南苏丹分裂之前，石油占工业增加值的近15%，占出口收入的90%和近50%的财政收入。石油损失引发了国内（财政）和外部（国际收支）失衡，威胁着宏观经济的稳定。

2012年苏丹和南苏丹政府就石油过境达成协议，南苏丹方面同意向苏丹支付过境费。2012年7月第一批石油运抵苏丹。因南苏丹同意石油出口协议，2013年苏丹GDP增速恢复到5.21%。但是由于南苏丹的内乱导致石油出口不稳定以及苏丹内部冲突，2014年实际GDP增长显示下降到了1.6%，实际GDP为710亿美元，人均1 906美元。由于2015年风调雨顺，农业收成较好，GDP增速恢复到4.9%，实际GDP达到814亿美元，人均2 119美元；2016年增速放缓至3.05%，实际GDP为943亿美元，人均2 381美元；预计2017年GDP增长速度在3.5%左右。

2016年12月两国政府同意将2012年签署的即将到期的石油合作协议延期3年。南方将继续按原定标准向苏方支付过境费、加工费和交通费；同时，就南方对苏方30.28亿美元“过渡时期财政安排（TFA）”的未支付部分进行重组。

二、经济结构

2012年的经济主要依赖于农业部门的良好表现，由于降雨增加，农业部门增长了5.7%。尽管制造业（糖和水泥）的表现有所改善，但由于石油行业大幅下降，2012年整个行业整体下降了约6.8%。2012年服务业的增长速度约为3.2%，服务业的下滑反映了油气行业的活动放缓。尽管数量有所不同，但来源于政府和国际货币基金组织的资料都认为增幅有所放缓。

2013年8月的石油产量每天达到13.9万桶，高于2012年的平均每天12万桶。石油产量的上涨有助于2013年的增长。除了石油，矿产（黄金）和制造业（水泥和糖）也促进了2013年工业的增长。然而，根据经济学人智库（EIU）的统计，尽管政府为吸引外商投资矿业而作出了努力，但进展不大。2013年农业增长幅度不大，只有3.5%；服务业出现下滑，增长率为2.2%，主要是因为石油部门的下滑。在农业和服务业的推动下，2015年非石油实际GDP增长5.8%（高于2014年的2.7%），而石油GDP则下降了10%。

近几年经济结构的变化与石油有关。工业份额从分离之前的2009年的25%下降了近5个百分点，到2012年为20%。农业份额在同期基本保持不变，而同期服务业增长近4个百分点。服务业的快速扩张（超越非石油生产部门，即农业和制造业），几乎总是通货膨胀的“秘诀”，苏丹近几年来见证了这一点。

如果在石油开采期间政府对非石油生产部门实行多元化，石油损失造成的冲击可能会减轻。非石油生产部门，特别是农业部门，在此期间一直在下滑。在2012年新的《五年国家发展规划纲要》的框架内推出《三年（2012—2014）经济稳定可持续发展方案》，旨在平滑油价上涨向农业和制造业的过度增长，还包括相关的社会保障措施。农业的复兴对维持经济总体增长和减贫至关重要。但是，该计划的成功取决于是否获得正确的宏观经济政策（财政、货币和汇率），然后谨慎执行。此外，至少在中期内，国内部分地区正在进行的武装冲突将继续加剧苏丹复苏与增长的挑战。

三、通货膨胀

苏丹经济自2011年1月的全民投票以来，遭受强烈的通货膨胀压力。很明显，南苏丹的独立使苏丹很快就失去了大部分的石油收入，随之而通货膨胀。根据世界银行2017年6月修订的数据，苏丹通货膨胀率由2011年的18.9%，迅速暴涨到2012年的44.4%，2013年仍然维持了41.9%的高位，2013年3月一度达到了48%。平均占家庭支出53%的粮食价格部分驱动苏丹的整体通货膨胀，其次是住房占14%，运输占8%。这3组消费品一起平均占家庭支出的70%以上。进口食品价格急剧上涨导致了进口通货膨胀，因为许多食品需要进口。虽然一般通货膨胀率从2013年3月的48%高峰下降至2013年8月底的23%，但由于2013年9月停止燃料消费补贴，使这一下降趋势反转。这个阶段的通货膨胀的主要驱动力是运输部门。

在2015年和2016年前三季度，良好的收成促进了经济增长和通货膨胀的下降。然而，商品出口价格疲软和扩张性政策扩大了外部失衡，这仍然是一个重要的稳定性风险。2015年12月，通货膨胀率下降至12.6%（从2014年底的26%），主要是由于食品价格下跌，但由于非食品通货膨胀率保持在20%左右，因此2016年6月通货膨胀率回升至14.3%。到2016年7月回升到16.5%，到2016年10月为19.6%；但11月、12月飙升到24.49%和30.47%。2017年苏丹的消费价格继续上涨，1月增长32.86%后，2月同比上涨了33.5%。这是自2014年9月以来最高的通货膨胀率，主要是由于2016年11月的补贴减少，食品和能源价格持续上涨；同时，苏丹禁止进口肉类和鱼类，并提高其他货物的进口关税，推高了一个严重依赖进口货物的国家通货膨胀。

苏丹通货膨胀率1971—2016年平均为29.05%，1993年12月达到历史最高水平181.50%，1979年12月为历史最低。

四、财政状况

苏丹政府估计，由于南苏丹的分裂，它的财政收入损失了36.5%。分裂之后石油收入的下降引起苏丹财政状况的重大调整，迫使在2012年6月实行一揽子财务紧缩计划。特别涉及的是政府削减开支，增加税收，逐步取消燃料、糖和小麦的消费补贴。削减财政支出意味着联邦划拨给区域各州的资金减少以及减少提供基本服务的预算，而这些州都是苏丹最贫穷的州。总支出占国内生产总值的百分比从2009年的20.6%下降到2012年年底的13.3%，此后几年一直下降，2015年下降到12.9%，2016年下降到11.8%，预计2017年为11.7%。即使有可用的财政资源，经常性支出与资本支出之间的分配，高度向经常性支出倾斜，2012年发展性支出只占GDP的2%，这种低水平的发展支出对维持千年发展目标和人类发展的增长和成就非常不利。而在州一级层面的情况更为糟糕，因为近90%的支出主要是用于工资和薪金的经常性支出。

据开发计划署对苏丹开展的一项调查显示，国家划拨资金从2011年近GDP的2%下降到2012年GDP的1.6%。而不断扩大的财政赤字似乎越来越多——现在几乎全部由国内银行资金资助，这反过来对通货膨胀又产生推波助澜的影响。2015年财政赤字从占GDP的0.5%扩大到了1.9%，是因为燃料补贴依然很高，而石油收入与国际价格下降，高昂的进口融资成本反映了苏丹特有的风险。石油收入包括来自南苏丹的转运，而转运费用包括使用苏丹石油管道的过境费和“过渡金融安排”项下的付款，为补偿苏丹石油出口损失而正在进行的税收征管改革小幅上调了税收。2016年，为应对石油收入持续不足，当局收紧支出，特别是资本，将第一季度赤字控制在GDP的0.5%。同时由于美国对苏丹的经济制裁，政府缺乏其他官方外部资金来源。尽管税率增加，但苏丹的财政收入增长甚至比撒哈拉以南非洲地区（SSA）的所有国家都低。

五、苏丹税收

苏丹的税收收入是“低收入和低到中等收入国家”（LLMIC）中最低的。税收收入仅占国内生产总值的6.3%，相比之下，1995—2015年脆弱的“低收入和低到中等收入国家”平均税收收入占GDP的12%（详见第十章）。而且这一差距一直在增加。税收征收尚未适应南苏丹分裂后失去的石油收入。1995—2011年，石油收入平均占GDP的8%，资助了大部分政府开支，不必加税。国家分裂之后，石油收入（包括南苏丹的过境费和转移费）在2012—2015年下降到GDP的2.2%，由于全球石油价格下降，2016年进一步下降至不到GDP的1%。与此同时，尽管加强税收管理，但由于进口太少，官方汇率高估，2015年税收收入占GDP的百分比仅略微增加。这限制了可用的财政空间，制约了投资增长支持和社会减贫支出。

苏丹的征税效率相对较低。按国内生产总值百分比计算增值税率除以标准税率，仅为0.19个百分点，远低于0.37的中位数。虽然17%的增值税率与同业相似（在15%～18%的范围内），但低效率表明税收减免和/或税收管理薄弱。此外，苏丹是LLMIC中直接税收收入最低的国家之一，仅占GDP的0.6%。这是由于个人和企业所得税率低，高免税和税收优惠，以及由于管理薄弱导致的低合规性。在苏丹增加税收收入有很大的空间。在36个非洲LLMIC中，苏丹在税收方面排名第34位，税收收入差距为国内生产总值的6.1%（托雷斯，2016）。该研究结果表明，苏丹应该能够将税收比例提高GDP的6%，特别是将商品和服务税收收入分别提高2.3%和2.8%。

六、国际收支

南苏丹分离的影响以及随之而来的石油收入突然下滑，对苏丹经济的影响还表现在出口收入及其对经常账户突然下降。2010年分离之前，苏丹的贸易顺差为26亿美元。两年后，贸易逆差达到为48亿美元。同期，经常账户余额从5亿美元的盈余下降到约60亿美元的赤字。外国直接投资（FDI）在国家分裂时期也有所下降，因为它主要与石油部门有关。南苏丹分裂以来外汇储备一直在下降，引发苏丹镑兑美元贬值。官方和平行费用之间的保费在2012年2月达到60%～70%，自此一直在扩大。

虽然2015年收成好转，但由于商品出口价格下降，扩张政策和汇率调整不力等原因，外部不平衡现象扩大。贸易条件冲击在2015年将经常账户赤字从2014年的国内生产总值的4.8%扩大到国内生产总值的5.9%。主要原因是苏丹商品（主要是牲畜、黄油、石油和芝麻）出口价格较低和石油进口融资成本较高，非石油进口也显著上升。2016年第一季度，由于商品出口疲软，贸易逆差扩大至国内生产总值的1.1%（从2015年同期的0.7%）。尽管有外部财政支持，但外汇储备已经很低，下降到一个半月。随着官方利率几乎固定，并行汇率继续贬值，溢价飙升至165%。截至2016年5月，国际储备在2015年下降约4.6亿美元，仍低于12亿美元（进口1.4个月）。央行干预了外汇市场，资助了燃料和小麦等战略进口。这些干预措施是由海湾国家的财政流入所致，估计在2015年5月至2016年1月期间为21亿美元。2012—2013年两次大幅贬值后，官方汇率在过去一年半中基本保持不变。因此，由于通货膨胀率高企，官方利率实质上大幅上涨。相比之下，2014年年底至2016年6月底，并行汇率贬值了36%，将平行市场溢价从46%提高至125%。总的来说，IMF估计汇率被实际高估了约50%。实际有效汇率被高估，其主要表现是经常账户赤字大，国际储备不足，官方和平行市场利率之间的差距日益扩大，2013—2015年度实际有效汇率（REER）升值，外部支付能力较弱，外部欠款继续累积。

根据苏丹官方汇率，2014年12月至2016年4月期间，实际有效汇率升值17%。官方REER的升值反映了苏丹相对于贸易伙伴和2015—2016年的准固定官方汇率的高通胀率。它消除了2012年6月和2013年9月贬值后的实际贬值。在平行市场上，REER在2014年12月至2016年4月之间的贬值率为18%，仍然导致了自2012年底以来15%的累计升值幅度。

专栏2：2014年外国央行大幅撤出苏丹

2014年中期针对国际银行违反美国制裁行为的执行行动促使外国央行大幅撤出苏丹银行。2014年6月，法国巴黎银行承认违反美国对苏丹等国家的制裁，并被命令支付89亿美元的罚没资金。2015年，德国商业银行和德意志银行也因违反美制裁而遭受罚款。除其他因素外，这促成苏丹外国银行代理大幅撤出苏丹。中央银行和商业银行报告外国银行代理数量大幅减少；其中一家大银行报告，2016年只有15家外国代理银行，而一年前为55家；有的银行几乎完全停止国际交易。根据支付和市场基础设施委员会最近的一份报告，苏丹在2012年至2015年期间损失了近一半的外国银行代理，数量下降了15%。银行不得不支付更高的费用并发放全额现金抵押品。现有数据表明自外国银行代理撤出以来贸易放缓。2015年，苏丹央行和商业银行的进口融资（例如通过信用证）放缓。出口收益遣返困难，出口锐减。转账支付，包括汇款受到不利影响。尽管被免除制裁，但许多大使馆和国际组织报告受到代理银行不情愿或直接拒绝处理外汇交易的影响。货币基金组织的付款也受到长期拖延。银行和当局表示担心，现金交易的转变将危及实施反洗钱/反恐怖主义框架方面取得的进展。银行代理的持续崩溃对经济和社会成果造成影响。对进口融资和汇出出口收益的限制会减少贸易和外国投资。进口货物，包括食品和能源的短缺，将会增加通货膨胀，抑制消费。处理国际交易的困难将导致外汇持续短缺，这将给汇率带来压力。

七、其他

1. 外债沉重

苏丹是一个负债沉重的国家。根据国际货币基金组织的统计，到2013年苏丹现有外债已超过450亿美元。苏丹的债务2012年占GDP的82.2%，到2013年底上升到国内生产总值的104.2%；2014年外债总额468亿美元，占GDP的101.3%；2015年外债总额500亿美元，占GDP的99.5%；2016年外债总额526亿美元，占GDP的120%；预计到2017年底苏丹外债总额556亿美元（IMF，2016）。国际货币基金组织根据外债可持续性分析结果，苏丹的外债被评估为不可持续的。所有外债指标均违反基准情景下的指示性阈值，其中许多外部债务指标在分析的整个时间范围内均保持在阈值以上。

2. “零选择权”协议

当南苏丹分离时，苏丹保留了整个债务负担。2012年9月在两国之间达成一致，条件是苏丹通过重债穷国倡议在两年内获得债务减免，即所谓“零选择权”协议。所谓的“零选择权”是苏丹与南苏丹之间的2012年协议，苏丹在分裂之后保留了所有对外负债，前提是国际社会在两年内做出了坚定的承诺，履行债务减免；但届时如果不能减免债务，将按照一个固定的计算公式分摊给南苏丹一定债务。2014年9月，双方同意将协议延期至2016年10月，之后在没有减免债务的情况下，苏丹可以设法在两国之间分摊外债。根据重债穷国倡议，苏丹有资格获得债务减免，但尚未符合所有资格。重要的是，它仍然需要得到双边官方和商业债权人的保证，他们愿意考虑提供债务减免。

3. 减贫战略

到目前为止，苏丹满足重债穷国倡议的下列条件：苏丹面临着不可持续的债务负担，不能通过传统的债务减免机制来解决；制定了“减贫战略”（I-PRSP）文件。但要到达决策点，苏丹仍然需要获得大多数债权人支持重债穷国债务减免的保证，代表重债穷国合格债务的至少70%；根据执行委员会认定的满足与高额信贷安排相关的政策标准下，与货币基金组织建立充分的政策执行情况的良好记录；并清偿其与国际货币基金组织的欠款，并有一个完整的资金计划和时间表，以清除与世行和非洲开发银行的欠款，恢复其从这些来源借款的资格。

第三节 苏丹金融体系

苏丹银行业由35家银行组成，其中4家为央行/政府所有，25家为央行/政府和私有企业共同组成，6家为外资企业。政府所有的银行包括由央行和财政部共同拥有的三个专门金融机构，并要求填补具体的融资差距。总共有90%的银行系统资产是由央行和/或政府全面或联合银行拥有的。鉴于央行的监督作用，这表现出明显的利益冲突。

一、按照伊斯兰原则运作的金融体系

1. 金融体系

苏丹的金融体系像许多其他低收入国家（LIC）一样，由银行业主导。商业银行约占总资产的97%。尽管有一个小额信贷部门，但保险公司几乎占所有剩余部分，且没有同业资金市场。虽然传统中介主要是以债务为基础并允许进行风险转移，但与此相反，伊斯兰中介是以资产为基础，以风险分担为中心，

从而成为更好的减震器。存款人分担伊斯兰银行的风险和回报，但没有回报保证。通过债务的杠杆作用是不允许的，因此通常不允许抵制债务，而衍生工具通常被禁止，但流动性风险等其他风险来源确实可能高于常规银行。伊斯兰银行也缺乏管理风险的工具，如衍生工具，以及针对传统银行风险的对冲。

专栏3：苏丹银行业的特点

银行业对外商投资开放。根据2003年《银行业务组织法》（第七条第3款）的规定，外资银行分行或代理人的开业需根据苏丹中央银行的建议经国家经济和财政部长批准，他们的总部也需要提交一份文件，声明该银行将履行其在该国的所有义务。

苏丹适用伊斯兰银行体系，这具有一定的特殊性。预期所有银行业务都符合伊斯兰教法，中央银行表示，伊斯兰银行和金融机构被禁止处理固定利率或预定利率，而这些利率由原告和损失共享原则所取代。

高级督察委员会具有监督的作用，并检查银行业务（包括外国银行）与伊斯兰教法的一致性。据董事会说，专员位于所有银行，无论是外国还是国内，公开或私人拥有，并构成了第一级的控制，以确保银行业务的一致性。董事会构成第二级控制权。如果银行业务不符合伊斯兰教法规定，制裁包括罚款和行政处罚，并涉及银行和中央银行经理的个人责任。在某些情况下，罚款可以转交给慈善组织。

资料来源：贸发会议，2016

银行体系弱于撒哈拉以南非洲地区的同一行业。资本资产比率通常低于所需的12%，不良贷款率高，拨备低，尽管过去几年来两者都有改善趋势。由于缺陷严重，苏丹的反洗钱/反恐怖融资框架（AML/CFT）目前由金融行动特别工作组（FATF）监测。苏丹当局非常热衷于深化金融中介。过去3年来，私营部门的商业银行贷款年均增长率约为21%，反映出银行业流动性增加，流动资金大量增加。然而对私营部门的信贷低于国家的收入平均水平，在2012年底约占国内生产总值的12.1%。

2. 股票交易

苏丹当局已经采取了一系列措施来扩大银行服务。这些包括简化开设银行账户的程序，鼓励银行开设新分支机构，扩大ATM网络，建立信贷登记机构。喀土穆股票交易所（KSE）的股票交易微弱，公司治理薄弱、监管不力、缺乏透明度。此外，政府证券主导交易，发生的少量股权交易主要由一家公司主导。目前，证券市场还没有立法和监管框架，也没有实施证券市场的机制。此外，KSE是用自1994年以来未经修订的法律自律。

3. 小额信贷

虽然当局正在积极推动小额信贷发展，近期开始快速增长，但小额信贷部门（MF）仍然较小。2007年央行监管机构数量从零增长到2012年年底的18个，同期借款人数从4.9万户增至49.4万户。然而，中介机构依赖批发资金，而这些资金必须与高收益政府穆沙拉卡证书（GMCs）竞争，这可能是减缓进一步增长的因素之一。2012年5月，苏丹被国际金融系统执行委员会要求确定为加强监视的试点个案之一（FO/DIS/12/66）。迄今为止，贝宁、加纳、海地、塞内加尔和西非经济货币联盟已被列为试点。在国际货币基金组织中东区域技术援助中心（METAC）的协助下，中央银行应继续推进银行监督，检查和执法方面的最佳做法。根据国际证监会组织"证券监管目标和原则"，当局应制定证券市场和机构实施最新立法和监管框架。

4. 银行利率

苏丹的基准利率最后记录为12.90%。2003—2017年，苏丹的利率平均为11.81%，2003年10月达到历史新高17.30%，2016年9月创下历史最低纪录低点7%（表3.4）。需要说明的是，在苏丹，没有正式的中央银行利率，以确保财务做法与伊斯兰原则的兼容性。然而，苏丹中央银行控制的穆拉巴哈（Murabaha）[①]利润率保证金率被苏丹银行广泛使用。

表3.4 2003—2017年苏丹银行利率

苏丹货币	单位	最新	过去	最高	最低
利率	%	12.9	13.1	17.3	7
货币供应M1	百万SDG	79 143	76 605	79 143	2 634
货币供应M2	百万SDG	135 474	130 178	135 474	4 269
存款利率	%	13.5	13.5	13.5	6

资料来源：国际货币基金组织，2017

二、苏丹央行使银行监管职能

央行的银行业监督部门由保诚监管总局（PSD）和检验总监（ID）组成。

① 穆拉巴哈（Murabaha），即规定银行给某方资助贸易时，发放实物贷款或者代购商品，通过标高价格进行结算获得收入

PSD负责银行和金融公司的定期异地分析，而ID负责现场评估。根据“主要审慎指标”和“资本、资产质量、收益和流动性”（CAEL），PSD负责监督银行、金融公司和金融部门的财务业绩。PSD根据具体基准向银行分配CAEL评级。ID由10个小组组成，每个小组负责检查银行的具体主题（如公司治理，财务报表等）。由于这种纯粹的基于主题的方法，该ID没有对银行的财务和管理绩效进行全面评估。2013年上半年，检查组进行了重组，只对银行而不是具体的主题负责。现在有8个6～7人的小组，其中6个负责银行业，1个负责检查支付系统，另一个负责非银行金融公司。这种重组将提供更好和更全面的现场评估。

尽管银行受到主权贷款的限制，但私人部门的贷款很少。在2001—2006年政府部门信贷迅速增长之后，非政府信贷一直停滞不前。典型的低收入国家的障碍促成了这种状况，其中包括：

1. 信息不对称

缺乏对借款人的信息，包括由于正规部门的规模有限以及经审计的公司报表的可用性有限增加了逆向选择和道德风险问题。信息不对称也是银行间市场发展的一个问题。然而，在伊斯兰银行业务下，考虑到基于风险的共享安排，这个问题在一定程度上归因于对投资者和企业家的激励措施。

2. 商业和司法环境

一个关键问题是，在该国大部分地区没有正式的产权，这增加了使用土地作为抵押贷款的难度。此外，司法程序往往是昂贵和缓慢的。这种无法通过最初承诺的抵押品以合理的成本弥补损失，阻止了进一步借贷。

3. 缺乏适当的技能

人力资本的质量对于银行至关重要，因为它提供必要的风险管理专长，以及设计和销售客户需要的产品的能力。缺乏适当的技能可能解释了为什么近年来一些微型金融机构从处理微型企业转向处理中小企业，使其盈利能力下降。银行可能面临类似的挑战。

最近的一个重要进展是加强了央行运作的信贷登记。尽管1996年注册成立，但直到2006年，才能在线访问银行数据。最近，新安装的软件加上扩展的数据收集，将提供更准确的借款人绩效信息，并将允许更明智的信贷授予决定。加强注册管理机构还将允许央行更准确和及时地监控银行部门的信贷风险和银行以及整个银行部门信贷集中的情况。

三、存款及保险

所有国内货币银行存款（当前储蓄和投资）均由政府拥有的银行存款保证基金（BDSF）支付，每人存款最高可达1亿SDG。累计利率（2012年底为4.94亿SDG）现在占存款的2%左右，目标为5%。2012年底本地货币存款总额达282亿SDG。

与其他非洲国家相比，苏丹的保险业也很小。据瑞士再保险公司称，2012年全年保费收入约占GDP的0.4%，而非洲整体为3.7%，全球为6.3%。苏丹保险公司的主要业务是车辆保险（2011年占总预算的40%），这在发展中市场并不是非常特殊的现象，而苏丹的汽车第三责任保险是强制性的。人寿保险仅占总产值的5%。

所有苏丹保险公司必须按照伊斯兰教法的原则运作。伊斯兰教法要求保险成为一种“捐赠合同”，由保单持有人将保险费捐赠给一个共同的资源库，索赔款被视为一种慈善形式。由于投保人是捐赠人，因此不会被视为发生投机行为。任何盈余可以作为储备金，或按照缴款比例分配给投保人。保险公司必须为每个保险单持有者单独设立账户以追踪所有捐款。索赔的行政费用按比例分摊。任何盈余（按照支出、经营成本、折旧、坏账和建立储备金的准备金）按比例分配给投保人，代表保单持有人支付储备金和投资。

四、小额信贷部门

苏丹小额信贷（MF）部门规模虽小，但由于当局的积极推广得以迅速增长。该部门在2007年在央行设立了一个小额信贷部，并于2008年成立了苏丹小额信贷发展基金（SMDF），该行业已经开始活跃。SMDF拥有2 000万美元的资本，由央行和财政和国家经济部共同拥有，并由捐助者通过世行所管理的信托基金资助。这些发展是2006年成立的一项计划的结果，旨在将小额信贷部门定位在更广泛的扶贫框架和经济、金融发展的框架内。作为该计划的一部分，央行将小额信贷作为优先部门，鼓励银行至少将其可投资资金的12%分配给该行业。另外两家政府银行已经重组，专注于融资。

小额信贷借款人的数量从2007年底的4.9万人增加到2012年的49.4万人。增长主要发生在银行投资组合和专用机构。央行小额信贷部（MFU）估计，在同期，成年人从银行和小额信贷机构获得MF资金的比例已经从0.7%上升到8.2%。估计回报率与政府穆沙拉卡证券的竞争力约为18%。此外，不良贷款远低于商业银行贷款，但借款人支付的小额保险在降低不良贷款方面发挥了积极作用。

银行正在缓慢但稳步地推进，以达到央行设定的小额信贷贷款目标的12%的可投资基金。2007年为1%，2012年底约为5%。但是，其中18个正在运作的机构（2007年为0），由央行和MFU进行监管和监督，可能是最适合作为该行业未来增长的主要动力。事实上，央行在MF机构批发资金中的份额已经下降了，在2007—2012年期间，央行提供了大约60%的这种资金，但现在估计最高只有37%。

五、股权市场

喀土穆股票交易所（KSE）支持证券或股票交易，政府证券和共同基金交易提供了有组织的市场。但是，市场规模小，股权交易薄弱，公司治理薄弱，监管不力，公司透明度不高，公众意识低下，阻碍了公司发展。此外，政府证券主导交易，发生的少量股权交易主要由一家公司（Sudatel）主导。虽然KSE于2012年1月从手动转为电脑交易，但交易仍然只在10—11时的一个小时内进行，经纪人必须在交易所现场交易。KSE证券交易所是由董事会（由部长理事会任命）控制的自律政府所有制机构。然而，尽管全球金融体系以及世界各地公司治理发展早已现代化，但自1994年以来，KSE程序和原则均未作出任何修改。此外，2011年世界银行金融部门评估提出了关于升级KSE监管框架的若干建议。他们要求建立一个独立的市场监管机构，以监督市场，审查和执行上市，制定市场运作的规则。他们还建议与诸如国际证券委员会组织（IOSCO）等国际监管机构建立联系，以提高信誉，并提高投资者对市场的吸引力。

六、个人和企业在获取金融服务方面面临的挑战

几乎很少有人在苏丹能够获得金融服务，只有约7%的成年人拥有银行账户，相比之下，低收入国家和其他撒哈拉以南非洲国家（SSA）的比例为24%。虽然获取金融服务的文件标准已经明确，但是对于大多数苏丹人来说，这些标准仍然难以满足。目前苏丹每1 000平方千米的银行数量从2004年的0.19个增加到2011年的0.26个，但SSA国家的平均水平一般为0.90和1.20；同期每100 000人口的分行数量已由2.01增加至2.37，而SSA国家的平均水平为3.4，LIC国家平均为2.50。

此外，中小企业在信贷市场上面临相当大的困难。这部分是因为许多公司

面临不良的会计和财务管理，银行依赖于繁重的抵押品和担保要求，以及借款人的个人财务状况。此外，根据最近的世行业务调查，苏丹在合同执行方面的成绩非常差。

七、金融风险的政策约束和银行控股的政府和央行证券

苏丹浅层金融体系和商业银行持有政府和中央银行证券的上限限制了其宏观经济政策选择。浅层金融市场对实体经济产生负面影响，使得苏丹的企业和家庭难以获得金融服务，这导致了更高的波动性和较低的增长。事实上，一个浅层的银行体系往往会创造出良好的周期性融资条件，为私人部门提供良好的信贷。金融部门发展可以帮助缓解这些流动性限制，从而最终减少波动。金融发展通过促进储蓄来筹集投资，并通过贡献更好地分配资源来影响经济增长。这意味着今后金融体系的深化有助于刺激苏丹的增长。从政策角度来看，浅层金融体系财政政策的制约和政府债券持有上限是多重的，财政和货币政策主要是顺周期性和不稳定的。财政政策有效性将受到流动性风险、财政成本、反周期政策的范围等影响。苏丹经济容易受到冲击。很大程度上压缩了财政灵活性和财政空间。

商业银行持有的政府和中央银行证券的上限也阻碍了货币政策的制定、实施和有效性。一般分为四大传输渠道：银行贷款渠道、利率渠道、资产价格渠道和汇率渠道。为了有效率，所有渠道都需要有效的金融市场。研究LIC中的货币转移表明，一个国家应该有一个强有力的制度机制，一个独立的中央银行，一个高度的资本流动性，一个浮动汇率，一个运作良好的银行间的政府债券、股票和房地产市场。这些先决条件大多数在苏丹没有得到满足，阻碍了货币政策。

八、主要伊斯兰银行业务条款

伊斯兰银行是指与伊斯兰教法（Sharia）原则相一致并由伊斯兰经济学指导的银行或银行业务系统。特别是，伊斯兰法律禁止高利贷，收缴和支付利息，也通常称为伊斯兰话语中的里巴（Riba）。相反，利润损失分摊安排（PLS）或购买和转售商品和服务构成合同的基础。在PLS模式中，在进行交易之前，金融资产的回报率未知或固定。在伊斯兰法律中金融风险交易被视为一种赌博形式也被普遍禁止。此外，伊斯兰法律禁止投资被认为是垃圾的企业，如生产出售酒精或猪肉的企业，或非伊斯兰的媒体业务。

巴·萨拉姆（Bai salam）是一种预付款和延期交货合同，买方向卖方支付卖方承诺在将来的日期交付的产品的全部协商款项。

伊贾拉（Ijara）是一种租赁和购买合同，一方在特定时间内租赁特定产品。在租赁或购买的情况下，每笔付款都包括最终购买和转让产品所有权的部分。

伊斯特斯纳（Istisna）是一种延期付款并延期交付的合同，制造商（承包商）同意在将来的给定日期中（或前提）以给定价格生产（建设）并交付某种商品。价款不必提前支付（与Bai Salam相反）。可以分期付款，也可以按照当事人的喜好，提前支付余额或者以后支付。

穆达拉巴（Mudarabah）是一种受托人融资合同，拉布尔公司（Rabb-ul-mal）提供融资项目所需的全部资金，而企业家提供劳动和专业知识。利润以一定的固定比例分配给他们，而经济损失则仅由拉布尔公司承担。企业家的责任仅限于他的时间和精力。

穆拉巴哈（Murabaha）是一种加价融资合同，是卖方向买方通知购买或生产指定产品的费用的合同。然后在他们之间谈判利润率，通常分期付款。

穆沙拉卡（Musharakah）是一种共同为投资项目或者联合项目融资的合同，穆沙拉卡是与一家或多家合作伙伴签订股权合作协议。利润（和亏损）严格按照各自的出资额分配。

卡德·哈桑（Qard Hassan）是一个零回报资金交易合同，古兰经鼓励穆斯林来帮助有需要的人。允许银行向借款人收取服务费，以支付处理其行政费用。费用不应与金额或期限有关。

第四节　苏丹对外贸易

根据苏丹央行发布的贸易报告，2010年达到历史高峰，贸易总额达214.49亿美元。随着南苏丹的独立，石油资源断崖式减少，苏丹贸易额在2012年下降到132.96亿美元，比2011年下降31.56%；贸易水平的下降主要是出口特别是石油出口的下降，2012年出口额同比下降60.1%。2013年略有好转，主要得力于与南苏丹达成了石油过境协议，石油收入得到一定程度的恢复。2015年1—12月，苏丹进出口贸易总额为126.78亿美元，同比下降6.52%。其中，出口31.69亿美元，同比下降27.15%；进口95.09亿美元，同比上升3.23%，贸易逆差63.40

亿美元，同比上升30.42%。2016年1—12月，苏丹进出口贸易总额为114.17亿美元，同比下降9.95%。其中，出口30.93亿美元，同比下降2.38%；进口83.23亿美元，同比下降12.47%，贸易逆差52.29亿美元，同比下降17.51%。2017年第一季度进出口总额27.06亿美元，同比上升4.07%。其中，出口10.69亿美元，同比上升59.49%；进口16.37亿美元，同比下降15.17%，贸易逆差5.68亿美元，同比下降54.88%。苏丹当局采取限制肉类等进口和鼓励出口的措施，同时农产品出口价格上涨，使苏丹2017年经济形势有所好转（图3.1）。苏丹贸易总额的下降是出口份额的大幅度下降所至，而苏丹进口份额虽有波动但变化不大（图3.2）；贸易逆差越来越大，导致了苏丹外汇储备紧张，也增加了国内通货膨胀的压力。

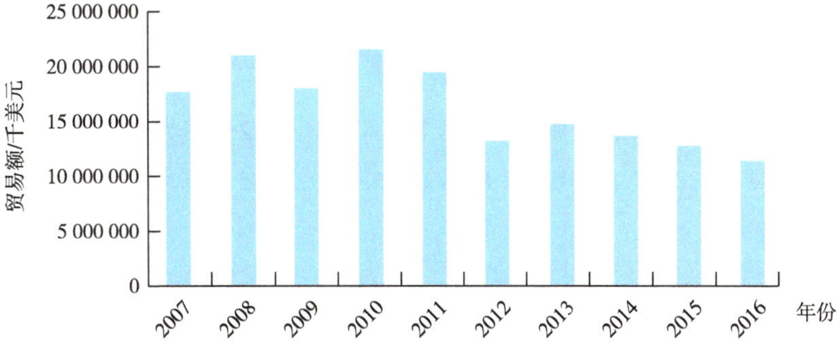

图3.1 苏丹贸易额

资料来源：苏丹中央银行年报

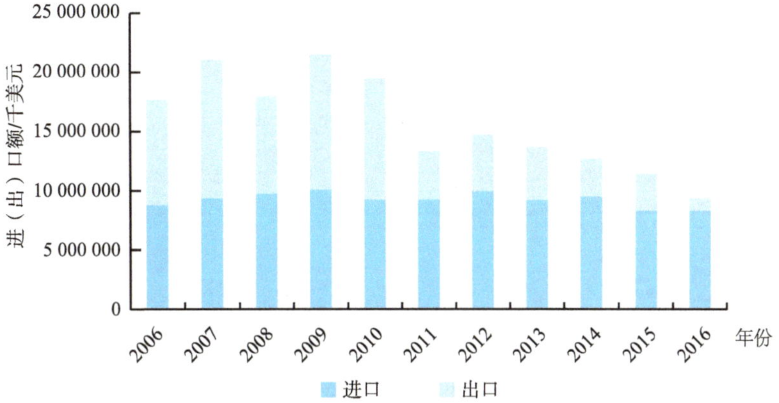

图3.2 2006—2016年苏丹进出口情况

资料来源：苏丹中央银行年报

一、苏丹进出口结构分析

从进出口商品看，2015年苏丹出口前5大类货物为牲畜、黄金、石油、芝麻、阿拉伯胶，出口额分别为8.04、7.26、5.74、4.53、1.12亿美元，合计占出口总额的84.22%。2016年苏丹出口前5大类货物为黄金、牲畜、芝麻、阿拉伯胶和棉花，出口额分别为10.43、7.48、3.79、0.98和0.8亿美元，合计占出口总额的75.95%。

2015年苏丹进口前6大类货物为工业制成品、机械设备、石油制成品、交通运输设备、小麦和面粉、糖，进口额分别为19.41、16.50、11.89、9.11、7.56、5.50亿美元，合计占进口总额的73.58%。2016年苏丹进口前5大类货物为食品、工业制成品、机械设备、石油制成品、交通运输设备，进口额分别为17.75、17.49、16.13、9.18、9.15亿美元，合计占进口总额的83.76%。

从贸易国别看，2016年苏丹5大贸易伙伴是中国、阿联酋、沙特、埃及、印度，贸易额分别为26.52、19.84、10.29、10.03、7.2亿美元；分别占苏丹贸易总额的23.22%、17.38%、9.02%、8.78%和6.31%；这5个国家的贸易额占苏丹贸易总额的64.73%。

1. 出口

五大贸易伙伴出口总额25.81亿美元，占苏丹出口总额的83.45%。出口最多的国家为阿联酋，出口额11.15亿美元，占出口总额的36%；向阿联酋出口最多的是黄金，价值10.28亿美元；出口第二位的是沙特，出口额5.06亿美元，占16.37%，向沙特出口最多的商品是家畜，价值4.3亿美元。向中国出口额4.59亿美元，占14.8%；向中国出口的主要产品是芝麻和棉花，分别为1.40和1.69亿美元。

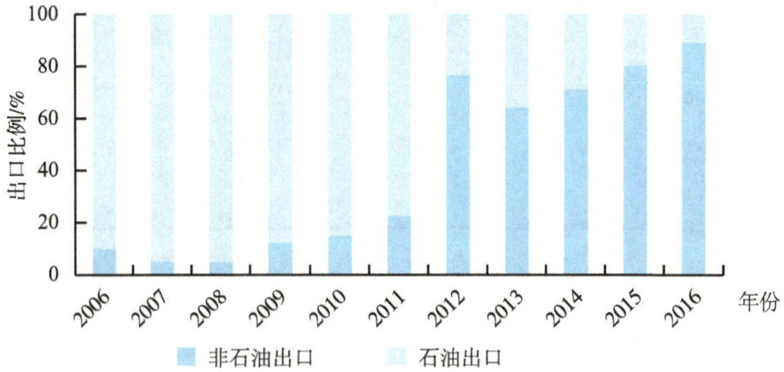

图3.3　2006—2016年苏丹石油及非石油出口波动情况

资料来源：苏丹中央银行

由图3.3可以看出，南苏丹独立后苏丹石油出口迅速下降，而非石油类产品特别是农业产品出口份额支撑了苏丹贸易。

2011年南苏丹独立，苏丹石油产量几乎下降了75%，2012年石油类出口达历史低谷，出口价值和所占出口份额分别从2011年的73.04亿美元和75.4%下降到2012年的25.65亿美元和7.6%（图3.4）。2012年南北双方达成石油过境协议，2013年石油出口恢复到40.13亿美元，出口份额也增加到56.6%；但由于南苏丹内部冲突石油产量不稳定，此后苏丹石油出口一路下滑，到2016年出口额下降到3.35亿美元，仅占出口额的10.9%。苏丹政府寻求农业和其他矿产出口。到2012年黄金出口达到历史高峰，价值达21.57亿美元，占出口总额的64.1%。而农产品出口稳步上升，这一方面得力于石油出口的下降，另一方面是苏丹当局政策的调整；2012年农产品出口占出口总额的比例由2011年的7.6%快速增加到23.3%；2105年由于风调雨顺农业收成较好，农产品出口额创15.77亿美元的新高，占出口总额的49.8%。

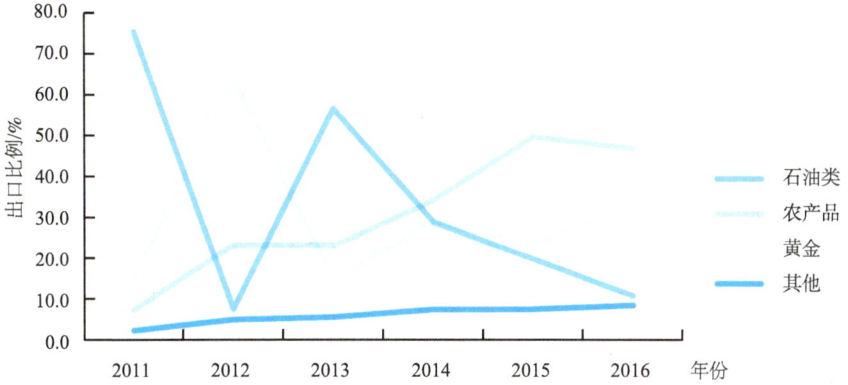

图3.4　南苏丹独立后主要商品出口比例

资料来源：苏丹中央银行

2. 进口

2011—2016年的6年间，苏丹进口比较稳定，年份间波动较小，平均每年进口92.3亿美元。苏丹进口最多的是食品，平均每年进口20.77亿美元，占进口总额的22.49%；进口食品最多的年份是2013年，进口额23.72亿美元；进口动力是当年恢复了石油出口，外汇充足。第二大进口商品是工业制成品，平均每年进口货值18.15亿美元；机械设备和运输设备分别占第三位、第四位，平均每年进口价值分别为17.68和8.91亿美元（表3.5）。

表3.5　2011—2016年苏丹主要进口商品价值　（单位：千美元）

商品	2011年	2012年	2013年	2014年	2015年	2016年
食品	1 887 875	2 049 035	2 372 273	2 247 902	2 132 867	1 775 471
饮料与烟草	68 417	59 984	75 678	96 116	79 314	80 241
原料	922 158	1 303 220	1 700 785	1 756 434	1 446 896	918 123
化学制品	1 062 916	796 528	911 718	923 116	928 966	869 062
制成品	1 789 208	1 956 963	1 842 548	1 612 969	1 941 317	1 749 631
机械设备	2 323 374	1 770 766	1 713 021	1 543 284	1 649 696	1 613 303
运输设备	889 477	992 138	936 084	706 595	910 569	915 504
纺织品	276 953	264 981	301 172	395 317	395 317	378 529
其他	15 630	36 703	64 789	16 786	24 173	23 531
进口总计	9 236 008	9 230 318	9 918 068	9 211 300	9 509 115	8 323 395

五大贸易伙伴进口总额48.09亿美元，占苏丹进口总额的57.78%。进口最多的国家是中国，进口额21.92亿美元，占苏丹进口总额的26.34%；从中国进口最多的是工业制成品，价值7.48亿美元，其次是机械设备和运输设备，价值分别为6.94亿美元和3.61亿美元。第二位进口国是阿联酋，总进口额8.68亿美元，占10.43%；主要进口货物是石油产品，价值4.32亿美元。

二、苏丹与中国的贸易关系

中国是苏丹第一贸易大国。2015年中苏贸易额为28.99亿美元，占苏丹同期进出口总额的22.87%。其中，苏丹从中国进口21.59亿美元，主要商品包括工业制成品、机械设备、交通运输设备以及纺织品等；向中国出口7.40亿美元，主要商品为石油（5.74亿美元）及芝麻（1.36亿美元）、棉花等农产品。2016年中苏贸易总额26.52亿美元，占苏丹同期进出口总额的23.22%（图3.5）。

苏丹向中国出口的主要是石油和农产品。80%以上的石油及石油产品出口中国，2013年达97.45%。从图3.5可以看出，向中国出口石油增加时，出口总额则上升；石油及石油产品出口下降时，向中国出口总额则下降。向中国出口的农产品占出口总额的比例最高为2016年，价值1.78亿美元，占12.94%；最低2013年，价值0.94亿美元，占3.79%。

2012—2016年5年间，苏丹从中国进口额年均19.59亿美元，占苏丹进口总额的21.09%；进口份额逐年增加，从2012年的18.05%增加到了2016年的26.34%。苏丹从中国进口价值最多的工业制成品、机械设备、运输设备和纺织品，年均进口货值分别为6.4亿美元、6.15亿美元、3.19亿美元和2.1亿美元，平均占苏丹同类产品进口额的比例分别为35.2%、37.1%、33.9%和63.9%。苏丹纺织品进口主要依赖中国，2014年从中国进口的纺织品仅占苏丹同类产品进口额的71.75%，最低是2012年占57.26%（本节所有数据均来源于苏丹央行年报）。

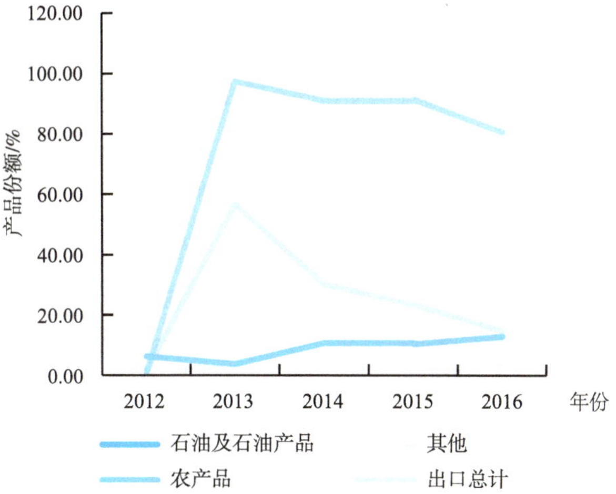

图3.5 2012—2016向中国出口的主要产品占同类产品出口份额

三、苏丹植物和植物产品的进出口程序

1. 监管框架

植物和植物产品的进口受三项法律监管：《2010年种子与品种保护法》（由农业部种子部门执行）；《1913年植物病害法案》（由农业部植保总局执行）以及2008年《苏丹标准和计量组织（SSMO）法》。

2. 一般植物进出口程序

一般植物进口程序：所有进口植物和植物产品必须有进口许可证（IP）；进口许可证是在进口商获得相关部门（园艺、种子管理局，森林公司）批准进口植物和植物产品后，由农业部次长办公室颁发。在进口商支付必要的费用后，将颁发一份表明植物检疫进口要求的植物检疫进口许可证，允许进口商在45天内进口植物或植物产品。所有进口植物和植物产品都要有植物检疫证书（PSC）。

一般植物出口程序：出口商必须以规定的表格形式（图3.6），向植物检疫官员申请。根据禁止条例和限制商品条例，出口商也需要向植物保护局

（PPD）申请出口许可证。然后在出口处进行检验。出口商必须安排和出示已经包装出口的出口物料进行检验。检查、熏蒸或消毒（视情况而定）后，不需要密封货物。出口商必须提前向PPD支付PSC的检查/处理和发放的规定费用。可出口货物的熏蒸由PPD直接执行操作，由植物检疫机构出具熏蒸证书。最后签发植物检疫证书。

3. 种子进口程序

种子进口过程从种子管理局开始。只有在种子管理局注册的公司才能进口作物种子。为了获得进口种子的初步进口许可证，注册公司必须用公司抬头文件提交书面申请，并签字盖章。申请文件要注明拟进口的作物品种、种子种类数量、进口目的和入境口岸；要提供出口公司或其分支机构的形式发票。进口的大田作物种子应仅限于品种审定委员会审定的注册品种，蔬菜种子进口免于注册。向农业部次长提交初步进口许可证并支付指定费用后，将为进口商签发植物检疫进口许可证，允许公司在45天内进口种子（图3.6）。

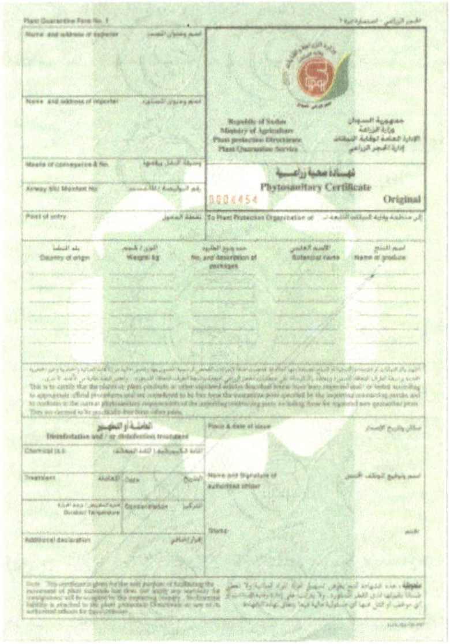
Plant Quarantine Form No. 1
Name and address of exporter
Name and address of importer
Means of conveyance & No.
Airway Bill Manifest No.
Point of entry
Republic of Sudan
Ministry of Agriculture
Plant protection Directorate
Plant Quarantine Service
Phytosanitary Certificate
0004454
Original
To Plant Protection Organization of
Country of origin | Weight kg | No. and description of packages | Botanical name | Name of produce

图3.6　苏丹出口商品植物检疫申请表样本

资料来源：农业部动植物检验检疫局

以研究为目的的种子进口程序稍有不同。首先用公司抬头文件提交书面申请，签字盖章，并注明拟进口的作物品种、种子种类数量、进口目的和入境口岸，以及研究机构在苏丹进行研究和种植种子的地区。

涉及种子进口出口的3个监管机构驻扎在苏丹港。苏丹标准计量组织和植物保护局在苏丹的所有其他入境港口设有办事处。苏丹港以外的港口由中央种子局提供服务。所有货物抵达后，进口商需通知监管机构种子货物到货。对于植物检疫目的进口商将使用指定格式的申请表。在进行抽样之前，指定的督察员将核对所有文件。

种子局检查员核实的文件是：初步进口许可证，国际种子化验证书，表明种子没有转基因的证明。

标准和计量组织（SSMO）官员要验证的文件：原产地国家主管机关出具

的原产地文件，表明种子没有转基因的证明，任何其他苏丹标准和计量组织（SSMO）要求的文件。

经植物检疫官核证的文件：原产国植物检疫证书，植物检疫进口许可证，种子管理局的初步进口许可证。

然后进行进口检测：种子健康测试，只针对大豆和玉米进行基因改造测试，由SSMO实验室进行，必要时由生物安全实验室验证。在此情况下，进行发芽试验和其他检测。

在完成所有验证和种子测试后，发布一份表格，检查员会要求对货物进行处理，或者将货物转口，或者将货物委托销毁。

4. 种子出口程序

递交已签署盖章的注册公司抬头文件书面申请，并注明拟出口的作物品种、种子种类、数量，出口目的和出口港口。获得种子检验证书、植物检疫证书，林木种子要获得森林公司的批准。

第五节　苏丹商业环境

苏丹的经济和政治不稳定，欠发达的基础设施，人力资源缺乏，以及商业环境下的腐败，意味着它需要努力改善吸引外国或国内的投资环境。透明国际最近的“腐败指数”苏丹排在低位，并且处于世界银行2013年全球“营商环境”报告最低的1/4部分。

一、企业结构及分布

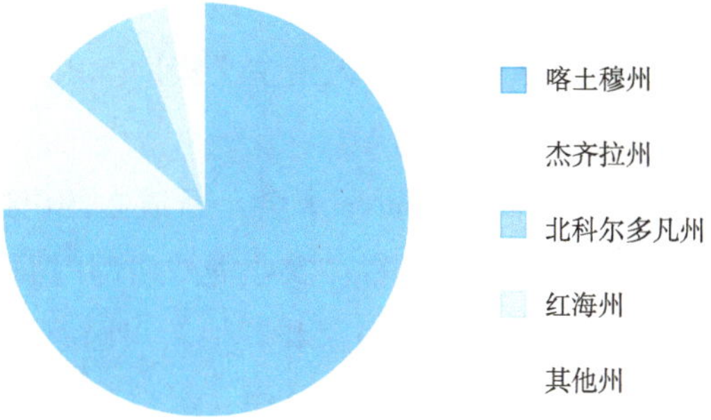

图3.7　苏丹制造业分布

制造业和服务业是现代私有经营者的两个关键领域（图3.7）。根据2008年世界银行“苏丹私人投资气候调查”（PICS），36%的苏丹制造业公司是食品行业，其次是30%的非金属矿产行业。纺织服装行业的制造企业不到2%。大多数制造企业的员工人数不到20人。PICS强调了某些地区制造业企业高度集中：受访企业中喀土穆州占制造企业的75%，其次是杰齐拉占11%，北科尔多凡州近8%，红海州约有

3%，如图3.7所示。私营部门以零售服务（约80%）和批发（12%）为主。大部分（96%）服务业公司规模很小。

服务业企业的空间分布与制造业相似。如“2008年中期战略”所示，喀土穆州约占服务业公司的86%，其次是杰齐拉（7%）和北科尔多凡州（3%），红海州占服务业公司的不到1%（世界银行，2008）。在南苏丹分裂之后，为了弥补出口部门的石油损失，苏丹政府努力扩大采矿部门，特别注重黄金。一些消息来源表明，2012年底颁发了500个采矿许可证。

二、商业环境

（1）苏丹被认为是世界上最腐败的国家之一。透明国际于2012年12月发布的2012年腐败认知指数在176个国家中排名第173，100分中得13分。

（2）据世界银行业务报告（2013），苏丹在185个经济体中排名第143位，比2012年下降了3个百分点。虽然在2012年至2013年期间，“处理建设许可证”和“开工事业”类别排名分别提高了8个点和6个点，但其他类别的排名恶化，如“保护投资者”下降3%，“获得信贷”和“跨境贸易”每个下降2%，“付税”“执行合同”和“解决破产”每个下降1%。因此，在改善私营部门发展前景方面还有很多工作要做，特别是保护投资者和财产，获得信贷，跨越边界的交易和交税。

（3）内部冲突，国际孤立，制度和治理薄弱，严重制约了苏丹的包容性增长。联合国估计，由于内部冲突，苏丹在2015年有310万国内流离失所者，是非洲最多的国家。自2007年以来，联合国派出了21 000人的维和部队，向540万人即15%的人口提供人道主义援助。由于持续的冲突，使得苏丹的外债和欠款无法得到有效的解决。

（4）高级投资理事会。新成立的由共和国总统领导的高级投资理事会被授权消除外国投资者在农业等战略部门面临的障碍。已经提出了一个新的监管框架来吸引阿拉伯国家和其他新兴国家伙伴的战略性外国直接投资（FDI）。这些改革包括对投资、公司、习俗、税收、劳动和移民法案的修改，以及设立一个解决争端的新的仲裁机构。

（5）经济增长缺乏包容性。自1960年以来，国内生产总值增长了7倍以上，平均增长率为3.9%，但一直不稳定，标准差为140%。苏丹的经济增长并没有包容性。直到1999年还主要依靠自然资源耕作的“农业经济”，“石油经济”从1999年起到2011年结束，2011年以来进入“黄金、石油和农业”的后石油经济时代（SNAIP，2016—2020）。实际收入的大跃进发生在20世纪90年代和2000年代，石油生产和物价上涨，宏观经济稳定恢复，此后苏丹经济进入了后石油时代，这时的苏丹经济仍然处于不稳定的境地。它仍然是一个脆弱的国家机构，需要应对内部冲突，脆弱的宏观经济稳定性，持续的资源依赖，拖欠外国贷款，尽管在20世纪70年代和80年代几个巴黎俱乐部的债务重组，而人类发展的成果并不比20年前高多少。总之，收入的增长是不可否认的成就，但没有包容性（图3.8）。

图3.8 苏丹经济3个标志性阶段

几个指标表明苏丹的增长水平很低。对苏丹增长质量的综合衡量标准在1990—1994年93个国家中排第63位，2005—2011年93个国家中第86位。联合国人类发展指数（HDI）2014年在188个国家中排名第167位。贫困指标也很弱，2009年贫困调查显示，44%的人口为贫困人口，其中20%生存在每天1.25美元以下。

（6）财政资源有限，预算优先和宏观经济失衡也阻碍了包容性增长。政府收入较低，特别是2015年的税收收入占国内生产总值的6.2%，从而限制社会支出和基础设施投资。宏观经济失衡使过去四年来高通胀率平均为35%（IMF，2012）。国际储备低于1～1.5个月的进口，中央银行将外汇分配给有限的进口优先货物。

（7）苏丹在经商和善政方面排名很低。世界银行2016年经商业调查显示，苏丹在189个国家中排名第159位。跨境贸易184/189，保护投资者166/198，获得信贷162/198，解决破产154/189，是排名最低的业务领域。最高的职级排名是财产登记89/189和获得电力102/189。治理指标也很差。自1996年以来，政府效能排名下降。法治指标有所改善，但仍处于排名最低点。腐败被认为是高的，2014年透明国际将苏丹排在第二大腐败国家。

（8）苏丹是一个资源型经济，使得产品制造复杂性和先进性很低，这限制了增长前景。复杂性在这里被定义为一个国家出口中嵌入的生产能力的多样性和复杂性。跨国证据表明，复杂性的增长与较高的出口增长和较低的收入不平等密切相关，即产品复杂度较高的国家更丰富，发展前景更好。作为自然资源生产国，苏丹的复杂性一直很低，在2013年124个国家中排名第113位。

（9）生产力一直很低而波动。全要素生产率（TFP）是石油前期的主要增长来源。然而在石油繁荣期间资本主导为增长的根源，而在20世纪90年代初，生产力大部分为负。

（10）基础设施和能源生产受到限制，电力、水和卫生设施的获取水平不高。2013年的能源消耗（即现有数据的最后一年）下降到2006—2007年度的水平，这限制了GDP的增长。需要投资电力来支持经济增长。电力供应滞后于区域比较国家和其他脆弱国家，过去20年来，改善用水量的途径并没有显著上升。

（11）苏丹的失业率持续高企。2013年，世界银行的失业率估计为劳动力的15.2%，与1991年几乎没有变化。在2015年政府报告了失业率为22%，表明南苏丹分裂后显著恶化。2013年妇女失业率（19.8%）高于男子（12.7%）。高失业率的持续存在可能是石油经济的后遗症，经济增长和就业依赖于政府支出。青年失业率高而持续。2013年，世界银行估计，自1991年以来，青年失业率为24.5%。年轻妇女失业率高达26.5%。劳动参与率低，反映了高失业率。2013年，世行估计劳动参与率仅为54.5%，与其他阿拉伯国家大致相符，但低于低收入国家的平均水平（男子为76.4%，女性为32.6%）。

第六节　苏丹当局的应对之策

尽管存在潜在的挑战，苏丹当局正在共同努力，管理苏丹经济，发挥其巨大潜力。作为非洲最大的国家之一，拥有人口资源和自然资源，包括矿产、水和耕地。由于成功实施了2012—2014年3年经济稳定方案，使苏丹在南苏丹分离后能够快速稳定。但苏丹继续面临挑战，美国经济制裁，内部冲突和债务悬升造成的结构性弱点和有限的市场渗透率，经济增长受限，使其无法充分发挥潜力。该国与南方分离，造成巨大的融资需求，导致内部和外部失衡。

尽管当局努力稳定，但石油储备损失巨大，需要经济转型。在这方面，当局优先处理结构僵化，鼓励出口多样化。他们采用了后继五年（2015—2019）经济改革方案。后继方案力求巩固3年期稳定方案取得的成果，以进一步加强经济稳定，促进包容性增长和实现可持续发展。为补充经济改革议程，当局还制定了2016—2020年减贫战略。

与此同时，因美国制裁阻止苏丹贸易，限制进入国际金融体系，降低了苏丹吸引外国直接投资的能力。此外，外资银行一直在慢慢撤回在喀土穆的代理银行，特别是国际银行针对美国制裁的执法行动。这也对私营部门和普通公民，包括最脆弱群体，特别是通过汇款，出口收入和进口融资等活动造成了意想不到的后果，交易成本大幅上涨。

在政治方面，当局在解决国内冲突方面取得了显著进展。他们成功而和平地结束了2016年4月在达尔富尔举行的行政公民投票。同时继续全国对话，并于2006年8月8日在亚的斯亚贝巴组织了反对党和武装反叛分子签署了一个全面的和平路线图。2016年年底至2017年年初，苏丹各政治派别经过和平谈判达成共识，苏丹政府再次改组。2017年5月12日苏丹共和国第一副总统政府总理巴克利·哈桑·萨利赫宣布新的民族和解政府成立，这一届政府是包括参加全国对话的各党派各武装运动达成共识所组建的。这些积极事态发展为恢复达尔富尔和整个国家的和平与安全奠定了基础。他们鼓励重新将战争资源优先运用到发展支出。当局也努力使与国际社会和债权人的关系正常化，并动员支持取消制裁和减免债务。

对今后的关键挑战有广泛的共识。苏丹当局承认，虽然2012年6月的一揽子措施产生了一些积极的回报，但需要采取进一步的政策行动，以充分解决苏丹深层次的宏观经济失衡问题，支持广泛而包容的增长和减贫。政府正在完成调整战略进程，并根据南苏丹分裂后国家经济和经济潜力的降低来进行经济转型。特别侧重于以下政策继续财政整顿，统一汇率和市场，加强货币框架，改善金融中介，进一步开放经济，改善经营环境等。近期政府的主要政策目标是解决巨大的经济失衡问题。这将需要一个协调的三管齐下的政策组合：①合理化政府支出和改善收入来解决财政失衡，限制财政赤字的货币化；②快速统一汇率和市场，实行灵活的汇率政策，减轻汇率压力，建立外部储备，逐步消除交换限制；③按照财政立场的调整，加强对政府的信贷，同时通过为商业银行提供适当的机会，将未用余额让中央银行回收利用，从而改善货币管理。

一、财政政策改革

与区域内同业相比，苏丹的税收收入与GDP的比率非常低，反映了部分豁免和广泛的税收优惠。强化税收政策将会增加税收收入，减少税收豁免、合理化营业税收优惠和纳税活动。与邻国相比，苏丹的总收入和税收与GDP的比率都很低。区域内同业的平均税收约占国内生产总值的17%左右，但苏丹在2012年仅占6.2%。这种低税收收入限制了财政空间和基础设施的发展，而基础设施的发展反过来又是维持经济增长的关键。苏丹税改的核心产业是黄金部门。详见专栏4。

专栏4：黄金经济

2012年，黄金部门成为苏丹最重要的出口收入来源。而2008年占出口收入的约1%，到2012年，其份额增加到40%以上。从中期来看，预计会占出口总额的1/3左右。由于黄金交易活动，中央银行目前为止提升了外汇储备，另一方面预算的收益却微乎其微。目前在苏丹前期投产的黄金矿公司有5个，其中包括数以千计的小手工矿工，另外还有七家公司即将投产。在现行税制下，手工矿工不征税；黄金矿业公司须缴纳7%的特许权使用费，30%的营业利润税（BPT），并支付与政府持股比例的股息。这种税收制度与其他黄金生产国家的制度相比是有利的。但长远来看，需要对采矿公司征税，以期提高进度，这能确保税收将根据经营活动的变化而变化。另外对手工采矿者征收预扣税。与矿业公司不同，从小型传统矿业公司收取营业利润税是非常困难和昂贵的，因为他们大多数都在该国偏远的沙漠地区经营。

1. 精简支出仍然是关键优先事项

特别重要的是要控制非优先支出（例如商品和服务），逐步淘汰补贴，逐步减少向各州的转移，同时将部分储蓄重新分配到更有针对性的社会方案和更高的资本支出。不应将工资政策用作社会保护工具。政府宣布增加公共工资约20%可能是通货膨胀的主要原因。是由于其对其他经济的影响，对通货膨胀的过程将产生不利影响。更普遍的是，为了提振经济，增强竞争力，政府需要推动将工资上涨与经济生产力挂钩的工资政策。

2. 2011年发起的补贴改革应该取消

2012年，当局大胆地决定增加燃料产品价格，年末总体补贴估计为国内生产总值的2.8%，这包括：相当于GDP2.1%的燃料补贴，相当于GDP0.4%的食品补贴，相当于GDP0.3%的电力补贴。苏丹的燃料补贴不成比例地惠及富人，人口的1/5接受了大约占GDP3%的补贴，而最高的1/5的人口收入超过了总收入的50%。在此情况下，保护穷人应是优先事项，燃料产品价格的进一步增加将对大部分人口产生负面影响。

3. 自20世纪90年代末以来，各州越来越依赖中央划拨

这种依赖性主要源于与其支出义务形成对比，各州动员自身资源的能力薄弱。苏丹当局利用宪法允许的灵活性来提高收税能力，并使联邦一级的支出控制合理化。这需要在州一级开始逐步实现税收自主权转型。此外，各州将受益于在提供基本社会服务不足的地区，联邦转移支付资本支出的再平衡。

二、加强货币政策框架

苏丹的货币状况自南苏丹分裂以来明显减弱。这反映在增加的预算赤字货币化，导致高通胀和商业银行在中央银行持有超额准备金。因此应该收紧苏丹央行贷款给政府，以免超过当年的25亿SDG上限；清除超额储备；年底偿还上半年向政府提供的临时担保，不再重新安排；逐步淘汰商业银行持有政府存款的做法，并将其放置在央行；尽量减少向公共企业提供信贷的环节，从银行到市场一步到位；在一级市场上不收取政府穆沙拉卡证书（GMCs）。使用储备金作为主力将有助于加强货币政策框架。当局需要密切协调财政政策，以腾出更多的信贷投向私人部门；促进GMCs和政府投资证书（GIC）的银行间市场，取消商业银行持有的政府和中央银行证券上限；扩大拍卖制度，为商业银行提供回收未用现金余额的机会；停止直接和间接补贴信贷的做法；苏丹央行逐步从黄金活动退出；央行停止向政府提供担保。

苏丹的货币政策框架缺乏足够的货币操作手段，管理流动性和导致政府赤字的非通货膨胀融资。此外，由于缺乏积极的银行间市场，导致大量超额准备金和央行的货币控制损失。缺乏适当的货币手段导致中介成本高昂和通货膨胀压力持续。财政赤字上升的货币化进一步削弱了货币政策的有效性，特别是在南苏丹分裂之后。南苏丹分裂后的财政赤字上升主要由央行资助，导致货

币迅速扩张，到2012年底达到40%。政府净信贷大幅上涨超过法定限额的15亿SDG，并导致通货膨胀率在2013年3月达到47.8%的高峰，接近恶性通货膨胀。结果，中央银行的独立性大大削弱，从而破坏了其确保价格稳定的能力。

三、提高汇率灵活性

尽管2012年6月贬值压缩了高估的主要部分，但汇率仍然高估，官方和市场利率之间的差距仍然固定在20%左右。因此，当局应限制市场干预，以平息过度的汇率波动，同时不妨碍汇率的潜在趋势。

需要更多的努力来统一目前实行的四项外汇汇率。这些费率如下：适用于进口燃料产品，支付政府义务和海关估值评估的标准差4.42美元；小麦每美元补贴资金2.9美元；中央银行黄金交易使用的黄金汇率，符合市场利率；适用于所有其他交易的商业银行汇率。

这将需要采取以下措施：消除补贴的小麦和燃料汇率；以与当前市场条件相一致的水平引入独特的参考汇率，也将用作中央汇率；允许商业银行和交易所厘定汇率以反映现行市况；确保只有经授权的银行和经销商才能参与外汇市场。外汇市场的运作需要改善。这将需要改进干预机制，建立银行间外汇市场，包括交易的步骤和顺序、市场本身的组织以及商业银行的作用。

四、国际货币基金组织建议苏丹当局采取的措施

国际货币基金组织建议苏丹当局录取的措施如下：苏丹需要经济多样化；苏丹需要提高发展支出水平；苏丹需要缩小财政赤字；苏丹需要使其出口基础多样化；苏丹的汇率需要得到更好的管理；需要停止苏丹人类发展指数的下滑；苏丹需要改进和简化收税系统；苏丹需要采取整体政策办法来应对日益增长的失业水平；苏丹政府需要找到办法来阻止“人才流失”，以提高自己的人力资源；苏丹需要改进其社会经济数据库。

第二部分

苏丹农业资源禀赋

第四章　农业资源禀赋

尼罗河谷纵贯苏丹中部，青尼罗河（the Blue Nile）和白尼罗河（the White Nile）于首都喀土穆交汇成尼罗河流向埃及。苏丹境内大部为盆地，南高北低，中部为苏丹盆地，北部为沙漠台地，尼罗河以东为努比亚沙漠，以西为利比亚沙漠；西部是达尔富尔高原，西南部是科尔多凡高原；东部为东非高原和埃塞俄比亚高原的西斜坡。尼罗河上游盆地位于苏丹南部，地势低平，水网密集，沼泽广布。巨大的尼罗河谷以东多丘陵、山地，以西为海拔700～1 000米的广阔高原。在青、白尼罗河之间的广袤平原，土质肥沃，是苏丹农业的核心区域。苏丹地处生态过渡带，旱灾、水灾和沙漠化灾害频繁，但没有地震、台风等自然灾害。

第一节　苏丹地理

一、地理环境

苏丹是一个面积达180多万平方千米辽阔的非洲第三大国家。它位于10°～22°N和22°～38°E，地形大致平坦，西部有上升的马拉山脉，东部是红海山脉，南部是努比亚山脉，中间大片的平原属于尼罗河盆地。整个苏丹有努比亚盆地、撒哈拉努比亚盆地、撒哈拉尼罗河盆地、达尔富尔中部盆地、纳胡德盆地、萨哥纳姆盆地、阿特巴拉盆地、加达里夫盆地、沙加勒盆地、巴加拉盆地、青尼罗河盆地等10个主要盆地。

二、苏丹地质环境

苏丹的地质学范围从前寒武纪结晶基底岩到第四纪非固结冲积矿床。地质历史在前寒武纪末期到古生代晚期遭到长时间的侵蚀（UN，1988）。在中生代期间，努比亚砂岩矿床被放下，特别是在基底复合体和古生界的盆地内生存。中后期的裂谷系统的构造运动导致了大面积盆地结构的形成。整个第三纪晚期和第四纪早期的火山期生产了杰贝马拉（Jabel Mara）和迈道比（Meidobe）玄武岩以及贝欧达（Bayoda）沙漠和加达里夫地区的玄武岩流。在更新世时代，这些第三纪盆地接受了乌姆鲁瓦坝（Um Ruwaba）地层的较厚的冲积和湖泊沉积物（UN，1988）。一个主要的中非剪切带，穿过苏丹中部（图4.1）。

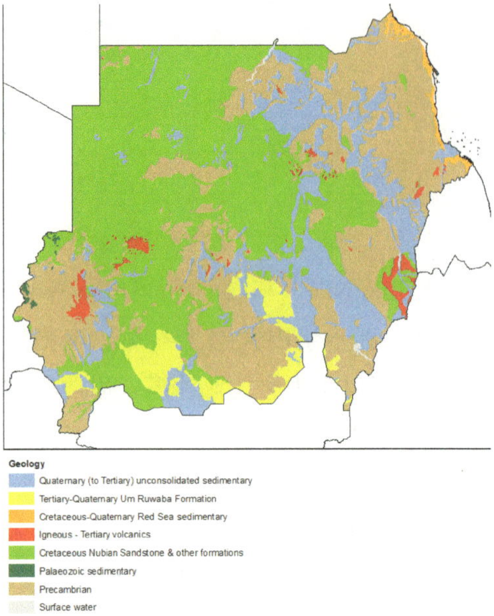

1：500万比例尺，由USGS地图开发

图4.1　苏丹地质（Persits，et al，2002）

1. 未固结沉积物

主要发生于第四纪和第三纪。可分成第四纪：杰齐拉组、阿拉特珊组和盖斯矿床；第三纪：胡娣（Hudi）黑矽石、贾布雅（Jabya）组、红海沿岸区矿床、穆科瓦（Mukwar）组、哈嘛弥特（Hamamit）组、阿布伊嘛嘛（Abu Imamma）组、邓纳布（Dununab）组、阿布萨格拉（Abu Shagra）组和阿布雅德（Abyad）组。

2. 苏丹最沉重的沉积物

包括沉积在尼罗河和其他河流山谷的冲积淤泥和偶尔的沙土，科尔多凡风沙沙丘和黑黏土平原（UN，1988），它们包括杰齐拉和阿拉特珊和盖斯地层，厚度不超过100米。红海沿岸和沿海沉积物的年龄显示第三纪的欧陆砾石、砂、粉土和黏土，以及海洋珊瑚石灰岩的形成，组成一系列沿海沿岸宽度为10 ~ 40千米的未变形沉积岩，它们的厚度可以超过2千米。合并的胡娣黑矽石组含有非常薄的燧石，不超过几米，存在于阿特巴拉地区及其周围。苏丹西北部的阿布雅德组成分主要包括海洋沉积物，包括砂岩、石灰岩和蒸发物。

3. 乌姆鲁瓦坝组

处于第三纪晚期至第四纪，乌姆鲁瓦坝组发生在苏丹中南部的两个大壕沟：巴拉（包括科尔多凡，达尔富尔和南部地区）以及青尼罗河/拉哈德/丁德尔地区。乌姆鲁瓦坝组包括未固结的冲积和湖相砂岩，淤泥和黏土（UN，1988）。厚度介于150～500米。

4. 火成岩火山

第三纪火山岩，加达里夫、杰贝马拉、迈道比和贝欧达玄武岩。系中生代沉积岩，主要发生在白垩纪。

5. 努比亚砂岩组成上侏罗纪至下新生代

主要为白垩纪。努比亚砂岩覆盖了苏丹的近1/3，包括基本上水平或轻微浸泡的层状砂砾岩和层状粉砂岩（UN，1988）。努比亚砂岩位于喀土穆盆地、库夫拉盆地、阿特巴拉盆地、青尼罗盆地、加达里夫盆地、埃尔纳姆盆地和达尔富尔。在喀土穆盆地，其厚度超过3千米。在南部，它覆盖了乌姆鲁瓦坝组的厚厚的未固结沉积物，而在全国其他地区，它是高原或变化且松散的灌木丛覆盖之下的露出地面的岩层（UN，1988）。

6. 科巴贝锡（Kabbabish）和洼地豪尔（Wadi Hower）组合，加达里夫砂岩，本图阿拉得巴（Bentue Aradaiba），热尔格（Zarga），阿布加布拉（Abu Gabra）

主要是白垩纪。这些地层在上面的地质图里没有区分。它们形成的比努比亚砂岩露出地面更小。

7. 古生界沉积岩

Erde Ente，Nawa组合，苏丹西北部的沉积岩寒武纪到石炭纪未经变质砂岩的露出地面的岩层，发生在乍得边界沿线的该国西部。碱性沉积层覆盖科尔多凡中部的基底杂岩。发生在苏丹西北部锡里留利矿床，是普遍的河流三角洲砂岩。泥盆系和石炭纪岩，包括Nawa组，发生在苏丹埃乌维纳特附近。它们主要包括片岩砂岩（UN，1988）。

8. 前寒武纪基底

未分化的基底杂岩暴露在苏丹的近一半地区，由变质的火成岩、沉积岩和变质岩组成。岩石包括酸性片麻岩、石英岩和片岩。它们被火成岩和环形复合体侵入，主要是花岗岩。东北—西南和西北—东南方向断裂是很常见的。

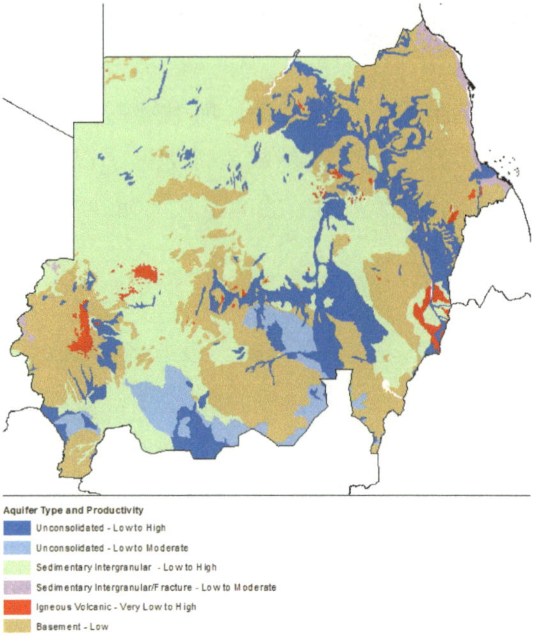

图4.2　苏丹含水层类型和生产力

三、水文地质学

1. 疏松含水层

（1）从低到高生产力的疏松含水层。这些未固结沉积物由冲积砂、淤泥、第四纪至第三纪年龄的砾石和黏土组成，包括杰齐拉、阿拉特珊和盖斯地层。含水层性质水质通常好，新鲜；但也是可变的，主要取决于岩性。水位深度范围为15～40米。钻孔深度在30～150米。盖斯含水层一般约60米厚。据报道，每天1 000平方米的透射率值。杰齐拉和阿拉特珊含水层厚约80米。在达尔富尔和苏丹北部的冲积含水层已经提供了500～1 500平方米/天的渗透率值（UN，1988）。在高流量期间，杰齐拉和阿拉特珊含水层的主要补给来自于青尼罗河和白色尼罗，盖斯含水层的补给来自于盖斯河（图4.2）。

（2）低到中等的生产力的疏松含水层。乌姆鲁瓦坝组形成了一个覆盖大面积的未固结含水层，通常生产力低到中等。含水层的性质在很大程度上取决于岩性。产量通常低于苏丹的沉积含水层。含水层可以是无约束的，或局部半封闭的，渗透层发生在深层黏土层下方（UN，1988）。水位深度范围为10～150米。含水层可以有几百米厚，但钻孔深度为30～150米。它的最大透射率为200平方米/天，中位数为25平方米/天。这些含水层水质新鲜，主要用于小型家庭使用及饲喂牲畜和灌溉，其补给主要靠降雨渗透，补给量较少。

2. 火成岩—断裂含水层

这些含水层包括加达里夫的玄武岩和杰贝马拉火山。地下水发生在断裂和风化带。它们形成厚且可变的含水层，这取决于由断裂和风化形成的渗透程度，从几米到几百米厚，以及从低到高的含水层生产率。含水层通常是无约束的。钻孔从含水层抽取10～300米深的水域。浅层地下水质量通常偏碱，主要靠降雨和地表径流补给。

3. 综合沉积—晶间和断裂流

红海沿岸沉积物是相对坚固的海洋沉积物，包括珊瑚石灰岩。含水层渗透率和储藏量低。含水层的饱和厚度通常为5～20米，尽管地质单位的总厚度可能超过1 000米。含水层无约束，水位通常在地表以下10～30米。钻孔通常在10～50米。生产力低到中等，水质通常是咸的，很少补给。

古老的沉积岩主要发生在苏丹西部的较小的露出地表岩层。它们在苏丹没有形成主要的含水层，对此了解很少。含水层生产力可能很低，地下水仅通过裂缝流动和储存。

4. 综合沉积—晶间流

努比亚砂岩组是主要的区域含水层。含水砂岩地层具有较高的晶间渗透性和储藏性。含水层厚度范围从100～2 000米。透射率值通常在100～300平方米/天，虽然已记录了每天35～1 500平方米的值（UN，1988）。比产率为0.01～0.2，储存系数为10-3至10-4。含水层半封闭。在某些情况下，地下水通常是通过泉水排出的。压电式（电位计）地下水头从洼地豪尔地下6米处到巴格拉盆地100米深。钻孔通常在40～400米深。记录的井眼产量在每小时几立方米到400立方米/小时之间。巴格拉盆地的年补给量估计为3 000万立方米。

加达里夫砂岩组不同于努比亚砂岩组，但也具有较高的晶间渗透性，也形成适度高产的含水层。含水层厚度范围从100～2 000米。透射率范围为100～300平方米/天。比产率范围为0.01～0.2，储存系数为10-3至10-4。含水层半封闭限制。钻孔通常在40～400米深之间。巴加拉盆地努比亚砂岩含水层的地下水储量估计为1 300亿立方米，巴拉盆地估计为45亿立方米。地下水质量一般新鲜，但盐度较高。补给发生在直接降雨渗透和径流，偶尔通过尼罗河补给。巴拉盆地地下水储量则为1 500万立方米。

5. 基底含水层

基底含水层发生在前寒武纪基岩的裂缝和/或浅层风化带中，其中增加了渗透性。这些含水层通常厚度在5～20m，或可以更厚。水位深度范围从4～60米，地下水通常是无限制的。抽水钻孔范围在10～70米，井眼产量一般较低。断裂/风化含水层具有低储存潜力，不含大量地下水。地下水的质量范围从新鲜到微咸。充水量取决于降水量和地表径流量。

四、苏丹主要农业区地貌特征

1. 苏丹中部地貌特征及气候概况

苏丹中部的土地只是一少部分，但是苏丹主要农业区。从地貌的角度来看，这是整个尼罗河盆地的最关键部分。它们被限制在大约11° 30'～18° 00'N，而尼罗河盆地本身则在3° S至约32° N的纬度范围内，延伸约35° N。在这个流域的约15° 36'N起源于海拔1 135米的维多利亚湖的白尼罗河和起源于海拔1 840米的塔纳湖的青尼罗河，在海拔376米的喀土穆交集组成尼罗河。

在埃塞俄比亚，青尼罗河排水系统开始于流入3 000平方千米的塔纳湖的一些小型支流。距离湖泊下游约30千米处，水位落差在大约50米以上，并进入陷阱玄武岩深处的V形峡谷。在900千米左右河流再次出现在通往苏丹的平原上（近似海拔高度490米）。

与苏丹青尼罗河相关的景观及其支流包括丁德尔河（Dinder）和拉哈德河（Rahad），主要由平坦和近平坦的平原组成，最大宽度约为250千米。它的西部边界由青、白色尼罗河的流域形成，南北贯穿Mazmum山脉、Dali山脉和Moya山脉，在蒙纳基尔山脊上到达蒙纳基尔。它的东部边界是阿特巴拉河流域，从南到北穿过加达里夫、杰里利和阿拉巴特。

这个平原的范围从海拔480米的青尼罗州达玛津的西部到海拔约380米的喀土穆，总坡度梯度约为22厘米/千米。青尼罗河在这个平原上切割到12米深，在达玛津和森佳之间的这段坡度达12厘米/千米，森纳尔和喀土穆之间的坡度减少到9～10厘米/千米。与尼罗河相关的景观基本上由一些限于沿河相对狭窄的地带的梯田组成。喀土穆到阿特巴拉部分的尼罗河坡度约为10厘米/千米，主要中断在Sabaloka峡谷的第六瀑布。

目前的尼罗河流域每年平均降水量为1 900立方千米。其中大约94%主要通过蒸发和植被蒸腾而流失到空气中。只有相对少量的水（约1%～2%）用于苏丹南部沿尼罗河狭窄地带的农业用途，这个数量还包括苏丹的灌溉用水和部分林地和草地的蒸腾。每年其余的4%的河水（或平均83立方千米）通过尼罗河到达埃及的阿斯旺湖，其中一半用于灌溉或通过蒸发在埃及阿斯旺湖下游损失（赫斯特，1957；哈德，1961）。因此，过去一百年中阿斯旺的年度排放量从1878/1879年的151立方千米到1913/1914年的42立方千米不等（赫斯特，1957）。

埃塞俄比亚高原的降水在6—9月期间显著上升。这是导致尼罗河埃塞俄比亚支流发生严重洪灾的主要因素，也是尼罗河本身的成因。值得注意的是，在夏季洪灾期间，尼罗河总年度流量的高达55%是由青尼罗河贡献的。这条河在洪水期间运输了大约85%的年度流量。其正常的洪水流量，在宽约400米，深10米的河道中约为5 640立方米/秒。低水平基础流量，在宽200米，深2～3米的河道中，约为185立方米/秒。最大和最小记录流量分别为10 800和40立方米/秒。

2. 青尼罗河景观

青尼罗河谷下的景观元素可以被识别。沿着活跃的河道，最近的台地形成不连续的土地，宽的地方达100米，水位最低6～10米。这个露台的沉积物通常由精细的粉质或细小的土壤材料组成，原始的沉积分层在50～150厘米的顶部被破坏，但在这个深度之下被清楚地保存下来。这个露台在下游方向与古老的较大路舍里斯露台相会聚（拜瑞和怀特曼，1968）。两个台地之间的高度，从路舍里斯的8米，森纳尔的6米，到喀土穆的3～5米。

路舍里斯露台被认为是前洪水平原。自然堤坝沿着青尼罗河几乎连续延伸，它们在最近的沟渠中遭到侵蚀。堤坝也沿着蜿蜒的切口和其他以前的流离失所的河道发生。这些堤防的斜坡非常平缓，一般每千米下降1米。后排区域位于堤坝之间，以及与阿特巴拉和白尼罗河分隔的较高场地。洪泛平原被许多高山打断了。

天然堤坝和后背表层沉积物之间形成鲜明对比。天然堤坝沉积物通常由沙质或壤土材料组成。由于蜕皮过程，原始沉积分层至少在顶部2米处被遮蔽，在现场无法检测到。在更深的层次上，在沟渠切割中，可以观察到这种分层。背面的沉积物本质上是黏土，没有清楚可辨的沉积层。

在世界其他地方的大多数泛滥平原上，沉积物随着较深的上游冲积和更精细的下游分级排序是显而易见的，在路舍里斯露台上就是这样。向北砂土平稳增加，肯尼亚地区黏土土壤沙子特别是细沙一般含量约为5%，在杰齐拉北部平均增长到了20%。这种现象很可能是土壤形成过程的结果。可能是由于吹砂的影响，苏丹西部中部的固定沙丘和相关的砂土主要由细沙和粗糙的淤泥组成。在整个青尼罗河黏土平原，观察到有浅层排水通道和有或没有出口的凹陷，高度差异从大约从5米减小到北部的1或2米。

拜瑞和怀特曼（1968）报道说，在杰齐拉地区偶尔出现沙质斑块和沙丘，与浅层不连续通道系统相关。虽然这在某些地方是正确的，如威廉姆斯（1968）所证实的，其他孤立的沙地与可观察到的排水方式没有明显的关系。

第二节　苏丹生态系统

一、苏丹生态区

苏丹可以分为七个生态植被区①。

1. 沙漠

覆盖北部几乎30%的面积。年降水量小于50毫米；土壤沙土，稀少的植被生长在季节性的“洼地”和尼罗河的岸边。

2. 半沙漠

覆盖沙漠带以南20%以上。降水量在50～300毫米。这一带有少许相思树和荆棘的灌木丛，点片发生的旱生植物。

3. 低降雨林地草原

占苏丹总面积的27%，降水量小于900毫米。有9个月的干旱期。一年生杂草是主导的。尼罗河以东是重黏土，西部是沙质土壤。3 600万费丹②的大多数雨养农业和400万费丹的灌溉土地坐落在这个人口稠密的地带之内。

4. 高降雨林地草原

覆盖苏丹13%的土地，降水量超过900毫米，苏丹南部有阔叶树林。

5. 沼泽

可能是世界上最大的，覆盖约10%面积，坐落在白色尼罗河支流附近的3个主要地区（南苏丹独立前）。

---

① 部分数据包括南苏丹

② 费丹：面积单位，参考专栏5：苏丹主要计量单位

6. 高地

不到苏丹面积的0.3%，分布在红海沿岸，南部和西部。

7. 红海海岸—海洋生态系统，红树林沼泽，珊瑚礁及相关动物群

专栏5：苏丹主要计量单位

1. 费丹，feddan，苏丹人通常写作fed，苏丹最常用的面积计量单位，1费丹等于4 200平方米，等于6.3亩。

2. 肯塔，kantar，是苏丹最常用的重量计量单位，1肯塔等于100磅，即44.927千克。磅也是苏丹制的磅，与英制磅不同，1千克等于2.225 8苏制磅，等于2.206 4英制磅（Lb）。

苏丹的1麻袋花生、1麻袋高粱都是1肯塔。作物单位面积产量通常用肯塔/费丹计量。棉花重量单位也用肯塔，1肯塔棉花是指100磅皮棉；若对籽棉而言，1肯塔则是指315磅，也就是141.52千克籽棉；当地通用的装棉花的大麻袋装当地的棉花一般正好是1肯塔；这种籽棉的计量是基于当地的一个不成文的传统，当地棉花品种衣分普遍为33%左右，315磅籽棉可以生产100磅皮棉，即44.927千克皮棉，苏丹棉花公司收购棉花不论棉花品种间的衣分差别，一律以这个标准计算。

普希尔（Pushel）是英、美采用的容量单位，苏丹则用作代替重量单位，收棉花时用一小麻袋片包裹，1包就是1普希尔。称量时1普希尔为36磅，9普希尔为1肯塔。

3. 施肥量的计量不以千克计算。氮肥以N表示，1N是指1费丹土地施标准尿素1袋子（50千克/袋），2N指两袋，3N，4N类推；磷肥、钾肥类同，1袋磷肥用1P表示，1袋钾肥用1K表示。

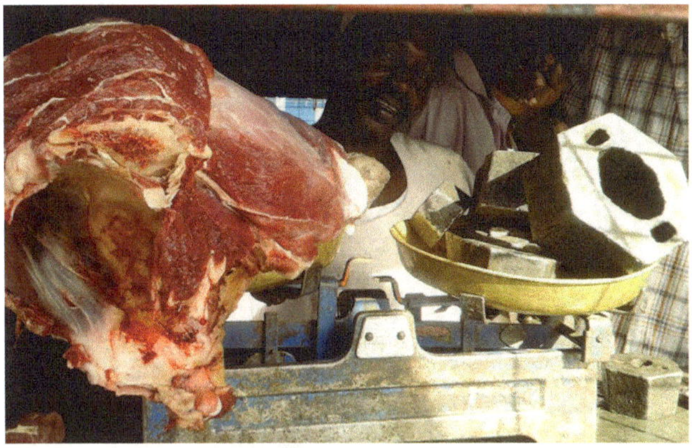

图4.3 农贸市场里的磅秤

注：农贸市场交易时，有大多货物东西按数量，论个卖；有些按体积，按桶销售，就如古代中国的“斗”

4. 苏丹许多东西交易论个卖，不按

重量，如西瓜等；有的东西用铁桶量，如椰枣，分大桶小桶，类似中国以前的大斗小斗。肉的交易按千克，这种计量工具不应该叫磅秤而应该叫天平，砝码要与肉等重，有的直接用大石头，见图4.3。

二、苏丹植被

苏丹拥有广泛的生态系统和物种多样性。生态区范围广泛，从极北部的沙漠到南部的热带草原。据苏丹土地覆盖图，森林和牧场占国家总面积的35.6%，见表4.1和图4.4。

表4.1　苏丹土地覆盖类别

土地覆盖类别	面积（hm²）	比例（%）
陆地和水上/经常淹没的土地	23 710 025	12.6
树木密集—稀疏的陆地和水上/经常淹没的土地	18 733 182	10
灌木丛密集—稀疏的陆地和水上/经常淹没的土地	22 231 327	11.8
草本植物密集—稀疏的陆地和水上/经常淹没的土地	25 982 720	13.8
城市区域	730 331	0.4
裸露的岩石和土壤和/或其他松散植被	95 277 727	50.7
季节性/长年，天然/人造水体	1 290 000	0.7
苏丹总面积	187 955 312	100

资料来源：粮农组织，2012

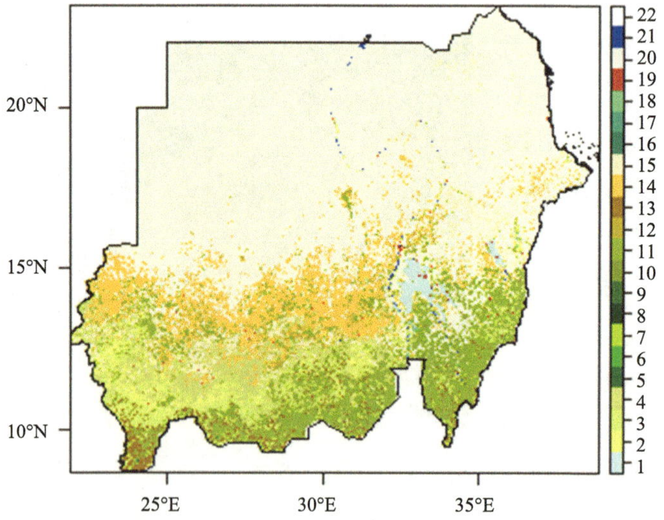

图4.4　苏丹地表覆盖（图片来自于欧洲空间局GlobCover）

气候、土壤、火灾和过度放牧等现象一起构成了苏丹中部植被地理分布的主要决定因素。根据哈里森和杰克逊（1958）设立的苏丹植被的分类，可以确认两个主要的生态区：半沙漠和低降雨林地热带草原。它们都占据北纬18°到11°之间的面积，年平均降水量在75～1 000毫米之间。两个区域大致对应于由艾尔（Eyre1968）区分的两个种群系型：分别是半沙漠灌木丛和小叶森林。这两个种群系类型的许多优势种群其根系非常发达。因此，小叶森林的优势种群特征是根系很深，但半沙漠群系的杂草大部分根系都在表土中。

1. 半沙漠地区植被

根据哈里森和杰克逊（1958）的说法，半沙漠地区的植被是杂草和牧草不同程度的混合，没有任何木本植被，或者更常见的是灌木丛与裸露的土地不规则的分布。降水量每年75～400毫米，一般来说，杂草不足以生长到每年可能发生火灾的程度；偶尔发生的草地火灾对应着更高的降雨。在北部，这个区域最干燥的部分特征是旋扭相思树—马尾云杉（*Acacia tortilis-Maerua crassifolia*）沙漠灌木丛。在这一部分，有一些或多或少的植被与光秃秃的裸露土地相交替，一些洼地也会有灌木丛。喀土穆北部的牧豆树主要限于排水线。马尾云杉通常以相当数量存在。刺山柑（*Capparis*）和基督的刺枣（*Ziziphus spinachristi*）通常发生在黏土凹陷中。在杰齐拉的北部，青尼罗河和白尼罗河之间，萨拉姆相思树（*Acacia ehrenbergiana*）占主导地位。杂草通常是三芒草（*Aristida spp*）等。

这个区域南部较湿润的部分是半沙漠草原，特别是在青尼罗河东部较发达。除了通过径流获得更多的水的地方，这些土地大多数完全没有树木或灌木，这些地方有具蜜相思树（*Acacia mellifera*）。唯一的其他灌木苏丹相思树（*Acacia nubica*）的发生，是过度放牧的指标。杂草主要有野高粱（*Sorghum sp.*）和沟颖草（*Sehima ischaemoides*），与本地杂草三芒草和*Schoenefeldia*围绕在山的周围。Worrall（1959）指出，位于喀土穆以东的布塔纳（Butana）地区的杂草和牧草的形式是以20米宽的重复带的形式出现，通常与排水线相关联。Ruxton和Berry（1960）也在青尼罗河和阿特巴拉河之间的退化黏土平原上记录了不同类型的草地模式。

2. 热带林地草原植被

在半沙漠以南出现了热带林地草原。热带草原代表了两种不同生命形式的自然植被：草和树木，它们具有完全不同的水分需求（Walter，1964）。根据哈里森和杰克逊（1958）的说法，低降雨热带林地草原这两个组成部分的变化比例取决于火灾的频率和强度。所有发生的植物都是具有一定程度耐火性的物种。这个热带草原的植被由北部干旱地区的低矮荆棘的树木组成，湿润部分主要是阔叶落叶树；一年生杂草胜过多年生植物。在苏丹中部的黏土层平原上，这个大草原区域仅限于400～1 000毫米的降雨带，在优势树种的基础上观察到三个细分。从北到南分布如下。

具蜜相思树（*Acacia mellifera thornland*），在年降水量在约400～570毫米，其特征是具蜜相思树系优势树种，经常与圆叶卡达巴[①]（*Cadaba rotundifolia*）、腺叶卡达巴（*C. glandulosa*），和塞内加尔木科海特[②]（*Roscia senegalensis*）在一起，在经过火灾后其他相思树消失，而这些树通常能维持生长。在低洼的土壤上生长塞伊耳相思树（*Acacia seyal*）。杂草中最丰富的物种是香茅（*Cymbopogon nervatus*），野高粱和狼尾草（*Hyparrhenia pseudocymbaria*）等（图4.5）。

图4.5 苏丹高降雨热带草原的杂草。这是2017年11月初的加达里夫州丁德尔公园附近未开垦的大草原

塞伊耳相思树—沙棘（*Acacia seyal-Balanites*）大草原与草地交替发生在570～800毫米的降雨带。在这个区域的干燥部分，发现了具蜜相思树的密集带，以及塞内加尔相思树。在易淹水的地区发生金雨树（*Acacia fistula*）和黑色相思树（*A.drepanolobium*）。草地的

① 圆叶卡达巴是白花菜科（Capparaceae）灌木，属名卡达巴（*Cadaba*）来自阿拉伯词“kadhab”，当地名为圆叶卡达巴（*Cadaba rotundifolia*）。在埃塞俄比亚南部，被列为饥荒食物

② 阿拉伯语发音木科海特（mukheit）。白花菜科（Capparaceae）植物，这种植物起源于西非。这种鲜为人知的水果仍然是非洲传统的食用植物，有改善营养，促进粮食安全，促进农村发展和支持可持续土地保育的潜力

优势杂草与具蜜相思树沙棘地区没有太大的区别。然而，香茅被限制在干燥的区域。

使君子—风车子草（*Aogegeissus-Combretum hartmannianum*）林地大草原年平均降水量超过800毫米，通常发生在土地斜率比塞伊耳相思树—沙棘热带大草原更为明显的地区，而且离山丘的距离也很小。因此与丘陵的区域相似。巨大的塞伊耳相思树带与阔叶树交替。这一带的干燥部分的植被几乎完全由风车子草组成，但是靠近更湿润的山丘，会出现许多其他物种。其中一些是*Lannea fruticosa*，*L. humilis*，*Lonchocarpus laxiflorus*和*Adansonia digitata*。热带草原林地的主要草地是*Hyparrhenia sp.*，*Andropogon gayanus*和狗尾草（*Setaria incrassata*）。

3. 特殊区域植被

一些低降雨林地草原地区，其中包括卡特纳（Catena）山丘，加尔加达（Gargada）山丘。有的丘陵植被除了一些榕树种类在山丘的岩石山顶上，几乎没有其他植被。有的植被种类繁多，例如香草（*Boswellia papyrifera*），*Lonchocarpus laxiflorus*，*Combretum hartm*以及*Hyparrhenia sp.*，*Beckeropsis sp.*等在山的陡坡上。有些丘陵 、陡坡脚下的区域通常没有树木，只有少量草地覆盖层。榆绿木（*Anogeissus Schimperi*）和风车子（*Combretum hartman*），描绘了向周边黏土层的过渡带。

沿着青尼罗河侵蚀土壤的非黏土区域，有低降雨林地草原自己的典型植被。哈里森和杰克逊（1958）指出，在这些地区的相思树沙棘地带，卤刺树（*Balanites aegyptiaca*），苏丹相思树（*Acacia nubica*），扭曲相思树（*A. raddiana*）和蜕膜山柑（*Capparis decidua*）是特有的物种，还有些一年生的草如三芒草、*Schoenefeldia gracilis*和*Sporobolus sp.*。

根据喀土穆大学沙漠化与沙漠栽培研究所2010年对喀土穆州尼罗河以东的半沙漠地区的三个地点的植被覆盖度研究结果，阿尔盖里（Algaili）和埃拉蓬（Eilafoon）地区的植被覆盖率分别为7.4%和27.6%。一般来说，大部分可利用的植被集中在河谷和水道上，其他高地散落着一些树木和草本植物。相思树属（*Acacia species*）是最主要最丰富的的植被类型。圆锥黍（*Panicum turgidum*）是在最干旱的地区最主要的草本植物，有助于防治荒漠化。

第三节 苏丹气候

一、气候区

由于热带非洲大部分降水来自对流云层，所以在时间和空间上，降水往往变化很大。赫斯特和飞利浦（1931）简要介绍了尼罗河流域的气候。苏丹中部和北部非常干燥，南部降雨增多。北部的7—9月和南部的6—11月是雨季，有明显的潮湿和干燥季节。这个描述将尼罗河盆地分为三大类：沙漠干热气候（BWh），如图4.6红色部分，覆盖苏丹北部，降水量从0～183毫米/年不等。黄色为草原干热气候（BSh），降水量从164～665毫米/年不等。蓝色部分为亚热带干湿气候（Aw），涵盖苏丹南部各州，降水量为665～818毫米/年。

苏丹气候区的基本特征是：北部沙漠干热气候区高温少雨，气候干燥，多风沙；南部为夏季炎热多雨、冬季温暖干燥。苏丹潜在蒸发量800～2 000毫米，超过年降水量。

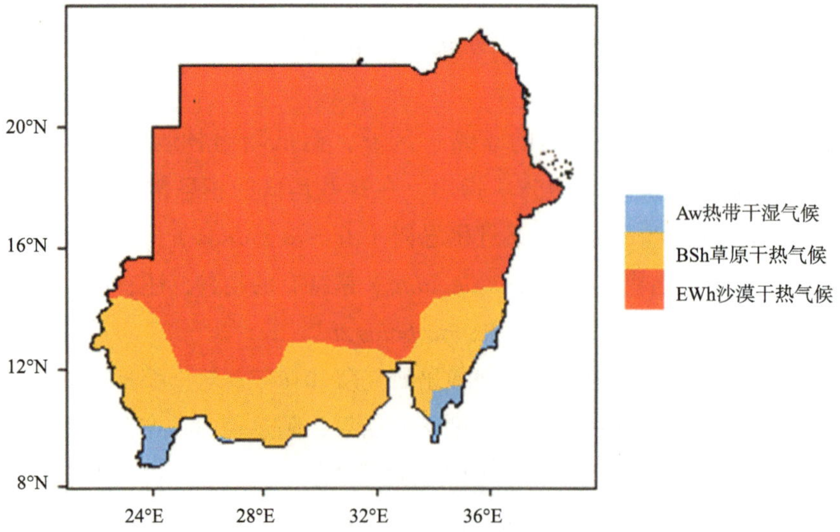

图4.6 苏丹气候区（Koppen Geiger）

二、气温

苏丹位于8° 45′ N和北回归线之间，全境受太阳直射，是世界上最热的国家之一，干旱而炎热是这个国家气候的基本特点。苏丹国土广袤，南北东西气候差异很大。苏丹全国年平均温度26.8℃，5—6月温度最高，平均分别为30.24℃、30.14℃；1月温度最低，为21.87℃（图4.7）。首都喀土穆有“世界火炉”之称，年平均温度在30℃以上，4—7月为最热的季节，一般日间气温40℃以上，酷热季节气温可达50℃，地表温度最高可达70℃。5月3日和8月10日太阳在喀土穆的正上空。各气象站之间平均气温差异相对较小，如图4.8的平均年度值和表4.2中每月的平均日温度所示。苏丹存在两个温度高峰：主高峰在5—6月，次高峰在10月降雨过后。在1月和6月的喀土穆，平均日最高温差约为15℃。但在个别高海拔地区，寒冷之时气温亦可低到0℃左右。

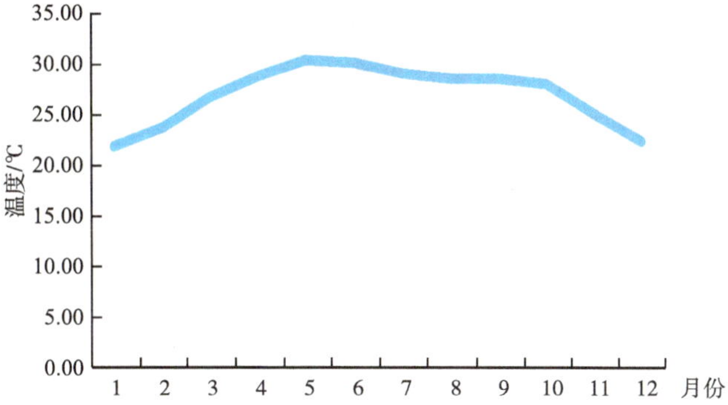

图4.7　1901—2015年苏丹月平均温度（℃）

资料来源：IMF

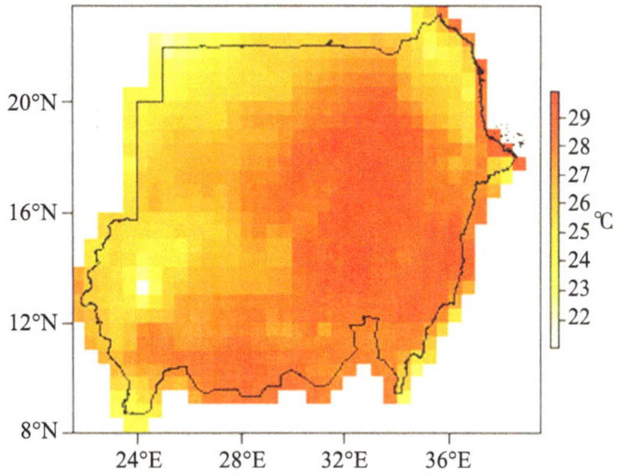

图4.8　苏丹年平均温度

资料来源：英国东英吉利大学

表4.2　月平均气温（单位：℃）

气象站	1月	2月	3月	4月	5月	6月	7月	8月	9月	10月	11月	12月
阿特巴拉	22.6	23.5	26.7	30.7	33.7	35.0	33.7	32.9	33.9	32.0	27.5	24.1
森蒂	23.1	23.6	27.1	30.5	33.5	35.0	33.1	32.2	33.2	31.6	27.9	23.8
喀土穆	23.7	24.7	27.9	31.5	33.7	34.1	31.7	33.4	32.0	32.3	28.2	24.9
迈达尼	24.1	25.1	28.1	31.1	32.4	32.1	29.3	27.7	28.8	30.1	27.4	24.7
森纳尔	23.0	26.0	28.9	31.5	32.2	31.2	28.3	27.1	28.0	29.7	28.3	28.7
森佳	25.9	26.9	29.7	32.1	32.1	30.5	27.9	26.7	27.7	29.4	28.7	26.7
路舍里斯	26.3	27.5	29.8	32.1	30.7	28.5	26.7	26.1	26.7	28.0	27.7	26.6

随着太阳向夏至日的前进，在夏季短时间内会发生相对较大的降雨。基于沿着青尼罗河和尼罗河的7个选定的气象站获得的长期观测资料，给出了气候条件的总体情况，其中列出了平均年降水量和空气温度，以及观测站的地理纬度和海拔高度，见表4.3。

表4.3　主要气象站的海拔，地理纬度，年平均降水量和空气温度（1931—1960年）

站点	海拔高度	纬度（°N）	年均降水量（mm）	年均空气温度（℃）
阿特巴拉	345	17° 42′	72	29.7
森蒂	360	16° 42′	136	29.5
喀土穆	380	15° 36′	164	29.6
迈达尼	405	14° 23′	373	28.4
森纳尔	420	13° 23′	481	28.3
森佳	430	13° 09′	596	28.6
路舍里斯	465	11° 51′	776	28.0

三、土壤温度

与空气温度一样，土壤温度的平均年周期反映了太阳辐射量。只有在喀土穆气象台，1958—1962年期间才有土壤温度记录。在一个具有裸露表面的凹凸土壤中，在当地时间8：00、14：00和20：00时的固定时间记录温度，由Oliver（1966）报道。表4.4给出了在3个时间内记录的月平均值。

表4.4　1958—1962年喀土穆土壤平均温度　（单位：℃）

深度（cm）	1月	2月	3月	4月	5月	6月	7月	8月	9月	10月	11月	12月
1	31.0	32.8	37.8	43.2	44.3	44.9	39.5	38.0	40.6	41.1	37.2	32.7
1.5	30.1	31.2	36.2	40.8	42.7	43.4	38.4	36.6	38.7	39.1	35.5	32.0
5	29.3	30.6	35.4	40.3	42.0	42.9	38.3	36.2	38.1	38.4	35.0	31.4
10	29.0	29.7	34.1	38.6	40.4	41.2	37.3	35.5	37.1	37.6	34.2	30.7
20	27.8	28.1	31.7	37.6	37.6	39.2	35.7	34.4	36.0	36.1	33.1	29.9
50	29.0	29.3	31.8	35.2	37.2	38.4	36.5	34.7	35.8	36.1	33.6	30.6
100	30.2	29.8	31.4	34.0	35.9	37.1	36.3	34.6	35.3	35.8	34.4	31.8

这些年度土壤温度数据表明，除了在2月100厘米深的温度外，1月的月平均温度在所有深度都最低。8月在所有深度显示第二低点。随着降雨的减少，降雨后土壤干燥和空气温度的回升，地温得到恢复并在10月产生第二高峰。如图

表4.5显示了土壤温度变化的广泛范围，尤其是为植物和动物群体带来极端环境的最大值。

表4.5　1958—1962年喀土穆的土壤温度变化　（单位：℃）

深度（cm）	年均	月均		极端值		
		最高	最低	最大	最小	差值
气温	29.6	33.7	23.7	47.7	5.2	42.5
1	38.5	65.3	20.7	73.0	12.0	61.0
1.5	37.0	56.2	20.5	65.5	12.7	52.8
5	36.5	52.9	20.9	61.0	13.5	47.5
10	35.5	46.6	22.7	50.5	17.2	33.3
20	33.8	40.9	25.4	44.3	22.0	22.3
50	34.0	38.5	28.8	39.8	25.8	14.0
100	33.9	37.2	29.8	38.5	27.9	10.6

土壤温度目前被用作下层土壤类别的分类标准之一（USDA，1967）。根据该体系，上述温度特征的土壤属于高温级，由于夏季（6—8月）和冬季（12月至翌年2月）的平均温差为6.9℃，50厘米深年均土壤温度为34.0℃。值得注意的是，这个深度的土壤年均温度比气温高4.4℃。这种极端热的环境对土壤生物的活动有显著影响，微生物的活动在约35℃时达到最佳状态，在高于45℃的温度下微生物活动显著下降。实际上，在一年中，表土（1厘米和2.5厘米）的平均温度有1 400小时超过45℃；而在夏季，这种情况土壤的深度至少要达到10厘米。物理土壤过程受到温度的频繁和明显变化（昼夜和下雨前后）的刺激，而化学过程在这些高温条件下加速发展，除非其他因素干扰，如缺水。

四、降水

苏丹全境平均年降水量439.78毫米，降雨主要发生在7—8月，平均降水量分别为90.56和109.48毫米，如图4.9所示。由表4.3可以看出，在苏丹降水量与纬度有直接关系，纬度越高降水量越小；从北向南，苏丹降水量0～1 000毫米。表4.6，计算每月平均降雨的天数（每天降雨10毫米及以上）可以看出雨季的强度，并显示出随着纬度的增加而减小。而表4.7则显示了降水量和降雨时间长短的季节分布。

苏丹各地区降雨分布如图4.10所示。全国年降水量439.78毫米，但年份间波动很大，如图4.11所示。1971年以来的两次最高降水是1988和1999年，降水量分别为505.69、503.53毫米；1982—1987年连续五年干旱，全国年均降水低于385毫米，降雨最少的年份是1984年只有280.27毫米，持续的干旱导致苏丹严重粮食危机和达尔富尔战争。

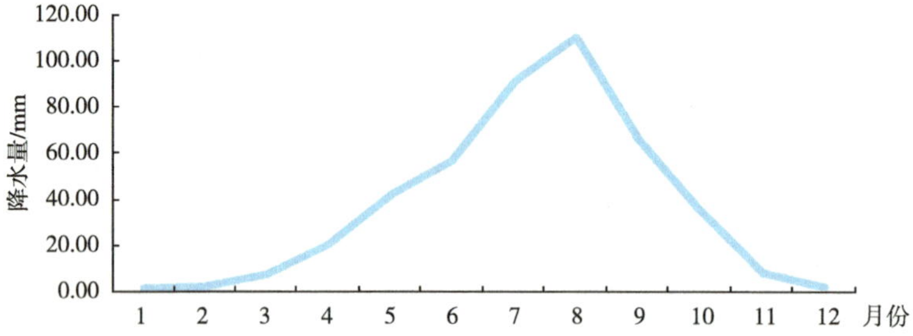

图4.9　1901—2015年苏丹平均月降水量

资料来源：IMF

表4.6　雨季的雨天平均数（日降雨10毫米以上的天数）

站点	5月	6月	7月	8月	9月	10月
阿特巴拉	0	0	1	1	0	0
森蒂	0	0	1	2	1	0
喀土穆	0	0	1	3	1	0
迈达尼	1	1	4	5	2	0
森纳尔	1	2	5	6	3	1
森佳	1	2	5	7	3	1
路舍里斯	2	4	5	7	5	3

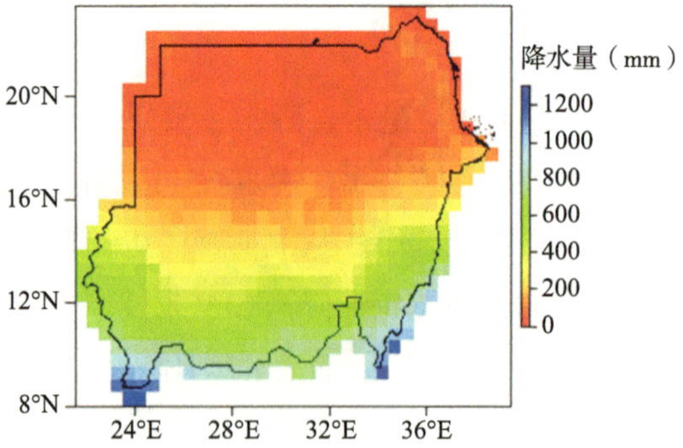

图4.10　苏丹年降水量

资料来源：英国东英吉利大学气候研究所

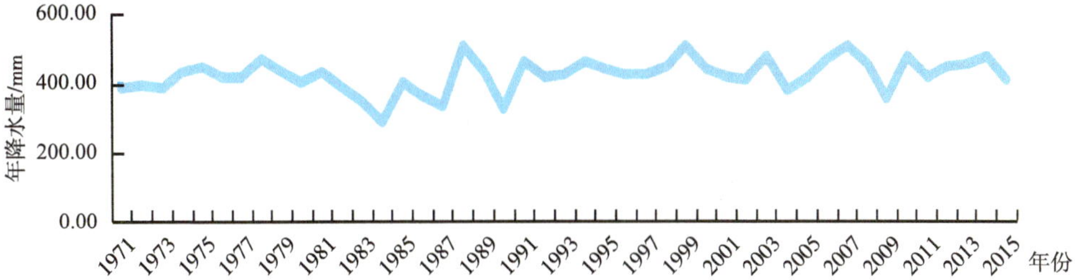

图4.11　1971—2015年间苏丹降雨波动情况

资料来源：IMF

表4.7　苏丹主要气象站点月平均降水量　（单位：mm）

站点	1月	2月	3月	4月	5月	6月	7月	8月	9月	10月	11月	12月
阿特巴拉	0	0	0	1	4	1	20	38	7	1	0	0
森蒂	0	0	t	1	3	2	43	64	20	3	0	0
喀土穆	0	t	t	1	5	7	48	72	27	4	t	0
迈达尼	0	0	t	2	20	34	123	138	60	16	0	0
森纳尔	0	t	1	4	29	47	146	170	63	21	t	0
森佳	0	0	t	4	26	73	171	198	95	28	1	t
路舍里斯	0	t	1	11	58	126	166	221	152	36	5	0

注：“t”指统计不详

五、降雨特征

1. 昼夜降雨的特征

根据奥利弗（1965）的说法，苏丹降雨晚上居多。表4.8显示了3个站点昼夜降雨特征。

表4.8　昼夜降水分布　（单位：%）

站点	观察时间	夜间18时与翌日6时	白天6—18时
阿特巴拉	1962—1963	74.9	25.1
喀土穆	1956—1960	76.5	23.5
迈达尼	1932—1945和1958—1963	64.5	35.5

在夜间，没有直接的太阳辐射用于蒸发，当渗透发生时，水可以以较少的蒸发损失渗透到底土中。此外，奥利弗（1969）观察到，当天的最低风速通常与降雨时间相对应。应该注意的是，分析昼夜降水发生率的Pedgley（1969）对上述站点得出了不同的结论。据这位作者表述，阿特巴拉在15—21时之间收到

大部分的雨水，喀土穆在21—6时之间，迈达尼在18—6时之间。

2. 雨季的特征

可以考虑两种极端的雨水分布模式（奥利弗，1965），整个季节降雨较少，这样有利于加热表面土壤，导致过度蒸发损失；不常见的大型降雨，导致径流发生，渗入土壤的雨水比例增加。

3. 暴雨的特点

许多个别暴雨在地面的直径范围很小，因此湿润面积有限。相邻干旱地区将加剧蒸发损失（Oliver，1969）。

很明显，由于土壤水分供应不足，化学过程每年都会停滞几个月。

六、苏丹辐射

关于苏丹辐射的资料有限。表4.9显示了1958—1962年期间在喀土穆测得的辐射值。

表4.9 喀土穆月平均太阳辐射量 （单位：$cal/cm^2 \cdot d$）

1月	2月	3月	4月	5月	6月	7月	8月	9月	10月	11月	12月
470	518	564	581	570	537	522	524	518	489	473	445

资料来源：Oliver，1966

第四节 气候变化对农业的影响

国际农业发展基金（IFAD）为农发基金2013—2017年国家战略机遇计划准备的主要报告《苏丹环境与气候变化评估》，论证了苏丹气候波动和变化对农业和农村部门的影响。该报告进行了全面的研究评估，分析了苏丹9个不同地理区域的历史气温和降水模式。

一、温度变化

温度月历变化表明，12月和1月的平均气温最低为22℃，而5月、6月和7月的平均气温最高为30℃。对该国不同气象站平均年均历史最高温度的趋势分析表明，温度上升趋势有所增加，气温增加幅度分别为：阿特巴拉1.6℃，欧拜伊德0.6℃，在法希尔（Fasher）和加达里夫1.5℃，卡萨拉2℃，达玛津0.8℃，马拉卡勒（Malakal）1.3℃。传统的雨养区的农民和牧民将成为最脆弱的群体。

根据SRES A2ASF和B2ASF两种情景①对于将来的预测，到2050年，在SRES A2ASF情景下，最小变化将在2月增加1℃，而最大变化将在11月增加3℃。年平均温度将上升2.7℃；对于B2ASF情景，最小变化将在2月增加0.4℃，而最大变化将在11月增加2.2℃，年平均温度将增加2℃。

二、降雨变化

降水量的月历变化表明，大部分研究站的降水率都在下降。然而，在过去10年中，移动平均线显示，吉尼那（Genina）、欧拜伊德、达玛津和科斯蒂（Kosti）有增长的趋势。这些站点大部分位于苏丹东南部。这些变化在北方减少5%，西南减少7%和东南增加10%。1970年至今，整个西部和西南部各州的降雨总量均下降在10%～20%。

根据SRES A2ASF和B2ASF两种情景对于将来的预测发现，到2050年，预期最大变化将是平均每月降水量。模型输出显示，未来降水变化范围将从下降9%到上升9%波动。每年卡萨拉和加达里夫州的年度减少最高将达到3%左右。而其他州的年增长率将在3%～15%。当然在旱季增加不会有显著的影响，而雨季的少量增加则会产生相当大的影响。红海州、尼罗州、北方州、北达尔富尔州是季节性风险最高的州，降水量将减少9%左右。这些州将伴随着温度的升高和降水的减少，将加剧环境资源的压力，增加环境的脆弱性。

这将导致干旱或洪水等极端事件的发生。在干旱的情况下，会导致作物和牲畜的流失（食物短缺），流离失所和火灾；如果发生极度洪灾，将导致生命、农作物和牲畜的损失，害虫和植物病害、流行病/传染病暴发，水力发电下降；对基础设施和定居点严重破坏。

在过去60年间年降水量减少了0.5%以及降雨的波动性增加，正在造成该国

① 《政府间气候变化专门委员会（IPCC）排放情景特别报告（SRES）》中设计了几种排放情景。其中A2情景描述了一个极不均衡的世界：自给自足，保持当地特色。各地区间生产方式趋同异常缓慢，由此导致人口持续增长。人均经济增长和技术变化是不连续的，低于其他情景的发展。B2情景描述了这样一个世界：强调的经济、社会和环境可持续发展的局地解决方案。在这个世界中，全球人口数量低于情景A2的增长率，经济发展处于中等水平。与B1和A1情景相比，技术变化速度较为缓慢但更加多样化。尽管情景B2也致力于环境保护和社会公平，但着重点是局部区域发展

很多地方旱情。例如，从1978—1987年，苏丹经历了连续的干旱年份，造成了严重的社会经济影响，包括造成人和牲畜的死亡，数百万人流离失所。如果这种趋势继续，这样的干旱问题将会变得更加严重。

根据联合国环境规划署的评估，苏丹和其他地处萨赫勒（Sahel）地区。[①]最严重的一次发生在1980—1984年，随之而来的是大范围的流离失所和局部饥荒。在1967—1973年、1987年、1989年、1990年、1991年、1993年和2000年也有局部和较轻的干旱记录。由于气候变化，干旱事件加剧了自然资源的侵蚀，这也是社会纷争和冲突的根源之一。历史上记录在案的发生在达尔富尔北部的气候变化是空前的：降雨的减少使已经半沙漠化的边缘牧场变成了沙漠（IRIN Africa，2007）。除了干旱，《苏丹国家适应行动计划》（苏丹政府，2007）把极端洪水事件同样作为与气候变化相联系的气候灾难。

通常，有两种类型的洪水事件影响苏丹。第一种是暴雨，高水位流过尼罗河及其支流。这种类型的洪水主要发生在雨季，例如1946年、1988年、1994年、1998年、1999年和2001年。另一种是闪电般的洪水，是在夏季由局部降雨造成或者是在红海地区的冬季由山间径流造成。这种类型的洪水发生在1952年、1962—1965年、1978—1979年和1997年（苏丹政府，2007）。

三、径流变化

位于青尼罗河的埃尔迪姆（El Deim）测量站和位于白尼罗河的马拉卡勒测量站是2个测量尼罗河进入苏丹流量的代表性测量站。趋势分析显示，埃尔迪姆站流量呈上升趋势，马拉卡勒站流量呈下降趋势。该结果为未来趋势提供了指标。

20世纪最寒冷的20年即1900—1920年和20世纪最温暖的20年即1934—1953年，以及最后的10年1990—2000年是IPCC（2001a）报告的最热的10年。在此期间，尼罗河的历史自然流量表明，温暖年份尼罗河的平均自然流量高于寒冷年份，并且20世纪最后10年（当世纪最热）流量最高，比正常流量高出15%。

对气候变化对尼罗河流量影响的评估显示，SRES A2ASF情景下青尼罗河降水增加11%，白尼罗河增加8.0%；SRES B2ASF情景下青尼罗河下降2.5%，

① 萨赫勒（Sahel），意为“边缘”是非洲北部撒哈拉沙漠和中部苏丹草原地区之间的一条长超过3 800千米的地带，从西部大西洋伸延到东部非洲之角，横跨塞内加尔、毛里塔尼亚、马里、布基纳法索、尼日尔、尼日利亚、乍得、苏丹共和国和厄立特里亚9个国家

白尼罗河下降1%。模拟这些变化，以研究所有尼罗河流域径流到达栋古拉测量站的集水量的变化，那里紧邻着埃及边界。模拟流量的长期效应表明，SRES A2ASF情景尼罗河平均流量将增加32%，而SRES B2ASF情景则显示，尼罗河平均流量将下降14个%。

表4.10　每个州气候变化的季节性影响

序号	州	季节影响			
		12月至翌年2月	3—5月	6—8月	9—11月
1	红海	D	WC	D	D
2	尼罗	D	WC	WC	WC
3	北方	D	D&WC	D&WC	D&WC
4	北达尔富尔	WC	D&WC	D	WC
5	喀萨拉	D&WC	D&WC	WC&F	WC&F
6	加达里夫	WC	WC	F&WC	F&WC
7	杰齐拉	WC	WC	WC	WC
8	喀土穆	WC	WC	WC	WC
9	北科尔多凡	WC	WC	D&WC	WC
10	森纳	WC	WC	WC&F	WC
11	白尼罗	WC	WC	WC	WC
12	青尼罗	WC	WC	F&WC	WC
13	南科尔多凡	WC	WC	F&WC	D&WC
14	西科尔多凡	WC	WC	WC	WC
15	南达尔富尔	WC	WC	F&WC	WC
16	西达尔富尔	WC	WC	F&WC	WC

注：D：干旱，WC：更高水耗，F：洪水，F&WC：洪水和更高水耗，D&WC：干旱和更高水耗

表4.10显示了气候变化对每个州的季节性影响。从表4.10中可以看出，几乎所有州由于温度升高而容易受到水消耗增加的影响，这将需要节水技术进行干预。北方州、北达尔富尔州、卡萨拉州、北科尔多凡州和南科尔多凡州等地区也容易受到用水增加和干旱加剧的共同影响。其他州如卡萨拉州、加达里夫州、森纳尔州、青尼罗州、南科尔多凡州、西科尔多凡州、南达尔富尔州和西达尔富尔州等地区也容易受到水资源消耗和洪水增加的共同影响。第三类州是遭受3种综合影响的州，即用水量增加、洪水和干旱，如卡萨拉州和南科尔多凡州。

四、地下水资源

努比亚含水层在苏丹形成的最广泛的地下水系统。冲积盆地沿着大部分季

节性溪流分布于尼罗河附近。降水量的补充是有限的，但尼罗河系统每年收到的大约10亿立方米，主要来自年度超岸洪水流量，季节性暴雨径流。这些水质量优等，盐度值几乎不超过600毫克/升。干旱和半干旱地区的许多居民生活用水严重依赖地下水。预计由于大型水坝项目和水电开发，尼罗河上游的流量调节将对这些冲积含水层产生负面影响，因为洪水的大小和频率最终将在很大程度上降低。

图4.12显示了苏丹的地下水位置。很明显，尼罗河（青尼罗河和白尼罗河）是地下水库的主要补给来源。苏丹西南方中部的地下水也得到了补充。特别是在达尔富尔地区，温度上升将给地下水抽取带来很大的压力。

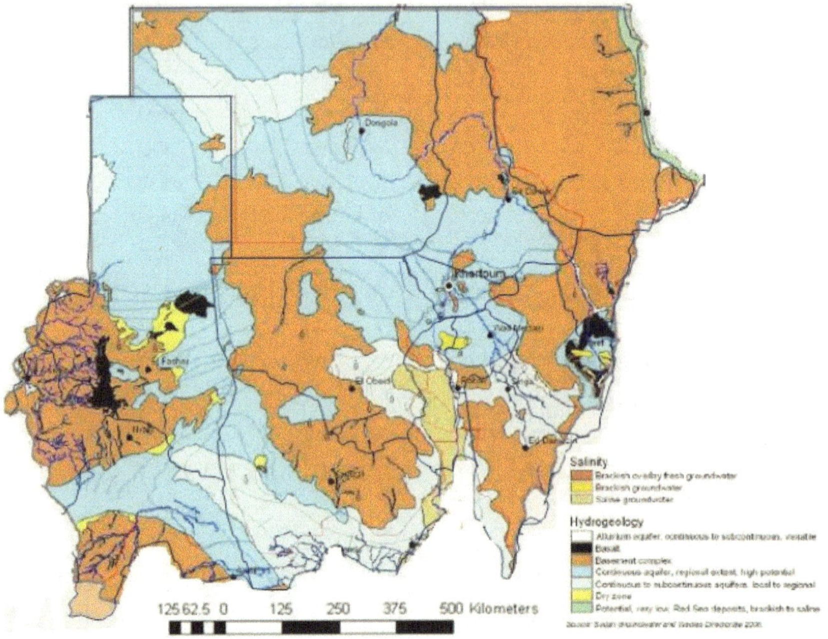

图4.12 苏丹地下水分布

资料来源：地下水及地表水管委会

五、农业部门

农业生产和粮食安全与水的供应密切相关。因其对农业和粮食生产系统的影响，预计气候变化将影响苏丹粮食安全。预计2050年在撒哈拉以南非洲地区的发展中，世界粮食产量可能下降9%（联合国开发计划署，2007）。

温度越高，降水越少，河流流量减少，含水层补给速度下降，使得大部分国家更加干旱。这些变化将会产生一系列影响，特别是农业，能源和粮食安全。到2050年，年均温度预计将增加1.5～2.5℃。苏丹许多地区的小农雨养农业生产力非常低。其原因是复杂的，与具体地点、自然资源基础以及土地使用权不稳定、农场价格低廉或延伸服务支持力度不足等因素相关。苏丹的农业部门人口迅速扩大，大大增加了国内生产总值，就业和粮食生产，同时也代表了该国最大的用水部门。农业收益率，特别是在雨养地区，预计会随着时间的推移而有较大波动，并且长期平均水平趋于显著降低。世行研究（WB，2007）估计，到2050年，全国农业产值将下降约10%～20%。苏丹北部（半）干旱地区几乎完全依赖灌溉农业，但苏丹大规模小农项目的生产力低下。北部大部分地区的气温预计会增加2.5℃，将对尼罗河水消耗量带来额外的负担。在大多数地区，温度超过25℃的天数将显著增加，而温度低于20℃的天数将显著下降。《气象专业委员会第四次评估报告》估计，随着各种变暖，作物产量预计下降10%。目前在苏丹使用的许多品种已经接近其热阈值，所以在没有引入更多耐热品种的情况下，温度上升1℃会导致普遍死亡。

农业用水需求可能比2000年增加2～3倍。亚热带植物往往会进一步向南转移。生态农业区的迁移可能导致本地品种或物种种类的消失，尽管这也可能扩大一些农作物的生产范围。作物中的水分胁迫将加剧，需要湿润或潮湿条件的作物区域将会减少。蒸腾量增加，作物用水量增加和干旱产生破坏性影响。农作物和农业生态区的产量差别加大。根据2050年作物产量的降水量的替代方案，估计气候区潜在作物产量可能下降15%～25%。农业生态区的这一变化也将影响到位于苏丹西部地区（达尔富尔和科尔多凡）的农牧民，并将趋向南移，这可能导致越来越多的冲突。

六、林业部门

在苏丹，能源对燃料木材的依赖性很高，气候变化可能会由于农地扩大到森林和砍伐树木作为收入来源，从而威胁燃料的供应（Osman-Elasha，2007）。根据粮农组织（1999）的报告，非洲已经干旱的北部次区域的气候变化预计将加强荒漠化，并逐步减少森林覆盖。社会经济压力日益加剧，气候波动和变化可能加剧可耕地面积的荒漠化。潮湿的农业气候带可能向南移动，北部地区越来越不适合农业。预计适合耕作的地区以及重要的阿拉伯胶生产地带也将减少，对当地的收入和粮食安全带来负面影响。

七、水产养殖业和渔业部门

苏丹的水产养殖近年来迅速增长。这种趋势可能会持续下去。水产养殖最适合将高温与充足水资源相结合的地区。这些条件适用于该国的尼罗河河道、湖泊和水库。特别是路舍里斯、森纳尔、加布尔奥利亚和哈什姆·埃尔凯巴水坝等湖泊，湖泊笼养养殖潜力很大。其比较优势包括恒定的年（高）温度和设定加工工厂的潜力。农民可以成为笼养渔民，确保水产养殖品质，不断满足市场需求。水产养殖可能是弥补许多地区粮食差距的主要源泉之一，也可能为围绕潜在生产地区的人们带来高收入。这个行业仍然有很大的发展潜力。

八、对健康的影响

苏丹的人类健康状况各州有所不同，反映了不同州的环境和社会经济差距。一些贫困率高的州，特别是农村，具有高婴儿死亡率和低预期寿命。气候变化的影响，如热应激和可能增加的载体传播疾病（如疟疾）和水源性疾病，可能对人群的健康构成危害。与热有关的死亡率也有可能增加。供水和粮食生产的减少将导致营养和卫生问题（IPCC，2007）。

温暖的气候可能扩大疟疾携带者的范围，黄热病、登革热和其他媒介传播疾病。一些农村地区缺乏强大的公共卫生基础设施，使得它们更容易受到上述媒介传播疾病流行季节和地理范围的预期增加的影响。山谷热潮，折磨人畜，与暴雨密切相关。此外，热岛效应增加，水资源短缺，水质恶化，空气质量恶化，地面臭氧形成等可能导致公共卫生总体恶化，更为普遍的是生活条件恶化。

第五节　苏丹土地资源

尽管苏丹的1/4左右的地区在分裂之后归属到南苏丹，但苏丹仍然是最大的国家之一，面积为186万平方千米，在非洲排名第三。苏丹适合耕种的土地面积估计有7 400万公顷（1.75亿费丹），其中，目前仅使用1 900万公顷（4 500万费丹），占适合农业生产面积的25%，其他大部分土地闲置。

一、苏丹土壤分布

苏丹土壤主要有强淋溶土（AC）、低活性淋溶土（LX）、潜育土（GL）、岩成土（RG）、红砂土（AR）等十几种土壤组成，其分布情况见图4.13，图示见表4.11。

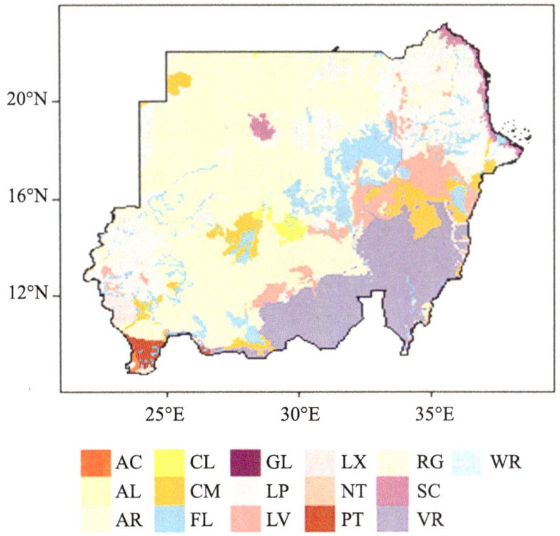

图4.13　苏丹土壤地图

资料来源：欧盟委员会联合研究中心

表4.11　土壤分类

简写	英文名	中文名	简写	英文名	中文名
AC	Acrisols	低活性强酸土	AL	Alisols	高活性强酸土
DU	Durisols	硅胶结土	FR	Ferrasols	铁铝土
LX	Lixisols	低活性淋溶土	LV	Luvisols	高活性淋溶土
SC	Solonchaks	盐土	SN	Solonetz	碱土
CH	Chernozems	黑钙土	CL	Calcisols	钙积土
GY	Gypsisols	石膏土	HS	Histosols	有机土
PL	Planosols	粘磐土	PT	Plinthosols	聚铁网纹土
UM	Umbrisols	暗色土	VR	Vertisols	变性土
AN	Andosols	火山灰土	AR	Arenosols	砂性土
FL	Fluvisols	冲积土	GL	Gleysols	潜育土
NT	Nitisols	粘绨土	PH	Phaeozems	黑土
ST	Stagnosols	假潜育土*	TC	Technosols	城市土*
CM	Cambisols	雏形土	CR	Cryosols	寒冻土

（续表）

简写	英文名	中文名	简写	英文名	中文名
KS	Kastanozems	栗钙土	LP	Leptosols	潜层土
PZ	Podzols	灰土	RG	Regosols	疏松岩性土
WR	Water Body	水体			

来源：英国地质调查所；根据维基百科意译

二、苏丹主要农业区土壤分类

Bwursink描述了由苏丹政府、世界粮农组织和开发计划署进行的苏丹土壤调查和研究，重点研究了苏丹主要农业区域的土壤状况，也就是沿青尼罗河冲积地带和尼罗河两岸的广大地域。其样本采集的7个地点是青尼罗河西部四个位置和尼罗河东部三个位置。

1号：在青尼罗州的达玛津西南20千米，尹格萨娜（Ingessana）山丘边缘，约11° 40′ N，34° 17′ E左右。

2号：在青尼罗河州的达玛津北7千米，约11° 52′ N，34° 21′ E。

3号：位于青尼罗州与森纳尔州交汇点北约1千米，13° 35′ N，33° 33′ 至40′ E。

4号：在喀土穆东南30千米的青尼罗河岸拜戈尔（Bageir）附近，约15° 18′ ～21′ N，32° 40′ ～46′ E。

5号：在喀土穆东北约150千米的北方州的瓦德班纳加（Wad Ban Naga）附近，大约16° 28′ ～30′ N，33° 03′ E。

6号：靠近El Qoz气象站西南约10千米，北方州份的沉迪，16° 36′ ～38′ N，33° 15′ ～17′ E。

7号：位于北方州东北约50千米的凯卜希耶（Kabushiya）附近，16° 51′ N，33° 40′ ～44′ E。

青尼罗河和尼罗河的沉积物在暴露的地面土壤逐渐发生变化，反映了环境因素的不同相互作用和先前条件的遗迹特征。按照美国土壤分类系统，苏丹中部确定四种土壤，分别为：变性土（Vertisols）、新成土（Entisols）、旱境土（Aridisols）和淋溶土（Alfisols）。表4.12记述了其详细位置和分类。

表4.12 苏丹中部土壤调查结果（FAO，1967）

资料编号	土目	亚群	土科
15	Alfisol淋溶土	Typic Haplustalf	Clayey，montm.，isohyp.（？）
16	Vertisol变性土	Typic Chromustert	Very fine，montm.，isohyp.（？）

（续表）

资料编号	土目	亚群	土科
21	Entisol新成土	Aquic Ustifluvent	Fine silty，mixed，calcareous，isohyp.（？）
22	Alfisol淋溶土	Typic Haplustalf	Loamy，mixed，isohyp.（？）
23	Vertisol变性土	Typic Chromustert	Fine，montm.，isohyp.（？）
31	Entisol新成土	Aquic Ustifluvent	Fine silty，mixed，calcareous，hyp.
32	Alfisol淋溶土	Typic Haplustalf	Clayey，montm.，hyp.
33	Vertisol变性土	Typic Chromustert	Very fine，montm.，hyp.
34	Vertisol变性土	Entic Chromustert	Very fine，montm.，hyp.
41	Entisol新成土	Aquic Ustifluvent	Fine silty，mixed，calcareous，hyp.
42	Aridisol旱境土	Typic Haplargid	Loamy，mixed，hyp.
43	Aridisol旱境土	Typic Camborthid	Clayey，montm.，hyp.
44	Aridisol旱境土	Ustertic Camborthid	Loamy，mixed，hyp.
51	Entisol新成土	Aquic Ustifluvent	Sandy over clayey，mixed，calcareous，hyp.
57	Aridisol旱境土	Typic Calciorthid	Loamy，mixed，hyp.
59	Aridisol旱境土	Typic Paleargid	Clayey-skeletal，kaolinitic，hyp.
61	Entisol新成土	Aquic Ustifluvent	Loamy，mixed，calcareous，hyp.
67	Aridisol旱境土	Typic Haplargid	Loamy，mixed，calcareous，hyp.
68	Aridisol旱境土	Petrocalcic Paleargid	Loamy，siliceous，calcareous，hyp.
71	Entisol新成土	Aquic Ustifluvent	Loamy，mixed，calcareous，hyp.
71A	Vertisol变性土	Typic Torrert	Very fine，montra.，hyp.
77	Aridisol旱境土	Typic Haplargid	Loamy，mixed，montm.，hyp.
78	Aridisol旱境土	Petrocalcic Paleargid	Loamy-skeletal，siliceous，calcareous，hyp.

注：缩写蒙脱石montm.：montmorillonitic；isohyp：isohyperthermic；hyp：hyperthermic.

1. 变性土（Vertisols）

在土壤表面50厘米以内，没有岩屑或硬质接触界面的矿物土壤，且具有以下特征：（1）上部18厘米之后混合，所有层次内30%以上的黏土深度达1米。（2）在多数年份的一段时间内，除了灌溉以外，至少1厘米宽的裂缝可深达50厘米。（3）具备以下一个或多个特点：黏土小洼地；在25～100厘米的深度之间，足够光滑度；在25～100厘米的深度之间，楔形或平行六面体的天然结构聚集体，其长轴与水平面倾斜10°～60°。

在喀土穆南到达玛津西的取样点许多符合变性土的特征。在森纳尔南部、青尼罗、白尼罗大部均为变性土。变性土主要根据其开裂性质细分为四个亚群：干裂变性土（Torrerts）、干变性土（Usterts）、季节性干旱变性土（Xererts）和湿变性土（Uderts）。

干裂变性土通常在所有部分都是干燥的，并且在大多数年份都有裂缝，在一年中保持开裂。如果土壤被淹没，裂缝可能不定期关闭，这种情况位于每年被尼罗河淹没的地区。所有这些裂缝始终保持开裂90天或更长时间，但不是全年，平均年土壤温度为22℃以上。

土科的分类涉及：粒度级别，黏土级分的矿物学类别和土壤温度等级。

2. 新成土（Entisols）

除了暗色表层或者人为表层、白土层和耕作层外，没有诊断层的矿物土壤。有或没有以下任何一种特征：盐土层，钠饱和度超过15%，钙或石膏层或硅质硬磐，杂质铁土，埋藏诊断层和铁矿石，这些特点全部在指定的条件下。

达玛津北、青尼罗州与森纳尔州交汇点、喀土穆东南和瓦德班纳加等代表的土壤均符合新成土特征。新成土目分为五个亚群：潮新成土（Aquents）、砂质新成土（Psamments）、冲积新成土（Fluvents）、正常新成土（Orthents）、耕种混合新成土（红砂质新成土）（Arents）。

在苏丹中部的冲积土壤中，没有发现“潮湿”和“沙质”亚群，没有潮新成土（Aquents）和砂质新成土（Psamments）。这里提供的所有新成土都是冲积新成土（Fluvents），因为它们缺乏可以被识别的、斜率小于25%的诊断层的碎片。它们的碳含量随着深度不规则地减少，或者在1.25米处保持在0.2%以上的水平。

土科的分类考虑了25～100厘米深度之间的材料的粒度等级，整个土壤的矿物类别，反应类别和土壤温度等级。

3.旱成土（Aridisols）

没有氧化或灰化层但具有淡色表层和一种或多种以下性质组合的矿物土壤，其特征如下：（1）没有泥土或钠质层，但在表面的1米以内：钙、石化钙、石膏或过度层、或硅质硬磐，通常在18～50厘米深之间或ECe为2mmhos/cm[①]或更大；或在C层内Na+K的饱和度增加。（2）没有泥质或钠质层，但在表面的75厘米以内有一盐土层，并在表面1米以内水饱和一个月以上的。（3）表土层干燥时不会同时即硬且厚地拥有一层泥质和钠质层，而是通常在18厘米和50

① EC值是用来测量溶液中可溶性盐浓度的，也可以用来测量液体肥料或种植介质中的可溶性离子浓度。高浓度的可溶性盐类会使植物受到损伤或造成植株根系的死亡。EC值的单位用mS/cm或mmhos/cm表示，测量温度通常为25℃。正常的EC值范围在1～4mmhos/cm（或mS/cm）之间。基质中可溶性盐含量（EC值）过高，可能会形成反渗透压，将根系中的水分置换出来，使根尖变褐或者干枯。一般要求灌溉水EC值小于0.8ms/cm

厘米之间干燥。（4）除了其黏土含量必须为30%外，具有变性土的特性。

在喀土穆附近及尼罗河北部周围的代表性土壤都是旱成土。旱成土土目根据存在或不存在的一个或多个地质层可细分为两个亚群：粘化旱成土（Argids）和典型旱成土（Orthids）。

在瓦德班纳加第7号样品被认为是一个典型的石灰磐旱成土（Calciorthid），这种通常干燥的土壤表面具有低导电性的饱和提取物和钙，其上边界距离表面80厘米。喀土穆南Bageir附近的第3和第4号样品被认为是厚层典型旱成土（Camborthids）。

典型旱成土和粘化旱成土的土科分类考虑了不同控制部分的粒度等级和矿物学类别以及土壤温度等级。

4. 淋溶土（Alfiisols）

覆盖在泥质层上的没有灰化层和氧化层的矿物土壤，在土壤表面30厘米以内没有杂质铁土构成的连续相，没有松软表层，没有泥质和盐土层的表土层和上部心土层，被一层白浆土隔开，但是一起满足了一个对于黑土层的所有要求，并且具有以下特点：没有脆弱物质，但具有泥质的地质层或粘化层，通常在18厘米和50厘米之间的土壤的一部分湿润，除非干涸的干燥土壤是坚硬的和大块的，并且年平均土壤温度低于8℃，或在泥质层顶部1.25m处或土壤表面以下1.8m处，碱度饱和度（阳离子总数）为35%以上。

在达玛津西5号和北部的2号以及青尼罗与森纳尔交界处的2号土壤是典型的淋溶土。杰齐拉、喀土穆和加达里夫大部均为潮淋溶土。淋溶土目分为五个亚群：潮淋溶土（Aqualfs）、冷凉淋溶土（Boralfs）、干淋溶土（Ustalfs）、干热淋溶土（Xeralfs）和湿淋溶土（Udalfs）。

苏丹中部地区尚未确定“湿”和“冷”子区域的潮淋溶土和冷凉淋溶土土壤。这里提到的淋溶土是干淋溶土，干燥时坚硬，形成巨大块。在7～10年间，它们在18～50厘米的土壤所有部分都有连续60天以上的持续干燥；但年平均土壤温度在22℃以上时持续干燥90天以上，并且在表面的75或90cm内具有Na+K增加的饱和度。

三、土壤组成

1. 粒度组成

粒度分析的结果通常证实了与土壤质地相关的现场观察。在一些情况下会发生轻微的偏差。与同种土壤中可能存在的变化相比，同一土壤层级中组分粒度重量百分比差异较小；后者的变化被认为是由于不同的沉积条件，前者是由土壤形成。在青尼罗河沉积的土壤物质中大于2毫米的碎屑的含量很小。如果存在较大的部分则很大程度上由$CaCO_3$结节组成，直径可达5或6毫米。达玛津西的土壤含有源自加尔加达（Gargada）山丘的附加冲积物。另一方面，沿着尼罗河的土壤可能含有比沙子更粗糙的碎片。这些碎片主要由四周（通常断裂的）菱形岩或石英砂构成，主要发生在三、四级台田的土壤中。在青尼罗河和尼罗河低露台的土壤中，沙粒含量往往低于25%，在路舍里斯露台和较高的尼罗河台田的堤坝土壤中通常超过50%。

青尼罗河近代露台的土壤中，淤泥含量一直达到最高值的60%～70%，尼罗河上同一平台的土壤中，这个百分比可能只有30%。所有较老的土壤一般淤泥含量不超过20%。

在大多数土壤中，由于淤泥比例变化相对较小，因此，本体黏土组分通常与存在的砂量成反比。细黏土的比例通常构成总黏土组分的80%甚至100%。原青尼罗河洪泛区，包括杰齐拉、肯纳纳和丁德尔（Gezira、Kenana和Dinder）黏土平原的后备土壤的淤泥和黏土组分的检验，表明这些土壤的黏土淤泥比范围为3～5，最大黏土含量约为70%。尼罗河黏土淤泥比率约在0.5～2之间，最高的黏土含量是55%。

根据喀土穆大学沙漠化与沙漠栽培研究所2010年对喀土穆州尼罗河以东的半沙漠地区的三个地点土壤质地的研究结果，阿尔盖里（Algaili）地区黏土和淤泥含量最高，分别为34.9%和16.4%。阿尔西雷特（Alsileit）和埃拉蓬（Eilafoon）地区的平均砂含量较高，分别为65.6%和66.2%。在阿尔盖里和埃拉蓬地区，研究区土壤水分含量非常低，分别为2.6%和4.3%。

2. 元素组成

关于化学成分的数据显示，大多数土壤材料的大部分由硅、铝和铁的组合氧化物组成，一起构成了70%～90%的细土。SiO_2的含量为40%～85%，Al_2O_3为5%～20%，Fe_2O_3为2%～12%。喀土穆北部的部分土层含有20%～50%的$CaCO_3$。通常以较少量存在的氧化物是钛，含量一般为1%到2%，钙通常低于8%，镁和钾分别不超过3%和2%。

六个微量元素的含量如下：锰，184～1 450毫克/升；锶，99～775毫克/升；钡，90～770毫克/升；锌，10.0～139.0毫克/升；镍，12.0～92.毫克/升；

钴，5.5～48.0毫克/升。锰Mn、锌Zn和钴Co的浓度可能低于土壤中这些元素的阈值浓度，由科瓦尔斯基（Kovalsky）（1967，Makeev）确定分别为400毫克/升、30毫克/升和5～7毫克/升。如果低于这些值，植物调节系统的功能被认为是受损害的。科瓦尔斯基给出了这些要素用于正常生物发育功能的范围：锰，400～3 000毫克/升；锌，30～70毫克/升；钴，7～30毫克/升。元素Ca、Mg、K和Na含量小，但它们是吸附离子重要的部分。

3. 碳酸盐和石膏

通常在苏丹中部冲积土壤中发生的非硅酸盐材料中碳酸盐是迄今为止最重要的。从$CaCO_3$当量百分比与CaO和MgO浓度相同的土壤材料的比较，特别是在凯卜希耶附近的土壤中碳酸盐堆积的水平，可以得出结论，实际$CaCO_3$的值即使不是全部也是最大部分，而不是碳酸镁。这通过Kerpen等（1960）和Blokhuis等人（1968）对苏丹土壤碳酸盐浓度的元素分析以及青尼罗河和尼罗河河水$CaCO_3$饱和度得到证实，土壤发生性$CaCO_3$通常由方解石组成。

4. 有机物质

苏丹中部冲积土壤有机质含量低：有机碳含量在0.1%～1.4%之间，总氮含量0.01%～0.12%。在世界上大多数干旱的土壤中发现类似的少量有机物质。气候条件意味着植被稀疏，只提供少量有机残留物用于腐殖化。此外，连续干旱也会导致"部分灭菌效果"，水分供应不足严重限制了干旱期的微生物活动；而雨季，完成了腐殖质和矿化的快速循环活动，却发生极其强烈的雨水冲刷（Harmsen，1959；Kononova，1961；Finck，1963）。青尼罗河和尼罗河低露台的近代土壤中记录到较高的有机碳和氮含量，碳百分比或者随着深度不规则地减少。由于从南向北干旱增加，这些土壤的平均有机质含量从南向北也明显减少。这可以由样本区域2～7中土壤上部50厘米的平均有机质含量得到说明，有机碳含量逐步降低：1.2%、0.8%、0.7%、0.6%、0.6%、0.4%、0.3%。氮含量分别为：0.08%、0.07%、0.06%、0.04%、0.05%、0.02%、0.02%。但这些土壤的碳氮比保持相对稳定，平均为13，通常为11～16。

在较老的冲积土中，碳含量通常较低，氮含量不超过0.05%。这些土壤的碳氮比例变化很大。例如，在青尼罗河平原（Er Roseires露台），轻质土壤的碳氮比例与低平台的碳氮比率平均为12，平均值为11～16，而在前后背区域的裂土黏土中，该比例平均为19，范围为16～22。这类土壤中有机质的状态是通过在土壤形成过程中明显的碳氮损失达到的。比较新鲜的尼罗河沉积物的碳氮比大致类似于或略高于冲积土壤中记录的最大值，碳氮比为15或16。这也可以通过开罗附近尼罗河谷冲积土氮的状态来证实，珍妮（1962）在这里观察到，最初来自富含氮的尼罗河沉积物的氮元素已经消耗殆尽。值得注意的是，在碱性土壤观察到腐殖质的形成的证据。在碱化的土壤中，腐殖质以腐植酸钠的形式达到高度的溶解，并可能在雨季向深层土壤中运输。

5. 矿物学和元素组成

苏丹中部冲积土的黏土组分的矿物和元素基本组成的差异变化相对较小。通常，黏土的特征是主要或大量的蒙脱石组合的矿物质，中等或少量的高岭石，痕量的石英和痕迹的云母或根本没有。高铁浓度（高达15%）是化学成分的显著特征，否则反映了黏土主要的蒙脱石特征。黏土矿物组成总体上与青罗河和尼罗河所载的固体沉积物负荷相似，从而证明矿物质大部分是由这些河流早期沉积物所遗传的，而不是原位形成。这尤其适用于变性土，被破坏了路舍里斯露台的黏土，其蒙脱土黏土组分可能被认为是在当前排水条件下局部形成的，正如世界许多其他地方实际发生的（Dudal，1965）。近代青尼罗河和尼罗河梯田的土壤黏土组分的X射线衍射图一致地显示了主要量的蒙脱石矿物的存在，中等量的高岭石，痕量的石英和经常痕迹的云母。低露台土壤的黏土也可能含有钙蒙脱石，因为钙主导这些黏土的络合物交换。

这些土壤的微细黏土的X-射线衍射分析显示占本体黏土重量的80%～85%，主要表现出主要的蒙脱石矿物和少量的高岭石。杰克逊（1968）根据中等风化土壤材料的特征，确认这一部分中不存在石英和云母。如表4.13呈现了近代土壤黏土的17个样品的平均化学成分，观察到的浓度范围以及二氧化硅—三氧化物摩尔比例。

表4.13 青尼罗河和尼罗河冲积土黏土部分的化学成分

景观	低露台土壤			露台土壤Ⅱ（含杰齐拉）		
浓度	平均	最低	最高	平均	最低	最高
SiO	42.4	40.5	45.1	42.3	40.0	45.5
Al_2O_3	20.0	18.6	22.4	17.0	15.0	18.4
Fe_2O_3	12.1	9.7	14.8	11.5	10.0	13.4
TiO_2	1.6	1.4	1.8	1.4	1.2	1.6
CaO	0.3	0.2	0.4	0.3	0.2	0.4
MgO	1.9	1.4	2.3	1.9	1.1	2.6
K_2O	0.8	0.6	1.0	0.8	0.5	1.3

（续表）

景观	低露台土壤			露台土壤Ⅱ（含杰齐拉）		
浓度	平均	最低	最高	平均	最低	最高
烧失量	19.7	18.8	20.7	20.6	19.8	22.4
SiO_2/R_2O_3	2.7	2.5	2.8	3.0	2.7	3.2
SiO_2/Al_2O_3	3.7	3.5	3.9	4.2	4.0	4.7
SiO_2/Fe_2O_3	9.4	7.8	10.8	9.7	8.9	11.1
Al_2O_3/Fe_2O_3	2.5	2.3	2.8	2.3	2.2	2.5

四、土壤属性

1. 盐度

喀土穆大学的艾罕默德尤尼斯（Ahmed Younis）教授报告了苏丹整个区域的主要土壤的深度、地势和土壤物理和化学特性。其考虑的关键点是：碱性、盐度、土壤深度和渗透速率（表4.4）。如果有好而深的渗透速率，灌溉水将会冲洗根下部的钠和盐，避免庄稼受灾。从另一方面讲，这些土壤具有非常好的排水能力，呈现了超出渗透速率的100 MM/H和液压导电性至40cm深度。

表4.14 适用区域的土壤组盐度平均数据

组	面积（费丹）	适用区域（%）	钠含量（%CEC）	导电率（dS/m）	黏土（%）	渗透速率和液压电导率（mm/h）
10	30 962	46.2	不含钠（0～2%）	1.15	27.2	125
20	9 312	13.9	略含钠（2%～10%）	2.14	26.3	112
30	5 354	8.0	中度钠（10%～20%）	2.19	28.8	111
40	21 391	31.9	略含钠（2%～10%）	2.08	27.6	131
总适用	67 019	100.0				
不适用	12 530		中度钠（10%～20%）			
合计	79 549					

2. 容重

青尼罗河和尼罗河的低露台土壤的容重范围为1.1～1.9克/毫升。在近代的土壤中测量到最低的容重平均值为1.3克/毫升，范围为1.1～1.5克/毫升，主要取决于质地。青尼罗河黏土平原和尼罗河低露台泥沙土壤的容重最高，平均为1.8

克/毫升。黑黏土土壤的容重的平均为1.7克/毫升。

3. 阳离子交换

土壤的阳离子交换性质通常被认为几乎完全是由于黏土和细粉碎部分和有机物质决定，土壤的沙粒和淤泥组分也可能具有相对较高的交换能力，分别超过20和25毫克当量/100克。在近代沉积的青尼罗河和尼罗河土壤中，阳离子交换与细粉砂+黏土之间存在非常高的正相关关系（r=0.97）。

所研究的大多数土壤的交换复合物几乎被阳离子饱和。钙和镁是在更多土壤的交换络合物上发现的主要阳离子，与干旱地区的土壤一样。在特定地区的土壤中，可交换的钠百分比很高。非碱性土壤中Ca饱和度为70%～90%，Mg含量为5%～15%，可交换的K和Na离子分别为几个百分点。这适用于近代和较古老的土壤。Jewitt（1955）报道了一系列杰齐拉土壤的相似百分比：可交换的钙77%和12%的镁。达玛津附近的土壤倾向于具有较低的可交换的钙和较高的镁，分别为20%～45%和50%～70%。凯利（1964b）建议，土壤中阳离子交换材料的种类可能在很大程度上决定了可交换的镁的含量，不能解释上述差异，因为交换材料对于类似发展的土壤而言是相似的。

五、拉哈德灌区土壤分析

2010年，中国援苏丹农业技术示范中心对拉哈德灌区第四区主要地块土壤进行了取样，并交由山东省植物营养与肥料重点试验室对土壤重点项目进行检验，其结果如表4.15所示，该区土壤严重缺氮，一般性缺磷，有机质含量中等，富含钾元素。

表4.15　拉哈德灌区第四区主要地块土壤检测结果（2010年）

序号	检验项目	单位	实测数据
1	水解氮（N）	mg/kg	34.5
2	有效磷（P）	mg/kg	3.2
3	速效钾（K）	g/kg	309.3
4	有机质（OM）	g/kg	15.1
5	水溶性盐	g/kg	0.745
6	pH值		7
7	≥0.25毫米砂粒	%	17.15
8	0.05～0.25毫米粉粒	%	5.27
9	≤0.05毫米的物理性黏粒	%	77.59

第六节 水资源

苏丹水资源可分为4类：降雨、尼罗河水、季节性径流和地下水资源，水资源丰富。但大多数水域在苏丹与其他邻国之间分享，尼罗河流域的10个国家（布隆迪、刚果民主共和国、埃及、厄立特里亚、埃塞俄比亚、肯尼亚、卢旺达、南苏丹、坦桑尼亚和乌干达）中，3个国家在谷地水域（乍得、中非和厄立特里亚），4个国家分享地下水（乍得、埃及、利比亚和南苏丹）。苏丹1/3的地区是沙漠，中部位于草原带，降水非常不稳定，尤其西部干旱频繁；降雨对处理国家经济的各种活动有明显的贡献，构成了源自苏丹的主要水资源。苏丹的降水量从与埃及接壤的北部的0毫米到南部各州的大约800毫米不等，理论年蒸发量800～2 000毫米；全国平均年降雨总量约4 000亿立方米。每年可用水资源约300亿立方米：其中尼罗河河水185亿立方米，季节性径流75亿立方米，地下水45亿立方米。尼罗河用水配额目前仅使用了不足20%，尚有80%的开发潜力。

一、苏丹河水资源

尼罗河是苏丹主要的常年河流（图4.14）。丁德尔河与拉哈德河在森纳和杰齐拉之间汇入青尼罗河，青尼罗河与白尼罗河在喀土穆汇集成尼罗河；阿特巴拉河在尼罗州汇入尼罗河流向埃及，阿特巴拉河是喀土穆北部为尼罗河贡献的主要支流之一。青尼罗河和阿特巴拉河以及它们的支流来自埃塞俄比亚高原，白色尼罗河起源于中非高原。

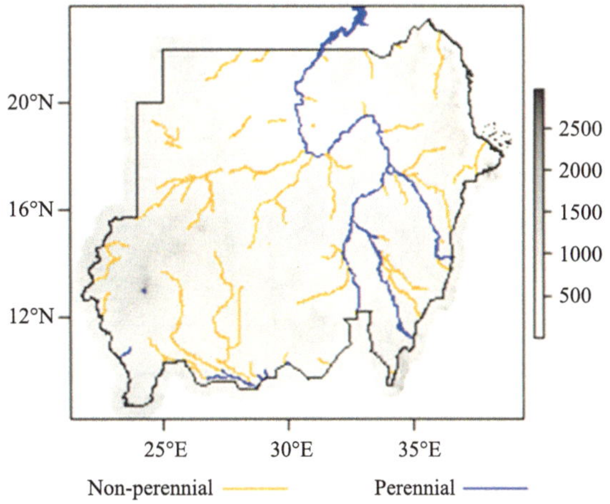

图4.14 苏丹的主要河流（由世界野生动物基金会开发）

尼罗河水使用多个水坝进行储存。青尼罗河和白尼罗河上的大坝包括青尼罗河上的森纳尔和路舍里斯大坝以及白色尼罗河上的杰贝尔·奥利亚（Jebel Aulia）水坝，喀土穆北的麦罗维大坝，还有苏丹—埃及边境的努比亚湖（埃及称为阿斯旺湖），在加达里夫附近在建的阿特巴拉大坝等。水用于灌溉，国内供应和水力发电。杰齐拉灌区是使用森纳尔大坝储存尼罗河水的最大灌溉项目的一个例子。麦罗维和路舍里斯大坝用于水力发电。尽管埃及阿斯旺测得尼罗河的年排放量为840亿立方米，但根据苏丹和埃及之间的协议，苏丹的份额只有185亿立方米。

二、季节性水资源

苏丹被当地称为瓦迪斯（wadis）或霍尔斯（Khors）[①]的几个季节性溪流，它们源于分布在全国各地的几种水源，并汇集成了诸如尼罗河或乍得湖等主要盆地。每年的雨季都有河水流动，还可能会造成严重的洪水；洪水过后用于灌溉河谷旁边的较小的区域或渗入地下水。苏丹建造了一些集水湖被用来收集这些季节性径流的河水（图4.15）。

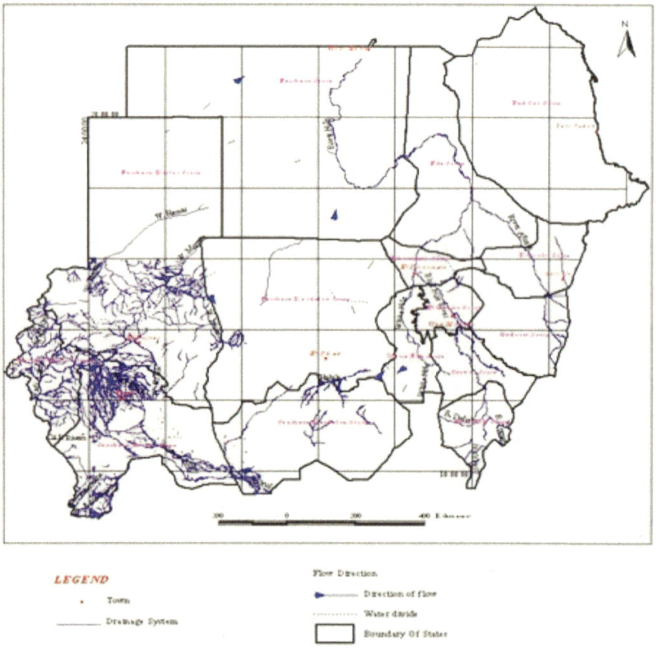

图4.15 苏丹主要河道及径流

资料来源：苏丹水资源管理局，2016

① 瓦迪（wadi）指河道，地势低洼处，如瓦迪·迈达尼（wadi Madani）；霍尔（Khor）指季节性河道。瓦迪斯（wadis）或霍尔斯（Khors）是复数

所有河谷估计的年平均流量在500亿~700亿立方米之间。最大的一个河谷是盖斯（Gash）河，从厄立特里亚高原排放的年流量20亿~80亿立方米之间变化，汇集成了盖斯三角洲。霍尔·巴拉卡（Khor Baraka）也起源于厄立特里亚高原，在红海州形成特卡尔（Tokar）三角洲，这是英国人建设最早的棉花生产基地；在8—9月，到达三角洲的最大月径流量在250万~1 350万立方米之间变化。阿日乌姆（Azumm）和卡佳（Kaja）山谷被认为是苏丹西部最大的山谷，年平均流量分别为50亿~70亿立方米。

雨季风暴后的径流有助于瓦迪斯和霍尔斯地区的地表水横渡该国。季节性瓦迪斯地表水的重要性主要是由于其在远离河流的地区广泛分布，以及在无法获得地下水或地下水不能使用的地区——如基底复合体——有很好的实用性。

虽然苏丹整个地区的降水量超过4 000亿立方米，但由于温度、土壤类型、地形、植被覆盖等自然条件，导致河流流动的部分非常有限。北纬12° N南部地区水资源丰富，东北部大草原带（纬度10° ~14° N）和红海山脉相当丰富，纬度14° N以北地区相当稀缺。

三、地下水资源

1. 地下水分布

地下水被认为是苏丹全境最安全的水资源，特别是在没有河流或雨水稀少的地区。沉积层中的大部分地下水都在无限含水层中。不同的含水地层彼此重叠，所包含的地下水供应不受局部限制，基本上是液压连续的特殊构成，可以被认为是单一的水文单位。含水饱和区深度不同。沉降深度可能高达表面以下200米，但通常它低于这个深度。在许多地表水供应不足的地方，手工挖掘浅水井是干旱地区的生活和牲畜用水的来源。有些地方，尤其是在苏丹西北部，水位到达表面，形成绿洲。地下水分布见图4.12。

地下水与地质环境有关。苏丹的地质学从下到上包括：①基底杂岩（BC）：从前寒武纪到寒武纪，这个年龄组覆盖全国面积的50%，包括红海系列，巴乌达，西南部，恩萨纳，布塔纳，北栋古拉直到边界。②努比亚构造：新生代，令人不安地叠加在起伏不定的基底杂岩上部，覆盖全国28%的面积，包括苏丹北部和东北部、东部的加达里夫州的中部和中部西部地区。

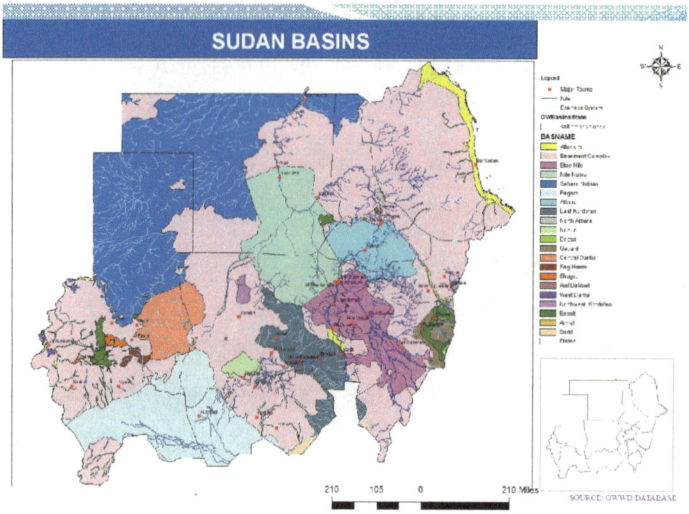

图4.16　努比亚（Nubian）盆地组

资料来源：苏丹水资源管理局

2. 地下水赋存

苏丹有丰富的地下水资源。资源分布在四个主要盆地群体，即：努比亚（Nubian）砂岩构造、乌姆·鲁瓦坝—杰齐拉（Umm Ruwaba-Gezira）构造、松散冲积层、断裂和接合处局部的基底复合体。

3. 苏丹地下水的重要性

全国有超过50%的面积属于荒漠或半干旱地区，其中降雨和径流稀缺，主要由大型地下水盆地的存在缓解了缺水危机。地下水资源（盆地）分布均匀，在全国有较好的覆盖。这会有助于制定和实施特别是在该国农村地区的综合和均衡的发展项目。过去几十年来，苏丹持续的干旱和不稳定的降雨，突显了地下水作为农村地区以及离开尼罗河的主要城市中心的可靠来源的重要性。可以通过从简单的传统系统（例如手工井）到相对复杂的机械系统（例如由柴油/电动发动机操作的水场）的不同技术开发和抽取地下水。地下水可以轻松开发和利用，用于灌溉当地社区和个人可管理的小农场，用于生产粮食，投资成本相对较小，这与苏丹农村经济结构相一致。地下水不易受环境变化的影响，对自然资源的破坏程度较小，而且可能用于其他生产目的的需求有限。对地下水开发利用的需求已经上升。地下水被认定为水资源平衡和长期水资源经济发展规划的一部分。即使地下水位接近土壤表面也没有蒸发损失，因蒸发蒸腾造成的损失在盆地的储存能力上可忽略不计。

4. 地下水资源潜力

尽管地下水盆地水文地质边界和参数的详细研究有限，但对盆地储量的合理估计表明，努比亚和乌姆鲁瓦坝组的地下水潜力非常高，估计储量分别约为12.6万亿立方米和4.15万亿立方米。它们是苏丹地下水储备的主要组成部分。在苏丹地下水的潜力方面，冲积含水层和基底复合体地区起着次要的作用。但由于冲积含水层每年由降雨和洪水直接补充，因此它们为城乡地区提供了良好的地下水资源。冲积盆地和基底复合体的储藏量保守估计为34.2亿立方米和25亿立方米（苏丹水资源管理局，2016）。

5. 再生水资源

与国家、人口和水资源变化相比，可再生水资源相当有限。虽然尼罗河横穿苏丹，全国的雨量总量超过了4 000亿立方米，但每年可用的水资源量只有300亿立方米，尼罗河185亿立方米，季节性瓦迪斯75亿立方米和地下水45亿立方米。

6. 跨界水域

苏丹与周边国家分享水资源。尼罗河共有11个国家分享，包括埃及、埃塞俄比亚、南苏丹、乌干达、肯尼亚、坦桑尼亚、布隆迪、卢旺达、刚果、厄立特里亚和苏丹。季节性河道与乍得、厄立特里亚、南苏丹和中非共享。地下水与埃及、利比亚、乍得、南苏丹、埃塞俄比亚和中非共享。

7. 地下水管理和使用

涉及地下水的关键机构有：国家水务总局实施有关立法，管理国家水利工程。水利电力部下属的地下水和瓦迪斯局进行地下水研究，并就地下水管理和抽取提出建议。规范和测量公司与上述两个机构合作，制定了水问题的标准。大学对地下水进行研究。其他与水资源相关的部门是农林部、能源与矿业部、环境部等。

有关地下水使用和管理的国家法律：有《国家地下水法》《尼亚拉含水层和瓦什嘛含水层法》等。

地下水监测：地下水位监测由地下水和瓦迪斯管理局在相关地方进行，如瓦尼斯尼亚拉和瓦什，以及苏丹北部的努比亚砂岩含水层。还进行了常规的手动测量和连续记录。

地下水使用：苏丹的地下水主要用于人畜和畜牧业，小型灌溉抽取量相对较少。

四、苏丹降雨

降水量北部从0～25毫米不等，在最南部约800毫米，全国年平均降水量439.78毫米，总降水量约为4 000亿立方米。苏丹潜在蒸发量南部最小800毫米，向北逐步增加，北部最大2 000毫米，这超过了全国大部分地区的年降水量。过去40年来，由于干旱，荒漠化和气候变化，苏丹降雨总量减少。图4.17显示了苏丹降雨等值线图。

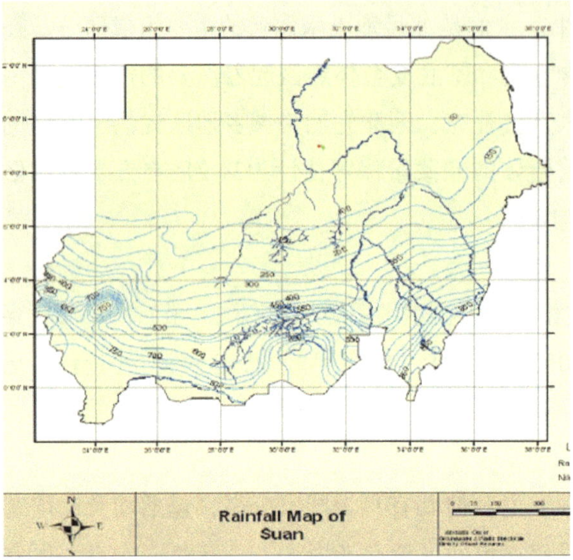

图4.17　苏丹平均年降水等值线

资料来源：苏丹水资源管理局，2016

降雨在苏丹的环境和社会经济状况中发挥核心作用。例如遥感研究表明，按照正常化差异植被指数（NDVI）计算，该国的植被覆盖率随着雨季的特征而扩大和收缩（Hellden，1991；Giannini et al.，2003）。被认为是苏丹经济中重要部门之一的雨养农业直接受到降水量和分布的影响（MOIWR，1999；Adam，2000）。在干旱年份，农场动物的身体和性成熟期因为很少有可用的饲料而严重迟缓。在湿润的岁月里，全国畜牧将会扩大，干旱时期的动物遗失和过度放牧将会增加。（El Gamri，et al.，2003）。

降水形成水文循环的第三个阶段，前两个阶段是蒸发和冷凝。由地形，正面或热效应引起的气流的升高是冷凝的前提条件（Ward，1990）。在苏丹，由于其热带大陆的地理位置，全国经历了相当高的气温，这意味着苏丹的热升华潜力很大（El Tom，1975）。沃德和罗宾逊（1990）认为，对降雨的时空模式的了解对于了解土壤水分状况、地下水补给和地表径流（河流和瓦迪斯）至关重要。

奥斯曼等（Osman，2001）研究了厄尔尼诺（ENSO）现象对苏丹降雨变率的影响。结果表明，自1960年代初以来，最干燥的年份和ENSO现象强烈共存，年平均降水量明显减少。亚当（Adam，2000）得出类似的结果，1941—1970年期间和1970—1999年期间两个降水平均值相比，旱地降水量估计下降了19%。

据灌溉和水资源部（MOIWR，1999）所述，该国分为3个不同的降雨区。

1. 苏丹的北半部

从喀土穆的每年降雨约200毫米延伸到苏丹—埃及边界的降水量几乎为零。在这个地区，雨季限于2～3个月，其余的时间几乎是干燥的。降雨通常发生在孤立的阵雨中。苏丹北半部年降水量的变异系数可能高达100%。

2. 苏丹南部年均降水量约为700毫米占1/4以上地区

雨季从7月延伸至10月共4个月。值得一提的是，这1/4是苏丹最主要的雨养农业区。由于年降水量波动系数约为30%，导致耕地面积和生产力差异较大（MOIWR，1999）。

3. 苏丹南部年降水量超过700毫米的1/4的地区

这片地区被广泛的湿地主导，并且由采采蝇和其他对人类和家畜有害的昆虫居住。

埃尔·汤姆（1975）认为，通过分组，每个月份至少有10%的年平均降水下降到全国各地；7月、8月和9月被认为是雨季。

五、影响苏丹降雨的主要因素

根据Tarig El Gamri等2009年报道，影响苏丹降雨的主要因素有跨热带间断区（ITDZ）、四个亚热带高压系统、半球间季风系统、地中海低气压、东风波和相关联的喷流、中尺度系统等因素。

1. 跨热带间断区（ITDZ）

ITDZ被定义为将干燥的东北风与潮湿的西南风分开的低压过渡带。由于密度对比度结果，东北风会聚于西南风之上，即地表和ITDZ之间的垂直距离向南逐渐增加（El Tom，1975）。每年3月初，ITDZ进入该国的南部边界，8月达到最北边（20N°），9月，ITDZ开始了回归运动，并在11月底或12月初到达苏丹境外（教科文组织，1999年）。

雨带通常位于ITDZ以南约300～600千米（El Tom，1975）。一般在此限度以外的北部和南部都有降雨，即整个季节的降水量向南不会增加，这是长期以来得到确信的。艾尔·汤姆（1975）认为主要原因，一是最大降水点与热带东风急流（TEJS）的核心相一致，即ITDZ以南300 ~ 600千米。二是从南半球入侵反气旋（高压系统），值得一提的是，反气旋的特征是稳定性或垂直沉降（向下运动）和水平扩散，因此降低了降雨潜力。三是在雨季高峰期，由于存在广泛的森林和沼泽，苏丹南部的气温相对较低，因此对流潜力降低。ITDZ撤退时由残余水分导致与北部位置相邻的地区的降雨。

2. 四个亚热带高压系统

这包括马斯克林（Mascarene）、圣赫勒拿（St. Helena）、亚速尔群岛（Azores）和阿拉伯高压系统。据Abdalla介绍（2002），马斯克林和圣赫勒拿被确定为能源发动机，它们在季风季节的发展中起着重要的作用。它们被认为是培育埃塞俄比亚高原、赤道平原和刚果盆地的水分来源。赤道区则是深水深处的水汽库。水分受到太阳回归带来的热量的影响，从这个区域通过季风向北方渗透。东非（包括苏丹）印度洋季风低的扩张和收缩取决于欧洲和西北非洲两个高压系统形成的压力形式（Okoola，1999）。

3. 半球间季风系统

苏丹降雨的主要原因是由西南季风（距离大西洋对流层下游约1.5千米）和相对较高的从印度洋流出的东南季风（在对流层中部为1.5 ~ 5千米）引起。其内陆覆盖范围决定了全国降水的年度数量和空间分布。根据Abdalla（2002）的说法，西南风是自然地热不稳定的，因此当正确触发时能够刺激大规模垂直运动。另一方面，贾尼尼（Giannini，2003）等人将撒哈拉（Sahel）最近的干旱归因于非洲的平均低纬度水域，这有利于在海洋上建立深层对流，削弱与季风相关的大陆不连续性，并导致塞内加尔到埃塞俄比亚的广泛干旱。

4. 地中海低气压等因素

地中海低气压：北大西洋地区存在温暖的海洋表面温度（SST），导致亚速尔群岛反气旋减弱，并频繁通过地中海低气压，导致ITDZ向北移动。

东风波和相关联的喷流：在夏季，热带东风喷流（TEJS）在ITDZ位置北部的对流层上层发展。根据埃尔·汤姆的观点（1975），喷流被定义为一个狭窄的空气带，几百英里宽，在对流层上部每小时高达500英里（约800千米）的速度移动。由于青藏高原的热影响，TEJS起源于中亚，向西延伸，在西非形成小型喷流。苏丹中部和北部的热梯度加剧了TEJS，在6月它几乎在相同的位置激化，伴随着30米/秒的东风急流。这种喷流在积雨云的对流中起着重要作用，导致降雨的均匀分布。TEJS的影响主要归因于喷流能够在相对较短的距离内产生对比的垂直运动。TEJS的核心通常与北部边缘较强的向上运动相反，反之亦然。

早期建立的苏丹TEJS与埃塞俄比亚高原的降水量相当，5—7月的苏丹雨量较高，这归因于对流云。晚期（8月）建成的TEJS与5—7月期间埃塞俄比亚高原的降水量相关，苏丹降水量是由当地对流云造成（Abdalla，2002）。

5. 中尺度系统

Okoola（1999）认为中尺度系统是热诱导的，当热对比度最大时它们是最强的。中尺度系统的影响可能源自陆海对比，倾斜地形和摩擦阻力等。苏丹及其附近都不包括广泛的水体。杰贝马拉（Marra）山脉、努巴山脉和红海山脉等山区占苏丹面积的不到3%（El Tom，1975）。一般来说，全国降水分布与纬度呈显著负相关关系，也就是随着风向产生雨水，一般从西南向东北方向下降。然而，山区和埃塞俄比亚高原的存在往往会打乱这些地区明显向北移动的等温线的顺利流动，阴雨主导着东部高地。除此之外，埃塞俄比亚高原的偏转行动将西南风变成北风，因此潮湿的风覆盖苏丹东部较大的地区（El Tom，1975）。萨德（Sudd）地区产生的另一个影响是：相对较大的水体和植被的存在降低了该地区的温度，从而降低了热升高，也降低了该地区的降水量。

6. 遥相关分析

几位科学家认为，旱地降水与世界其他地区不寻常的气象条件之间存在遥相关。例如，鲍琳（Balling，2004）提出了萨赫勒地区降水与北美东部海岸飓风呈现强烈关联。奥斯曼和Shamseldin（2002）认为，厄尔尼诺南方涛动（ENSO事件）是导致ITDZ行为异常的因素之一。

7. 人为影响

研究指出（Zeng，2003），除大规模大气环流变化的主要影响外，人为因素如过度放牧和农业扩张也是干旱的原因。这样的人为因素往往会增加表面反照率（较少的阳光被吸收），并减少对大气的供水，从而导致较少的降水。

8. 气候变化（全球变暖）

气候变化可能加速全球水文循环，并导致洪水和干旱的发生率增加（NSF，2003）。根据政府间气候变化专门委员会（IPCC）的报告（1998），发展中国家非常容易受到气候变化的影响，因为其中许多国家位于干旱和半干旱地区，也无法调整或实施适当的适应措施。据弗雷德里克（1997），低纬度地区预计降水越来越多，这对干旱半干旱地区的水文将会产生重大影响。伴随着温度的升高，会导致干旱的频率和严重程度的增加。

9. 积雨云

热提升发生在狭窄的常规潮流中，而如此发达的云层能够获得巨大的高度和深度，并且有限的水平扩张，其特点是发生极大的暴雨。在包括苏丹在内的热带国家，主要的积雨云团垂直发展，降雨由孤立的暴雨或一群暴风雨造成的。在后一种情况下，几个积雨云可能会以不同的线（线风暴或线啸）组织（Ward，1990）。热升起导致潮湿的西南风向到达正面向着风向转动的上部东风区域，从而启动了东北部的闪电，当地称为“阿巴迪”。这个标志被认为是苏丹生产暴雨的一个可靠指标。根据埃尔·汤姆（1975），线啸的形成机制似乎与地形特别是埃塞俄比亚高原有关。

Milford和Dugdale（1987）描述了使用Meteosat热红外（TIR）数据来研究1986年苏丹雨季的风暴特征。研究显示，最大的一组风暴与苏丹和埃塞俄比亚的山区有关；他们通常保持接近山脉，但往往会增长并影响西部较低地区。另一组风暴起源于苏丹较平坦的中心地带。

第七节　自然资源保护

本节介绍关于苏丹气候变化的州、国家和国际层面的相关环境政策、立法和行政框架。重点关注环境政策、技术指导、审查和落实环境保护措施、适应气候变化和减缓气候变化的国家级组织。这些政策框架是在和平协议谈判期间确定的。与“环境污染与生态”有关的事项得到《国家宪法》和《全面和平协议》的承认。《环境与自然资源》规定：

保证人民群众清洁环境的权利，强化维护和促进公民的多样性；禁止对动物或植被的存在产生不利影响的政策和行动；国家要通过立法促进自然资源的可持续利用。此外，规定了国家和各州行政立法的权力。这些包括土地、自然资源、气候、国家遗产、水管理、经济政策和规划、条约和传统习惯法。此外，国家临时宪法允许颁布新的立法，同时修改或废除现有被认为不符合宪法的法律规定。自然资源管理保护文化遗产和尊重传统和习惯法规，还规定了国家和州政府的土地问题。这些权力与城市发展、规划、住房、发电、水资源和土地使用权有关。

一、国家宪法的有关规定

苏丹有三个权力层次：国家级、州级和地方。土地和其他自然资源的权力分为以下几个层次：国家机关行使国家土地、自然资源、矿产和地下财富、国家间水域、国家电力项目、流行病和灾害的规划、立法和执行的权力。

州对州级土地、自然资源、动物资源、野生动植物、非尼罗河水和电力行使州级机关的权力。

国家和州级机关在教育、卫生、环境、旅游、工业和气象方面联合行使权力。

1.在签署《全面和平协议》后不久的苏丹共和国《2005年中期全国宪法》

是苏丹历史上第一个正式承认“环境污染与生态学”课题的国家宪法，并将其纳入同期立法清单。环境和社会公正享有法律保护，其中“环境与自然资源”条款规定：保障苏丹人民清洁和多样化环境的权利，同时对公民实行维护和促进国家生物多样性的责任；国家不得采取任何政策或任何可能对任何特殊动物或植物生命或其天然栖息地的存在产生不利影响的行为；保证国家通过立法促进可持续利用自然资源和管理方面的最佳做法。

2.“临时宪法”规定设立特别是有关土地的管理委员会，以便在国家和州当局之间规划和划分土地和森林

其中第12节要求国家：制定政策和战略，通过确保生计和就业机会确保社会正义。鼓励互助、自助、合作、慈善。第24节将苏丹描述为具有三级政府权力的国家：具有维护国家主权和整个苏丹领土完整的权力的国家一级政府，以促进全国人民福祉；在苏丹，州级有在州一级行使权力的州级政府，使公共服务达到最接近人民需求的水平；在整个苏丹设立地方一级政府。

“临时宪法”有五个附表，更具体地说明了各级政府在环境，土地征用和文化遗产保护等方面的权力。这些权力包括：

（1）附表A所列的国家级独立立法和行政权力。土地和国家自然资源；气象学；代表苏丹共和国签署国际条约；国家公共事业；国家博物馆和国家遗产；国家经济政策和规划；尼罗河河水委员会，管理尼罗河水域和跨界水域以及由州际水域管理引起的争议。

（2）附表C所列苏丹州级独立的立法和行政权力。州级土地和州级自然资源；州级文化事宜；执行州级法律；州级自然资源和州级林业资源的开发、保

护和管理；州级农业法；污染控制；采购规定；乡镇规划；州级文物遗产遗址等历史遗迹；传统和习惯法；州级灌溉和堤防；州级档案馆、文物古迹；州级公用事务。

（3）附表E规定了有关地方政府级别根据其所涉及的性质行使的剩余权力。附表F处理与各级政府兼并权纠纷的解决。可以颁布新的立法，阐明临时宪法的广泛原则，同时可能会考虑修改或废除现有法律，以符合“宪法”的规定。

3. “临时宪法”还规定了国家权力和国家控制下的土地问题以及联邦和州共同拥有的联合权力

各州管理与州控制下的国有土地有关的问题。这些包括：管理、租赁和利用属于州、乡镇和乡村规划的土地以及州边界内的农业用地。并行权力包括与城市发展，规划和住房，发电，废物管理，消费者安全和保护有关的事项，州间水域以外的水资源和土地使用权的管理以及土地权。

二、法律框架

苏丹政府直接关注环境问题可追溯到英国殖民政府时期。所有有关方面都承认，苏丹境内保护环境的国家法律框架薄弱。1994年在环境规划署的帮助下进行的一项研究发现，在广泛的议题（例如，土壤、农药、野生动物等）上提到了超过120项关于环境立法的提法。

鉴于1992年里约会议所承担的义务，环境与自然资源高级委员会（HCENR）率先起草了一个新的环境框架法。澄清了环境部作为负责协调环境事宜的主管部门的作用。但是，新法律也承认，在某些领域具有特权的其他政府部门负责在其职权范围内制定环境措施，例如运输部作为适当的部门实施防止船舶污染的措施。

2000年，联邦内阁就起草了《环境保护总体立法》。同年，环境部成立。然而，该部的作用或环境概念，继续局限于生活条件和规划和住房部门。2001年最显著的成就是颁布了《苏丹环境保护法》（EPA）。环保署认为，环境与自然资源高级委员会是一个决策机构，虽然没有行政权力，员工人手很少，但环境与自然资源高级委员会享有很大的国际曝光率。环境与自然资源高级委员会不定期召开会议，建立国家环境和自然资源委员会非常缓慢，联邦和州的环境保护战略和标准尚未形成。目前，苏丹已经起草了《国家环境行动计划》，其中包括自然资源和环境管理战略。苏丹主要环境及自然资源保护法律如图

4.18所示，现分述如下：

1930年	·土地收购条例
1970年	·未注册土地法
1974年	·最低工资法
1975年	·环境卫生法 ·公共卫生法
1976年	·工业关系法
1986年	·野生动植物保护和国家公园法令 ·武器弹药和爆炸物法
1989年	·林业法
2001年	·环境保护法 ·电力法令
2002年	·森林和可再生自然资源法

图4.18　苏丹环境及自然资源保护法律框架

1. 2001年《苏丹环境保护法》

2001年《苏丹环境保护法》是苏丹的基本环境法。这一法律首先意在克服现行法律范围狭窄、矛盾和零碎的缺陷。自殖民时期以来已经颁布了有关环境的各种规定，至今有一些仍在审查之中。各种其他法律涉及环境保护、生物多样性、文化遗产和自然资源的不同方面。

2001年的《环境保护法》提供了在进行环境影响评估研究时要考虑的总则和一般原则。该法规定了有关自然资源管理、污染源和污染物的定义和若干澄清，并认可了“污染者自付”的原则。在开展任何开发活动之前，该行为也将由项目倡导者负责，进行环境影响评估研究，确定积极和消极的环境影响以减轻不利影响的建议，这些研究必须包括：对现有环境条件的描述作为基准；项目描述；在整个项目阶段评估潜在的环境影响，包括正面和负面影响；提供减轻环境负面影响的建议。

根据该法案，环境保护区和环境敏感区域之外的所有开发项目都需要环境影响评估。所有项目的支持者都需要监督项目并向环境与自然资源高级委员会提交报告。

2. 1975年《环境卫生法》和《1975年公共卫生法》

这些法令确保污染/工业单位正确计算，报告和支付污染费用。要求商业和工业关切的业主，租客或占用者自行编制并执行安全排放和处置其规定或细则允许的废物和废水的方案。

3. 1976年《工业关系法》、1974年《最低工资法》

这些法规涉及就业条款和条件，包括最低工资，健康保险和裁员支付等问题。

4. 2001年电力法令

2001年的“法令”涉及苏丹的电力的生产、传输、供应和使用。

5. “1986年武器弹药和爆炸物法”（WAEA）

1986年的“WAEA”赋予中央政府制定爆炸物的制造、拥有、使用、销售、运输和进口许可证制度的权力。该法还授予授权许可证，许可证费用以及许可证申请人支付的其他款项（如果有的话）的权力；申请许可证的方式及该等申请须指明的事宜；必须给予许可证的形式以及许可证的条件；以及许可证有效期限。

6. 1930年《土地收购条例》

这一法律是根据某些条件和程序可能符合公众利益的政府或私人当事方强制征用土地的法律规定。该土地用于开发活动或项目，可以直接或间接地促进公众的一般福利。

7. 1970年《未注册土地法》

1970年《未注册土地法》宣布所有未注册土地为政府土地。该声明是在没有承认村庄或牧区社区共同享有的长期存在和现有使用权的情况下作出的。该法案是对1925年《土地结算和登记条例》的修正案，其中承认对未登记土地使用习惯权利。

8. 1986年野生动植物保护和国家公园法令

该法案是为保护、保存、养护和管理野生动物和建立国家公园而颁发的。本法适用于野生动物保护、养护和保存管理的各个领域。

9. 《1989年林业法》《2002年森林和可再生自然资源法》

这些法令授权省政府禁止清理林地进行种植、放牧、狩猎、清除森林产品；在保护区保护或砍伐树木。这些法案规定了违反监管和现金赔偿的处罚。

专栏6：土地征用赔偿程序

有关征用土地的具体细节和程序见于部门法律，包括：1925年《土地清理和登记条例》规定了土地权和其他权利的确定和确保土地登记的规定。1930年《土地征用法》赋予政府发展用途的权力。并规定了收购和管理规定的明确手续。

评估和支付赔偿。土地征用法概述了为获取土地而采取的详细程序和为公共目的支付土地补偿费的规定。任何地方的征地程序都是由人民行政会议通知宪报公布，共和国总统认为授权以公共目的购置土地。只有在通知之后，进入、钻孔、制定边界、标记或调查土地才是合法的。由人民行政会议任命的专员通知被占用土地的所有人，指定用于公共目的的土地区域；提出赔偿要求的人在一个地点（不早于十四天）出现在他面前，并陈述赔偿要求的细节。他必须试图就土地的赔偿金额达成一致。该法案规定了如果没有达成协议，就赔偿评估采取进一步措施。

1970年《未注册土地法》认为在本法颁布之前，任何未注册土地，以政府名义注册。《1984年民事交易法》规定了土地使用权所有者对土地所有权、使用权、地役权和条件等民事交易的不同事项。1994年《城市规划和土地处置法》规定了不同目的和城市规划的土地的指定。关于公共场所的土地征用该法第13节承认其前身《1930年征地法》的适用。

1932年《中央森林法》授权农业、食品和自然资源部长宣布成立中央森林保护区，是根据1925年《土地和结算和登记法》（作为政府土地）注册的土地。除非得到特别许可，否则任何行为，包括进入或留在这些森林中都是违法的第9条和第10条。

1975年《环境卫生法》载有关于保护水和空气免受污染的详细规定，并在区域一级的环境卫生保护方面向区议会规定了明确的行政责任。一般来说，这些法令为发展目的提供征地的程序，并指定权利的方式来补偿业主。《城市规划法》规定了工业区与住宅区分离的具体规定。

10. 保护文化遗产立法

1905年、1952年《古物条例》和《1999年古物保护法》是处理保护和保存苏丹考古遗产的主要国家立法。这些立法使政府能够保存和保护在苏丹的考古建筑、历史、文化或国家利益相关的任何房地或物品，发布受到保护、强制购买或安排恢复和维护的物体或处所。

三、苏丹环境保护机构

1. 环境与自然资源高级委员会

环境与自然资源高级委员会成立于1992年，是苏丹对里约会议后续行动的一部分，其任务是协调国家环境计划和政策。由环境与发展部部长率领，环境与发展部是负责环境和资源保护的主要政府机构。该部与环境与自然资源高级委员会（HCENR）合作。环境与自然资源高级委员会是由环境与发展部长担任主席的高级别委员会；喀土穆州州长、联邦部长、环保人士和社区代表组成。环境与自然资源高级委员会的职能包括制定政策和批准标准。

环境与自然资源高级委员会的目标是通过部委和公共机构进行的可持续利用、合理开发和保护自然资源。除了指导新环境法之外，环境与自然资源高级委员会协调了战略规划（开发计划署，1996—1999年资助）、气候变化（全环基金，1998—2001年供资）和生物多样性行动计划（全球环境基金资助的重大项目，1999—2003）。

2. 州级环境与自然资源部

2001年《环境保护法》授权各州设立自己的独立州级环境与自然资源委员会（SCENR），州长SCENR任主席。州级环境与自然资源委员会负责协调和落实各州的法律实践，确保公众参与决策过程，发挥积极作用，协调制定和实施保护政策，促进环境监测、保护和监管。

3. 野生动植物保护总局

野生动物保护总局（WCGA）负责制定国家野生动物政策；与省野生动植物部门协调落实这些政策；并就与国际条约有关的事项与国际组织进行协调。WCGA在内政部工作。

4. 古代遗迹和博物馆国家公司

国家文物局下属的文物和博物馆国家公司（AMNC）是国家文化遗产的保管人。该部的主要职能如下：保存和保护历史和考古遗迹；勘探与挖掘；与在苏丹各地工作的外国考古团进行合作；控制文化财产移动；建立和维护博物馆；处理和恢复文物；管理文物和博物馆国家公司；考古学等相关领域的研究；在国家和国际一级组织研讨会，专题讨论会和研讨会；州政府尚未颁布考古和古遗址法。

5. 水坝实施单位

水坝实施单位（DIU）是由国家灌溉与水资源部长率队的麦罗维水坝工程实施单位（MDPIU）的升级改造工程。DIU是直属共和国总统办公室的独立机构，拥有联邦部的全部职位。制定和执行移民安置和补偿政策的责任分配给DIU环境与社会事务委员会。

6. 其他政府机构

根据国家、州和地方政府的行政和发展总体安排，对其他自然资源管理负责的政府机构进行部门组织。

7. 民间社团

许多州和地方的非政府组织积极参与的社会部门，包括紧急援助、康复、保健和教育等。其他领域包括环境保护、创收、减贫、职业培训、营养和粮食安全以及妇幼保健和计划生育。北方最重要的非政府组织是苏丹红新月会，主要是灾害（如洪水）管理工作。苏丹环境保护协会（SECS）在成员的组成和规模、区域覆盖面和解决的环境问题的范围方面很受欢迎。

四、苏丹加入的国际公约

苏丹是解决环境保护问题的若干国际和区域条约的签署国。这些条约对水电项目有很大影响。全球和区域条约原则上首先对国家政府具有约束力，国家政府有义务通过国家立法执行这种安排。苏丹的速度和执行时间一直很慢，并不是所有的国际条约都有一个地方立法来支持它们的执行。但是，水电工程的倡导者确保遵守这些条约的意图是审慎和环保的。以下提供了国际公约的摘要。

1. 1979年《保护移栖野生动物物种公约》

要求各国采取行动，避免危及迁徙物种。在环境影响评估和水电工程监测过程中，应特别注意《公约》所涉物种，确定的任何影响应减至可接受的水平。在项目中应允许采取缓解措施，确保附录中的所有物种的栖息地都得到保护；禁止狩猎、捕鱼、捕捞、骚扰和蓄意杀害这些物种；项目活动不会严重阻碍物种的迁徙。

2. 1973年《濒危野生动物和植物物种国际贸易公约》（CITES）

CITES要求签署国对所有濒危灭绝物种的贸易施加严格的规定（包括罚款、没收标本等），以免危及生物的进一步生存。鉴于其对物种的威胁的要求，所有水电项目都应评估对物种的影响，并采取必要的缓解措施，将影响提高到可接受的水平。

3. 1992年《生物多样性公约》

《生物多样性公约》是在联合国环境规划署主持下进行的谈判。《生物多样性公约》处理生物多样性的监测和评估，分类学的实际方法，生物多样性的经济估价，获取遗传资源，农业生物多样性，陆地生物多样性，海洋和沿海生物多样性以及生物安全等问题。这个公约对水电项目的相关性变得明显，因为它们将始终对诸如土地、植被和森林等生物资源产生干扰，大坝建设和运营可能直接或间接地对从空气污染到气候变化的各种环境问题作出影响。

4. 里约宣言

《里约宣言》包括二十七项原则，涉及以下重要问题：可持续发展，将环境保护纳入发展进程；共同但有区别的保护责任，保护和恢复地球的生态系统；在国家一级公众参与和信息共享，减少和消除不可持续的生产和消费模式。

5. 《21世纪议程》

《21世纪议程》是国际合作促进可持续发展的蓝图和行动计划。值得注意的是，《21世纪议程》特别提到了大坝运作，鼓励各国评估是否需要采取更多措施来保护沿岸环境免受水电项目污染。

6. 《湿地公约》又称《拉姆萨尔公约》

《湿地公约》（拉姆萨尔，伊朗，1971）的广泛目标是制止世界范围内的湿地流失，并通过明智的使用和管理来保护这些湿地。这需要国际合作、决策、能力建设和技术转让。缔约方已作出如下承诺：指定至少一个符合拉姆萨尔标准的站点，以纳入“国际重要湿地清单”；保护确定的湿地的生态特征；在国家土地利用规划中纳入湿地保护；建立湿地自然保护区，促进湿地培训。

7. 《防治荒漠化和干旱公约》（CCD）

《公约》明确目标是在遭受严重干旱和/或荒漠化的国家特别是在非洲防治荒漠化和减轻干旱的影响。大多数濒危的旱地区域靠近世界五大沙漠地区，撒哈拉沙漠从大西洋岸延伸到红海沿岸。阿斯旺水坝、麦罗维大坝等都在这个区域。

该公约旨在将大气中的温室气体浓度稳定在一个能够防止对气候系统造成危险的人为干扰的水平。为实现公约的目标，各方通常需要制定国家排放清单，制定和实施国家和区域减缓措施方案。

第五章　生物资源

苏丹生物资源非常丰富，包括农业植物、森林植物、牧草植物、药用植物、饲养动物、野生动物、内陆水域生物、海洋生物、各类昆虫、真菌和外来入侵物种等。由于气候和土壤类型的变化和多样性，该国的植物区系丰富多样。按照怀特（White，1983）的描述植物群系有五大区域，但威克斯（Wickens，1991）将苏丹分为8个植物群系区域并进行了更为详细的分类。几项研究最终证实，苏丹已确定共有3 156种属于1 137属和170科的植物。根据苏丹共和国环境、林业和物质发展部、环境与自然资源高级委员会（HCENR）2014年关于苏丹《生物多样性公约》（CBD）第五次国家报告，苏丹生物资源介绍如下。

第一节　农业植物

苏丹被认为是高粱（*Sorghum bicolor*），谷子（*Pennisetum glaucum*），秋葵（*Abelmoscus esculentus*），甜瓜（*Cucumis melo*），芝麻（*Sesamum*）和椰枣（*Pheonix dactylifera*）等一些栽培作物的起源地和主要中心，苏丹也是辣椒（*Capsicum spp*）和玫瑰茄（*Hibiscus sabdariffa*）等作物的次要中心。不同作物的野生亲属如高粱、谷子、大米、秋葵、西瓜（*Citrullus lanatus*）、甜瓜和芝麻也在该国确实存在。苏丹是东非地区作物遗传多样性的一部分，这是全球8个世界性栽培作物多样性中心之一。高粱、谷子、芝麻、秋葵和甜瓜的一些作物种类可能起源于苏丹，那里有野生祖先和亲戚。来自古老的引种种质的其他作物如玉米、蚕豆、豇豆和鹰嘴豆的本地品种仍然存在，仍然被一些农民所利用。

图5.1　苏丹国树：挂满鸟巢的椰枣树①

一、粮食作物

苏丹种植的谷物包括高粱、谷子、小麦、玉米、大米和大麦。

三种野生高粱（*S.aethiopicum*，*S.verticilliflorum*和*S.arundiaceum*）是苏丹栽培高粱的祖先。苏丹也是重要的饲料作物苏丹草（*S.sudanense*）的家园。目前，传统农民品种的差异性在全国不同地区依然可观。

苏丹西部被认为是西非谷子原产地的一部分。除了在达尔富尔和科尔多凡地区种植的各种地方品种外，该国还发现了大约18种野生的品种（*Pennisetum*）。最近收集的玉米显示出穗轴尺寸和种子颜色的显著差异。北部地区的小麦（*Triticum aestivum*）的老地方品种似乎已经完全被侵蚀了，因为2005年从北方州一份小麦也没收集到，2008年仅从尼罗州收集了两份。水稻（*Oryza sativa*）虽然种植规模有限，但却是在苏丹使用的粮食作物之一。在达尔富尔地区发现野生红色种子稻（*O. punctata*），仍然被人们消费。

二、食用豆类

它们包括适应夏季和冬季栽培的作物。夏季适应的豆类作物主要包括豇

---

① 本书中凡未注明来源的图片均为作者拍摄

豆、豌豆和扁豆，主要适应冬季的是蚕豆、百香豆、鹰嘴豆、扁豆、羽扇豆和豌豆。一些其他夏季适应的豆类，如班巴拉花生豆，其生长规模非常有限。

豇豆（*Vigna unguiculata*）是苏丹最重要的夏季适应食品豆类之一。从西非引进到苏丹西部，在科尔多凡地区广泛种植。其他适合夏季种植的豆类作物，其中包括豌豆（*Cajanus cajan*）和扁豆（*Lablab purpureus*），依赖于种子颜色和大小显著变化的老品种，特别是扁豆。班巴拉花生豆（*Vigna subterranea*）是苏丹西部和青罗河州的一种小型夏季适应性豆类作物。据信这是由西非移民在那里引进的，仍然在有限的规模上种植。栽培品种是几种不同种系的混合物，在种子大小和颜色上具有很高的变异性。蚕豆（*Vicia faba*）是苏丹主要的冬季适应性食品豆类作物，它生长在北部和达尔富尔地区，蚕豆总产量的90%左右在北方地区生产，这是苏丹特别是城市的重要粮食作物。由农民种植的蚕豆品种主要是以生产地点命名的地方品种，如Aliab、Zeidab和Agabat。达尔富尔的蚕豆主要生产在杰贝马拉和该地区北部高原。种植的品种主要是从北部地区引进的当地品种。蚕豆品种种子大小和颜有不同的变化。

鹰嘴豆（*Cicer arietinum*），冬季适应的豆类作物，主要在尼罗州生产。它还在马拉山上部的梯田和达尔富尔地区的北部以及苏丹东部加达里夫州的哈洼塔（El Hawata）地区种植。最近几年，杰齐拉灌区也种植了相当大的面积。农民种植的品种是被称为贝拉迪（Beladi）的当地地方品种。其他冬季适应的豆类包括菜豆（*Phaseolus vulgaris*）和羽扇豆（*Lupinus albus*）。虽然一些改良的品种种类已被审定，苏丹的农民仍然种植来自传统的鹰嘴豆、菜豆和羽扇豆的老品种。

三、油料作物

在苏丹种植的最重要的油料作物是芝麻和花生。近年来油葵在苏丹的雨养区和灌溉区也越来越重要。

苏丹东部、西部和中部地区的芝麻种质资源包括不同特征的栽培和野生材料，特别是种子颜色。花生（*Arachis hypogea*）是苏丹中部、东部和西部地区种植的另一个重要油料作物。花生主要用于植物油，这是一种重要的食用油。以前种植的农家品种当地称为“Abu Hibailat”，这种类型据称目前只适应偏远和偏僻的地区，面临消失的风险。幸运的是，2004年从南科尔多凡州传统的轮作类型中收集了少数种源。到目前为止收集的花生种子在生长习性，种子大小和颜色方面都有很大的变化。

四、蔬菜作物

苏丹种植了许多蔬菜作物，如秋葵、洋葱、番茄、马铃薯、辣椒、茄子、甜瓜、西瓜、南瓜、西葫芦、甘薯、萝卜、菜用黄麻、马齿苋、芝麻菜和甜菜。

秋葵（*Abelmoschus esculentus*）是苏丹最受欢迎的蔬菜，其中栽培和野生种类都已被人们了解。一些野生型属于栽培物种黄秋葵（*A.esculentus*），而其他类型属于如白色野生麝香秋葵（*A.ficulneus*），当地人称为罗塞拉（rosella）。最近关于秋葵收藏的研究显示，西非秋葵（*A.caillei*）种可能在苏丹种植。农民几乎只种植当地的地方品种，在许多情况下，它们是与产地相关的指定名称。土著秋葵遗传资源在植物和果实特征上是不同的。

番茄（*Lycopersicon esculentum*）是苏丹最重要的蔬菜之一，用于沙拉和酱料。这是引进的蔬菜种类，但在该国的某些地区，特别是在北部、科尔多凡州和达尔富尔州，仍然存在着老种植品种。

辣椒（*Capsicum spp.*）有辣的或甜的，在苏丹很受欢迎。它们主要用作沙拉中的香料或绿色蔬菜。辣椒被引入苏丹时间很久。可变的当地品种是众所周知的，特别是在苏丹西部，独一无二的当地品种非常有名。据信这两种辣椒，尖辣椒（*C. frutescens*）和黄辣椒（*C. chinense*）种植在苏丹。

在苏丹生长的最重要的瓜类作物是甜瓜（*Cucumis melo*）和西瓜（*Citrullus lanatus*）。据信甜瓜类起源于东非，包括苏丹。苏丹种植四种瓜：甜瓜（*C. melo cantalupensis*）、蛇瓜（*C. melo flexuosus*），一种当地称为梯比西（Tibish）的沙拉瓜，以及一种当地称为瑟纳特（Seinat）的可食用种子的瓜类。真正的野生瓜在当地被称为胡迈德（Humaid），属于香瓜（*C. melo agrestis*）类，生长在苏丹的中部、北部和西部地区。用于种子生产的西瓜是苏丹西部的主要作物，那里种植各种地方品种。西瓜野生亲属如野生品种苦苹果“Handal”（*C. colocynthis*）在北方地区广泛生长。在西瓜基因型中观察到果实形状和大小，果浆颜色和味道以及种子大小和颜色的显著变化。

五、水果生产品种

苏丹种植几种水果，其中有些是祖传的，而其他的则是不久前引进的。最重要的是枣椰、香蕉、番石榴、柑橘类水果和芒果。

椰枣（*Phoenix dactlylifera*）在公元前3200年在苏丹北部和上努比亚种植。椰枣品种可能起源于南埃及和苏丹北部。在该国已知有不同的本地和古老品种和新种族。芒果（*Mangifera indica*）则是通过埃及从印度引进到苏丹。据报苏丹约有57种芒果品种。除了南科尔多凡州的东部，芒果生产的主要地区还在苏丹北部的尼罗河和苏丹中部的青尼罗河。最重要的柑橘果树是目前在苏丹各地种植的甜橙（*Citrus sinensis*）、葡萄柚（*Citrus paradisi*）和酸橙（*Citrus aurantifolia*）。柑橘栽培品种绝对是老品种。一个古老的香蕉品种矮卡文迪什（Dwarf Cavendish）于20世纪初期在苏丹生产；一些新的改良品种已被审定用于商业生产。

六、被忽视和/或未充分利用的植物物种

在苏丹，有一些植物种以野生形式存在，传统上用于食物、饲料、纤维、油或药用，但尚未在大型农业中采用。他们可能为粮食安全、营养、健康、创收和环境服务做出可能的贡献。由于种种原因，这些物种被忽视或利用不足。有些可作为经济作物，有些可服务于文化艺术。这些植物诸如：臂形草（*Brachiaria obtusiflora*）的本地植物在当地称为“Um chirr”，当地称为“kawal”的决明子（*Cassia obtusifolia*），当地称为“difra”的光头稗（*Echinochloa colona*），被称为“roz el wadi”的点状野生稻（*Oryza punctata*）和在当地被称为“鼹鼠”的苦苣（*Sonchus spp.*），其中一些物种具有更广泛使用的潜力，从而促进粮食安全和农业多样化。

在所有农作物中，作物遗传资源的多样性普遍下降，因为许多环境（气候变化，生物因素）和人为因素（引进改良高产品种，单作等）导致一些传统农家品种或当地地方品种的消失或丧失。

第二节 森林植物

苏丹分裂前的乔木和灌木是阿拉敏（Elamin，1990）记录的大约1 500种（亚种）。其中，超过100种是外源性的，其中一些被认为是归化品种，如印度苦楝树（*Azadirachta indica*（Neem）），扁轴木属（*Parkinsonia aculaeta*（Saisaban））和辣木（*Moringa olifera*）。相思树是最广泛的森林物种，占森

林植物群的2/3以上。然而，自哈里森和杰克逊（1959）以来，苏丹植物群的生态修复没有完成。土著和异国的一些树木和灌木正在灭绝或受到严重威胁。被认为已经灭绝的是那些本地的树木或灌木，其存在仅限于有限的地方。被认为受到严重威胁的是241种树木或灌木，由于气候条件，以及由于木材、饲料或种植业的清除强度，使它们的分布和/或再生显著退化。还有43种引进于异国的灌木或树种也很危险。

由于南苏丹是森林植物最丰富的国家，2011年南苏丹分离对苏丹的森林覆盖和多样性产生重大影响。目前，苏丹的62%是沙漠和半沙漠，88.1%被列为旱地。在过去的110年中，森林覆盖率从40%降至10%，潮湿和亚湿润地区的树木覆盖率同期也从29.3%下降至7.6%（FNC，2013）。此外，苏丹造林和再造林的速度远远落后于砍伐率，约为25万费丹比1 301 970费丹，（FNC，2013）。尽管森林覆盖率减少和生物多样性丧失，但苏丹已经采取了一些努力来保护森林遗传资源，如预计的森林面积从1989年的790万增加到2011和2012年的3 000万费丹。此外在冷库和国家树种中心的基因库（FRC）里保存的非原生境树种种子得到了肯定。城市种植面积大大增加，一些经济或药用品种如辣木树（Moringa）和油桐树（Jatropha）广泛种植。另一方面，侵入性树种牧豆树（*Prosopis chilensis*）仍然在全国不同地区的农田中蔓延，虽然在许多地方有一些成功根除牧豆树的运动。

第三节　牧场和牧草植物

苏丹的林区和牧场拥有大约1.06亿头牛、绵羊、山羊和骆驼（畜牧和动物资源部，2017），主要是在传统雨养区的牧场和小型农牧区系统以及野生动植物种类繁多的开阔牧场（图5.2）。

牧场的主要部分包括从北部沙漠和半沙漠延伸到南部边界的从低到高降雨草原的不同生态区。然而，近80%的牧场位于半沙漠和低降水热带草原生态区，其特征是降水不定和不可预测。对传统畜牧养殖重要的牧场仅限于半荒漠，低降雨草原和高降雨地区的北部边缘。在半沙漠地区，植物覆盖物是与相思树和灌木相混合的草和草本植物，形成骆驼和绵羊的主要放牧地区。纯草原的两个区域形成了这个牧场类型的独特特征：即布塔纳（Butana）平原（黏土草原）和贝贾（Baja）地区（沙漠草原）。黏土和沙漠上的低降雨热带草原植物覆盖着相思树、灌木和一些草本植物的混合物。除了游牧区域根据降水量不同而变动外，半沙漠植被区的生物量生产是不合适的。与1985—1993年的平均水平相比，2009年和2011年的牧场和牧草的面积和产量的下降分别约为33%和50%（RPGD，2009，2011；粮农组织，2012）。

一些自然植物种类对农民来说是非常有价值的，特别是在粮食短缺和饥荒的时期，如龙爪茅（*Dactyloctenium aegyptium*）、稗草（E藜）[*Echinochloa colona*（difra）]、沙戟（*Chrosophora brochidiana*）、博倩叶（*Boscia senegalensis*）、臂形草（*Brachiaria obtusiflora*）、乌姆·奔尔（Um chir）、藜属（*Chenopodium album*），以及用作新鲜沙拉的苦菜（moleita）（*Sonchus oleraceus*），作为传统食用香精等使用的桂皮（kawal）和决明子（*Cassia obtusiflora*）等。一些植物也具有药用重要性，例如百簕花（*Blepharis linariifolia*），塞纳决明子（*Cassia senna*）。

图5.2　南科尔多凡的商人

注：图片由Ashmawi提供，这是游牧系统下传统且普遍的生活模式

许多有价值的牧草植物物种受到威胁。据报，半沙漠和低降雨热带草原生态区的草本种类有所下降，如百簕花（Blepharis linariifolia），沙戟（*Chrosophora brochidiana*），*B. edulis*（siha），*Aristida palmosa*，*A. paposa*（Byad），*A. mutablis*，*Panicum turgidum*，*Cenchrus species*，*Eragrostis temula*，*Andropogon gyanus*（Abu rakhees），*Schenfoldia gracilis*和*Ischaemum* *ishaemoidis*, *Dismodium dichotomum*. 最近，分类学家报道称龙爪茅属（*Dactyloctenium aegyptium*）（Abu Assabi）在其形态特征，例如手指数（三指而不是五只）上显示出一些变化。

第四节　药用和芳香植物

野生和栽培的土著植物都以其在苏丹民间医学中的重要性而闻名。药用和芳香植物研究所（MAPRI）已经完成了5个药用和芳香植物图集的准备工作，包括其名称、分类和分布信息（Wail et al.，2013）。这些植物的标本被并入研究所以及分类学和植物化学系的标本馆。苏丹使用的大多数药用和芳香植物仍然是野生或小规模种植的。鉴于当前恶劣的气候条件和气候变化加速，可持续发展的药用植物和芳香植物的驯化是迫切需要的。

第五节　饲养动物

苏丹拥有巨大和多样化的驯养牲畜，包括牛、绵羊、山羊和骆驼。有不同的类型和种类的牲畜，其中大多数是在部族群体内培育的，通常带有部落或地方的名称。其他当地驯养的动物包括马、驴、猪和家禽。

一、牛

苏丹的牛是波斯马克（Zebu）的后裔。由于它们体积小，代谢率低，可能因为耐热性高，可抗部分蜱虫传播疾病和其他疾病，以及营养需求较低，因此适应热带环境。在低饲养水平下更能有效地消化，但牛奶生产率一般较低，生理和性发育迟缓（图5.3）。

苏丹的牛通常分为以下几种：波斯马克（Zebu）包括两个主要类型，苏丹中部的肯纳纳和布塔纳型，以及苏丹西部的巴格拉型。肯纳纳、布塔纳型和巴格拉牛分别占该国牛总数的15.9%和23%。肯纳纳和布塔纳类型都被认为是乳制品牛，因为它们的牛奶生产潜力很大，而巴格拉类型则用于当地消费的肉类生产以及出口。巴格拉类型的牛奶生产极差。肯纳纳型主要发现于青尼罗河西岸，从森纳尔到上尼罗河，青尼罗河和白尼罗河之间，色泽是钢灰色的。布塔纳型的颜色偏红，类似于肯纳纳类型的尺寸和生产率，主要居住在埃特那拉（Atnaara）、青尼罗和尼罗河三角形的布塔纳高原。巴格拉型牛被认为是外套各种颜色的小型动物。它们主要生活在苏丹西部地区。苏丹其他类型的波斯马克（Zebu）牛包括苏丹东部的阿尔瑞晒（Ayrashai）、北科尔多凡的白尼罗河牛、肥尤嘎（Fuga）或达尔·厄尔·里赫（Dar El Reeh）牛，以及努巴山牛（图5.3）。

图5.3 苏丹的野牛（照片由王忠亮拍摄）

二、绵羊

苏丹的绵羊属于所谓的苏丹沙漠绵羊。它是一种具有优良肉和胴体特征的大型动物。这是一种出口动物，活重可达65～77千克。在苏丹北部、西部和中部存在许多生态型和部族类型，科巴贝希（Kababish）、买德布（Meidob）、哈马尔（Hammar）、贝贾（Bija）、杜巴斯（Dubasi）、爱希嘎（Ashgar）等都是众所周知的。

三、山羊

苏丹有一些山羊品种。其中黑色努比亚山羊是该国的主要类型。它是一种产奶品种，腿大而长，耳下垂。它普遍存在于苏丹中部。努比亚山羊占全国山羊的50%。重量记录高达40千克。沙漠山羊约占总数的17%，以长腿和深棕色为特征，由半沙漠地区的巴格拉（Baggara）和科巴贝锡（Kababish）的游牧部落选育。尼罗（Nilotic）山羊有黑色或白色或两种颜色混杂，主要位于北纬12°以南，占全国山羊总数的30%。塔格特（Taggar）山羊腿短，灰色或棕色，占山羊总数的3%。

包括托根堡（Toggenburg）、盎格鲁—努比亚（Anglo-Nubian）、萨尼（Saaneen）（温带品种）和大马士革（Damascus）（中东）在内的众多外来山羊品种已经进口到该国。盎格鲁—努比亚是来自当地的努比亚山羊与英国杂交品种。萨尼被证明是一个合适的品种。与选定的当地努比亚山羊杂交的产奶量高达4.5千克/天。

四、骆驼

在苏丹存在两种主要类型的单峰骆驼（*Camelus dromedarius*）：苗条骑用骆驼和重型包装或行李驮运骆驼。

1. 苗条骑用骆驼

包括在卡萨拉州发现的“阿纳菲”（Anafi），也叫舒克里（Shukri），和“比西里”（Bishari），比西里属于比哈拉和哈达达瓦，比“阿纳菲”和优秀的种族骆驼更强壮，在加达里夫和红海州有发现。

2. 重型包装或行李驮运类型

是较重的动物，占总骆驼种群的90%，广泛分布在沙漠和半沙漠地区。这种类型包括拉沙迪（Rashaidi），这是在红海州和卡萨拉州的拉沙达（Rashaida）选育强力短腿动物。大多数阿拉伯骆驼由哈宕达洼（Hadandawa）、贝尼阿米尔（Beni Amir）和爱莫若（Amarar）选育，而大型的骆驼则起源于夏科里亚（Shukria）和巴特黑（Bataheen）。科巴贝锡（Kababish）分布在尼罗河以西，属于科尔多凡地区的科巴贝锡、哈洼沃尔（Hawawir）和科洼拉（Kawahla），这是该国驮运类型规模最大的地区。盖尔巴维（Gharbawi）（西部）类型，主要发现于达尔富尔州。

五、马科动物

1. 马

苏丹确认了两组马：阿拉伯类型：特别在达尔富尔北部和南部以及科尔多凡州发现。它们有的是浅棕色，有些是白色的。东枯拉威（Dongolawi）类型：苏丹中北部和北达尔富尔州发现。其颜色从棕色到深棕色。两种类型都是中等大小。在喀土穆、尼亚拉和法希尔与异国情调的马匹（主要是英国品种）杂交，优秀的杂交种现在被公认为赛马。

2. 驴子

具有当地名字麦克迪、东枯拉威和达拉维的驴，是典型的驮运驴，几乎遍布全国各地。东枯拉威类型用于骑行，高大而快速。

六、猪

土著种猪由上尼罗州[①]的马布部落在限制地区和数量有限的情况下饲养。

七、家禽

当地的贝拉迪鸡（*Gallus gallus*）在全国各地的庭院系统中得到了很好地适应。它是一种小型鸡，鸡蛋供应农村地区家庭生活。

第六节　野生动物

野生动物起源于沙漠、半沙漠、低降雨林地草原、高降雨林地草原和海洋生态系统的保护区和分散的栖息地。许多物种的数量已经从许多以前的栖息地中减少或消失。濒危瞪羚、达玛瞪羚、巴巴利羊、努比亚山羊和狮子的数量已经下降到关键水平，濒危物种数量在增加。苏德沼泽（漂浮在尼罗河上的）、淹水草原、山体植被和赤道森林携带着其旗舰物种，包括犀牛、霍加狓（一种非洲动物）、黑猩猩、斑马、白耳非洲水羚、尼罗河短鼻水羚、蒙加拉瞪羚、东非长角大羚羊、山地小芦羚、巩特尔犬羚、青色小羚羊，小条纹羚、邦戈羚、林羚、格兰特瞪羚、巨型森林猪、鲸头鹳和巨型羚羊等，已经从苏丹生态系统中分离到南苏丹。

一、哺乳类动物

在南苏丹分离之前，2011年在苏丹曾经有12个目的哺乳动物。因此，南苏丹分离后需要进行新的评估。大型哺乳动物，如水牛、狮子、羚羊和麋鹿都在丁德尔（Dinder）和拉多姆（Radom）[②]国家公园群集。一些物种的数量已经下降到关键水平。三种河马只能在青尼罗州的路舍里斯（Al Rosseries）大坝南部

---

① 现在属于南苏丹

② 现属于南苏丹加西扎尔河省

看到。大象成为雨季的移民，4～8个群体访问了丁德尔国家公园，还有一个大型牧群访问拉多姆国家公园。大多数物种属于食肉动物（猫、猎犬和狐狸）。多卡斯瞪羚、红色的瞪羚在许多地方被发现，而达马瞪羚被确信在瓦迪哈瓦尔（Wadi Hawar）公园找到。被认为是最丰富的物种的多卡斯羚羊受到栖息地被破坏和偷猎的威胁。

红海丘陵聚集了努比亚山羊（*Capra nubiance*）和山羚（*Oreo tragus*）。北达尔富尔州的山脉如麦德卜（Medob）、尼罗州的哈桑尼亚（Hassania）山区和红海州的厄尔巴（Elba）山区正在由巴巴里绵羊（*Ammotragus lervia*）所主宰。更大的条纹羚仍然在马拉（Mara）山区和埃尔代尔（El Dair）山区，以及努巴山区。报道了许多濒危和灭绝的哺乳动物和爬行动物。在22个农场也有非原生野生动物，主要是多卡斯瞪羚。

二、鸟类

在南苏丹分离前，在苏丹发现大约927种鸟类。因此，苏丹需要进行新的评估。由森纳尔、路舍里斯、哈希姆·埃尔·吉尔巴和麦罗维等水坝创造的新鲜湿地、沿海栖息地、湖泊都是常住和候鸟的栖息地。大部分工作是在中部各州完成的，特别是森纳尔、青尼罗、喀土穆和红海州。关于鸟类的工作涵盖了苏丹的大多数物种，并且在达尔富尔州中部记录了一个新物种䳭鵖（*Oenanthe pileata*）。报告了204种森林鸟类和118种水鸟。其中，森林鸟类的圣多美菲斯卡尔（Sao'Tome（Newton's）Fiscal）和水鸟合群黄颊麦鸡（Sociable Lapwing）严重濒危。在苏丹的生态系统中记录了约36种猛禽。在森纳尔州和东部各州，特别是红海州进行了深入和广泛的调查，许多猛禽受到威胁，包括埃及秃鹰、白背秃鹰和秃鹰。

三、爬行动物

记录了大约90种爬行动物。蛇和蜥蜴是最丰富的群体（图5.4）。最著名的是鳄鱼，它们是努比亚湖的主宰，在丁德尔国家公园池塘很少有鳄鱼被发现。非洲蟒蛇广泛分布，在卡萨拉和红海地区也发现了非洲刺脊龟。北科尔多凡和达尔富尔没有最近的记录。两个海龟种类在栋古纳布（Dungonab）国家公园的穆科沃尔（Mukkawar）岛筑巢。存在许多种蜥蜴。著名的是巨型蜥蜴和刺尾飞蜥蜴（*Uromastyx ocellata*）。

图5.4 巨型蜥蜴

注：当地人将蜥蜴烧烤之后当作美食，蜥蜴皮可以出售到生皮收购站用于制作皮鞋皮带

四、其他野生动物

其他动物如两栖动物，昆虫和其他无脊椎动物很重要，并在保护区内聚集。

第七节 内陆水域

“内陆水域”是指不属于海洋系统的所有水生系统。内陆水域包含不同类型的水体，不限于淡水体。在这种情况下，内陆水域可以分为两类：“流动”的水域或“静止”的水域。

尼罗河系统是苏丹的主要流动水域系统。该系统由青尼罗河、白尼罗河和季节性河流如阿特巴拉河、丁德尔河和拉哈德河组成。苏丹的尼罗河系统是一个对比组合的镶嵌：长的和短的，快的和慢的，长年的和季节性的，淤积的和清澈的，杂草遍布的和寸草不生的，堵塞的和自由流动的。其他非静止流动水域由季节性水道（Wadis/Khors）代表，如Khor Baraka，K. El Gash，K. Abu

Habil，Wadi El Mugaddam，W. Kaja，W. Nyla等。

一、四种静止水域系统

1. 天然淡水湖泊

在苏丹西部地区发现的天然淡水湖泊康帝湖（Kundi）位于达尔富尔州南部，距季节性河流巴哈尔·el·阿拉伯约10千米。凯拉克湖位于南科尔多凡地区巴哈尔河（Bahar el Arab）与加扎勒河（Bahr el Ghazal）交汇处南约200千米。两个湖泊的排水系统、测深特征、物理特性、化学特性及其生物区系已被了解。科尔多凡的另一个天然湖是特德特·el·拉哈德（Turdat el Rahad）。

2. 盐水湖

由两个火山口湖泊代表的咸水湖达里巴（Dariba）火山口湖位于苏丹西部的杰贝马拉的火山口，而马哈（Malha）盐湖位于北达尔富尔的麦德布（Medoub）山脉。盐湖非火山口湖泊也在北方地区的Nikheila、Natroon和Saleema等地以绿洲的形式存在。

3. 人造湖

人造湖泊是由尼罗河建造的水坝造成的，造成大量的蓄水。如青尼罗河上的森纳尔湖和路舍里斯湖，白尼罗河上的阿利雅（Aulia）湖，阿特巴拉（Atbara）河的卡萨姆（Khasham el Girba）湖、梅林（Merlin）湖和努比亚湖。预计在赛垒特（Seteit）和阿特巴拉上游以及尼罗河上将建造更多的水坝，进而形成更多的湖泊。

4. 其他蓄水池

其他蓄水池包括许多季节性水体，这些水体是由于自然洼地中的雨水、哈菲尔[①]（hafirs）和路面洞穴的形成而形成的。后者已经转变为新生植被的水生生态系统，成为鸟类保护区。在丁德尔的池塘中发现有大量的、有时可保持到下一个雨季的水域和湿地。

苏丹内陆水域的生物位置和分布有限。随着南苏丹的分裂，苏丹失去了大部分大型湿地，内陆水域面积大大缩小。永久性水体从1.2%降至全国陆地面积的0.7%。几乎所有的内陆水域都被限制在苏丹尼罗河系统狭窄的地带，除了苏丹西部几个湖泊外。

---

① 哈菲尔（hafirs）指自然和人为的水池

二、水生植物

水生植物一直被认为是有害的、无用的生物，通常情况下它们一直被忽视。这种态度反映在苏丹的水生植物受到很少的科学关注，几乎没有尝试利用，当然也没有保护的政策。水生动植物群的分类学既不准确也不完整。并非所有的内陆水域都已经进行了调查。

第八节 沿海和海洋生态系统

苏丹红海的海岸线长约750千米，包括港湾和水湾。海岸的典型特征是形成自然港口和鱼类着陆场所的沿海环礁湖和庇护海湾（马萨斯），其中几个环礁湖被红树林环绕。海草床常常在沼泽的浅水区和环礁湖之间、海岸和礁石之间发现。这些特征包含生态系统和壮观的多样性生物物种。

一、红树林

在最近的一次调查中，海榄雌（*Avicennia marina*）是苏丹海岸唯一发现的红树林[①]物种（PERSGA[②]，2004年）。红树林从苏丹港北部的穆罕默德·库尔（Mohammed Qol）沿苏丹海岸沿线延续到苏丹南部的沙巴兰戈。红树林环礁湖和通道被许多商业上重要的鱼类所占据。树叶和遮荫区提供了额外的栖息地。红树林动物群是当地真正的居民，其整个生命周期生活于红树林，例如异色秘鳉（*Aphanius dispar*）、红尾银鲈（*Gerres oyena*）和一些鰕虎鱼（gobiids）；在那里发现的紧密相关的年轻物种如：灰鳍鲷（*Acanthopagrus berda*）、遮目鱼（*Chanos chanos*）、红海平鲷（*Crenidens crenidens*）、银汉鱼（*Hypoatherina temminckii*）、短棘鲾（*Leiognathus equulus*）、花身鸡鱼（*Terapon jarbua*）、斑点石鲈（*Pomadasys commersonni*）和一些鲻鱼（mugilid）物种；还有一些偶尔串游寻求食物或住所的松散关联的物种如：锡拉戈鳒（*Silago sihama*）、贝拉稜鳀（*Thryssa baelama*）（PERSGA / GEF

① 所谓的红树林（mangrove）是指由红树科的植物组成，组成的物种包括草本、藤本红树。它生长于陆地与海洋交界带的滩涂浅滩，是陆地向海洋过渡的特殊生态系

② 红海和亚丁湾区域环境保护组织（The Regional Organization for the Conservation of the Environment of the Red Sea and Gulf of Aden）

2004b）。除了海洋生物，红树林被陆地脊椎动物用作食物来源，也被许多鸟类用作栖息和筑巢场所。

二、珊瑚和珊瑚群落

与其他国家红海海域相比，苏丹海岸的特点是其珊瑚礁多样化。主要的珊瑚礁栖息地是屏障珊瑚礁、边缘礁石、孤立的礁石礁和一个海洋环礁桑加奈布（Sanganeb）。对苏丹珊瑚礁状况的评估显示，不到10米深的珊瑚礁的平均活珊瑚覆盖率在5%～75%之间。在10米以下观察到骨骼珊瑚的健康栖息地。藻类膜是水中不到10米深的主要基质覆盖物，归因于热能因素，活珊瑚覆盖率为5%～60%，死亡珊瑚覆盖率仅为5%（纳斯尔，谢赫，2000；PERSGA / GEF 2003b）。栋古纳布（Dungonab）湾和穆卡瓦尔（Mukawwar）岛的海洋保护区（MPA）珊瑚礁评估显示出珊瑚群落健康的重大差异。在栋古纳布湾，活珊瑚覆盖率一般最高（PERSGA，2006）。栋古纳布湾是珍珠牡蛎（*Pinctada margaritifera*）的家园。

三、海草

虽然海草床广泛分布在庇护的浅水和海湾，苏丹红海沿岸只有栋古纳布湾和穆卡瓦尔岛的海洋保护区被广泛调查。调查结果显示，它至少包括7种海草：海藻属（*Thalassia sp.*）、全楔草属（*Thalassodendron sp.*）、盐芥海藻（*Halophila stipulacea*）、卵叶盐藻（*H. ovalis*）、二药藻（*Halodule uninervis*）、丝粉藻属（*Cymodocea sp.*）和海菖蒲藻属（*Enhalus sp.*）。根据地球资源卫星7ETM图像估计的海草总面积为11.68平方千米。广泛的海草床是栋古纳布湾—穆卡瓦尔岛地区的重要特征，特别是鉴于这里发现全球濒物种危儒艮（dugong）数量丰富（PERSGA /GEF，2004）。

四、鱼类和软骨鱼类

栋古纳布湾和穆卡瓦尔岛的海洋保护区对于保护苏丹的鱼类多样性具有重要意义。蝴蝶鱼（*Chaetodontidae*科）和神仙鱼（*Pomacanthidae*科）群岛内，栋古纳布湾内外存在重大差异。栋古纳布湾内的群落与红海南部的群落非常相似，而湾外的群落与红海中北部的群落相似。群落结构明显差异的基础可能是水质、温度和浑浊度的差异（PERSGA，2006）。此外，栋古纳布湾—穆卡瓦尔岛海洋保护区在夏季也是众所周知的鲸鱼鲨（*Rhyncodon typus*）和蝠鲼（*Manta birostris*）的活动场所（PERSGA / GEF，2004）。与红海其他地区相比，苏丹的石斑鱼更丰富，在20分钟定时游泳中一半多点的时间内记录到超过20个石斑鱼群（PERSGA/GEF，2003b）。鹦鹉鱼（*Scaridae*系列）是藻类在珊瑚礁上的重要消费者，有助于珊瑚动力学和栖息地的形成（BELLWOOD，et al.，2003）。因此，它们的保护对于维护珊瑚礁生态系统至关重要。在2005年海洋保护区声明之前，穆卡瓦尔岛和栋古纳布湾海洋保护区鱼类的评估（PERSGA/GEF，2004）显示，大型石斑鱼（*Serranidae*）是罕见的，长度超过30厘米的豹纹鳃棘鲈（*Plectropomus spp.*）很少被观察到，表明对这些物种的捕捞压力很高。众所周知，重要的鲨鱼种群占据了苏丹海岸以外的水域，对海洋旅游业来说有非常大的吸引力。冬眠鲨鱼被认为冬天生活在桑加奈布环礁附近水域和栋古纳布公园的许多珊瑚礁附近，但在最近的调查中很少观察到。

五、海龟

穆卡瓦尔岛东岸是一个具有区域性和可能具有国际意义的乌龟筑巢场所。海洋保护区内没有蓄意捕获海龟（PERSGA / GEF，2004）。绿色乌龟一年一度地在以下重要的地点筑巢：赛・达・凯伯（Seil Ada Kebir）岛、萨瓦金（Suakin）群岛和穆卡瓦尔岛。另一方面，玳瑁在3—7月期间也在这些地点筑巢，玳瑁的主要觅食地点包括所有边缘和障碍礁。所有海龟都属于全球濒危物种。整个红海地区，两个或三个最重要的乌龟筑巢地点之一是穆卡尔瓦岛的东岸。

六、海洋哺乳动物

苏丹水域包括三种海洋哺乳动物（鲸类动物），包括旋转海豚（*Stenella longirostris*），短喙真海豚（*Delphinus delphis*）和瓶颈海豚（*Tursiops truncates*）。苏丹的鲸类数量很多，目前还没有太大的压力。瓶颈海豚似乎在沿海沿岸的许多船只间很好养殖。像鲨鱼种类一样，鲸类是公园的顶尖捕食者，因此将成为公园健康状况的指标，需要在公园的长远规划中考虑其需求。儒艮生活在穆卡瓦尔岛和栋古纳布湾海洋保护区内。那里的数量可能是非洲沿岸最重要的。然而近年来，数字急剧下降。原因很可能是在固定渔网中意外捕获。海洋保护区中出现两种海豚（PERSGA / GEF，2004）。

七、海鸟

栋古纳布湾和穆卡瓦尔岛海洋保护区的整个区域被国际公认为重要的鸟区（IBA）。繁殖海鸟种类包括：孟加拉燕（*Sterna bengalensis*）、凤头燕（*Sterna repressa*）、褐翅燕鸥（*Sterna anaethetus*）、白领鸥（*Larus hemprichii*）和白眼鸥（*Larus leucophthalmus*）（PERSGA，2006）。萨瓦金群岛是一个非保护区的重要鸟区，包括以下海鸟品种：大凤头燕鸥（*Sterna bergii*）、孟加拉燕（*Sterna bengalensis*）、凤头燕（*Sterna repressa*）、褐翅燕鸥（*Sterna anaethetus*）、白顶玄鸥（*Anous stolidus*）、褐鲣鸟（*Sula leucoaster*）和白领鸥（*Larus hemprichii*）（PERSGA，2006）。

八、海洋浮游生物

虽然目前正在进行一些研究，但在苏丹红海的浮游生物研究很少。以前的调查包括对苏丹港沿岸地区的浮游种群进行研究，并研究苏丹红海沿海浮游生物群。

第九节　蜜蜂和蜂蜜生产

苏丹当地蜂蜜种群的形态学研究显示出不止一个亚种。埃尔·萨瑞（El-Sarrag）等（1992）提到苏丹的两个蜜蜂亚种。第一个是苏丹蜜蜂（*Apis mellifera sudanensis*）无性系种群，分布在苏丹北部北纬3°～16° 20′ N之间的一个小蜜蜂种群。另一个东非蜜蜂（*Apis mellifera nubica* Ruttner）存在于埃塞俄比亚和乌干达的边界。进行蜜蜂种群差异化的形态学研究显示不止一个亚种。据估计，苏丹有大约20万只蜂巢，有5万养蜂人。其中约99%是传统养蜂人，1%使用现代养蜂技术。

基于蛋白质结构、物理化学性质和不同植物来源的蜂蜜的矿物组合物，苏丹几个州进行了商业化研究，为基于蛋白质的蜂蜜的地理和植物来源的最近研究提供了资料。对来源于5种花的蜂蜜样品：枣属（*Ziziphus sp.*）、向日葵（*Helianthus annuus*）、尼罗相思树（*Acacia nilotica*）、塞伊耳相思树（*Acacia seyal*）和印度苦楝（*Azadarichta indica*）指标进行了研究。枣类、向日葵、塞伊耳相思树和印度苦楝让蜂蜜100%正确分类，尼罗相思树蜂蜜为66.67%正确分类。迫切需要更多的研究和信息来协助在苏丹制定保护本地蜜蜂的政策。

第十节 昆 虫

赞同喀土穆热带研究实验室于1902年在苏丹开展昆虫收集和鉴定工作。此后，对所有地理区域进行了深入调查。虽然苏丹农科院的国家昆虫收集组正集中在具有农业和环境重要性的昆虫种类上，但被认为是非洲最大和最古老的昆虫收藏之一。收集并鉴定了15个目246科5 000多属昆虫物种（表5.1）。

表5.1 已确定的苏丹昆虫种类名录

目		科数	属数
Orthoptera	直翅目	10	347
Neuroptera	脉翅目	3	28
Dermaptera	革翅目	1	6
Ephemeroptera	蜉蝣目	1	3
Trichoptera	毛翅目	2	6
Odonata	蜻蜓目	5	48
Hemiptera	半翅目	20	503
Homoptera	同翅目	15	115
Lepidoptera	鳞翅目	45	876
Diptera	双翅目	43	577
Hymenoptera	膜翅目	28	392
Coleoptera	鞘翅目	69	2 089
Isoptera	等翅目	1	5
Thysanoptera	双翅目	2	18
Siphonoptera	蚤目	1	2
合计		246	5 015

鞘翅目和鳞翅目代表苏丹最主要的昆虫种类，而蚤目、等翅目、鞘翅目、革翅目、膜翅目和双翅目的昆虫种类最少。根据其经济重要性，昆虫可分为以下几类。

一、有害昆虫

这是昆虫研究最多的群体，因为它们作为田间和园艺作物的害虫具有经济重要性。

二、天敌昆虫

苏丹报道过几种害虫捕食者和作物害虫寄生虫。这些捕食者和寄生虫有助于观察一些农作物害虫的爆发情况。天敌昆虫包括膜翅目、双翅目、蜉蝣目、革翅目、半翅目和脉翅目。

三、传粉昆虫

这些是在大田作物、蔬菜作物或果树的授粉中发挥作用的昆虫。在这些昆虫中，膜翅目的蜜蜂（*Apis mellifera*），鳞翅目的蝴蝶和鞘翅目的一些甲虫是最重要的。

四、食用昆虫

沙漠蝗虫和树蝗（*Anacridium melanorhodon melanorhodon*），杜拉白蚁（*Agonoscelis pubescens*）和白蚁的蚁后等昆虫在全国部分地区被当地人食用。昆虫也作为鸟类和鱼类的食物。

第十一节　真　菌

一、致病真菌

苏丹第一次系统收集和确定植物病害在1938—1945年间进行（Boughey，1946）。20世纪50年代初在苏丹辽阔地区相对较少的地方进行过有限调查中，塔尔（1955）记录了属于175属的383种真菌。记录的真菌属于四类，即：藻状菌（*Phycomycetes*）、子囊菌（*Ascomycetes*）、担子菌（*Basidiomycetes*）和半知菌类（*Fungi Imperfecti*）。数量最多和最少的真菌类分别属于半知菌和藻状菌。迄今为止研究的大多数真菌是植物致病真菌，它们可引起叶斑病、锈病、黑斑病、烟灰霉菌病、白粉病、霜霉病、土传疾病等。腐生真菌、昆虫病原真菌、菌根真菌和地衣都没有被调查过或未被触及。

据报道，大量真菌物种是许多野外和园艺作物病害以及苏丹的森林的致病因素，（Gadoura等，1983；Giha，1987；Ibrahim，1994）。El-Nagerabi和

Elshafie（2000）从扁豆种子中分离出属于24属的69种和7个变种的真菌。最普遍的属是曲霉属、根瘤菌属、青霉属、镰孢属、毛壳菌属和枝孢霉属。El-Nagerabi和Abdalla（2004）确定了与洋葱种子相关的属于19属的32种和4个变种的真菌。在这些属中曲霉属是最普遍的，其次是青霉属、菌核、芬尼菌属、根霉、毛壳菌、德克萨斯细菌、链格孢属、镰孢属、阿舒囊霉和丝衣霉。

Satti和Gorashi（2013）报道了两种昆虫病原真菌，拟青霉菌（*Paecilomyces sp.*）和白僵菌（*Beuveria bassiana*）作为苏丹的第一批记录。

二、丛枝菌根真菌（AMF）

在最近的一项研究中，共有42种丛枝菌根真菌代表8科：无梗囊霉科（*Acaulosporaceae*）、两性囊霉科（*Ambisporaceae*）、原囊霉科（*Archaeosporaceae*）、多孢囊霉科（*Diversisporaceae*）、内养囊霉科（*Entrophosporaceae*），球囊霉科（*Glomeraceae*），平囊霉科（*Pacisporaceae*）和类球囊霉科（*Paraglomeraceae*）和13属：无梗囊霉属（*Acaulospora*）、环孢囊霉属（*Kuklospora*），（*Ampispora*），原囊霉属（*Archaeospora*），多孢囊霉属（*Dverispora*），近明球囊霉（*Claroideoglomus*），内养囊霉属（*Entrophospora*），2009年从白尼罗州不同地区收集的不同作物的52个根际土壤样品中检测到管柄囊霉属（*Funneliformis*），球囊霉属（*Glomus*），黏质隔球囊霉（*Septoglomus*），*Semiglomus*，平囊霉属（*Pacispora*）和类球囊霉属（*Paraglomus*）（Abdelhalim，2013）。

三、酵母

一些苏丹土著食品需要几种酵母属真菌参与的发酵过程。埃尔·努尔（El Nour）等（1999）将酿酒酵母鉴定为参与传统苏丹发酵食品“哈苏娃”（Hussuwa）高粱发酵的主要微生物之一。萨伊德（Saeed，1981）鉴定酵母、酿酒酵母（*Saccharomyces globosus*）、啤酒酵母（*S. exigus*）和保加利亚乳酸克鲁维酵母（*Kluyveromyces bulgaricus*）作为发酵乳“粗蛋”的主要微生物群之一。El-Mardi（1988）在“roub”中发现了克鲁维酵母（*Kluyveromyces lactis*）。El-Hadi和Tsenkova（2007）确定了酵母菌毕赤酵母属和假丝酵母作为发酵乳“roub”的微生物之一。Samah和Muna（2011）发现，将小米发酵成“jir”涉及乳杆菌和酵母之间的复杂的微生物继承。参与发酵的三种酵母是粟酒裂殖酵母、中华酵母和丝孢酵母（*Trichosporon adeninovorans*）。

四、苔藓

埃尔奎特（Erkwit）的雾绿洲（苏丹红海沿岸平原），报告了25种附生苔藓类群，这可能是苏丹首次地衣报告（Elshafie，1999）。

第十二节　外来入侵物种

外来入侵物种是在其自然生态系统之外引入或传播，威胁到生物多样性的物种。它们发生在所有分类学群体中，包括动物、植物、真菌和微生物，并可影响所有类型的生态系统。它们的特点是生殖繁殖快，扩散能力强，表型可塑性好，能在广泛的环境条件下生存。外来入侵物种导致三种损害：对生态系统的破坏，对人类安全的破坏和对农业、林业和渔业的破坏。虽然在苏丹的许多地方发现外来入侵物种在生态系统和经济中造成了巨大的问题，但是对其影响的研究非常有限。全国造成损害的突出外来入侵物种包括但不限于牧豆树（*Prosopis juliflora*）、锯齿列当（*Orobanche crenata*）、椰枣介壳虫（*Parlatoria blanchardii*）和绿点蚧（*Asterolecium phoenicis*）、果蝇（*Ceratitis capitata*，*C. cosyra*，*Bactrocera cucurbitae*和*B. Invadens*）。

一、牧豆树

牧豆树（*Prosopis juliflora*）（图5.5）是对苏丹多个地区，特别是苏丹东部的生物多样性的威胁。其强烈的化学诱导单一生长，及其丰富的种子和通过游牧动物的有效传播是使该物种能够接管大面积栖息地的主要因素。牧豆树在1917年从南非和埃及引进苏丹，在喀土穆种植（Brown，1929）。确立了成功地耐受干旱、修复沙丘和提供遮阳、燃料、木材、饲料和食用荚的能力；这是其被多次引入各种农业生态系统，特别是干旱地区的主要动力（Babiker，2006）。在1978—1981年期间，该树被当作苏丹东部主要城市处所防护林种植（Elsidig，1998）。此外，还引进到了苏丹西部和中部的各个地方，在农场周围和灌溉项目区种植成防护林场，并沿尼罗河蔓延到各州，已经成为全国各地的危害（Elhouri，1986）。这种植物对农业构成了严重威胁，导致自然植被和牧场的恶化，从而危及大量人口的生计，特别是在养殖和自给耕作作为创收的主要活动时。

在东部苏丹，被牧豆树侵染的地区超过90%，成为放牧和维持生计的主要来源。入侵的牧豆树往往会形成密集的不可渗透的丛林。在牧场上减少草地覆盖和放养密度，威胁到传统牧民的生计。在苏丹大多数已经引进了牧豆树的州中，除了用于固定沙丘、燃料、木材和木炭生产没有其他用途（Babiker，2006）。牧豆树叶对家畜不适用，这限制了它们作为动物饲料的使用。对于向绵羊提供荚果的试验结果也令人失望，苏丹东部90%以上的畜牧业主将牧豆树作为负担（Elsidig，1998）。

图5.5　牧豆树

注：牧豆树是为了防治沙漠而由英国人引进的树种。但因其强大的生命力而在许多灌区和河道成为危险物种。当地人对牧豆树是爱恨交织

牧豆树种子是长途传播的主要载体。牧豆树确定了卫星聚集地（Babiker，2006）。像许多外来入侵植物的情况一样，牧豆树通过种子分散传播，并创始和重复建立卫星聚集地。开放的生态区域，荒地或过于干旱的地区的最容易入侵。牧豆树在河流上游、河谷和灌溉渠道或灌区显示出高度的传播倾向。巨大的种子库和基础花蕾赋予了牧豆树在切割和（或）连根拔除后的强大再生能力。牧豆树抑制其他植物的发芽、发育和生长。豆科植物的抑制作用归因于竞争和/或抗病毒作用。在粗大的天然牧豆树下，其他树木甚至豆类苗木都无法生存（Ahmed，2009）。据报道牧豆树干燥的果皮含有抑制种子发芽和实质上延缓幼苗生长的水溶性毒素（Warrag，1994）。

二、列当

蚕豆生产受到根寄生杂草锯齿列当（*Orobanche crenata*）的威胁。寄生草

最近被传入苏丹，并在2000/2001年度首次在苏丹北方州麦罗维的埃德德比巴（Ed Debiba）报告约2公顷的面积。据推测，寄生草种子被不经意地从污染的埃及蚕豆种子引入。除了蚕豆，寄生草还会攻击其他豆类，包括扁豆和鹰嘴豆。在埃德德比巴2001/2002年度进行的一项有限的调查发现，158亿公顷的蚕豆种植面积中有94%受到侵害。2002/2003年的第二次调查显示，寄生草在原始感染的两侧沿着尼罗河延伸约60千米。2003/2004年度在北方进行的第三次调查显示，寄生草已经蔓延到约160千米，包括苏丹最重要的蚕豆生产区埃乐萨雷姆（El Selaim）盆地。在尼罗州报告了孤立的感染病区。2004/2005年度收获的全国调查表明，北方受灾地区约占蚕豆总面积的9%（33.6万公顷）。麦罗维最早报道了寄生草的侵染情况。在尼罗州，来自28个地区报告了寄生草占作物总面积的1%（33.7万公顷）。在这两个州，感染从轻到重不等。2005/2006年进行的全国调查显示，尼罗州99个地点存在寄生草。其中35个为岛屿。受影响地区已增至蚕豆总面积的4.4%。

引进的高品质蚕豆品种的种子可获得较高的出售价格，诱导了农民在当地种植。寄生草被忽视、成倍增加、自然驯化已成为一个问题。寄生草的广泛传播与其入侵性质，缺乏天敌，对寄生草的生物学、繁殖、传播方式、与宿主的联系缺乏全面认识。寄生草从一个地区扩散到另一个地区的不同方法包括：被感染的蚕豆用作种子，或随灌溉水、动物和农具传播。如同许多外来入侵杂草的情况一样，列当物种的传播是通过从创始群体分散和重复建立卫星区域而发生的。像其他根寄生杂草一样，需要采取包括预防、栽培、生物和化学方法在内的综合措施，能提供有效的控制。野生宿主的存在进一步加剧了寄生草的扩散。除了蚕豆、鹰嘴豆和扁豆之外，苏丹北部还发现寄生草生长在一种的常见杂草马鞭草（*Malva parviflora*）和大戟属（*Euphorbia*）上。

到目前为止锯齿列当只占蚕豆面积的一小部分，4%～9%。然而，传染病灶遍布耕地。值得一提的是，蚕豆的大部分区域仅限于喀土穆北部的尼罗河谷。如果寄生草不受控制，苏丹的蚕豆生产将受到威胁。

分枝列当（*Orobanche ramosa*）也是一种外来侵入性的寄生杂草，分布在苏丹北部的瓦迪·哈尔法（Wadi Halfa）、栋古拉，向南通过喀土穆到达青尼罗州的达玛津，估计还分布在阿特巴拉河和白尼罗河沿岸。

三、椰枣介壳虫

Satti（2011）在苏丹的枣树有两种鳞翅目昆虫：椰枣白粉蚧（*Parlatoria blanchardii*）和绿点蚧（*Asterolecium phoenicis*）。第一个似乎早先被引进，并分布在所有椰枣种植地区，特别是在北方州和科尔多凡州（Schmutterer，1969；Siddig，1975）。根据Schmutterer（1969）的说法，在20世纪下半叶，椰枣白粉蚧是苏丹北部和中部枣树的主要害虫，但目前其重要性似乎在下降。该地区病虫害发生的悠久历史似乎加强了某些有害生物的土著天敌的逐渐增加。从观察中可以看出，草蛉（*Chrysoperla*）幼虫是主要捕食者，是与白粉蚧相抗衡的主要天敌之一。

第二种蚧壳虫是绿点蚧，虽然是新传入，但现在其种群密度和对椰枣树和水果的危害超过了椰枣白粉蚧。这种害虫特别是在亚洲，如伊朗和一些邻近的国家发现侵染椰枣，但现在已经传播到其他地区，包括某些阿拉伯国家（如沙特阿拉伯）和非洲（利比亚和苏丹）国家。1985年在苏丹北部的埃尔高丽德（Algolid）发现几年之后，虫害向南北蔓延，引起严重的传染和枝叶干枯。据说有一百多万棵树被侵染，导致非常严重的损失。由于侵染，一棵树的产量平均从40千克减少到15千克。在20世纪90年代为了消灭虫害，主要采取加强检疫和化学防治控制措施。这些措施减轻了一段时间的危害，但既没有根除害虫，也没有阻止其进入新的领域。

四、果蝇

20世纪中叶早期就检测到苏丹发现的一种古老的果蝇之一。这种害虫首先从苏丹北部报道。地中海实蝇（*Ceratitis capitata*）据说起源于撒哈拉以南非洲地区，怀疑是通过埃及水果引进到苏丹，地中海实蝇在苏丹北部发生比南部严重，可支持这个观点。有些专家认为地中海实蝇在非洲的赤道带比其他的地区危害较轻（Copeland，2006）。相比之下，非洲芒果实蝇（*Ceratitis cosyra*）最近被发现，在中部（特别是在森纳尔和青尼罗州）和科尔多凡地区的芒果果实严重流行（艾哈迈德，2001；易卜拉欣，2006）。

实蝇（*Bactrocera*）类（约500种）在亚洲本土以及澳大利亚和太平洋地区形成了非常大的破坏性的害虫群体。有四种入侵实蝇，也就是：瓜实蝇（*Bactrocera cucurbitae*）、侵果实蝇（*B. invadens*）、辣椒果实蝇（*B.*

latifrons）、桃果实蝇（*B. zonata*）在不同时期意外入侵非洲，现在正在一些国家蔓延。这些物种中的两种瓜实蝇和侵果实蝇最近被引入了苏丹。它们分别对葫芦和果树造成广泛的损害。根据作物种类和季节，葫芦科的损伤程度在30%～100%之间波动。另一方面，侵果实蝇正在迅速传播，现在几乎在全国各地都能被发现。在苏丹，侵果实蝇正在大量替代其他果蝇类，如地中海实蝇和非洲芒果实蝇，对一些水果如芒果造成危害。因此，在苏丹中部的森纳尔地区，侵果实蝇主导的盛行果蝇对芒果果实造成80%的危害。2007年，果蝇的问题加剧，这些害虫被列入农业部植物保护局控制的主要国家有害生物（Ahmed，2001；Dhillon，2005；Ibrahim，2006；Gassmallah et al.，2008；Mohamed，2008；De Mayer，et al.，2009）。

五、麻疯树

辛纳尔州正计划利用丁德尔国家公园保护区内的一些土地种植麻疯树（*Jatropha curcas*）生产生物柴油。据报，该植物对牧场、农业和森林生态系统的生物多样性是一个显著威胁。它可以成为一种有害的植物，因为在恶劣的条件下生存，它可以很容易地大面积殖民，从而取代和替代原生物种。将自然保护区转变为农业生产系统对该地区的野生动植物生物多样性就是灾难性的影响。

六、番茄斑潜蝇

番茄斑潜蝇（*Tuta absoluta*）是一种强烈偏爱西红柿的破坏性害虫。它还可以攻击马铃薯、茄子、南美香瓜茄（*Solanum muricatum*）、烟草和茄科杂草的地上部分。其幼虫喜欢叶、茎、芽或花萼及番茄果实。它起源于南美洲，1980年代以来，被认为是重要的害虫。2006年在西班牙发现之后，迅速蔓延到其他欧洲、北非和地中海国家。可能是通过贸易途径或自然传播迅速蔓延的跨界害虫。全年在温室和冬季温和的地方都有发现。苏丹于2010年6月在喀土穆州温室种植的番茄中首次报道（Mohamed，2012）。在2011年2—5月期间在喀土穆和杰齐拉州的番茄田进行的调查中，观察到严重的虫害。在红海和北科尔多凡州也报告了在温室和野外种植番茄的害虫。大多数受调查领域的侵袭严重程度在80%～100%之间。据报道，2010年12月，喀土穆温室虫害的番茄产量损失高达76%。这种害虫的迅速蔓延及其高水平的侵袭使苏丹的番茄、茄子和马铃薯生产潜在风险受到警觉。

第六章　苏丹农业概况

南苏丹独立前，苏丹可耕地面积估计为0.84亿～1.05亿公顷，占国土面积的34%～42%。这些可耕地一年中实际上耕种了1 260万～1 665万公顷，只占可耕地面积的15%～16%（1980—2002年数据），耕作的多少主要取决于降水量。南苏丹独立后，苏丹适合耕种的土地面积估计有7 400万公顷，其中目前仅种植了1 900万公顷，占适合农业生产面积的25%，其他大部分土地闲置。因此，苏丹经常被称为非洲和中东的潜在“面包篮”。

农业是苏丹最大的经济部门，在国民经济中占有重要的地位（图6.1）。2012年农业、工业和服务业对国民经济的贡献分别为32%、29%和39%。

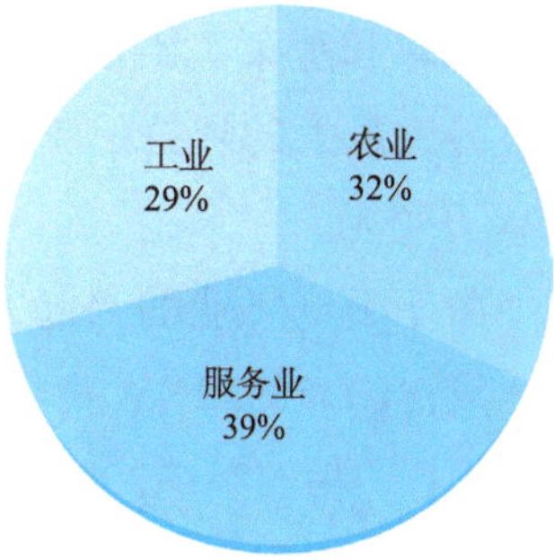

图6.1　苏丹经济构成

资料来源：苏丹农业部，2012

苏丹农业由种植业、畜牧业、林业和渔业四个部门构成，其中，苏丹种植业和畜牧业是苏丹的支柱产业。苏丹种植业主要包括传统雨养农业、机械化雨养农业和现代化灌溉农业，灌溉项目区是苏丹农业的核心地区。

第一节　农业部门在国民经济中的作用

农业是苏丹经济的支柱产业。石油工业兴起前，农业总体平均贡献约为GDP的45%。石油工业兴起后，农业的贡献下降到32%。南苏丹独立后，随着石油资源的减少，农业的地位迅速得到了加强（表6.1）。

表6.1 1992—2004年农业部门占GDP的比例

子部门	1992—1994年（%）	2002—2004年（%）
农业部门合计	40.3	45.4
灌溉作物	10.9	12.3
半机械化雨养作物	3.2	2.1
传统雨养作物	4.9	7.5
林业及其他	2.9	3
畜牧业	18.4	20.5

资料来源：苏丹中央银行年报

一、农业国内生产总值

2003年，农业占国内生产总值比上年增长5.2%，2004年增长4.5%，标志着这两年机械化雨养部门的复苏。农业部门约占3/4的人口，占就业人数的2/3，并提供制造业所需原料的约60%。农业提供了超过90%的非石油出口收入。高粱、谷子和玉米是主要的粮食作物。国内市场的其他重要产品包括甘蔗、椰枣、小麦、油葵、豆类和饲料。出口作物主要是棉花、阿拉伯胶、芝麻、花生、水果和蔬菜。出口商品最主要的是棉花，其次是油料作物和牲畜。苏丹是世界上最大的阿拉伯胶生产国，其出口量在2万～4万吨，收入为5 000万～8 000万美元。

由于石油工业的兴起，农业在国民生产总值的占比有所下降。到2012年农业只占GDP的32%，南苏丹独立后，石油出口减少，农业的比重基本稳定在34%左右。粮农组织2004年国别报告表明，农业部门是苏丹持续增长的主要来源，也是国民经济的支柱部门。虽然随着石油工业的出现，该部门的经济效益正在下降，但苏丹仍然严重依赖农业，其份额在40%左右波动。

农业商业活动主要集中在国家中部的一条区域带上，在半干旱草原区域向东北方向延伸，处于北纬10°～14°，面积约1 100千米。苏丹有许多小规模的自给农业，并在南部和达尔富尔占主导地位。平均而言，传统和机械化农业分别占雨养耕地面积的55%和45%。

2000—2012年期间，农业增加值增幅相对较差，低于国民经济增长趋势。特别是在石油生产高峰期，农业增长率呈负增长。国家经济对工业，特别是石油部门的高度依赖，导致了对农业的忽视，严重依赖农业的农村人口深受影响，农村贫困扩大。从2006年左右开始，农业被边缘化，2011年南苏丹分裂之后的石油繁荣退化，农业和全国年增加值仍均呈下降趋势，农业下降幅度高于整体经济。例如2006年全国增长1.59个百分点，农业仅有0.24个百分点。城乡贫困程度越来越恶化，2009年贫困率达到46.5%，农村人口脆弱性增加。

农业在国内生产总值中的份额连续10年稳步下降，2010—2012年期间为26%左右，而2001—2003年为41%。随着石油生产的下降，农业在后期的贡献应该会大幅度增长；同时不断增长的服务业以及制造业仍高度依赖农业。

农业的绝对增加值在整个石油经济的十年间几乎没有明显的改善。利用农村人口统计数据和国际货币基金组织以不变价格计算的时间排列农业GDP数据，显示在2000—2012年期间，农村人均收入出现下降。2009—2011年人均每日平均收入水平从1.34美元下降至1.2美元，明显低于2009年1.65美元的贫困线。这就解释了58%的农村高贫困率发生的根源，而同期城市贫困率为27%。然而在2012年，随着南苏丹分离和相关的石油损失，农业增长加快，使该年度的人均收入得到提高。

二、农业生产力

据苏丹农业部2015年报告，农业生产力是农业部门主要业绩指标，长期以来引起了很多关注，农业生产力低是苏丹农业表现疲软的最重要的根本原因。其糟糕的表现反映在：生产成本高；生产资料供应不稳定；国内食品供应以及农业收入低且不确定；大多数作物单产低，年份间波动大，而且整体呈下降趋势。

1. 种植业

与2003—2012年期间的非洲和世界平均水平相比，苏丹的主要作物如高粱、花生和芝麻的平均单产显著下降，分别比非洲低35%、20%和47%，比全球平均水平低52%～56%。对时间序列产量数据的分析显示，在全国范围内，苏丹四大作物（高粱、小米、芝麻和花生）的平均单产综合指数在2002/2003—2011/2012年间各年度平均下降了1.6个百分点，且波动较大。另一方面，理论收益与农民在生产中实际收益之间存在巨大差距。提高基础设施研究和建设能力，加强技术推广和转让能力，建立农业知识和信息网络，将有助于提高农业生产力。

经济作物生产能力不平衡：其中最重要的是芝麻、花生、棉花、阿拉伯胶、可乐可蒂[①]（图6.2）和油葵，这些作物或多或少地采取了类似的生产模

① 可乐可蒂即玫瑰茄，也叫洛神花。苏丹最常见的饮料植物，中国人称之为“苏丹红”

式。虽然花生、阿拉伯胶和可乐可蒂的生产趋势一直在上升，但芝麻、棉花和甜瓜种子的生产趋势相对较弱，而且都有较大波动。芝麻和棉花的总产量在2007—2013年期间均较差。花生是最重要的油料作物，年产约15.7万吨，花生产量的增加主要是由于面积扩张；而芝麻为24 000吨，棉花为27万吨。阿拉伯胶的生产，维持苏丹热带草原地带的大约5 000 000贫民的生计，近年来也取得了显著的进步（农业部，2013）。

图6.2　可乐可蒂（摄影：王忠亮）

2. 畜牧业

受遗传资源、疾病发病率、季节性特别是降水量的高度影响，在产犊率、体重增加和产奶量方面，雨养区的畜牧生产力普遍较差，而灌区显然更好。畜牧系统的死亡率报告为16%，绵羊6%。游牧系统下绵羊的生育率约为60%～83%，表现出适度的增长潜力。与野生品种牛相比，土著牧民的牛生产性能差。动物以较慢的速度生长，并在相对较长的时期才能达到可销售的体重。灌区的畜牧生产率一般较低，其中牛犊、羔羊和出生百分比较低，牛、绵羊、山羊分别为44%～49%、68%～69%和82%～83%。牲畜的高度波动性表明了生产管理的变化，因此牧群的增长前景非常不明朗（畜牧与动物资源部，2012）。

三、农业部门存在的主要问题

1. 农业基础薄弱

农产品市场受到基础设施薄弱、生产成本和运输成本高昂的负面影响（很大程度上受生产力低下影响），部分原因是税收、收费和与服务无关的征税。税收形成营销成本的一大部分，部分农产品达到或接近50%。这种情况不仅危及生产者的财务盈利能力，而且对苏丹农产品在国际市场上的竞争力也有负面影响。贸易商几乎从国外不同地区的主要出口农产品的贸易成本中获得了令人鼓舞的利润。另一方面，比较优势（RCA）是衡量一个国家或一个行业出口表现的指标，而2000—2010年苏丹的比较优势显示下降趋势，即使是具有比较优势的产品也是如此，例如芝麻、芝麻油、活绵羊、绵羊肉、活山羊和活骆驼等。花生（带壳和无壳）和花生油在最近10年左右就失去了竞争力。

一般来说，这些产品面临的主要瓶颈似乎是质量、制备、安全、供应稳定性和出口推动。苏丹农产品的另一个贸易缺点是市场集中度高。由于大部分出口到海湾国家，苏丹将需要使其市场多元化；这种情况再次要求质量和安全保证措施，特别是针对具有高质量要求的市场，例如欧洲市场。

2. 环境破坏严重

自然资源的管理导致荒漠化和环境的破坏，特别是在苏丹中部和北部。许多地方地表植被已经被清除，使土壤暴露而受侵蚀。主要因素包括林地上扩张农业（主要是半机械化农业）、不受控制的树木砍伐、过度放牧、森林火灾、长时间的干旱和不稳定的降雨。1990—2005年期间，苏丹失去了约12%的森林。1998年，林业占农业国内生产总值的9%，在2000—2008年期间下降到6.5%。国内的木制品生产增加了土壤侵蚀，也增加了周期性干旱。由于地板价格极低，对小型生产企业的激励措施不足，加上干旱，管理不善和多重税收等原因，导致阿拉伯胶产量大幅下滑。

第二节　农业系统构成

苏丹农业系统包括种植业、畜牧业、渔业和林业。2013年和2014年苏丹农业对国民经济的贡献分别为为33.8%和31.5%，增长速度分别为43.5%和29.7%。种植业、畜牧业、渔业和林业对农业国内生产总值贡献，2013年分别为38.44%、60.0%、0.088%和1.47%；2014年分别为38.35%、60.0%和1.52%。种植业、畜牧业、渔业和林业增长率，2013年分别为43.8%、43.4%、38.6%和38.6%；2014年分别为29.4%、29.8%、34.3%和34.3%（苏丹央行年报）。

苏丹农业共有五种主要农业实践类型，包括机械化雨养农业区、传统雨养农业、机械化灌溉区、传统灌溉农业、畜牧业/游牧业。其中农作物生产主要有三种：现代化灌溉区、机械化雨养区和传统雨养耕作区。

一、耕作区域

历史上，大规模的尼罗河灌溉项目一直是苏丹农业发展战略的支柱。尼罗河流域北方州、喀土穆、杰齐拉、森纳尔、青尼罗州和白尼罗州的灌溉面积为170万～210万公顷。政府拥有并管理杰齐拉灌区和拉哈德灌区、苏基灌区和新哈尔法灌区。

1. 苏丹灌区

绿色区域是苏丹灌溉农业区，共计11个区块，包括：

- 杰齐拉和蒙纳基（Gezira and Managil），灌溉面积870 750公顷
- 新哈尔法（New Halfa），灌溉面积152 280公顷
- 拉哈德（Rahad），灌溉面积121 500公顷
- 盖斯三角洲（Gash Delta），灌溉面积101 250公顷
- 苏基（Suki），灌溉面积35 235公顷
- 托卡里三角洲（Tokar Delta），灌溉面积30 780公顷
- 冈尼伊德甘蔗园（Guneid Sugar），灌溉面积15 795公顷
- 阿萨拉雅甘蔗园（Assalaya Sugar），灌溉面积14 175公顷
- 森纳尔甘蔗园（Sennar Sugar），灌溉面积12 960公顷
- 哈希姆·埃尔·吉尔巴（Khashm El-Girba），灌溉面积18 225公顷
- 肯纳纳甘蔗园（Kenana Sugar），灌溉面积45 000公顷

2. 机械化雨养农业区

红色区域是机械化雨养农业区域，包括国家计划和非计划部分，共计11个区域：

- 哈比拉（Habila）
- 埃尔—大理（El-Dali）
- 埃尔—马日姆（El-Mazmum）
- 埃尔—拉黑德（El-Raheed）
- 埃尔—萨吉雅（El-Sharkia）
- 丁德尔（Dinder）

- 加达里夫（Gedaref）
- 南科尔多凡（Southern Kordofan）
- 白尼罗（White Nile）
- 上尼罗（Upper Nile）
- 青尼罗（Blue Nile）

图6.3　苏丹灌区及雨养农业区域分布

资料来源：FAO、联合国制图科

苏丹灌区是撒哈拉以南仅次于埃及的非洲最大的灌溉地区。估计只使用了潜在灌溉面积280万公顷的2/3，这一数字并不包括南苏丹几乎尚未开发的巨大潜力，所以有进一步扩张的重大机会（苏丹冲突后环境评估报告）。

苏丹的灌溉农业分为两大类：传统灌溉和现代化农业。大约90%的灌溉面积由后者管理。高粱是灌溉农业主要栽培作物，其次是棉花、饲草、小麦、蔬菜、花生和甘蔗。

灌溉农业的重要性反映在这样一个事实上，虽然它只占耕地面积的7%，但占农作物产量的一半以上。虽然大型灌溉项目是苏丹在过去一个世纪的主要经济投资方向，但各种研究表明，其表现远低于潜力。在190万公顷的灌溉区中，在2005年只有一半实际耕种，主要是由于灌溉和排水基础设施不足；运河沉淀等环境因素也是降低灌溉效益的主要因素。

商业性半机械化雨养耕作系统是在一般碱性黏土土壤中开发的。它包括加达里夫、青尼罗州、上尼罗州、白尼罗州、森纳尔州和南科尔多凡州，覆盖约590万公顷。

传统雨养农业制度是苏丹几乎无处不在的主要生存制度，占地面积920万公顷，主要是科尔多凡州、达尔富尔州、白尼罗河和青罗河州。

尽管人均可耕地约3公顷，但苏丹面临粮食短缺问题，其他基本需求同样缺乏，特别是农村地区。

二、畜牧区

除了山区和真正的沙漠地区外，几乎所有的苏丹生态区都有牧场。然而，与耕地相比，在半干旱和低降水热带草原地区更占压倒性的比例，占80%；这个区域的特征是降雨不平均和频繁的干旱。因此，过度放牧使牧民的脆弱性更高，与耕种的重叠是潜在冲突的主要来源。牲畜主要是集中在沙漠和半沙漠地区的骆驼、绵羊和山羊以及从低至高降雨热带草原和上尼罗河洪泛区的牛。苏丹牲畜几乎完全由游牧和半牧场系统饲养。

牛、山羊、绵羊和骆驼占畜牧业的绝大部分。根据所饲养的动物的种类以及用于生存、畜力或市场销售的情况，苏丹的牲畜可以被归类为粗放的、半密集的和密集的畜牧系统。粗放的系统完全依赖于天然牧场，社会和经济脆弱。该系统涉及苏丹干旱地区的绝大多数牧民。与粗放的系统不同，密集系统需要相当的技能，需要有效的管理和大量的动物饲料。在灌溉区和城市地区很常见。半密集型系统位于这两个系统之间。70%的农村人口是农牧民。

三、苏丹灌区的管理和演变

1. 管理体制

下面以拉哈德灌区为例，介绍苏丹灌区的管理体系和演变过程。1977年拉哈德灌区设立之初，成立了45个村庄，村民大多是从灌区外迁徙而来称为农民，每个村庄最初安置250～400人，以家庭为单位组成。每5个村庄为一个小区（Block），小区设经理1名。每三个小区成立一个大区（Section），有的灌区称为组（Group），每个大区设置大区经理1名。拉哈德灌区最初设计为3个大区10个小区，实际成立了9个小区。2000年之后为了精简机构节省开支，将原来的大区一级撤除，保留了原来的9个小区，而小区称为Section，仍然设经理1名。经过40多年的发展，现在每个村庄人口达到1 500～2 000人。

2. 生产管理

对于灌区内农民的管理曾经非常严格。1977年成立时，每户农民分到22费丹土地，必须种植11费丹的棉花，11费丹的花生。由于农民没有粮食吃，此后改为11费丹棉花，8费丹花生，3费丹高粱。1988年改为11费丹棉花，5.5费丹花生，5.5费丹高粱。1989年巴希尔执政后则改为，5.5费丹棉花，5.5费丹花生，5.5费丹高粱，5.5费丹用于轮作。到2009年由于建设、水渠维护、修路等原因，每户的耕地减少到20费丹；75%的耕地用于种植高粱，其他的25%种植棉花、花生等，棉花面积已经很小。2012年“中国1号”推广之后，拉哈德灌区规定10费丹用于种棉花，5费丹种高粱，5费丹种花生、小麦、蔬菜等。2015年规定种植5费丹棉花，5费丹高粱、5费丹花生、5费丹轮作油葵等冬季作物。

3. 杰齐拉灌区的管理

杰齐拉灌区的主要目标是生产棉花。这个灌区的土地由114 000个租户种植，平均每户拥有20费丹（约8公顷）。该灌区由18个大型单位组成，称为“小组”，范围从60 000到190 000费丹。每个组由称为“块”的较小单元组成。这些块由“数字”排列，每块地90费丹。每个租户必须根据批准的轮作进行种植，例如，所有棉花要同时种植。

最初，租户实行六道程序轮作。然而，由于多次失败，这种情况在20世纪80年代初被改变为8个程序轮作：棉花—休耕—休耕—棉花—休耕—高粱—豇豆—休耕，名义上的种植强度为50%。这使得灌溉系统对水的需求不断增加。此后，又有了进一步的多样化和集约化。直到最近，杰齐拉灌区主要采取棉花、小麦、花生、高粱和一次休耕的五个轮作，名义种植强度达到75%，而其延伸的蒙纳基（Managil）灌区的种植面积却没有休耕，而且达到百分之百。

四、苏丹主要农业灌区

1. 杰齐拉灌区

杰齐拉灌区是苏丹最大的水利灌溉工程，也是苏丹最大的自流灌溉农业区，设计面积88万公顷，约占整个灌区的一半，位于青、白尼罗河汇合处之间的三角平原，灌区水渠总长度1万多千米，干渠、主渠纵横交错，将灌区分为113片区（Block）18组（Group）。杰齐拉灌区是苏丹最大的棉花产地，苏丹出口的长绒棉95%产于这一地区。棉花是其主要种植农作物之一，历史最高种植面积100万费丹。2010年下降到12万费丹，2015年恢复到40万费丹（详见本章第七节）。

2. 拉哈德灌区

拉哈德灌区（图6.4）是苏丹规划面积第三大农业灌区，实际开发第二大灌区，也是中国援苏丹农业技术示范中心所在地。该灌区横跨杰齐拉和戈达里夫两州，总设计面积约60万费丹，其中已经开发利用的约28万费丹。主干渠从森纳尔州首府森佳（Sinjah）南利用扬水站引出，扬水站共9台机组，一般只运转6台，全长120余千米。主干渠通过地下管道横穿丁德尔河，然后与拉哈德河（Rhad）交汇，拉哈德河是一季节河，雨季水量较大。旱季灌区利用泵站从尼罗河提水，进入雨季则改用拉哈德河水，灌区也因此而得名。

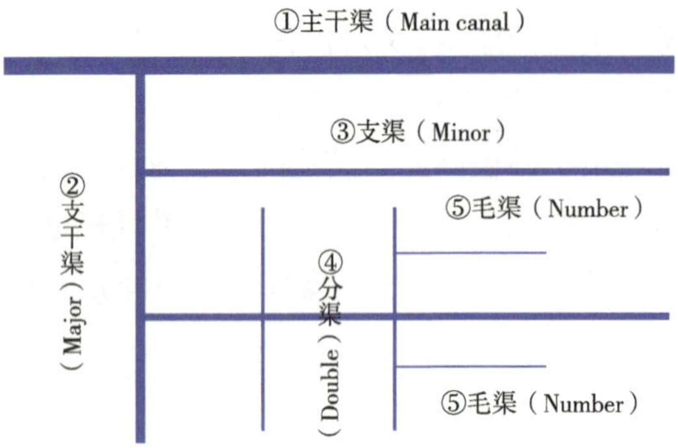

图6.4　拉哈德灌区灌溉系统示意图

注：主干渠从尼罗河由水泵抽水，通过虹吸管道穿过丁德尔河，然后与拉哈德河交汇后直达灌区。旱季利用尼罗河水，雨季时利用拉哈德河水灌溉。支干渠下有支渠若干，到田间的渠称为毛渠（NO.），一般一条毛渠灌溉90费丹土地

3. 苏基灌区

苏基灌区位于森纳尔州，是苏丹利用青尼罗河水的灌区之一，共8.3万费丹，该区1/3的土地用于种植棉花，基础设施较好，多年来一直与中国援苏丹农业技术示范中心密切合作进行棉花的试验示范和新技术的推广。

4. 新哈尔法灌区

新哈尔法灌区位于苏丹东部的卡萨拉州，是利用阿特巴拉河水建设的灌区，20世纪70年代埃及建设阿斯旺水坝（Aswan Dam）时将苏丹北方州小镇哈尔法淹没，永沉水底，埃及政府赔偿3 400万美元，苏丹政府利用这笔赔偿将当地居民迁移到卡萨拉州建立了新哈尔法灌区。该灌区总面积36万费丹，有多年棉花种植习惯，常年种植棉花5万费丹，也是“中国1号”品种最早的示范基地之一（详见本章第八节）。

5. 苏丹典型雨养农场

阿拉伯苏丹青尼罗农业有限公司是一个现代化的雨养农场。该公司是由22个阿拉伯国家联盟共同投资、苏丹政府控股95%的农业公司，由苏丹国家农业部直接管理。农场位于青尼罗首府达玛津（Damazin）西南50千米的阿哥迪

（Agadi），处于南北苏丹交界地段，前几年经常发生战争，2014年后形势好转。公司规划面积25万费丹，现在已开发利用了8.7万费丹。2008年起该公司又与巴西政府合资建立了“农场中的农场”。农场拥有先进的大型的农业机械化设备，仅采棉机械就有十几台。可以完成秸秆粉碎还田、整地、定量施肥、除草、喷药（飞机协助）、收获、入库等整个过程。这里土壤肥沃，光照充足，但没有地下水，也没有河流灌溉。降雨集中在8—10月三个月时间，年降水量400～700mm，正常年份都可满足棉花生长需求。农场共种植棉花1.5万费丹、1.8万费丹高粱、5 000费丹玉米、1万多费丹向日葵、5 000多费丹芝麻、5 000多费丹谷子等。

第三节　苏丹种植业

一、传统耕作系统

作物和牲畜对国内生产总值的贡献波动很大。现有证据表明，农业GDP增长主要源于雨养农业地区耕地面积的增加。这一增长是有环境代价的，而收益率长期下降。实质上，多年来苏丹收获面积和生产力逐年下降，农业生产都不可持续（图6.5）。

图6.5　传统雨养区正在收获的芝麻和花生

注：布塔纳草原雨养区是苏丹最主要的芝麻产区。这是2017年10月28日的收获场景。当地芝麻主要靠人工收割，收割后在田间堆成堆晾晒，损失严重

比较1992—2003年期间传统雨养区域主要种植作物如高粱、谷子、芝麻和

花生等的平均产量，与1970—1981年期间的差异，并假定价格不变，农民不得不将其耕地面积增加75%，以保持与1970—1971年度同等水平的收入。

如果高粱种植面积的扩张趋势继续下去，可能会对传统农业系统和农业收入的作物产量的可持续性造成严重后果。对穷人来说特别令人震惊，因为即使在农作物和牲畜的产量较高的年份，传统农业生产占农村GDP的比重比居住那里的人口比重仍然较低。

生活在传统农业地区的家庭成员可在该地区以外短时间内就职就业。然而，这些机会在过去10～15年间有所下降。传统雨养部门在2001年只获得了正式农业信贷的1%～5%，其中还有其他服务支持，如研究和推广。农村和农业发展基础设施的公共投资也可以忽略不计。

大多数农作物产量低，产量下降或停滞并不奇怪。传统部门的牧民和小农是最容易受到贫困影响的农民。因此，如果要在一定程度上提高依赖这种农耕制度的大量人口的收入，提高传统农业生产力是至关重要的。

二、半机械化农业系统

半机械化农业系统占GDP的比重一直在下降，尽管2003年和2004年出现了部分复苏。20世纪80年代，有100万～200万劳动力投入到半机械化农业区，他们可以在除草和收割期间找到3～4个月的工作。这个数字由于半机械化农业面积和灌溉棉花面积的大幅度下降而至少减少一半。这对传统的雨养农业地区的许多家庭来说都是严重的负面影响，因为这意味着半机械化部门的就业机会减少。如果目前国内外对高粱需求下降的趋势继续下去，其他作物没有多样化，情况就会更加恶化。缺乏适当的土地使用权政策和环境因素是这个分部门的主要制约因素。

三、灌溉农业系统

与地下水（井）灌溉相比，地表水的灌溉比例在1995年为96%。2000年，11%的耕地被灌溉（表6.2）。1995—2000年间，全面或部分控制的地区以每年0.9%的速度下降。

表6.2 苏丹灌溉地区 （单位：千hm²）

灌溉区	年份	面积
全部或者部分控制	2000	1 731

（续表）

灌溉区	年份	面积
洪泛灌溉	2000	132
装备灌溉	2000	1 863
区域盐碱化	1999	199

资料来源：FAO

小麦、棉花、高粱和花生是灌溉地区最重要的作物。虽然在一些子部门（如畜牧业）方面产生积极影响，但自由化对灌溉农业子部门产生了负面影响。灌溉项目在不经过过渡阶段的情况下私有化，这可能为私营部门积极参与铺平了道路。但当这些项目私有化时，农业基础服务的撤出以及缺乏替代的信贷来源，使这些灌溉项目变成了一个枯竭的灌溉基础设施。20世纪90年代灌溉项目表现不佳，对农民和生活在灌区中的许多无地劳动者的就业和福利造成了严重的影响。

传统领域作物的减少，大幅增加了其他领域如蔬菜和畜牧业的生产机会。这种多样化是重要的，但并没有减少对杰齐拉灌区等大型项目管理进行实质性改革的必要性。

20世纪80年代中期至90年代末，灌溉小麦面积大幅波动，棉花面积逐步下降。这部分反映了政府运营灌溉项目中对棉花生产管理不善。随着灌溉区棉花面积的下降，直到90年代初，由于高粱灌溉面积的增加而被抵消，然后再次下降到与80年代末相当的水平。主要原因是“政府所有”和“政府运作”，导致灌区增加粮食生产的压力相当大。由于干旱对雨养区高粱生产的影响而引起政府的担忧，政府要求灌区增加小麦和高粱产量，作为对粮食安全性的贡献。政府大力鼓励农民通过信贷计划协助生产小麦。有了这些诱因，1990/1991年度小麦面积急剧增加。政府通过两项主要政策刺激生产，一是播种前政府宣布有吸引力的收购价格，二是为小麦生产提供投入。1991/1992年度，由于政府放弃了粮食安全战略，粮食生产作为其中的一部分受到较大影响，小麦产量急剧下降。随后几年，小麦生产信贷减少导致种植面积逐年减少。表6.3显示了全部或部分灌溉区中的灌溉作物。

表6.3 灌溉作物 （单位：千hm^2）

作物	年份	面积
棉花	2000	167
饲料	2000	142

（续表）

作物	年份	面积
花生	1989	91
玉米	2000	68
其他根和块茎	2000	16
土豆	2000	16
水稻	2000	4
高粱	1989	355
甘蔗	2000	70
油葵	2000	21
蔬菜	2000	97
小麦	2000	103

资料来源：FAO

在整体生产方面，灌区农户中种植棉花的占99%，小麦占100%，花生占52%，甘蔗占100%，高粱占25%，水果和蔬菜占80%。灌溉面积平均产量远高于雨养区，但仍低于其潜力，特别是与研究站和生产性农民所获得的产量相比。这是由于各种因素的制约和限制。表6.4比较了灌溉作物平均作物产量与潜在产量。

表6.4　灌溉作物的平均产量　（单位：t/hm²）

作物	平均产量	潜在产量
谷子	0.6	3.6
高粱	1.5	3.8 ~ 5.7
小麦	1.6	3.3 ~ 4.1

灌溉系统下棉花产量一般较低，每费丹约5.5肯塔。热胁迫和病虫害是主要的制约因素。已经为灌溉部门审定了一些改良品种，正在进行研究，以生产高产和无病品种。灌溉部门的油料作物如花生和油葵的产量非常低：花生2 000千克/公顷，油葵为793千克/公顷。表6.5比较了拉哈德灌区的实际与潜在产量。

表6.5　拉哈德灌区的潜在和实际作物产量

作物	潜在产量	实际最低产量		实际最高产量	
	（kg/hm²）	（kg/hm²）	（占潜在产量%）	（kg/hm²）	（占潜在产量%）
花生	760	160	21	340	45
高粱	400	120	30	284	71
小麦	600	100	17	380	63
棉花	（肯塔/公顷）	（肯塔/公顷）	（占潜在产量%）	（肯塔/公顷）	（占潜在产量%）
	3.6	1.2	32	2.9	80

资料来源：FAO

大型灌溉项目在财政上并不可持续。因此，他们需要联邦预算的补贴以及政府从商业银行获得信贷的担保。严格控制生产的做法，包括农民对作物的选择，导致农民不愿意种植这些不太容易控制的作物。灌区中存在的主要绩效问题包括：水资源管理效率低下，不征收或者很少征收水费和土地使用费，生产力低下，债务负担沉重。政府对这些大型资助项目的支持，剥夺了其他农业部门为发展基础设施和支援服务所需的资金。

第四节 苏丹土地所有制形式

一、土地权属

1973年《永久宪法》规定了拥有遗产和继承财产的权利。但是，这些权利在1985年被暂停。苏丹长期以来执行“土地登记制度”，个人、企业或政府可以通过这个制度来确立一块土地的所有权。这种登记在苏丹北部广泛使用，尤其是在喀土穆、阿乌赛特（Al Awsat）和夏玛丽（Ash Shamali）。1970年以前所有其他土地（未注册土地）属于国家，拥有这些土地经常使用权的人民拥有实际所有权。1970年宣布《未注册土地法》，所有荒地、森林和未登记的土地都是政府土地。在这个法律通过之前，政府一直避免干扰对未登记土地具有的个人传统权利，而在80年代后期再次执行了这一政策。

政府拥有现代农业部门的大部分土地，并将其租给租户，例如杰齐拉灌区，或私营企业家，如大多数机械化雨养农场的经营者。然而，80年代后期，用于牧场和维持生计的大面积土地是根据传统土地法而共同拥有的，其格局大致相似。在农业社区，耕种未利用地区的权利归属于清理使用的个人。这些土地的权利可以传递给继承人，但通常土地不能出售或以其他方式处置。该权利也适用于休耕的土地。

北方社区耕地的权利也是如此，但是畜牧业在社区活动中的主导地位也引入了某些其他公共权利，例如放牧土地的共同权利，水和放牧地的权利。

在西部的热带草原，可以注册私人拥有的阿拉伯树胶树，这通常是政府森林所有权的例外。然而，用作家庭燃料的死木和树林下面的草是共同财产。水对家畜饲养者来说是最为重要的事情，如果是公共设立的蓄水池则对所有人开放，但是私人挖出的井和相关的饮用水槽是私有财产，由挖掘人所有。

在苏丹北部，特别是西部大草原，人口和动物数量的增加对土地造成压力，种族群体之间的土地权利冲突不断增加。地方政府机构试图解决这些问题，但只有根据具体情况逐案解决。

二、土地利用

截至1991年，仅对苏丹的土地资源进行了部分调查，不同利用类别的土地估计数差异很大，实际耕地面积估计为750万公顷，其中10%～11%处于休耕状态。

分类为实际使用或可能用于放牧牲畜的土地也存在重大差异。农业和自然资源部和粮农组织将约2 400万公顷土地划为牧场。1965年估计为101.4万公顷的土地作为放牧地。1975年，国际劳工组织（ILO）和联合国开发计划署（UNDP）到苏丹的机构间访问估计，总潜在的放牧地在1.2亿～1.5亿公顷之间。

但是，在80年代后期的共识是，苏丹仍然有大量适合未来种植的土地。1975年国际劳工组织—开发计划署代表团认为，放牧的可能领域中有2/3已经在使用。

除了适合种植和放牧的土地以外，苏丹也有7 600万～8 600万公顷的沙漠。此外，沼泽和内陆水域面积约290万公顷，人类建造的城市住区等约为30万公顷。

三、土地使用权来源

无论是国营农场还是私营农业公司，土地所有权归国家所有。但经营权归个人所有。苏丹土地使用权以下3种方式获得。

1. 政府奖励

巴希尔上台后，政府以耕地作为奖品分配给了对政权有功的官员，有的官员一个人分配到几千甚至上万费丹土地，一般的农业部职员也可分配到几十费丹。当前这些耕地大多尚未开发，有许多个人招商项目。

2. 政府分配

灌区建立之初，从外地迁徙进许多农民成了一些自然村，政府将土地分配给这些农民，每户15～20费丹，实行三年轮作制。每年种植5费丹棉花，由政府统一提供棉花良种和灌溉水，并给予技术指导。收获的棉花50%交给国家，另外50%归农民所有。有的灌区规定农民在15费丹土地内种植2.5费丹高粱，2.5费丹小麦，5费丹蔬菜等。其土地与用水均不收费，但种子需农户付费，收获全归农民所有。另外5费丹可以种植苜蓿，以培养地力。目前这部分土地自主权完全掌握在了农民手中，经营或者出租农民自己说了算，灌区只能起到服务和协调作用。这是目前苏丹灌区存在的主要土地所有制形式，如果要进行合作开发，主要与农民协会谈判。

3. 农民租赁

每10户农民可以组成一个农民协会，向政府租赁1 000费丹土地，自主经营。这种组织形式有一部分是农民真正投资，而大多数是有钱人的圈地方式，他们向国家交纳少量租金，拥有50年的使用权，使用权到期之后再向政府申请续签合同。

四、苏丹农民协会

苏丹农民协会（farmer union）是普遍存在的农民管理模式，上至各州、各灌区下至一个小村庄都设有农民协会。农民协会由村民选举产生，权力非常大，可以代表农民开展各种对外合作。但近几年一些地方农民认为农民协会被政府或者公司收买，农民协会声誉有所下降。但在苏丹开展种植项目时，农民协会是必须要面对的一个组织。2015年巴希尔下令取消农民协会，成立了新的农民组织，农业生产组织基础协会，但仍然是原班人马履行原来的职权，没有实质变化。

第五节 农业科技推广

一、苏丹农业科研机构

1. 主要科研机构

直到2001年，不同部门的几个研究机构管理了国家农业研究计划的各个方面。在2001年批准的行政改革下，除了动物资源研究公司（ARRC），政府将所有研究机构，划归新成立的高等教育和科技部管理。ARRC负责畜牧业，而苏丹农科院（Agricultural Research Corporation，ARC）负责种植业、林业和牧场。在政府控制之下的一些公立大学也致力于农业研究。国家遗传工程研究中心负责应用遗传研究；工业研究中心负责食品科学和药用植物；原子能研究中心负责突变育种，食品保鲜和卫生。苏丹最主要的农业科研机构是苏丹农科院、喀土穆大学和各州大学农学院。但各大学农学院以教学为主，与生产相关的科研才刚刚起步。

2. 苏丹农科院

苏丹农科院成立于1902年，是由英国人建立，最初目的就是为了研究在灌区种植棉花的可能性，此后快速覆盖了不同作物、不同生态区域的研究。1967年，农业研究领域被划归到农业部门，苏丹农科院作为一个半自治性的机构，从此附属于农业森林部。2001年，苏丹农科院成为新成立的科技部的一部分，科技部是2001年根据总统的命令合并了其他几个部的几个研究机关而设立。2010年苏丹农科院又重新回到了农业和灌溉部。

苏丹农科院在全国拥有22处试验站，如加达里夫试验站、莎姆巴特试验站、栋古拉试验站等；有生物技术安全研究中心、社会经济和政策分析中心等9个研究中心；有组织培养、基因资源、阿拉伯胶3个中心实验室；有棉花、高粱、玉米、花生、油葵、小麦、水稻等24个研究所。苏丹农科院共有533名研究员，其中有博士学位的专家200多名；还有337名技术人员，696名助理技术员，301名办事员和1 787名工人，共3 654人。苏丹棉花研究所有专门的办公实验楼，各试验站也有专门从事棉花研究的人员，棉花所下设有棉花纤维质量检测中心。检测中心大容量测试仪（HVI）由印度公司提供，另有皮辊试轧、小型纺纱性能测试等设备，虽然设备破旧，但依然是苏丹权威检测机构。棉花研究所没有专门的生理、病理实验室，棉花专家从事育种和栽培方面的基础研究、病理测试、生理试验由苏丹农科院病理室、生理研究室等统一完成。由于资金和设备限制，苏丹棉花育种尚未开展分子育种、基因工程等方面的工作，杂交种研究也是刚刚起步。苏丹农科院生物技术安全研究中心负责转基因技术的研究和安全评价；杰齐拉大学农学院2014年建设了大白鼠饲养实验室，还未正式开展毒理测试试验。

3. 研究资金

苏丹农业研究资金一直不足。目前，ARC，ARRC和大学的年度预算只占国内生产总值的0.03%左右。有限的预算导致了人员减少，研究活动的资源减少，以及由于缺乏维护而导致的研究设施的老化。开发的新技术也很少能现场测试。一个重要的挑战是使它们在有关的地区进行经济评价，但实际上几乎没有这方面的工作。农业研究面临的另一个挑战就是要把重点放在小农户身上。大多数农业研究项目往往不以土地综合管理或农民需求为依据，重点往往是工业原料作物的高技术投入，这可能使大型农场或灌溉区受益。创新的、低投入的技术和农业系统，可以使雨养区的小农户受益，但往往被忽视。

二、技术转让和推广

大量灌溉作物持续生产的技术集成被研究和开发。这些技术集成可用于扩展服务、生产计划和私营部门。通常为每种作物规定投入品种种类、数量、价格和/或施用时间。经过长时间的研究，这些技术集成已被苏丹农科院开发和批准。主要包括：高产量品种，具有较好的水分或热应激能力；土地准备；营养要求；足够的水需求；经济防治病虫害；杂草控制；收获。

推广是州级政府的责任。2001年启动的新的国家农业战略，认识到技术推广是提高农业生产和粮食安全的关键因素，导致了技术转让和推广管理局（TTE）的成立。技术转让和推广管理局计划与国家负责农业各部门建立网络，并与各州，ARC和大学合作。到2006年，已经有10个技术转让和农民培训中心，2 000个示范农场的计划。还有一个合并雨养区和灌溉区作物的推广服务的计划。目前，包括中国援苏丹农业技术示范中心在内，苏丹已经建立了5个农业技术示范中心。

技术转让和推广管理局有四个主要专题计划：提高作物产量；促进改良种子；综合机械化；农村妇女发展。

只有约10%的农民使用经认证的种子。直到最近，中央政府通过农业和林业部（MOAF）的种子推广部门管理种子生产和认证。然而，种子质量差，且价格昂贵。国家种子生产仅限于大田作物，园艺作物种子通常依靠进口。2000年，农业和林业部的种子繁育部门被半私有化，委托给一个新的共同所有制公司——阿拉伯苏丹种子公司（公私合营）。政府向新成立的阿拉伯苏丹种子公司捐赠实物资产，占公司资本的42%。阿拉伯农业投资和发展局（AAAID）、阿尔坦公司和农民银行提供了剩余的资金。技术转让和推广管理局保留对种子认证和控制的责任。

第六节　农业经营

1. 农业信贷

2001年，苏丹农业正式贷款总额约为440亿SD（1.83亿美元）。这一信贷大约58%分配到灌溉农业，主要用于棉花生产。半机械化雨养农业和一些大型畜牧企业约占40%，而传统的小农户只占1%～2%。

灌溉农业的主要资金来源是财政和国民经济部（MOFNE），以及政府所有的苏丹农业银行（ABS）和商业银行。商业银行的一个财团已经同意为农业部门的融资作出贡献。通过财团向商业银行提供贷款担保，财政和国民经济部有重大的应急负债。其他来源包括苏丹棉花公司（SCC），苏丹杰齐拉董事会向农民提供信贷肥料等地方性措施。

尽管农业部门对国内生产总值的贡献很大，但与其他阿拉伯和亚洲其他国家相比，正规农业信贷与苏丹国内生产总值的比例非常低，如表6.6所示。

表6.6　一些国家的农业信贷与国内生产总值的比例　（单位：%）

国家	农业信贷占比	国家	农业信贷占比
孟加拉国	14.1	菲律宾	17
埃及	4.7	韩国	24
印度	8.4	苏丹	0.3
约旦	2.5	叙利亚共和国	8
摩洛哥	4.7	泰国	15
阿曼	0.3	突尼斯	2.5
巴基斯坦	4.3		

数据来源：世界银行

非正规信用是农业金融的重要来源，但不能获得其详细信息。

自1957年开始形成了农业部门贷款的获取和惠益分享模式。目前，苏丹农业银行有91个分支机构，提供了农民总信贷要求的20%左右的贷款。平均而言，2000—2002年度的可持续发展支出的2/3的信贷是灌溉部门，而传统雨养部分只占9%（表6.7）。

表6.7　农业系统每年支付的款项　（单位：1×10^8SD）

农业系统	2000	2001	2002	平均	占总计（%）
传统雨养	0.54	0.33	0.55	0.47	8.9
半机械化雨养	0.82	1.61	1.37	1.27	36.4

（续表）

农业系统	2000	2001	2002	平均	占总计（%）
灌溉	1.72	3.27	5.47	3.49	66.7
合计	2.28	5.21	7.39	5.23	100

资料来源：苏丹农业银行

没有政府担保或为贷款提供抵押品的情况下，改善对小农户信贷可用性的前景很差。苏丹农业银行已尝试团贷，但这已经证明是不成功和昂贵的。传统农业由于环境不稳定，甚至在良好的年份产量也很低，加上地区偏远，营销和服务基础设施不足，风险信用较差。

灌溉部门所需的重要政策变化主要是结构性的。最重要的是“土地法”中的变化，以允许将租户的现有权利转换为可交易的长期租赁。这一安排加上在主要灌溉项目中引入可持续的储蓄和作物保险制度，通过建立农民储蓄协会，将有助于获得信贷。作物保险也将为贷款机构提供更多的安全保障。

2. 农业经营管理

直到1992年，苏丹政府在很大程度上控制了农业投入和产出的营销。然而，作为1990年经济改革的一部分，它解除了对大多数私人贸易商的控制。私人机构现在承担着包括牲畜在内的大多数农产品的销售。政府干预的作物涉及棉花和糖，这两种商品的定价制度都与国际价格挂钩。苏丹棉花公司设定籽棉的市场价格，农业部确定阿拉伯胶的最低价格。

自1990年以来，私人贸易商在输入采购和分销系统中的作用越来越大。私营部门专家组织正在成为越来越重要的主要农作物和蔬菜种子供应商，选择和分配棉花种子。

虽然不再限制化肥进口，但化肥供应体系仍然反映了以前对棉花的重视，而苏丹棉花公司仍然在很大程度上协调采购和分销。然而，交易者在季节开始时越来越多地与农民承包，有时还提供生产投入或整地服务。剩余的国家干预阻碍了私营贸易商在采购和分配作物生产投入方面发挥更加积极的作用。

第七节 杰齐拉灌区

Bernal在1997年写到，英国作家盖茨克尔的一本书的扉页是一张地图。然而，这不是一张普通的地图，而是显示了英格兰地图中杰齐拉地区的主要特征。在这张地图上，青尼罗河从伦敦的森纳尔水坝跑到白尼罗河，距离利物浦东部一些距离是喀土穆。虽然地图的表面功能是让英国读者了解杰齐拉的范围之大，但这并不是其全部。其目的是把杰齐拉搬迁到英国，同时声称杰齐拉为英国的，并将其从苏丹境内删除。

一、杰齐拉灌区的发展脉络

1900—1949年，处于英国统治之下的苏丹杰齐拉灌溉系统。

1898年英国占领苏丹的两个主要原因是：控制水资源，以确保尼罗河对埃及棉花农场的供水，这对于英国纺织业至关重要；并维护苏伊士运河以及通过控制该地区从开罗到开普敦到达印度的路线（Ertsen，2006）。

1904年，埃及公共工程部副部长威廉·加尔斯丁爵士出版了整个尼罗河流域水域总体计划。计划包括，除其他事项外，提高阿斯旺水坝的储存能力；使用其东南部杰齐拉地区作为附近阿拉伯市场的小麦生产区，并有少量的棉花生产；在青尼罗河上的森纳尔建造一座大坝或拦河坝，为杰齐拉的一部分土地提供灌溉（Ertsen，2006）。

1900年，苏丹总督温格里纳（Reginald Wingate）提议在杰齐拉开始灌溉棉花生产，并利用灌溉收入作为收入来源，以补充政府日益增加的支出。苏丹东部的盖斯和托卡尔三角洲是棉花种植面积的测试区域。1904年，美国商人Leigh Hunt创立了苏丹实验种植园（SEPS），位于喀土穆以北180千米的尼罗河的Zeidab，获得了1万费丹的棉花特许权（Gaitskell，1959）。托卡尔的结果，特别是Zeidab的结果表明，苏丹有可能实现优质的棉花生产。1911年，建立了Tayiba泵浦灌溉项目，以种植长绒棉和高粱（Ertsen，2006）。

广泛的灌溉项目引起了英国政府的关注和赞同。英国棉花工业界游说政府在1913年保证提供贷款300万英镑。1914年第一次世界大战爆发，使计划中断（Omer，2011），且成本急剧上升。1919年，灌溉面积达到30万费丹。英国棉花种植协会的一个代表团当年访问了杰齐拉，以推动森纳尔大坝和灌溉系统的建设。总共为该项目预留了1 300万英镑：1 150万英镑的大坝费用和30万费丹的土地，70万英镑的铁路和40万英镑的棉花轧花厂（Gaitskell，1959）。

1922年，大坝建设合同和主运河被批准，工作全面启动。虽然已经面临巨大的成本超支，但担心放弃项目会引起的政治和经济利益，英国政府在1924

年保证提供贷款总额近1 500万英镑。次年，埃及和苏丹高级专员劳埃德爵士（Lord Lloyd），正式开启大坝（Ertsen，2006）。

与此同时，政府和职业社会保障局也对杰齐拉项目的运作条件作出了规定。1919年，制定了以“租户”为第三方的三方伙伴关系，阐述了合作伙伴的责任与利益（Ertsen，2006）。苏丹政府负责森纳尔水坝和灌溉渠的主要工作，并将获得棉花总产量的40%。政府出租属于官方的土地并每年向租户收取租金。

表6.8　杰齐拉项目的灌溉面积　（单位：费丹）

年份	灌溉面积
1926	300 000
1929	379 000
1931	527 000
1953	1 000 000

这些租户，组织成20～30费丹的农业单位，获得了40%的净利润，但不得不通过贷款资助生产，直到棉花交付（Salman，2013）。作为特许权持有人，苏丹实验种植园负责运河清理和土地整理、计划管理、并提供田间和会计、职工、建筑物、农民贷款和棉花运输。作为回报，它收到了20%的净额（Gaitskell，1959）。

英国人认为要扩大已建立的30万费丹需要更多的土地。杰齐拉项目已经让埃及感到惊慌，埃及担心两件事情：一是用于灌溉区的用水数量将危及到达埃及的水量；二是杰齐拉项目生产的苏丹棉花势必导致国际棉花市场竞争加剧（Salman，2013）。

经过谈判，英国政府承诺保证埃及的供水，并对用于杰齐拉灌溉用水补偿。这解除了1929年《尼罗河水协议》的方式，该协定为埃及提供了48亿立方米用水。此外，在旱季，从12月至翌年7月，尼罗河整个流域的水是为埃及保留的，直到7月15日以后，苏丹被允许灌溉杰齐拉灌区，并填满森纳尔水库（Tvedt，2004）。

随后的扩展措施稳步增加灌溉面积，如表6.8所示。1944年，苏丹实验种植园特许经营杰齐拉项目。1949年7月，一个政府委员会承担了杰齐拉的管理（Ertsen，2006），大约有8万个租户。除了行政管理外，董事会还提供信贷、营销和其他服务（Salman，2013）。该项目的主要目标之一是社会发展；因此，利润的一小部分（2%）用于为杰齐拉州的社会发展项目提供资金（Hassan，2011）。

二、尼罗河水协定

20世纪50年代初，杰齐拉计划的经济和社会发展成就落后于区域的扩大计划。但它也同时是对尼罗河利益的竞争以及苏丹与埃及之间的经济权力冲突的开始（Salman，2013）。从盎格鲁—埃及对苏丹的统治开始，到1959年签署了《尼罗河水协议》争议持续了半个多世纪。

该协议规定充分利用尼罗河水域（平均每年840亿立方米，以阿斯旺水库衡量）；埃及的水份增加到555亿立方米，苏丹的份额为185亿立方米，其余的在努比亚湖上蒸发。该协议扫清了蒙纳基（Managil）扩展灌溉计划的道路，这在1959—1963年间延长了原来的杰齐拉计划。合并的杰齐拉/蒙纳基计划最后面积约230万费丹（Salman，2013）①。

三、杰齐拉灌区概况

杰齐拉计划是苏丹历史上面积最大，规模最大的灌区，是其最重要的发展项目。它也曾经是世界上（伯纳尔，1997）最大的灌溉系统下的一个行政部门。它位于喀土穆青、白尼罗河之间的杰齐拉州（杰齐拉意为岛屿或半岛）。它的地理特点使之成为该计划建立的最适合的地点。首先，该地区位于两条河流之间，这有助于在森纳尔和路舍里斯建造水坝，为灌溉提供丰富的水资源。二是在地理上和地形上适合灌溉：土地从青尼罗河向西，距森纳尔大坝向北是向下的斜坡；因此，水通过重力自然流经灌溉渠②，这有助于节约灌溉成本，而不是昂贵的人为方法（Salman，2013）。

此外，土壤黏土含量高，肥沃，不渗漏（Al-Naiem，2009；Omer，2011）。夏季高温是另一个优点，因为它们减少了昆虫和其他农业害虫，因此不需要使用昂贵的农药。此外，该地区位于该国的中心，邻近乡村有季节性劳动力，且可直达苏丹港（Salman，2013）。

---

① 2000年，该计划占尼罗河系统水资源灌溉面积的一半左右（WB，2000）。2004年，使用约80亿立方米的尼罗河水，是苏丹35%的配置（Eldaw，2004）

② 重力灌溉利用土地的自然坡度（坡度），无需抽水和（或）提升

四、杰齐拉灌区的管理

政府任命了这个灌区的董事会，由农业和林业部长主持。在2000年有一名总经理和大约7 000名雇员（世行，2000），后来大幅减少到400人（Salman，2013）。

到20世纪90年代，该灌区在国家经济发展中发挥了重要作用，是外汇收入和政府收入的主要来源。它占据了农业部门的中心位置，并生产了该国大部分经济作物（Al Naiem，2009）。此外，它还为国家粮食安全作出了贡献，并且是生活在该灌区内的约270万人的生计的基础（Al Naiem，2009）。

杰齐拉灌区的组织结构分为18个"组（group）"和约10万个租约，每个持有约8公顷。18个组的规模从6万～19万费丹。每个组由较小的"区（section）"组成，其下是"序列（NO.）"，每个序列90费丹（Al-Naiem，2009）。该灌区约有12.8万户租户，100万人。此外，还有约15万的季节性劳动者（他们的家庭人数超过100万人），1万名员工和长期工人（到2005年他们减少到约400人）（Salman，2013）。

约55%的土地是政府所有；其余由拥有中央政府长期租赁协议的土地所有者拥有。业主和政府之间出现了一些重大的争议，租金上涨，案件尚待法庭审理（Salman，2013）。该灌区的资产包括一些服务中心，其中有：14台轧花机；18个工程车间；1 300千米铁路；一套电信网络；拖拉机、联合收割机等车辆；444座仓库，总容量2 500万吨；6 000多个住宅单元和76个混合住宅；200个办事处；78所学校和保健中心；53套水净化设施；道路网；一个研究中心；和150 680千米灌溉网络。

如上所述，政府，租户和董事会之间分配了这一灌区的管理。从1925年项目开始到1950年，根据40：40：20的比例分配。当苏丹杰齐拉董事会在1950年接收管理时，比例改为42：42：10，其余为公共服务。1965年，为了让租户在革命中的作用得到回报，这次革命成功地夺取了易卜拉欣·阿博德将军的军政府，他们的份额增加到48%，政府的份额下降到36%（Salman，2013）。

20世纪70年代中期以前，该项目采取了一种农业制度，但只有棉花受到关注；高粱和豆类作为农民作物和作物轮作周期的必要组成部分种植。之后，采用了多元化的农耕制度，除了鼓励棉农生产小麦、高粱、花生和蔬菜外，还使得苏丹在食品方面自给自足（Omer，2011）。根据与灌区中不同阶段的发展相适应的现行农业环境，作物轮作方式改变了好几次（Hassan，2011）。最初，租户进行了六道轮作。每个租户都必须按照批准的轮作进行种植，例如，所有的棉花同时种植。20世纪50年代，农民进行四道轮作（棉花、高粱、豆类、休耕）。高粱是租户的主食，尽管土壤硝酸盐氮含量很低，但已被纳入轮作，以保障租户的食物安全（Hassan，2011）。

20世纪80年代初，他们采用8道轮作方式（棉花、休闲、休闲、棉花、休闲、高粱、牛豆、休闲），名义上的种植强度为50%。这使得对灌溉系统能力的要求不断增加。从那时起，进一步的细化和强化（Al-Naiem，2009）。此后该灌区采用五道轮作，旨在从现有的水土资源中获得最佳成果（Hassan，2011）。然而，根据《2005年杰齐拉灌区法》，这种轮作由于作物选择的自由而发生了根本的变化。

70多年后，政府在1998年判定杰齐拉灌区种植模式不合理。杰齐拉灌区的棉花产量下降，棉花出口的价值曾经提供约一半的出口收入，是继家畜之后的第二位（世界银行，2000）。Salman（2013）认为，该灌区在20世纪70年代开始崩溃，原因如下。

（1）灌溉渠网络维护不力导致严重的水资源管理和分配问题；河水大量沉积物的和广泛的杂草生长堵塞了运河，这些都降低了灌溉效率。缺水或干旱逐渐成为该灌区的主要特征，而不是棉花。

（2）情况恶化，因为森纳尔和路舍里斯水库由于淤积而损失了其一半的储存能力。

（3）该灌区陷入恶性循环：由于灌溉淤积导致灌溉缺水，导致作物生产恶化，生产成本高涨，利润降低。

（4）1973年的石油危机期间，政府未能提供所需的农业投入，导致产量下降。

（5）由于亚洲、中国和印度的国际市场供应增加，棉花价格走低。

（6）棉花害虫控制成本太高；大多数作物的融资和营销安排不足；无效的农业加工；失败的农民和低价格的灌溉水供给使成本回收困难。

（7）该灌区经常造成经营亏损，租户经常发现，单靠农地收入不可能达到目标，尽管平均农场规模是20费丹（Elageed，2008）。

（8）不一致的农业政策。

（9）由于缺乏对该灌区的经济、社会和管理结构的体制改革，不同捐助机构进行的所有复兴尝试都失败了。

总统委员会审议了该灌区的运作情况，并建议将该灌区转为股份制公司，政府和私营部门将持有股份。紧随其后的是全国性辩论（世界银行，2000）。2005年6月，国民议会通过了有争议的2005年《杰齐拉灌区法案》，7月总统签署。该法引入了许多变化。

（1）中央银行和财政部控制的旧的融资制度被废除，并由国际自由市场和私有化取而代之（Hassan，2011）。

（2）政府控制灌区资产，以期将来私营部门的参与，以及投资于现有资产或新灌区或新增项目。

（3）基于租户、灌区和政府共享参与的方案组成已经发生变化。

其组成如下：一是农民；二是政府，提供发展、灌溉和公共物品等基础服务，包括：研究、植物保护、技术支持、农业推广、技术研究和培训，以及监督管理和指示性规划；三是私营部门，将提供辅助商业服务。

生产系统以每种作物为单位的土地和水利用率单独计算，其中灌区作为业主运营和维护灌溉系统。该法向用水户协会和私营部门提供了大量新的权力，显著降低了公共部门的作用（Mohamed Alameen，2009）。根据该法案，变更如下。

（1）灌溉与水利部负责本灌区主要灌溉渠和水泵的运行和管理工作，并在各自的运河口为用水户协会提供充足的水；财政部和国民经济部负责维修、恢复和运行水渠，以换取水费，确保提供此类服务。

（2）用水户协会应维护、运营和管理领域内的运河和内引支流。

（3）灌区指挥所内任何部分的所有灌溉操作均须经董事会批准。

专栏7：百万费丹计划

2010年，据苏丹媒体报道，在政府政策急剧转变的情况下，根据《埃及和解协议》的规定，苏丹农业部与埃及农业部签署了一项协议，开发100万费丹的计划（阿里，2010）。埃及公共和私人公司将提供所有必要的投入，然后农产品将按照非常严格的时间表出口到埃及。任何延误都会受到惩罚。这被认为是“抢劫土地”案。苏丹农民协会、杰齐拉灌区承租人和苏丹媒体评论员拒绝接受这项交易（阿里，2010）。他们认为，在政府解决灌区中的土地所有权问题之前，不会发生任何活动。鉴于该灌区多年来发挥的重要作用，有些人将这笔交易描述为对租户、农民和苏丹人的背叛。在这个压力下，协议最终被放弃（阿里，2010）。

2013年2月，成立了一个委员会，审查杰齐拉灌区的情况，并就灌区应该如何组织和操作提出建议。该委员会在5月提交了报告，但报告还没有公开，政府没有落实建议（Salman，2013）。

第八节　新哈尔法灌区

一、新哈尔法灌区的建设背景

从1954年开始，直到1959年11月8日才签署关于尼罗河水域的公约，在尼罗河水域谈判期间，苏丹对埃及方面作出了巨大而连续的让步。这些让步包括批准淹没哈尔法（Wadi Halfa）镇和苏丹北部在阿斯旺和达尔瀑布（Dal Cataract）之间的27个村庄社区。还淹没了20多万费丹肥沃的农田，超过100万棵椰枣树和柑橘树，大量的矿藏和贵金属（铁和金），以及达尔（Dal）和赛木那（Semna）瀑布，有生产超过650兆瓦电力的潜力①。

埃及要向需要搬迁的努比亚家庭支付赔偿金，这在协议第6条中有详细说明："阿拉伯共和国同意向苏丹共和国支付1 500万埃及镑，作为对苏丹人造成的损失的全部赔偿"。然而，强制驱逐出境过程的总费用超过3 700万英镑（萨尔曼，2013）。

约有12万土著努比亚人（7万埃及人，5万苏丹人）流离失所（Salman，2013）。埃及的努比亚人在阿斯旺市以北45千米的科姆·奥姆博（Kom Ombo）附近的新开垦土地被强行安置。苏丹的努比亚人，包括瓦迪·哈尔法镇的11 000名居民被强行迁往位于其原住地东南部850千米的哈什米尔吉尔巴地区，为《阿斯旺水坝协议》而开发的农地定居，这片农地称新哈尔法。位于哈什米尔吉尔巴村的阿特巴拉河上游水坝的建设始于1961年，大多数努比亚人在1964年之前被迁移到了新哈尔法。此后，该地区还有大量游牧和半游牧居民迁入，

① 1959年苏丹与埃及签署的尼罗河协议第6条和第7条如下：6.阿拉伯共和国同意向苏丹共和国支付1 500万埃及镑，作为对苏丹阿拉利水库储存达到182米（调查基准）水平的苏丹现存财产造成的损害全部赔偿。支付赔偿金应按照双方所附协议的规定办理。7.苏丹共和国承诺在1963年7月之前安排哈尔法人民和所有其他苏丹居民的土地最终移交，其土地将被储水所淹没。http：//www.internationalwaterlaw.org/documents/regionaldocs/uar_sudan.html

成为苏丹第二大灌区“新哈尔法农业生产项目”的常住农民（Sørbø，1985）。

二、新哈尔法农业生产项目

新哈尔法位于卡萨拉省的15° 21′ N和35° 37′ E，距离喀土穆500千米。它成立于1964年，位于布塔纳地区的一个大平原，阿特巴拉河西部，哈什米尔吉尔巴村以北（Khashm el Girba）。它在西北方向延伸约100千米，宽20 ~ 35千米。该地区在苏丹半干旱干草原带内，年降水量在250 ~ 300mm之间（Sørbø，1985，Himeidan，et al，2007）。

新哈尔法灌区是学习杰齐拉灌区的典范（Davies，1985）。它是为了在季节性的阿特巴拉河上使用来自哈什米尔吉尔巴水库的水。初期水库容量为1.3亿立方米。平均每年的流量约为120亿立方米，在3—5月之间没有水，8月则高达50亿 ~ 70亿立方米/月。1976年，水库容量在短短12年间迅速减少到约8亿立方米（世界银行，1978）。

尽管在1971年引入了一些措施，但水库的储存能力继续下降，预计每年下降6%。为了减少损失，灌溉部门将储水水平提高。该灌区依靠重力流量在高峰期从水坝向项目区分配水；否则，从5—8月，水库水位低于运河水位，水必须通过运河系统泵送（世界银行，1978）。然而，水损失很大，灌溉效率低，因淤积而导致蓄水能力下降（Davies，1985）（表6.9）。

表6.9　新哈尔法灌区的土地用途

土地用途	面积（费丹）
22 000租赁户	330 000
哈尔法移民永久业权	24 000
保留区域	19 000
研究分站	1 000
造林	2 500
糖庄园	41 000
基础设施和废物	29 500
总计	447 000

资料来源：世界银行，1978

灌区内44.7万费丹的土地几乎都是黏土，其中有33万费丹每年用于种植棉花、小麦和花生三个主要作物，每个作物每年最大轮作面积达11万费丹。平均棉花种植面积占计划的91%，小麦为88%，花生为48%。1979年，杜拉

（Dura）[①]逐渐取代游牧民众中的小麦或花生。棉花、小麦、花生和高粱在租赁的土地上种植，蔬菜和水果在永久契地上种植（Davies，1985）。

灌区人口组成如下（世行，1978）：7 000名哈尔法移民家庭的安置工作完成后，其余租约分配给当地牧民（游牧民族），共计2.2万名租户。1978年，项目区人口达到约30万人，其中，哈尔法移民6.8万人，来自不同游牧部落的14.8万人，5万劳工移民和3.4万当地居民组成了新哈尔法镇。

努比亚人口分布在约25个村庄，游牧民族集中在51个村庄，其中38个在该灌区内，13个在附近（Sørbø，1985）。这些村庄的基本服务设施不足。很显然，哈尔法移民与该地区的游牧民族和其他族裔群体之间几乎没有整合。他们有不同的民族起源和文化习俗，因此，每个社区在自己的特殊村庄被空间隔离，并分别定居。哈尔法移民的主食是小麦和高粱；这就解释了为什么杜拉（Dura）在游牧民租赁土地中取代了小麦（世界银行，1978；戴维斯，1985）。

与杰齐拉灌区一样，管理层是政府设立的新哈尔法农业生产公司（NHAPC）和租户之间的合作关系。NHAPC负责向租户提供货物和服务，并有一个代表各方的董事会。租户以租户联盟的形式拥有自己的组织。他们按照规定的种植方式种植自己15费丹的农场，并使用家庭成员和雇佣劳动力。他们用作物收益偿还公司提供的货物和服务（世界银行，1978）。

三、项目目标

该项目主要设计目标是反映国家政策。总结如下（Davies，1985）。

（1）根据1959年《苏丹与埃及之间的尼罗河协定》，重新安置5.2万名努比亚人，并补偿他们在埃及阿斯旺大坝后面的水库淹没的土地。

（2）通过提供土地租赁，使布塔纳（Butana）游牧民族得到定居，因为他们失去了放牧的土地。

（3）利用布塔纳平原和阿特巴拉河水域进行集约种植和扩大现代农业，以及未来农业加工业的发展。

（4）增加棉花和花生出口，增加糖和小麦的生产，以减少粮食进口，从而有助于国家的国际收支平衡。

① 杜拉（Dura）即高粱，努比亚人的称呼，高粱在苏丹有多个名称，如埃希、入拉等

四、一些人士对该项目的评价

有人认为，新哈尔法农业项目自成立之初就存在严重缺陷。以下是对努比亚人流亡和游牧土地转型的一些叙述。这些影像生动地显示出在流离失所的过程中对人的维度的忽视，而在项目规划时并没有考虑这些因素（阿里，2012）。

（1）阿里（喀土穆大学，2012）：

新的哈尔法计划的经济表现不佳，以及该计划未能实现规定的目标，主要是由于作为发展战略“安置”一揽子计划的固有的弱点，特别是在长远目标方面。将人口从原始环境中驱除，迫使他们生活在陌生的自然和社会文化环境中往往会导致不良结果；因此，这种执行的社会成本肯定是太高，永远不能得到补偿。道德问题增加了移民安置的复杂性，因为涉及到重新安置的人权，特别是鉴于这个事实往往是强制性的，往往会产生意想不到的结果。因此，要修改大坝建设和搬迁的发展方案；当地的经验证明游牧民族长期以来一直没有定居，移民实验也似乎面临着同样的命运，不仅是因为水坝不可持续的发展解决方案，而且还因为这个问题含有一些事实拒绝他人选择有利于他们的权利的方面，避免滥用有价值的资源。

（2）这与Sørbø（1985）的观点是一致的，他描绘出一种情况，反映了被遗弃的人类维度的重要性，这就是要让努比亚人离开他们祖先的土地，并为他们规划新的安置区：

努比亚人和游牧民族都有很大的调整问题。努比亚人的出走尤为戏剧性。撤离人员按照阿斯旺和上升湖水坝建设规定的时间表进行迁徙，尽管苏丹总理阿布德表示，他将接受由努比亚人自己选择的安置地点，但政府决定将人口迁移到哈什米尔吉尔巴，这既不是当地居民的第一选择，也不是政府提供六种替代名单的第二选择。哈什米尔吉尔巴安置几乎与过去完全相同：尼罗河其绿色的河岸和岛屿，覆盖着一片植被和两边的椰枣树，被撒哈拉沙漠与无雨的沙滩和岩石山丘的空旷地带所包围，被遗忘，而现在他们的家园被一个明显缺乏树木的山丘或任何其他可以打破地平线上的单调的多雨的热带草原带替代。他们的农业模式发生了根本性的变化：在自给农业和城市生活背景下，他们以租赁协议的方式进入大型生产组织，为世界和国家市场生产作物，而不是为了自己的生活而生产作物；作为租户，他们和许多其他民族的成员一起加入这个组织；另一方面，游牧民族的一部分放牧地变成农田，在项目安置和基本服务方面几乎没有得到帮助，可以说，他们的定居点是以纯农业为基础的。

（3）第三名学者阿布辛（Abu Sin）将项目失败归因于规划者和定居者的利益冲突（Davies，1985）：

社区之间的文化和经济差距越大，他们的看法越远。目前，在“哈什米尔吉尔巴项目”中遇到了三种形式的认知：方案规划者的终端管理对西方教育和城市背景产生的看法，努比亚人从河流定居的背景出发的观念，以及租户游牧民族从农村游牧背景中得出的看法。努比亚人和游牧民族都来自半封闭的文化体系，在过去20年里，这种文化体系在这个项目第一时间表现了大规模的碰撞。所造成的“感知差距”一直是导致该计划表现恶化的主要因素之一。

如果我们研究参与项目的每个团体的心灵发展的意义，这个差距就会很明显。计划人员和管理层根据对人们需求的看法，在简单的成本/效益分析的基础上设计和管理该项目。另一方面的参与者将发展视为内部产生的变化，这意味着目前人们从追求经济开始逐渐转变。预期这种项目的共同利益和联系日益缩小，双方之间的文化差距也将缩小，管理层与参与者之间以及参与者之间的感知差距将越来越大。

（4）该项目失败的另一个原因是由于淤积导致储水能力持续下降，缺乏支持和保持传统作物强度的水资源。水灾扰乱了种植系统，减少了收益，从而影响了租户在该项目中的凝聚力。布塔纳地区的土地质量差是另一个原因。布塔纳是真正的放牧的土地，而不是真的适合种植（Salman，2013）。

与管理有关的另一个原因是，由于缺乏机械和备件或燃料短缺等原因，管理层通常无法及时提供必要的投入。但这又与苏丹的宏观经济不景气有关（Sørbø，1985）。新哈尔法农民协会主席阿沃德（Awad Elkarim）警告说，由于灌溉问题导致季节性作物欠收，国家农业工会曾提出紧急行动及其对危机的解决方案，其中包括优先建立瑟忒（Sitait）大坝（Abdulatif，2008）。

第九节　农业行政管理体系

苏丹的农业由苏丹政府下设的农业部门专管，苏丹的农业部门现在包括：农业部、环境部、畜牧和动物资源部。农林部是早期苏丹的唯一农业管理部门，其成立于1953年，1989年改名为农业与畜牧资源部；1992年畜牧资源独立为畜牧渔业部后，重新更名为农林部；2010年6月，林业划归环境部。因此现在苏丹的农业是由农业部、畜牧和动物资源部和环境部综合管理。

农业部职责和权利：制定农业、自然资源政策；农业科学研究；农业技术推广；自然资源管理；开发人力资源，农业人才的培养；灾害的预报和控制；农业统计；联邦投资；国际和地区合作及投资。

农业部组织机构：苏丹农业部设部长1名，次长1名，国务部长2名。这里的国务部长相当于部长助理，但级别比次长高，权力比次长小。

一、部长直接管理的部门

包括部长办公厅、顾问委员会、司法局、国家项目办公室、农科院、小麦局、行政办公室，负责农业部全面工作。

二、次长直接管理的部门

（1）部委行政处

（2）法律事务处

（3）内部审计处

（4）计算机与信息系统处

（5）行政发展处

（6）培训和能力建设处

三、公共管理部门

1. 农业规划与经济总局

（1）农业规划和政策处

（2）粮食安全，农村发展和反贫困管理处

（3）监测和评估处

（4）农业经济和市场营销处

（5）农业统计处

（6）风险管理，保险和农业金融处

2. 国际关系总局

（1）区域管理和国际组织处

（2）双边合作管理处

（3）外资农业项目监测处

（4）加入WTO管理处

3. 农业推广和技术转让总局

（1）农业推广处

（2）农业信息处

（3）种子和农业品种处

（4）技术转让和农业创新处

4. 园艺生产总局

（1）苗圃和遗传起源处

（2）蔬菜生产系统开发处

（3）水果生产系统开发处

（4）药用和观赏植物生产系统开发处

（5）装饰花卉和植物园生产开发处

（6）园艺学院

5. 农业自然资源总局

（1）农用地使用，保护和维护处

（2）防治干旱，沙漠化和气候变化处

（3）通用资源和生物多样性处

（4）肥料和浓缩农业肥料处

6. 作物保护总局

（1）经营管理处

（2）害虫控制处

（3）农业检疫

- 农业检疫局加达里夫州中心
- 农业检疫局卡萨拉州中心
- 农业检疫局红海州中心
- 农业检疫局北方州中心
- 农业检疫局北达尔富尔州中心
- 农业检疫局南达尔富尔州中心
- 农业检疫局北科尔范州中心
- 农业检疫局青尼罗州中心
- 农业检疫局尼罗河州中心

- 农业检疫局东达尔富尔州中心
- 农业检疫局中达尔富尔州中心
- 农业检疫局杰齐拉州中心
- 农业检疫局白色尼罗州中心
- 农业检疫局喀土穆州中心
- 农业检疫局森纳尔州中心
- 农业检疫局南科尔多凡州中心
- 农业检疫局西科尔多凡州中心

（4）农药处

（5）草药和杂草处

（6）沙漠蝗虫控制处

（7）研究和知识转移处

7. 农业工程和服务总局

（1）机器、拖拉机和农业设备测试处

（2）技术和技术培训处

（3）田间灌溉和集水处

（4）外部工程辅助处

（5）技术支持和服务处

8. 农业项目和合作总局

（1）农业投资处

（2）投资和农业商业中心

（3）伙伴关系管理处

（4）投资地图处

9. 农业生产总局

（1）灌溉部门

（2）雨养部门

（3）质量控制处

（4）国家事务和法律协调处

各州分别设立州农业部，由3名领导组成，部长1名，副部长2名。州农业部均设规划与经济局，各州根据自己的情况设有植保局、园艺局、技术推广局、自然资源局等。

第七章　农业与环境

2006年联合国环境规划署与联合国粮农组织合作，委托世界农林研究所（ICRAF）率领一非政府组织和研究机构的团队，详细研究了苏丹14个地点农村土地的使用变化和退化情况。ICRAF团队首先进行了遥感分析，每个分析覆盖了14个目标区域的大约2 500平方千米。然后又访问了其中的9个现场，进行实地考察。联合国环境规划署根据苏丹农业问题的大量国家和地方知识进行了全面的案头研究，在实地评估阶段能够覆盖苏丹所有原则性的农业系统和地区，并对相关农场进行了访问，特别是青尼罗河、加达里夫、杰齐拉、卡萨拉、喀土穆、北科尔多凡、尼罗河、北方州、红海、南科尔多凡和白尼罗河等州进行了详细考察。联合国环境规划署认为在评估过程中观察到广泛的问题和影响，大多数与一个或两个农业次级行业有关，但是特别注意到的是4个交叉问题：人口压力、冲突和流离失所的联系；气候和气候变化；荒漠化和土地退化；入侵物种，即苏丹北部和东部的牧豆树。这些问题依然是苏丹最核心最突出的环境问题，严重制约着苏丹农业的可持续发展。

第一节　人口压力与冲突和流离失所的联系

一、内在联系

目前，苏丹农村许多较干燥的地区的突出问题，只能说是一个贫困人口间的急剧的和不懈的竞争的问题，这个竞争是由于自然资源的稀缺和减少而造成的。连续而重大的事件诸如干旱、冲突和流离失所；但这被认为是农村的一个大趋势的一部分，这些趋势超出了极限，并因此长期下降。

二、气候和气候变化

在第四章气候变化对农业的影响曾探讨过这个问题。总而言之，苏丹的农业部门很容易受到降雨短缺的困扰。该国干旱地区的降水量大幅度下降，全球变暖模式预测这一趋势将会持续下去。

三、荒漠化等形式的土地退化

土地退化是全国各地的一个关键问题，甚至在降水量最大的地区也存在这一问题。各种退化的形式包括砍伐森林，开垦和物种变化，土壤肥力和种子库损失，以及侵蚀对土壤本身的损失。在较干燥的地区，降解通常被认为导致荒漠化。在苏丹，其主要原因是作物种植、过度放牧、砍伐木柴、木炭烧制以及气候变化。

四、外来入侵物种

苏丹北部和东部最危险的外来入侵物种是牧豆树（*Prosopis juliflora*），豆科植物的侵入性树种，在牧区和灌区中侵占了大片土地。虽然它已被证明对其他地区的沙丘稳定非常有用，但对于灌溉项目却是一个特别的问题。由于其不利影响，苏丹政府于1995年通过了一项法令以铲除牧豆树。然而，由于该物种具有非常深的根系，并且即使在环境恶劣的情况下也可以再生，铲除已被证明是非常困难的。

牧豆树目前仍在蔓延。环境规划署和其他在林业和环境管理领域的工作都确认，苏丹要彻底消灭牧豆树在物理上是不可能的，在经济上是不可行的，更重要的是不是必要的。推荐替代方法是控制，仅在高价值灌溉地块消除。因为豆荚种子分布在动物粪便中，任何控制措施都将需要解决现有树桩和不受控制的公共放牧问题。

尽管有潜在的可行的本土替代品，但是它们在新的沙丘稳定项目中的使用一直受到限制。因此，需要在研究本地植物和树木的潜力以及利用土著知识在环境恢复和荒漠化控制方面进行更大的投资。一些有可利用的本地植物物种包括叶柽柳（*Tamarix aphylla*），当地称为塔尔法（Tarfa）；马科赫（*Leptadenia pyrotechnica*）（Markh），印度苦楝（*Salvadora persica*）（Arak），白茅（*Imperata cylindrica*）（Halfa）和落叶刺山柑（*Capparis decidua*）

（Tundub）。

专栏8：牧豆树的影响

牧豆树（*Prosopis juliflora*）是苏丹最重要的入侵物种。它是一种快速增长和抗旱性很好的小型树，其种子通过放牧动物粪便来传播。树的特点是多头，锋利而坚硬的刺，乱蓬蓬地密集增长。牧豆树在干旱地区排挤掉一系列本土物种。条件最合适的地方，可以成为植被的主宰，形成单一丛林和森林（图5.5）。

据报道，牧豆树曾于1917年由英国政府植物学家首次从埃及和南非带到苏丹。为了沙丘稳定的目的，在20世纪70年代和80年代，大规模地将其引入苏丹北部和东部地区。它已经以不受控制的方式漫延。

该物种已证明非常适合稳固沙丘，但对苏丹来说总体存在问题。对于牧民群体来说，它的主要缺点是其叶子基本上是所有动物都不可食用的，因此与其代替的本地物种相比，它提供的饲料可以忽略不计。对于农民而言，牧豆树是农田的主要威胁，它排挤本地和可食用的植物，阻止排水道和灌溉渠，并形成密集的不可渗透的丛林。然而，这些相同的特征也使得牧豆树可以成为沙丘稳定器和防风衣。此外，还为工厂生产果实、建筑木材和薪柴。有两个案例，最好地说明了这一问题：托卡尔（Tokar）三角洲和甘达头（Gandato）灌溉项目。

红海州的托卡尔三角洲是一个处于非常干旱和贫瘠的沿海沙漠环境中的富水和肥沃的绿洲。邻近山区的水和冲积物汇聚到三角洲，用水每年可得到补充，为没有灌溉条件的农业提供了完美的条件。该地区几个世纪以来一直用于谷物生产，在20世纪之前被开发为主要的棉花生产中心。

1993年，苏丹与厄立特里亚之间的边界冲突吞噬了三角洲地区，迫使当地居民离开这个地区，然后直到2005年初才有效地开放。在这12年的时间里，大约5万公顷的土地完全被一个密集的牧豆树群所覆盖。早期的手工清理工作证明无效，但是2004年开始实施由欧盟委员会资助的一项重大的机械清理项目。到2006年2月，清理了大约3 000公顷的土地并转为农业。虽然这种机械清理在恢复高价值农地方面在经济上可行，但作为低价值的牧区土地不太可行，可能需要其他解决方案，例如放弃土地或减少放牧强度。

而在白尼罗州的甘达头灌溉项目中，农民使用牧豆树来稳定沙丘，否则沙丘将超过主要的耕地边界。由于其浓密的分枝下垂到地面的习性，牧豆树是防沙堤防沙尘侵袭中最好的树种之一。牧豆树的防护林或缓冲区可以将风速降低到裸露区的一半，并捕获风中的沙子，使防护林内的村庄和耕地几乎得到完全保护。防沙入侵是牧豆树提供的非常重要的积极的环境服务。

第二节 机械化雨养农业的影响和问题

一、快速和不受控制的发展历史

许多专家认为，苏丹机械化农业的发展伴随着大规模的环境破坏。这个部门不仅有自己的重大环境问题，而且不受控制地扩大和替代其他形式的农业也给其他行业造成了广泛的负面影响。与机械化农业相关的问题的核心，是20世纪后半叶该行业缺乏控制的快速发展。

雨养农业的机械化由英国在加达里夫于1944年发起，以满足其在东非的军队的粮食需求。在1956年独立之后，苏丹政府采取了扩大机械化农业政策，鼓励私营部门投资新项目。

今天，机械化雨养农业在高降雨大草原带占据了大片黏土平原，估计有650万公顷，从东部的布塔纳平原延伸到南科尔多凡。这个广阔的区域包括加达里夫、卡萨拉、青尼罗、森纳尔、白尼罗和南科尔多凡等多个州。栽培的主要作物有高粱、芝麻、花生以及面积较小的棉花和油葵。

联合国环境规划署曾经调查过的三个比较有代表性的机械化农业区，一是南科尔多凡州的哈比拉（Habila）；二是森纳尔州的达里（Dali）和马兹穆姆（Mazmum）；三是加达里夫州毗邻的丁德尔国家公园地区。

苏丹政府原计划划拨高达数十万公顷的大块土地，并划分为420公顷或630公顷的地块，一半租给私人租户，而另一半则作为休耕地而闲置；4年后，农民要将原租地与相邻的休耕地块进行交换，以使土壤恢复。然而，这种模式在实践中几乎从未遵循。由于需求量超过了政府标定的土地容量，不仅没有土地休耕，而且私人农场主非法攫取指定地块以外的广大地区。例如，在加达里夫州1997年机械化农业区的260万公顷土地中，几乎66%非法持有。

在哈比拉（Habila）地区，1985年约有45%的机械化农场是未经批准的。在森纳尔州，农业部官员证实，20世纪50年代引入机械化项目，几乎没有规划，放牧路线受到不利影响。该部的报告显示，森纳尔的200万公顷雨养农业中有60%被非法的机械化项目所占用，另外的30%为计划内机械化项目，10%为传统农业。这些土地用途的改变导致如达理和马兹穆姆地区的农民和游牧民族之间的持续暴力冲突。

苏丹的机械化农业实际上已经变成了用拖拉机广泛转移种植的粗放形式，剥削土地致其衰竭。由此产生的环境、社会和经济后果是非常严重的，包括森林的破坏、现有的农业和社会制度的破坏、水土流失和洪水泛滥、土壤枯竭和产量崩溃。

为了应对这种加速的环境退化，苏丹国家农业部自20世纪90年代中期以来拟议新的租赁方案，要求将面积的10%分配给防护林带。然而，这一要求大大被忽视。失败的原因包括农民的外联服务有限且缺乏激励措施，因为防护林是政府的财产。此外，农民对种植塞内加尔相思树防护林的兴趣随着阿拉伯树胶市场价格而波动。

即使真正实施了这个10%的防护林带也是不够的。除了应该增加防护林幅度外（即500米宽而不是现在的250米），还应在整个项目内及周围建立相当于不少于25%的保护森林面积。这将有助于提高土壤肥力和减轻洪水的影响。

这些问题已被国内外研究人员充分记录，但迄今尚未采取重大或主动的纠正措施。相反，苏丹农业部2006年计划（2006年‘绿色计划’）要求进一步增加投资，大规模扩建机械化农业。

二、传统区域被压缩

机械化项目所占用的土地一般不会空置。它压缩了牧场、传统的雨养农业或野生动物栖息地，主要是开放的林地和平原。而这些被压缩的区域都不能得到补偿，有些现在已经永远消失了。重要的野生动物栖息地和木制品的来源已经消失，机械化农业现在甚至侵蚀了像丁德尔国家公园这样的合法保护区。管理一直很乱，森林当局认为，森林的真正作用是生产木炭和木柴，而不是用于农业；然而南科尔多凡的森林官员报告，他们有时不得不签发森林砍伐许可证，以用于农业开垦，即使那里树木覆盖了50%以上的土地。

三、土地荒漠化和遗弃

机械化农业项目传统上既不使用化肥，也不组织作物轮作或休耕。据文献记载，不可避免的结果是产量的大幅度下滑。例如，在加达里夫州，2002年高粱和芝麻的产量从1980年的水平分别下降了约70%和64%。鉴于该地区气候变化频繁，影响产量的因素较多，需要进行更详细的分析，但收成减少的一般趋势是显而易见的。这种产量下降的直接后果是，机械化项目的投资者扩大种植总面积，以提高总产量。

在苏丹实行的机械化农业的最严重后果是，由于产出低于投入而放弃土地。虽然被遗弃的土地面积尚未详细统计，但是农业和林业部官员估计，这个数字可达数百万公顷。被遗弃的土地通常分布在机械化计划带的北部。在这些地区，特别是在喀土穆、卡萨拉和北科尔多凡地区，荒漠化显而易见。在一个拥有重大粮食隐患和持续的土地冲突的国家，这种自然资源的浪费是悲剧性的，并且引起了现有问题的加剧。

与环境冲突有关的一个新的发现，就是现在在北方和中部各州，几乎找不到继续扩大项目的土地。重要的新项目只能在两个区域发展，但无论在哪个区域发展都会造成严重的环境、社会和政治后果。一是南达尔富尔和北达尔富尔南部，这个地区是沙质土壤，土层较薄且容易受到风和水的侵蚀，这个地区被公认为是环境最脆弱的地区；二是部分可能更适合农业的州，但这些地区目前主要被牧民占据，在政治和社会方面极为敏感。南科尔多凡州和青尼罗州引进这类项目，是过去系列冲突的催化剂，很可能在当前的情况下也是如此。

第三节　传统雨养农业的影响和问题

一、缺乏发展

传统的雨养部门面临的主要问题是，人口的快速增长而导致的不可持续的对土地的掠夺。这也是苏丹森林大面积砍伐的主要原因。这个问题实际上是人们的一个错误判断，也是一个缺乏发展理念的综合征：为了尽快实现粮食安全，传统农民改造林地为农田，但农林业种植园的长期收益要高于短期作物。

长远来看，砍伐森林扩大农业种植面积，既不能解决粮食危机，又使环境严重退化。在南苏丹，为了生产玉米，森林被大量砍伐，整理为土地，许多高价值的树木被就地烧毁。

二、粮食安全的核心问题

大多数苏丹农民（70%）依靠雨养农业来维持生计。这通常是一个低投入/低产出的生产体系，其特点是农场小型化，规模在2～30公顷之间，依靠手工工具进行高强度劳动的种植。来自苏丹北部和中部的几乎全部资料显示，苏丹传统雨养部门贡献了谷子的全部产量和11%的高粱、48%的花生、28%的芝麻。尽管这个分行业很重要，但是由于社会和经济投资不足，技术发展微乎其微。鉴于粮食作物对传统雨养农业的严重依赖，这个部门对维护粮食安全具有关键作用。

在苏丹各地，联合国环境规划署注意到传统雨养农业和相关土地退化的集约化趋势。在较干燥的地区，不经过轮作和充分休耕期的反复单作，导致土壤肥力下降。这反过来又增加了径流和表土侵蚀，进一步降低了土壤肥力，阻碍了植被的重建和潜在野生动物栖息地的恢复。

在科尔多凡北部和达尔富尔非常干燥的地区，农民长期以来依靠相对复杂的轮作和种植间隔制度，生产谷物和从塞内加尔相思树生产阿拉伯树胶。由于干旱、荒漠化、人口增长和机械化农业的压力，这一制度现在正在崩溃。在苏丹较湿润的地区，土地上的植被被逐渐砍伐和烧毁，这种大面积永久性地清除森林仍未停止。

人口压力使休耕期从平均20年减少到5年或更短，这么短的周转时间对于森林再生或土壤肥力的恢复是不够的。

努巴山区情况更为严重。在冲突期间，努巴人失去了一些最好的土地，并被迫不断耕作同一块地，造成严重的土地贫困。不幸的是，和平时期土地状况也并没有明显改善。尽管大部分土地被机械化农业项目所接管，但仍然不能利用。

三、塞内加尔相思树

阿拉伯胶的生产是一个古老的传统系统。塞内加尔相思树是生产阿拉伯树胶的主要树种，在低降雨草原热带地区自然生长，这个区域从达尔富尔东部延伸到青尼罗河，覆盖了全国的1/5。1989年的一项调查估计，成年的塞内加尔相思树的数量达4亿株，其中大约10%生长在树胶园。

图7.1 阿拉伯树胶树

注：塞内加尔相思树（左）和塞伊尔相思树（右）。从塞内加尔相思树渗出的胶被称为哈沙布（hashab）或硬质胶；塞伊尔树胶被称为塔尔哈（talha）或脆性胶

塞内加尔相思树通过传统“灌木—休耕”系统的发展而被有效“驯化”，从而依次实行农作物和森林的再生。随着森林轮转亦即灌木期的结束，这片土地的树木被清除后种植农作物。与此同时，重要的树木如卤刺树则保持不变。通过相思树固氮增肥，农作物产量通常很高，在土地被另一灌木轮转之前可种植5 ~ 7年。

传统上，农民将按照25年轮调管理的制度将他们的土地组织成5个小区。这是农场管理的一个成功的轮作单位。然而，随着人口不断增长和分散化，农民不能再拥有25年树胶园轮换的空间。在许多情况下，轮转已经缩短到仅仅10 ~ 12年，这远远不能恢复土壤肥力。此外，塞内加尔相思树蓬勃发展的砂性土极易受风和水侵蚀。结果是，土地退化严重，特别是沿着相思树带的边缘。在巴拉的沙土平原，除去相思树已经导致沙丘移动和沙地侵占农地。经常性干旱使情况进一步恶化。据报道，仅1989年的干旱已经杀死了一半以上的树胶树，至今树胶树带尚未完全恢复。

总体趋势是胶带向南转移。欧拜伊德阿拉伯树胶研究所报告说，塞内加尔相思树在13° 45′ N以北很难再发现，13° N以北稀稀拉拉。这与1958年的哈里森和杰克逊基线相比，缩短了28 ~ 110千米。这一下降也与等时线的南移相关。然而，这些变化尚未完全被证实，需要更详细的科学证据来记录胶带的参数。类似的问题也困扰着依赖于本土树种的其他传统灌木休耕系统，例如塞伊尔相思树，也可从中提取树胶。

人口增加和流离失所也迫使个别地区的土地规模下降，一些北方州人均下降到4公顷左右。如果实行灌木休耕移栽，这个土地规模显得太小。随着农场锁定在更短的轮转周期内，土地上的压力增加，抑制了土壤肥力的恢复。

树胶农民正在努力通过从粮食作物，如谷子、高粱、蚕豆、芝麻和花生等与树胶树的轮作，转变到连续同时种植塞内加尔相思树的方式来应对这些压力。阿拉伯树胶研究所也正在推动采用这种农林业做法，但资源有限，进行研究和农业推广服务不力，这种努力正在消失。此外，阿拉伯胶树种植的盈利能力受到实际生产价格变动的影响，使其对农民的吸引力逐年降低。

四、传统的雨养农业面临的艰难抉择

传统的雨养农业已经在苏丹实行了数千年，在人口密度低的情况下已被证明是稳定和自给自足的。目前，人口、政治和技术方面的挑战正在打乱这一平衡，苏丹正在经历长期的模式崩溃和不可持续的农业集约化（联合国环境规划署）。

只有两个可行的选择来扭转这种趋势，而且都很艰难。首先，引进农业、林业等生态农业的现代混合方式，将有利于保护尚未破坏的地区，橡胶园是农业林业发展前已经存在的一个成功例子。其次，在造成严重的永久性破坏之前，农村大面积对外移民可以缓解这种压力。即使没有这些措施，由于粮食不安全，大规模的外迁也将会发生。

第四节　机械化灌溉部门的影响和问题

机械化灌溉部门与一系列环境问题有关，包括：持续使用农药和农药残留；糖厂水污染；对沙漠地区进行潜在不可持续的扩张计划；运河淤积，土壤

盐渍化和产量下降。这些问题是重要且突出的，但与机械化雨养区相关的问题相比，更易于管理。

一、主要项目

青和白尼罗河之间的杰齐拉灌区（包括蒙纳基灌区）覆盖了苏丹总灌溉面积的近一半，据说是世界上单一管理的最大的连续灌溉项目，它消耗了苏丹尼罗河用水量的35%。另外两个主要灌区是位于杰齐拉对岸的拉哈德和阿特巴拉河上的新哈尔法。新哈尔法灌区直到近几年才受到牧豆树侵袭的严重影响，但这个灌区的行政部门报告说，截至2006年年中，已有60%～70%的牧豆树被清除。此外，有5大制糖项目，其中4个是政府运行的。第五个，也是最大的甘蔗种植园是肯纳纳（Kenana）糖业公司，这是一个国际性的公私合资企业。

二、农药管理问题

农药的使用、储存和报废农药的处理是与农业部门有关的最严重的环境问题。农药是迄今为止苏丹应用的主要化学品种类。农药在大型灌区中的应用和对过时农药的处理令人非常担忧。农药在灌区中的应用大部分是由各自的行政主管部门利用飞机空中喷洒的。杰齐拉董事会报告说，每年大约喷洒12.5万～20.5万公顷的棉花和6.2万公顷的麦田。过去的研究表明，由于广泛的空中喷施，地表水和灌溉渠道受到广泛而严重的污染，至今这仍然是一个严峻的课题。

杀虫剂空中喷洒是蒙纳基延伸区的一个特殊问题，灌溉供水渠也是饮用水的主要来源。没有农药监测方案或任何定期监测系统来分析水、土壤或食物中农药残留。大多数研究可追溯到20世纪80年代初，与目前情况存在重大差距。以前的分析表明，滴滴涕及其衍生物是最广泛的污染物。此外，对杰齐拉地区的诸如山羊奶等食品的残留测试表明，含有持久性有机污染物七氯和狄氏剂以及硫丹和六六六等，有机氯农药含量显著超过了粮农组织/世卫组织食品法典规定的标准。

大多数工人没有接受过农药处理和应用培训，缺乏防护设备，或不清楚由于不适合热带气候而不能使用的农药品种。1989年进行的调查显示，农药施用者在很大程度上不了解危险化学品的处理，没有看到相应的安全措施。此外，防护装备通常质量不合格，如果损坏却没有替代品。混合喷洒设备被随便摆放或遗弃、腐蚀且经常泄漏。因此，泄漏造成的土壤和水污染的风险非常高。

在杰齐拉州，通过停止常规喷洒和将应用与现场检查害虫危害水平相结合，已经有了一个积极的政策转变，以减少农药应用。据报道，棉花农药喷洒量从原来的一年平均9 ~ 11次下降到现在的平均每年2 ~ 3次。其他积极措施包括应用选择性而不是广谱杀虫剂，因为广谱农药虽然可以杀死害虫，但也会导致害虫抗性，且可能杀死益虫。为了减少溢出污染，更多地使用封闭式混合/装载系统，以及GPS定位技术来限制空中喷雾漂移到诸如灌溉渠等敏感区域的风险。然而，使用这种先进的设备仍然是例外，而且不规范。据报告政府有意采用综合虫害管理措施，但由于缺乏资源，尚未系统地实施。

制糖公司的农药管理似乎要好一些，特别是在肯纳纳，那里有明确的化学品使用程序。该公司最近通过了一项企业环境战略，这是苏丹少数几个环境战略之一，应该有助于加强农药管理的责任。

三、过时的农药库存

苏丹存在非常大量的过时农药，储存在全国各地非常危险的环境中。

20世纪90年代初，植物保护局（PPD）的初步盘点估计为760吨的过期库存和548立方米的污染土壤。根据全球环境基金持久性有机污染物项目2006年完成的一项调查显示，该库存过期农药已增加到1 200吨和16 000立方米污染土壤。这些数字不包括数百吨过期包衣的种子和包装物。此外，调查只涉及达尔富尔和南苏丹的一些省会城市，因此并不能代表苏丹全境的水平。

环境规划署调查过四家农药专卖店，其中包括哈萨黑萨（Hasahesa）和杰齐拉灌区的巴拉卡特（Barakat）、拉哈德灌区的法乌（El Faw）和加达里夫的植保商店。此外，访问苏丹港的商业海港也显示出大量过期的农药和其他化学品。储存条件非常差，且靠近居民区。

过期农药构成严重的环境和公共卫生威胁，必须视为危险废物。现在库存清单已经完成，第一步应该是收集所有的材料，特别强调查清持久性有机污染物（POPs）和受污染的土壤，集中储存到一个中心位置。在世界其他地方，通过焚烧安全处置或销毁不需要的有机农药和高度污染的土壤，成本约为每吨500 ~ 2 000美元（不包括任何国际运输费用），但安全解决苏丹农药遗留问题的总成本将超过5 000万美元。鉴于这一数额，永久解决方案预计需要一些时间，而且显然需要采取临时措施来减少风险。

专栏9：过时农药储存的三个危险场所

苏丹中部有三个被环境规划署确定为对人类健康和环境造成重大风险的过期农药储存地点。

一是哈萨黑萨。这是一个俗称“农药墓地”的有争议的现场。在20世纪90年代中期，一个误导性的决定，将大量农药库存埋在地下的水泥密封坑中。但现在水泥套管已经破裂，释放出强烈的臭气，并使地下水暴露于高度的污染风险中。这个地方没有任何防备，人畜经常进入。此外，含有粉末的破裂包装袋、纸箱和空桶散落在现场，而这里毗邻住宅社区。

二是法乌。在这里，过时的农药被保存在一个带有污垢地板的敞开的棚子里。棚子显然不是用于长期储存的。药桶都已破坏，并将大约11万升的液体硫丹（持久性有机氯）泄漏到土壤中。因为一个灌溉渠位于棚后12米，使情况更加严重。虽然在1977年建成时，法乌的设施远离任何居住区，但工人移民很快便定居于这附近。到1993年，决定将非正规定居点转变为规划的住宅区，农药仓库正在其中。农药喷雾机使用的简易机场附近也划分出了住宅小区，明显反映出土地利用规划水平较差。

三是加达里夫。在加达里夫植保商店，农药容器在各地随意散乱放置，有大量暴露的处理过的腐烂种子。没有守卫员防护，没有急救设备和水电等基本服务。

在这三个地点，相邻居民对疾病和过敏的投诉归因于有毒气味和污染的传播，特别是在雨季。

四、对沙漠地区进行潜在的不可持续的扩张计划

在尼罗河州和北方州，喀土穆下游的主要灌溉项目，可能在未来15～20年内引起重大的环境问题。例如，在北方州，官方规划的雄心勃勃的灌溉面积估计80万到200万公顷。这将目前的耕地面积增加2～6倍。项目的扩建工程几乎完全位于尼罗河上游，一旦建设完成，麦罗维（Merowe）大坝水库即将灌溉约30万公顷土地。

五、运河淤积和土壤盐渍化

大多数主要项目受到运河沉重淤积的严重影响，这一过程受到上游流域土壤退化的推动。例如，进入杰齐拉主要运河的平均沉积物载荷在1933—1989

年之间增加了5倍多，从700毫克/千克增加到3 800毫克/千克。据估计，由于淤积，杰齐拉灌区15%的土地现在已经不能生产。运河的沉淀也导致水的停滞和杂草的漫延，为水传疾病，特别是血吸虫病和疟疾的增殖提供了理想的温床。这些疾病的发病率在灌区中非常高。

由于重黏土开裂的性质，与灌溉农业相关土壤盐渍化和内涝的两个主要问题在苏丹灌区并不普遍。然而据报，在杰齐拉较干燥的西北部邻近喀土穆附近以及冈尼伊德糖厂项目中问题比较突出。单一耕作和作物轮作执行不力也导致土壤肥力恶化，产量显著下降。

第五节　传统灌溉部门的影响和问题

传统的灌溉部门是受威胁的高效生产系统。

传统灌溉部门主要集中在尼罗河下游的洪泛平原上，或者沿着青和白尼罗河和阿特巴拉河以及盖斯（Gash）和托卡尔（Tokar）三角洲的大部分地区分布。作物灌溉有三种方式：

第一种也是最广泛的方式，是基于在年度洪水退出后暴露的高肥沃土地上种植快速成熟的作物，这类地区当地人称为戈夫（gerf）。这种技术利用了当洪水退潮时可用的土壤剖面中的残留水分。

第二种传统灌溉方式是基于手动杠杆打水，当地人称为狭肚夫（shaduf），或者利用牛或者驴驱动水轮打水，这种方式当地人称为萨克雅（saqia）。但现在无论是人力驱动还是畜力驱动，都几乎被小型机械灌溉水泵所取代。

第三种传统灌溉类型，称为洪水灌溉，依靠季节性径流的捕获并重新定向引流到大片的可耕种土地上。

传统灌溉不会对环境产生重大影响。相比之下，它是一个相对可持续的部门，实际上这个部门受到了包括环境问题在内的外部因素的威胁。其中有三个大的环境威胁，将会大大降低该部门的生产能力：一是沙丘侵占；二是河岸侵蚀，包括新的麦罗维大坝的下游侵蚀；三是牧豆树的入侵。所有这些因素都会导致水土流失，反过来又增加了贫困水平，威胁着当地村庄的粮食安全。河岸侵蚀和沙丘侵占两者都有重大的社会经济后果，会导致整个村庄被遗弃。

第六节 畜牧业的影响和问题

一、牧场退化和萎缩

在匮乏的草场资源上过度放牧而导致的牧场退化，是与苏丹畜牧业相关的最突出的环境问题。虽然全国范围内牧草条件或牧场承载能力尚未系统定量清查，但各种研究的结果却一致指向三个负面趋势：一是牲畜数量爆发性增长，特别是在苏丹中部；二是可用牧场总面积大幅度减少；三是剩余的牧场普遍恶化，主要是由于干旱、气候变化和牲畜存栏过多导致。

苏丹南部和中部地区广泛的一年一度的放牧也是另一个重要的环境问题，因为这种做法会降低和改变低降雨热带草原地区的自然环境。

二、牧场退化的证据

虽然牧场的退化尚未量化，但已被广泛记录，并于2006年再次得到环境规划署和国际农林中心实地调查和卫星图像分析的确认。

1. 土地裸露

在地面上，过度放牧最明显的指标就是饲草减少和更多的土壤暴露，尽管使用这样一个没有基准的指标难以量化退化的速度。UNEP-ICRAF的卫星图像分析发现，区分过度放牧造成的裸露土地与作物耕作和空地相关的土地裸露极难。只有在上莱尔州的仁克区，才有可能确信地量化剩余牧场地区的土地退化。在这种情况下，裸露土地的退化比例从1973年占总面积的0.8%增加至2006年的15.4%。

2. 高营养牧草减少

过度放牧的第二个指标是年度环保和可口的低营养价值的多年生草坪减少。这已经在北达尔富尔等至少6个州的技术研究得到证实。在加达里夫州牧场管理部门估计，全国有50%的牧场处于退化状态，入侵物种严重发生。据报道，有价值的牧草物种消失，其中包括布塔纳平原的*Blepharis edulis*，西科尔多凡的*Andropogon gayanus*，北科尔多凡的*Blepharis lenarrifolia*和北达尔富尔的*Aritida paposa*。这些牧草不仅营养价值极高，且还有一定的药用价值，对牲畜营养和健康至关重要。

一些过度放牧地区已经从草原变成了灌木丛。在卡萨拉、红海和加达里夫州，牧豆树侵占牧场的例子，与过度放牧有关，不仅是因为牧豆树种子在动物粪便中的传播，还因为退化的土地有利于这种竞争先锋种子的传播。

非沙漠地区的裸地是过度放牧和牲畜践踏伤害的最明显迹象。在干燥条件下过度践踏可能会导致土壤分解，从而加速风蚀和压实，降低水的渗透能力。这种现象围绕在水井附近和被称当地人为哈佛斯（hafirs）的雨水储存洞周围，或者沿整个苏丹牲畜迁徙路线尤为明显。

许多因素使得过度放牧不受控制的发展，但是有两个关键的力量推动了这一过程：一是过去50年来畜牧业牲畜爆发式增长，直接导致存栏过剩和过度放牧；二是荒漠化造成的可用牧场的减少和土地利用的不利变化。

三、苏丹南部由于养牛而造成的土地退化

苏丹南部的牧民社会紧紧围绕该地区气候和地理环境所面临的挑战，已经开发出一种成熟的生活方式。每个地区都有自己的细微差别，但一般的模式是以放牧为主、半游牧、季节性迁徙的放牧方式，而农业种植只是在雨季进行的辅助谋生手段。

在苏丹南部的大平原，养牛的可能性在很大程度上受到水和疾病的限制。虽然雨季产生广泛的洪泛平原，但炎热的气候导致水分迅速蒸发，供水有限。在潮湿的季节，洪泛地区泥土和昆虫传播的疾病问题驱使牧民迁徙到干燥地区，一般到北部或更远的尼罗河支流。然而在旱季，牛群集中在沼泽和水道的边缘。在苏丹的东南角，靠近肯尼亚和埃塞俄比亚的边界，气候更为干燥，但土壤较贫瘠，导致饲草产量较低，年份间迁移格局不同。

环境规划署对苏丹南部和几个地区的土地退化问题，结合遥感和地面侦察，进行了定性评估。结果表明，这些地区处于整体适度状态，但具有明显的负面趋势和问题。在南部的黏土平原，土地退化一般只限于沿着水道地带。然而，在东南部较干燥的地区，土地退化较严重。北部和南部牧场的大型农业项目之间的边界地区问题也很明显，也出现了一些大城镇附近的退化带。

四、过度放牧的主要原因

1. 存栏过剩

牲畜是苏丹农业部门的核心部分，是继埃塞俄比亚之后的非洲大陆第二大牧群。畜牧养殖通常分为三种类型：一是纯粹的游牧，主要位于北部干旱和

半干旱的阿巴拉，放养骆驼、绵羊和山羊；二是半游牧农牧方式，将牛和一些绵羊的放牧与种植结合起来，在苏丹中部的巴加拉和丁卡/努埃尔（Baggara和Dinka/Nuer）和南苏丹以及北部的季节性河道地区；三是固定饲养系统，靠近农村村庄饲养牛和小牲畜，主要位于从加达里夫到科尔多凡/达尔富尔的中央地带。

估计有40%的人口采取了多种形式的畜牧。这个数字在苏丹南部甚至更高，其中60%以上的人口依靠牲畜。地理位置上，几乎遍及全国各地都有畜牧业，除了北部极端干旱和南部采采蝇感染地区。牲畜（牛、绵羊、山羊和骆驼）数量令人印象深刻，2004年的牲畜总数约为1.35亿头（只）。其增长率同样显著，从1959年2 200万的规模，在仅仅不到50年的时间里存栏量增长了6倍（表7.1）。

表7.1　畜牧业的增长

牲畜种类	1961年		1973年		1986年		2004年		增长倍数
	数量（百万）	占比（%）	数量（百万）	占比（%）	数量（百万）	占比（%）	数量（百万）	占比（%）	
牛	10.4	36	14.1	35	19.7	36	39.8	30	3.8
绵羊	8.7	30	13.4	33	18.8	34	48.9	36	5.6
山羊	7.2	25	10.5	26	13.9	25	42.2	31	5.9
骆驼	2.3	8	2.7	7	2.7	5	3.7	3	1.6
合计	28.6	100	40.7	100	55.1	100	134.6	100	4.7

2. 中北部牧场大幅度减少

同时，随着牲畜数量的增加，过去几十年里牧场面积大幅度下降，下降的原因有三个：一是机械化和传统雨养农业的不受控制的扩张；二是荒漠化；三是灌区的扩大，灌区的扩大引发的问题较少。

在苏丹北部和中部牧场减少是最普遍的。欧拜伊德（El Obeid）的卫星图像显示了1973—1999年期间耕地增长了57.6%。这一增加是以牺牲牧民为代价的，而同期牧场减少了33.5%。在一个世代，1/3的牧民已经失去领土或转为了农民。

在全国范围内上一代牧民的牧场收缩幅度大约在20%～50%。但应该指出的是，这些研究主要集中在半沙漠和潮湿地区。它没有包括沙漠化或严重退化的半沙漠的重要地区的荒漠化损失。

3. 迁徙问题

除了直接的土地流失外，牧场的减少也给牧民流动带来了问题。苏丹的牧民历来是经常流动的，每年他们沿着明确的路线迁徙牧群。他们的一般模式是南北移动，优化放牧条件，尽量减少虫害问题。在旱季，牧民向南迁徙转到更好的牧场，这里随后会有降雨；在潮湿的季节，一般是向北追赶新的牧草，避免潮湿地区广泛的淹水、泥土和昆虫传播的疾病。尽管距离较短，但是在丘陵地区主要是在旱季也出现了类似的迁移模式；在雨季，牧场上大部分地区的草地都被放牧。

4. 农牧冲突

为了到达新的牧场，牧民要通过农业地区。在没有划定农业和放牧区的无主土地上，土地竞争是许多地方冲突的核心。一般大规模的移动要指定路线。在当地和季节性的许多迁徙，往往规模比较小。在苏丹的干燥地区，牧民数量、质量和牧场的可及性大大降低，这是苏丹干旱地区牧民与农业社会冲突的根本原因。达尔富尔的牧区迁徙路线或分类是一个有争议的问题，特别是近期冲突阻碍或改变了许多路线。从政府来源显示的迁徙路线图显示了季节性迁移的规模和潜在路线的多样性，但是无论是在法律意义上还是在社区层面上，实际的迁徙路线和相关权利并不总是得到确认或同意。

五、中南部牧场焚烧

苏丹的旱季是炎热的。草原火灾在全国各地的放牧地区都可以看到，南半部可以观察到砍伐和燃烧的清除痕迹。绝大多数牧场的燃烧是故意的。牧民对干草起火去除旧的不良的杂草，用灰土做肥，促进更适口饲草的萌芽。牧场燃烧的规模可以通过卫星和飞机进行测量。

毫无疑问，一年一度的燃烧成功实现了短期牧草再生的目的，但即使定时小心执行也会产生一些负面影响。做得不好或有敌意的时候，对环境，农村经济和社会都是破坏性的。定期焚烧会毁摧毁年轻的树木和灌木，从而将苏丹中南部的大部分地区维持为开阔的平原，而它的不受干扰的自然状态是开放的林地大草原。苏丹南部的大平原似乎是“狂野的”，但实际上是高度人为“改装”的环境状态。

非常规燃烧的长期负面影响之一，是损失了土地的营养物质和土壤有机质，以及导致水和风蚀。对于诸如努巴山等倾斜地形区域，这种损失显然是巨大的。牧场燃烧也可能引起不同社区之间混合土地利用的问题。在达尔富尔的极端情况下，牧场焚烧被用作生计竞争的破坏性武器。

六、部门治理结构和问题

农业部门的治理相对简单，结构良好。联邦政府和各州政府都有农业部和动物资源部。然而，这些部门面临着提供快速增加粮食安全的政策和项目的强大压力。这又导致了经常推进环境不可持续的重大农业项目发展的倾向。技术能力不足和资金不足也限制了各部门。此外，农业部门和畜牧部门与环境部门之间的联系在联邦政府和各州政府都很弱。

政府政策中最具环境危害的方面是促进机械雨养化农业，以及随后未能在这种危害第一次变得明显的时候解决其消极后果。同样，由于农药领域缺乏治理，使得苏丹遭受了艰巨和昂贵的环境破坏性代价。而土地使用权，又是另一个重大的失败。

七、土地使用权

苏丹的土地使用权状况是构成土地可持续利用的主要障碍。20世纪70年代以前，共同农村土地所有权在地方一级普遍得到承认，但是无证件无执照。据报道，传统的以社区为基础的土地管理制度相当有效。70年代，由于一些计划不周的举措，这种情况发生了根本的变化，其后果今天仍然能感受得到。

1971年实施《未注册土地法》将大部分未注册的土地（苏丹农村绝大部分）作为政府财产进行了有效的隔离。同年，《地方人民政府法》取消了原有传统制度土地管理的权力。而传统土地管理制度，直到现在为止，在没有现代土地使用制度的情况下，提供了重要的制衡。

作为这项立法的相关行为和后果，现在大部分的苏丹人都是在政府土地上耕作和放牧，没有任何真正的监督或所有权的形式。由于先前存在的控制措施被削弱或完全破坏，政府对全国大部分地区的农村土地利用形成了有效的管理。

农村土地使用权的这种缺陷是苏丹许多农业、环境和社会问题的根本原因之一。没有所有权，人们对自然资源的投资和保护就没有什么动力。土地所有者和特定的小农户，也容易受到经济更强大或更好的武装团体的伤害，这些团体可能希望剥夺他们，以便将土地用于自己的目的。“全面和平协议”设想立即建立一个新机构，即土地委员会，分析土地使用权问题，并提出前进的方向。至今尚未形成。

第三部分

农业发展战略及政策法规

第八章　农业发展战略

农业部门已经并将在很长一段时间内是苏丹政府经济政策的重点。从1956年实现政治独立以来发起的所有发展计划中，都高度重视农业部门。这些计划包括“十年计划”（1960/1961—1969/1970），“五年计划”（1970/1971—1974/1975），“经修订的五年计划”（1970/1971—1976/1977），“六年计划”（1977/1978—1980/1981），“第一个三年公共投资方案”（1979/1980—1981/1982），“第三个三年公共投资方案”（1982/1983—1984/1985），“四年救国恢复和发展方案”（1988/1989—1991/1992）和“三年国家经济救济方案”（1989/1990—1991/1992），“农业复兴计划Ⅰ”（ARPⅠ）（1988—1989），“北苏丹行动计划”2010—2012，“苏丹行动计划”（2015—2019），“苏丹农业投资计划（SNAIP）”2016—2020。有些投资项目是由粮农组织资助并主持的，有些战略规划是正在实施的。

本章记录和分析这些方案，重点是与农业部门有关的目标。主要目的是确定1970年以来通过的发展战略，特别是与农业部门相关的发展战略。这样一个对苏丹发展规划的历史叙述，是为了了解自20世纪70年代初以来经济衰退背后的原因。在一个拥有相当大的自然资源，包括大量丰富的耕地和水资源的国家，很难相信经济困难和粮食不安全人口已成为很大一个群体（Mahran H，1994）。事实上，苏丹曾经被认为会成为阿拉伯世界的“面包篮”。因此，在这种情况下，为了更好地了解出现的问题，重点分析：①自20世纪70年代初以来采用的发展战略的目标；②旨在实现这些目标的计划和方案；③伴随这些计划的政策组合。

第一节　苏丹农业部门发展战略（1970—1992年）

一、发展规划目标（1970—1992年）

本节介绍自1970—1992年期间发展规划中所体现的农业政策的目标。由于农业是苏丹经济的主导部门，而且这一部门的发展需要其他部门的发展，也参考了其他部门发展规划的目标。

1. 1970/1971—1974/1975五年计划

（1）项目预算：这一五年计划期间计划实现实现GDP7.6%的年增长率，通过每年增加6.2%的人均收入来提高人们的福祉，从而改善社会服务，如教育、健康和安全。该计划的其他目标包括通过扩大出口实现国际收支盈余，以及刺激私营部门参与投资。总投资额为3.85亿SD，其中私营部门投资1.7亿SD，即占44%。

与计划之前的五年相比，计划期间公共部门计划投资的分配，优先考虑的是农业和服务业，分别占公共部门投资计划的37.5%和19.7%。然而，工业和交通部门在计划的优先清单中互换了职位；交通部门从第三位移至第四位，而工业从第四位移至第三位。私营部门在发展住房方面发挥关键作用，其中私人部门投资7 880万SD，占46.4%用于住房建设。

规划期间计划总投资中，服务业分配最高，占33.8%，其次是农业占计划总投资的27.9%。但在执行的初期阶段，发生了一些经济和政治方面的重大变化。其中包括1971年的未遂政变，项目实施范围也出现了变化，将临时行动方案中的新项目纳入发展预算，最重要的是项目费用的升级，但也由此导致了严重的金融困难。因此，对计划进行了一些重大修改。

在修改后的公营部门投资计划中，公共部门的投资计划从原来的2.15亿SD增加到6.662亿SD，增加近210%。关于修改后的公共部门投资分配修计划，优先考虑的是交通运输部门，而原计划的优先次序排在第三位。这种转变主要是为了加强基础设施，以消除货物和人员流动的瓶颈，为今后加快发展提供更坚实的基础。农业部门排名第二，工业部门在新的优先事项清单中排名第三。

（2）主要目标：20世纪70年代初期，农业政策的一个主要目标是实现粮食自给自足。因此，“五年计划”的设想不仅扩大了粮食作物生产，而且扩大了食品加工业，主要是为替代进口食品。然而，后一个目标需要扩大经济作物和其他生产投入，因此，该计划设想在灌区和雨养区分别扩大72.1万费丹和280万费丹。雨养区的扩张将伴随引进机械、化肥、杀虫剂等，以取代传统的生产资料。关于计划扩大经济作物出口，重点放在长绒棉上，规划期间的产出预计将扩大114.3%，棉花和棉籽油产量计划增长52%以上。关于粮食作物生产，优先考虑小麦，规划期间预计产量将扩大489%，达到计划前期水平的近六倍。在计划期间，主要粮食作物的总产量预计将增加110%以上。随着粮食的自给自足，“五年计划”还规划扩大畜产品生产，包括肉类、牛奶、鸡蛋和鱼类，增幅达92.8%。在畜产品生产方面高度重视奶牛生产，预计在计划期间增长134.6%。

2. 六年计划1977/1978—1982/1983

“六年计划（1977/1978—1982/1983）”是一项涵盖18年的前瞻性计划（1977/1978—1994/1995）的第一阶段，这将分为三个“六年”进行实施。

（1）主要目标：关于农业部门，“六年计划”的主要目标是：实现农业增长7.5%，农业继续成为经济的主导部门，其他部门的发展与农业扩张相互联系；通过发展现代和传统农业次级行业，实现实际人均收入大幅度提高；传统农业次级行业与自然资源保护的发展与现代化；产业发展作为农业部门的补充，优先考虑农业产业和进口替代品；在选定的食品和其他农产品以及农业投入方面实现自给自足；实现出口每年实质增长11%以上，扩大油籽和谷物的产量，以减少苏丹对棉花出口的脆弱依赖；特别是运输和通信、电力资源、营销和仓储设施等基础设施的扶持和扩张。

计划期间的实际增长率为7.5%，国内生产总值将从1976/1977年度的18.22亿SD升至1982/1983年度的28.12亿SD（以1976/1977价格计算）。计划出现了结构性变化，计划的最后一年反映了设想的优先事项。因此，农业的贡献预计从39%下降到36.9%，而制造业预计在计划期间将从8.9%上升至10%。其他部门的贡献几乎保持不变。

虽然该计划强调了基础设施的重要性，但最重要的是制造业，预计年增长率为9.5%。由于制造业基本上是农业原材料的加工，因此该计划设想重组产出，有利于进口替代，农业继续是主导产业。

（2）方案预算：为达到上述目的，“六年计划”预计资本形成的总投资为26.7亿SD，其中公共部门份额达15.7亿SD，私营部门则达11亿SD，分别占58.8%和41.2%。公共部门投资中相对较高的份额是基础设施，为今后的发展铺平了道路。拟议的私营部门投资数额也反映了该部门在发展进程中所起的重要作用。计划总投资的部门分配表明，农业占26.8%，其次是服务业占26.0%，工业占20.1%和交通运输占18.7%。

对公共部门的投资，该计划考虑到过去的经验、现有承诺、资源限制和未来的投资建议。公共部门计划投资15.7亿SD，其中14.3%即2.25亿SD被政府保留为一般储备金，根据需要分配给任何必需的部门，从而在计划投资中赋予一定程度的灵活性。农业占比最高，为27.1%，其次为工业占21.3%，交通运输业占20.4%，服务业占16.9%。

公共投资计划部分在正在进行中的项目和新项目之间分配，前者收到了近24%，而超过76%的公共投资用于新项目。在正在进行的项目的计划投资总额中，工业部门占比最高，为43.3%，农业在新项目投资计划中排名最高。服务业（主要是住房）是私营部门投资的首要任务，其份额超过私营部门投资计划的39%。

3. 第一个三年投资计划（1978/1979—1980/1981）

六年计划在头两年（1976/1977年和1977/1978年）遇到了财务和基础设施问题。需要改变优先事项和计划目标，以及对苏丹发展战略的重新评估。根据1978年6月与世界银行和货币基金组织商定的经济复苏和稳定方案，制定了一项短期战略，即第一个三年投资计划（1978/1979—1980/1981）。方案修订后，“六年计划”的实际公共投资减少了6.13亿SD，占16%。

修订后主要的战略短期目标是：完成已经执行的项目；恢复已经完成的生产力正在下降的项目，重点是出口导向型项目；扩大国家基础设施，特别是电力和交通运输；年实际增长率达到6.4%。

“六年计划”的国内生产总值年均增长率7.5%，是根据该计划的拟议投资水平确立的。但是，经修订的方案规定中，“六年计划”提出的投资水平下降了16%。这使1976/1977—1981/1982年期间的国内生产总值的年增长率达到了6.4%的新增长速度。这个较低的增长率主要并不是因为投资水平较低，而是由于第一个三年计划期间的1976/1977年和1978/1979年农业部门的表现不佳。1973/1974—1977/1978年期间年平均增长率为5%，与项目期间农业增长率相比下降了2.2%，而1978年7月的异常大雨使农业生产处于停止状态。

经修订的投资分配方案拨款中，项目期间新计划投资的比例高于正在进行中和需要恢复的现有项目。实际上，完成正在进行的项目的拨款在原计划中占

50%以上。计划投资的部门分配表明，农业投资占比最高，为30.8%；其次是工业，其中大部分计划投资用于发电；运输业比例较低，主要是由于该行业由所占比例较低的地方资金对应支出；社会服务业占11.9%；区域发展占9.8%；储备金占5.3%，与“六年计划”相比储备金有所下降。

这并不意味着政府政策对服务部门或区域平衡的重要性有任何转变，而只是承认这样一个事实，即在不久的将来，投资必须集中在持续的生产活动和必要的基础设施上。即使如此，有相当一部分（27%）的计划投资专门用于服务、区域发展和储备。

4. 第三个三年计划（1982/1983—1984/1985）

政府继续努力，巩固经济稳定和复苏的进程。因此，第三个公共投资计划（1982/1983—1984/1985）[①]三年期间的主要投资分配旨在纠正经济失衡，并加强经济措施，充分实现计划目标。

（1）主要目标：在方案期间，国内生产总值年均增长率为4%；完成经济上可行的正在进行的项目；恢复经济生产能力，特别是农业和工业部门的生产能力；促进所有生产部门的执行能力和提高生产力；出口最大化，加快有效的进口替代，实现苏丹对外贸易平衡；为生产部门的成功和高效运作提供必要的基础设施；鼓励私营部门更多参与投资和经济发展；加快开采自然资源，特别是石油和矿产。

这些目标没有按任何顺序或优先事项排列，因为每个目标都是同等重要的。然而，该方案期间，财政迫切需要大量外汇。因此，在项目实施中优先考虑那些快速见效的目标。由于农业产生几乎占据所有的国家外汇收入，相应的部门优先事项和对不同行业的计划投资的分配表明，农业得到了最高优先。

（2）投资预算：为了实现这些目标，该计划以当前价格计算总投资为18.73亿SD（或1981/1982年价格为15.83亿SD）。在划分这些拨款时，最重要的是需要部门平衡发展。隐含的是承认部门之间的互补性。因此，交通运输部门获得了最高的份额，占29.2%，承认其为发展提供最重要和最基本的基础结构支撑的关键部门。农业在计划投资中所占百分比为28%。鉴于与国际收支平衡相关的目标，该计划也高度重视与促进出口或进口替代有关的行业。按项目类型分配农业部门计划投资，重点是对该行业现有项目进行恢复，其次是持续的

---

① 因1982年的第二个三年公共投资方案资料不详，且第三个三年投资计划时间年限并不吻合，原文件如此

项目和农业基础设施。

顾名思义，公共投资计划主要关注政府和公营企业的投资。尽管如此，私营部门在这方面发挥的作用也不容忽视。这有两个原因：首先由于该计划的目标是提高国民经济的表现，其中一半完全由私人公司运作，或以公营和私营部门之间的合资企业的形式运作，私营部门的贡献的重要性怎么强调都不过分；其次，为了确认这一角色，政府出台了“投资法”（1981），据此私营部门在国民经济中的作用将会扩大，而公共部门的作用则逐步减少（1982年的三年公共投资方案）。

5. 四年拯救恢复和发展计划（1988/1989—1991/1992）

（1）项目背景：自20世纪70年代中期以来，苏丹经济持续恶化，体现在人均实际收入和福利的下降，投资水平大幅度下降，恶性通货膨胀，严重的国际收支困难，外债和债务偿还义务增加。经济表现不佳可能追溯到国内和国际因素：在内部，军事统治的十六年（1969年5月至1985年4月）的特点是经济政策不规范，计划不周，执行不力和管理混乱，资源配置不合理。忽视维持资本存量导致现有基础设施的枯竭和恶化。加上经济政策不一致，发展项目执行不力，导致生产力急剧下降，最终导致经济停滞。过度的需求造成通货膨胀压力，国家储蓄不可避免地急剧下降（录得负增长率），投资必须完全由外国和国内银行借款提供资金。1982—1984年的干旱造成的破坏性影响和南方的冲突进一步加剧了这种情况。涉外部门，国际收支不平衡，一直到1985年4月政府都试图通过一系列的货币贬值来缓和，不仅造成外债拖欠增加，而且更多依赖商品援助来融资进口。简而言之，经济面临的最严重的问题是结构性的和根深蒂固的问题。认识到这一点，四年的拯救、恢复和发展计划（1988/1989—1991/1992），目的是有效地全面解决系统框架引发的上述问题。

（2）基本目标：激励和刺激爱国精神和工作的神圣性；国内生产总值平均实际增长率至少5%；提供基本的人类需要，如食品、水、衣服、住所、保健、教育、安全和运输；农村和城市人口的粮食安全；通过减少收入和财富方面的差距以及均衡区域发展，强调最不发达地区（如南方）来实现社会正义。

（3）主要措施：充分利用现有能力进行垂直发展；维护和修复现有项目；发展传统农业部门，防止进一步的环境退化；开发和维护基础设施，特别是能源、运输和通信；鼓励私营部门储蓄、投资和生产，使其在发展过程中发挥应有的作用；动员国内资源，以减轻预算赤字，实现可投资的盈余；通过刺激可出口产品的生产，优先重视基本消费品的生产投入和资本货物理性进口政策，按照发展优先事项指导分配外资和苏丹国民在国外工作的汇款等方式缩小国际收支赤字；进行行政体制改革，最大限度地利用劳动力，提供职业培训和技术教育。

（4）农业部门的主要措施：农业部门战略的重点，是采取一些措施来促进灌溉和雨养部门的增长。主要包括创造充分的生产激励措施；确保获得充分的生产投入；提供足够的基础设施，便于进入市场；鼓励小农户和私营部门农业生产；引进改良技术。

在这一框架内，灌溉农业部门强调了以下措施：恢复和现代化现有的可行计划；改进生产技术集成和高产替代品种；确定棉花价格，以有效确保生产者的充分回报，同时考虑到出口平价价格；提供外汇，确保机械备件进口和及时充足供应；维护灌溉工程，以提高作业效率；通过更有效的管理和更好地收缴土地和水费来改善半国营公司的财务业绩；剥离不可行的半官方机构，并将生产责任转移给租户，取消政府补贴。

对于雨养部门，方案提出以下措施：通过扩大苏丹农业银行业务并鼓励商业银行在农村地区经营，从而获得信贷；通过制定道路建设优先计划和苏丹铁路公司由世行和其他捐助者支持的康复计划，改善基础设施，特别是公路和铁路通道；通过农业研究公司提供改进的技术以及推广服务。

（5）农业部门战略的核心：农业部门战略的核心是粮食安全问题。该计划设想促进粮食作物生产，推进私人库存设施建设，加强食品管理以及促进贸易和特别救济措施。此外，在粮食安全计划的范围内，小麦的自给自足受到相当的重视。政府设想在计划期结束之前，通过实现自给自足，达到目标水平约90%，大大减少对进口小麦的依赖。为实现这一目标，提出了若干措施，包括需求管理和国内生产增加。在需求方面，重要的政策措施包括利用与小麦/高粱复合面粉相关的研究成果，采用可行的技术，以减少浪费。在供应方面，重点关注小麦灌溉面积的扩大和单产的增加，而不影响其他作物，如与小麦竞争灌溉用水的其他作物。

因此，如果要实现国内生产的有针对性的增长，则应注意以下几点：通过严格遵守作物播种日期，尽量减少小麦和其他作物之间灌溉水的竞争；保持高度的水资源管理，有效控制灌溉用水；通过及时提供投入和推广服务来改善耕作方式；有效利用北部地区的地下水进行小麦灌溉。

该方案设想在四年内公共投资总额达154.44亿SD。公共部门投资反映了所宣布的目标。重点是恢复基本的社会经济基础设施，鼓励面向粮食安全的活动以及农村综合发展。因此，社会服务在投资分配上所占比例最高，因为它们在减少地区差距方面具有重要意义，其次是农业，占公共投资计划的近27%。

6. 三年国民经济救助计划（1990/1991—1992/1993）

作为中期框架的“三年国民经济救助计划”（1990/1991—1992/1993），三年时间足以遏制经济恶化，为恢复经济健康发展，把经济带回到持续增长和金融稳定的道路上打下基础。

（1）总体目标：通过将资源重新分配给生产来振兴苏丹经济；加强私营部门（无论是本国居民还是外国人）在实现方案目标方面发挥更积极的作用，并调整财政、经济和体制结构的方向，以创造更有利于私营部门参与的环境；在调整期间保护穷人，维护社会平衡。

（2）主要措施：强调农业龙头企业发展；通过出口自由化和废除出口许可证制度来鼓励出口，并在必要时提供补贴；通过创造有利于国内外私营部门投资的环境，调动生产用途的国内外资源。也将努力争取更多的外部财政援助。

执行机构改革，消除行政、经济或法律障碍，为私人投资者铺路。提出的措施包括：消除农业、工业生产、国内营销、对外贸易和经济服务领域的政府垄断；除采矿和石油生产外，经济活动的各个领域对私营部门开放；通过清算、私有化或使公共企业成为与国内外私营部门参与的合资企业，对半国营部门进行根本性改革。

制度和法律改革，包括税收法、关税法、价格法和劳资关系法，以便促进和提高资源配置效率。

解除价格和利润控制，出口价格立即完全开放，随后逐渐放开对大部分货物价格的管制，并将价格控制限制在一个简短的基本项目列表中。

全面审查信贷制度以及对公共和私营部门提供银行信贷的考虑，目的是在国家优先事项的范围内将银行信贷与生产挂钩。

引入广泛而全面的社会团结制度，对于那些通常伴随调整期的弱势群体，通过较多地减轻费用以照顾社会的低收入阶层。

（3）农业部门：方案中没有明确规定各部门战略和目标。但是，关于农业部门，涉及以下目标：

在《鼓励投资法》（1990）的范围内，该计划旨在修复现有和新的农业项目，给予投资者以长期租赁为依据的农地使用权，并审查法律，允许土地的永久性所有权受到确认，以确保投资的认真和成功。

鼓励农业信贷，以农业和动物生产为银行信贷上限。

扩大小麦生产，目标是在1990/1991财政年度实现粮食作物自给自足。

在1990/1991年度开始，将玉米作为新的经济作物。

从新季节初的油料作物开始，废除所有农产品的营销垄断。

引入一个保留制度，使得出口商（棉花和阿拉伯树胶除外）将被允许保留其出口收益的一部分（传统出口高达40%，新的或边际商品达100%），以资助：进口纺织、食用油、食品、化工、包装等重点行业的生产投入，农业和运输部门的所有进口投入物料和设备和建筑材料。

出售、清算或私有化白尼罗、青尼罗、托卡尔、努巴、努巴山和北方农业公司。

二、1970—1988年发展规划执行情况

这里讨论的发展规划，重点关注计划实施的问题，是否实现其目标，特别是粮食和农业部门的目标。

1. 五年计划（1970/1971—1974/1975）

鉴于五年计划的公营部门投资配置计划，可能会认为该计划的隐含目标之一，是引发经济结构性变化。但是，在计划期间没有显示这方面的情况。各部门对国内生产总值的贡献率几乎与1969/1970年度相同。虽然农业在国内生产总值中的份额从1969/1970年度的37.6%略微提高到1974/1975年度的38.7%，但制造业仍然保持在1969/1970年的水平。建筑业的份额由1969/1970年度的3.5%上升至1974/1975年度的4.3%，主要是由于城市中心的住宅区扩大。不过，电力和水的份额从1969/1970年的2.3%大幅下降到1974/1975年度的1.4%，从而导致电力供应和饮用水供应频繁短缺。

“五年计划”规划投资各部门利用情况。计划投资分配总计2.15亿SD，实际投资支出为2.5亿SD，预计利用率为116.3%。部门利用率表明，工业和矿业吸收了其原始分配的近一倍，而运输和电力部门吸收了其计划投资额的近两倍。需要指出的是，这些行业计划投资分配的高利用率绝对不表示这些部门的表现更好；工业、采矿、运输、通讯和电力都是资本密集型行业，进口量高，

成本上涨，特别是在计划的后几年，需要更高的投资分配才能实现相同的目标（例如进口替代和减轻运输瓶颈）。

农业计划投资利用率为82.2%，而在“五年扩展规划”（1970/1971—1976/1977）中为70%。农业部门的计划投资利用率低于预期，畜牧业和作物生产活动的比例最低。而棉花生产计划扩张的比例为98.1%，但实际扩张仅为0.5%。这一最小的成就完全归功于长纤维棉增加了9.3%。与长绒棉相比，其他品种的棉花计划扩张114.3%，但产量实际下降了27.5%。油料种子生产计划的执行情况较好，如计划期内产量增长40%。油料作物产量增加，计划期间经济作物产量扩大了29.4%。

关于粮食作物的扩张计划表现更糟。高粱（主要的粮食作物）和小麦尤其如此，其产量平均增长率仅为12.9%和29.3%，但项目计划分别为489%和100%。粮食生产的这种糟糕表现已经危及了该计划中心目标的实现，即实现粮食作物自给自足。五年计划中农业部门表现不佳可能归因于若干因素。重要的是农业投入不足、信贷问题、运输瓶颈、制度和组织问题以及政府的一些政策。

这些问题中最严重的是可用性信贷。原计划设想由公共部门提供51.2%的资金，48.8%由外部来源资助。但结果不得不采取赤字融资。计划所需的大部分国内资源来自农业部门，希望该行业发挥“增长引擎”的作用，计划直接通过政府份额从半私营企业、农业所得税、出口关税和其他产品税中获得的利润来产生国内资源；间接通过进口农业关税和消费税投入。

然而，在执行中公共部门投资反映了一种完全不同的景象。原计划设想在1964/1965—1969/1970年期间大规模增加储蓄以增加公共部门融资，金额为1 680万SD，在1970/1971—1974/1975年期间（或通过惊人的增长率525%）增加到1.05亿SD。但是实际上，公共储蓄对融资投入没有任何贡献。此外，外部来源在融资计划投资中所占的份额从预期的实际计划的公共投资的51%下降到的32%。最后，虽然这个计划设想不用赤字融资，但赤字融资实际贡献了投资的68%，这表明发展支出严重依赖赤字融资。

导致整体经济特别是农业部门表现不佳的另一个重要因素，是制度和组织效率低下。具有讽刺意味的是，尽管在20世纪70年代初期出现了农业部门理事会和农业部门技术委员会，特别委托协调计划任务。但这些政府机构的责任没有明确规定，负责执行农业政策的不同单位往往是完全分离的。另外资源分配部门和必要外汇提供部门之间缺乏协调。可以引用的例子很多，指派执行项目的机构，既不保证外汇兑换，也不保证本地资金用于其目的。公司获得资金汇兑特别是外汇汇兑的程序拖延，大大阻碍了农业部门计划的执行。

2. “六年计划”（1977/1978—1982/1983）

“六年计划”设想了需求结构的变化，以反映投资和增长的重点。因此，虽然政府和私人消费预期以相当高的速度增长，但预计增长率低于国内生产总值的增长。政府的消费预计将以每年6.5%的速度增长，而其计划期内政府的消费占GDP的份额将从基准年的14%下降至终端年度的13%。另一方面，私人消费预计在计划期内将以每年6.7%的速度增长，而其在国内生产总值中的份额预计将由1976/1977年度的77.5%下降至1982/1983年度的74.0%。预计私人消费减少主要是通过对奢侈品和非必需品的进口限制来实现的。这些对公共和私人消费的限制预计将为投资目的释放国内资源。因此，计划期间的储蓄率预计将从8.5%上升至13.0%，而计划期间的边际储蓄倾向估计为21%。该计划还预计政府收入和当前支出将分别以7.5%和6.5%的年实际增长率增长（六年计划）。

该计划所设想的投资额将由国内提供48%，外部提供52%。国内外资源预计分别提供公共部门投资53.2%和46.8%。公共部门投资的国内资源预计来自公共储蓄（28.7%）和银行信贷（18.1%）。因此，与“五年计划”相反，六年计划设想采取赤字融资。

然而，在第一年（1977/1978年度间），“六年计划”遇到内部和外部因素相结合的财务紧张。这些包括未能将目前支出的计划上限维持在当前收入以下，由于基础设施服务超出供需需求造成的根本结构性缺陷和外汇短缺。在农业部门，结构性缺陷导致生产地区的农作物在消费区域短缺和出口下降同时存在。在工业部门，由于运输瓶颈原因造成的原材料短缺，电力供应时间缩短以及缺乏外汇造成的备件短缺，工厂生产能力不足。这些问题由于专业和管理人才短缺进一步恶化，主要是由于专业人员移民到石油美元的阿拉伯国家以获取更高的收益。因此，1978年6月，通过了与货币基金组织和世界银行达成的经济复苏和稳定（调整）方案，实行金融改革和经济整顿的措施。这些措施不仅要求“六年计划”的优先事项和目标发生变化，而且要重新评估苏丹的发展战略。

3. 三年投资计划

自1977/1978财政年度以来，没有为发展方案提供财政支出。当地货币需求大部分来自相应的资金（通过出售援助商品，收到支付余额的一部分）和国内借款。另一方面，项目援助和直接财政援助以满足外汇需求。

第一个三年计划提供的资金近60%要从当地提供，剩余部分由外国资金提供。方案认为，只要国家的项目执行能力高，确保当地资金能够足额提供，为投资分配的外国部分融资不会构成问题，因此，该计划的主要关注点是国内资源，特别是公共部门的储蓄。这似乎是比“六年计划”所设想的任务更为艰巨，预计国内资源的47%将用于公共投资，而赤字融资不超过公共部门投资的18%。计划投资配置的总体利用率为54.3%。部门利用率显示，服务业排名最高，总体利用率达81.4%，其次是运输部门。工业和农业利用率最低。1978—1979年期间，工业部门利用的资金超过计划投资额，可能是因为试图减轻基础设施缺陷和瓶颈。

1978/1979年农业部门的计划投资为5 800万SD。该计划拨款中实际使用的只有71.9%，即4 170万SD。1979/80年拨款9 430万，实际使用39.6%，即3 334万SD；在1980/1981年，这个数字是1.036亿SD，实际使用只有33.6%。在原计划用于农业部门的22.59亿SD中，实际使用量仅为11.384亿SD，或占44.5%。

关于第二个三年投资计划，预计近40%的计划投资分配来自国内资金，其余超过60%由外国资金提供。对计划资金来源进行更仔细的研究表明，不得诉诸银行体系来弥补经常性赤字。预计公共储蓄将为该计划提供5%的资金。这构成了国内资源总量的12.7%。国内资源的大部分（56.5%）预计将由对应基金产生；反过来，预计这些资金将占计划资金需求的22.5%。由于需要国际收支平衡支撑来渡过经济困难，将有更多的对应资金用于资助项目发展。

财政援助将作为弥合公共部门储蓄和对口基金后留下的地方资金的财务差距的一个要求，并作为改善项目援助支付手段的双重角色。有望投入12.2%的投资计划和30.8%的国内资源（2.29亿SD）。

第二个三年投资计划的时期恰遇1982—1985年严重的干旱条件。加上外汇急剧短缺，导致计划部门的负增长，1982/1983、1983/1984和1984/1985分别为−7.6%、−2.5%和−23.6%。然而1985/1986年度和1986/1987年度两个季度的降雨增加，加上增加了必要农业投入，分别实现了28%和3.5%的正增长。

工业增长率由1982/1983年的10.3%到1983/1984年的−1.3%。1984/1985年该行业回升至0.7%，1985/1986年和1986/1987年分别为9.6%和4.7%。在此期间，该部门的产能利用率很低，主要是由于进口工业投入品和备件所需的外汇匮乏，以及不合理的价格政策，这些政策对工厂普遍实行的价格控制，大大地减少了生产激励。

主要服务行业如运输和通讯业务的增长紧随农业部门之后。尽管受到粮食援助流入的积极影响，但干旱年份的经济增长率呈下降趋势。实际GDP在方案期间下降，1982/1983年、1983/1984年和1984/1985年分别录得0.4%、2.9%和12.8%的增长率。农业继续发挥关键作用，直接影响经济活动的水平。

三、对1970—1992发展规划的综合评估

所有这些方案，都是在苏丹经济出现下滑的大背景下出台的，但项目的实施并没有根本扭转这种状况。经济表现依然不佳，人均收入恶化，实际投资水平大幅度下降，紧张的通货膨胀压力，严重的国际收支失衡，并推高了外债和偿债义务。这种经济表现不佳可能追溯到许多地方和国际因素。尼米里十六年的军事统治（1969年5月至1985年4月）的特点是经济政策不稳定，项目计划不周、执行和管理不善，资源配置不合理、腐败，和其他不法行为。忽视维持资本存量导致现有基础设施的恶化和枯竭。经济政策不一致，发展项目执行不力导致生产力急剧下降，最终导致经济停滞。因此，过度需求造成通货膨胀压力，苏丹专家认为，这主要是由IMP-IBRD资助的一系列贬值措施引发的。1985年4月政府试图通过连续和频繁的贬值来缓解国际收支失衡，但结果导致了外债大幅增加，只能依赖商品援助为进口提供资金。1982—1984年期间干旱造成的破坏性影响，1983年恢复内战进一步加剧了局势。数百万人从西南部和南部地区迁往寻求食物和住所的城市中心。这些力量导致了1985年4月的起义，军政府最终崩溃。随后组建了一个为1986年选举作准备的过渡政府。

鉴于经济结构和根深蒂固的问题，民选政府（1986年5月至1989年6月）发起了四年救国、恢复和发展方案（1988/1989—1991/1992），以期有效地解决从尼米里军政权继承下来的上述问题。该计划的基本目标是：提供基本的人类需要，如食品、水、衣服、住所、保健、教育、保安和运输；农村城镇人口的粮食安全；平衡发展优先考虑到最不发达的州。

农业部门战略的核心是粮食安全问题。该计划旨在促进粮食作物和私人仓储建筑的生产，粮食管理以及促进贸易和特别救济措施。此外，小麦的自给自足受到相当大的关注。政府的意图是在计划期结束之前大幅度减少对进口小麦的依赖，实现自给自足，计划结束时达到目标水平的90%。为实现这一目标，

提出了一些需求和供应措施。在需求方面，重要的政策措施包括利用与小麦/高粱复合面粉相关的研究成果，采用可行的技术，以减少面包店的浪费。在供应方面，在小麦灌溉面积扩大和单位面积产量提高的同时，不会对与小麦竞争灌溉用水的棉花等作物产生不利影响。

苏丹一些专家认为，民选政府像其前任一样，于1987年接受并实施了国际货币基金组织的一揽子计划。这一政策的结果是苏丹经济进一步恶化。这表现在出口收入停滞，国际收支恶化，外债累累，通货膨胀率上涨，粮食不安全等问题。这些结果，加上民选政府未能缓解危机，为1989年6月军事接管铺平了道路。

为了遏制经济恶化，为巩固经济走上可持续增长和金融稳定的道路奠定基础，启动了"三年国民经济救济方案"（1990/1991—1992/1993）。该方案更加强调农业在经济中的主导地位。因此在出口方面，将立即通过彻底的出口价格自由化来加强。取消银行对农业和动物生产的信贷上限，废除所有农产品的销售垄断，以及采用保留制度，使出口商可以将其出口收入的一部分保留在自己账户上，补给农业和工业生产的投入，这些措施将得到广泛的支持。除了促进出口外，巴希尔政府农业政策的另一个中心目标是实现粮食特别是小麦的自给自足。

苏丹发展规划的上述历史记录表明，这些计划或多或少具有类似的战略和目标。他们都认识到结构性缺陷，以及对发展和促进经济基础设施的迫切需要。因此，重点将农业作为主导部门，因为它几乎可以产生所有外汇收入并产生食物。这些计划也高度重视进口替代产业化战略。

第二节　农业复兴计划Ⅰ

农业复兴计划Ⅰ（ARPⅠ）是一个从立项到签署正式合同、到最后资金全部兑现、到项目最终执行反反复复、拖拖拉拉的战略计划，项目最早是1984年4月开始准备，但直到1993年才宣告结束。其主要原因一是政局不稳，二是国际援助机构的拖延。虽然项目最终结果对苏丹经济并未产生实质性影响，但对1989年的新政府来说，获得了一定的国际肯定和支持，也引进了一些政策机制的重大变革。

一、项目背景

20世纪80年代，农业占苏丹经济主导地位，保障了80%～90%的人的生计，贡献了GDP的55%，并提供了几乎100%的工业原材料。农业部门为500万人提供了就业，约占劳动力的76%。农产品占出口商品的95%，从而为进口机械、设备和必需的原料提供了外汇。长绒棉是最重要的出口农作物；花生、芝麻、短绒棉、西瓜籽、可乐可蒂、阿拉伯胶和牲畜也是苏丹出口的主要组成部分。多年来，农业投资集中在东/中部地区的灌区和机械旱作区，引导扩大种植谷子、花生、小麦、棉花、糖和高粱的生产。

棉花作为主要出口作物，在20世纪70年代在种植面积、单产、总产上都呈下降趋，最引人注目的是已注册的长绒棉产量的下降，而在苏丹长绒棉一直被认为具有产量优势。尽管其他作物面积增加了，但产量同样也在下降。这种生产的下滑主要是由于政府制度、管理缺陷和外汇短缺，灌溉设备缺乏维护导致不能使用，栽培技术不断恶化。决心阻止农业产业的下滑，20世纪80年代早期苏丹政府寻求国际组织的援助，并通过一系列的康复措施恢复生产。这些措施的目的是增加预期作物出口，为生产者未来几年的进口融资提供更多的可持续的外汇。因此，世行集团、国际开发协会（IDA）、欧洲经济共同体（EEC）和其他双边机构为苏丹提供了各种贷款和赠款。

二、项目投入

农业复兴计划Ⅰ包括主要用于农作物生产必需的机械和配件进口的基础贷款与赠款的政策，也包括促进经济政策和制度改革的措施。

农业复兴计划Ⅰ总成本据估算为2.058亿UA[①]，非洲开发银行和非洲发展基金的捐款经过评估分别兑换为1 690万UA和5 075万UA。1987年12月得到批准的通过世界银行与丹麦国际开发署（DANIDA）、瑞士、荷兰和欧盟的最终筹款计划，最后修订为贷款总额1.2亿美元（SDR[②] 90.92百万）。

---

① UA：项目采用的货币代理单位，与苏丹镑（SDP）换算：1988年第二季度为1 UA为6.242 81 SDP；1995年第一季度1 UA为575.105 00 SDP。此处苏丹镑（SDP）为改制前的苏丹货币单位，与现在使用的苏丹镑（SDG）不同；

② SDR：特别提款权（Special Drawing Right，SDR），亦称“纸黄金”（Paper Gold）

三、项目目标

1. 产业目标

改善农业产业现状，并通过提高出口能力和政策改革，形成并维持外汇收入以用于持续的购买投入。

2. 项目目标

项目设计为辅助苏丹政府复兴其农业产业的努力，恢复其生产能力，并降低对外部资金和相关物资援助的依赖。重点考虑生产国内大部分经济作物（尤其是棉花、甘蔗和小麦）的灌溉部门。

3. 项目说明

本项目要经过12 ~ 18个月的时间来实施，旨在促进在灌溉区、甘蔗种植园区和旱作机械耕作区的农业投入。这些投入包括棉花生产，家畜生产，工厂及耕作机械、交通工具、泵站、农村用水设施的设备、用品及配件，灌溉设施维护。政府将会使用非洲开发银行和非洲发展基金的资金投入，并将其提供给受益组织。

4. 资金来源及用途

在评估时，非洲开发银行（4 000万UA）和非洲发展基金（2 760万UA）贡献合计4 760万UA，分别占项目总投资的19.4%和13.4%。其投资用途是：非洲开发银行投资于制糖业、工厂配件和中间耗材、燃油和润滑油、灌溉维护和工程机械；非洲发展基金投资于畜牧业、设备和用品、农业投入、农村供水用品、灌区设备配件和轮胎。其他组织也资助农业投入、燃料及润滑油，具体而言，他们资助农业用工业原料、车辆及相关设备、机构支持和研究试验、仓储和交通。

1988年初银行对项目进行了评估，最终拖延至1988年11月贷款签字，一年后的1989年5月宣布生效。最显著的变化发生在最初评估分配资金和决定通过贷款谈判和签字之时。鉴于苏丹正在经历的经济困难和其巨大的偿债承诺，在贷款谈判期间，苏丹代表团要求，该项目的贷款计划改为非洲开发银行1 690万UA和非洲发展基金5 075万UA。最后得到两机构同意。但1989年初校订商品和服务（LOGS）目录时，银行批准了大约是920万UA的定额，用以应对在1988年8月到9月苏丹经历的暴雨和泛滥的洪水下，被洪水毁坏的农业、社会和交通部门的设施和设备。

四、立项过程

在银行参与农业复兴计划Ⅰ之前，存在着两个以前的方案。20世纪80年代初，国际开发协会（IDA）和欧洲经济共同体（EEC）已经同意贷款给苏丹，或者通过其他基金提供帮助，以资助部分农业项目投入，包括为大灌区复兴的特殊项目贷款。但原有计划并不是一个持续项目。因为第一期项目的积极成果，1983年苏丹政府要求更进一步的援助，促使IDA和EEC在两三个捐助者协助下同意支持后续的第二和第三阶段的项目。在1987年第三阶段完成时发现资金短缺，世行集团应邀参加入，从而成为农业复兴计划Ⅰ。

农业复兴计划Ⅰ由苏丹政府在1984年4月开始准备，并于1985年6—7月由世界银行评估，继而是国际货币基金组织要求苏丹政府一系列改革的漫长谈判，直到1987年10月最后的协议未能达到双方的要求。世行于是在1987年9月重新做了评估，1987年12月才成为一份“总统报告”。

五、项目实施过程

1. 实施过程

项目启动和生效的先决条件是，要为非洲开发银行和非洲发展基金提供中期公共投资计划（1988/1989—1991/1992）对农业产业的回顾和说明。承诺推行有利于提高主要经济作物，如棉花和小麦生产和销售的政策，要考虑到包括生产成本、产品国内价格、国际市场价格和其他关联作物的竞争力在内的所有相关参数。向世行集团做出承诺，制定足够的预算配额，以满足项目实施期间的成本分配。承诺确保没有任何形式的地方税、关税和募捐等经费。并且承诺利用非洲开发银行资金进口的燃料和润滑油将专门用于农业项目，不会挪作他用。

1989年5月，在世行组织评估该国政府普遍遵守了上述条件之后，项目宣布生效。鉴于最初考虑执行的时间较短，所以银行坚持他们的采购程序必须遵守，招标文件的编制和他们批准的项目采购品目的应用要与贷款的批复同时开始，并且一些招标要在贷款宣布生效前陆续启动、评估和批复。

项目范围受到一些抗洪救灾资金再分配的影响，这些资金减少了农业复兴计划Ⅰ项目资金920万UA。洪水紧急重建计划包括农业作为其主要活动，但也包括运输、卫生和教育。它于1990年1月获得批准，不久后就宣布生效。

该项目旨在从1988年9月批准后的18个月内实施。但这显然是不现实的，尤其借款人要求坚持银行冗长的采购程序，而且两个银行集团未达到计划的贷款水平，非洲开发银行兑现了92.6%，非洲发展基金兑现了65.3%。在苏丹政府的再三要求下，到1990年12月贷款余额才完全落实，但在许多情况下，货物不能交付，并因此需要比原先预期的更多的时间来完成。随后，许多合同的最终付款是在银行已经延长截止日期之后执行；最后一次是在1993年1月完成。

从贷款批准之日起，为期7个月的时间才能生效，这可以被认为是世行集团经历的苏丹贷款效率最短的延迟之一。对于贷款的支付程序显然减缓，是因为世行坚持认为该计划应该遵循传统的亚行采购规则。但这些采购程序复杂繁琐，不能改进，不能提速。此外，由于需求的变化，所有项目都不能按照计划进行评估，因为商品和服务来自不同的供应商，商品清单更改频繁。

2. 执行单位

尽管据说当时的农业和自然资源部（MOANR）将是执行机构，但由于没有采购能力和缺乏会计人员，这个部门缺乏执行能力。因此，该部从未发挥过这一作用。相反，贷款的直接受益人，特定的农业公共或合资企业，农业相关公用事业或农业工业企业成为贷款的积极执行者。实施影响力的主要机构是财政与经济规划部（MOFEP），在贷款期限内承担监督方案和维持与银行的全部联系。

3. 项目要求

项目计划要有四类报告，包括：①非洲开发银行、世界银行和其他主要捐助者共同出具的中期评估报告；②非洲开发银行可接受的独立审计师进行的政府账目年度审计，以及财政部在每个会计年度结束后6个月内提交给本部的报告和报表；③外汇管理局季度进度报告；④在项目结束后6个月内，苏丹政府向世行提交的项目完成报告。但这四个报告均未提交。联合中期评估没有进行。但是，世行单独进行了中期审查。

同意采用银行程序对采购方案中的不同项目进行采购。因此，对下列用品采购将通过国际竞争性招标（ICB）进行，限于世行成员国的公司：农场和种植园的投入，燃料和润滑剂，灌溉维修设备，畜牧业投入、设备和用品，农村供水设备，糖厂、灌区和农村供水的备件以及车辆轮胎将直接从制造商采购。与化肥和农用化学品相关的所有采购由根据国际开发协会1980年建立的采购计划委员会（PPC）处理。系统地执行了采购程序。正因为如此，该计划的执行比预期的缓慢。

六、结果评估

1. 总体评估

该计划是为购买农业投入提供外汇的快速支付贷款。实施前和实施过程中，商品和服务清单发生了许多变化。许多修订是零零碎碎地发生的，这些变化并没有伴随整体方案修订。此外，由于无法跟踪大部分变更的记录，所以无法准确确定最终支出的详细和可靠的总体记录。然而，借款人已经确认，实际上所有的支出都是用于直接农业用途。

苏丹政府遵循世行的所有合同准则，虽然大部分合同因苏丹和非洲开发银行的官僚程序缓慢而延迟，但所有合同在延长付款期限结束后均已圆满完成。政府大致遵守与贷款有关的契约和条件，因此在执行计划过程中发生了一些重大体制和政策变化。这主要涉及相关的农业公司，其中引入了基于更准确的库存数据和农业研究建议的标准预算程序，并采用了改进的操作方法。随着成本和信贷能力的提高，农业公司能够建立现行的棉花采购价格。作为该计划的直接结果，苏丹政府也引入了更务实的土地和水费政策。

2. 运行结果

主要是由于商品和服务清单的许多实质性变化，在评估计划、贷款修改协商和实际兑现后，可以直接参照开支。此外，苏丹财政部没有设立农业复兴计划Ⅰ的支出记录。但是1995年3月，非洲开发银行按照计划任务与该行支付记录进行比较，已经确定实际支出总额为6 529.6亿UA。

不幸的是，没有对任何农作物进行评估，没有看到产量大幅度提高的趋势。实际上，在1987—1991年间，棉花和糖单产分别下降了3%和8%。部分作物产量的增加归因于更多的降水量（特别是1988年的高粱在雨后增产，而1989年的干旱造成了减产），而不是因为提供更多的投入或改良的种植方式。种植面积的重大变化也主要是由于政治原因造成的。例如，1988年和1989年，出于粮食自给自足的目的，政府下令高粱和小麦应优先于出口作物，导致棉花面积减少或没有扩大。其他指标，如拖拉机数量（从1989年的9500台增加到1991年的10 451台）和灌溉的土地（从1986年的186万公顷上升到1991年的191万公顷）表明，农业生产实际上在方案实施期只是略有改善。世行汇编的回顾表明，他们得出了相同的结论。但没有提供任何数据予以证实。总体方案结果被认为是“令人满意的”。

七、结论和教训

1. 结论

国家统计数据表明，农业部门执行方案产生了一些积极的影响。然而，农业复兴计划Ⅰ部分成功，因为几乎所有的资金都被支付，并补偿了农业投入物和相关物品的外汇短缺。最初在前两个方案中制定的政策改革和变革继续涉及农业复兴计划Ⅰ，农业部门政策改革进程持续但缓慢。当时包括建立促进棉花生产的激励措施，确保在种植季节之前公布棉花的实际生产价格，并确保所有农民在收获后及时付款。

1990年和1991年是干旱年份，非灌溉部门的作物生产受到影响。政府指示一些灌区生产粮食作物而不是棉花。因此，所有作物的总产量并不一定能真正反映该方案对农业部门的影响。

在1989/1990年度开展了灌溉土地和水费重大改革。通过定价政策改革和改进，也鼓励重点商品生产。

由于方案采购委员会的活动的直接结果，采购也更有效率和精简。采购委员会在整个20世纪90年代的实践，得到了农业复兴计划Ⅰ和Ⅱ的资助，并在进行一些机构改进，包括确定实际种植面积目标及其相关投入要求、农业企业财务纪律、病虫害综合治理、安全处理和贮存农药、比较分析各种作物的生产成本、使作物选择合理化并最大限度提高产量、监测和减少农业企业的经营预算和现金流量等。

2. 教训

对于一个简单的贷款计划，制度要求同样直接。但是执行机构没有适当的记录能力，也未提交报告。如果能及时监督并且在中期进行审查，加强银行业的扶持，有可能缓解这一局面。

对于这种性质的项目，应在评估时明确界定要实现的目标，并建立评估项目执行前后情况变化的方法。例如，作物生产力监测程序应该已经纳入农业复兴计划Ⅰ，以评估由农业复兴计划干预引起的产量变化。准许私营部门作为实施项目的组成部分，其记账、记录和报告方面的能力明显优于政府。

第三节　25年国家和联邦战略（2007—2031年）

苏丹《25年国家和联邦战略》（2007—2031年）是在完成“全面和平协议”之前拟订和通过的。然而，和平与民族和解的和睦气氛是一个鼓舞人心的因素。因此，可持续的和平及其红利，即维护社会和平与安全是其规划的基础。这一战略是连续五年计划的参考。尽管它们之间的格式有所不同，但它已经启发和形成了规划的基础。

应该提到的是，在与南方进行的最后和平解决的两年谈判期间，该战略已经被用于总的发展方向。也是解释“全面和平协议”转变为现实的困难阶段的参考。本“战略”的通过被推迟，受其影响，“五年计划”同时被推迟。因此，2007年作为战略和计划的基准年。《25年国家和联邦战略》是国家全面战略，涉及国家各个层面。

一、战略涉及国家所有层面

1. 主权事务战略

政府机构集，国防和安全集，对外关系集，和平丛集，司法机构集。

2. 经济战略

金融与外贸集，投资集，农业、灌溉和畜牧业集，工业集，能源和矿业集，私人和企业集，旅游业集。

3. 能力建设和社区发展战略

普通教育集，高等教育与科学研究集，信息集，科技集，宗教事务集，信息集，文化集，青年与体育集，非政府组织集，流行系统集。

4. 社会服务战略

健康集，饮用水集，社会福利与发展集，人口集，劳动集，公共服务和行政改革集，运输集，道路和桥梁集，通信集，邮电集，环境与物理发展集。

二、农业战略

农业、灌溉和畜牧业战略是国家战略一部分。双管齐下的农业部门，作物和动物和相关的灌溉手段被认为是国民经济的火车头。因此，在国家生产贡献方面处于领先地位。

1. 农业总体战略目标

开发并优化利用自然资源。实现农业和农村平衡发展，可持续发展，粮食安全，在联邦制度的框架内增加就业机会并从各州的优势中获益最大化。

2. 面临的挑战和应对措施

提高生产力和竞争力。通过农业和农村综合发展减少贫困。防范干旱的影响。提供基础设施。加强产业转型。坚定不移地从世界贸易组织和地区性组织的协定出发，面对全球化的挑战。这包括遵守作物和牲畜健康的程序和规范，申明质量，并对有机技术产品的负面影响采取安全程序。通过培训各级人员建设农业部门的能力，改善工作环境，进行结构性和体制性改革，并从通信和信息技术中获益，使之信息化现代化。发展私人投资。实现农业可持续发展。

三、措施和目标

根据生产力优化土地利用，实施国家土地利用规划，畜牧和森林占土地总面积的25%，实现畜牧业和野生生物的均衡利用，有助于环境和生活平衡。

通过增加水库和河流以及沟渠储存能力，利用自流水，扩大集水方式，开发可用水，为社会和家畜提供饮用水。

恢复灌溉服务，提高用水效率，引进适当的技术优化用水和传播节水意识。

通过控制水坝和疏通灌溉渠堵塞，控制水域和运河纸莎草，防止污染和调节用水以防止水资源数量减少和质量恶化。

通过人工开发将耕地面积翻番，自流和洪水灌溉面积达到1 000万费丹。将雨养农业耕地面积翻番，达到5 000万费丹。效益垂直增长，实现高生产率，从而提高竞争力。

通过多样化的作物服务方式扩大园艺生产周期，增加就业机会，增加农村收入和减少贫困，从而实现平衡增长。

在保留的森林里和国家森林体制下，通过自然和人工种植增加林业面积。

建立一个发达的，能够满足内部和外部市场需求的畜牧生产行业。

将苏丹变成天然饲料饲养的、不受激素污染的国际牲畜产销中心。农业作为其他部门的火车头，要增加其公共支出。

在作物和畜牧部门发起农业复兴，增加对国民生产总值的贡献，使其超过石油部门。利用有机技术培育高效农作物和牲畜。

分配一定比例的财政资源来支持农业和政府银行，使其能够提供综合资金。吸引公众将其资金存入银行，以便能够产生足够的资源来满足经济部门的需求。

25年计划的目标是鼓励和引导农村发展，开展提供全部农村社区的服务，包括淡水、技术培训、保健、电力、石化燃料和可再生能源等发展项目，公平公正地分配给所有地区、所有文化信仰的各个民族。

该计划解决了农业中期面临的六大制约因素：收益率低下、反复发作的干旱、基建不足、贸易限制、机构能力薄弱和私人投资低。

四、主要政策

该计划提出，解决这些制约因素的主要政策应当是通过促进农业部门增长的以下行动框架：新的土地法，并规定了其他措施，长期租赁土地使用条件，土地租赁的可行性，以及半机械化地区大农场的数量和规模；更加有针对性和有效的农业研究和推广；改善农村金融服务；改善小麦、油料作物和牛奶等农畜产品销售的方案；维护战略储备，加强国家粮食安全；改善农村生活用水的投资；提高传统雨养区农户家庭福利的方案；节水灌溉；通过改良牧场，恢复森林，重新造林和促进农林复原，通过恢复植被覆盖来防治荒漠化。

第四节　北苏丹行动计划（2010—2012年）

一、项目概况

经过几十年的冲突和不稳定的政治环境，北苏丹各地人民的生计和生产能力受到严重损害，应对人为因素和经常性自然灾害（洪灾、旱灾、禽流感）的能力已经被削弱。2009年国际人道主义援助达到13亿美元，对长期危机做出反应有相当大的效果。尽管如此，数百万人仍然面临严重和长期的粮食危机。农业部门需满足依靠劳动维持生计的农业适龄人口的60%～80%的食物和收入需求，该部门对经济复苏的重要性和巩固北苏丹的和平是不可低估的。“北苏丹行动计划2010—2012”是联合国粮农组织针对北苏丹的应急和恢复方案。它不包括粮农组织的长期发展计划，而是旨在补充本组织正在进行的发展活动，以及联合国机构、政府和其他合作伙伴的干预措施，旨在减轻经常危机并解决其根源。

该方案在很大程度上依赖于对北苏丹复杂局势的灾害风险管理办法。这种办法侧重于紧急救济，例如替换丢失的资产或恢复生计，以及早期救助，作为降低保护和维持生计的风险的一部分。这种干预措施往往比那些危机之中或之后的干预措施更有效率。鉴于北苏丹危机的复杂性和长期性，粮农组织的救济和恢复方案得到加强，这不仅是恢复而且是保护和促进粮食和农业生计的干预措施。

因此，“北苏丹行动计划”的总体目标是提高应对水平，更有效地在粮食和农业方面作出短期的反应。其优先事项，将有助于粮农组织及其对应方和合作伙伴加强社区抵御能力，以满足短期需求，并实现更有效和更长期的恢复模式。

根据对目前情况的分析，要对引发粮食危机的主要因素和弱势群体进行确定和评估，确定和评估的方法体现在本“行动计划”提出的六个关键重点领域中。包括：

农业生产不断下降；牲畜生产和生产力减少；气候变化的不利影响，以及对使用稀缺自然资源和土地等长期问题产生的反应；影响各个群体生计的经济因素，以及创造替代生计资源；需要加强体制建设；国际社会的协调和所提供的援助。

上述优先事项已扩大到十二个部门，详细说明粮农组织在北苏丹实施的活动，以实现预期成果，并解决三个地区确定的具体需求：达尔富尔（包括北、南、西达尔富尔）；过渡地带（阿卜耶伊、青尼罗河和南科尔多凡州）；苏丹东部（加达里夫、卡萨拉和红海州）。

“2010—2012年行动计划”的总预算为45 056 468美元。结果产出和方案简介如表8.1所示：

表8.1 北苏丹行动计划（2010—2012）主要内容和投资 （单位：USD）

	项目简介	金额
输出1-提高作物产量和生产率	项目1.1-加强和支持社区种子生产和供应体系	2 860 000
	项目1.2-通过提高农业知识和技能提高农业生产力，并支持技术推广	5 415 666
输出2-改善牲畜卫生和生产	项目2.1-支持和改善家畜卫生和生产	6 864 000
	项目2.2-支持和加强与牲畜有关的减少灾害风险的战略	3 938 000
	项目2.3-支持政府和社区机构和技术能力的提高，并对跨界动物疫病提出应对之策	1 721 500

（续表）

	项目简介	金额
输出3-环境改善、恢复和保护	项目3.1-支持农村社区因自然资源导致的冲突变革	3 498 000
输出4-生计多样化和技术转让	项目4.1-加强技术转让和支持生计多样化	8 404 000
输出5-提高政府和社区在预警、备灾和责任方面的体制和技术能力	项目5.1-支持国家部委和地方农业部门的人力、制度和物质生产能力建设	5 275 500
	项目5.2-对粮食安全信息采取行动	1 131 552
	项目5.3-拟订苏丹综合粮食安全、营养和生计方案	503 250
输出6-改善粮食安全和生计（FSL）集群干预措施的协调	项目6.1-支持FSL群集协调和精简预警系统	4 345 000
	项目6.2-在达尔富尔应用粮食安全应对分析框架	1 100 000
	合计	45 056 468

"行动计划"表明，在北苏丹的紧急和恢复活动中，粮农组织通过了更为程序化的方法。该文件采用程序周期管理方式管理情况分析、计划响应和监测评估框架。粮农组织通过这一"行动纲领"和其他措施，正在努力根据国家粮食安全计划和相关战略以及联合国系统规划框架，与内部和外部伙伴建立更大程度的一致性。

二、项目目的

联合国粮农业组织旨在通过采取措施避免（预防）或限制（减轻）危害的不利影响，并提供及时和可靠的危机预报和早期预防措施来加强生计，增加家庭和社区的恢复力，预警及早行动（准备）。粮农组织着重挽救生命，在应急阶段恢复生计和财产。

粮农组织的恢复和康复干预措施是建立在"更好地恢复"的原则基础上的，通过促进从长期救济过渡到稳步发展的干预措施，可以更好地抵御未来的灾害。粮农组织定义了旨在减少危害的不利影响的系统方法和灾害风险管理（DRM）的可能性。

人道主义粮食安全领域倾向于应对突发的大规模冲击，但该方案不利于长期危机的应对。从其他粮食危机状况和大多数援助的短期性质来看，需要更加重视利用现有协调和沟通框架机制。这意味着应当更加注重提高和加强社区的韧性，将各级政府和机构联系起来，并在粮食和农业方面创造更可持续、多样化的生计。据此提出和确定了"行动计划"中概述的六个关键重点领域。

灾害风险管理概念框架包含了减少灾害风险（DRR），防范和减轻的所有要素，并将风险降低与风险管理相结合。灾害风险管理强调发展合作伙伴在应对紧急情况方面的能力，以支持长期发展。

该“行动计划”是粮农组织关于北苏丹紧急和恢复干预措施的目标计划的声明。它与国家中期优先重点框架（NmTPF）所表达的粮农组织的长期目标相符，并与集群规划框架相联系。它概述了有助于实现粮农组织战略目标I（SOI）的紧急和恢复计划要素，涵盖了灾害风险管理周期的各个方面。

该“行动纲领”规定的方案，将战略性地指导粮农组织及其合作伙伴，设计和实施以紧急和恢复需要为对象的粮食安全和面向生计的对策。它可以被认为是一个“现场”和动态的文件，针对2010年北苏丹当前和可能的现实，并符合关键部门和发展战略的文件，包括“国家粮食安全行动计划”，联合国发展援助框架（UNDAF）和粮农组织2009—2012年国家中期优先重点框架。因此，随着粮食安全形势的发展，可以进行调整，同时保持活动核心，确保与长期发展方案保持一致。

“行动纲领”的结构遵循循环管理的程序，从情境分析到响应选项分析，响应规划，监控和评估。方案的持续时间（24个月）将使粮农组织能够超越传统的短期干预措施，采取全面的方式处理人道主义干预措施，包括灾害风险管理。

三、形势分析

1. 背景

苏丹的几个地区遭受了几十年的冲突，造成了人身伤害和人力资源的破坏、制度和社会治理结构的侵蚀。暴力事件的爆发，包括达尔富尔地区持续的不稳定状态，迫使数百万人流离失所，使数百万人面临极端贫困。冲突的影响由于经常性灾害，包括干旱、疫情和动物疫病爆发而加剧，这加剧了整个苏丹的粮食安全形势。

2005年签署“全面和平协议”表明苏丹南部长期的冲突已经结束。该协定在2011年举行全民投票前规定了为期六年的联合统治，以确定该地区是否将继续作为苏丹的自治部门或组成独立的主权国家。“全面和平协议”还包括对阿卜耶伊、南科尔多凡州和青尼罗河州（也称为三个过渡地区）的特别规定。自从签署“全面和平协议”以来，阿卜耶伊地区一直不稳定，并推迟执行“阿卜耶伊议定书”，2008年可能会导致财产损失和人员流离失所的危机。“阿卜耶伊路线图”签署后和阿卜耶伊地区管理局的组建情况有所改善。但是，为当地社区提供服务的预算不足。

2006年10月，“东部阵线政府”与叛乱分子举行了一系列谈判后签署了“东苏丹和平协议”，使局势持续改善。尽管“协定”的执行情况很慢，但裁军的势头却很大，自从2008年下半年以来，3 500名前战斗人员的复员和重返社会的进程，在卡萨拉、加达里夫和红海州稳步推进。在“协定”范围内，联合国及其合作伙伴通常重新调整其恢复和发展方案，同时仍然准备应对人道主义需要，如由于流行病造成的人道主义需求。

达尔富尔三个州的局势仍然面临大规模的人道主义紧急状况，因为这个地区冲突还没有得到解决。结果是经济和社会领域的持续中断，以及生命损失方面的重大损失。

2. 农业的作用

农业部门在苏丹的经济增长、工业化、出口和环境方面发挥着重要作用，占GDP的比例超过39%。大约60%～80%的人口中，农业活动和牲畜饲养是生计的主要来源。苏丹的农业包括自给农业和当地消费，以及出口的商品生产。传统上，农牧业不仅代表了初级生产体系，而且也涉及大多数苏丹人口。苏丹总面积的1/3适合农业，耕种了大约只有约21%的可耕地。尽管在苏丹整体经济中占主导地位，但农业生产力起伏不定，而且产量远远低于潜在的业绩。

（1）粮食生产线：谷物总产量约占全国年粮食需求量的65%左右，其余的主要依靠小麦进口。由于这些粮食在人口饮食中的重要性，其价格水平对于确保人们获得充足的食物是至关重要的。鉴于已经很严重且越来越多的贫困状况，特别是农村地区，这一点尤其重要。2009年下半年以来，主食价格同长期平均水平相比持续上涨。这往往进一步限制了弱势群体获得食物的机会，弱势群体可能依靠市场来满足其大部分或全部粮食需求。这种情况在下一次收获之前（2010年10—12月）可能会持续恶化。

（2）畜牧业：动物生产是整个苏丹的重要生计活动，该国在非洲拥有最大的牧群。畜牧业（及其相关产品）是关键的缓解干旱和作物歉收影响的资本资产，也是牧民的重要社会资本。在苏丹，畜牧生产平均占国家出口总值的20.5%，占农业出口的28%以上，占国内生产总值的18%以上（联邦动物资源和渔业部，2010）。

（3）林业：苏丹土地面积的29%左右被森林所覆盖，不应低估林业对生态和国民经济的贡献。森林资源占能源消费的71%，提供超过30%的牲畜饲料和15%的农村生计的机会。森林还提供间接的福利，包括环境保护和流域保护，以及土壤保持和增强。从界别分组中获得生计的人们包括传统的烧柴和木炭生产采集者，而木炭是家庭和城市某些行业的主要燃料。还有一个现代化国有的木材和锯木厂。然而因生产建筑材料、纤维、木炭和烧砖，该国的森林正在迅速枯竭，特别是在国内流离失所者（IDP）营地附近和城市中心地区。

（4）渔业：苏丹海岸线约为720千米。大陆架的可用面积约为9 800平方千米，其中800平方千米适合拖网捕捞，其余的可用于传统捕鱼。海洋渔业资源包括鳍鱼、观赏鱼类、珍珠牡蛎、马蹄螺和其他腹足动物。尽管淡水养殖尚未充分开发，但苏丹在土地、水、温等环境条件和适合养殖的鱼类资源方面都具有相当大的潜力。传统上，捕鱼是主要的生产活动。一些小经营者还利用该国人口稠密的中部地区的河流和主要水库，在当地附近的城市中心捕鱼。然而现在有很少且很小的几家企业，主要分布在努比亚湖和红海沿岸从事渔业生产。淡水资源包括尼罗河及其支流、自然和人为的池塘、灌溉渠和临时溪流。这些资源大多集中在大坝、水库等地区。水坝和水库存在大约29属和115种鱼类，估计每年有14万吨鱼。

3. 区域情况

（1）大达尔富尔地区：达尔富尔地区持续受到不安全和不稳定的影响，各种武装团体之间持续的冲突限制了生计选择。该地区人口约800万，其中1/3是国内流离失所者，另有25万人生活在邻国乍得的难民营。另外200万居民继续遭受暴力和种族间爆发的冲突的影响。

虽然居住在城市中心的国内流离失所者人数或实行季节性作物种植的人数似乎有所增加，但由于持续的不安全感，居住在难民营的居民面临生计的重大制约。目前的生计战略主要是以自然资源消耗（砍伐森林、建筑、木炭炼制和建筑业）为依托，是不可持续的。结果是，许多家庭粮食不安全，相对来说营养不良水平高而食品生产水平偏低，获得医疗服务的水平也很差。

北达尔富尔州：主要民生活动是农业（种植）或牲畜生产。粮食不安全一般与流离失所有关，农业投入不足，长时间的干旱，降雨分布不均，武装团体之间经常发生冲突，阻止农民进入自己的土地，阻碍畜牧业放牧，难以控制的作物虫害，农业推广服务不力。

西达尔富尔州：大多数人依靠作物生产或养殖牲畜来维持生计，粮食不安全与农业投入不足有关。农业推广和技术转让服务不力，降雨分布不均，高度依赖传统的雨养系统来生产主要的粮食，经常发生冲突，特别是沿着与乍得的边界，不受控制的作物虫害，并且迁徙路线在农民和牧民之间相互争夺，放牧场地也很有限。

南达尔富尔州：作物种植和牲畜生产是该州的核心生计战略。粮食不安全一般是由农业投入不足造成的，由于种族间的频繁冲突而流离失所，降雨分布不均匀，不受控制的作物虫害，农业推广服务不力。

（2）过渡地区：过渡地带（阿卜耶伊、青尼罗河和南科尔多凡州）的特点是普遍不发达。贫民和流离失所者的返回，使本就有限的社区内的基础设施和服务能力更加紧张，使他们更容易受到自然和人为的冲击。

《全面和平协定》签署后，过渡地区的安全形势有所改善，导致在冲突期间流离失所的人口的返回。然而，由于持续的不稳定和政治紧张局势，恢复和重建民生受到阻碍。复员和非军事化前战斗人员，与武装团体有关的妇女和儿童的重新融合仍然是粮食安全和生计群组的优先事项。

阿卜耶伊：主要生计战略涉及作物生产和牲畜饲养。在旱季，收集木柴，烧木炭，收集茅草和野果，作为重点应对机制。粮食不安全主要与长期干旱相关，由于经常性的流离失所和由农民和牧民（丁卡族和miseria部落）的自然资源利用而导致了未解决的边界争端。

青尼罗河和南科尔多凡州：生计主要以作物和牲畜生产为基础，粮食不安全主要是由于干旱，以及大量流离失所者返乡和难民的存在造成的。

苏丹东部：东部地区（加达里夫、卡萨拉和红海）也面临二十年政治和社会动荡的持续影响。该地区长期脆弱性的主要因素包括降水量和农业生产力低，牲畜生产和生产率下降，经济机会有限，还有大量难民、国内流离失所者和返回者的存在，他们资产很少或没有资产。该地区继续容纳厄立特里亚和埃塞俄比亚的大量难民，以及由于存在地雷和未爆弹药而无法返回其原籍地的国内流离失所者。正在进行解除武装和遣散前战斗人员的办法已经增加了对重新融入社会和重新建立生计的支持的必要性。卡萨拉州大多数民生是农业、牧业和农牧。粮食不安全的主要因素是干旱，这对农作物的生产和牧场的影响是负面的。沙漠化和大量返回者和难民也对粮食安全产生影响。

四、关键挑战

苏丹的许多地区几十年来一直存在着频繁的和长期的粮食不安全状况。西部（达尔富尔）和南部的主要原因与冲突有关，也是自然灾害的结果。北部和东部地区，主要是由于长期的政治和经济边缘化、环境退化和干旱日益增加、长期贫困造成许多农村人口长期的危机。结果是永久性的严重的粮食不安全状态，人类健康状况的下降令人震惊。据估计，苏丹近3 700万人中有20%是长期营养不良的。在过去十年中，尽管经济和农业潜力巨大，但每年有150万～300万人需要某种形式的粮食援助（粮农组织，2008）。在北苏丹，农业的特点是四类农业系统：灌溉、半机械化、传统雨养和畜牧。传统雨养农民和牧民的贫困和粮食不安全水平最高（世界银行，2003）。达尔富尔、红海、南科尔多凡南部以及青尼罗河，卡萨拉和北科尔多凡州的部分地区由于2009年收成不佳和达尔富尔持续的冲突而面临中等到高水平的粮食不安全状况。

对于粮农组织来说，达尔富尔危机的影响是长期危机对农村生计影响的突出代表。冲突的最初几年的特点是生计的迅速破坏，因为数百万人的村庄遭到袭击或威胁时，人们流离失所。北达尔富尔州的牧民在三年的冲突之中失去了一半以上的牲畜。随着危机的蔓延，资产逐渐流失，生计选择不断减少和受到限制。许多人依赖边际生活活动。农村人民不能迁徙工作或汇款回家，这对冲突的初期阶段的生活造成严重影响。此外，达尔富尔自然资源基地之间，牧民和农民之间的竞争加剧，因为这两个群体越来越依赖诸如收集草原和发酵的战略来替代不再可能的冲突前谋生策略。

长期的危机意味着苏丹目前是全球最大的受援者，国际社会在2009年提供13亿美元的人道主义援助（联合国人道主义援助协调人权协调委员会，2010年7月）。不安全状况对提供这种援助产生了严重的影响，2009年，驱逐13个国际和解散达尔富尔的三个非政府国际组织严重限制了向有需要的人口提供支持。

1. 北部苏丹粮食安全形势

达尔富尔地区、红海和南科尔多凡州以及过渡地区的粮食安全形势预计在2009—2010年收获不良的影响驱动下，导致达尔富尔持续的冲突，高粮价和经济作物生产减少，造成了长期的粮食不安全。不利的气候条件和对作物和牲畜生产的相关挑战可能加剧大多数州的情况，使社区的应对机制减少超出限制。

目前粮食生产水平低下，苏丹北部一个社区的粮食安全状况不断恶化，随着季节变得更干燥，资源有限，情况可能进一步恶化。

2. 自然灾害、干旱和冲突

预计一些州将发生干旱、禽流感和有害生物，破坏农村和城市人口的生产和生计，并且越来越依赖外部援助和消极应对策略。预计未来几年由于连续的自然灾害和冲突的影响，粮食生产将会减少，导致粮食短缺和粮食不安全。这将需要增加生产和生计节约措施。2009年，降雨普遍较差，并且在季节主要部分的降水少于平均水平。

3. 作物生产

根据2009年作物和粮食供应评估团（CFSAm），全国三大主要谷类作物的面积将会下降，最终收获面积为750万公顷，而2008年则为940万公顷。特别是生产水平较低，估计低于去年的33%，比前一年度的平均估计低30%；在2010年10月/11月的收获前，由于库存枯竭，北部大部分地区的粮食安全形势严重受到影响。

4. 市场价格

随着收获的作物进入市场，价格通常会下降。然而，目前谷物价格大幅上涨，高于去年同期几乎所有市场价格的20%～50%。如果继续下去，收获季节早期高粱价格的上涨是一个严重的问题，因为高粱是穷人的主粮。虽然收获时的高价格对农民的收入来说是积极的，但对于继续依靠谷物市场的最贫穷的农民和畜牧业主来说，这是不利的。只要所有其他消耗品的价格继续上涨，贫困消费者将严重受到长期高价格的影响。持续的历史高价格需要立即做出回应，应该密切监测价格。2010年3月，牲畜价格上涨幅度高于谷物，有利于牧民的贸易条件。

5. 政府政策

政府是依靠援助机构支持居民。虽然到2009年底，实施了粮食补贴计划来降低或稳定价格，然而，由于缺乏与其他行为者的协调，该计划受到了影响。

6. 营养不良

苏丹的营养不良发病率最高。根据估计，全国31%的儿童体重不足，32.5%的儿童发育迟缓。这些数字隐藏了重大的国家以下区域和季节性的变化。卡萨拉州中等体重不足儿童的患病率估计为38.4%，北达尔富尔州为39.6%，红海州为19%。关于微量营养素状况的本地化调查报告显示，维生素A缺乏引起的夜盲症的发生率1%～4.8%。营养不良不仅增加了对疾病和死亡的脆弱性，而且降低了学习能力和生产力，使易受害家庭陷入贫困循环，破坏了可持续生计。儿童营养不良，与微量营养素和营养均衡饮食摄入量不足有关长期家庭粮食不安全，感染传染病以及卫生服务和卫生条件差。苏丹家庭调查显示，社区意识不足和保健寻缺乏，使母亲和儿童死亡率极高。

五、优先事项

不安全感和不稳定性，自然灾害，长期贫困和普遍不发达，这些都继续使许多北部苏丹人受困于粮食和生计不安全。考虑到目标人群的人道主义需求，北部苏丹的安全形势和环境分析，粮食安全和生计（FSL）群体支持需要到达最脆弱群体，包括境内流离失所者，回返者，解除武装，复员和重返社会参与者以及面临粮食安全和粮食生产差的居民家庭，其生计有限，无法开展经济活动。鉴于引发粮食不安全的因素，粮农组织的紧急和恢复计划需要解决以下关键问题：农业生产减少；减少牲畜生产和生产力；气候变化的不利影响和对使用稀缺自然资源和诸如土地获取等长期问题产生的影响；影响各种群体的整体生计以及为整体人口以及大量境内流离失所者创造替代生计资源的经济因素；需要加强与当地对口机构的关系，也是区域长期濒临危机的重点；国际社会的协调和这项协助。

六、计划目标

根据粮食不安全的主要原因，并根据未来12～24个月的可能情况，形成了行动目标。

（一）目标

改善北苏丹的粮食安全和农村人口的生计。

（二）成果

加强对北苏丹粮食和农业威胁和紧急情况的防备和有效应对。

（三）产出

下述产出建立在现有和成功实施的方法和系统的基础上。

1. 改善作物生产和生产力

作物生产的改善可以通过提高生产力或通过扩大耕地来实现。

部门计划Ⅰ　加强和支持以社区为基础的种子生产和供应体系：支持恢复

土著种子系统和建立社区种子库；提供农业投入；针对达尔富尔地区，开展全面的特殊需求评估。

部门计划Ⅱ 通过提高农业知识和技能来提高农业生产力，并支持技术推广：培训（技能和新技术）；通过病虫害综合管理实现植物和作物保护。

2. 改善家畜健康和生产

这一活动将大大有助于提高畜牧业生产力，并为那些依靠畜牧业提供生计的穷人提供平行的措施。

部门计划Ⅰ 支持和改善家畜健康和生产：支持兽医和疾病监测/监测服务；社区动物卫生工作者和移动兽医单位；恢复牧场和建立饲料库；支持渔民。

部门计划Ⅱ 支持和加强与牲畜有关的减轻灾害风险战略：参与式灾害风险评估；综合社区减灾干预。

部门方案Ⅲ 支持提高政府和社区的体制和技术能力，以准备和回应北部苏丹的跨界动物疾病：疾病监测和控制；动物健康干预和培训；支持冷储链系统。

3. 环境恢复和保护

为了保护和维持有限的自然资源，有必要将可持续的资源管理纳入粮农组织的人道主义和生计计划。

部门计划 支持农村社区以自然资源为基础的冲突转型：环境研究和评估；促进保护性农业；支持社区森林组织的能力建设；为重新造林生产和分发树苗。

4. 改善生计多样化和技术转让

改善生计多样化和技术转让旨在增加收入来源的渠道。

部门计划 加强技术转让和支持生计多样化：培训不同的生计选择和农业加工业；支持农民团体和/或其他协会。

5. 提高政府和社区在预警、准备、缓解和应对方面的体制和技术能力

各级地方政府的能力建设必须作为优先事项，以加强其准备和应对苏丹面临的挑战的能力。

部门计划Ⅰ 支持政府对口单位的能力建设：各州各地区农业部门和农业协会的能力建设；农民田间学校；技术培训。

部门计划Ⅱ 粮食安全信息的行动：支持建立粮食安全的跨部门伙伴关

系；建立粮食安全基线和监测工具；达尔富尔生计分析。

部门方案Ⅲ　建设苏丹综合粮食安全、营养和生计计划的能力：参与有关决策和方案编制工作，确保粮食安全、营养和生计问题得到有效解决；合作机构培训；开发营养教育资料。

6. 改善FSL集群干预措施的协调

粮食安全和生计（FSL）集群的战略重点将是继续恢复、稳定和改善目标家庭的粮食安全形势，并支持制定具有环境可持续性和冲突敏感性的生计战略。

部门计划Ⅰ支持FSL集群协调和精简预警系统：建立标准的信息管理工具，以支持有效的协调和沟通；对未来的战略规划进行评估，集群测绘和监测；培训和能力建设；在达尔富尔建立粮食安全监测系统和粮食安全基线。

部门计划Ⅱ在达尔富尔应用粮食安全响应分析框架：对现有的显式和隐式响应分析活动进行归纳；培训和参与食品安全分析和应对计划活动。

七、项目评估

“行动纲领”逻辑框架突出介绍了监测各项活动执行情况的一些关键工具。此外，在活动层面进行流程监控，以确保实施正常进行。粮农组织不可或缺的工具是评估。不仅需要进行评价，以对当地受益者的要求负责，也要考虑到人道主义援助对当地社会的更广泛的政治、社会和经济影响。

1. 评估方式

监测是用来衡量实施计划进程以及资源使用情况的监测系统。这是一个持续的反馈系统，贯穿于“行动纲领”的整个生命周期，将涉及对每项活动的监督或定期审查。监督活动的实施将由粮农组织部门协调员负责。各项活动的监测框架，按项目分组。

评估是对执行情况的系统分析，用以调整或重新定义目标、重组机构安排或尽可能重新分配资源。计划在第一年（2010年8月至2011年8月）结束时进行项目成果的评估，并在2012年年底进行项目影响评估。

审查和评估的关键标准是：

（1）有效性：行动计划（PoA）的结果在多大程度上达到预期的结果。

（2）影响：行动计划产生的直接或间接、有意或无意的、主要和次要的长期影响。

（3）相关性：决定“行动纲领”在不断变化的背景下对处理普遍问题的影响程度。

（4）可持续性：行动计划完成后的实际和可能的持续收益。

但在苏丹组织的监测和评估系统一直很薄弱，主要是收集交付的货物和服务的数量以及受益人的数量比较困难。

2. 目标确定

特定地区的家庭在特定的时间点可能不会受到同等的影响。脆弱程度取决于家庭的生计资产。此外，机构可能没有足够的资源来满足一个地区的所有需求。在这种情况下，各机构采取下一级目标，即以家庭为目标，以确定正确的受益者。

家庭定位是执行伙伴和当地社区结构的共同责任。一般通过社区领导、地方机构、社区重点小组和参与者通过社区管理系统来选择住户。项目确定的主要目标是针对以下几类家庭：境内流离失所者和难民营；与居民居住在一起并有可耕地的国内流离失所者；游牧民族（包括农牧民）；弱势居民社区；回返者；受洪水影响的住户；受艾滋病毒/艾滋病影响/感染的家庭；前战斗人员/解放军。选择家庭时通常会考虑到性别方面的问题。

第五节　苏丹行动计划（2015—2019年）

《苏丹行动计划》（2015—2019年）是联合国粮农组织根据“2015年人道主义应急计划”制定的援助苏丹的项目。面对人道主义援助的540万人中有80%（420万人）是粮食不安全的。由粮农组织和粮食计划署共同牵头的粮食安全和生计（FSL），捐资357 002 165美元，其中291 318 389美元（82%）用于粮食援助，65 683 776美元（18%）用于粮食生产和其他生计援助。

《苏丹行动计划》（2015—2019年）符合苏丹政府“临时减贫战略文件”、《苏丹国家方案框架》（2012—2016年）、《苏丹政府第二个国家五年战略发展规划》（2012—2016年）、《苏丹政府农业复兴计划》（ARP）（2008—2014年）、达尔富尔地区管理局（DRA）《发展达尔富尔：恢复与发展战略》（DDS）等一系列计划精神。

一、背景

苏丹人口3 620万，总人口中有2/3生活在农村，58%是“穷人”（FAO），200万儿童患急性营养不良，50万名儿童严重营养不良（WHO），310万境内流离失所者（IDPs），其中250万境内流离失所者在达尔富尔，25万多境外难民（OCHA）[①]。

在牧民、农民和农牧民之间的自然资源所有权和使用权方面存在广泛的冲突。牧场和林地土地权属转化为大型机械化农业的实践也是冲突产生的根源。同时与南苏丹在边界地区继续发生冲突。苏丹农业部门由半机械化雨养农业、传统雨养农业、大型灌溉农业、畜牧业、渔业和林业构成。近1/3的国内生产总值来自农业。全国1/3以上的劳动力从事农业和农业加工业。

苏丹政府主张以农业为促进经济增长和出口业绩的引擎，同时改进人民生活，减少贫困，改善粮食安全和营养状况，发展和保护自然资源。过去10年来，粮农组织人道主义救济、生计保护/恢复和农业发展计划的行动者和受益者已经对若干良好做法进行了测试和验证，并建议政府机构和民间社会组织（CSOs）进行复制和扩大规模。这些包括：政府机构和公民社会组织的能力建设；粮食安全信息系统，用于粮食安全决策和政策制定；控制跨境植物和动物病虫害；社区动物资源开发服务；农民田间学校小组为基础的适应性研究和参与性推广方法；社区自然资源管理；采水和农场水管理；收获后管理，作为综合价值链方法的一部分；在粮食安全背景下对土地使用权负责任治理的自愿准则（VGGT）；紧急救援粮食安全和生计保护措施的资源调动、实施和运作。

1. 当前优势

可耕地面积较大；

有充足的水资源，可满足农业需求；

巨大的畜牧资源和潜力巨大的鱼类资源；

分布在全国各地的专业化农业学院的研究网络；

一批训练有素的人力资源；

通过联邦政府制度鼓励地方当局参与；

计划改善农村基础设施，鼓励自由市场机制；

---

① FAO：联合国粮农组织；WHO：世界卫生组织；IDPs：国内流离失所者；OCHA：人道主义事务协调办公室

在整个东非和北非地区的战略地理位置；
社会经济可持续发展的承诺和政治意愿。

2. 当前弱势

国家经济脆弱；
种植业、畜牧业、渔业和林业生产力水平低；
农业和自然资源政策过时，缺乏政策协调；
农业计划缺乏科学的、操作性强的方法；
农业研究和推广服务薄弱；
现有农村基础设施条件恶劣（缺乏公私投资）；
在当地缺乏农业生产设备和投入的能力；
缺乏质量控制、卫生、植物检疫和食品安全程序；
缺乏应对区域和国际协议的严格措施；
利益相关者之间的联系薄弱，影响到小农户、渔民和独立社区；
专业人才和工会组织之间的根深蒂固的对抗；
不安全和脆弱的和平局势，特别是在农业生产潜力高的地区。

3. 潜在机会

实现和平与稳定；
可以增加石油和黄金生产，为基础设施和制造业提供资金；
向更开放的经济转变；
公众已经意识到农业是经济快速平衡发展的主要来源；
可以更有效地利用苏丹尼罗河河水的份额；
小型和大型采水技术的应用；
利用农业和工业之间的前后联动（价值链）；
苏丹农业贸易的战略位置（相对于近东、北非和欧洲）。

4. 潜在威胁

人口快速增长；
国家自然资源基础不断恶化；
政治和部落冲突的升级；
85%的动物资源依赖于牧场和游牧系统生产；
越来越多的植物和动植物病虫害的风险增加；
气候变化和波动（即干旱、暴雨、洪水等）；

不适合农业融资的公共资金的机构和程序；

发达国家/潜在市场的贸易壁垒限制了苏丹出口渠道；

食品和农业投入物价格飞涨。

二、苏丹国别规划框架

《苏丹国别规划框架》（2012—2016年）是由粮农组织和苏丹政府共同制定，是《苏丹行动计划》（2015—2019年）的前期基础。粮农组织提出了广泛的承诺，但须获得所需资金，协助苏丹国家和各州政府努力实现其国家和各州发展目标，包括农业、粮食和营养安全、自然资源管理。其主要目标如下。

（1）发展和巩固苏丹农业、渔业和林业政策、法律、规划和信息机构、系统和机制改革与发展的能力。

（2）发展农业研究、技术和知识推广与转让的机构、系统和机制的能力，以提高苏丹农业、渔业和林业的生产、生产效率和竞争力。

（3）苏丹农、林、渔业、自然资源保护和管理机构、系统和机制的能力建设。

（4）苏丹农、林、水产、干旱风险管理机构、系统和机制的能力建设。

三、苏丹行动计划（2015—2019年）

1. 总体目标

促进改善粮食安全和营养，减少苏丹农村贫困，同时支持国家长期的经济发展目标。

行动计划将各级（即家庭、社区和机构）的短期、中期和长期目标相互融合，可持续的短期、中期和长期干预措施列为优先事项，以支持苏丹小额援助的救济、恢复和发展，使农业部门规模化，解决和克服苏丹脆弱性的根本原因。

2. 战略目标

四项战略目标共17个项目，总投资210 366 000美元。

（1）粮食安全和营养计划，改善政策和制度环境。投资27 400 000美元，占总融资的13%。包括4个短期项目，1个中期项目，2个长期计划。

（2）提高种植业、畜牧业和林业分行业的生产、生产效率和竞争力，适应气候变化。投资40 160 000美元，占19%。包括2个短期项目，1中期项目，1

长期计划。

（3）保护和恢复自然资源管理和生计、粮食安全和营养应急。投资107 770 000美元，占51%。包括1个短期项目，3个长期计划。

（4）对苏丹食物链威胁的国家、区域和国际控制。投资35 036 000美元，占17%。包括1个中期项目，1个长期项目。

3. 四项战略干预措施的横向活动

利益相关方的能力建设，基于食物的营养、性别平等、和平稳定的建设。

4. 战略伙伴关系

粮农组织促进实施粮食和营养安全以及农业和农村发展干预措施的伙伴关系。包括政府机构和地方当局、民间社会团体、私营部门、南南合作组织和发展伙伴。

（1）即时输送和影响（12～24个月）。针对粮食和营养安全和生计保护以及短期风险敏感的农业政策/战略发展。

（2）中期输送和影响（24～48个月）。针对农业部门对风险敏感的研发和体制的加强。

（3）长期输送和影响（36～60个月）。针对农村生计恢复和敏感农业和农村的发展。

第六节　苏丹农业投资计划（SNAIP 2016-2020年）

一、苏丹农业投资计划（SNAIP）

1. 愿景

全面的国家社会经济发展由具有快速可持续增长、有活力的农业部门带动，照顾弱势群体，与农业产业化有着密切的联系。这一愿景旨在使农业走上不可逆转的农业转型之路。在未来五年，引导农业部门的公共行动和投资的路线图。

2. 使命

农业发展战略的总体任务是将农业从生存生产主导型转变为应对市场需求的现代部门，大力促进减贫、增长、外汇收入和自然资源的可持续管理。

3. 战略目标

促进作物和牲畜的出口，以防止过度依赖石油收入造成的扭曲的经济崩溃的风险；在生产和加工阶段提高生产力和效率；实现粮食安全；到2020年，创造就业机会，增加人均收入，减少贫困50%；在全国各地实现均衡增长，以期鼓励农村地区定居；发展和保护自然资源，确保其重建和可持续性。

二、计划投资领域

1. 促进农业可持续发展

该计划旨在制定和完善指导生产者和企业家行动的政策。本方案正在审议的不同方面包括政策框架、部门的总体协调、监测和评估和/或管理信息系统、统计数据和权力下放进程。这将使利益攸关方充分参与方案规划、筹备和执行。该部门的政策和监管包括阐明该部门的政策框架，作为项目和其他活动的指导以及制定必要的立法基础和条例，以支持和促进私营部门的活动。这代表了资源管理的法律和政策框架。人力资源的低效率是造成该国农业生产力低下的重要因素之一，是农业复苏的重大挑战。该计划由四个次级方案组成：

第一个次级方案是政策和法律问题。这包括批准和执行现行法律，使农业部门审慎使用资源：更新关于农业、畜牧业和农业加工业的现行立法，起草旨在保护自然资源可持续管理的新的立法。在这方面，需要解决的问题是：建立土地委员会；完成国家土地利用布局图；人民的土地权利合法化；改革宏观经济和部门政策使之有利于种植业和畜牧业；审查发展种植业和畜牧业的市场政策。需要制订实施森林法案的方案，将5%的灌溉区和10%的雨养区分配给森林。此外，国家层面的政策制定应考虑促进有利于将苏丹农业纳入区域合作。

第二个次级方案涉及加强基础资源有效利用。这包括制定报告和程序的研究，以提高生产能力；学习和研究程序，以加强市场导向；关于战略粮食储备委员会有效运作的选择的研究，以及通过使用改进技术提高生产系统效率的研究。

第三个次级方案仅限于编制全面的自然资源调查和清单，包括国家森林资源清单，更新1994年度森林产品消费研究报告，野生动物资源调查和野生动物物种国家调查。

第四个子项目涉及可持续自然资源管理的政策和管理环境。主要组成部分是：国家方案与联合国环境规划战略相协调；农业投资的土地适用性分类；修订资源保护法来解决自然资源影响问题。

2. 制度改革，改变和加强农业部门生产者和工作人员的能力建设

该计划旨在加强公共和私营部门在联邦和州一级的能力，以支持实施“国家行动计划”。这将加强公共部门支持农业发展的制度框架。该程序分为两个次级方案：

第一个次级方案旨在提高农业生产者的能力。本次级方案将侧重于建立个人和机构能力，通过培训和恢复来实现生产者态度的质变。这将考虑到相关的成功经验和政策，推动生产和生产力的提高，增加生产者的收入。在这方面，由“农业复兴计划”建立的商品开发委员会将进行改革和加强，以确保商品链中所有利益相关者的代表性。

第二个次级方案仅限于灌溉和雨养部门的公共机构的农业改革。本次级方案的目标是通过确定农业部门公共机构最有效的作用和结构来改善公共机构的管理结构；如果需要，重组这些实体，并加强履行职责的能力。这方面的一个关键是在联邦和州一级的农业部门内开发、升级和保留专业能力。巩固和实施新设计的管理信息系统，以及与私营部门实体建立适当的伙伴关系至关重要。在这方面，迫切需要采取以下行动。

重组农业部①。联邦和州级部门加强农业政策和规划，研究与技术推广，合作与监督评估；建议实施半机械化雨养部门体制改革的研究；实施传统的雨养策略（2014年）；继续审查农业部门和相关部门的组织结构，以协助这些部门应对“苏丹农业投资计划”的挑战和要求。

除了提高农业部门的行政和监督能力外，次级方案还将支持农村市场的体制和治理安排。在这方面，将建立专门的农业生产者创新培训中心。联邦和州一级农业部门工作人员的技术能力将得到提升。针对灌溉农业半干旱地区的体制改革，将考虑为此目的而组建部长级委员会的建议。

3. 通过农业系统现代化和改善农业管理，提高农业生产和生产力

在提高农业部门投入的前提下，要实现全面发展，提高单位面积产量，从农作物种植和动物育种过程到最终消费者的整体价值链。需要协调努力，并建立必要的机构，以解决这一价值链每一环节的制约因素。具有成本效益的物理生产力和生产增强是振兴该行业的关键，涉及主要部门：传统的雨养种植、半机械化雨养种植、灌溉种植和牲畜。

---

① 重组后的农业部请参考第六章第九节

特别适合改善灌溉部门生产力的投资在很大程度上是增强灌溉基础设施和设备的投资。整个灌溉基础设施需要在大多数灌区中进行恢复，以解决灌溉渠中淤泥堆积的恶化。相关预期对作物行业的投资包括灌溉系统的现代化，这是先导条件，用于试点创新的供水机制，并设想支持实现更高的作物种植强度。进一步的具体干预措施涉及扩大“保护棚”生产，为“精准农业”技术开发提供支持，并在高资本投资下进行推广。除了种植系统之外，所需的基础设施投资包括在灌溉和雨养系统内引入现代畜牧和渔业生产系统，以及有利于对渔业本身进行更高投资的基础设施以及促进采用农业林业的基础设施系统。

通过吸引国内外融资推动战略伙伴关系，引进国外新技术和健全管理，加强生产和生产力的提升。在理想的投资方案中，苏丹传统产品自给自足的目标应符合国家战略要求。正在考虑的产品包括主要粮食作物、油料作物、小麦、糖、肉、牛奶和一些园艺作物。对这些农作物的扶持是由于它们还构成了苏丹现有和潜在的出口组合。为了吸引这方面的投资，应该提供相应的激励措施。

提高农业生产和生产力的要求不仅仅是促进基础设施和合作关系，而且要投资农业支援服务，建立强大的知识和信息网络，构成不可或缺的互补作用。在这方面，四个投资领域具有很高的相关性。修复研究站和中心应配备适当的研究设施，需要加强技术推广和转移能力，农业教育课程需要改革，技术和职业培训需要改进，建立健全农业知识和信息网络。延伸和技术转移维度应达到加强植物保护服务，成功进口作物和牲畜技术的驯化，扩大针对流行病和地方病的动物疫苗接种服务，采用空中扩散引进新的改良牧场种子，开发创新并提供信息与通信技术（ICT）。这一维度需要以建立主要农业服务和知识中心的最低“地方”管理单位为主导的孵化开发模式，扩大灌溉项目中人工授精服务私有化和供应形式的支持性政策和制度设置，以提高牛奶产量。另一方面，农业教育改革和培训应以提供激励措施为动力，让学生接受技术教育；而加强农业知识和信息化的核心基础性干预包括立即进行农业综合普查，建立可持续农业数据库，家庭支出、消费和生计研究。该过程将受益于使用地理信息系统和扩大遥感工具。在投资计划的整个寿命期间，制定一个以生产力和生产绩效为目标的战略和工作计划形式的后续机制至关重要。

4. 农业支援服务发展与知识信息网络建设

包括高校在内的行政部门的公共研究机构的研究设施不足，研究人员能力不强。虽然农业研究必须扩大到覆盖全国更广泛的农业区域，但它必须应对日益增长的技术需求以及全球新的技术发展，如生物技术、遗传工程、自然资源管理和气候变化。例如在农科院（ARC）的35个研究站点中，大部分地区负责应用研究的主要和最大的机构由于实验设备和用品的限制，研究所和研究中心的状况已经恶化，从而妨碍了重要的实验和分析。制约因素包括资源不足，训练有素的科学家短缺，融资不足和不可持续，基础设施有限或恶化。研究功能和质量的提升，要求增加新的研究设施，以提高不同农业气候区的覆盖面和各种研究议程。

国家农业延伸长期遭受设施不足，缺乏足够的培训支持。此外，研究推广与农民联系薄弱，研究开发的大量技术由于农作物产量持续低下甚至下降，尚未推广到农民田间。在各部门之间作物和动物研究推广机构的变化对这些联系产生了负面影响，而机构之间的研究任务的重复导致了农业研究可用资源的无效利用。农业研究，包括需要农民工领域的技术转让活动，在历史上依赖于外国的支持，没有公众补偿的支持。虽然在这方面存在一些外援，例如通过国际农业与发展研究中心（ASARECA），但大多数过去广泛的外国农业研究援助已经消退。过去的研究/技术转让支持侧重于灌溉部门，而雨养部门受到特别关注是在淘汰了世行支持的“西部苏丹农业研究项目”之后。种植业的制约因素包括改良种子的短缺，目前仅占该国需求的10%左右。特别是雨养部门缺乏改良种子分布和其他需要的服务，整体缺乏技术创新和推广。同样，畜牧业缺乏提供兽医、饲料和相关市场服务，而这对促进该部门在经济中的贡献至关重要。此外，整个农业部门的知识管理和信息共享与分配不足。重要的是没有可靠的基本国家和部门信息和统计数据库。例如，最后一次农业普查是在1976年进行的，而且这个普查是不全面的。

5. 农业产业化，价值链发展和市场准入

被加工的苏丹农产品比例相对较小。2014年国家食品进口费用为22.4亿美元，其中约40%为加工食品（糖、蔬菜和动物油、牛奶制品、小麦粉和蔬菜、水果制品）。为了增加苏丹农产品加工的产量，以满足国内食品需求，则需要认真规划生产和增加投资。因此，这一方案的战略目标是将农业部门从传统的生计经济转变为现代化的以市场为导向的商业经济；具有整合的良好食物链和可行的私营农业加工企业，从而最大限度地使农产品增值（如芝麻、肉、牛奶、生皮、皮革、阿拉伯胶、棉花、高粱）和农业价值链参与者（包括生产者、产品供应商、加工商、贸易商和出口商）的收入增加。

6. 解决农业土地问题，保护和发展包括野生动物在内的自然资源

目标是可持续土地管理和可靠的水控制系统：扩大粮食供应，减少饥饿和改善应对粮食紧急危机。该计划的主要目标是发展和保护自然资源，以确保其重建和可持续性。适当使用自然资源将根据这些资源提高农业部门的生产力和盈利能力，保护环境，改善生计，增加粮食安全，减少人口的贫困。

该方案包括7个次级方案：第一个次级方案旨在改革土地所有制，以鼓励农业投资。第二个次级方案旨在防治荒漠化，防止沙漠蔓延，稳定沙丘，减少河岸侵蚀，恢复荒漠化地区，保护农地和居住区。第三个次级方案涉及可持续森林资源管理：这将解决林业管理不善的挑战。第四个次级方案涉及发展技术创新和鼓励生物质能替代能源。第五个次级方案是牧场的恢复和改善管理。第六个次级方案是公园和野生动物资源的可持续管理。第七个次级方案是气候变化的适应和缓解，主要侧重于促进全国的环境意识。

7. 实现粮食安全和营养，实施国内消费和出口质量管理和安全措施

“苏丹农业投资计划”（SNAIP）的许多投资计划和次级项目显然将有助于实现粮食安全和营养，但主要限于粮食“供应、获取和可持续性”三大支柱。这些支柱大多属于SNAIP域之外，尽管其一些因素（如大量能源）与农业活动相互依存。提高生产和生产力的投资基本上增加了粮食供应、稳定和粮食获取，从而提高了生产者的收入和大多数人的就业机会。支持审慎的自然资源利用，无论是在可持续农业发展扶持环境投资方案领域，还是解决农地问题，保护和开发自然资源等问题，都无疑对生产可持续性产生积极的影响。同样，制度改革，管理改革，加强生产者和员工队伍能力建设也将对生产和生产力产生积极的影响，而农业产业化与价值链发展的投入将有利于创造就业机会，最终提高收入增长。

三、计划预算

1. 预算

NAIP投资计划的成本核算和预算是根据苏丹当前和过去的现实进行的。NAIP的融资和实施速度是基于证据的，避免不切实际的期望。鉴于目前的资源限制，这也是至关重要的，而这些因素又与苏丹面临的一些收入限制或获得外国大量投资的能力有关的挑战相关。

因此，NAIP预算考虑到以下制约因素：①苏丹外债达430亿美元，庞大而

不可持续的外债，占2014年GDP的112%以上，占当前出口额的600%。由于政治原因，苏丹目前无法获得任何债务减免。即使苏丹被允许进入重债穷国或其他债务减免倡议，可能需要几年才能大幅减少这笔债务。同时，这些债务水平将限制苏丹获得优惠融资的能力。②苏丹遭受美国制裁，将继续剥夺该国获得资金的机会，限制获得技术改进，从而影响外国私营部门投资的激励措施。③未解决的国内冲突继续耗尽大量预算资源。④苏丹仍然在调整南苏丹分裂所造成的冲击，这个调整可能需要几年时间。

然而，很明显，投资资源如果仔细计划，如果正确分配和管理，可以产生更多的收益。需要特别注意的领域之一是通过NAIP向各州投资。鉴于“国家临时宪法”规定其管辖权的自主性，确保18个州对NAIP进程的承诺是具有挑战性的。计划丰富联邦政府与州之间的发展对话，从而确保最佳利用NAIP计划的投资基金。政府将考虑创新方案作为引导州级资金纳入NAIP优先事项的选择。

2. 方法

在确定构成NAIP战略干预的七个投资计划领域（IPA）之后，这些投资计划领域被划分为次级方案，而次级方案又分为组成部分。对于每个组分，确定了具体的定量输出目标。NAIP的预算是将每个子成分的目标定量产出乘以每个量化目标的单位成本，从而得出组成部分的总成本，然后计算投资方案领域的总成本。

所有成本核算数据均以SDG计算，但按现行汇率折算成美元，以固定价格（2015年基准年度）成本。

3. NAIP投资预算

未来五年（2016—2020年）的农业总投资总额估计为55.42亿美元（平均投资需求约为每年11亿美元）。为确保符合经济吸收能力，农业部门的投资将从第一年的总投资的15%开始，第二季度将逐步上升至20%，3～4年达到46%。

在投资领域的不同重要性方面，通过农业系统现代化和投资于工业化和营销基础设施对生产和生产力提高的投资：约占投资额的70%。这两个投资计划领域包括提高农业部门竞争力所需的基础设施，其中包括投资铺设道路和补给道路，铁路修复，投资于更具竞争力的农业工业以及修复所有大型灌溉项目。计划支持服务行业，在总投资的方面排名第三。这些投资包括支持研究、推广、技术转让、动物疾病控制和其他畜牧服务。粮食安全投资融资遵循四项投资计划领域，占总投资的9%；自然资源投资达占3%。与体制改革有关的剩余投资计划领域能力建设占总投资的份额最小，因为它们是成本最低的干预措施。但是，它们的重要性不能低估，因为它们提供了“投资解锁”的关键。

上述投资级别中，灌溉基础设施占总投资的34%，其次是营销基础设施（包括道路和铁路融资），占30%。主要支持研究和技术推广服务的传统农业占预算的13%，农业工业的产业化和扶持占10%。应该认识到公共部门对基础设施投资的好处有很大的重叠。

4. 该投资计划的资金来源

融资来源将由政府、私营部门和捐助者提供。由于这一投资资金来源难以规划和监测，因此，预算未考虑农场的私人投资（粮农组织，2012）。剩下的差距将由捐助方承诺。

政府资源包括国内资金和贷款，主要由阿拉伯基金、伊斯兰开发银行和中国提供。政府财政承诺记录在“2015—2019年政府五年计划”中，NAIP的战略投资来源于此。政府预计可利用的资源来源于政府计划所设想的约7%的农业增长率。预计在2016—2020年期间分配给NAIP的政府资源总额为36.48亿美元，占预期投资总额的63%。预期的私营部门投资融资来自私营部门农业的长期平均增长，每年约为13.5%。预计2016—2020年私营部门投资总额将达到12.33亿美元，或平均每年约2.5亿美元，相对于过去三年每年1.7亿美元的实际平均数。

5. 缺口分析

差距基于以下假设：①政府已经计划在2016—2020年期间支持农业投资，从国内资源中拨出36.48亿美元，承诺执行“五年计划”（2015—2019年）或正在进行来自区域供资机构的项目；②根据历史趋势，私营部门的资金估计为12.63亿美元，并假设NAIP政策将为更多的私人投资创造有利的环境；③因此，NAIP预算总额为55.42亿美元，估计资金缺口为6.32亿美元，占总额的12%。在政府需要捐助者支持的投资领域方面，主要的资金缺口是能力建设、体制改革、环境研究、粮食安全和传统部门升级，如对改良作物品种的投资，可持续的水土管理，采水和其他低风险技术。在自然资源中，包括防止土地退化，利用当地社区进行森林管理，牧场保护和恢复以及牧场种子扩散和划定游牧路线，以避免游牧民和定居农民之间的冲突。

第九章　苏丹土地政策及其影响

对苏丹土地国有化政策导致的地区冲突和国家动荡，无论是国际团体还是苏丹国内社团多有研究，而且结论都指向了同一个目标，即《未注册土地法》剥夺了社区传统的持有土地的权利和他们唯一赖以生存的资本。本章根据苏丹第一民主团体2016年“苏丹的土地使用，所有权和分配”研究报告、喀土穆大学Khalid Ali El Amin博士“苏丹的州和土地与冲突”以及Galal Eldin Eltayeb博士等关于卡萨拉和加达里夫州“项目土地权属和基准研究”的最终报告，对苏丹土地政策和由此导致的社会矛盾和冲突进行剖析，以期深入了解苏丹冲突根源，并对中国企业在苏丹投资有所帮助。本章重点是资源开采对经济空间的影响，特别是外国资本对农业用地的收购。南科尔多凡努巴山区、青尼罗州、尼罗州以及苏丹东部的案例研究显示，“农村人民的土地”经历了最新的土地权私有化和商业化浪潮。土地的使用权、所有权和分配领域缺乏透明度及严重的腐败现象，是地区冲突的主要根源。

第一节　非洲传统土地所有权

非洲大部分地区习惯土地使用权体系受到社会经济、环境和政治条件变化的影响。在实行经济作物生产的情况下，习惯性权属制度已经由蓄意的殖民地或后殖民地国家政府行为所改变，或者将非洲农民社区融入扩大的资本市场的商业化和商品生产的压力下逐渐改变（Bernstein，1979）。尽管国家意图完全控制土地，然而大多数非洲社区习惯上的土地使用权仍然普遍存在（Chimhowu，2006）。

非洲习惯土地使用权的特点是灵活性和包容，能适应不断变化的社会经济、政治和环境条件，以致其持有形式和规则方面随着时间和空间变化而有显著变化（Delville，1999；Pauline & Kambewa，2007；Delville，2007；Ben Cousins，2009）。根据非洲习惯安排，土地所有权归属于社区或集团，可能是部落、部族或村庄集体，但从未在个人中享有权利（Chanock 1991；Peters，2012）。因此，在习惯持有期内个人获得土地的权利与土地需求和实际使用有关，并且从这一点可以看出社区对土地的控制得到维护，个人保留使用权取决于有效的土地使用和持续的占有。

部落、部族或村庄等地方社区领导在土地分配、解决土地冲突、遵守有关公共管理、个人土地获取和使用权利的习惯规则方面发挥关键作用（El Amin，1999；彼得斯，2012）。个人失去使用权的习惯规则是在规定的休耕期结束后土地仍然闲置，这一规定是为防止土地损失确保土地配给有需要的社区成员（El Amin，1999；Cotula et al.，2004）。在农业社区关于土地和个人获取的共同控制的习惯规则中，使用和转让是复杂的，但明确且灵活，其细节因社区而异，并且随着时间的推移，适应不断变化的条件（Delville，2007）。但是，就牧民来说，传统所有权和使用权是相当模糊的。像许多其他非洲持久的社区一样，牧民群体（部落或氏族）可以对土地提出共同的要求。个体家庭可以自由共享所有公共牧场和有条件的农田放牧权。模糊的土地权属是因为牧民不断流动寻找水源和牧场；导致利用土地的时间和空间位置不断变化。尽管不同部落之间的土地利用相互渗透和重叠，由于族裔和族裔群体的流动性，模糊的公有土地所有权可以被申诉，但没有在物理空间方面的具体规定。此外，与农业社区的家庭相比，个别牧民家庭不具有明确的物理上特定土地的专有权利要求。流动牧民团体的主要兴趣是土地利用，这实际上是在一年中的不断变化的季节中，在不断变化的地点的广泛扩张的空间获得牧场和水。

与人口相关的许多因素和力量、环境和社会经济的变化威胁到这里不需要详细说明的传统使用权（Galaty & Fratkin，1994；El Amin，1999等）。然而，对非洲社区传统权利的主要威胁是由后殖民状态构成的。从前面的讨论来看，习惯用地的特点是赋予州级一些权力，要求拥有土地所有权和土地使用权：

根据习惯拥有和使用的土地未注册，未经调查或明确划定界线。

农民之间（因地理、气候、地形等因素）土地间歇地使用，即在雨季仅经季节性耕种，然后休耕以恢复土地肥力。

而牧民认为土地是空置和无主的，他们流动的土地使用模式可以防止永久占用土地。

从公共土地获得生计的农业社区和牧民都是最贫困的，尽管数量庞大但无组织，政治上没有权力。

在大多数后殖民的非洲国家，传统保有的公共土地被认为是无主和空置。有了这样的看法，对于治理精英来说，土地可以由国家控制，并通过销售和长期租赁给本地和国外的私营企业来处置。国家对习惯用地的干预，通常导致对公有土地实行有效的国家控制，挤压农村基础生计资源和/或破坏公共社区土地获取和使用的习惯规则，严重破坏了非洲农村社区。在许多非洲国家，农村遭受到混乱、暴力、剥夺、流离失所和更加贫困的蹂躏。

第二节　土地相关法规框架

在苏丹，土地由政府部门控制，政府和传统领导层在土地问题上的作用之间的平衡在全国各地不同。社区权属存在于习惯和“非正式”领域，适用于政府机构弱势或利益下降的大片农村土地。因此，土地的法定和习惯范式在苏丹同时存在。政府土地当局对国家和地方层面的土地分配进行咨询，并在和平协议中承认习惯土地权利，巩固了这一合作。但是他们之间也存在紧张关系。苏丹的复杂因素包括：国家某些地区人民与政府之间的信任程度较低，认为政府不愿意将权力下放到最低层次。

在英国殖民主义（1821—1884年）和短暂的马赫迪主义（1885—1898年）统治时期，对土地使用权制度的基本结构没有引起根本变化。然而，在部落领导被废除的情况下，苏丹雨养地区的部落稳定在马赫迪期间被打断，并建立了一个基于陆军领导人新政府（Shazali，2002）。大片土地也从不忠诚于新政府的团体转移到忠诚于新政府的团体；但这很快就被英国殖民政府扭转（阿瓦德，1971）。这种习惯权力最重要的特征之一是土著民族领导层在分配土地权、管理权和解决争端方面所行使的权利和权力。根据达尔民族原则或“部落家园”，这个权利通过传统行政制度化被巩固了，并得到经济和立法机制的授权。

一、殖民地相关立法（1898—1955）

（1）1899年土地条例承认并开始登记苏丹北部和中部尼罗河流域未间断

耕种的属于私人的土地。

（2）1905年《土地清理条例》规定了对已经登记或被指称的土地进行索赔、和解和登记的一般条款，并增加了对所有闲置森林或空闲土地的规定，除非有明确要求，否则这样的土地应被视为政府的财产。

（3）1918年和1922年的《土地限制条例》，“本地处置”是殖民政府致力于“保护”土著私人土地所有者遭到外来人士剥夺的土地。

（4）1920年关于《沟槽宣言》，其中指出：“位于河边三角洲的全部土地是政府土地，政府保留该地区土地所有权和流转的全部权利”，宣布政府对三角洲的全面权力和控制。

（5）1925年《土地清理和登记条例》。土地所有权受普通法原则分为暂时免费或租赁拥有所有权，这是个人而非传统的部落所有权制度。

（6）1927年《杰齐拉土地条例》第一次大量收回使用权，进一步破坏了“法定土地登记文件”持有人的所有权，并将杰齐拉所有土地的所有权让渡给政府。

（7）1930年《土地征收法》为政府征用土地铺平了道路，获得了出于任何公众目的可对“任何村庄或部落权利的土地”永久或暂时地征用的权力。

（8）1947年城镇土地处置条例。

（9）1948年村庄土地处置条例。

（10）1949年宗教用地法规。

（11）1950年党址土地法规。

（12）1953年“雨养区土地处置法规”。

在英国殖民时期，土地所有权的政治化是通过一系列土地立法实行的，这些立法涉及十八条至十九条（见苏丹档案：627/12/3-44；辛普森，1956）。这些条例的一个主要政策是扩大种植，维护居民的权利，鼓励形成苏丹专有阶级（Warburg，1970）。根据1899年“土地使用权法令”，由政府承认的个人土地作为北部地区的绝对权利，要求之前五年持续持有或收到租金或利润（苏丹档案1899：627/12/7）。为此，在北部和中部地区任命了若干定居点委员会。与北苏丹土地立法相比，在努巴山、达尔富尔、青尼罗河和苏丹东部没有登记类似的土地。因此，这些地区没有承认个人私有土地所有权。

二、后殖民地土地法规

苏丹的土地使用权可以非常广泛地分为主要的两种形式：

根据传统土地使用权占有和使用的土地；在现代意义上注册为永久业权的土地。

虽然私人拥有的土地（明确划定，有序登记和无可争辩的规定）主要沿着尼罗河及其支流（主要的尼罗河、白尼罗河和青尼罗河）分布；但在尼罗河流域腹地占主导地位的社区所有权的却含糊不清，往往成为争议和冲突的场所。采用灌溉和全年种植、永久占地以及人口集中的做法，导致除了苏丹中部杰齐拉灌区以外的尼罗河及其支流的私有土地所有权逐渐出现。在这些地区，殖民地政府颁布了连续的土地法令和法规，承认并确认了现代法律意义上的私有制，并在河内地区的腹地保持了公共土地管理。

殖民地政府土地政策的主要特征就是要认真实施土地所有权，并通过持续使用或占有获得习惯权力登记。第一项有关土地的法例即“1899年土地条例法令”指出，“在索赔日期之前的五年内持续拥有、收到租金或利润、为所有人创造了绝对权益”（苏丹政府，1889）。英国习惯土地使用权赋予土地所有权权力的连续耕种标准是由土地作为永久业权登记的；从而将法定土地所有权开始牢固地植根于习惯土地持续使用权。随后的土地立法涉及解决土地索赔的复杂问题。虽然殖民地国家声称拥有“无人居住”的土地，但在任何国家的索赔土地开发实施之前，对各种权利（间歇耕种、牧场和林地）进行了认真的调查、确认和处理（苏丹政府，1946）。

在20世纪20—30年代，苏丹农村的传统领导阶层又陆续强化了与土地立法并行的一系列法规（Abu Shouk，2009）。不同层次的传统领导阶层的领导人获得了有条件的司法、行政和财政权力（Al Gaddal，2002）。在习惯土地使用权下，当地传统领导人负责监督土地出让、土地使用和解决土地纠纷。根据第一土地立法，出现了习惯土地使用权，被占用或拥有土地的个人对土地所有权得到确认，注册为永久业权，并发放文件证明该权利。私人拥有的土地如此注册和准确划分，在冲突时是不会有大问题的。个人对所有权的争议并不意味着政治意义，通常在民事法庭上解决。

苏丹的大多数农村就是习惯性持有，这些地方是争论和暴力冲突的场所。习惯上的土地使用权模糊，国家拒绝承认这种形式的使用权。侵蚀传统的制度结构以及国家侵占习惯土地所有制的土地，这些都是近几年来包括喀土穆农村在内的苏丹大部分地区冲突的根源。在苏丹境内的科尔多凡、南苏丹、苏丹东部、青尼罗河、达尔富尔以及北部尼罗河，习惯性用地一直是土地所有权获取和使用的主要形式。国家有效的对习惯土地所有权持有的土地的控制意味着剥夺了大多数苏丹人在农村生活的主要来源，而且这一直是并将继续成为严重冲突的根源。

20世纪70年代初，自英国统治结束以来，后殖民主义国家重新摆脱农村传统当局的第一步，是试图接管根据习惯所有权对集体土地的控制。这些事态发展遵循尼米里在1969年的政变中的接管力量。政变一年后，颁布了1970年《未注册土地法》（ULA），其次是1971年“地方人民政府法”（El Mahdi，1976；Khalid，1985）。综合起来，这两个法规相当于国家正式拒绝承认习惯持有的公共土地，废除了负责监督地方治理结构的传统领导阶层。这对苏丹农村的和平与安全产生了重大影响；特别是在达尔富尔和南科尔多凡州。根据1970年《未注册土地法》，该法案宣布之前所有未登记的包括私有土地在内的所有土地被宣布为国有土地，包括部落土地（El Mahdi，1976；El Amin，1999）。该法案忽略了习惯土地使用权，并将公有和二手土地视为空置，而不考虑早已存在的、先前的法律经过仔细考虑和认可的使用权。1970年“未注册土地法”至少在法律上相当于没收了所有习惯性的公有的、已确认的和使用的土地。通过发布1971年“地方人民政府法”，进一步加强了对公有土地的控制，废除了地方领导阶层监督遵守有关所有权、使用权和使用共有土地的习惯规则。

然而在实践中，情况有所不同。社区继续在习惯持有的土地上进行经济活动。为了应对1970年执行法规的政治上的困难，1984年当局颁布了“民事交易法”，这个法律规定了现有的土地习惯使用权，保留了政府的所有权（El Amin 1999；De Wit，2001）。此后于1991年和1993年颁布“1984年民事交易法”的修正案，通过“禁止法院听取关于反对国家未注册土地的投诉”，从而进一步加强了对习惯使用权共有土地的国家所有权，（Elhadary，2010；2015）。将这些土地立法合并在一起，使得国家有更多的理由侵犯苏丹农村的土地使用权，这产生了严重的安全影响。

貌似与殖民时期并没有太大差异。然而，在实践中，习惯土地权利以及当地社区的利益受到国家惯例的严重破坏。土地登记和公共土地由政府控制的过程并没有立即进行，而是从中心开始逐步向外围移动。这一进程是通过继续承认在苏丹其余地区存在的习惯和公有土地来实现的。通过这样做，再次假设国家为了公共目的而利用土地，同时保护习惯上的公有土地所有者“土地利益”。与这些假设相反，当国家明确破坏这些基本原则时，国家被证明是更具强制性的。

三、相关土地法规实践

苏丹政府在没有正当程序或赔偿的情况下征用土地。苏丹政府依靠1970年的《未注册土地法》和1984年的《民事交易法》，将所有未注册的土地指定为国有土地。《未注册土地法》通过明确授权，政府在未登记的土地上驱逐居民，在必要时通过合法的力量进一步使征收合法化。对占该国土地90%的未登记土地的合法剥夺似乎是苏丹最常见的征用形式。南科尔多凡州和尼罗河南部以及东部地区的土地剥夺一直很普遍。国家攫取土地，出租给私营实体，开展大型机械化农业业务。政府动用武装直升机和直升机来清理村民的土地，以发展油田。

为了确保镇压土地剥夺过程中可能有抵制行动的社区和个人，不得不做出努力制定了三项相互关联的措施。首先，《未注册土地法》赋予政府有权使用武力保护被指定为政府所有的土地。其次，同时废除地方传统行政管理机构，这是管理土地和管理不可避免地与土地有关的冲突的重要机构。最后，政府还能够通过向农村社区传统的私人投资者（本地的和外国的）分配大片土地，扩大机械化农业、石油勘探、生产和运输，推行发展政策。

1984年《民事交易法》及其1991年和1993年的修正案进一步强化了1970年《未注册土地法》的基本方面。在本法中，任何针对政府未登记土地的案件均无法律依据，因此，法院无权接受违反国家利益的投诉。这些修正案将伊斯兰教的概念纳入“安拉”所拥有的公共事业，并由伊斯兰教法原则管制。它也使伊斯兰教法的一些要素合法化，例如官方承认与伊斯兰教习俗有关的未登记土地权利（De Wit，2003）。

这一做法将土地权利的区域和社会差异的另一种形式制度化，但是这次在宗教界也是如此。它通过接受伊斯兰教法令使未登记的土地合法化来加强穆斯林社区的权利。因此，它为穆斯林索赔人提供了一个机会，将伊斯兰教的习惯权利完全合法化。在努巴山区和青尼罗河州，基督教徒和其他非穆斯林人士没有同等机会。尽管1970年和1984年的“法规”从未普遍适用，但政府可以在任何时候、任何认为适当的地方继续使用它们，特别是在苏丹农村地区受影响的社区（Mohammed Salih，1999；de Wit，2003；Harragin，2003；Egemi，

2004）。此后，当局为公共和私人的发展而掠夺土地的做法对政治和社会经济影响，首先在于持续剥夺当地人民的权利，其次是对生计和生活方式的巨大破坏，在苏丹东部、达尔富尔、青罗河和努巴山区的影响最大。

2005年在签署“全面和平协议”后，苏丹颁布现行临时宪法。“临时宪法”不直接涉及土地权和自然资源所有权，但是裁令建立国家土地委员会来指导土地政策的制定，土地纠纷的裁决，以及制定承认习惯土地权利的政策。青尼罗、南科尔多凡州和达尔富尔也要求国家土地委员会在州一级行使国家土地委员会的权力。迄今为止，苏丹政府尚未采取步骤，组建南科尔多凡州和尼罗河南部的国家土地委员会或州级土地委员会。达尔富尔土地委员会成立于2007年。苏丹目前正在起草一部新宪法，以取代“临时国家宪法”（UNEP，2012a；Sudan Tribune，2012）。

2013年《国家鼓励投资法》确定了在苏丹境内外直接投资的总体制度。影响外国直接投资的规定通常是松散的。2013年12月1日通过了对外国参与行业发展补充法规，也使得苏丹经济进一步向外国投资直接开放，特别是在服务行业。在制度层面上，投资高级委员会和国家投资局是负责投资的国家机构。投资高级委员会是最高的投资权力机构。它由主席主持，参与制定当局的投资政策，包括政府部门的代表。国家投资局的领导由总统任命。理事会作为投资政策的监督和审批机构，国家投资管理局的有关建议，对其预算，组织结构等进行管理控制。国家投资管理局对投资具有监管和推广作用，提出了一系列措施，如下面更详细的讨论。苏丹投资管理机构详见第十章。

也有一些人士支持政府加强土地管理的政策。据喀土穆大学的莫娜·阿尤布（Mona Ayoub）女士介绍，1970年的法令由政府的发展理由证明是合理的；帮助扩大了农业部门，特别是机械化农业到2005年增加了十五倍，1970年为200万费丹，2005年为3 100万费丹。她认为“有权利用武力维护”其土地，鼓励少数富有的投资者（本地和外国）积累土地的立法（Mona Ayoub，2007）。结果是社区，主要是农牧民，往往是被暴力从土地上赶走，致其流离失所。

1970年“未注册土地法”和2013年《投资鼓励法》破坏了农村贫困人口，牧区和游牧民族对传统当局的信任，他们拒绝传统当局（其任务还包括土地管理）对传统财产的正式合法性和法定权利。法律也意味着取消与牧民有关的所有与水、土地和放牧有关的权利。该事实得到了“关于机械化农业的报告”的确认，该报告表明机械化农业正在以牺牲越来越多的农村社区为代价，在1979

年面积达200万费丹，2007年有1 400万费丹，2015年约4 000万费丹（农发基金，2015）。

一些资源人士报告说，透明度是土地行政职能的重要组成部分。鉴于分配土地的普遍程度，特别是需要增加透明度。它涉及缺乏关于土地供应和交易的清晰可信的信息，以及关于土地权利和政策的新闻传播不畅。腐败和不平等的影响在土地分配和管理方面是非常现实的。它们影响整个经济和经营成本，对普通百姓的生活质量有直接后果。这些后果对穷人来说特别苛刻，因为它们加剧了社会排斥和边缘化。

四、当地学者对土地法律的看法

许多苏丹学者认为，土地使用权不安全是因为实行不承认未登记土地的个人权利的法律。国家当局考虑未注册的土地成为国有土地，从而可以让国家把土地转移到私人商业、军事、土地投机商和精英手中，而不考虑习惯权利。虽然"全面和平协议"要求制定法律时纳入习惯法、当地遗产和国际趋势和做法，但苏丹政府继续在社区土地上发布新的长期租约，用于商业利益和良好关系的个人，而无需咨询当地居民或获得他们的同意。许多这些新的大型商业租赁涉及主要的农田，并已由海湾国家、南韩和埃及的国际投资者提供投资。

接下来，政府制定了土地法律和制度，为剥削农村穷人提供了法律保障和实际手段。以现代化的名义，颁布了国家法律，将土地从地方社区的控制中解放出来，有时将当地社区从土地上赶走。机械化项目的推广赋予外部投资者更多的利益。

现代法律使精英们以相对较低的价格购买农村土地，对小农和牧区有深刻的负面影响。"未注册土地法"是国家事实上的土地国有化，否认对习惯财产的任何正式的合法性或司法地位，意味着取消牧民对水、土地和放牧有关的所有权利，以及拒绝未来任何收入与此类权利相关。这适用于苏丹的整个雨养地区，包括南苏丹、大达尔富尔、大科尔多凡、东部和青尼罗河。

土地法律框架设计了促进私人投资土地的途径，包括外国投资者，没有考虑到传统持有人的利益。"土地法"禁止外国人购买土地，但允许外国人租赁土地达99年。"土地法"规定，公民和外国人可以获得土地用于投资用途，并允许各州制定划定区域的土地利用计划。

虽然1925年《土地清理和登记条例》似乎并没有以国籍为基础区分投资

者，但国家投资当局、喀土穆鼓励投资委员会和1994年《城市规划和处置法》明确规定了外国人在该国任何地方获得土地与当地人的区别。

第三节 外国直接投资和大规模征地

外国直接投资（FDI）已经成为苏丹外部资金的重要来源，也是外援的重要来源，以支持该国近期的经常项目赤字。在这方面，理性审查实现外国直接投资水平、动机和详细情况至关重要。经济不稳定、政治不稳定和腐败是外国直接投资最严重的障碍之一。

在非洲资金流入和股份的分配是非常不均衡的，主要源于资源禀赋的国家间差异。投资大部分集中在尼日利亚等重要石油和矿产资源国家。而一些非洲国家的投资流入已经停滞，例如喀麦隆。但直到20世纪90年代初期苏丹几乎没有外国投资。埃塞俄比亚、加纳、莫桑比克、坦桑尼亚和赞比亚等国家现在拥有大量的外国投资（贸发会议，2008a）。政府间的安排可能会演变为相互承担金融风险的坚定的伙伴关系。例如，根据2002年“叙利亚和苏丹特别农业投资协定”，苏丹政府提供杰齐拉州3万费丹的土地给叙利亚政府，租约协议50年。协议明确提到这是执行2000年两国政府签署的“农业合作协定”的“实际步骤”。

设在喀土穆的阿拉伯农业发展组织（AOAD）成立于1970年，旨在确定和发展阿拉伯国家之间的联系，并协调成员间与农业有关的活动。2004—2008年度核准项目的2/3以上来自六个国家的投资者，分别是：沙特阿拉伯18.4%，土耳其12.8%，叙利亚12.0%，埃及9.3%，约旦8.2%和黎巴嫩7.8%。海湾合作委员会（卡塔尔、科威特和阿拉伯联合酋长国）的其余成员拥有核准项目总数的6.7%。换句话说，75%的批准项目属于阿拉伯投资者和土耳其。据投资部报告，2000—2010年农业、工业和服务业三个行业实施的项目数达到505个，总资产达74.25亿美元。十大投资者中有八家是阿拉伯国家，总投资额为45.26亿美元（投资部，2013年）。截至2011年，苏丹接受外国直接投资存量为240亿美元，是继埃及、摩洛哥和突尼斯之后的北非第四高，整个非洲第六高（贸发会议，2014）。

例如，沙特在苏丹的投资在2015年增加了34%达1 100万美元，2016年达

1 500万美元。沙特阿拉伯在苏丹的主要项目包括：

尼罗州10万费丹和北方州20.5万费丹的拉吉哈农业项目；尼罗州22.5万费丹的塔巴农业项目；尼罗州5万费丹的达拉农业项目；北科尔多凡州10万费丹的纳迪科农业项目。

2015年11月3日沙特阿拉伯同意提供17亿美元在苏丹北部科吉巴尔（Kajbar）、达尔（Dal）和艾尔·舍瑞克（Al-Shiraik）建造三座水坝，预计将在五年内完成。5亿美元用于苏丹东部的阿特巴拉和塞提特河流两岸的其他水电项目和一个新的103.8万费丹种植区。

苏丹是这些大规模土地收购的全球“热点”之一。根据世行近期的一项研究，2004—2013年，苏丹向私人投资者转移了近950万费丹（400万公顷）的土地，超过了调查的其他任何国家（巴罗马马杜，2014，改善苏丹共享繁荣的土地部门治理）。2011年12月，政府用高级投资委员会取代了投资部。委员会的任务是通过宽松程序创造一个有利于投资的气氛，统一并制定有助于保护投资者权利的规则和程序。总统和其他有关人士是委员会成员，这是制定投资政策、计划、方案、后续行动和创造有吸引力的投资气氛的最高权力机构。2015年3月在埃及沙姆沙伊赫举办的阿拉伯领袖峰会期间，苏丹总统宣布苏丹采取一系列措施落实阿拉伯粮食安全倡议，并准备接受阿拉伯投资。于2015年2月底在利雅得举行的第二次沙特阿拉伯投资论坛首脑会议之后不久，证实了沙特阿拉伯在过去5年（2011—2015年）对苏丹的投资达到了130多亿美元。此外，在2015年5月在阿布扎比举行的苏丹—阿拉伯联合酋长国论坛上，与阿联酋投资者讨论了价值160亿美元的投资项目。

表9.1　2009年土地国别分配情况

国家/组	项目数量	分配面积（千hm^2）	份额（%）
沙特阿拉伯	20	1 371	17
卡塔尔	3	470	6
阿联酋	16	400	5
埃及	3	56	1
其他阿拉伯国家	11	300	4
非阿拉伯国家	3	342	4
本地投资	37	2 950	36
未分类	39	2 161	27
总计	132	8 050	100

《苏丹视觉报》报道，据苏丹国家农业发展公司（NADEC）行政长官介绍，该公司在苏丹的投资达到8 100万里亚尔（约合2 550万美元），主要投资于北科尔多凡州约有6.2万费丹的农业产业。2016年2月24日，沙特阿拉伯利雅得报纸发表的一篇文章说，NADEC选择了苏丹，以利用自然和肥沃的资源。世界银行报道，2003—2008年期间，在132个项目中，42个按照表9.1分配给外国投资者（农业投资项目实施情况，2009年，农林部，投资部，2009年度报告）。这些项目位于9个州：青尼罗州、尼罗州、北科尔多凡州、加达里夫州、杰齐拉州、喀土穆州、卡萨拉州和白尼罗州。表9.2详细列出了分配给外国投资的面积规模。

表9.2　2003—2008年各州项目总数及规模

州	项目数量	分配面积（千hm^2）	占比（%）
北方州	38	4 349	54
尼罗州	73	1 676	20.8
青尼罗州	4	545	6.8
白尼罗州	10	1 180	14.7
北科尔多凡州	7	300	3.7
总计	132	8 050	100

10年内（2005—2016年），苏丹成为该地区吸引外国直接投资的第2名。据投资部介绍，截至2016年4月的外商直接投资达到420亿美元，沙特阿拉伯居第一。CNN阿拉伯报社于2016年2月8日报道，苏丹23万费丹土地已分配给卡塔尔进行农业投资。另外，根据联合国贸易和发展会议2015年的报告，2013年苏丹的外国直接投资占国内生产总值的41.6%。报告指出，南苏丹分裂后，外国直接投资持续增加：从1995年的1.3%上升到2011年的31.1%，2012年为50.6%，2013年为46.1%（UNCATAD，2015）。

第四节　机械化农业

20世纪60年代以来，机械化雨养农业逐步引入苏丹，导致对生态系统的干扰以及当地社区与国家之间不可避免的冲突。根据1968年“机械化农业公司法”，应世界银行要求，特别是在苏丹中部东部的加达里夫、青尼罗河、达尔富尔以及努巴山区等地区，通过公共和私营部门促进苏丹农业发展（Duffield，1990）。

从20世纪70年代到现在，强制划拨土地已成为政府一贯的政策，从而加强了以牺牲农村为代价获得土地的特权阶层。在土地分配的过程中，当地社区和土著机构几乎没有机会均等参与。许多企业家最终获得了他们从未见过的土地。

在20世纪60年代初，苏丹政府在苏丹东部的布塔纳平原建立了新哈尔法灌区，重新安置了由于阿斯旺高坝建造而流离失所的努比亚人。到70年代，苏丹东部的拉哈德和苏基地区也建立了大量的棉花生产灌区。苏丹独立后，也在了在冈尼伊德（El Guneid）、哈希姆（Khashm Al Girba）、西森纳尔（森纳尔州），阿萨拉雅（Assalaya）、肯纳纳（Kenana）等地建立了一些灌溉种植园，以及白尼罗项目。这加速了机械化农业的发展，导致大面积的雨养种植和放牧土地转变为其他利用模式。在东部、青尼罗河、努巴山区、白尼罗河和西科尔多凡的中部黏土平原上引进和扩建半机械化农业，大大减少了可供小农生产的土地。半机械化耕作下的面积从在1954/1955年的21.4万费丹增加到1970/1971的200万费丹；到了90年代中期，面积估计达到1 450万费丹，2015年3 100万费丹（国际农业发展基金机械化农业研究报告，2015）。

苏丹政府根据1990年“投资促进法”，因土地掠夺导致政府与农民和牧民之间严重冲突的一个例子是，向马来西亚非洲农业公司（称为Jandeel）分配了大片土地，总计3.8万费丹。政府很少考虑到牧民和耕作者的习惯权利以及对当地人口的不利社会经济影响。从凯斯沟（Kazgil）到拉哈德的大片土地用于种植阿拉伯胶树，剥夺了牧民的传统放牛路线和两个最重要的湿地牧场（Mugshasha&Ghannamas Mekhrafs）。北科尔多凡州的另一个土地冲突的原因涉及北科尔多凡州和其他州的退休政府官员以及其他州的雨养机械化农业约42个项目，每个项目250费丹。

在南科尔多凡的努巴山区，政府批准了外部投资者机械化农业项目，几乎没有考虑到当地人民的权益。1974年，哈比拉农业项目的方案分配情况如下：11%为当地农民，6%为合作社，49.8%为商人，21.6%为退休官员，5.8%为政府官员，5.8%为其他政府相关实体（Ibrahim，1988）。到20世纪90年代，“非洲权利”（1995）和“苏利曼”（1998）都报告说，哈比拉有两百个机械化农场被分配，结果如下：4个被租给当地的合作社；1个被租赁给当地商人组成的财团；4个租给了当地贸易商；其余的191个被租用，但业主缺席，主要是商人、政府官员和退休军官。在其中一个叫Keiga Tummero地区工作、长期居住的努巴人，不满意在未经他们同意的情况下在其部落土地上建立机动化项目。从他们的角度来看，政府为机械化农业项目分配的任何土地通常都属于当地某些社区。从游牧民族巴卡拉（Baqqara）的立场来看，机械化农场项目通常与季节性迁徙路线相交，这不可避免地迫使他们绕过一些传统的农业区，从而与当地社区造成冲突。

这个问题的症结在于，由于本地区机械化雨养农业项目不断扩大，当地的努巴社区不仅被系统地排挤到民生基地的边缘，还面临着社会经济和政治地位的边缘化。为什么1983年南苏丹内战爆发时，努巴人民为自己的事业而做好了叛乱和武装斗争的准备？这是一个主要促成因素。事实上，几个出版的作品在更广泛的背景下已经指出了土地因素，是引发努巴人在1983年中期加入战争的最大问题（Ayoub，2006；Johnson，2006；Suliman，1998）。

在加达里夫州的拉什德、恩达拉里特、乌姆拉科巴、乌姆布莱尔和瓦德勒托克的村庄约有4 100个家庭，他们是传统农民。为了乌姆萨纳特（Umsainat Sumsam）的第一期扩建工程，这些村庄周围的20万费丹被划为机械化农场，并分配给该地区以外的200名投资者。只有占地面积7%的1.4万费丹分配给当地的350户家庭，其余的3 750个或90.5%的家庭被遗弃了。为了实施乌姆萨纳特的第二和第三期，Um-Maleeha，Tamra，Saraf Saeed，Alam，Daneekola，Babikery和Dokah等村庄完全丧失了土地（Ijaimi，2005）。

在格达里夫州，2014年发布的一份报告指出，“在加拉巴多—杜卡地区，越来越多的土地由国家分配，农民被非法抓捕，目的是大型机械化种植高粱和芝麻”。机械化农业的快速发展也创造了“土地侵占文化”，传统农民担心失去的土地给了投资者。在加达里夫州有些承租人每个个体控制超过3万费丹。2002年，被认为是放牧地的面积从1982年的28 250平方千米（占国家总面积的78.5%）下降到了6 700平方千米（占国家总面积的18.6%）；结果半机械化农业部门迅速扩张，从1941年的3 150平方千米增加到2002年的2.6万平方千米（农业投资项目的表现，2013；农林部、投资部，2003）。另外，由于机械化农业，苏丹布塔纳平原的主要交通线路数量从1964年的14条路线减少到2004年的7条路线，其路线总长度从1 580千米减少到750千米（青尼罗河国家投资委员会，2015）。

在青尼罗州，投资委员会报告说，高粱种植面积从1970年的230万费丹增加到2004年的830万费丹，比例增长了361%。大部分增幅发生在半机械化行业，过去40年来，该地区增长了653%，年均增长率为16.3%。20世纪70年代以来，政府官员承认记录了62个商业租赁项目，其中大部分为1万费丹或更多，分配给由三大集团控制的精英部门：贸易商，政府雇员和阿拉伯公司（青尼罗河国家投资委员会，2015）。这是迫使土著居民前往Ingessana山和其他山区居住。这种迁移引发了对土地和其他资源的竞争，造成了土著社区的普遍的受害感，这些社区认为自己受到政治、文化、经济和社会的不利影响（Ahmed A，2012；Ahmed M，2012）。

一些前政府高级官员、地方行政领导、牧民工会主席、农民工会和专家表示，表示该部门的无管制扩张一直造成游牧路线的堵塞、水点和牧场的损失，并制造了大规模失地群体。许多村庄失去土地，小农被迫在被转为大型机械化农场的自己的土地上工作，成为不稳定的工资劳动者，或者不得不迁移到中心城市。

现代农业的影响是多种多样的。在某些情况下，现代农业，如灌溉项目，为南科尔多凡/努巴山区和达尔富尔的数十万农民工提供了就业机会。在其他情况下，对现代农业的重视的另一面恰恰就是农村社区边缘化。在努巴山区和青尼罗州，自1989年以来，机械化农业与政治和军事目标相吻合。在农业方面，与其他部门一样，政权实施的政策大致上与前代相似，但对农村社区更具侵略性和危害性。没有制定法律或程序机制来保护当地权利，并没考虑到当地的利益、生计和福利。合同谈判中缺乏透明度和制衡制度，为腐败和不能最大限度发挥公共利益的交易创造了繁荣地。对国有土地不安全的使用权，难以接近的登记手续，模糊定义的生产用途要求，立法空白和仅限于作物、树木等改善的损失补偿，破坏了当地居民的地位。

在应对土地掠夺的过程中，牧民不得不转移他们的移民路线，以避免由于动物在新建立的项目中可能造成作物损害而产生冲突的风险。这种路线的转移增加了牧民每年必须走过的距离。同时由于项目不断扩大，传统的取水点经常落在这些新项目的边界之内。牧民被剥夺了权利，在移动中不得不为自己的动物和自己找到新的水源，这种活动需要增加劳动力来从干燥的河床中抽取水。到达供水点前要走很长的距离，会导致牲畜存栏量大幅减少。在这种情况下，放牧地区继续缩小，导致有限的资源进一步竞争，逼迫牧民成为贫困家庭（Ahmed，1974；Shazali，1999；2001）。与那些继续推动这些项目和侵犯的人的暴力对抗，开始成为牧民、定居村庄耕作者和项目拥有者之间关系的共同特征。定居农民和牧民之间的共生关系让位于冲突，这种冲突有时变成了暴力。

第五节 土地与冲突

一、与土地交易相关的透明度和腐败问题

总体治理原则为具体研究土地治理问题提供了有用的框架。透明度是运作良好的土地管理的一个关键组成部分，但是有关土地供应和交易方面的清晰可信的信息稀缺，以及土地权和政策方面的新闻传播不畅。缺乏透明度和腐败在土地分配和管理方面是非常真实的。缺乏透明度的后果通常表现在获取土地资产的困难，对土地政策和法律框架、土地交易和价格缺乏认识。若透明度增加，鼓励无障碍交易，公民参与和问责制，反过来可以加强政府和公共机构公信力。

缺乏透明度是土地分配和使用过程中的一个重大挑战。观察家普遍认为，苏丹的土地谈判和协议/合同，无论是本地还是外国投资者，都是闭门交易，一般公众无法参与，有时甚至没有其他有关政府机构参加。可以从土地登记册获得的有关土地交易的信息非常有限。在谈判和承包期间缺乏透明度，为腐败和不符合最大公众利益的交易创造了一个滋生的温床。有报道说，在政府提出土地交的过程中，投资者被指控为企业或高级政府官员进行的其他活动提供现金或实物捐助（Hervieu，2009）。Elbeely认为，政府特别是地方分部门发起的实施私有化计划，面临的关键问题是缺乏透明度，特别是议标和投标（Khalid Hassan Elbeely，2015）。议会议员声称，他们不知道私营化高级委员会的工作①。他们认为，围绕其工作缺乏透明度导致许多指控，即私有化企业的价值估计不足。他们相信，如果透明度得到增加，这些指控将不复存在（过渡时期国民议会第31届会议，1995）。

工业和投资部2015年的报告指出，在喀土穆州，国家投资部在不咨询投资权力委员会的情况下向El Wisam水管公司、Zavia砖瓦制造公司和喀土穆农业和

① 为三年救助经济计划（NSEP）而成立的私有化委员会同时在1990年8月颁布了“公共企业处置法”

畜牧业公司等三家公司出售土地用于生产（El Rawabi）。该交易产生了1 270万苏丹镑的收入。报告还指出，喀土穆882个国家年度发展规划项目中，只有348个项目得到实施，这一低效率的主要原因是与土地利用和分配有关。这个事件说明了政府最高层面缺乏透明度，这个著名案例显示了缺乏透明度如何在合同操作中滋生腐败和裙带关系的。

苏丹政府采取了严厉措施来控制可能威胁到其安全的任何反抗，特别是反对党。由于这些严厉措施，政府成功地制止了对私有化政策的引入和实施，特别是对与土地有关问题的反对。将土地转变为政治化商品对土地使用者，特别是最脆弱和边缘化的群体，包括生活在贫困中的群体产生严重的负面影响。鉴于苏丹的暴力冲突和不稳定的历史，地方政治上的不满，就有可能因土地交易变成更广泛的区域冲突。

二、土地和冲突的关系

历史上，苏丹的发展政策使该国东部、南部和西部地区的社区被边缘化。很大程度上忽视了土地使用权制度和该制度的调控作用。这种情况导致了土地冲突和低效利用和资源不足。与土地征用有关的问题对于了解苏丹的总体资源型冲突至关重要，特别是在达尔富尔、东苏丹、青尼罗河和南科尔多凡。土地问题也为全国范围内的小规模冲突提供了一个共同的背景。

好几个因素支撑土地收购。包括粮食安全问题，特别是在投资的州，这是政府支持投资的主要推动力。由于水和耕地的供应有限，农业生产受到限制，造成粮食供应问题和不确定性。政府支持的交易也可以由投资机会驱动，而不是粮食安全问题。此外，全球对生物燃料和其他非食品农产品的需求，农业和土地价值回报率上涨的预期，以及国家和投资州的政策措施是推动土地投资新格局的关键因素。

在苏丹，已经有很多文件证明，土地和自然资源的竞争是内战的根本原因。由于石油收入损失及其对经济稳定的负面影响，苏丹政府开始实行短期和长期政策来挽救这一局面。短期政策旨在通过向矿工提供有利的汇率来促进传统黄金开采，而长期政策旨在促进大规模外资农业投入，以改善粮食安全，减少贫困和刺激经济发展。但苏丹目前通过的土地政策导致土地交易忽视社区和其他土地所有者的权利，且缺乏透明度，并且倾向于将所有权集中在少数外国公司手中。

目前，正在进行的大面积土地投资不符合现行的土地管理法规，因为现有的土地法律框架，在很大程度上将法定和习惯权利相混淆。习惯权利在拥有和控制土地方面是否具有法律地位，以及如何获得土地，获得合法和有争议的权利并不清楚。

当向外国投资者分配土地时，政府很少与该地的居民进行磋商。在极少数情况下，当事情发生时，它会咨询当地的精英，而不是草根阶层。

当分配土地时，很少对大型农业项目的环境和社会影响进行评估。这限制了民间社会和受影响社区参与谈判和实施交易，并限制了他们应对新挑战和机遇的能力。

投资者/苏丹政府与当地社区之间讨价还价能力的不平等现象加剧，处在投资项目土地上的小农户无法向当局提供官方所有权文书，只是在习惯持有的安排下使用它们。自从国家正式拥有土地以来，贫困人口就没有协商的机会或获得公平的补偿，且面临着可能被剥夺土地的风险。这只对投资者有利。

专栏10：土地冲突

位于喀土穆南部的杰齐拉州北部一些特别肥沃的土地正在建设许多外国项目，小地主一直与这些项目存在争议，他们被要求必须不公平地放弃土地，没有足够的赔偿。

在北方州西部的Um Juasir地区，大量的示威游行者的土地被没收和分配给外国投资公司。此外，麦罗维水坝管理局与苏丹北部Amri村的受影响的Hamadab人之间存在冲突。2006年4月，当地社区和安全部队（包括政府民兵）在修建麦罗维大坝时发生暴力冲突。在冲突中，4名社区成员被枪杀，10人受重伤。引发暴力的是当地社区对补偿不足、缺乏透明度和对大坝规划以及搬迁的愤怒。

2016年2月15日，苏丹北部的努比亚人在各个城镇的街道上，抗议在尼罗河第二和第三个瀑布的Dal和Kajbar大坝的建设。来自几个部落的努比亚人表示拒绝这些水坝的建设，指出了1964年埃及阿斯旺高坝建设的教训，当时有数万人流离失所，许多村庄被大坝后面的纳西尔湖淹没。苏丹政府不让居民参与会谈和缺乏透明度引发了这些抗议活动，并使这些冲突国际化。Kajbar项目将驱赶10 000多人，淹没5 000个考古遗址（苏丹愿景，2016）。

在苏丹，广泛的共识是，过去30年来，与进入土地有关的冲突大大增加。来自达尔富尔，努巴山区和青尼罗河的现有证据表明，这些州的不稳定和内战受到自然资源竞争的驱动。在北科尔多凡，2002年所有记录的23个冲突都是资源性质的（Egemi，2009）。阿布古北哈镇（南科尔多凡东部努巴山区）的司法当局强调，2004年，在法庭上报告的冲突案件中有93%是涉及牧民和农民的资源性冲突。

苏丹各级政府为土地所有权而采取的不包容政策，导致受影响社区逐渐意识到拥有土地的重要性。为了抵制政府获得自然资源，这些社区可以诉诸种族主义作为一个集会机制，加强他们的地位和占有。受机械化农业扩张影响的定居和游牧组织都试图在相互认同的基础上促进团结。农村地区社区组织的几次集体活动，可归因于他们认为被排斥在利用祖先家园中自然资源的决策过程之外。这种集体活动或运动的最明显的例子是：

（1）旨在代表国民议会/议会选区的政治运动，以反映他们的不满，并提出发展要求和结束被忽视的状况。贝贾会议、努巴山联盟和达尔富尔复兴阵线的组建是围绕周边边缘群体的这种意识的典型例证。

（2）自发组建的委员会也对政府关于资源分配的决策作出了反应。麦罗维大坝的建设和Kajbar大坝启动计划的宣布，已经促使北方组建了反抗水坝委员会。

（3）武装叛乱已经成为抵抗中央统治以及资源管理过程中排斥当地社区的另一种模式。因此，努巴山区和南部的人民加入南苏丹解放阵线，而达尔富尔和苏丹东部的人民组成了自己的武装运动以中止中央的统治。这里要指出的重要的一点是，恢复对土地的历史权利是所有这些运动的共同需求（Suliman，1999；El-Tayeb，2006）。

努巴族的不断疏离和土地被挪用给外界投资者是努巴人加入苏丹人民解放运动的一个主要原因之一。努巴山区总联盟成立于1965年，宣布其主要目标之一是“为维护努巴山土著农民实行土地改革政策，消除剥夺式的土地政策和各种形式的剥削的生产关系”。农民联合抗争土地不公平分配的组织运动，形成了努巴农民联盟，就是其中的一个例子（Al-Batahani，2002）。

三、因土地导致冲突的几个典型案例

1. 达尔富尔州和冲突：一些与土地有关的问题

虽然在达尔富尔继续追求奉行习惯土地使用权，然而，立法规定国家拥有和控制国家的土地的权力，减少传统管理阶层权力的立法对维护和平与安全有重大影响。

（1）传统做法：在农场收获后，习惯控制并允许牧民通过农场，并在作物残留物上放牧，按习惯规则在限定的范围内管理这种通路。牧民和农民组织尊重这些规则，这两个组织的传统领导阶层是一致的。从确保生计的角度来看，牧民对土地的兴趣是要获得牧场、水，而不是必须永久拥有实际划定的土地。在达尔富尔遵守规范的农业社区和牧民之间共享土地资源的规则，对于他们相互依赖的经济的运作以及数十年来普遍存在的和平共处是重要的。这强调了传统领导层在组织监督重叠获取资源并维持团体内部和群体之间的和平共处的习惯规则方面的中心地位（El Amin，2015）。

（2）当局的做法：国家对习惯土地使用权的双重态度，即在理论上和法律上都否认这一点，同时允许它在实践中发挥作用，在对传统地方治理机构的矛盾态度和歧义同样并存。根据1971年“地方政府法”设立的地方政府委员会，被分配到地方行政当局，包括土地在内，未能为当地传统当局找到替代品或出路（Khalid，1985；Abu Shouk，2009）。废除传统当局的司法、行政和财政权力，严重限制了他们按照习惯规则管制土地的能力。这对于有序获得土地资源和解决冲突的发生具有重大的负面影响。因此，自20世纪90年代以来，土地获取和使用的内部和群体间冲突更加频繁地爆发（ElAmin，2015）。

（3）结果导致冲突：废除传统领导人的权力，侵蚀了一个有效运作的地方治理结构，这个结构以维护群体对土地利益的方式，保持了牧民与农民之间的土地利用分享。在达尔富尔制定了详细而复杂的习惯规则，组织牧民在收获后通过走廊和农田放牧。传统的地方领导层在过去确保了这些习惯规则得到严格遵守。这有助于维护牧民和农民之间的和平共处，尽管偶尔发生个别冲突，地方领导层根据习俗能够立即予以解决（ElAmin，2015）。因此，废除传统的地方领导层是无序和混乱的根源，因为这两个群体经常违反习惯规则，农民侵占放牧走廊和牧民到农场放牧（Mustafa）。随后的牧民通道走廊作为资源进入调节机制，在90年代就崩溃了，并没有奏效（ElAmin，2015）。组间冲突，特别是牧民和农民之间的社区冲突变得越来越普遍，规模越来越大，人身伤害和生命损失越来越严重（Mustafa）。这构成了达尔富尔2003年以后的更高层次冲突及其主要促成因素和背景。

2. 南科尔多凡和青尼罗州：土地剥夺和冲突

（1）土地剥夺：虽然所有苏丹农村人都受到不同程度的触动，但是由于国家立法剥夺了当地社区的习惯性土地所有权，南科尔多凡州和青尼罗州一直受到最严重的影响。在现代法律意义上，根据1970年“未注册土地法”的规定，在南科尔多凡州和青尼罗州未注册的习惯持有的土地所有权已经从当地社区转移到国家。国家利用合法所有权控制习惯性公有土地的潜力使得南科尔多凡州和青尼罗州社区不断遭到剥夺和贫困的威胁。在南科尔多凡州和青尼罗州，国家颁布的土地立法加强了对国有土地的直接收购。自20世纪70年代以来，国家大力采用合法权利收购大片公共土地，并出租给外来的私人投资者用于机械化农业（Wily，2010）。为当地粮食生产和油籽出口，数百万费丹的土地，以廉价信贷和低地租的方式被租给国内和外国投资者（El-Basha，2010）。当地社区随后被剥夺了土地权利，失去了生计的唯一来源。虽然许多人已经在自己的土地上变成了农业劳动者，但也有许多人迁移到苏丹其他地方寻求生计来源（Komey 2008a）。粮农组织估计受影响土地的面积（主要是南科尔多凡州、青尼罗河和苏丹东部）的面积为250万～310万费丹（2010）。这影响了数十万牧民和小农的生活。

（2）严重后果：大规模收购公有土地并剥夺当地社区的权力造成的积怨，一直是1984年南科尔多凡和青尼罗州青年加入苏丹人民解放军（SPLA/SPLM）的一个主要因素（Pantuliano，2007；Komey，2008b；Wily，2010）。努巴人对中央政府的反叛是对国家对努巴申诉的冷漠的回应，包括以牺牲努巴贫困农民为代价的商业征地（Komey，2009）。自20世纪80年代以来，南科尔多凡和青尼罗州都是内战的场所，阻止了大部分地区的农业经营（USAID，2012）。南科尔多凡和青尼罗州公共土地上机械化农业的扩张，导致了牧民脱离传统的放牧场，阻止了季节性迁徙通道。在青尼罗河和南科尔多凡，牧民和努巴农业社区之间的暴力对抗频繁发生（El Bahir，1998；Large，2010）。因自然资源基础萎缩导致的“阿拉伯”牧民和努巴农业社区之间的暴力冲突与苏丹政府—苏人解以及北部更高层次的冲突有关。当牧民进入农场和破坏农作物时，暴力冲突也往往会在牧民和机械化项目所有者之间爆发（El Bahir，1998；Large，El-Basha，2010）。

在南科尔多凡州和青尼罗州，土地对和平的意义，在2005年“全面和平协议”（CPA）和“议定书”中都使其成为一个主要问题[①]。这两个文件中，

① “议定书”是指“南科尔多凡议定书”和“青尼罗河议定书”，是在2004年专门针对解决南科尔多凡州和青尼罗州的冲突而签署的

对这两个州习惯持有的公有土地所有权的法律地位未作出明确说明。2005年的"全面和平协议"以非常笼统和不明确的条款声明，"现有法律和做法被修改，以纳入习惯法和惯例……承诺给予习惯法的法定支持"（苏丹政府和苏人解2005）。2005年"全面和平协议"没有为习惯权利提供保护，尽管这两个州和整个国家的这些土地问题对安全与和平建设具有重要意义，但协议既没有明确承认也没有使其正式合法化。如果两个州的土地问题得到妥善解决，那么和平协议就不会是一纸空文。2005年度"全面和平协议"为南科尔多凡州和青尼罗州建立了国家土地委员会（NLC）和州级土地委员会（SLC）。国家土地委员会和两个州级土地委员会协调对现有土地分配的审查，并就变更提出建议；包括归还或赔偿（苏丹政府和苏人解，2005）。除了以文件方式处理土地问题，事实上，并没有反映出它所具有的安全意义；在实践中，国家土地委员会和两个州级土地委员会都没有形成工作能力（Basha，2010）。企图故意逃避承认习惯使用权和维护社区土地的国家法律权属，进一步证明"全面和平协议"所有关于习惯使用权的条款都是模糊的，并没有对其法律地位作出明确的声明。此外，"南科尔多凡议定书"和"青尼罗河议定书"第9条详细说明了两个州各自的州级土地委员会的规定任务，甚至在所有包含在土地上的八个子条款中都没有提及习惯法土地使用权；相反，"议定书"指出"联邦政府拥有州内土地的所有权"（苏丹政府和苏人解，2004）。这相当于官方否认实际上实行的习惯性公共土地权利，使社区更容易被剥夺，并导致他们与"新的土地所有者"和国家直接对抗。在南科尔多凡、青尼罗、喀土穆和苏丹其他地区，国家对自有土地实行法定所有权的情况下，暴力冲突就是其结果。

相比之下，到2005年获得完全区域自治的南苏丹在2011年获得独立之前就建立了自己的土地委员会，并颁布了2009年"南苏丹土地法"，正式确定了习惯持有的公有土地所有权（Deng，2011；Marongwe，2013）。南科尔多凡州和青尼罗州，2005年"全面和平协议"关于共同拥有土地的规定不详，以及"协议"规定的得不到实施，都表明不愿改变有利于国土和商业利益的地位。不愿意或不能组建土地委员会，不仅表明土地上的不公正将继续下去，而且还意味着，为这些不公正提供法律依据的法律和立法将继续有效，而不满和冲突的根源也将继续存在①。

---

① 根据"全面和平协议"，如果政府未能修改法律，现行法律仍然有效

3. 喀土穆附近土地上的冲突

大多数邻近青尼罗河、白尼罗河和尼罗河主要河流的土地，根据以前的特别是在殖民统治下的国家立法，注册为永久业权（私人所有权）。但是，喀土穆农村的一些土地仍然是按照习惯任期由村民共同拥有的，用于季节性雨养农业。近年来，这些土地是政府和当地社区之间暴力对抗的场所，当时曾试图剥夺当地社区所具有的合法土地所有权。政府追求对外国投资者出售土地的政策，往往援引以前的立法赋予其对共有土地的合法所有权；随意处置而从不考虑当地社区在土地上的利益及其先前存在的权利[①]。在没有透明度和问责机制的情况下，公共土地往往被处理给投资者，而公众和有关社区对这类交易都不了解（Elzobier，2010）。在最近的土地分配情况下，当地社区和政府之间爆发了冲突。由政府部署警方，实行驱逐。这些土地案件被放在了引起广泛关注的媒体聚光灯下。

专栏11：奥多姆事件

广泛宣传的高调案例之一是奥多姆（Omdoum）在共同拥有的土地上爆发的暴力事件。奥多姆社区位于喀土穆东部农村，其土地在2013年由国家当局分配给海湾投资者。据估计，这块土地约有1 000费丹，在青尼罗河东部不远处。以前用于常规的雨养高粱种植。鉴于苏丹双重土地使用权制度，赋予国家对未登记但通常为社区所有权的土地国有化，法律生效时必然会产生冲突。当投资者在现场开展施工时，奥多姆社区成员阻挠了土地使用者的建设工作（2003年苏丹论坛报）。武装警察被派到现场，与非武装但愤怒的示威者接触，爆发了持续几天的冲突。许多人受到警察的伤害，有抗议者遇难（Naharnet，2013）。这个事件得到高度的宣传，变成了一个热门的政治问题，奥多姆社区得到广泛的公众同情，对治理精英构成强大的政治压力。最后最高的政治领导干预，海湾投资者撤回，土地归还社区，作为住宅延伸分配给奥多姆邻里，事件才得以平息。

喀土穆周围的Eseilat、Grief、Fteihab、Burrie和Hamadab地区在当地社区拥有类似的对抗。在所有这些情况下，投资者和执政精英闭门交易都被打

---

① 首都最近的事态发展导致土地价值迅速上涨。资本密集的蔬菜和水果生产、家禽和奶制品养殖，以满足当地需求的增长和出口，都为当地和外国投资者提供了有吸引力的投资领域，进一步增加了对喀土穆土地的需求。土地价格飙升推动国家利用早期立法来控制公有土地，导致国家与当地社区之间的暴力对抗

破了，社区对他们的土地上的建筑工程感到震惊。然而，受影响社区的不同形式的抵抗，包括面对国家暴力的抗议，迫使执政精英屈服于社区的要求，社区能够重新获得全部或部分的习惯土地所有权。社区接触媒体、得到受过教育和开明的领导阶层的帮助，以及与权力所在地较近的空间距离产生的压力，促使在围绕喀土穆的社区抗议活动取得成功，在重新获得公共土地权利方面发挥了作用。苏丹其他地区的土地剥夺可以达到数十万费丹；相比之下，喀土穆周边地区的面积相对较小但价值高，喀土穆精英阶层的政治利益也很高。虽然遥远的边缘地区的土地上的暴力对抗夺取了数千人的生命，但相对而言，喀土穆附近的土地上的冲突得到很好的宣传，并由于对执政者的直接介入而迅速解决。解决或未解决的苏丹土地冲突问题，也许在其他地方，往往似乎反映了相关政治意义和参与者的权力地位。

4. 将社区土地赠送给外国投资者

以前的情况表明，苏丹大部分农村的土地使用权“二元”制度并存，将习惯土地所有权和共有土地的国有化结合起来，这一直是苏丹农村冲突的主要根源，导致了近年来南科尔多凡、青尼罗河和喀土穆附近的冲突，但土地政策的最新发展试图有效地强加国家对共同土地的控制，为未来更严重的冲突埋下了伏笔。

在苏丹不同地区，对海湾国家和其他投资者以前所未有的规模开始销售和租赁土地。可以引用许多例子来说明大规模土地销售和租赁的状况。西方媒体消息称，苏丹于2009年出租约69万费丹的农业用地给韩国（Large，2010）。2012年，在利雅得宣布，苏丹已经拨出200万费丹给沙特阿拉伯，作为红海州国家农业投资保税区，长达五十年的长期租赁（苏丹自由报）。2013年，100万公顷出售给海湾投资者。同一年沙特投资者Al Rajihi在北部地区尼罗河西获得了15万费丹，用于种植椰枣、小麦和生产动物饲料（Alrakoba，2013）。另外在2013年，据一名科威特官员说，苏丹给科威特国家4 200平方千米，达100万费丹。估计约为科威特国家面积的1/4。后者正在考虑将土地用于农业和畜牧生产，或者将其转变为自然保护区（Alrakoba，2014）。

通过2013年1月31日发布的《2013年投资鼓励法案》，进一步加强了国家侵占农村社区习惯土地权利的潜力，具有可预测的冲突和对抗的影响。该法令对外国投资者免除出口和进口关税，给外国投资者免于起诉、逮捕和批准外国投资者拥有苏丹土地的权利（苏丹自由报，2014）。该法更进一步说，国家在个人、部委、政府机构和地方社区反对土地分配的情况下代表投资者，或在法院进行诉讼的情况下投资者重新获得政府授予的公有土地（苏丹自由报，2015）。海湾和亚洲主要投资者没有采取重大的实际措施来开发分配的土地，这些大规模的土地分配的事态发展，反映出治理精英们在任期内获得土地的动力，体现了执政精英与农村人口的分裂。大规模实施公共土地上的农牧业项目意味着剥夺牧民和农民社区的习惯土地使用权，最终剥夺其唯一的生计来源。过去和近期在苏丹不同地区实行社区土地法定所有权的经验表明，这种侵占的破坏性影响往往是暴力冲突。社区对分配给投资者的公有土地所有权的反应常常导致暴力对抗。管理阶层利用国家机器代表投资者，逼迫当地社区放弃权利，反映了精英与投资者的共同利益。在南科尔多凡和青尼罗州仍然存在的内战，喀土穆附近农村和苏丹其他地区的暴力对抗，都表明了未来的抵抗形式包括暴力；当投资者开始在土地上实施项目时可能就是再次引爆的导火索。

第六节　对土地政策的结论

在许多非洲国家，国家侵占习惯土地使用权和地方治理结构，反映了管理精英与当地、国外商业利益与多数非洲农村人口之间的权力不平等。这是一个核心问题，它激发了农村的暴力竞争的动态，当地社区企图通过各种形式的抵抗，包括暴力，来抵制国家的权力。苏丹的情况是，通过发行连续的土地所有权土地法律，管理精英在法律意义上一直在不断地和持续地破坏习惯土地权，而强化土地国有化的治理结构。然而，在实践中，还没有被剥夺权利的社区继续按照习惯权利使用土地，从而造成土地使用权的“二元论”。除非这种关系得到理顺，否则土地所有权仍将是冲突的根源。目前，管理阶层通过立法强调国家所有权，可以有效控制习惯性的公有土地，使农村社区处于无法预测的不安全状态，随时可能遭受剥夺、驱逐。这种国家对共同土地的合法所有权实际应用的结果是地方社区被剥夺、贫困和边缘化。这个过程产生的不满和破坏是南科尔多凡和青尼罗州的多层次冲突的主要根源之一：即国家和当地社区之间导致武装反叛运动，牧民与农民社区之间，当地社区和外部投资者之间的冲突。

在达尔富尔，管理阶层企图故意削弱传统治理结构监督、遵守习惯规则的权力，破坏了组织农民和牧民社区获得和使用同一土地资源的土著机制。这是20世纪90年代以来牧民和农民之间前所未有的大规模暴力冲突蔓延的主要因素。这些冲突从2003—2016年是达尔富尔高级别冲突的序幕，其中中达尔富尔武装运动中其他外部力量都是主要参与者。这场持续的暴力冲突夺走了数万人的生命，数百万人流离失所，破坏了几乎所有达尔富尔社区的生计。

苏丹许多学者认为，由苏丹土地所有权“二元论”构成的冲突，包括国家对未登记土地的合法所有权，即共有土地和习惯土地所有权的做法，在喀土穆周围产生了不同的形式。治理阶层企图为自己和外国投资者获得公共土地的尝试经常招致当地社区抵制，导致与安全部队的暴力对抗。这些暴力对抗造成的生命损失和严重伤害，给社区带来广泛的宣传和同情。公共团结对管理阶层构成强大的压力，导致管理阶层常常被迫承认习惯持有的社区土地所有权。

但是，控制国家的管理阶层倾向于援引国家立法，剥夺习惯土地所有权，使其能够大规模地控制分布在苏丹不同地区的公有土地，出售或出租给外国投资者，这个规模近年来一直在增加。除了免税外，投资者也被免除起诉和应诉，这些都表明苏丹管理阶层在多大程度上可以促进他们的利益和盟国企业的利益，而不管剥夺可能导致农村社区的贫困和痛苦。过去和现在的经验表明，精英占领的共有土地将继续是一个可能更激烈的苏丹的暴力冲突的来源，除非“二元论”的土地使用权中公共习惯土地所有权、占有和使用权被承认，在法律上确认并正式确定。这可能是国家和当地社区之间达成谈判解决的关键，将当地社区利益列为潜在投资。

当地学者认为，有必要在法律研究方面进行一些努力：一是确定苏丹不同地区的习惯社区权利；社区土地所有权，土地使用权和使用形式，管理所有权规则，根据习惯土地使用权，重点是牧民和农业社区土地权的获取和使用；二是记录国家对社会公共土地的侵害行为的反应，国家对社区抵抗的反应，影响国家应对的因素和力量，探索进一步加强社区在面对国家侵略方面的权力地位的途径；三是大型外国农业投资对当地社区的影响，如就业、收入、粮食生产、供水、服务提供等，当地社区对大规模外商投资的态度，以及当地社区与外国投资者合作，服务两国利益的可能性。这些也是中国企业投资时应当而且必须研究的课题。

第十章　苏丹农业投资

苏丹有显著但基本上未开发的吸引外国投资的潜力。该国也面临南苏丹分裂后的严重影响，特别是大部分石油储备的损失。在这种情况下，安抚和重建投资者的信任对于吸引他们至关重要。苏丹通过国家发展规划和新的立法，力求将经济多元化，吸引外资直接投入新兴行业。目前，苏丹已经建立了一个相对开放的投资立法框架，但是，由于缺乏二级立法，缺乏可操作的具体步骤，机构执行力不足，政府不同层次之间缺乏协调。这对外国直接投资造成很大障碍。

第一节　外国直接投资概况

苏丹是一个非常有经济潜力的国家。它位于两个尼罗河交汇地区的战略位置，并可直抵红海。它是非洲第三大国，其土地广袤，矿产资源丰富，农业条件优越，气候多样，土壤肥沃和水资源丰沛。该国的历史景点、自然公园和海岸也是发展旅游业的丰富资源。

苏丹在2000年中期以后吸引了大量的外国直接投资。截至1998年，流入的外国直接投资总额不到1亿美元，2006年达到26亿美元。随后，一直保持在每年25亿美元左右的水平。在2006—2011年期间，苏丹的外国直接投资在北非地区仅次于埃及。截至2011年，苏丹的外来直接投资存量为240亿美元，是北非地区继埃及、摩洛哥和突尼斯之后的第四位，非洲第六位（UNCTAD，2014）。

1. 最大的投资项目集中在石油行业

虽然关于外国直接投资的数据，包括其按行业分布和关键影响指标都不完整，但估计石油吸引了最大的外国投资份额。例如，在2003—2010年期间，除了一个10亿美元以上的绿色投资项目，都是由国际石油公司（中国石油天然气公司）进行。然而，电力（巴拉特重型电力）、矿业（ASCOM地质矿业）、电信（Investcom）、食品（Bin Meir Holding）、酒店（Rotana Hotels）和建筑材料（RAK）的几个小型项目达到了1亿美元（UNCTAD，2014b）。

2. 2011年南苏丹分裂对苏丹经济的影响很大

特别是大量油田的相关损失导致国内生产总值下降，预算收入减少了一半以上，出口大幅减少，下降了2/3（IMF，2013a）。虽然2012年和2013年收集的国家数据显示，流入的外国直接投资仍然处于分裂前的水平，但大部分石油投资项目位于现在的南苏丹。这可能是由于数据收集存在问题。预计部分原因是苏丹和南苏丹在2013—2016年期间的过渡性财政协议，这一冲击有待平衡①。然而，南苏丹的内战打破了该国部分石油生产，从而影响了经济预期（市场研究报告，2014）。这些因素以及自1997年以来对该国实行经济制裁②，增加了长期的外汇高位短缺，2013年3月达到高峰，达到48%（IMF，2013a）。

3. 寻求经济多元化发展规划

石油和有关活动仍然很重要，但该国的石油生产已经失去了重要份额。为了应对发展挑战和增长障碍，苏丹当局采取了国家发展规划和战略。确定可持续发展长远愿景的二十年战略（2007—2031年），当局认识到需要通过支持农业、制造业和农产品加工业以及开发服务业、旅游业来实现经济多样化发展。

4. 需要发展农业，以实现粮食安全和增加出口收入

农业部门有可能成为实现两个发展目标的驱动力：一是通过主要粮食（高粱、小米和小麦）的生产，以及牲畜和家禽生产来实现粮食安全；二是通过经济作物（如棉花、花生、阿拉伯胶、甘蔗糖和苜蓿）的销售，增加出口收入。一些农业直接投资已经到位，主要面向出口，例如阿拉伯联合酋长国GLB投资公司和阿姆塔尔（Amtaar）公司。目前处于早期阶段的GLB苜蓿项目一旦达到预计能力，可灌溉7.8万公顷土地，为海湾市场生产大量苜蓿。

5. 矿业可以在出口和海外创收中发挥关键作用

2013年，黄金占出口收入的30%，预计在2015—2018年期间将保持稳定

---

① 根据这项协议，苏丹将为南苏丹每年提供7.5亿美元的融资。该协议还包括南苏丹支付使用管道的过境费用，炼油厂以及留在苏丹境内的港口

② 涉及苏丹籍货物和服务以及美利坚合众国或美国国家的货物和服务的一些交易目前受到限制，这些投资影响了投资吸引力

（经济学人智库，2014a）。矿业发展确实在国家发展方案和三年紧急经济计划中发挥了重要作用，以此补偿南苏丹分裂以来出口收入的损失；因此把经济重点放在非石油工业上是该国整体战略的一部分。矿产和矿业部正在准备采矿战略，目前在采矿业经营的公司从手工业发展到了大型实体企业。该行业的外国投资者包括俄罗斯、中国、南非、英国和阿拉伯一些国家，如约旦、摩洛哥和卡塔尔的公司。

6. 旅游业正在兴起

2013年旅游吸引了591 350人次，并向苏丹提供了7.35亿美元的外汇收入。统计显示，这些数字自2009年以来一直在稳步增长（旅游部，2014；世界旅游组织，2014）。旅游业自1993年以来一直在进行私有化进程，是该国2012—2016年国家发展方案的首要任务之一。据旅游部介绍，所有与旅游有关的公司都已经出售给私营部门，或是私有部门参与合作。

第二节　鼓励投资法

苏丹根据20世纪90年代初开始的私有化战略，建立了一个比较开放的投资立法框架。2013年通过的新的外国直接投资制度制定了国民与外国人之间不歧视的原则，促进外国投资者更便利地进入国家劳动和土地等领域。然而，监管和制度上的弱点影响了投资立法的实施。监管框架通常缺乏所需的清晰度和操作细节。往往没有次级立法，特别是环境保护和竞争法规。在制度层面上，法律规定的若干实体没有建立起来，或者仅仅在部分地运作，特别是在劳动竞争和反腐败方面，这在很大程度上是由于资源缺乏。有些地区特别关注投资。在苏丹确保土地所有权仍然是有问题的。税收制度复杂，难以管理，不会给州级带来足够的收入。打击腐败的法律框架不完整，反腐倡议很少有效力，腐败问题直接影响企业经营。劳动制度也需要政策关注，特别是在劳工权利和技能吸引力方面。这些因素严重影响了商业环境质量，投资形成了障碍，从而影响了苏丹国家发展目标的实现。

一、鼓励投资法

为了鼓励投资，苏丹政府制定了《1999年鼓励投资法》，并于2000年进行了修订，增补了部分内容，同时出台了《2000年鼓励投资条例》，将《1999年鼓励投资法》改名为《苏丹共和国1999年鼓励投资法》。2003年对《2000年鼓励投资条例》进行了修订。2007年又对鼓励投资法进行了部分修订。2013年，苏丹政府再次修订投资法案，出台了2013年《鼓励投资法》。其中明确规定设立"最高投资委员会"，由总统担任委员会主席，对全国投资实施宏观管理。成立国家投资局，由国家投资局接管原来的投资部，具体负责执行全面工作，在投资局内部设立一站式服务窗口，为投资者办理各种手续；规定州政府有关部门负责做好农业、工业、服务业项目用地的登记和规划工作，用地由国家投资局统一分配；此外明确规定外籍人员不再需要缴纳社保，并在投资税方面做出适当的调整。但2013年《鼓励投资法》实施后，政府并未出台配套实施细则，实施细则仍然参照《2000年鼓励投资条例》2003年修订版执行。

《2013年投资鼓励法》规定了在苏丹境内外直接投资的一般制度。在影响外国投资的规定中，法律通常是宽松的。2013年12月1日通过的"法律补充条例"列出了外国资金可参与的行业，也使苏丹经济进一步向外国直接投资开放，特别是在服务行业。

二、投资项目分类

2013年《鼓励投资法》定义了三种投资项目：州级、全国和战略项目。不同级别的项目对应不同的管理制度。这里对州级项目不作介绍。

1. 全国性项目

符合2013年《鼓励投资法》规定的特定条件的项目被认为是全国投资项目：跨州发展的项目、涉及外国人参与的或授予外国公司许可证的、根据与苏丹政府缔结具体协定确定的、涵盖对苏丹自然资源开采的、与石油和采矿有关的所有项目等，都被视为是全国性项目。全国性项目享有特定的优惠政策。

2. 战略性项目

目前对于战略性项目和相关激励措施的定义尚不准确，这引发了一系列的问题，给外国投资者带来了许多不确定性。事实上，虽然通过了2013年《鼓励投资法》的规定，对战略项目的定义已经得到澄清，但其定义仍然很模糊，具体项目要取决于国家投资管理局和职能部委的评估。这给投资者带来了不确定性，并引起了对透明度的严重关切，特别是因为国家投资管理局可以向战略项目提供非特定的额外优惠措施，而不仅仅是给予全国性投资项目的优惠。2013

年《鼓励投资法》尚未出台实施细则，现参照《2000年鼓励投资条例》2003年修订版，列出战略性投资项目要求，货币单位也未做修改，仅供参考。

根据《2000年鼓励投资条例》2003年修订版，以下项目应被视为战略性项目：

（1）能源和采矿领域：在热能、核能和太阳能发电或其他电力、能源领域的基础设施项目，总容量不低于15兆瓦；提供综合电气服务的项目，包括发电、输电线路、配电网、维护、运行和营销，生产能力在1兆瓦及以上；国家与投资者之间通常根据生产分享协议设立的主要金矿项目，例如黄金、铜、银、铁等；国家与投资者之间通常按生产共享协议设立的石油和天然气开采项目；石油和天然气领域的综合业务项目，如石油精炼厂、储存器具和石油及液化气输送管道；新能源和可再生能源利用项目，投资规模不低于10亿SDD。其中，包括：组装和安装用于发电或机械能的太阳能电池，风车和沼气发电机组。生产和组装蓄电器，用于储存太阳能或风能产生的电能。条件是这些行业应由主管技术机构批准的规格确定。

（2）工业领域：工程行业和矿业等重大项目。可能依靠购买现代技术，并利用当地原材料提供新产品，替代进口钢铁、手工纸、写字纸等基础材料，三千吨以内的平面玻璃，水泥和建筑材料和塑料（化学颗粒等）作为工业投入的原材料。投资资本不得少于30亿SDD。

主要工程行业项目。可生产拖拉机和农业机械，如可用于工业经营和基本服务的卫生、教育、运输、通讯、信息等方面的发动机、设备和工具。投资资本不得少于30亿SDD。

石化行业可能涉及的项目，如化肥、农药、沥青、橡胶等。

可能涉及的增加农业、动物和矿产品的附加值的项目以及土方机械等。在生产能力相同的条件下，投资资本不得低于30亿SDD。

涉及国家的基本医药行业的项目，投资资本不得少于30亿SDD。

（3）农业和植物生产领域：主要灌溉农业项目，建设水坝、堰坝和灌溉建筑工程，灌溉面积不得少于一万费丹。

洪泛灌溉农业、或从河流泵水灌溉项目，灌溉面积不少于5 000费丹，自流井水灌溉面积不少于2 000费丹。

主要牧区农牧业项目，为传统牧场生产服务，通过散布草种子种植牧草，提供供水服务和兽医护理，保护无疾病区。

机械化农业服务项目，可以向农场提供服务，其面积每年不得少于20万费丹。

园艺产品收获后综合服务项目，其中包括专业运输、植物分割、分类、分级、包装、冷库、冷藏和专业运输到市场或出口港口，每年不得少于3 000吨。

机械化雨养农业项目，其耕种面积不少于4万费丹。

森林和环境项目，灌溉林面积不得少于5 000费丹，雨林不得少于25 000费丹（混合项目投资规模，投资不得少于20亿SDD）。

灌溉机械项目和灌溉产品制造。

（4）动物生产领域：畜牧业大批量生产不少于7 000只母羊，或者2 000头母牛或骆驼的畜牧业项目。

建立现代屠宰场，有出口资格和综合服务措施以及存储肉类的仓库。

大容量牛奶生产，不少于500头奶牛的综合项目；连同设立乳品厂和冷运输方式进行配送。

牛奶和乳制品制造，投资规模不得少于25亿SDD。

大容量家禽生产。鸡蛋生产领域，每年不少于200万个鸡蛋；肉鸡生产领域，每年2 000吨以上。

传统领域的动物饲养和综合兽医服务项目，包括品种改良中心、疫苗生产、兽医检疫、综合服务，以及建立固定式和移动式治疗医院并为动物提供兽药。

渔业和水产领域。在淡水和红海水域，装备船只、容器、机械、现代化制备设备、冰工厂、冷藏和冷运输工具，鱼产品的生产能力年产量不低于1 000吨。

利用现代技术在淡水和红海水域进行鱼类养殖项目，并将其与所有现代化的设备和仪器装备在一起，生产规模不小于每年3 000吨。

（5）交通运输项目：铁路运输工程：在建新线路，加强基础设施建设，适应训练和现代化建设，火车运营，或经营国家铁路网络的具体部门，推动设备和运行支撑现代化，维护车间；投资不得少于10亿SDD。

陆地运输项目：一是卡车或平车车队，不得少于50辆，其制造日期不得超过三年，载重量不得少于35吨；项目开工时不得少于25辆货车；固定和移动维修车间，加上技术干部培训。汽车可以多种多样，用于运输干燥、液体和散装物料，冷藏运输和牛运输。二是跨越城镇旅游车队，车辆不得少于50辆客车，其制造日期不得超过两年，载客45人，而且车辆应是现代的空调车，并提供必要的服务和设备，可以指定主管机构；该项目应设有维修和设备中心；前提条件是操作应从不少于25辆客车开始。三是运牛车队，不得少于20辆卡车，载重不低于30吨；但制造日期不得超过三年。四是冷藏运输车队，不得少于20辆，运输能力不低于30吨，制造日期不得超过三年。

水运项目：内河船舶的项目，包括以下内容：一是乘客运输项目，该船舶应为新船舶，配备新的主辅机；载客量不得少于250人，并应当符合船舶内部航行分类规定的条件和标准。二是一般货物、集装箱和石油和天然气的运输项目，该项目的总负荷不得低于4万吨，投资规模不得小于20亿SDD，项目应符合内部航行船舶分类条件和规定。三是牛和鱼类运输项目，总负荷不得低于5 000头牛和150吨鱼类，项目应满足内部航行船舶建造规范和明文规定。四是混合运输项目，投资资本不得少于10亿SDD或其等同物，项目应符合船舶建造规范和内部航行的规定。五是装卸项目，装备和机械投资的资本规模不得少于10亿SDD。

引流和海港：在战略地区、尼罗河主要路线及其分布地的引流和港口适应能力项目；投资资本不得少于10亿SDD。

海上运输项目：一是通过船舶运送货物、乘客、石油材料、牛和天然气等的运输工具以及附带的综合项目，例如清关、运输、仓储、装卸、海运代理、仓库、干船坞、码头等与海运有关的项目，投资规模不少于30亿SDD。二是在海港公司作为主管机构设立海港，其投资规模不少于30亿SDD。

航空运输货物和乘客：航空器机队不得少于3架，在民航当局以投资者的名义注册的飞机，最低运输能力为100人或40吨。一是生产区和偏远地区空港建设项目。二是飞机维修中心和车间，土建工程设备服务投资规模不低于30亿SDD。三是建筑、道路、桥梁、水坝和灌溉装置的建设维修，配备必要的机械、设备、泵、搅拌机、沥青、喷雾机、起重机、发电机、压缩机、移动工作车间、车辆等，建筑设施总投资不得少于30亿SDD。

通讯：建立有线和无线通信网络工程和信息技术服务，投资资本不得少于30亿SDD。

（6）服务领域。

医疗卫生服务：一是现代专业领域的项目，如肾脏移植，心脏、脑、神经和恶性肿瘤手术；病床不得少于50张。二是包括门诊、实验室、手术室、血库、病房在内的大型综合医院，包括综合医疗服务项目；病床不得少于100张。

三是诊断中心项目，投资规模不得低于15亿SDD。

教育服务：包括技术和职业教育和资格认定机构的各种项目，在工程、农业、兽医、医疗和应用领域，配备专门的设备、实验室、车间和仪器，以及合格的人员；投资资本不低于20亿SDD。

（7）旅游环境领域。

动植物园、野生动植物保护区（瞪羚、鸵鸟、稀有鸟类）和农场项目，投资资本不得低于20亿SDD。

考察和历史地区的发展项目，在偏远地区提供旅游服务、休息场所、旅游住宿、娱乐和向导服务以及主要旅游综合体，投资资本不得低于20亿SDD。

环境保护区和下水道工程，投资资本不低于20亿SDD。

（8）文化和信息领域。

提供印刷和分发服务的文化科学出版社项目，投资资本不得少于10亿SDD。

信息、电视、电影和戏剧制作项目，投资资本不得少于10亿SDD。

三、项目审批程序

1. 投资项目的预先筛选

2013年《鼓励投资法》还规定了国家投资管理局对所有投资项目的预先筛选。管理局的监管角色包括许可职能，赋予管理局有效筛选和终止任何投资项目的可能性。根据2013年《鼓励投资法》的规定，从国家投资局获得许可证是所有投资项目的先决条件，并提供了一些优惠的措施。许可证程序在位于国家投资管理局的一站式商店（OSS）①进行，所有投资相关部门的代表均由其各部委授权。原则上，当项目符合标准时，投资者一周之内就能获得初步许可。然而，这些标准在2013年《鼓励投资法》或其规定中没有描述，这在实践中很有问题。初步许可证有效期为2个月，可能只有一次更换的机会。在提交注册证明后一周内授予最终许可。没有“沉默同意”的规则；必须有拒绝理由，并可以在投资高级理事会上诉。理事会应在一个月内作出回应。许可证有效期为3年，最多可延长2年。然而，国家投资管理局表示，在这5年之后，投资制度对项目继续有效。

① 一站式商店：（OSS）one-stop shop

2. 注册许可

继国家投资管理局发放许可证后，需要根据2013年《鼓励投资法》的规定注册投资。注册等于是公司成立并在司法部的公司注册局或者14家官方注册机构之一完成注册。它们以电子方式或用纸张操作。注册表是公开的，只要支付费用任何人都可以咨询。1925年《公司法》和《1931年商业法》授权公司注册的传统形式。这些包括：商业名称（1个或2个自然人，只能在特定行业运作），私人有限责任公司（2人以上），公共有限责任公司（7人以上），外国公司和国有企业（SOE）的分支机构[①]。这些公司具有法人资格和有限责任。

3. 外国直接投资面临的问题

（1）授予国家投资局许可证的标准和所需文件在2013年《鼓励投资法》或其《规定》中都没有描述。管理局在其网站上提供的程序指南也不能用。此外，这些资料只提供阿拉伯文，目前还不清楚当局是否可以提供更多的文件或行政步骤。

（2）根据2013年《鼓励投资法》及其规定，在进行技术、经济、环境和社会可行性研究的基础上，许可证被提交给当局批准，但可行性研究程序和内容不详，可能会对国内外投资者造成额外的负担。

（3）批准和撤销许可证的权力以及相关的优惠措施（包括促进进入土地以及自由归还资本和衍生物的可能性），赋予国家投资管理局重要的监管职能，从而使其成为该国所有投资活动的终极关键。2013年《鼓励投资法》规定，虽然技术方面仍然是各业务职能部门的责任，但是一站式商店（OSS）的专员却是在行使国家投资管理局的行政权力。作为负责投资促进机构的角色，可能会造成利益冲突和权利寻租的风险。此外，这些与注册有关的权力与司法部重叠，这在实践中增加了投资者的另一层不确定性。

（4）1925年法律赋予司法部长重要的权力，但没有明确规定的标准。司法部长可以授权或拒绝注册。根据1925年法律的规定，还有可能拒绝公司上诉。如果公司被认为不符合公共利益，部长可以取消其注册资格。虽然取消注册资格只能经部长理事会的批准，但这个决定的标准也不明确，而且这种决定不能上诉。这被大家认为是对投资者的清算，因为表面上的公共利益可能隐藏着广泛的问题，即可能滋生腐败，又会对投资者产生很多不确定性。

---

① 国有企业被定义为实体，其股份由政府及其机构全部拥有。商业名称（Business Name）并非一级公司，不应该与其他等级公司并列，但原文如此

（5）从2013年《鼓励投资法》来看，尚不清楚其处理和保护条款是否适用于许可期限届满的项目。事实上，虽然国家投资管理局提到，在这段时间后投资仍然会受投资制度保护，但2013年《鼓励投资法》及其规定并没有明确说明。

第三节 外资的待遇

一、不歧视原则

2013年《鼓励投资法》规定了适用于国内外投资者的不歧视原则。但这一条款无论是条款本身还是实际执行情况都存在不少问题。

2013年《鼓励投资法》没有规定履约要求，但投资者在许可证有效期内受到一系列义务的约束。有些是特别不寻常和繁重的。例如，与投资项目相关的所有基础设施必须在一年之内完成，除非国家投资管理局特别延长这一期限。投资者还必须充分利用在同一时期内分配的土地。必须向管理局提供详细的项目实施时间表，并且必须更新完成的和剩余的任务以及任何必要的修改。如果项目停止，在事件发生后3个月内，必须向管理局发出通报。投资项目现场和相关文件的检查也可以由国家投资管理局和主管部门的代表组织，并对持续执照产生影响。这增加了管理局的监管职能。

二、制裁清单

如果违反2013年《鼓励投资法》，国家投资管理局实行制裁清单。管理局可以根据部长的建议，并根据违规情况发出警告，解决违规的原因，减少或者取消对投资项目的优惠，包括归还所获得的利益，或者可以决定取消许可证和批准的土地的租赁。这些决定可以在1个月内在高级投资委员会上诉，此后可以在国内法院提出质疑。

三、资金汇兑

2013年根据《鼓励投资法》的规定，利润可以自由汇回，而被投资资本的汇回要获得管理局的批准。如果外资成本和贷款均履行了所有法律义务，特别是税收报告的要求，投资者可以汇回利润。汇回利润有两个附加条件：资本必须在苏丹中央银行注册，并通过政府授权的银行进行所有操作。2013年《鼓励投资法》明确规定了所需文件和要遵循的程序。如果项目没有完全实施，与投资项目有关的进口可以再出口或者出售或者放弃。外资由国家投资管理局局长招集的委员会评估。如果出现意见分歧，可以向委员会提出索赔，但上诉是不可能的。喀土穆投资鼓励委员会还指出，一旦开发出来的投资项目，在获得管理局的必要批准后，可以出售、租赁或继承，但不分割。

四、外汇管制

苏丹存在多种汇率制度，外汇管制严格。根据中央银行的说法，采用下列规定：中央利率和商业利率在授权实体的+4/−4%范围内适用。然而，在实践中，国际货币基金组织（IMF）表示，有四种并发利率：中央利率、商业利率和另外两种适用于小麦和黄金的利率（请参考本书第三章）。没有银行间外汇市场（IMF，2013b）。除中央银行确定的指定数额外，苏丹镑不能用于进口或出口。居民和非居民有权开立外币账户，购买和出租房地产、外币货物和服务。但是，除非经特别授权，否则不得将外币用于直接投资或购买不动产或将其存放在国内外非授权的银行。这些限制也适用于从国外获得短期融资和投资证券。

投资者主要关心的是外汇在国内的不足。由于南苏丹分裂和石油生产和出口急剧下降，该国失去了约2/3的外汇收入。在这方面，中央银行通过限制进口商可用的流动性以平衡外汇需求（苏丹中央银行，2012）。

五、保证不被征收原则

对外资的保护措施虽然不完整，但已提出了“保证不被征收原则”。2008年总统令明确禁止征收投资者的投资。2013年投资法禁止征用，其中包括国有化、没收和扣押投资项目的资产和房地产，除了那里有“公共利益”另行考虑；而且要给予外资理所当然的公平和即时的补偿。在法律中没有进一步确定这种补偿的标准，但是1930年《征收法》对“公共利益”有明确规定，即“利用土地在其上建立的设施，该设施将用于由市政府为履行强制性特权而进行的公共工程项目”。《征收法》还详细说明了赔偿程序。但是，它既不设定时间范围也不设定相关条件。不包括间接征收和某些行为导致的后果，例如在违反其义务的情况下撤销投资者执照的情况尚不清楚。

进行征收的单位负责与有关各方签订协议。如果没有达成协议，设立仲裁委员会。委员会由负责征收的公务员（如总统）和涉案双方的一名代表（州长和财产所有人）组成。上诉是不可能的，然而，各方可能会要求最高法院指定一个人来审查该决定。

六、争议解决机制

2013年《鼓励投资法》规定了以下替代性争议解决机制，没有正式区分投资和商业仲裁：

（1）如果争议属于列出的国际协议框架①，则适用这些协议的争议解决条款。

（2）如果争议不在上述国际协议框架内，投资专业法院就有资格介入，除非当事人同意调解或仲裁。

关于投资者与国家之间的争端，国际投资争端解决中心（ICSID）目前报告了两起案件。第一起涉及苏丹石油国企Sudapet，作为对南苏丹的索赔人（ICSID，2014a）。第二起涉及苏丹作为黎巴嫩—约旦投资者Michel Dagher（ICSID，2014b）索赔的应诉人。该索赔是根据约旦和黎巴嫩与苏丹的双边投资条约（BITs），在该国据称未能授予其有助于建立的无线互联网网络（最终由该投资者拥有）频率的情况下撤离的。

2005年《仲裁法》规定了苏丹商业仲裁的总体制度。当案件各方的总部在不同的国家，或当争议主体与多于一个国家“关联”时，仲裁被认为是国际性的。但是，《仲裁法》并没有规定这一关联的定义，因此需要根据具体情况进行评估。仲裁协议必须是书面形式，可以在争议之前和之后缔结。仲裁裁决具有法律约束力，可以自动生效。如果执行方面出现问题，可以向仲裁的法院提出上诉。世界银行报告说，平均而言，执行苏丹商业仲裁裁决，从申请执行到移交给附加资产（假设没有上诉）大概25个星期，对外资则优惠为19个星期（世界银行，2010）。

喀土穆设有商业仲裁中心，负责管理商业仲裁。但在苏丹确定商业仲裁案

---

① 这些国际协议框架包括：“阿拉伯资本在阿拉伯国家投资统一协定”（1980年），“利雅得阿拉伯司法合作协定”（1983年），国际投资争端解决中心（1965年），伊斯兰会议组织成员国经济，技术和商业合作总协定（1977年）或苏丹参加的任何其他与投资有关的条约

件的数量很难。世界银行报道说，迄今为止，苏丹境内的大多数商业仲裁案件是由特设的或国际仲裁机构裁决，但没有提供进一步的细节。

七、国际投资协议

截至2014年11月3日，苏丹签署了35个双边投资条约，其中21个已生效。苏丹于1963年与德国签署了最新的双边投资协定，2014年与土耳其签署了最新的双边投资协定。苏丹签署的双边投资条约见附件三、四。

苏丹签署的双边投资条约遵循传统的投资保护要素。它们包括以资产为基础的投资定价，提供建立最惠国待遇（MFN）和国民待遇（NT），包括投资者—国家争端解决机制（ISDS），免受直接和间接征收，保障资金的自由转移。在与印度尼西亚的双边投资条约中，免费转让义务须事先缴纳法律、财政和税收承诺资金。只有与约旦和阿曼的双边投资条约不负担国民待遇的投资。除了土耳其的双边投资协议，它们还载有关于公平和公正待遇（FET）的规定。只有与法国、阿曼和卡塔尔的双边投资条约才能参照国际法或国际法原则来达到公平和公正待遇标准。苏丹缔结的大多数双边投资条约选择了广泛而不合格的公平和公正待遇标准。苏丹与比利时、德国和黎巴嫩签署的三个双边投资条约包括一个总括条款。本条款要求东道国尊重其对特定投资（例如投资合同）承担的义务。这一规定有效地扩大了苏丹签署的双边投资协定的范围，将东道国的非条约义务提升到条约义务。

苏丹加入的其他12个国际投资协定中有7个纳入实质性投资准备。这些协议列在附件四中。例如，“东南非共同市场投资协定”包括公平和公正待遇，国民待遇，最惠国待遇和投资者—国家争端解决机制规定，并强制投资者遵守其投资成员国的所有适用的国内措施的义务。它还规定了各种灵活性机制，其中包括明确重申东道国有权为发展目的管理投资的规定。伊斯兰会议组织投资协定包括向最不发达国家的投资者提供最惠国待遇和国民待遇的条款。同时，“协议”包括关于资金自由转移的重要例外，并对投资者施加义务，避免一切可能扰乱公共秩序或道德的行为，不采取限制性做法，不试图通过非法手段取得收益。阿拉伯资本在阿拉伯国家投资的统一协议允许资金的自由转移，并要求各方保护阿拉伯投资者及其收入。该协议有助于阿拉伯投资者在阿拉伯国家进行投资的领土内不受阻碍地进入和居住，并规定阿拉伯投资法院解决因应用协议而产生的争议。

还有一些普遍参考的国际条约。例如，东欧和南部非洲—欧盟经济伙伴关系协定（ESA-EU EPA）旨在为东部和南部非洲地区的投资建立和实施有效、可预测和透明的区域监管框架，“东南非共同市场—美国贸易和投资框架协定”（TIFA）设立了贸易和投资委员会，以努力消除投资障碍，并就各方特别关注的与贸易和投资有关的问题进行磋商。苏丹加入的国际组织名录请参考附件五。

第四节　保税区及优惠政策

一、苏丹保税区

苏丹有两个保税区，并计划开发新的保税区。一是阿尔佳利（Aljaily）保税区，二是红海保税区，还有11个新区[1]。保税区的制度是由2009年的保税区和自由市场的法律管辖。2013年5月18日通过了一项执行条例。保税区负责机构是保税区全国委员会，于2013年1月1日开始运作。由国家投资局局长领导，理事会在行政上受管理局的监督，但它仍然负责所有技术问题和具体操作，例如保税区的许可等。

保税区的目标是在理事会考虑到国家发展目标的基础上，促进国内外投资。在这些地区进行的活动目前是基于投资者的利益表达，而不是由国家规划决定的。

有两类公司在保税区内经营：管理公司和投资公司。

管理公司：管理公司由理事会授权，具有投资项目的地位；其制度被2013年《鼓励投资法》所覆盖。负责根据与理事会缔结的具体协议来确定保税区的基础设施，特别是市政当局强制性参与。理事会没有具体说明这一授权的性质。

投资公司：投资公司可以有选择性地投资于保税区内的公司，允许他们收取许可费和租金。然而，理事会仍然保留制裁权，特别是在延误时间方面。这些制裁可能导致许可证的撤销。

专栏12：苏丹保税区概况

阿尔佳利保税区和红海保税区由苏丹保税区和市场公司（SFZ）经

① 这些免税区将位于以下州：加达里夫、红海、阿拉姆、卡萨拉、杰齐拉、喀土穆、白尼罗河、尼亚拉、法希尔、北方州和阿贝迪亚

营，于1993年由政府和不同私营机构合并而成立的苏丹上市公司。

红海保税区：2000年开业，该区位于苏丹港南部38千米（苏丹港机场以南17千米），总面积26平方千米。该保税区结构计划与中国公司进行了合作。红海保税区拥有约890家经营工业、商业和服务业的公司。苏丹投资者拥有这些公司中的80%，另外的20%是外商独资企业。

阿尔佳利保税区：2007年开业，总面积26平方千米，阿尔佳利保税区位于喀土穆以北70千米，喀土穆石油融资区以西，介于阿尔佳利—阿特巴拉之间，有铁路通过。一个爱尔兰实体参与了其结构计划的编制工作。该地区约有1 721家经营工业、商业和服务业的公司。

租赁保税区内的土地是唯一的选择，而建在这些土地上的房地产是公司的财产。

资料来源：贸发会议，苏丹保税区和市场公司和国家投资局资料，2011年。

二、准许投资行业

投资公司可以经营上市的一系列行业，包括工业、商业、仓储、服务业、农业、信息、矿业、旅游、金融和银行业。这个名单可由理事会延长。投资理事会表示，100%的外资所有权是可行的，对行业没有任何限制。

三、优惠政策

根据2009年法律，投资公司在许可证有效期内受益于一系列鼓励措施。

（1）公司免征企业所得税，外国员工的工资和奖金所得税，国内市场以外的所有进口和出口的税收（除了理事会的服务费用外），以及保税区内房地产的费用、税费和利润。

（2）区内的货物全部豁免关税和税收。

（3）工业产品在生产所涉及的产品和费用的价值的限度内免关税。

（4）“2009年法”规定了投资资本可自由汇回国。理事会确实表示，与苏丹关税地区的投资相反，保税区在这方面享有特殊制度。

（5）专门针对这些区域的投资制度已经到位。保税区的公司也要接受土地和劳动力制度的具体制度管理。他们也保证不会国有化、扣押、监视、征收、冻结或扣留保税区内的资金，如果这样做则需要司法令。但这个司法令的依据是没有具体说明的，也没有提到赔偿。

保税区也存在一些问题。虽然按照规定，在给予投资公司许可证时，要考虑到项目在技术推广、就业创造和环境方面的影响，目前对行政机构和投资公司的激励提出了两个相关的问题。一方面，它不能确定是否对负责建立现场整体基础设施的行政机构负担的责任；另一方面，他们剥夺了国家需要的大量收入。此外，2009年法律给予的激励措施主要集中在鼓励出口。正如几个国家的经验所表明的那样，这可能对保税区造成飞地效应，限制其对当地经济、创业或经济多元化的影响。

第五节　其他投资政策

一、土地登记和租赁

土地制度需要澄清和更好的机构协调。根据《2013年投资法》的规定，各州负责在农业、工业和服务项目的土地登记、规划、绘制和出版信息。外国人在国家投资管理局的协助下可以进入土地，私人交易的规则和条件还不清楚，机构问题影响到国有土地的分配。外国人可以通过投资项目购买土地，或者经部长会议授权。虽然1925年的《土地结算和登记法》似乎并没有以国籍为依据[①]，国家投资局、喀土穆投资鼓励委员会和1994年《城市规划与处置法》设置了外国人用来获得该国任何地方的土地的这种区别。这不仅适用于国有土地，也适用于私有土地。

国有和私有土地可以在不同的条件下租给私人投资者。按照1994年的法律规定，只有没有索赔的国有土地可以分配给私人机构。政府和私人当事方签订租约或使用合同。私人机构的权利和义务必须包含在合同中。通常，寻求进入土地的外国投资者将寻求国家投资局的协助，国家投资管理局可以与州协调，以优惠价格分配土地，并提供一次性的租金支付制度。管理局报告说，土地有时是免费分配的，特别是在战略投资项目的情况下。喀土穆投资鼓励委员会表示，租赁期工业用地为一年，农业用地三年；然后可以在33年的时间内延长至99年。关于私有土地，1925年法律提到租赁和使用权，但没

① 但是，在非穆斯林拥有的土地继承的情况下，特别规定也适用

有具体指出各方的国籍。国家投资局已经确认允许向外国人出租，但租赁期限不得少于10年。

然而，有报道称有关投资者分配土地存在问题。这显然是由于联邦和州当局之间缺乏协调。后者通常是土地所有者，可能会拖延或否认联邦政府的分配决定。在没有投资地图的情况下，国家投资管理局要求州当局临时提供确定土地，投资者在实践中往往直接与州达成协议。

农业国有土地受制于特殊制度。各州建立农业项目委员会。配置的条件比普通土地更少，但在初期首先要缔结合同。如果在此期间达成目标，农业部门必须颁发证书，提交给土地和登记机关。除非按照《1930年征收法》的规定提供赔偿，否则在合同期内土地的状况不能改变。

在保税区，规定国内外投资者只能租用州或行政部门拥有的土地。全国保税区委员会报告说，如果租用的是州级所有的土地，工业项目租赁期限为20年，商业项目15年。这些期限根据条例的条款可续期达49年，之后部长会议根据理事会的建议决定延期。根据理事会的说法，建在这片土地上的房产变成了这些公司的财产，可以在租赁期结束时出售。

土地登记是有效的。土地所有权由司法机构负责人指定的地政总署长领导的注册处注册。在大多数情况下，电子地籍根据书记官处提供的资料，以阿拉伯语或英文保存。所有权可以通过土地市场转移到苏丹公民之间，且土地可以用抵押品，只要它是注册的。

据“2015年世界银行业务”报告，注册土地平均有6个程序在9天内完成，以物业价值的2.8%为代价注册物业；与经合组织成员国相比，苏丹排名第46（2015），经合组织内平均4.7个程序在24天内完成注册财产，费用为物业价值的4.2%（世界行，2014）。个人和部落对土地所有权的索赔往往阻碍了土地使用，阻碍了所有者和租户的权利。即使注册了，但事实上农村地区的投资者尤为关心这一点，因为相比之下，报告显示城市土地所有权的这方面更为安全（请本书参考第九章）。

二、税收

1. 企业直接税

虽然税收水平普遍偏低，但税制复杂，其特点是广泛的行业特定的企业所得税率和优惠。企业所得税税率（称为营业利润税）为：农业0%，工业10%，大多数服务业15%[①]，银行的企业所得税最近上升到15%～30%。采矿和石油分别征税30%和35%，股息不征税（表10.1）。其他直接税包括国家收入的资本利得税、预扣税、租金税和社会发展税，特别是在2013年《鼓励投资法》下。其他税收是印花税、转让税、不动产税，如果是穆斯林股东拥有的公司，伊斯兰济贫税（扎卡特Zakat）以2.5%的比例申请营运资金，虽然没有指出所需百分比的股份。没有劳工税，但雇主需要缴纳苏丹雇员每月工资的17%用于社会保障。

表10.1　主要企业直接税概况

税利	范围（%）	单位
公司所得税	0	农业公司，公立和私立教育机构，被许可为大学或一般教育机构，注册慈善机构
	10	工业企业
	15	商业，贸易，服务，房地产租赁，基金管理和保险公司
	30	矿业公司，银行，烟草和烟草公司
	35	从事油气勘探，开采和分销的公司及其分包商
	2.5	电讯公司年营业额的最低税率
资本利得税	5	至少连续3年拥有的土地和建筑物的销售收益
	2.5	车辆出售收益
	2	出售证券\股票和债券的收益，但有一些例外
预扣税		股息不征税
		居民公司
	2	进口货物可信预扣税
	7	对非居民分包商的利息和其他服务的支付最终预扣税
	5	在苏丹注册的实体支付给外国公司的农民的可信的预扣税
		非居民公司
		无分支汇款税
预扣税	7	利息支付
	15	特许权使用费
	15	技术服务费
	15	管理咨询费
租赁税	10	租金超过3000 SDG（相当于2014年4月3日的528美元）的税收
社会发展税	5	仅限于“2013年投资法”或其他法律豁免的公司

① 苏丹的税收制度是由一系列文本来确定的：2005年“中期宪法”，1986年所得税法，1986年资本所得税，1999年增值税法，2001年“扎卡特法”，1986年“资本利益法”和“2007年社会发展法”构成总体制度。“2013年投资法”和“2009年免税区和自由市场法”制定了特殊制度。此外，据报道截至2014年2月苏丹与巴林、中国、埃及、南韩、黎巴嫩、马来西亚、叙利亚、突尼斯、土耳其、阿拉伯联合酋长国和大不列颠及北爱尔兰联合王国、印度、印度尼西亚、卡塔尔、沙特阿拉伯、伊朗和巴基斯坦等17个国家有双重征税条约

（续表）

税利	范围（%）	单位
社会保障	17	苏丹员工的月工资
印花税		税率根据仪器类型而有所不同（超过260种）
转让税	2	转让税
特许权使用费	7	采矿
伊斯兰济贫税（Zakat）	2.5	穆斯林股东拥有的公司营运资金

资料来源：贸发会议（2014年），国家经济和财政部税务局实际资料；德勤；IBFD（2013a；2013b）/国际货币基金组织（2013b）

2. 增值税

增值税（VAT）一般为17%，有几个行业可以免除。它是由联邦政府征收的，主要部分是由联邦政府支配，而总收入的40%则转交给各州。增值税适用于国内应纳税人士提供的货物和服务以及进口苏丹的货物和服务。电信服务税率提高到30%，并且豁免了非常广泛的经营活动，包括：农业、银行和保险服务、租赁、保健、教育、化肥、化工药品、电力、水、矿业（包括黄金开采）和矿产出口以及投资相关出口。非居民公司没有退税计划。

3. 投资税费优惠

外国投资者从特定制度中受益，这增加了适用于某些行业的较低的企业所得税率。授予20%的初始折旧免税额，用于购买生产的机器或设备。也可以免征国家投资项目资金设备进口增值税，经国家投资管理局批准。如前所述，被视为战略性的投资项目可能会由管理局与职能部委协调逐案给予的额外优惠。这不但引起了人们对透明度的高度关切，也引起了人们的不满。为了补偿与这些优惠政策相关的收入损失，政府对2013年投资法或其他法律规定免税的公司征收5%的税收。

这种在一般税率和特定优惠项目上的不同税收待遇，使已经复杂的税收管理更加复杂。在制度层面上，负责当局，即国家经济和金融部联邦税务局和国家财政部应该分担税收责任。实际上，在没有明确规定的收缴和分配机制的情况下，联邦政府就会征税。在这种情况下，各州越来越依赖其划拨并经常征收新税，以达到他们满足消费需求的财政平衡（IMF，2013a）。

4. 税率普遍偏低

除了某些行业外，苏丹的企业所得税从0～15%不等。相比之下，埃及、非洲和阿拉伯国家的标准税率为25%，埃塞俄比亚、肯尼亚和尼日利亚为30%

（非居民公司为37.5%）（IBFD，2014）。苏丹也在税收征收方面面临挑战。如表10.2所示，苏丹的税收占GDP的比例确实很低。国际货币基金组织报告说，在2012年，苏丹税收收入占国内生产总值的6.2%，而非洲该地区的简单平均数为17%（IMF，2013b）。

这在南苏丹分裂后更加严重，因为导致了巨额的收入损失。据报道，苏丹在2011年以后已经损失了近五成的货物收入，苏丹政府已采取措施补偿海外冲击。如上所述，银行的企业所得税从15%～30%，翻了一番；增值税率和社会发展税增加了2%（OECD，2012）。在2012—2014年应急方案框架内逐步取消补贴也在进行之中。由于补贴的取消，柴油和汽油的价格增加了75%，而天然气上升了66%。这些削减的补贴原则上应重新分配到提高工资和社会补贴方面，特别是对贫困家庭和医疗保健的支持（EIU，2014）。国家经济和金融部成立了由所有相关单位组成的委员会，特别是国家投资管理局和海关当局，对现行国际经济金融政策及其影响进行了评估，并推进实施。

表10.2　部分非洲国家的税收（占国内生产总值的百分比）

国家	年度	总收入	税收
苏丹	2012	10.0	6.2
阿尔及利亚	2012	39.6	36.7
中非共和国	2012	16.4	10.0
乍得	2012	26.4	17.0
刚果	2012	41.9	8.9
刚果（金）	2012	30.5	16.7
	2010	25.1	14.0
埃及	2011	16.7	12.0
埃塞俄比亚	2011	21.8	15.0
加纳	2010	21.1	20.0
肯尼亚	2011	35.2	24.8
摩洛哥	2010	29.5	20.4
突尼斯	2011	14.8	12.0
乌干达	2012	21.8	14.0
未加权平均数，不包括苏丹		26.2	17.0

资源来源：IMF，2013a

三、劳工制度

影响劳动体制的若干问题迫切需要政策关注。苏丹的劳工立法包含若干保护工人权利的规定[①]，但仍然需要解决重大政策差距。苏丹在八项核心国际劳工组织公约中已经达成七项，但在结社自由、罢工和童工方面仍然存在问题。在制度层面上，由于缺乏资源，法律规定的进行劳动监察的一些实体从未建立起来。

1. 劳工聘用

劳动合同允许灵活的聘用条款。它们受《1997年劳动法》的规定，就业期限可以限制或不确定；临时合同不得超过两年，不得以同一机构多次续期。“劳动法”也可以实行学徒合同，但限于特定时期。季节性工作也包括在内。违反1997年法律的合同条款被认为是无效的，除非更有利于工人。公司所有权变更并不导致合同终止。苏丹政权的具体特点是公共就业机构广泛参与招聘过程。

2. 待遇

除了雇主为其雇员支付的社会保障费用外，工资不仅涵盖基本工资，而且还包括员工所有的福利。这在1974年《最低工资法》和1997年的《劳动法》中被明确，并在联邦一级决定。其数额应在合同中明确规定，根据《最低工资法》，基本工资应每年增加至少5%，适用于所有工人，除公职人员外，兽医学生、员工和季节性农业工人的薪酬由具体法律管理。劳工部和总工会联合会报告说，由苏丹商人和雇主总联合会组成的三方委员会，工会联盟和劳工部以及劳工部部长选出的专家会议讨论最低工资增长[②]。

专栏13　苏丹的就业机构

苏丹就业机构是苏丹工人广泛参与的招聘过程中的公共实体。对于10名以上员工（短期工人除外）的公司，聘用雇主家属、关键人员和释放的囚犯，应由新闻界发布所有空缺通知，且这种通知均需由就业机构授权。所有工人都必须向职业介绍所登记，不允许招收不具备有关职业介绍所登记证明的员工。就业机构可以要求苏丹国民求职。需要在招聘人员的任命时通知他们，并要求雇主为其工人交付的任何文件或证件提供收据。

也可以创建私营职业介绍所，但只为介绍苏丹人到国外就业和外国人

① 一般制度由1997年“劳动法”管辖；具体的适用于外国人的制度，通过1997年劳动法、2001年“管制非苏丹人就业法”和“1994年护照和移民法”共同确定。根据2009年“保税区和自由市场法”，保税区的劳动制度必须遵守雇主与雇员的协议

② 每月的最低工资是425 SDG（折合$ 75，2014年8月27日）

在该国就业。

资料来源：贸发会议，根据1997年“劳动法”和劳工部在实际任务期间获得的资料

3. 工人权利

1997年《劳动法》载有若干保护工人权利的规定。其中包括关于休假、病假、产假和特殊穆斯林节日的规定。欠工人的款项构成优先债务，并应在其他债务之前，但在法律义务之后解决。这在破产的情况下有影响，因为它在重组或清算的情况下制定了明确的程序顺序。在《劳动法》条款执行争议的诉讼程序的所有阶段，工人及其家属和工会也可以免除法律费用，除非法院在决定不成立的情况下另有规定。如果死亡，工人家属有权得到工资。

雇主对全体员工的国家社会保障基金的认定是强制性的。社会捐款由雇主直接支付给基金，占月薪的25%，其中17%由雇主支付，8%由雇员支付。雇主对雇员的定期体检也是强制性的，如果他们履行的工作在1990年社会保障法中列出。

1997年的劳动法提供了适用范围广泛的解雇原因。双方可以在通知之日起两周内对决定终止合同提出上诉。在某些情况下，通知要求被取消，例如在工人不当行为的情况下，或者工人因雇佣合同的性质及其条件而被误导。通知期限各不相同，这取决于工人与公司有约在先的时间长度。由于经济或技术原因，必须事先向劳工部长或州长提出裁员的要求。他们根据由政府、工人和雇主的平等代表组成的三方委员会的建议，决定在3个星期内进行干预，4星期后，行政沉默，便得到同意。

4. 争端解决机制

劳动监察制度仅部分实施。根据1997年《劳动法》，劳工部长委派的官员可以随时检查公司。法律规定的工业安全联邦咨询委员会还没有落实到位。另外，由于缺乏资源，工业安全检查员和法律规定的工业安全委员会都没有建立起来。据报道，由各州经常定期进行检查，联邦劳工部偶尔开展检查。报告特定事件时，也可以对公司进行检查。私营就业机构每年进行检查。这些检查的目的是减少雇主/雇员纠纷的数量。然而，这些检查的频率并不明确。

需要修订争端解决机制。法律规定，诉讼或仲裁的缔约方，在诉讼前或诉讼期间不得考虑或提出任何其他争议解决方式，但劳动部将强制性仲裁提交的集体纠纷除外。劳工部表示，目标是缩短争议，减少对生产的影响。但由司法机构代表领导的仲裁委员会的组成是不平衡的。在五个代表中，有三个来自公

共部门或代表公共部门。这引起了独立和公正的问题，特别是当法定仲裁人数是四人的时候。决定是由多数决定的，是最终的，不可上诉的。

特定的劳动制度适用于保税区和市场。雇主与保税区内的雇员之间的关系受到双方达成的合同的约束，其副本已转交给全国保税区和自由市场理事会。保税区当局表示，这项合同应包含几个方面的最低保护条款，特别是最低工资和休假。然而，这一权利的合法来源无法确定，这对保税区内的雇员造成了不确定性。如有争议，最高法院院长将设立专门法庭。目前，红海保税区设有一个法庭，阿尔佳利保税区设有一位专家。

5. 外国技术工人

苏丹在雇用外国工人方面是自由的，但有关居留许可政府保留高度自由裁量权，没有有效的特定技能人才的吸引力或技术推广计划。

（1）外劳许可：外劳工作许可由劳动部长根据若干条件给予：没有苏丹员工能胜任这一工作时（劳动力市场考试），则外国劳工年龄21岁以上，与1997年“劳动法”的规定没有矛盾，即可获得居留许可证。根据劳动部提供的资料，酒店的就业限于外国人。优先考虑阿拉伯和非洲的工作人员。工作许可证有效期为一年，可续期。许可证可以更新的次数没有限制。如果触犯了法律，许可证可以取消。

（2）人数限制：投资项目受具体工作和居留许可的特殊规定的限制。至于外国工人，配额制度缓解了上述要求。虽然没有关键的人事计划，但国家投资局和劳工部也表示，一个投资项目可以招聘高达20%的外劳。需要专业证明以及必要的文凭证明，但没有劳动力市场考试。这个百分比高于大多数国家，以增强该国对特定技能人才的吸引力。战略项目可能会受益于额外的百分比，高达百分之百的外国工人可以在没有劳动力市场考试的情况下招聘。保税区适用特殊制度，对外籍员工人数不加限制，便于进入和居留。

（3）社会保障：与投资项目相关的外劳不受社会保障规定的制约。虽然这些规定是激励措施，但它们实际上对苏丹和外国工人都是有害的，因为它们减少了公共收入，剥夺了外国雇员的社会保障。

（4）居留许可：居留许可证与工作许可证分开获得，这个过程是不确定的。根据国家投资管理局授予的许可证，投资者及其家属在项目期间从苏丹入境和居留权中受益。他们的居留许可一年或五年，可续期。所有其他人员必须获得内政部的入境签证和居留许可证，这表明已经创建了一个专门的窗口来处理投资者与居住有关的问题，特别是许可证和入境签证。内政部长可以取消入境签证，无需说明理由。居民出境也需要出境签证[①]，是在个人所得税的支付证明基础上给予签证，如果该人被指控负有苏丹国家债务，可以拒绝签发出境签证。此外，内政部认为任何不受欢迎的外国人都可以被驱逐，内政部长的决定是最终决定，不能上诉。

专栏14：支持苏丹技能开发的举措

工业部报告说，目前在喀土穆有9个职业培训中心，每年有200～250名毕业生。国际倡议也已经启动。联合国工业发展组织（UNIDO）于2007年和2008年与喀土穆州就7个职业培训中心（VTC）进行了恢复，并在欧盟委员会的资助下提供了学徒计划和技能升级课程。所有的培训课程均经劳动部和最高职业培训和学徒理事会认证，在喀土穆成立了国家职业培训和技术教育理事会，旨在确保项目完成后的可持续性（联合国工业发展组织，2014）。

合作伙伴国家还协助建立培训中心。例如，工业部的报告指出最近在尼罗州启动了一项倡议，并与印度合作，在公共和私营部门的参与下建立了一个职业训练局。这种“三重螺旋”的系统化（私人主管/政府/教育机构）通常涉及苏丹的不同部门，无论是在联邦（工业部，劳工和社会事务部）和州一级（财政部）。

工业部还报告了个别举措，特别是受到肯纳纳糖业公司（KSC）和达尔集团（DAL Group）等私人公司的鼓舞。

资料来源：贸发会议，2015

（5）技能稀缺：是影响现有投资者以及未来投资前景的一个问题。有关劳动力市场的两个主要问题：一是文盲，这主要影响在微型、中小型企业和工业（MSME/I）工作的人群；二是缺乏与培训体系中的弱点相关的职业技能和专业技能培训，这更倾向于传统研究方面。几个公共和私人捐助者牵头的提高技能水平的举措已经启动。事实上，经常有报道说，苏丹的工作或技能不匹配是很常见的，公司往往难以聘请该国的技术人员，因此必须招募外国人来做这项工作。没有有效的制度来确保所引进的技能推广到当地人。2001年的法律要求雇主逐步锻炼，并让苏丹工人替代外来工，但在实践中没有实现。

① 苏丹居民：那些每年在该国度过3个月以上的人都被认为是苏丹居民

四、环境问题

2005年“临时宪法”多次提到需要保护整个环境，特别是在石油工业。环境保护是联邦政府和州之间的一种同时产生的权力，也就是说后者可以采取自己的立法。在制度上，联邦一级的环境与自然资源发展部负责制定政策，高级环境与自然资源委员会负责与各州的协调。在州一级，各州设立了保护环境委员会。

任何可能对环境和自然资源产生影响的项目都应该进行环境可行性研究。这项实际上是环境影响评估（EIA），需要由环境保护和自然资源高级理事会成立的评估和监督委员会根据2001年的《环境保护法》进行。它应该提供以下信息：项目对环境的预期影响，在项目实施过程中可以避免的负面影响以及该项目的替代方案。当项目特别涉及不可再生资源，评估需要明确是否会对这些资源产生长期影响，甚至在项目结束后影响是否可能继续；还应该说明为防止项目的不利影响而采取的预防措施。在石油工业方面“勘探和生产共享协议”（EPSA）包含了有关外国和本地投资者在进行石油相关业务时保护环境和达到国际标准的规定。

实施这一要求产生了一系列问题。事实上，没有二级立法规定哪种类型的项目可能会对环境和自然资源产生负面影响。另外，评估应包括的一些要素看起来过于雄心勃勃，实际难以操作。鉴于对环境有不同的潜在影响的项目没有单独的授权渠道，这一点更为重要。因此，所有项目风险都采用相同的标准进行评估，尽管这些风险可能不适合或不适宜。最后，没有提到关于执行这些评估的机关的要求。

为实现2001年的法律要求要进行环境检查，但分不清哪些权威主管单位承担这种检查。根据《环境保护法》，对联邦或州一级的公共或私人实体进行检查，关心保护环境。检查员可以由律师授权进入和搜查任何地方或实体，也可以根据投诉进行检查。高级环境和自然资源委员会提出，应对投资项目进行定期的抽查和监控。

第六节　管理体制

外商直接投资对于经济发展的重要性日益增加，加上各地之间的竞争加剧，促使投资活动在全球范围内日益活跃。发达国家政府以及发展中国家和经济转型国家政府正在加大力度，加强国家和地方层面的投资促进力度。苏丹将经济多样化作为其主要国家发展目标之一，认识到外国直接投资可以支持这一目标。为了吸引外国直接投资的增加，苏丹对投资的法律和监管框架进行了一些改进，包括在2013年通过的新投资法。为此苏丹成立了新的投资促进和管理机构。

一、国家投资局的职能

根据《2013年投资法》，国家投资管理局是负责苏丹境内外商直接投资促进和监管的机构。如前所述，投资项目有三种类型：州级、全国性和战略性。一旦涉及外国实体，项目要符合全国性的要求，而战略性项目的资质则受条例中规定的一系列条件限制。该局全权负责全国性和战略性项目。根据2013年《鼓励投资法》，它有以下职能。

1. 监管职能

国家投资局负责：评估可行性研究，批准和撤销投资项目和所有相关业务的许可证；给予奖励和豁免；与其他主管部门协调，根据国家政策发布有关决定；根据《2013年投资法》规定的条件给予项目额外的特权；向高级投资理事会建议哪些地区被认为是最不发达的；收回投资人不用的土地，并要求提供有关投资项目的资料和信息。

2. 促进功能

包括以下职责：向高级投资理事会提交投资重点；根据政府部门的政策和部门计划编制投资计划；为投资者提供有关国家政策和程序的重要数据和信息；编制投资项目的主要指标并加以推广；组织会议、展览和研讨会，并协调主管部门参与。

二、国家投资局的结构

国家投资局的结构是监管和促进功能的混合体。管理局接管了原投资部。管理局除财务和人力资源部门外，还分为以下几个部门（图10.1）。

（1）促进司：负责国际投资协商的谈判，宣传材料和信息的制作，包括投资者的信息指南和小册子。

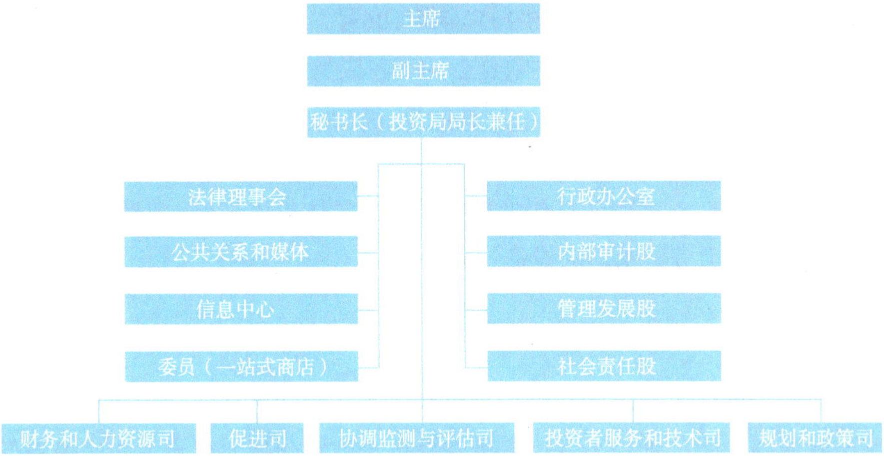

图10.1 国家投资局的体制结构

资料来源：贸发会议，2015

（2）协调监测和评估司：负责与各部委的协调和与苏丹各州的关系。它通过接收外部意见，为内部规划过程的发展提供参考。此外，该部门还负责实施免税措施，主要是减免关税；并访问老牌投资者，确保通过激励计划进口的所有设备都已到位并投入运营；衡量投资者对投资者服务和技术操作的反馈意见；要提交研究报告，报告要概述项目的进度。

（3）投资者服务和技术司：负责给予投资的优惠措施；协助准备和执行投资者的实地考察，并解答投资者的查询和信息要求；负责协调审批程序，包括对投资者与主管部门的协调，对可行性研究报告评估；国家主导的土地的分配和定价。国家投资局描述这个审批过程相当简单，因为它通过一站式商店（OSS）这个部门运作。

（4）规划和政策司：负责投资测绘和投资者调查，负责数据和信息的收集工作，与部委协调研究和规划投资相关政策。还负责国家投资局工作人员的培训。信息和数据来自投资者提交的可行性研究报告，以及协调、监测和评估部门对已经批准的投资项目的访问。

三、高级投资理事会

根据2013年《鼓励投资法》，高级投资理事会是苏丹投资最高的权力机构。由总统主持，其成员包括国家投资局局长担任理事会秘书长和所有与投资有关的当局、包括各州州长。在2013年第106号总统令中提到了私营部门的参与，其中包括了苏丹商人和雇主联合会的五名成员。

根据其职责，理事会着重于监管职能，并确定投资促进的优先事项。理事会作为国家投资局投资政策性建议的监督审批机构，对其进行行政管理（预算、组织结构等）。其责任还包括确定苏丹的总体投资战略。但是，理事会也可以将其任何权力分配给国家投资管理局。

四、苏丹各州的投资促进机构

苏丹拥有国家和州级的投资促进机构，其作用和责任在2013年《鼓励投资法》中有明确规定。理论上，国家投资局负责国家和战略项目，州级投资促进机构负责州级项目。因此根据法律规定，管理局应是处理外国直接投资的唯一机构。然而在实践中，分工并不那么简单。吸引和提升外国直接投资有时是由国家投资促进机构根据自己的发展计划和目标进行的。国家投资局的协调往往很少，一些州级投资促进机构的资源往往比它更多。喀土穆投资促进委员会就是一个例子，这个委员会资源充足，人员配备齐全。委员的工资是国家投资局的3倍，7名工作人员被分配到促进部门。委员会目前正在建立投资者数据库，联系方案，孵化器单位和工匠培训计划。它还建立了与国内银行系统的联系，使企业家获得金融和微型融资。投资委员会鼓励的重点行业是农产品、消费品、石油服务、金属工业和能源供应商。

五、国家职能部委

通过制定部门战略和/或优先事项，某些国家政府部门也可以在促进外国直接投资方面发挥作用。矿产和矿业部已经表示，部门战略目前正在筹备之中。但是，联邦政府各部门在何种程度上制定了这样的战略尚不清楚。另外，由于严重的人力和财力资源的限制，投资项目启动后，各部委只进行有限的跟进（环境、林业和自然发展部，2014）。

各部也可以建立自己的投资部门，倡导具体的部门投资法。农业部给出了一个例子，农业部有专门的国际合作司，作为负责投资的部门。然而，它主要是监管职能，主要负责审查投资者对农业投资项目的可行性研究，并在国家的协调下跟踪落实。农业部目前正在推动通过一项专门的农业投资法，在国家投资管理局设立一个联邦农业委员会，并明确规定许可程序中的职责（联合国贸易和发展会议，2015）。

根据2013年苏丹政府出台的投资项目指南介绍，农业部门共有117个项目，分布在12个州和5个国家机关，总面积约800万英亩。这些项目都位于政府的土地上，没有任何限制，并配备水、电和道路服务。此外，公共部门的项目可以有多种投资形式，可提供给其他股东实施或分享。还有一些私营部门项目需要与包括农民、牧民或渔民在内的生产者分享。这些投资项目各州都有侧重点，有的州以种植业、温室大棚类为主，有的州以畜牧业、屠宰为主，有的州则以渔业生产为主。以喀土穆州为例，总投资项目35项，其推荐的农业投资项目有12项（表10.3）。

表10.3 喀土穆州推荐农业投资项目（2013）

项目名称	位置	面积（英亩）	内容	费用（万美元）	投资方式	说明
荞麦面农业项目	尼罗州东部	50 000	混合农业	8 800	组团实施	除了测量和定位青尼罗河上的灌溉渠道，完成项目的社会、经济和技术研究
鱼饲料工厂	斯莱特（Silait）农业项目	2 000	生产鱼饲料	700	组团实施	适宜的技术和经济可行性研究报告
肉类生产项目	恩都曼西部	2 000	家禽	3 800	组团实施	适宜的技术和经济可行性研究报告
小牛养育项目	喀土穆州	1 600	牛奶生产	1 100	组团实施	适宜的技术和经济可行性研究报告
牛开发项目	恩都曼西部	1 000	牛育肥	900	组团实施	适宜的技术和经济可行性研究报告
温室大棚农场	喀土穆州	50	蔬菜生产	1 500	组团实施	适宜的技术和经济可行性研究报告
轴流式灌溉工程	恩都曼西部	2 500	饲料、种子和三叶草生产	1 600	组团实施	适宜的技术和经济可行性研究报告
牛奶生产项目	恩都曼西部	1 500	牛奶生产	600	组团实施	适宜的技术和经济可行性研究报告
西恩都曼输水工程	恩都曼西部	20万	增加农业灌溉面积	21 000	组团实施	适宜的技术和经济可行性研究报告
Irtiqa农业发展公司	恩都曼西部	13 724	牛奶、饲料生产和育肥	2 600	组团实施	适宜的技术和经济可行性研究报告
皇家鸡产业和投资公司	恩都曼西部	6 250	家禽生产	8 000	出售喀土穆州公司股份（70%）	电力和水线都连接到该地点（有备用发电机）。在当地街道上有劳动者和雇员的住宅和办公室

（续表）

项目名称	位置	面积（英亩）	内容	费用（万美元）	投资方式	说明
园艺产品出口中心	恩都曼	65 000m²	准备园艺作物和各种蔬菜的出口	—	与他人共享项目或拥有和运营项目	有一个面积为1 500m²的仓库。有10个办事处。除了可行性研究之外，还有电力和水资源

六、私营部门

2013年12月16日，苏丹投资部长决定，使选定的私营实体部门能够执行投资促进职能。与国家投资管理局合作，委托这些公司或单位与管理局共同负责行政实体协调，对投资者进行初步甄选。在这方面，他们可以有针对性地推动本国的和外国潜在投资者，跟踪建立所需的行政程序，以及作为私人和公共实体之间的协调员，在国家投资主管部门和行政主管部门的领导下组织推介活动，并向管理局汇集投入相关的数据。这一举措旨在打击非官方中介机构在国内投资者建立中所起的作用。

第十一章　农业研发及推广

本章重点介绍苏丹科技指标、农业研发和推广的现状以及主要农业研究成果。比较来看，苏丹在科技投入和产出指标相同的情况下落后于世界发达国家和主要发展中国家。科技投入和资源不足与整体经济体系不完善，导致苏丹产生科技成果和绩效较差。此外，苏丹的大部分研发和科技活动和全职同等研究员（FTER）就业都在公共和大学部门内，而私营部门贡献较小。与阿拉伯国家和世界其他发达国家和发展中国家相比，相同的科技投入产出指标显示，苏丹在大多数科技投入指标（财务和人力资源）方面比较落后。阻碍研发的主要问题包括：公共部门缺乏资金，缺乏管理和组织能力，缺乏协调和合作关系等。

第一节　科学技术指标评估

一、科技管理

1. 科研机构

苏丹科技管理的历史可以追溯到20世纪70年代。1970年成立了国家研究委员会（NCR），这是一个负责制定政策的政府机构，计划和协调国家科研方面的工作。1991—1992年国家研究委员会的任务被转移到高等教育和科学研究委员会。在科技教育方面有85所高校（私立和公立），在应用科学领域有40所大学和学院，在工程技术领域有25所。

苏丹政府同时建立了两所高水平的国家科学机构：国家科学技术委员会（NCST）和科技部（MOST）。国家科学技术委员会的作用是制定科技政策，组织研发，落实国家科技战略，确保科技在政府计划、项目和机构中发挥应有作用。苏丹科技发展体制框架的重大变化是2001年科技部的建立。科技部协调国家和国际联动工作，制定国家科技战略。使公共研究机构在科技部的监督下得到了集中管理，而在此之前各级公共研究机构都在各自所在的部门管辖下开展工作。

2. 分级管理

科学研究管理分三个层次：高等教育和科学研究部理事会，负责大学基础研究管理。科技部管理的研究院所（公司）和中心进行的研究研发，向理事会和若干委员会提供咨询。在各部门和各行政机关管理的部分技术部门进行的研究。

鉴于在新的制度框架下三部门之间的划分，科技部面临着作为政府最高协调机构工作的各种挑战，以协调各种不同的研究领域，满足各部委的需求。

3. 科技部直属研究中心

科技部包括一些专门的研究机构和中心，包括：苏丹农科院（ARC），动物资源研究院（ARRC），国家研究中心（NRC），工业研究咨询中心（IRCC），苏丹原子能公司（SAEC），苏丹计量管理局（SMA），中央实验室（CL），苏丹科学院（SAS）和社会经济研究局（SERB）。

4. 科技规划

在科技规划方面，鉴于全球环境竞争日益激烈，科技进步快速，科技振兴对加快经济增长与发展的重要性，以前的《国家综合战略（1992—2002年）》和现行《国家1/4世纪战略》（2007—2031年）都提出了苏丹科技发展的长远规划。

《国家综合战略（1992—2002年）》通过制定科学研究、信息中心和国家科学研究计划以及建立国家信息网络，为科技发展提供了综合战略部署，采用和修改适应国家环境的重要技术体系，发展技术能力，使苏丹技术利用率得到了增长。

在25年长期战略基础上确定了五年工作计划，制订了实施工作方案。五年工作计划的目标是信息、通信和技术以及科学研究发展等八个关键领域。该计划旨在通过以下方式推广科技：颁布有关加强科学研究的立法、法律和法规；在科研领域招聘具有较强才干和能力的人才；采取创新手段，鼓励私营部门参与、资助科学研究并从中受益；利用科学研究和现代技术在决策和可持续发展规划中的成果；发展和普及人民群众可接受的科学知识；充分利用他人在科学研究方面的经验，以利于推进基础科学。

但不幸的是，这些综合战略并没有完全实施，主要是由于科技发展所需的财力和人力资源不足。

二、人力和财务投入

在科技投入和资源指标方面，苏丹与阿拉伯和撒哈拉以南非洲国家以及世界其他国家之间存在一些差异。与先进和主要发展中国家相比，苏丹在资金和人力的科技投入指标方面滞后。

1. 财务投入指标

科技方面的财政资源，像其他大多数发展中国家一样，苏丹政府似乎只能为科技部门提供有限的预算。例如2006年苏丹研发支出占国内生产总值的比例只有0.2%，落后于世界标准、阿拉伯国家、发展中国家、东亚、太平洋、拉丁美洲和加勒比地区、南亚等中等收入甚至低收入国家，这些国家和地区的研发投入占国内生产总值的百分比分别为2.3%、0.6%、1.0%、1.6%、0.6%、0.7%、0.8%、0.7%。发展中国家的研发支出占国内生产总值的百分比是苏丹的5倍。

苏丹科技综合战略并没有全部实施，主要是由于财力和人力资源不足。科技指标显示，科技发展与阿拉伯国家平均水平相比较低。在教育和研发方面的支出占国内生产总值的百分比，苏丹低于阿拉伯国家。具体来说，与新加坡和韩国等先进和主要发展中国家相比，苏丹和阿拉伯国家的研究与开发投入占国内生产总值所占的比例，相当于科技研发的财政资源。例如，在2000年期间，苏丹投入只有0.3%的国内生产总值到研发，阿拉伯国家平均投入仅为0.1%，而瑞典是先进工业国家之一，在研发上花费了国内生产总值的3.8%。

比较苏丹与其他阿拉伯国家的科技指标，2006年的数据显示，苏丹的研发支出占国内生产总值的比例与埃及和科威特的支出率相当，但落后于摩洛哥和突尼斯的比率，特别是摩洛哥和突尼斯的研发支出占国内生产总值的百分比是苏丹、埃及和科威特研发支出的3倍。此外，统计数字表明，对科技支撑的财政支持非常依赖公共部门（接近科技支出总额的95%）。相比之下，私营部门在苏丹的贡献非常低（仅占科技总支出的5%）。因此，需要采取新的政策与私营部门建立伙伴关系。

2005年调查苏丹研发支出资金来源的部门分配情况表明，公共部门负责大部分研发活动，占国内研究开发支出（GERD）39.2%。除公共部门外，私营部门占国内研究开发支出的33.7%；大学贡献很小，占国内研究开发支出的27.1%。苏丹与阿拉伯地中海国家相似，阿拉伯地中海国家似乎比阿拉伯海湾国家更依赖于公共部门。这反映出与海湾国家相比，在苏丹和地中海国家缺乏对私营部门机构投资研发的激励措施。私营部门对苏丹和阿拉伯国家的研发活动和支出的较小贡献与大部分工业化国家相比差不多，其中一半以上的研发支出由工业经费供资（经合组织，1997）。

苏丹研究经费还有一个问题是，不仅苏丹总的国内研究开发支出占国内生产总值比率较低，而且在1999—2005年期间，苏丹的国内研究开发支出总量也在稳步下降。这种下降趋势意味着，严重依赖有限的政府和公共资金是有风险的，导致科技指标不佳、研发活动的资金不足。从实际收到的预算相对于核定预算和批准的拟议预算水平低，可以更清楚地看到这一点。例如，对于科技部的所有机构，虽然实际收到的预算相对于核准预算的比率从2003年的近25.7%增加到2009年的74.7%，但实际收到的预算相对于核准预算仍然非常低。项目的实施最有可能受到资金不足的限制，例如在2003—2009年期间，国家各部的平均执行率仅为60%。

2. 人力资源投入指标

科技人力资源包括高等教育、硕士和博士学位以及大学劳动力和研究、开发人员等人力资源。

20世纪90年代初开始，苏丹高等教育机构、普通教育和高等教育入学率迅速上升。例如，1992—2000年期间，小学（基础）教育和高等教育的入学率分别以54%和154%的速度快速上升。在90年代初的高等教育改革之后，特别是1992—1993年后，全国高校总数增加了3倍以上，从1993年的25个增加到2008年的85个；公立大学的数量从1990年的6所大学增加到1993年的14所，到2008年达28个；私立大学和学院从1993年的11个增加到2008年的57个。高等教育改革以及实施经济自由化，导致苏丹高等教育机构公私部门份额的重大变化。例如，政府公立大学的比例从1993年的56%下降到2008年的33%，私立大学和学院的比例从1993年的44%上升到2008年的67%。1992—2007年期间高等教育的扩张，导致大学学生入学率和毕业率分别以73.78%和189.9%的速度大幅上升。学生入学人数跳升，从1989年的6 080人，到1993年的25 018人，到2007年的43 477。女学生人数在1995年上升到总入学率的40%。私立高等教育机构的入学人数在四年内增加近9倍：从1991年的2 686人增至1995年的23 476人。至于硕士和博士学位人数，一般来说，在苏丹各种机构参加研究生学习的人数显著增加。在苏丹24所大学录取研究生课程的学生分布情况表明，位于喀土穆州的18所大学入学的研究生比例高于其他州14所大学的研究生比例；此外，加入硕士课程的学生的强度高于其他州在博士和高级文凭课程的学生的强度。

对于高等教育和大学研发人力资源，许多研究表明科技成果与工程技术人员或科学家数量呈正相关关系。尽管20年来高等教育和研究生培训大幅度扩大，但人力资源的不足仍然是一个严重的问题，阻碍了苏丹科技和研发的推广。特别是，尽管有28所公立大学和57所私立大学，有50万以上的学生，在社会科学领域的大学毕业生比在工程和科学方面的多。此外，许多毕业生缺乏有效利用现代工具和设备的技能，更谈不上对其发展和提高了。每年博士研究生和硕士研究生毕业生人数很少，总体排名较低，且不断下滑，研究能力差。根据国际标准，每万人的工程技术人员和科学家的数量常常被用作衡量研发水平的国际指标。例如，每万人不到10名工程师和科学家则意味着所有研究部门存在差距，表现不佳；每万人有15名工程师和科学家意味着绩效临界水平；每万人拥有30名工程师和科学家，这意味着科学技术的可接受的表现；每万人拥有30多名工程师和科学家意味着研究与开发的先进水平。在苏丹，根据综合战略（1992—2002年），标准为每万人0.02人。按最低标准，根据2008年人口普查，苏丹应该有12万名科学家和工程师，但实际数量少于2万人。这意味着需要更多的努力、资源和时间才能接近国际标准。在苏丹，科技领域综合战略的落实尚未完全实施，主要是由于财力和人力资源不足。值得注意的是，苏丹全日制研究人员的比例在1990年为每万人中有0.2人，而阿拉伯国家的平均水平为每万人1.7人。1990年苏丹工程技术人员比例为每3 000～5 000人中有1人，阿拉伯国家平均每1 000～2 000人中有1人。2008年，苏丹每万人中研究人员数量只有0.7人，与阿拉伯国家（1.7人）和发达国家（75人）相比非常低（Elamin，2009）。

在研发方面的科学家和工程师总数方面，阿拉伯国家表现优于苏丹。在研究开发的人力资源及其在研发机构中的分配情况方面，大多数全职等同研究人员（FTER）都受雇于高等教育和政府公共部门。在苏丹，全职研究人员（FTER）在高等教育中的百分比估计在2001年和2002年分别为87%和78%。其次是公共或政府的大学部门，全职研究人员（FTER）占第二大比例：在2001年和2002年分别为13%和20%，私营部门在2001年和2002年分别仅占研究人员总数的1%和2%。苏丹这些案例的结果似乎与Nour（2004，2005）关于就业机构分配研究人员（FTER）的结果一致，这意味着研究人员的就业更依赖于公共部门，而私营部门在就业中的贡献很小。对私营部门机构缺乏激励，才导致了这种差距。

三、科技输出指标及影响

本节以专利申请和科学出版物（国际文献）的数量来衡量科技成果，但仅讨论了科技影响力，仅由高科技制造业出口所占份额进行衡量。分析旨在解释科技体系、科技型态与苏丹经济或生产结构之间的联系。

对于专利数量和高科技出口的百分比，苏丹和阿拉伯海湾和地中海国家落后于先进和主要发展中国家。在严重依赖石油之前，苏丹经济结构不佳，科技发展资源不足，导致科技成果与发达国家和发展中国家相比较差。此后苏丹非常依赖石油，给人的印象是，除了投资科技以外，还有其他方式能致富。最大的问题是，一旦石油储备到期，苏丹是否会保持富裕？南苏丹的独立，打破了苏丹严重依赖石油致富的梦想。尽管石油日益增长，但仍然缺乏明确的，有针对性的计划、政策和适当的激励措施来促进科技进步。苏丹需要从其他国家汲取经验，例如，其他阿拉伯国家，因为海湾国家在经济方面表现优于地中海国家。因此，石油的巨大财富远远不利于海湾国家科技成果的提高，实际上可能会成为一种阻碍，因为它掩盖了制定激励措施和有效政策来加强科技发展的必要性（Nour，2010）。

1. 科学出版物

研究成果和科学出版物，是一个输出指标。科学出版物的数量取决于用于科技投入的财政和人力资源。国际标准率为每万人有70 ~ 80名研究人员，目前在苏丹，这个比率是0.2。这对每位研究人员的每年出版物数量有不利影响，平均每位研究人员的出版物数量为0.03，而每位研究人员的论文数量只有2篇。

在研究成果和出版物方面，根据苏丹科学研究所报告，在1994—2004年间出版了不少刊物，即使拥有很多大专院校和研究机构的国家这个数字也很低。参与研发的选定研究机构的出版物给人的印象是，苏丹对健康有关的研究倾向很大，其次是农业研究以及在一定程度上与核相关的研究。1970—1995年期间苏丹和阿拉伯国家的科学出版物数量有所增加；埃及和沙特阿拉伯的总数最多。苏丹表现优于一些阿拉伯国家，但同时表现不及埃及、沙特阿拉伯、科威特、阿尔及利亚、摩洛哥、突尼斯、约旦和伊拉克的科学出版物数量，这可能是这些国家与苏丹相比在大多数科技指标方面，如教育和研发总支出、研发人员数量、研发科学家和工程师人数，有优势的结果。此外，就2003—2007年期间非洲国家在科学和信息科学与工程研究所论文中的平均份额而言，南非在世界科学出版物总数中所占比例最高的，其次是埃及、突尼斯和摩洛哥。但苏丹的平均份额很低，苏丹在马达加斯加之后排名第20；在2003—2007年期间仅占非洲科学和信息科学与工程研究所论文的约0.01%，这意味着苏丹与一些非洲国家之间的知识差距。

2. 专利申请

与新加坡、韩国和中国等先进和主要发展中国家相比，苏丹和阿拉伯国家的专利申请数量较少。这主要是因为苏丹和阿拉伯国家研发部门占国内生产总值的比例很低，研发部门的科学家和工程师人数不多。专利申请量很少意味着与先进和发展中国家相比，苏丹和其他阿拉伯国家的创新活动水平很低。

关于使用专利申请数量作为科技成果指标的衡量标准，Nour（2004，2005）研究显示1990—1999年期间专利申请数量较少；所有阿拉伯国家的科技成果指标为168项，阿拉伯海湾国家为150项，阿拉伯地中海国家为41项，以色列4 659项，先进和主要发展中国家如新加坡为27项、韩国931项和中国793项。Nour（2004，2005）发现，与新加坡、韩国和中国等先进和发展中国家相比，专利申请率不高，可归因于阿拉伯国家研发支出占国内生产总值的比例较低，研发科学家和工程师的数量较少。低专利申请意味着与新加坡、韩国和中国等先进和主要发展中国家相比，阿拉伯国家的创新活动较少。此外，苏丹和阿拉伯国家的居民和非居民在苏丹和阿拉伯国家1988—2005年间提出的专利申请数量显示，所有阿拉伯国家的居民专利申请少于非居民。2002年的阿拉伯国家专利申请数量最多的是埃及、沙特阿拉伯和阿尔及利亚居民；2002年，非居民在苏丹提交的专利申请数量最多，其次是摩洛哥、阿拉伯联合酋长国、阿尔及利亚、阿曼和突尼斯。苏丹和阿拉伯国家居民专利申请数量少于非居民的专利申请数量与调查结果一致，这表明发展中国家专利申请和居民所拥有的专利都很少。专利绝大多数是外国人拥有的。在大多数发展中国家，国内申请仅占总申请的1%～8%。发展中国家国民和居民专利水平偏低的原因可以解释为多种原因，包括大学和地方研究机构不使用该制度。苏丹和阿拉伯国家居民所拥有的专利数量可能与各国低水平的科技活动有关。然而，非居民记录的专利数量较少，部分原因是缺乏适当的专利立法，更重要的是还缺乏专利使用的经济机制。如果他们担心当地的竞争对手可能利用他们的技术而不付钱，外国公司就可能去其他国家注册专利。因此，苏丹非居民提交的专利数量很少，意味着苏丹缺乏具有国际竞争力的产业，也可能因经济结构不佳而得到解释。此外，苏丹和非洲国家的专利总数比南非少得多；专利申请数量最多的是南非，其次是津巴布韦、马里、突尼斯、坦桑尼亚、苏丹和利比亚。根据美国专利商标局（USPTO）的报告，苏丹在约40年内只产生了7项专利，在1992—1995年期间根本没有专利，专利水平远低于大多数非洲国家。

3. 高科技制造业出口份额

在比较制造业高科技产品平均出口份额时显示，2001年，摩洛哥高科技出口的份额最高，其次是苏丹和其他阿拉伯国家。与先进和主要发展中国家相比，苏丹与阿拉伯国家的高科技制造业出口所占比例相似。此外，1995—1997年苏丹及阿拉伯国家的高科技制成品份额远远低于巴西、韩国、拉丁美洲及加勒比、墨西哥和新加坡等国家的平均水平或相应数字。这印证了苏丹经济结构不足，研发费用不高，研发人员少，专利申请较少的调查结果（Haddad，2002）。

4. 生产率增速

按照科技对经济增长影响来衡量，1975—2001年和1990—2001年期间苏丹人均国内生产总值年均增长率以及1995—2000年期间的平均实际国内总产值增长率，均高于阿拉伯国家的平均水平。1999—2001年期间，虽然苏丹实际GDP年增长率略有下降，但苏丹仍高于发展中国家平均水平。苏丹经济快速增长，然后轻微放缓，最大可能是由于其对石油的严重依赖。

5. 技术和技术基础设施和技术成果指标的需求与供应

根据开发计划署（2001）的说法，技术成果指标（TAI）侧重于技术能力的四个维度。TAI包括：根据人均专利数量和从国外收取使用费和许可证费用计算的技术创造；互联网扩散和高科技产品出口占所有出口份额的最新创新扩散；通过电话和电力的扩散来衡量创新的增长；通过科学、数学和工程学位入读的高等教育学生的平均学历年数和毛入学率衡量的人力技能。

根据Muysken和Nour（2005）讨论的海湾国家的技术需求和供应量度来衡量苏丹技术的需求和供应情况。结果表明，在使用化学品、制成品、机械设备、运输设备、总进口石油产品等一系列进口技术需求或依赖外国技术的需求方面，苏丹严重依赖外国进口技术。衡量供应方面，通过从《苏丹中央银行年度报告》（2000—2002年）获得的制成品/国内生产总值比例，机械和运输设备的增加值占全部制成品的百分比，使用世界发展指标（WDI，2010）2000年的数据和苏丹工业部（2005）2001年综合工业调查数据，结果表明苏丹的技术专业化程度很低，这最有可能是由于缺乏基础和高科技基础设施（BTI&HTI）。苏丹的基础和高科技基础设施平均而言较差。总体来说，基础设施的劣势是由于高科技基础设施水平低而引起的（Rasiah，2001）。因此，由于基础设施和高科技基础设施都不够，技术专业化水平低下，苏丹技术成果指标表现不佳。开发计划署（2001）根据技术成果指标对世界各国进行人类发展指数分类，苏丹处于新技术采用最边缘化；在技术成就指标方面，边缘化的采用国家中，苏丹排在第71位，位于坦桑尼亚和莫桑比克之间。苏丹的表现落后于世界先进和领先的发展中国家，这些国家是技术的领导者或潜在的领导者。事实上，苏丹也落后于被列为阿拉伯和非洲地区积极采用新技术的国家，特别是突尼斯（51）[①]，叙利亚（56），埃及（57），阿尔及利亚（58），津巴布韦（59），塞内加尔（66），加纳（67），肯尼亚（68）和坦桑尼亚（70）。

第二节　农业研发状况

大规模的石油生产和随之而来的经济增长，导致了1990年代和21世纪初期，长期且普遍地忽视苏丹农业部门。这与1997年起美国对发展援助的禁运共同作用，导致在此期间农业研发（R&D）投入急剧下降。直到2010年前后，苏丹政府才开展了一系列改革来恢复农业部门。这些改革对农业研发投入水平有正面的影响，在2001—2008年，这一比例翻了一倍多。2008年，全国农业研发投入5 500万苏丹镑或5 200万美元（均为2005年PPP价格）。尽管2008年这一增长显著，但是苏丹农业研发支出占全国农业GDP的份额仍然是非洲最低的。公共农业研发能力自新千年以来也呈现稳步增长，2008年农业研发人员达到1 020人。特别是高等教育部门在过去20年中加强了农业研发活动。尽管总体能力增加，但自1980年以来，苏丹农科院（ARC）的平均水平一直在退步。尤其2004—2009年，主要原因是苏丹农科院超过60名博士研究生及以上学位的科学

① 括号内的数字为该国在“新技术采用者动态的国家”的排序，下同

家退休。这些曾在海外受训的高级科学家的位置通常被本国训练的、只有初级学士学位或硕士学位的专家所占据。这产生了对未来研发产出质量可能的知识差距的疑虑。尽管最近为苏丹农科院和动物资源研究院（ARRC）聘请的研究人员进行了培训，但国外研究生培训机会有限，如果国家要克服目前的能力危机，对初级科学家进行集约招聘和高素质培训将继续成为苏丹农业研发部门的重要战略目标。农业研发主要由国家政府资助，捐助资金有限。在未来的岁月里，苏丹的关键挑战将是保持高质量的研究，避免能力的下滑。苏丹农科院和其他苏丹农业研发机构的重要战略目标将是加强吸纳初级科学家，确保其接受高层次的培训。

一、农业研发投资

在2000—2010年期间石油驱动的经济增长每年约8%。尽管增长显著，但苏丹在过去20年中经历了前所未有的贫困和粮食不安全状况，部分原因是农业部门表现不良。与经济发展表现不一致，这个部门雇用了全国约80%的劳动力。长期内乱和频繁干旱对农业产生了负面影响；矛盾的政策也使形势更加严峻（Faki，2006）。20世纪90年代，苏丹的农业研发投资迅速下降（Beintema，2003），但政府已经认识到农业研发对农业发展的重要性，近年来这种趋势开始逆转。各项改革使研发投入增加，农业研发支出从2001年低于2 800万SDG或2 600万美元（PPP）增加到2008年的5 500万SDG或5 200万美元[①]。但2012年降为3 230万SDG或3 000万美元，主要原因是南苏丹的独立导致的经济下滑。苏丹的农业研发能力水平自新千年开始以来也有所上升。2008年国家雇佣了1 020名全职等同学历（FTE）研究人员，而2000年只有749名，如表11.1所示。位列尼日利亚、南非和埃塞俄比亚之后，苏丹现在拥有撒哈拉以南非洲第四大农业科学家团队。

表11.1　2008年农业研发支出概况和研究人员水平

机构类型	总支出（百万2005年价格）			人员总数	
	SDG	$PPP	占比（%）	FTEs人数	占比（%）
ARC	26.9	25	48.6	473	46.4
ARRC	10.3	9.6	18.6	199.4	19.5
政府其他（2）	1.4	1.3	2.4	38.3	3.8

① 财政数据以苏丹镑计算，2007年1月取代了SDD。1镑的价值等于100第纳尔

（续表）

机构类型	总支出（百万2005年价格）			人员总数	
	SDG	$PPP	占比（%）	FTEs人数	占比（%）
高等教育（31）	16.8	15.6	30.4	309.8	30.4
公共小计（35）	55.4	51.5	100	1 020.5	100
私人（2）			—	17	—
合计（37）				1 037.5	—

资料来源：农业科技指标（ASTI）（ARC，2010）

1. 苏丹农科院

苏丹农科院（ARC）[①]是苏丹的主要农业研究机构，2008年其研发费用占全国公共农业研发和支出的近一半。苏丹农科院成立于1902年，由英国人建立。1967年农业研究领域被划归到农业部门，负责作物和林业研究以及横向学科研究、土壤和水管理、作物保护、农业工程、植物生物技术、食品技术、遗传资源和社会经济学。ARC总部位于迈达尼，在全国各地开设了22个研究站点，10个研究中心和3个研究单位（ARC，2010）。然而，苏丹农科院的研究人员中有近一半驻扎在迈达尼或喀土穆；只有相对较少的研究人员长期分布在全国其他地区（El-Siddig，2008）。2008年苏丹农科院聘请了473名FTE研究员。2001年，苏丹农科院暂时从农林部（MAF）移至新成立的科技部（MOST），为新科学家大量涌入铺平了道路；然而，苏丹农科院的许多资深科学家随后退休，导致总体研究水平下降。

2. 动物资源研究院

隶属于动物资源和渔业部（MARF）的动物资源研究院（ARRC）于1995年成立，合并了现有公共兽医机构的研究活动。ARRC由中央兽医研究实验室、动物生产研究中心、渔业研究中心、野生动物研究中心以及22个地区兽医实验室和动物生产研究站组成。ARRC主要职责是识别限制动物健康、生产和出口的疾病和流行病，发展疾病控制机制，动物产品研究（包括干酪），并对生态系统内的野生动物进行研究。2008年，ARRC有199人获得了FTE研究员资格，高于2000年的144人。像ARC一样，ARRC在2001—2010年期间暂时从动物资源和渔业部迁往科技部。

① ARC为Agricultural Research Corporation的缩写，直译为“农业研究公司”，但其行使的职能和行政管理归属与我国科研院所性质相同，因此习惯翻译为农科院。动物资源研究院也是如此

3. 水文研究站和国家研究中心

另外两个政府机构，水文研究站（HRS）和国家研究中心（NRC）的农业研究活动，在2008年占苏丹公共农业研发总支出的4%。HRS调查灌溉水的输送系统，以及杰齐拉灌区灌溉渠中的杂草控制和淤积问题。NRC下属4个单位开展农业研究：环境与自然资源研究所、药用和芳香植物研究所、生物技术与遗传工程公司、干旱和旱地研究所。2008年，HRS和NRC分别聘请了12名和26名FTE农业研究人员。

4. 高等院校

31个高等教育机构被确定为农业研发机构。综合起来，这些机构2008年聘用了310名农业研发全职等同学历研究员，或占全国农业研发总量的30%。该类别中最大的机构是喀土穆大学农业学院（2008年53个FTE）、兽医学院（36个FTE）以及杰齐拉大学农业学院（30个FTE）。其余的高等教育机构各雇佣16个FTE或更少。这些研究机构有许多只是在20世纪90年代建立的，1994年苏丹行政区划从9个州划分为26个州，相应地高等教育部门扩大，全国各地相关机构增加（Beintema，2003）。但基于资金不足，缺乏研究管理结构，在这些新院系进行的农业研究总体质量普遍不高。

5. 私营研发机构

私营部门在苏丹进行的农业研发工作很少。许多较大的公司将其研究工作外包给ARC、ARRC和大学。例如，苏丹棉花公司（代表棉农）与ARC和喀土穆大学合作进行联合研究。ARC还代表一些化工公司进行化肥和农药试验，但这些活动有限。唯一被认定为进行自主研发的私营公司是肯纳纳糖业公司（KSC）和冈尼伊德糖业公司（GSC），两者都进行了应用研究，以促进并保持甘蔗高产量并降低生产成本，但即使这些程序也是与ARC有很好的协作。2008年，KSC和GSC估计分别雇佣13名和4名FTE研究人员。

6. 研究人员结构

2008年，苏丹38%的农业研究人员是女性（ASTI-ARC，2010），远高于非洲平均水平，比1991年的12%（Beintema，1995）有明显的改善。与ARC的34%、ARRC的48%和其他政府机构的42%相比，高等教育机构雇佣的女性研究人员相对较少，只有30%。虽然性别平等，但涉及博士论文时，女性的代表性仍然不足，近年来这一差距似乎有所缩小。截至2010年，喀土穆大学农学院和杰齐拉大学70%的学生是女性。2008年，苏丹每个农业FTE研究员平均雇佣了1.3名技术人员，0.5名行政支持人员，2.5名其他辅助人员（ASTI-ARC，

2010）。该比例高于其他政府和高等教育机构。值得注意的是，在ARC工作的853名技术人员中，接近20%拥有理学学士、硕士或博士学位。

公共开支总额占农业产出（AgGDP）的百分比，是比较国家农业研发支出的常用指标。20世纪90年代这个百分比急剧下降，但随着政府对农业的承诺，近年来有所增长。2008年，苏丹每100美元的农业产出需投资0.27美元，远低于邻国肯尼亚（1.43）和乌干达（1.24）的比率，但与埃塞俄比亚的比率（0.27）相当。相比之下，1981—2008年，每百万农民的农业FTE研究人员数量从67个增加到148个，表明农业研究人员数量比农民人数增长更快。

二、制度结构与政策环境

苏丹农业研发体制结构自新千年以来变化不大。农科院和动物资源研究院继续主宰国家农业研发体系。在过去20年中，高等教育部门的相对贡献在支出和人员配置方面逐渐增加。然而，在研究协调方面发生了一些重要的变化。如前所述，科技部（MOST）成立于2001年，负责国家（农业和非农业）研发机构的行政责任。农科院、动物资源研究院和国家研究中心都转移到科技部，但鉴于过去10年农业生产力下降，在科技部之下的农业研究与推广之间联系微弱，技术推广仍然在农业部领导下，研究机构于2010年回归原属部门，确保与其他有关部门和利益相关者的职能关系。

此外，还制定了一系列研究战略，以促进农业生产，消除贫困和粮食不安全。根据国家2007—2011年“五年战略计划”推出农业发展方案，以提高农业部门的整体绩效，实现千年发展目标。农业复兴计划（ARP）的具体目标，于2008—2011年初期运作，要实现农业可持续发展，减少贫困，通过将石油收入再投资于农业部门，作为避免发生“荷兰病”①的手段，更加平等地分配社会和经济福利。该计划涉及提高生产力，扩大面积和使生产商品多样化的需要。上述倡议是政府对农业和农业科技的承诺，但苏丹要求农业显著发展，因此面临重大挑战。

随着2005年苏丹政府和南部的苏丹人民解放运动/解放军（SPLM/A）之间的全面和平协定（CPA）的签署，苏丹南部的农业研发组织转交给南苏丹农业

① 荷兰病（Dutch Disease）是一个经济概念，是指一国（特别是指中小国家）经济的某一初级产品部门异常繁荣而导致其他部门的衰落的现象。常常用于解释一个国家因响应发现自然资源而导致的经济去工业化，使国家货币价值提高，导致农副产品竞争力下降，进口水平上升，出口水平下降

研究和技术组织（SSARTO）。南苏丹农业研究和技术组织旨在成为一个卓越中心，为苏丹南部的农民和推广机构创造和传播改进的技术。因此，南苏丹农业研究和技术组织的使命是通过促进农业和林业发展，同时保护自然资源基础，为改善苏丹南部居民的生计作出贡献。

三、研究人员的学位水平和培训

2008年，在苏丹工作的3/4的农业研究人员接受了研究生水平培训，其中34%持有博士学位，42%持有硕士学位；2012年博士学位36.9%，硕士51.1%，学士12%。自1980年代以来，ARC工作人员的平均学位素质一直在退化，此前博士研究生的比例达到了50%以上。20世纪80年代初，农科院和动物资源研究院的科学家绝大多数获得了国外大学的硕士或博士学位，完全由苏丹政府资助。随着越来越多的苏丹大学开始在农业科学领域获得硕士和博士学位授予权，苏丹农业科学家的年轻一代越来越多地接受当地的培训。然而，苏丹博士课程的素质普遍被认为不如海外课程。与本地培训的同事相比，受过海外训练的科学家在出席会议、专业网络和出版途径方面具有更多的智力刺激机会。由于越来越多的外国受训资深科学家退休，苏丹的研究结果和产出的整体素质据信正在恶化。伴随着老一代科学家缓慢的更换，正在慢慢失去经验丰富的、合格的研究人员，这对未来构成了重要的挑战。2006年，当政府执行60年的退休年龄时，农科院失去了42名博士资格的高级科学家。随着更多的研究人员达到60岁，或者转向待遇更高的大学或国际组织，博士后工作人员总数继续下降。2009年，农科院在等同资历研究人员中聘用了134名博士生科学家，低于4年前的196名。更多的高级科学家预计在未来几年退休，因此，农科院的一个关键战略目标将是更加密集地招聘新的科学家，包括高质量的培训和有吸引力的薪资待遇。2012年发生的公共部门研究人员的退休年龄提高到65岁，是一个有益的进步，给高级研究人员更多的时间来培养和指导他们的年轻同事。政府2013年批准在农科院召集100名学士资格的研究人员和动物资源研究院的170名研究人员以及大量的技术人员，这是非常令人鼓舞的。通过提供有吸引力的薪资和培训机会，确保必要的资金来维持和激励新一代研究人员和技术人员。

目前，农科院的大多数硕士和博士培训都在当地进行。农科院主要雇用年轻的学士资质研究助理，并支持他们的教育培训。海外培训仅限于由研究人员独立寻求的外国奖学金。许多本地大学接受研究生水平的农科院和动物资源研究院工作人员作为学生。一个有趣的发展是2004年建立的苏丹科学院（SAS）作为不同研究机构和中心的联邦联盟。苏丹科学院强调在科技部内汇集人力和机构资源，以便为各种科学学科提供优质的培训和研究。苏丹科学院是一个完整的研究生机构，在农业、动物科学、能源、环境、工程、管理和公共关系领域拥有丰富的硕士、博士学位和专业发展计划。每个研究中心或机构均由苏丹科学院通过一个协调委员会代表，这个委员会作为该机构或中心的学术机构。尽管农科院和动物资源研究院重新回到原来的部委，农业研究协调理事会（ARCC）和动物资源研究协调理事会（ARRCC）仍然在苏丹科学院之下。在2004年至2010年中期，共有80名农科院员工从苏丹科学院获得硕士学位，14人获博士学位。

传统上，德国学术交流服务（DAAD）一直是苏丹农业科学家奖学金的主要提供者。每年有12位苏丹农业科学家被邀请去德国大学申请博士学位。德国学术交流服务还赞助本地培训。杰齐拉大学每年颁发10个博士学位奖学金。截至2010年6月，农科院工作人员在德国有3名、中国5名、日本3名和土耳其和马来西亚各1名进行培训。20多名动物资源研究院研究人员每年出国留学，特别是德国、日本、中国、韩国、马来西亚和土耳其。2007—2010年期间，来自喀土穆农业大学的27名科学家在德国、土耳其、日本和意大利的大学获得博士学位奖学金。

与撒哈拉以南非洲的许多其他国家不同，苏丹不存在农业科学家老龄化问题。农科院和动物资源研究院的研究人员的平均年龄分别为40岁和45岁，大多数研究助理人员在35岁以下。2012年，50岁以上的占21%，41～50岁的占25%，31～40岁的占36%，31岁以下的占17%；从性别来看，男性研究员占60%，女性占40%。

四、研发资金

1. 成本类别

研究预算在薪资、经营成本和资本投入之间的分配，都会影响农业研发的效率。详细的成本类别数据是从政府机构收集的。在2001—2008年期间，薪金占总支出的82%，运营成本为12%，资本投资为6%。近年来，随着政府资金的增加，资本投入的份额逐渐上升。在2005—2008年度，动物资源研究院的成本类别份额有所不同，薪酬占70%，经营成本占24%，资本成本占所有支出的

6%。2012年全国研究员成本支出，工资支出占80%，运营和计划费用占8%，资本支出占11%。

农科院和动物资源研究院的研究员薪酬由国家政府资助。2001年，从农业部/畜牧部向科技部过渡使两家院所的薪金得到增加；2004年，初级员工进一步加薪50%，高级职位10%～50%，农科院和动物资源研究院吸引力增加。在每个预算年度开始之前，农科院和动物资源研究院向财政部提交经常性支出、研究成本和资本投资的收入估计预算。

2. 资金来源

苏丹的农业研发资金几乎完全由国家政府承担。在2005—2008年期间，政府承担了农科院总资金的98%以上，捐助者和开发银行承担了剩余部分。这种情况与20世纪90年代形成鲜明对比，当时农科院得到欧盟、荷兰和意大利政府、国际农业发展基金（IFAD）和世界银行的重大资助（Beintema，2003）。当美国在1997年11月对苏丹实行贸易禁运时，许多来自西方的捐助者和发展银行对农业研发的支持同时停止。这对整体研发投入水平有明显的负面影响，也进一步将苏丹从全球科学发展中分离出来。然而，情况最近有所改善。欧盟已经开始再次为危机地区提供资金，德国技术合作组织也加强了援助。尽管如此，与许多邻国相比，捐助者对苏丹农业研发的资金总额仍然微不足道。农科院报告的有限资金主要来自国际农业研究协商小组（CGIAR）的捐助中心，包括国际干旱地区农业研究中心（ICARDA）和国际半干旱热带作物研究所（ICRISAT）。其他捐助者包括联合国粮农组织（FAO），加强东非和中非农业研究协会（ASARECA）和伊斯兰开发银行（IDB）。虽然确切的数额不详，但动物资源研究院也从苏丹政府那里收到大部分资金。即使该院通过出售细菌和病毒疫苗获得了许多内部资金，但这些资金也转回了财政部。此外，动物资源研究院还报告了粮农组织、伊斯兰开发银行、加强东非和中非农业研究协会、国际原子能机构、印度政府和欧盟的特别资金。这些资金大部分用于监测流行病以及设备和培训（ASTI–ARC，2010）。

高等教育机构的农业研发活动由苏丹高等教育研究部推出。喀土穆大学传统上是该部农业研发资金的主要接受者；然而，随着全国越来越多的小型农业学院的建立，喀土穆大学农业学院的年度研发预算逐渐缩小。到2009年，该部的资金已经完全停止，教师有义务通过研究生费用或通过与私营公司进行的75个合作研发计划中获得资金以资助研发活动。杰齐拉大学的研究活动完全由高等教育和研究部负责。在2010—2012年期间，美洲开发银行发行1 230万美元贷款，支持杰齐拉大学农业和卫生部门，推动建设中央图书馆、农业和动物生产学院中央实验室、组织培养实验室、兽医科学医院、技术人员和专业人员培训。

五、研究分配

通过各种研究方式分配资源是一个明显的政策决策，因此这里收集了在特定商业和专题领域工作的专职研究人员的详细调查信息。2008年，苏丹28%的农业研究人员参与了作物研究，家畜研究占25%，林业和自然资源研究各占8%。剩下的研究人员集中在收获后研究、社会经济、渔业、水和灌溉研究，或其他事宜。园艺作物是苏丹研究最多的作物，占全国作物和牲畜研究总量的10%，高粱占7%，棉花、豆类、油料作物和小麦各占5%。与灌溉作物的研究相比，苏丹对雨养作物的研究相对较少（Faki，1995）。该国的家畜研究人员主要集中在绵羊和山羊（20%）、家禽（10%）和肉牛（10%）。

第三节 农业推广

苏丹农业推广和农业技术转让始于1902年。1956年独立后，美国国际开发署（USAID）协助苏丹政府建立农业推广部门，提供推广服务。该部门发展形成了后来的农业和动物资源部（现为农业和森林部）的农业推广署，成为负责苏丹广泛推广服务的主要政府机构。1994年，苏丹通过了联邦政府制度，国家划分为26个州。农业推广更加分散，每个州都有自己的分管机构；在农业和森林部以技术转让和推广的名义将农业推广署保持在联邦一级，主要负责计划项目在国家层面的执行。通过不同媒体提高农民知识来提高生产力是苏丹农业推广的基本目标。现在没有一个特定的国家农业推广的标准化或理想化模式。为了实现这些目标，国家尝试了许多推广方式。

一、提供农业推广服务的主要机构

政府部门推广机构恰好是亚洲国家最常见的运作模式，特别是那些基本上由大英帝国统治过的国家。农业职能部门（DA）往往隶属于农业部，是负责实现农业发展的主要机构。推广机构由总部和一些职员组成，但从国家级到省、区、直到村一级都有明确的界线。在大多数国家，推广服务功能通过其四五个分支来实现（APO，2006）。几乎每一个发展中国家现在都有公共、非政府组织和私人营销公司（如种子和化肥经销商）协同提供推广援助，并向农民提供咨询（Baig，2013）。尽管如此，苏丹还尝试了其他一些推广方式，包括商品途径、培训和系统访问、社区发展和农民田间学校（FFS）。在苏丹提供农业推广服务的机构主要有政府组织、非政府组织和农民自发的组织。

1. 公共推广部门

（1）农林部：在国家一级，技术转让和推广管理局（TTEA）负责农业推广事宜。这个管理单位的目标包括农业发展，提高产品质量，通过合理利用自然资源提高农民收入，通过可持续的农业发展实现人类的全面繁荣，并使农产品在国际市场上具有竞争力，以确保粮食安全和增加农民收入（TTEA，2011）。技术转让和推广管理局另外的任务是将研究确认的技术转让给农民使用，发展农业机构，并在农业发展过程中动员利益相关者，包括农民、金融家、科学家、私人生产资料经销商、生产服务提供者、营销专家和农业从业者的参与（TTEA，2011）。

技术转让和推广管理局由五个部门组成，每个部门由一名董事领导。技术转让和推广管理局还设有一个技术转让中心和相关网站，其任务是向包括农民在内的利益相关方传播技术信息。行政部门的总人数约为662人。

种子部门：负责种子认证，种子进出口监测，种子生产加工开发，种子技术咨询事宜。

农业工程事业部：负责技术转让，农机可行性试验，机械使用培训，鼓励当地机械设备制造，现代灌溉设备对当地的适应研究，解决收获后农产品有关的问题，农业和农村产业升级，并推广当地可用的中间技术。

农业信息司：负责制作广播电视节目以支持技术推广，覆盖和记录正式培训活动、实地活动、节日等，并组织永久性展览，以传播生产者和投资者感兴趣的信息。

农业推广部门：负责推广研究，推广活动评估，国家推广计划的支持，推广人员和其他利益攸关方的能力建设，改善农村生计，实地监督，机构协调以及苏丹国内和国际经验交流。

人力资源开发司：负责组织各级培训活动。

（2）国家动物资源和渔业部技术转让和牧民发展推广总局：国家动物资源和渔业部技术转让和牧民发展推广总局（GDETTPD）负责与畜牧业主、牧民和渔民有关的推广事宜。该局根据牧民、畜牧业主、生产者和渔民的需要，开展基层工作。除了促进畜牧和渔业生产外，还制定了动物资源部门的战略和计划，重点是畜牧跨国境和人畜共患疾病控制。动物资源和渔业部技术转让和牧民发展推广总局进行推广需求评估调查，从研究人员收集技术信息，并将其转换成简单的推广消息，与利益相关者合作开展实地活动，以提高生产者的生态意识，组织牧民基层能力建设方案，参与农村发展和扶贫方案，并利用大众媒体支持其任务（Qamar，2012）。

该局由三个部门组成：技术推广转让部，现场推广部门和研究与技术转让部门。牧民发展部，拥有牧民组织和牧民服务部门。通信与文档部，有视频和制作分部和音频材料部门。

该局还设有一个技术部门及办公室，拥有6名兽医人员，全部员工共计38人。

（3）各州农业和动物资源与渔业部：全国各个州都有农业部和动物资源和渔业部，分别负责地方各级提供推广服务。

（4）苏丹农业科院（ARC）：苏丹农业科院有一个技术转让和推广部门，但除了农民领域的零星研究推广活动外，它还没有进行任何重大的推广计划。

2. 非政府组织

一些非政府组织（NGOs）提供不同的推广活动，包括：非洲和中东作物生产和苏丹农化协会，与技术转让和推广管理局合作，在2010年组织农药使用课程培训。非政府组织“苏丹计划”在卡萨拉州盖斯农业项目中开展合作活动。另外一个以社区为基础的“Zenab”组织，让妇女参与发展合作，推出了苏丹第一个也是唯一一个女农民联盟的“女农民协会”，协会向其成员提供种子、工具和培训（TTEA，2011）。

3. 农民组织

该国大约40%的农民属于某种农民或生产者组织。这些组织在农业推广活动中发挥关键作用，影响推广政策，评估推广效果，并帮助确定推广优先级项目。几个州的许多村庄都有农村妇女团体，大多数是非政府组织的支持。这些团体在奶制品加工方面尤其成功，并且在家禽和渔业方面积极进取。联邦农业部发展部门性别主流化组织通过其在各州的性别问题协调中心，为农村妇女进行频繁的能力建设活动。

二、农业推广简史

根据Altayeb（2005）介绍，1902年建立研究中心时，苏丹开始了农业推广和农业技术转让的历史，在位于喀土穆以北120千米主尼罗河的申迪（Shendi）和喀土穆以南60千米处青尼罗河上的阿尔坎梅伦（Alkamleen）建立了实验性棉花农场。1904年，农业部（现农业和森林部）在喀土穆北部建立了萨姆巴特（Shambat）研究农场，进行了一些植物学和农艺学研究。1952年，研究站着重解决雨养高粱生产问题，12个芝麻和花生品种种植在托日（Tozi）地区，在加达里夫（Gedarfi）地区（现在为加达里夫州）确立为雨养区高粱和芝麻主产区。1956年独立后，美国国际开发署（USAID）协助苏丹政府建立了农业推广部门，并提供推广服务。这个部门后来发展成农业推广署，隶属于农业和动物资源部（现农业和森林部），成为负责提供广泛推广服务的主要政府机构（农业和林业部，2009）。1994年，该国通过了联邦政府制度，分为26个州。农业推广分散化，每个州都有自己的推广管理局；同时在农业和森林部以技术转让和推广的名义，将农业推广署保持在联邦层面，主要负责在国家一级推广方案计划。

三、基本推广方法

推广服务可以利用众多的各种方法，也可以使用不同类型的媒体。每个单独的推广方法具有特定的特征和属性，这些方法因客户接受程度而异。专业推广人士使用推广方法时也有自己的喜好。特定推广方法的选择还取决于它是否适于传达某些消息或实现特定效果。个人媒体的传播方法具有其独特的成就潜力，这与其他任何方面都不一样。在影响农民采取行动的能力方面，一些团体方法和个人咨询工作已经取得了很大的成功。但大众媒体以低成本向许多客户提供了所需的信息。团体方法在许多方面占据中间位置，如果这些大众媒体运作良好，与个人咨询相比能到达更大的农业社区，这已经证明是非常有效的手段。

图形手段和视觉辅助工具：视觉辅助工具通常与书面或口语相结合（Baig，1995）。苏丹农民通常是文盲，因此视觉辅助工具特别有效，因为他们通过观察能学习很多。由于生产成本低，通过报纸、杂志、期刊、传单和小册子提供的信息对于文化读者尤其重要。无线电传播的信息能在最适当的时候传播到客户。无线电以最经济的方式和接触观众的灵活性以及电视整合视觉信息的能力表明了巨大的潜力（Baig，1999）。一个优秀的推广人员将个人咨询工作与团体方法相结合，以有效地提供推广建议。今天，视听助手和大众媒体作为执行咨询工作的手段已经得到很高的普及和应有的重视。这些出版物和传单对有文化农民也有很大的帮助，并且充分支持了个人和团体的咨询工作。幻灯片和电影也被证明是非常有帮助的。农场广播论坛已经得到了广泛的媒体与人际关系的融合。无线电广播通常是在推广人员和一群农民之间就其交付的内容进行讨论，使其成为有吸引力的扩展方法。

目前，技术转让和推广管理局已经通过使用手机在特定服务（如SMS）中创新和采用了新的方法。农民收到的信息与每个大田作物和园艺作物的田间活动相吻合。如果农民想订阅这个服务，他可以拨打Sudani网络号码5084，并发送他想了解的作物的代码；拨打Zain网络号码1519，并发送他需要的作物代码；此外，还可以访问技术转让和推广管理局网站www.ttea.gov.sd。技术转让和推广管理局牵头以这种方式改变农业生产，以实现粮食安全，并增加农业出口和繁荣。

四、农业推广信息中心和信息与通信技术

农林部技术转让和推广管理局农业信息部门，负责制作广播和电视节目以及组织常设展览，传播生产者和投资者感兴趣的信息。据世界银行称，2010年，苏丹每100人移动电话用户数为40.53人，全国互联网用户人数为10.16人。农业部信息通讯技术人员总数为109人，其中印刷媒体和大众媒体95人，计算机信息技术14人。

以下数字反映了通信技术使用的程度：信息公报和情况介绍6 600份，推广人员使用的视听教材30种，推广材料和出版物在线提供40种，电视节目每月4期；广播节目每月30期。最近，技术转让和推广管理局已经推出了“Ziraa Mobile（SMS）服务”，通过这些SMS服务，将包含技术包和当前园艺作物价格的消息发送给生产者。要订阅，感兴趣的人可以在Sudani网络上拨打5084或在Zain网络上拨打1519，并发送他们想要的信息的作品的代码。生产者也可以从网站获取所需的信息。

联邦动物资源和渔业部技术转让和牧民发展总局也有通信和文献部。该部门包括两个部门，一个是视频制作和剪辑，另一个是音频材料。针对牧民和渔民的国家广播公司每周播放涵盖动物健康、技术、牧场发展和公共卫生等问题的广播节目。此外，总局已经建立了自己的广播工作室，以通过苏丹的FM广播电台直接制作更广泛的节目。技术单位制作各种推广材料，包括海报、小册

子、贴纸和纪录片等。有许多苏丹政府和私人机构提供ICT/ICM培训。

第四节 苏丹化肥的使用

一、化肥消费

雨养农业，无论是机械化还是传统的种植业，很少使用任何肥料，尽管在高降雨地区报告了硬粒小麦和棉花对氮和磷的反应，但大多也只是处于研究阶段。灌溉部门不同程度施用化肥，其用量如表11.2所示。

表11.2 2000—2002年灌溉部门平均养分消费量 （单位：千t）

化肥	N	P_2O_5	K_2O
尿素Urea	54.3		
重过磷酸钙Triple uperphosphate		11.1	
氯化钾Potassium chloride			3.8

资料来源：FAOSTAT

一些进口的氮磷钾复合肥料，主要用于蔬菜。在耕地面积1 660万公顷的基础上，每公顷只有4千克的植物养分。表11.3列出了主要作物使用肥料比例的估计。

表11.3 作物施用的化肥的大致比例 （单位：%）

作物	urea尿素	tSp重过磷酸钙	NPK复合肥
棉花（2N–3N）①	约35	0	0
小麦（2N–1P）	20～30	60	0
高粱（1N）	15～20	0	0
甘蔗（4N–5N）	20	20	0
蔬菜（2N）NPK	10	5	90
其他作物	0	15	10

资料来源：农业发展基金，阿拉伯农业发展组织和粮农组织统计数据库的近似数字

① 注：苏丹农科院推出的肥料配比在全国各地得以执行。1N =基本剂量N×1，2N =基本剂量N×2，1P =基础剂量P×1等。基本剂量为：1N = 40kg N肥/fed，1P = 40kg磷肥/fed，1K = 40kg k肥 / fed

二、进口肥料价格

表11.4显示了自1995年以来进口尿素和重过磷酸钙（TSP）价格上涨幅度。

表11.4　1995—2005年化肥进口价格

年	尿素		重过磷酸钙	
	（SD/t）	（US$/t）	（SD/t）	（US$/t）
1995	19 142	73.63	1 445	54.02
1996	25 075	96.45	38 056	146.37
1997	40 896	157.29	44 380	170.69
1998	29 048	111.72	41 536	159.86
1999	30 346	116.72	46 634	179.36
2000	38 653	150.99	44 390	173.4
2001	22 769	87.58	45 397	174.61
2002	36 263	139.47	42 144	162.09
2003	39 658	152.53	44 422	170.86
2004	56 040	215.54	59 609	229.27
2005	54 519	209.69	67 684	260.32

资料来源：苏丹农业部农业统计处，2005

三、推荐施肥率

表11.5显示了硝酸铵的推荐施用率，而表11.6列出了尿素和TSP的用量。

表11.5　氮肥（作为ASN）施用建议

作物	施用量
香蕉	每年施用N*素285～475kg/hm^2，分6次施用（2个月1次）
柑橘	植被开始时施用基肥190～380kg/hm^2，收获后95～190kg/hm^2
棉花	140～240基肥95～190kg/hm^{2}之间的方形形成和峰值下降
黄瓜	240kg/hm^{2}作为基础敷料，1～2个额外的相同数量的敷料
枣树	每棵树0.2～0.4kg，适用（每年3次）
茄子	基肥285kg/hm^2，追肥1～2次，140kg/hm^2
花生/苜蓿	基肥50～70kg/hm^2，用于后期的N共生固定
玉米	在4叶期，190～285kg/hm^{2}基础和95～190 kg/hm^2
芒果	植被开始时190～380kg/hm^2，收获后95～190kg/hm^2
瓜	285kg/hm^{2}基础1～2顶部敷料140kg/hm^2
洋葱	190kg/hm^{2}基础和2个顶部敷料，每个140kg/hm^2
芝麻	140～190kg/hm^{2}基础应用
粱	在2～4叶期，140kg/hm^{2}基础和95kg/hm^2

（续表）

作物	施用量
甘蔗	3个月后190～240 kg/hm²基础和190～240kg/hm²
番茄	140～285kg/hm²播种/移栽，3～4周后第二次施用95～240kg/hm²
小麦/杜伦麦	190kg/hm²基础和95～140kg/hm²追肥

* 是N，不是 ASN.（ASN：ammonium sulphate nitrate硝酸铵）

表11.6 苏丹农科院推荐施肥率 （单位：kg/hm²）

作物	尿素	重过磷酸钙
棉花	190	—
高粱	190	—
甘蔗	475	95
小麦	190	95

四、肥料研究

苏丹有研究使用矿物肥料的传统，这可能与灌溉农业的发展有关。

早期的调查（Burhan，1969，1971；Burhan，1973；Burhan，1974）在3～4个轮作程序中，棉花作物对单营养肥料的反应进行了3～4次长期试验。土壤为典型的变性土（Vertisols），有机质含量低，有机氮含量低，可利用磷含量低，钾含量高，其特征在于pH值高（7.5～8.5）。结果表明，对190千克/公顷尿素的反应在所有18个试验季节都是一致和显著的。大约30%的季节对TSP中的的磷做出了积极反应。对钾的反应很少报道。对磷的反应归因于种植季节之前土壤水分的变化。在潮湿的季节，一般都有积极的回应。这也可能与棉花的产量有关。对尿素四季应用率的反应显示，四季均呈曲线关系。

在20世纪60年代和70年代，一些研究人员检查了高粱和小麦的施肥情况。在此期间，对组织分析作为棉花肥料状况的指标进行了调查。

五、研究合作方案

一些方案是与其他机构合作进行的，包括《粮农组织肥料计划》（1977—1991年），欧洲经济共同体（EEC）《1977—1987年化肥计划》，农科院（ARC），国际干旱农业研究中心（ICARDA），石油输出国组织（OPEC），尼罗河谷地区计划（NVRP）等。

1. 粮农组织肥料计划

最初的捐助者是丹麦，其次是欧洲经济共同体、比利时、英国、荷兰、国际化肥工业协会，后来是科威特、沙特阿拉伯、摩洛哥和阿拉伯化肥协会。在杰齐拉对棉花和小麦进行了农场试验。使用氮和磷的演示补充了研究结果。该方案还涵盖了喀土穆、尼罗河和杰齐拉外的项目。后来，白尼罗河、青尼罗河、卡萨拉、科尔多凡和贾巴尔·马拉地区也被纳入了该研究。对生产洋葱、西红柿和土豆的小型蔬菜农场进行了试验。该方案通过采购化肥和其他投入品，建立农村商店。建立了一个良好的投入分配制度，涉及执行部门的推广部门获取和分享惠益。该方案涉及约1 000次展示和试验，还有9 000个示范现场，有20万农民参加。

2.ARC/ICARDA/NVRP计划

该计划从1978年到1994年，重点是冬季豆类和小麦。豆类作物对小剂量的氮和磷作出反应。该项目确定了各种土壤上化肥的需求规律。该计划涉及现场和农场研究。它在杰齐拉和北部地区为不同种类的不同土壤上的小麦建立了氮和磷施用建议（Ageeb，1988；Gorashi，1988；Ibrahim，1991）。该项目延伸至新哈尔法，对磷酸盐的反应并不突出。但叶面施肥产生积极的结果，表明微量元素的效果。

3.全球2000计划

该计划始于20世纪80年代，与笹川全球（Sasakawa Global）2000联合举办。其目的是促进小麦生产和技术转让给农民。它涵盖了杰齐拉灌区大部分地区，并开展了示范和农场领域的土地准备、粮食需求和平衡施肥等技术措施。与农科院和杰齐拉推广人员合作，小麦成果非常乐观。

4.国际原子能机构

这项工作涉及N15和P32的试验，并与（德国开发机构）（GTZ）合作研究微量营养素。

5.阿拉伯农业投资和发展管理局

阿拉伯农业投资和发展管理局（AAAID）成立于1977年，其主要目标是发展农业资源和粮食生产，农产品交换，促进融资和实施农业项目的研究和学习，与有关组织合作。

阿拉伯农业投资和发展管理局在有效管理体系支持的所有农业经营全套技术方面开展免耕工作。它还进行了以下效果的化肥试验：锌和硼对向日葵的籽粒灌浆的影响（5公顷）；锌和磷对向日葵籽粒灌浆的影响（5公顷）；磷对棉花的生长和产量的影响（10公顷）；磷对高粱的生长和产量的影响（5公顷）；不同来源的氮素（尿素、硝酸铵）对高粱、棉花和向日葵的生长和产量的影响（每作物5公顷）。

这个研究的主要发现是：试点农场确定了免耕优势。当地品种艾哈迈德·沃兹（*wads ahmed*）的产量高于其他当地品种和进口高粱品种。油葵品种hysun 33产量超过了damazin1/3，panar7353和panar7393。硼（B）对油葵的施用导致籽粒灌浆量增加。磷（P）的应用导致油葵产量的增加。

六、主要作物研究

1. 灌区棉花

据报道，棉花对尿素施肥的不良反应以及尿素中的氮损失，对产量有负面影响。比较表明，施用氮磷钾（NPK）复合肥，硝酸铵（ASN）和硫酸铵（AS）的棉花产量高于施用尿素的产量。可能的解释是，氮以更容易获得的形式被作物摄取，因此与尿素相比，损失较低。

2. 甘蔗

在甘地和肯纳纳糖厂的甘蔗上，将NPK、硝酸铵和硫酸铵与尿素进行比较。这个用量相当于基础剂量的2N、4N和6N，而尿素的基本剂量是4N。NPK和硝酸铵在小剂量下产生了更好的产量，在一次试验中，与标准实践相比产量相等。这些结果需要农场田间确认。

3. 灌区高粱

近年来，灌区的高粱产量一直在下降。将NPK复合肥、硝酸铵和硫酸铵与尿素进行应用比较。与使用尿素的标准施肥实践相比，观察到相当大的产量增加，可能的内在原因与棉花增产因素相同。

4. 小麦

在1999/2000和2000/2001年期间，在杰齐拉、拉哈德和新哈尔法进行了关于小麦的现场和农场试验，以测试氮素不同来源和含量对面包小麦生长和产量的影响。两种类型的试验使用不同水平的NPK复合肥料、硝酸铵和硫酸铵。与对照（零N）相比，化肥的施用导致三个地区粮食产量大幅增加：拉哈德增长51%～160%，迈达尼增长39%～162%，新哈尔法增长13%～45%。所有三个来源的氮使用效率处于最低水平，所有三个地点的氮剂量最高。在拉哈德单剂量的硝酸铵在低产量环境下更有效，两种剂量的氮作为NPK在高产环境下也是如此。在杰齐拉，作为NPK的1N或作为硝酸铵的1N似乎对于低产环境而言更有效，但是对于高产环境，2N作为NPK似乎更有效。在新哈尔法，对三种来源的化肥和氮素利用效率的反应相对较低，这值得进一步研究。

5. 灌区花生

在2000/2001年度的大型灌溉方案中，现场和农场试验对两种剂量（0.5N和1N）对三种氮肥来源（NPK、硝酸铵和硫酸铵）的反应进行了测试。在新哈尔法、杰齐拉和森纳尔研究站，施肥处理后平均产量高于未施肥的对照组。在拉哈德研究站处理1N硫酸铵、处理1N NPK，与对照组相比平均产量最高。在新哈尔法，1N NPK、1N 硝酸铵、0.5N NPK，产率高于对照。未成熟荚果的结果也遵循这一趋势，除了作为NPK的0.5N处理（其比对照的荚果更少）。拉哈德研究站对平均每株荚果数量的研究结果表明，除了处理1N硫酸铵和处理0.5N硫酸铵以外，其他所有处理组均比对照组高。然而，所有试验的差异并不显著。

6. 油葵

在1999/2000和2000/2001年度，拉哈德和新哈尔法的现场试验和农场试验评估了油葵对不同类型化肥的反应。所测试的肥料是不同施用量的NPK、硝酸铵和硫酸铵和尿素。在应用肥料方面获得了显著的更高的产量。试验站的试验产量增加在43%～81%的范围内，而在农场试验中产量增加在27%～100%的范围内。

7. 灌溉黏土中的蔬菜

在1999/2000年和2000/2001年度的冬季进行的田间试验评估了不同氮源对某些蔬菜产量表现的影响。实验在杰齐拉和拉哈德研究农场进行，使用三级N（1N，2N和3N）。然而，在2000/2001年度，在迈达尼停止了3N处理，在拉哈德实验中加入了1.5N的处理。将这些处理与番茄和洋葱（2N+1P）和对照（0N）在完全随机区组设计中的标准处理进行比较。

在1999/2000年在杰齐拉研究农场的番茄上，处理3N NPK、2N ASN和3N生产的番茄产量最高，并显著超出标准处理（尿素2N）。在所有三种肥料的情况下，标准处理和1N之间的番茄产量没有显著差异。在2000/2001年度的杰齐拉研究农场，处理1N NPN和2N生产番茄产量最高。两个季节均获得了N素来源和N素用量的产量差异。通过以3N的速率施用NPK获得最高的番茄产量，随后以2N的速率加入NPK。

对洋葱的研究，在1999/2000年度的杰齐拉研究农场的实验中，总体平均葱头产量低，但处理效果显著。处理3N NPK的生产的葱头产量最高，但是对于每种N肥，1N处理的情况的差异不明显。在拉哈德，处理AS或2N NPK导致洋葱产量的显著变化。在蚕豆、蛇黄瓜和南瓜的各种氮源之间没有检测到显著的产量差异。

七、化肥经济评价

化肥应用的经济评估是在杰齐拉、拉哈德、新哈尔法、冈尼伊德（Guneid）和肯纳纳项目的农场试验中进行的。这涉及为每个地点测试的每个作物构建部分预算，并比较和评估不同肥料处理的净收益。

对于棉花来说，作为ASN和2N的NPK的处理在杰齐拉灌区中产生较高的净回报。在拉哈德的情况下，最有希望的处理方法是：1N ASN+1N ASN和1N NPK；而在新哈尔法，ASN1N和NPK的处理是最有利可图的。

对于小麦来说，杰齐拉1N AS和新哈尔法NPK1N的处理是最佳选择。

对于高粱来说，在杰齐拉灌区处理2N ASN获得最高的净收益，而在新哈尔法灌区，处理AS 1N最好。在拉哈德灌区处理1N NPK和（1N NPK+1N NPK）生产了最高的净收益。

对于花生，1N NPK的应用产生了最高的净回报，但边际回报率较低。

对于甘蔗，处理2N ASN在冈尼伊德产生最高的净回报，而处理4N AS在肯纳纳是最有利可图的。

第四部分

农业及农业加工业

第十二章　种植业

2013年和2014年苏丹种植业对农业国民生产总值的贡献分别为38.44%和38.35%，种植业增长率分别为43.8%和29.4%。根据种植模式区分，苏丹农作物包括灌溉作物、机械化雨养作物、传统雨养作物、次要作物和其他作物。2013年，这几种作物占所有农作物的比例分别为70.7%、3.2%、14.9%、0.41%和10.8%，2014年，分别为64.6%、3.3%、19.8%、0.63%和11.6%，如图12.1所示（根据苏丹央行年报计算）。苏丹种植业以灌溉作物为主，传统雨养作物为重要补充。根据作物种类区分，苏丹农作物包括粮食作物、油料作物、园艺作物、经济作物等。

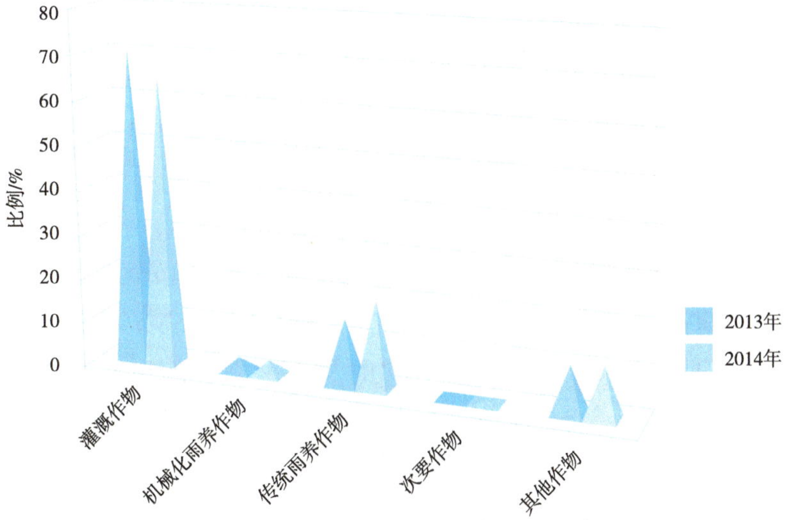

图12.1　苏丹作物种植模式

第一节 粮食作物

苏丹主要粮食作物有谷物、薯类和豆类；种植面积年份间波动较大，一般谷物占97%，豆类占2%，薯类占1%。谷物包括高粱、谷子、小麦、玉米和大米等。薯类包括马铃薯、地瓜和木薯。豆类作物在苏丹种植比较普遍，种类较多，主要有黄豆、扁豆、豌豆、豇豆、鹰嘴豆等。本节主要讲述谷物类粮食作物。

一、高粱

苏丹被认为是高粱（*Sorghum bicolor*）的起源地或主要起源中心。有三种野生高粱（*S.aethiopicum*、*S.verticilliflorum*和*S.arundiaceum*）是苏丹栽培高粱的祖先。高粱在苏丹有很多称谓：杜拉（Dura、Dhura）、爱丝（Aesh）、Wadfaraj、Aklamoy、Aqrtai、Wadahmed、Tabat、Mugud、Dabr、Arfa'Qadmk和Korokoro等。苏丹也是重要的饲料作物苏丹草（*S.sudanense*）的家园。

1. 品种

目前，苏丹农科院已经审定的高粱品种有：Aros El-Remal、Dabar 1/1/1/1、Dwarf White Mil、Gadam El-Hamam 47、Hageen Dura1、Hageen Y、SW64、Ingaz、Karkateib、Maatug、Mogawim Boda11、Mogawim Boda12、Rabih-Hageen、Shaikhan、Tabat、TUB 11、TUB 22、TUB7、Wad Ahmed、Wad Akar 和Yarwasha等；饲料高粱品种有Kambal、PAN 888、Pioneer 988、Pioneer877和Safed Moti 等。一些农民自留的传统品种在全国不同地区依然可见。

2. 面积

苏丹高粱种植面积一般在400万～900万公顷不等，因降雨情况不同年份间波动较大。2006—2010年期间，平均年播种面积775.4万公顷，收获面积540.4万公顷。2012年收获面积410万公顷，2013年和2014年则分别增加到708万和838万公顷。高粱种植遍布苏丹全国各地。根据农业部门划分，以半机械化雨养农业和传统农业为主，分别占高粱总种植面积的58.5%和35.4%，而灌溉部门只占到6.07%。但灌溉部门收获率明显提高，收获面积占播种面积的约90%；而半机械化雨养区只能收获66%；传统雨养区因大多是农民手工作业，收获面积反而比半机械化农业区高，约占播种面积的72%（FAO，2012）。

3. 产量

高粱单产550～2 500千克/公顷不等，产量对应年降水量多寡，年份间差异较大。不同种植区域产量差距显著。2006—2010年6年平均单产，灌溉区为2 150吨/公顷，机械化雨养区420千克/公顷，传统雨养区480千克/公顷。2011、2012、2013、2014年苏丹高粱总产量分别为188.2万、452.4万、224.9万、616.9万吨（H.S，2017），年份间波动很大。

4. 消费

高粱是苏丹最主要的粮食作物，人均年消费量约73千克。高粱的贸易和出口受政府控制。苏丹高粱一般不允许出口。丰收年份，除满足国家粮库库存外，如有剩余可以出口，但必须有政府签发的出口许可证书。2013年高粱丰收，出口约19万吨，几乎是近年来出口的最高额度。

5. 价格

因丰歉因素的影响，高粱价格年份间有很大差异；此外，一年之中波动也很大。以2010年为例，高粱价格从5月的130SDG/包（90kg/包）到8月为145SDG/包，到12月增加到168SDG/包。

新高粱开始收获时，所有生产区的价格都会有所下降。一般新高粱收获为11月前后，价格下降到年度间最低，约70SDG/包。在森纳尔、加达里夫和白尼罗州，2010年11月下旬高粱的价格在市场上下滑至55～60SDG/包。收获两个月后价格明显增加，一般年份涨到130SDG/包以上，个别年份增加到200SDG/包以上。

高粱价格地区间也在很大差异。白尼罗的科斯蒂（Kosti）一个农场报价为45SDG/包，低于48.5SDG/包的估计生产销售价格。高粱价格根据品质而有所不同，一些优质谷物如dabar和aklamoy被认为价格最高。为了控制价格下跌，政府一般设定最低销售价格70SDG/包（FAO，2012）。

6. 生产技术

高粱栽培技术因地区而异。

（1）沙漠与半沙漠地带：最早播种日期6月15日，最晚是8月25日；用种量一般7千克/公顷；生育期约90天；收获期是10月15日到11月25日；产量为200～300千克/公顷。

（2）贫瘠和密集的热带草原：播种日期6月1日到8月25日；用种量一般7千克/公顷；生育期约100天；收获期是10月10日到12月5日。

（3）马拉山区：播种日期7月1日至8月25日；用种量一般9.5千克/公顷；生育期约100天；收获期是10月10日至12月5日。

（4）洪泛和盆地灌溉区：播种日期12月1—15日；用种量一般9.5千克/公顷；生育期约75～100天；收获期是2月15日至3月25日。

图12.2 独脚金

注：苏丹最常见的高粱寄生草，严重制约着苏丹的高粱生产，发生严重时往往造成绝产，特别在雨养区种植的高粱更为严重

苏丹高粱病虫害主要有：非洲棉铃虫和卡波拉蚱蜢，高粱黑穗病等。蚱蜢、啮齿动物和当地鸟类的危害很常见。高粱瘿蚊（*Contarinia sorghicola*）和高粱蚧壳虫（*Agonoscelis spp.*）有些年份大发生。高粱寄生草独脚金（*Strigaasiatica*（L.）O.Kuntze），对高粱产量危害较大，如图12.2所示。苏丹草（adeer）虽然是很好的牧草，但对高粱田也有危害，它被认为是所有有正常降雨的地区最有害的杂草。

高粱种子供应通常也是播种面积的严重制约因素。苏丹种植的高粱种子一般是从以前收获的高粱转变而来，从市场或其他农民手里购买的种子通常占总用种量的95%，认证的谷物种子仅在灌溉部门（也用于有限的雨养区域）中使用。

二、谷子

1. 品种

苏丹也是谷子（*Pennisetum glaucum*）的起源地。类似的作物在苏丹有很多种，包括日本小米（*Echinochloa spp.*）、科多小米（*Paspalum scrobiculatum* L.）、非洲小米（*Eleusine coracana*（L.）Gaertn.）、des oiseaux小米（*Setaria italica*（L.）*P.* Beauv.）、珀尔小米（*Pennisetum glaucum*（L.）R. Br.）、普通小米（Panicum miliaceum L.）等。谷子在苏丹称为杜根（Dukhun），中国人通常称苏丹谷子为珍珠粟。苏丹谷穗通常是直筒状，看不到分散的小穗，这一点与中国谷子不同，如图12.3所示。苏丹农科院已经审定的品种有Ashana、Biuda1、Sereira Composite2和Ugandi等。

2. 面积与分布

谷子主要在传统雨养地区由农民种植，这个区域占整个种植面积的92.4%，主要集中在达尔富尔和科尔多凡地区，机械化雨养区有少量种植，占6.9%，灌溉部门只有零星种植。

2006—2010年的6年间，苏丹谷子平均种植面积1 115.4万公顷，收获面积755.2万公顷，收获率68%，传统雨养区收获面积一般只占播种面积的63%，而有些年份收获率只有46%。2012—2014年苏丹谷子收获面积分别为130万、278万、315万公顷。

图12.3　珍珠粟

注：苏丹谷子与中国谷子明显不同，通常称为珍珠粟，主要在雨养区种植，产量不高，但口感很好。苏丹重要的粮食作物之一

3. 产量

谷子单产从每公顷几千克到600千克不等。2006—2010年的6年间传统雨养区平均270千克/公顷，机械化雨养部门330千克/公顷，而灌溉地区达750千克/公顷（FAO，2012）。这个产量多年来一直没有提高。全国年度总产量一般在35万～70万吨。

4. 价格与消费

谷子全国人均年消费量约15千克。谷子贸易小于高粱贸易，不受当局的干预，可以自由流通，市场流通量比小麦大，每年可出口20万～25万吨。小米价格也随季节有小幅度波动，一般在150SDG/包到170SDG/包。但谷子价格比中部和东部地区的高粱稳定。

5. 栽培技术

谷子的栽培因地区而异。沙漠与半沙漠地带和马拉山区播种日期7月15日至8月15日，用种量7千克/公顷，生育期75～90天，10月1日至11月15日收获。洪泛和盆地灌溉区播种日期9月1—15日，用种量7千克/公顷，生育期75～90天，11月15日至12月1日收获。

三、小麦

1. 品种

小麦（*Triticum aestivum*）在苏丹北部17° N～27° N之间已经种植了数千年，北方地区也存在一些地方老品种。为了满足对小麦的需求，农业专家将其引入到13N°～15N°之间的苏丹中部种植，但这一地区温度比小麦生长的适宜温度高出很多，而且冬季时间太短，不能满足小麦“春化”和生长的需求（Abbass HM，2013）。

目前，苏丹种植的小麦有两种类型，面包小麦（*Triticum aestivum* L.subsp. Aestivum）和硬粒小麦（*Triticum turgidum* L. subsp. Durum）。苏丹通常种植的都是面包小麦，面包小麦在苏丹被称为“科糜”（Qamih）；苏丹农科院已经审定了十几个品种，主要有Argeen、Chinianb 70、Condor、Debiera、El-Neileen、El-Tagana、Emam、Fashelto、Giza144、148、155、157、Khalifa、Mexipak、Mexcani、Mukhtar、Nasr、Sasariab、Sham1、Wad El-Neil、Gezira、Bohein和Nebta等。

2. 小麦需求

小麦是北部地区和苏丹市区的主要粮食，是高粱之后的第二个消费谷物。为了解决粮食危机，苏丹政府一直干预小麦生产，通过补贴投入或定价来支持；一直鼓励农科院致力于小麦的科研，小麦研究所曾经是苏丹农科院最大的研究机构，现在的很多其他行业的专家大都是小麦专家转行。随着20世纪90年代石油工业的兴起，外国投资的增加，小麦需求量大幅度上升，苏丹每年需求量约180万～250万吨，但国内生产只能满足不到20%，其余全部依赖进口。

20世纪70年代、80年代、90年代和21世纪初的苏丹平均小麦产量分别为20.9万、17.9万、52.4万和46.5万吨，并上升趋势。但小麦和小麦面粉平均进口量分别为14万、29万、28万和117万吨，而相应的外汇支出分别为2 104.7万、

5 292.9万、5 387.3万和26 593.1万美元。2010年，小麦产量为40.3万吨，小麦进口量为184.4万吨，约为国内总产量的4.6倍（FAO，2012）。2012—2015年的4年间，平均小麦种植面积18.8万公顷，年均总产量32万吨，人年均消耗小麦55千克左右。2013年和2014年苏丹加工小麦面粉分别为169.4万和197.5万吨，同比增长15.5%。

3. 小麦生产

小麦生产波动较大。1961—2010年期间产生的数量变异系数（CV）为0.73。这是由于收获面积和粮食产量的变化而引起。然而，面积的变异性远远高于平均产量的变异性。上述期间收获面积和平均收益率分别为0.59和0.37（Omer，2015）。事实上，小麦产量与国际水平相比非常低。例如，2010年，苏丹小麦平均产量为1 794千克/公顷，而世界平均产量为3 007千克/公顷（FAO，2012）。

苏丹小麦生产区域有限，除马拉山区外，北方州、白尼罗河、杰齐拉和新哈尔法灌区种植。小麦最大产地是杰齐拉灌区，种植面积80多万公顷，一般年产量20万吨左右，其次是北方州，年产量12万吨。其他地区零星种植。

在种植技术方面，无论是沙漠半沙漠的传统种植区还是贫瘠的热带草原的半机械化种植地区，都是在每年的9月15日至10月15日播种，最早成熟期在12月底，大多是翌年的1月收获；而苏丹习惯播种期较晚，所以往往在翌年的3—4月成熟。小麦生育期一般120天，播种量47.9～190千克/公顷不等。

四、玉米

1. 品种

玉米（*Zea mays* L.）在苏丹又被称为Aish Reef、Qanqar、Nabad、Abu Um Dabaia等，是苏丹第四大粮食作物。目前苏丹已经审定的玉米品种有：Bafwear、Hudeiba1、Hudeiba2、Mexican June、Pan6480和6578、Stock11（Fodder）、Golden1。

2. 生产

种植区域主要分布于苏丹南部地区，农户零星种植为主，另外，中部灌区也有少量种植。目前，苏丹玉米生产水平很低，2002—2009年的8年间，苏丹全国年均玉米面积、单产和总产分别为5.1万公顷、1 297千克/公顷和6万吨（FAO资料库）。而2012、2013、2014年全国年均玉米收获面积分别为3.1万、2.7万、4.5万公顷；单产分别为1 663.4、1 599.7、1 061.9千克/公顷；总产分别为5.1万、4.3万和4.8万吨（FAO，2017）。而根据中国援苏丹农业技术示范中心调查和当地人反映，灌区玉米单产3 000千克/公顷，半机械化地区1 200千克/公顷，旱作地区840千克/公顷。

3. 消费

目前苏丹玉米加工还未形成体系。南部种植的玉米仅供当地食用，没有形成国内商品粮深加工及流通系统。国内市场上的玉米油、淀粉等产品均依赖于进口，而且价格很高。苏丹玉米市场尚未开发，农民习惯用高粱做饲料，苏丹国内所需的饲用玉米全部依赖于进口。据2009年10月苏丹农业银行统计，全进口玉米约200万吨，主要来自南非或埃及，价格400美元/吨（约合人民币2 800元）。

4. 科研

苏丹玉米科研水平比较落后，生产中的品种多是地方品种，很少有杂交种推广应用。目前，苏丹农科院每年在国外引进玉米杂交种进行试种与品种筛选，但是，至今没有形成独立的完善的玉米杂交育种技术体系。玉米在沙漠半沙漠地区种植，一般9月15日至10月15日播种，用种量36～48千克/公顷，生育期75～100天，12月到翌年初收获。沙漠半沙漠地区的玉米多用于饲料。在热带草原生态区，一般6月1日至8月15日播种，用种量36～48千克/公顷，生育期75～100天，最早8月底收获，最晚的可收获到12月底。这个地区的玉米主要用作粮食。

五、水稻

1. 品种

水稻（*Oryza sativa* L.）在苏丹又被称为Ruz、Urz等，是仅次于高粱、谷子、小麦、玉米的第五大粮食作物，也是仅次于小麦的第二大进口粮食作物。目前还没有看到苏丹正式审定的水稻品种名录，但在苏丹农科院，中国、韩国、澳大利亚等国的水稻和旱稻试验已经进行了多年。

2. 生产

在苏丹广袤的土地上只有灌区有一定面积种植，南部地区有零星种植。白尼罗州有扩大水稻生产的计划，特别针对用于甘蔗种植的高地试点水稻种植计划，以补充沿着位于科斯蒂及其附近的白尼罗河沿岸生长的传统沼泽水稻。

尽管水稻被苏丹政府作为确保国家粮食安全的重要物资，但苏丹水稻种植面积发展缓慢。根据《苏丹农业振兴计划》统计数据，2008年苏丹水稻种植面积约为6 300公顷，是第一粮食作物高粱种植面积的万分之七，规划发展面积也非常缓慢。水稻产量水平低位徘徊。2010年苏丹水稻单产达到2.54吨/公顷，而全球水稻的平均产量为3.9吨/公顷，其中印度平均产量为3吨/公顷，日本平均产量为6.6吨/公顷，中国水稻产量平均可达7～8吨/公顷，第二期超级杂交水稻产量已达到了12吨/公顷，第三期超级稻突破13.5吨/公顷。2012、2013、2014年苏丹稻田面积分别为7 560、7 562、15 618公顷；单产分别为3 174.6、3 306、1 082.1千克/公顷；总产分别为2.4、2.5和1.69万吨（FAO）。

苏丹水稻产量较低原因，一方面受水资源的局限，另一方面受推广条件的制约，苏丹没有建立完整的技术推广体系和品种销售网络，广大的农户由于经济条件限制，无钱学习新技术，导致一些高产、优质、综合抗性好的品种和先进技术很难推广应用，新品种更新换代速度慢。水稻种植区域相对狭窄。受到气候、土壤、水资源及农业技术水平的限制，苏丹目前水稻种植区域主要集中在尼罗河附近部分灌区，南部有零星种植。

在灌区种植水稻，一般7月初到8月15日播种，用种量83.3千克/公顷，生育期100天，10月中下旬开始收获；在这个区域种植水稻，苏丹农科院建议每公顷施用磷肥119千克、尿素分三次施用共用357千克，除草1～3次，单产可达10吨/公顷。在洪泛区传统农民种植水稻，一般6月上中旬播种，9月中下旬收获，苏丹农科院认为产量有时也可达4吨/公顷。

3. 需求

苏丹国内大米短缺。苏丹国内水稻生产规模较小，目前生产的大米不能满足国内市场需要，短缺的大米需要政府拿出原本紧张的美元来进口。据统计，2007年苏丹水稻总产在2.3万吨，占粮食总产量的0.35%，所占比重极低，但全年大米市场需求在6.2万吨，市场缺口3.9万吨，主要依赖进口；2007—2009年苏丹大米进口量达到18万吨，共支付外汇5 992.5万美元。随着国内日益增长的人口和外国移民人口的增多，对大米需求日益增大。苏丹水稻进口量，从1990年的5 600吨增加到2009年60 000吨。2012和2013年苏丹进口大米及制品分别为3.48万和4.41万吨，外汇支出分别为27 11.9和2 345.9万美元（FAO）。

第二节　经济和油料作物

苏丹的经济和油料作物包括棉花、花生、油葵、芝麻、甘蔗、甜菜、蓖麻子、芥末、油棕榈、油菜、红花、黄豆等。

一、棉花

1. 品种

苏丹是棉花（*Hibiscus gossypium*）起源地之一。亚洲棉（*Gossypium. arboreurn*）和草棉（非洲棉）（*G. herbaceum*）是真正土著或非常古老物种。一些陆地棉（*G.hirsutum*）地方品种目前也分布在苏丹各地。海岛棉（*G. barbadense*）变种的种类*brasiliense*在赤道州也被发现多年。*G. Barboclense*也被认为是达尔富尔多年生的土著品种。

苏丹国家已经审定的当地品种约50个，包括超长绒棉、长绒棉、中长绒棉、中绒和短绒棉花，共五大类型：

第一种是巴拉卡特（Barakat），在1969/1970年第一次引进种植的品种，被列为超长纤维棉花（32～37毫米）之列，它取代了被称为“兰伯特”的品种。

第二种是阿卡拉（Acala），该品种具有极强的抗病性，具有品质优、强度高的特点，适合在杰齐拉灌区种植。

第三种是沙姆拜特（Shambat），培育该品种是为了弥补超长纤维棉花和灌溉地区的高地棉花（阿卡拉）之间的差距，纤维长度为32～35毫米。它被认为是世界上最好的高地棉花。

第四种是巴拉克（Barac）（67）B，这个品种为中长纤维棉花，它的纤维长度为26～29毫米。因抗枯萎病而闻名。因此，它的种植已扩大到雨养地区。

第五种是阿克林（Acrain），属短纤维棉花，纤维长度25～27毫米，适合在雨养地种植。

目前，苏丹主要种植的长绒棉品种是巴拉卡特，最新推广的中长绒棉品种阿伯叮（Abdin）和哈梅德（Hmind），哈梅德表现较好，耐干旱耐贫瘠，有很好的适应性。2012年前后苏丹国家棉花公司新审定品种9个。

苏丹比马棉（siddig）：是由Barakat-90和pima杂交选育出来的。是抗枯萎病品种，纤维长度33毫米。

哈迪（Hadi）：是由Barakat-90和pima Okra杂交选育出来的。早熟和高产，纤维长度33毫米。

Kheiralla：高抗棉叶蝉品种，在产量和纯度方面优于Nour，纤维长度29～31毫米。

Knight（BB-90）：一种抗细菌疫病的中绒棉品种，纤维长度29～30毫米。

阿伯叮（Abdin）：优质、早熟棉花品种，主体长度2.5%，纤维长度31～32毫米，比强度33～37毫米，马克隆值4.2～4.4。抗病性强，对叶蝉也有很强的耐性，比Shambat-B增产60%。

维杰（Wager）：产量高、适应性广、纤维长，马克隆值比Hamid高。

波汉（Burhan）：适合于雨养区，在后期易于遭受干旱问题，Burhan平均皮棉产量高于Albar（57）12，Almac（80）15和Acrain。

卡里法（Khalifa）：适合于在苏丹南科尔多凡和青尼罗河地区的雨养区进行商品化生产，在产量方面Khalifa优于Albar（57）12，Almac（80）15andAcrain。

哈梅德(Hamid):中绒棉品种，高产，早熟，枝秆稀疏。

2013年12月24日，中国援苏丹农业技术示范中心举办“中国一号”棉花品种观摩会，现场收获棉花单产达399.1千克/亩。时任农业部长易卜拉欣·M.哈梅德（Ibrahim Mahmoud Hamid）（中）在现场

图12.4 “中国一号”观摩会

苏丹最早引进转基因棉花品种始于2009年。目前已经审定的常规抗虫棉品种两个“中国1号”（Seeni1）和“中国2号”（Seeni2）。杂交转基因棉花品种：Hindi1和Hindi2。

2. 棉花生产

苏丹棉花种植可以追溯到18世纪，最早是在红海州的托卡尔（Tokar）洪泛区种植。大规模商业种植始于1905年，在北方州的热达伯（Ziedab）试验点。

热达伯试验站是苏丹最早的棉花研究试验站，是苏丹国家农科院（ARC）的前身，由英国人管理。1925年森纳尔大坝的建立，在苏丹灌溉农业生产上具有里程碑意义，从此确立了棉花作为一种经济作物的主导地位。苏丹棉花最大种植面积曾经达50万公顷，出现在20世纪70年代初期。苏丹90%的棉田在水浇地，集中在青、白尼罗河之间的三角平原。苏丹棉花生产波动较大，种植面积从20世纪70年代的平均47.6万公顷，到2000年前后下降到14.3万公顷，2010年1.4万公顷，为历史最低点，此后因“中国一号”的推广，种植面积开始回升。总产从20世纪70年代皮棉平均年产17.7万吨，到20世纪90年代下降到8.2万吨，2000年以后进一步下降，到2011年总产已不足1万吨，降至历史低谷。2012、2013和2014年苏丹棉花收获面积分别为15.2万、6.84万和6.56万公顷；籽棉单产分别为1 231.3、1 224.7和2 682.9千克/公顷；籽棉总产分别为18.7万、8.4万和17.6万吨（FAO）。而根据苏丹高级项目委员会2017年报告，2012—2015年，平均年种植面积9.6万公顷，年产皮棉18.9万吨，4年累积出口38.5万吨（H.S.2017）。

3. 消费

棉花是苏丹最主要的经济作物和出口创汇作物。2012年和2013年出口皮棉分别为3 254和30 682吨，外汇收入分别为2 107.1和56 396万美元。但苏丹需要进口棉制品和棉花种子。2012年和2013年苏丹每年进口普通纱和精梳纱54吨；进口棉花种子分别为500吨和1 930吨（FAO）。

4. 种植技术

棉花播种7月开始，8月结束，摘花季节为12月至翌年3月。传统农民种植棉花一般要采摘3～5次，每采摘一次浇一次水，直到翌年3月甚至更晚，这样棉花产量较高，但后期棉花品质明显下降。

二、花生

1. 品种

花生（*Arachis hypogaea* L.）大约在200多年前被西非海外移民带到了非洲。目前苏丹在世界花生总产量的14%，是全球前五大生产商之一，为苏丹提供急需的外汇收入。花生面积占全国经济作物总面积的35%左右。在苏丹花生也被称为Fool Sudani，是苏丹第一大油料作物。苏丹已经审定的花生品种有Asford、Barberton、El-Ahmadi、Gebaish、Kiriz、Medani、MH-383、Natal、Sodari和Tozie等。

2. 分布

花生种植区域主要分布于首都喀土穆以南的中南部灌区，在雨养农业区也有种植。当地人通常把传统花生分为“西方型”和“东方型”两大类型。西部地区种植的“西方型”占总产量的60%～70%，而“东方型”种植在加达里夫和苏丹东部。通常在达尔富尔生长的“西方型”花生具有更高质量的蛋白质和油脂。沙漠半沙漠地区、低降雨草原以及马拉山区种植花生一般6月底7月初播种，用种量80～100千克/公顷，生育期100天，9月底到10月中旬收获，而在灌区花生种植一般要求在5月完成。苏丹种植花生大多带壳撒到地里然后起垅。

3. 产量

苏丹早期花生生产水平较低，随着农业的发展花生生产水平也不断提高。2002—2009年的8年间，苏丹花生年均收获面积94万公顷，单产823.9千克/公顷，总产76.8万吨（FAO）。2012、2013、2014和2015年苏丹花生种植面积分别为209.7万、200万、202.3万、269.5万公顷；皮果产量分别为103万、176.7万、963万、187.1万吨（H.S，2017）。

4. 消费

苏丹花生及花生制品早期出口较多，但随着国内需求的增加出口量越来越少。2001—2005年的4年间，年均出口花生油、花生仁、花生果分别为3 882.4、5 545.6和471吨；而2006—2008年的3年间，花生油没再出口，3年总计出口花生仁1 190吨，花生果562吨。2012—2013年分别出口花生皮果109吨和5 251吨（FAO）。随着苏丹国内对花生产品需求量的增加，苏丹花生产品出口量逐年下降，现在的生产量只能满足苏丹国内供应。影响苏丹花生出口的一个主要限制因素是黄曲霉毒素（Aflatoxin）的污染。

三、芝麻

1. 品种

芝麻（*Sesamum indicum* L）是一种草本植物，被称为Glgalan、Selait和Sherag，阿拉伯人通称Simsim。目前，苏丹农科院已经审定的品种有Al-Gadarif，Hiraihri，Huria49、31，Kenana1、2，Khidir，Jbrook，Promo，Um-Shagara，Ziraa1、3、7、9等。种植环境不同，不同地区种植的品种也不同。传统芝麻品种有早熟品种如Harihari，中等成熟度如Jbrook，传统与晚熟品种如Gabaly。改良品种Zirraa1、3、6、7为白种子品种，Houriya39为棕色种子品种，早熟的类型如Kenana-K3、Promo k、Kenana2。另外，苏丹芝麻有白芝麻、红芝麻、棕芝麻之分。白芝麻油含量48%以上，游离脂肪酸（FFA）最多2%，白/红芝麻油含量至少52%，游离脂肪酸最多3%。

2. 芝麻生产

苏丹芝麻主要种植在长年降水量300～800毫米的地区。该作物耐旱，但不耐涝和过量降雨。以传统雨养地区为主，灌区种植面积较少。苏丹芝麻种植面积从100万公顷到300万公顷不等，因年度降水量而存在较大波动。2011—2016年的6年间，平均播种面积228.3万公顷，收获面积174.3万公顷，收获率76%，期间2014年播种面积最大，为326万公顷，2013年最少，为119.6万公顷。收获率最高的年份是2012年，为87.5%，2015年收获率最低，为60%。主要分布在科尔多凡、加达里夫、青尼罗、白尼罗和森纳尔的雨养地带，如2016年这几个州的种植面积分别为49万、28.9万、8.2万、6万和2.5万公顷。2011—2016年平均单产246.4千克/公顷，单产比较稳定，波动幅度不大，年均总产量43.6万吨，2014年产量最高，为72万吨，2012年最低，为27.9万吨（苏丹农业部，2017）。

芝麻种植在传统雨养区，播种时间根据降雨而定，一般在6月底7月初播种。用种量7千克/公顷，生育期85天左右，9月中下旬至10上旬开始收获。芝麻主要是靠人工收获，没有收获机械，而且收获损失严重。

3. 消费

苏丹是世界上最重要的芝麻生产国之一。芝麻在商业和小规模农民的创收和生计中起着重要的作用。除了作为食物供人类消费之外，芝麻被认为是非常重要的油料作物，直接用于种子，芝麻油可用于更多的食品工业（如甜食行业）。

苏丹芝麻大多用于出口，只有少量在国内加工成芝麻油或者用于糕点制作。2011—2015年总产量209.3万吨，出口181.3万吨，占产量的86.6%。苏丹芝麻出口价格主要因国际市场的变化而波动，2017年上半年出口价格在1 200～1 300美元/吨，近几年最高离岸价格是2014年，1 972美元/吨；而2012年和2013年不到1 100美元/吨。

四、油葵

1. 品种

油葵（*Helianthus annuus* L.）在苏丹生产的历史并不长，但发展迅速，近年来成为继花生、芝麻之后苏丹第三大油料作物。油葵在苏丹也称为Zahrt al

Shams、A' bad al Shams等。目前已经审定的品种有Damazin 1、2，PAN 7392、7355，Hysun，Jwalmukhi，Salih，Shambat，PAN 7351、7371；中国两个杂交种在2015年通过审定并命名为中国太阳一号（Chinasun1）和中国太阳二号（Chinasun2）。种植面积最大的是Hysun33。

苏丹不能生产油葵种子，生产用种全部进口，市场价格逐年提高，2014、2015、2016年油葵种子价格分别为120、150和200SDG，而且供不应求。

2. 油葵生产

据苏丹农科院油葵项目研究报告，油葵的商业生产始于1986年的雨养地区，而据Faisal（2005），油葵的生产开始于1990—1991年，1990—1991年油葵种植面积达12.3万公顷，主要在雨养区，平均产量为235.7千克/公顷，但种植面积急剧下降，单产和总产都非常低，1998/1999年476.2千克/公顷。Gorashi（2005）报道，1999/2000年青尼罗州的平均产量也是476.2千克/公顷，种植面积约为7 560公顷。

2012、2013和2014年苏丹油葵种植面积分别为99 960、105 840和60 800公顷，单产分别为920.4、812.5和838.8千克/公顷，总产分别为9.2万、8.6万和5.1万吨（FAO，2016）①。

苏丹油葵种植以半机械化雨养区为主，灌区也有种植。雨养区7月上旬播种，10—11月收获；灌区可分两次种植，夏季播种和雨养区一样，冬季可在9月底至10月初播种，12月至翌年2月收获。用种量雨养区一般2.4～4千克/公顷，灌区3.8～6.2千克/公顷，生育期90～120天，产量0.8～1.0吨/公顷（苏丹农科院2017）。

3. 消费

苏丹油葵几乎没有出口，全部用于国内消费，而且每年进口大量油葵用于食用油生产。2012和2013年苏丹进口油葵为9 293和22 032吨，外汇支出分别为11 874万和24 175万美元（FAO，2014）。

五、甘蔗

1. 品种

甘蔗（*Saccharum officinarum* L.）是苏丹生产糖的经济作物之一。苏丹

① 而苏丹国家项目高级委员会2017年报告，2012—2015年油葵种植面积分别为918.2、924.8、828和1 052.7万公顷；总产量分别为188.2、452.4、224.9和616.9万吨（H.S.2017）。这与联合国粮农组织的数据差别较大

的野甘蔗亲属是*S.spontaneum*和*Erianthus maximus*。赤道州西部似乎是苏丹*E. maximumsin*的故乡。当地类型的甘蔗在达尔富尔中部和喀土穆附近的许多地方种植，主要用于咀嚼。对于生产糖的甘蔗，主要由制糖公司用改良的脱盐品种种植。甘蔗在苏丹也称为Qasb al Sukar。已经审定的主要品种有B63349 和B70531、BJ7938、BJ8532、BT74209、COC671、CoKnH80412和TUC75-3等。苏丹农科院有一个甘蔗研究中心，但甘蔗品种和栽培技术多是各糖业公司自行研发。

2. 甘蔗生产

苏丹甘蔗几乎全年都有种植，但大多是在6—10月种植，全生育期330～400天，种植时用截根苗约51吨/公顷，而可以连续收获5年，每年可收获167吨/公顷。一个截根苗可产生33个蔗秆，在每公顷施用476千克尿素的情况下，新鲜甘蔗的平均产量是167吨。

在苏丹，甘蔗是经济效益最好的农作物之一，除了享受食糖产量外还生产许多副产品，如糖浆及其衍生物以及饲料和纸张等，随着世界人口的增长，世界上的糖消费量也在增加。由于苏丹有许多有利因素，如适宜的气候，肥沃的土壤，劳动力和合理的基础设施等，甘蔗生产发展迅速，2012、2013和2014年苏丹甘蔗种植面积分别为61 653、69 804和69 876公顷，单产分别为100、97、83吨/公顷，总产分别为617万、680万和580万吨。

3. 加工

苏丹的食糖生产始于1962年，杰齐拉州冈尼伊德糖厂的建立。糖业（表12.1）对苏丹国内生产总值作出了贡献，并间接为连接行业提供多元化的原料产品。例如，对糖的副产物进行处理，可主要用于木材制造和沼气发电。此外，糖浆可用于酵母制造、乙醇燃料和酒类生产。目前在苏丹有5家糖厂：冈尼伊德糖业公司（GSC）、新哈尔法糖业公司（NHSC）、阿萨拉雅糖业公司（ASC）、森纳尔糖业公司（SSC）和肯纳纳糖业公司（KSC）。前四家糖厂是政府的，第五家肯纳纳糖业公司（KSC）是合资公司。政府所有4家公司成立于1962—1980年间。肯纳纳糖业公司是苏丹最大的制糖公司，1976年11月成立，1981年3月开始生产，它位于喀土穆以南约三百千米处的拉巴克镇附近的白尼罗河东岸，距离苏丹港有1 200千米。这个公司是苏丹政府、科威特政府、沙特阿拉伯王国阿拉伯投资公司、阿拉伯农业投资和发展局、苏丹商业银行、日商岩井株式会社和海湾渔业共同投资兴建（肯纳纳糖业公司，2007）。肯纳纳糖业公司与苏丹其他糖厂的主要目标是为苏丹和阿拉伯世界糖的自给作出贡献。肯纳纳糖业公司年产精制糖40万吨左右。

表12.1 苏丹糖产量（2004/2005—2013/2014） （单位：万t）

年份	盖尼	新哈尔法	森纳尔	阿萨拉雅	肯纳纳	白尼罗	合计
2004/2005	8.66	7.20	7.24	8.75	39.30	—	71.15
2005/2006	8.11	8.48	8.06	8.14	40.02	—	72.81
2006/2007	8.72	8.31	9.20	8.95	40.50	—	75.68
2007/2008	8.48	8.11	8.55	9.08	40.23	—	74.46
2008/2009	8.76	8.42	8.71	9.75	38.21	—	73.85
2009/2010	8.82	5.73	7.66	7.55	34.44	—	64.19
2010/2011	9.18	7.47	7.08	9.37	35.58	—	68.68
2011/2012	9.24	6.60	7.67	8.96	34.98	0.56	68.02
2012/2013	7.67	5.62	7.60	8.96	47.11	7.30	84.26
2013/2014	7.31	5.95	7.31	6.54	30.76	7.34	65.21

资料来源：苏丹糖业公司、肯纳纳糖业公司和白尼罗糖业公司

4. 消费

苏丹糖类出口很少，大多用于国内消费。2014年之前，只出口少量糖浆，白糖几乎没有出口。2015年和2016年苏丹出口糖类（包括糖浆）分别为20.7万吨和166.2万吨，创汇6 138.5和4 719.2万美元（苏丹中央统计局）。

第三节 蔬 菜

苏丹种植的蔬菜包括锦葵科的秋葵，百合科洋葱，茄科蔬菜如番茄、马铃薯、辣椒和茄子，葫芦科如甜瓜、西瓜、南瓜和西葫芦，根茎蔬菜作物如甘薯、萝卜和胡萝卜，叶菜类如长蒴黄麻、马齿苋、芝麻菜和甜菜等。苏丹蔬菜最主要的是马铃薯、洋葱、西红柿等。苏丹蔬菜基本自产自销，很少出口。由于气候多样性加上适宜的土地和水分，苏丹蔬菜生产潜力巨大，可以供应本地和出口市场。各种蔬菜种植在灌溉区和雨养区都有分布，总面积约为27.3万公顷，年均总产量340万吨蔬菜（农业部，2010）。

一、秋葵

秋葵（*Abelmoschus esculentus*（L）Moench.）是一年生草本植物，是苏丹最传统的流行蔬菜，生产于不同地区。主要食用其荚，用于鲜食、罐装或干燥

并粉碎后食用。秋葵富含果胶、维生素、纤维和矿物质，如钙、镁和钾，与番茄或鸡蛋相比具有较高的营养价值。

1. 品种

苏丹境内存在许多野生型秋葵，其中一些属于栽培种*A.esculentus*，而其他属于其他物种，如*A.ficulneus*和*A.manihot*。因为显而易见的野生型的存在，以及栽培类型中可观察到的范围广泛的变异，可以断定秋葵在苏丹种植历史悠久。

秋葵在苏丹又被称为Bamia、Daraba、Weaika、Khartoumi、Jumuaeia、Busa Swani、Mumtaza和Kararri等。已经审定的品种有Higairat、Raeba和Sennar。农民几乎完全依赖地方品种用于生产，在很多情况下，通常都是使用与产地相关的指定名称。改良的印度和美国品种已经引进到苏丹，但仍然在有限的规模上种植。大量从野外收获用作干燥和磨碎的“weaika”，广泛应用于全国各地。

2. 秋葵生产

秋葵是在热带和亚热带以及温带的温暖地区广泛种植的夏季菜。在苏丹，它几乎遍布全国各地。秋葵最适宜的温度为23～37℃，除冬天在灌区和雨养区的寒冷时期，一年四季都可生长。苏丹3—6月主要生产鲜食秋葵，由于这一时期获得较高回报，且能防止7月和8月的降雨对成熟荚果和种子的损害，从而避免影响作物产量。7月和8月的播种可以用于种子生产，特别是在雨季生产期间增加更多的秋葵种植面积。苏丹没有正式的秋葵种子生产组织，所有种子都是农民从购买的商品秋葵自留的种子，种子质量很差（Ayoub，2014）。

秋葵在苏丹各地都有种植。灌区和传统雨养区一般6月到7月播种，8—9月收获，可收获多次；在洪泛区一般2月底至3月初播种，4月底开始收获。每克种子数量为16粒，用种量一般12～19千克/公顷。播种前要将种子用水浸泡24小时。产量一般可达6～8吨/公顷（ARC）。

2012—2014年平均每年种植面积2.4万公顷，单产1.1万千克/公顷，总产生27万吨。苏丹秋葵没有出口。

二、洋葱

1. 品种

洋葱（*Allium cepa* L.）是几乎遍布苏丹的非常重要的蔬菜作物。这是一种似乎早已被引入苏丹的作物。此后，在全国不同地区，已形成许多洋葱生产的重要区域，包括北方州、尼罗州和苏丹东部的卡萨拉地区。这些地方品种的差异非常突出，特别是鳞茎的特征如形状、表皮颜色和保存性能。对引入的改良品种来说，这些地方品种被证明是优越的。从当地种质资源中选出新改良品种，并向农民发放。

洋葱在苏丹又被称为Basal、Saqqai、Nasia'和Dongola Early等。已经审定的品种有Elhelo、Kmleen和Sagai Mohasen。

2. 生产

2012—2014年平均每年种植面积59 780公顷，单产17 497千克/公顷，总产106.5万吨。苏丹洋葱出口因年份不同而有较大差异，2012年没有出口，2013年出口干洋葱2 035吨，创汇68.8万美元（FAO），2014年和2015年分别出口干洋葱19 761和31 281.4吨（H.S，2017）。

苏丹全国各地都可种植。洋葱种子每克约300粒，需要育苗移栽。一般9月下旬至10月初播种，生育期120～150天，翌年1—3月收获，用种量3.7～4.7千克/公顷。产量范围为23.8～28.6吨/公顷（ARC，2017）。

三、番茄

番茄（*Lycopersion esculentum* mill.）是苏丹最重要的蔬菜之一。营养价值较高，是维生素A、B（Thiamin）和维生素C（抗坏血酸）的良好来源。番茄也含有丰富的矿物质。番茄和柑橘被认为是供应维生素A和B的最可靠来源。收获价格低廉和罐装产品的出现，使番茄成为苏丹最多的蔬菜之一，并用于沙拉和果酱。外观漂亮，是大多数人都喜欢鲜食或熟食的美味。作为纯浓缩果酱加工成罐装蔬菜，番茄酱与各种其他调味品混合使用。西红柿被烘烤、发酵并用于带有米干酪和通心粉的多种菜肴中（Hassan，1986）。

1. 品种

番茄是一个引进的古老的蔬菜种类，引进栽培品种闻名于全国各地。番茄在当地有很多名字，如Tamatim、Banadoura、Beladi等。目前已经审定的品种有Strain B、Money Maker、Admiral、Fire Ball、Earliana、Beino 87、Person，Ace、Earlt Pak、Star2、Marglobe、Summerset98、Um Dorman、Gazira96、Abdalla，Gazira、Sennar1和2等。

番茄品种的特征特性、成熟期、产量和对病虫害和环境条件胁迫的耐受性不同，它们的形状、大小和水果的颜色也不同。它们的用途也不同，可分为鲜食番茄和加工番茄。

苏丹农科院发布的鲜食品种：①Sinnar1和Sinnar2是抗卷叶病毒的小果实品种。②Omdurman和Gezira96为抗黄化卷叶病毒品种。③Abdalla和Summerset98为耐高温品种。

适合加工的品种：这些品种大部分都有浆果或梨形水果，其特点是生产效率高，生产周期短，固体物料比例高等特点。品种包括有Chico、San Marzoneo、Roma等。目前，被当地称为“拜拉迪”（Beladi）的老沙拉栽培品种在某些地区，特别是在北部和西部地区生产较大。樱桃状水果的西红柿在达尔富尔特别是杰贝马拉地区用于生产干番茄酱。

2. 番茄生产

在苏丹，作为冬季作物（主季）全国各地种植番茄，以用于新鲜沙拉；而夏季和秋季的是番茄生产淡季。它是继洋葱后第二重要的蔬菜，在尼罗河附近的大城市和季节性淹水的平原上生产。

据德国技术合作公司（GTZ，1992）报道，不同季节进行番茄生产试验表明，番茄的适宜播种日期：冬季为8—9月、夏季为2月，秋季为6月。此外，番茄生产的特点是季节性和易腐性。在夏季（4—9月）期间，番茄相对缺乏，而冬季则丰富。与夏季相比，季节性问题是冬季月份价格较低的原因。

番茄是冬季作物，苏丹农科院推荐的最佳播种日期是10月，有些地区可全年种植。种子不用处理，可以直接播种，也可育苗移栽；种子计数每克为300～350粒，用种量一般0.2～0.4千克/公顷，生育期100～120天，收获时间较长。产量范围为12～24吨/公顷（ARC）。而Hassan（1986）报道，根据品种和种植方式，最佳用种量介于225～250克/费丹之间；GTZ（1992）报道，最佳用种量为250克/费丹。

苏丹番茄生产最大的障碍是叶卷曲病毒病。目前在苏丹种植的所有番茄品种都被叶卷病病毒严重影响，发病水平通常达到100%（Yassin，1972），叶卷病毒的严重攻击导致果实产量降低75%以上（Yassin，1965）。叶卷病毒对产量在所有季节都有影响，影响有所不同。3—4月期间种植的番茄，播种30天后感染62%，而冬季种植则感染为9%。夏季番茄作物的早期感染显著降低了生产力，或者可能导致绝产（Omara，1997）。

3. 市场

苏丹的番茄完全是为了国内鲜食消费而生产的。大部分市售番茄在城镇和城市消费。事实上，喀土穆州的人均消费量高达30千克/年，而其他州如北方州则低于10千克/年（农业部，2003）。番茄使用传统的营销系统，缺乏常规的贸易链。除了部分在喀土穆州出售外，没有番茄中央批发商市场。作为中间商的代理商似乎在主导市场，导致番茄营销不正常，农场门市价和零售消费者价格之间的差距巨大（El Haj，1987）。营销是苏丹番茄生产的一个令人沮丧的因素。由于番茄易腐，缺乏适当的运输和储存设施，农民一收获就必须处理掉。这使得他们成为中间商的牺牲品，以最低廉的价格出售产品，因此降低了他们的盈利能力（El Haj，1987）。

2012—2014年苏丹平均每年种植番茄38 708公顷，单产14 380千克/公顷，总产55.7万吨（FAO）。苏丹番茄很少出口，有些年份需要进口，2012和2013年分别进口西红柿1.85和1.48万吨（FAO）。根据苏丹国家项目高级委员会通报，2015年度苏丹番茄种植面积42 840公顷，总产61.2万吨，当年出口3万吨（H.S，2017）。

四、土豆

1. 分布

土豆（*Solanum tuberosum* L.）被认为是苏丹受欢迎的蔬菜之一。它是20世纪30年代末由两个埃及商人Manoli・Agreek和Abdel・Hadi引进到苏丹的Sheheinab和Geili地区，由当地的农民在小农场种植。收获后这两个商人进行回收，然后销售给欧洲国家（Hassan，1989）。大规模的马铃薯生产是从喀土穆开始的，随后蔓延到其他地区，到达了杰贝马拉，目前有70%以上的马铃薯在喀土穆生产和消费。其他生产地区包括北方州、尼罗州、卡萨拉州和杰齐拉州等（国家马铃薯技术委员会和马铃薯开发项目报告，1989）。喀土穆州占土豆种植面积的60%以上，生产集中在尼罗河的东西两岸的卡拉里、阿尔佳利、沃西等。尼罗州占种植面积的25%，主产区有申迪、阿尔马措亚、埃尔米斯切卜和哈哈尔。杰齐拉州占种植面积的5%，生产集中在Almaseed、Alti、Altekena、Alshigla等地。杰贝马拉土豆产量占总产量的10%，集中在扎兰吉（Algizouli，2010）。

2. 品种和种子

苏丹种植的土豆品种大多是进口的。Alhassan（2004）提到Alpha和Draga品种在苏丹北部和中部很常见，约占苏丹马铃薯的80%。马铃薯委员会

（2005）报告说，在喀土穆州2004/2005年度，Anaam和Wass公司从荷兰进口Alpha、Dimant和Draga约2 075吨，占进口总量的70%，新品种只占30%。Salim（1989）在1987/1988年度对6个新品种进行了研究，Desire产量最高，而Empire产量最低。在Alpha、Spunta、Draga和Dimant品种中，Spunta产量最高，Draga和Diamant中等，Alpha仍然是产量最低的品种。Haddad（2000）提到与Spunta相比，品种Alpha、Desire和Draga表现出更坚硬，Diamant和Baraka品种在平均温度为5℃下储存167天。1987/1988年度，Alpha、Desire和Draga品种的平均损失分别为6.2%、7.5%和7.2%。在达尔富尔的杰贝尔·马拉（Jebel Marra）地区仍然生产一种老式的马铃薯，在当地被称为Zalingi。

经认证的种子由苏丹农业银行从荷兰进口，当地没有生产，而当地农民反复使用自留种子。但进口的种子易腐烂，需要昂贵的冷藏设备，以防止腐烂并使其保持足够生命力，直到下一个种植季节（Mona，2000）。Alkhier（2003）提到，反复使用当地生产的种子导致病毒性疾病传播，马铃薯块茎的产量和质量逐渐下降。马铃薯委员会报告（2005），80%的农民在土豆休眠期种植，块茎没有发芽；95%的农民切割块茎；50%的种植者在11月27日至12月15日晚期种植。专家认为，种子可以使用适当的技术，并报道组织培养技术可以在大量生产无病毒马铃薯植物中发挥关键作用。

3. 生产

土豆在喀土穆北部地区生长为冬季蔬菜（11月至翌年3月），横跨尼罗河和尼罗河群岛。在喀土穆，土豆的种植面积从2003/2004年的4 700费丹增加到2006/2007年度的20 888费丹。平均产量估计约为3～12吨/费丹。2006/2007年度，平均产量为12吨/费丹，这归因于使用认证种子，少许病虫害和洪水造成的土地肥力（农业与灌溉部，2007）在苏丹，喀土穆州是马铃薯生产和消费的主要区域，喀土穆州的马铃薯人均消费量为7.2千克/年。2012—2014年苏丹平均年种植面积21 662公顷，平均单产16.8吨/公顷，平均年度总产量36.3万吨（FAO）。

与其他国家相比，苏丹的马铃薯病虫害并不严重（Zaag，1989）。马铃薯作物最重要的疾病和害虫似乎是块茎夜蛾、蚯蚓和蚜虫（作为病毒载体）。易卜拉欣和埃尔沙桑对尼罗河和杰贝·马拉（Jebel Marra）马铃薯作物病毒调查报告（1983—1987）报道，土豆作物严重感染了不同的马铃薯病毒。Badei等人（1989）指出，改进栽培措施可大大减少块茎夜蛾的发生率，即轻质土壤，播种深度为7.62厘米，在山脊南北方向播撒，早期收获。Badie等人（1989）认为，以下两个操作可以对白蝇和蚜虫的控制有显著的影响：一是用苦楝树种子1千克对水20升，浸泡后用提取物喷洒马铃薯的叶子。二是用苦楝叶沾水喷淋块茎，然后将其放在黄麻袋中，这将减少收获后损失。

苏丹马铃薯收获存在很大问题。当马铃薯藤蔓变黄时人工收获，蔓块在田间称为“Boata”的坑里覆盖着马铃薯藤熟化10天；然后将块茎包装在大麻袋中，并在30～37℃的太阳直射下放置在田间2～3天等待装车运送到冷库。这个过程导致马铃薯质量变差，损失约30%。收获后存储是苏丹土豆生产的又一严重障碍。Annaiem（2004）指出，储存被认为是马铃薯生产的瓶颈。杰贝马拉地区实行农场存储，种植者在成熟后将块茎留在地上长达3个月，损失达40%～60%，100%损失也不罕见。品种阿尔法（Alpha）储存60天后，导致12%～35%之间的高损失。平均重量总损失分别为8.2%～22.3%（哈达德，2000）。

五、其他蔬菜

1. 辣椒

辣椒（*Capsicum frutescens* L.）是苏丹广泛种植的蔬菜作物，早已被引进。辣椒在苏丹被称作Shatta、Qabaneet、Danqaba、Kordofani、Labt、Hireiqa、Kara和Zalenji等。地方品种变化多端，全国知名。在苏丹西部，一些独特的地方品种非常有名。例如，在达尔富尔州生产的称为“Danqaba”的类型，是非常辣的；在科尔多凡州的努巴山生产的“Gabaneet”也是非常辣的。引进的甜椒品种如加州奇迹（California Wonder）和雅楼奇迹（Yolo Wonder）在市区受欢迎。

辣椒在各州都有种植。辣椒种子130～140粒/克，需要育苗移栽。一般9月底至10初播种，生育期120天，1—2月收获，有些地区7月播种，11—12月收获。

2. 茄子

茄子（*Solanum melongena* L.）是苏丹流行的蔬菜。老化的品种几乎消失，只有新的改良品种，如黑美茄和长紫茄在种植。其他茄子栽培种如*S. aethiopicum*在南苏丹的一些地方种植。在苏丹野生茄属物种也有报道，例如*S. incamum*和*S. dubium*。

3. 瓜类

甜瓜（*Cucumis melo* L.）据信起源于东非，包括苏丹。苏丹主要种植4种类型的甜瓜：甜瓜（*C.melo cantalupensis*）、蛇瓜（*C. meloflexuosus*）、在本地被称为“Tibish”的沙拉瓜和用于在焙干后吃其种子的瓜类，并且被称为“Seinat”。在苏丹属于*C. meloagrestis*的野生瓜也有生长，特别是在中西部地区。传统的甜瓜当地品种生长在白尼罗河地区的大片地区，但被国外进口的新的改良品种迅速取代。使用的蛇瓜品种完全是当地的地方品种，其中一些以其开发的地区命名。Tibish和Seinat品种是当地的地方品种。

西瓜（*Citrullus lanatus* Thunb.Mansf.）是苏丹的主要作物，而苏丹又是非洲西瓜生产中心的一部分。可变地方品种在苏丹西部种植，在科尔多凡州尤其普遍。20世纪60年代以来引进了几个改良品种。最广泛种植的品种有刚果（Congo）和查尔斯顿·格雷（Charleston Grey）。在苏丹发现西瓜的野生亲属，其中之一是苦苹果（*C. colocynthis*），这是在苏丹北部广泛生长的品种。

南瓜和西葫芦（*Cucurbita spp* L.）是流行的葫芦科蔬菜类型。不同的南瓜地方品种生长在苏丹，尤其是在中部。西葫芦是苏丹蔬菜种植者所熟知的一种瓜。

4. 块根作物

苏丹种有多种块根作物。其中本地品种有木薯（*Manihot sp*）、山药（*Dioscorea sp.*）、甘薯（*Ipomea batatus*）和萝卜（*Raphanus safivus*）等。最近引进了其他类型的块根作物，用途和生产区域不断增加，如胡萝卜（*Daucus carota*）和甜菜（*Beta vulgaris*）。

5. 叶菜类蔬菜

叶菜类蔬菜在苏丹人民的饮食中发挥着重要作用。长蒴黄麻①、马齿苋、芝麻菜是最重要的叶菜类型。长蒴黄麻（*Corchorus olitorius*）在该国许多地方种植，使用本地种质资源。野生的黄麻（*Corchorus*）物种在全国不同地区被发现。马齿苋（*Portulaca oleracea*）与长蒴黄麻同样重要，当地的地方品种正在种植。苏丹也存在野生马齿苋属。芝麻菜（*Eruca sativa*）是主要的食叶沙拉菜，其生产主要取决于当地类型，其中种植者报告一定程度的变异性。新鲜引进的叶菜类，如莴苣和白菜在城市周边种植和使用。

---

① 当地人称犹太人的锦葵（jew's mallow）

第四节 水 果

苏丹有许多种果树，其中有些是古老的土著品种，而有些则是不久前引进的新品种。苏丹最知名的果树包括椰枣、香蕉、番石榴、柑橘类和芒果。在杰贝马拉的高原地区，温带水果如苹果、葡萄、草莓和甜橙也有少量种植。苏丹的水果生产很少使用化学药剂，因此水果相对没有化学残留物，在国际市场上具有比较优势和竞争优势。然而，由于缺乏投资和运输条件差，商业生产受到阻碍。估计苏丹水果总产量约190万吨，种植面积约18.6万公顷（苏丹农业部，2010）。

一、椰枣

椰枣（*Phoenix dactylifera* L.）是人类最古老的栽培树种之一，它已被用作食物有6 000多年，据信从公元前3200年生长在尼罗河北部和努比亚（Nubia）一带。椰枣树种可能起源于埃及南部和苏丹北部，是世界上大多数热带干旱和半干旱地区食品的重要组成部分。除了它的观赏和环境价值之外，由于其显著的营养、健康和经济价值，它可以世世代代种植（Amer，1994）。

研究发现，椰枣含有碳水化合物（总糖44%～88%）、脂肪（0.2%～0.4%）、蛋白质（2.3%～5.6%）、纤维（6.4%～11.5%）、矿物质和维生素（Al-Shahib et al.，2003）。椰枣中的碳水化合物主要是果糖和葡萄糖的形式，容易被人体吸收。有趣的是，与其他水果品种如苹果、橙子、香蕉和葡萄（其蛋白质分别为0.3%，0.7%，1.00%和1.00%）相比，椰枣含有高浓度的蛋白质（AlShowiman，1998）。在椰枣蛋白质中发现了23种不同的氨基酸，其中许多在最受欢迎的水果中没有发现。有超过2 000个不同品种的鲜食椰枣（Amer，1994）。一年中有8个月有新鲜品种供应；干燥的椰枣包装后不添加防腐剂可保存至少8个月，高含量的糖分就是很有效的防腐剂。

椰枣是苏丹的主要水果之一。这主要是由于适于椰枣种植的有利气候条件、丰富的灌溉水供应以及人们在椰枣种植中获得的长期实践经验和种植习惯。椰枣的主要生产地区是北方州和尼罗州，热而干燥的长夏季节和低湿度是椰枣生产的理想条件。因此，在苏丹尼罗河畔的东西两岸的狭长地带的半沙漠地区种植了大量的椰枣树种（Sulieman et al.，2012）。椰枣最主要产区在北方州、尼罗州和北达尔富尔州，这些地方生产了80%的椰枣，其余分布在喀土穆、杰齐拉、卡萨拉和红海州等。在出口干椰枣的国家中，苏丹非常知名（H.S，2017）。

根据食用方式椰枣可分为三类：干枣、软枣和半干枣。苏丹北部栽培的品种有Gondeila、Barakawi、白Gus、红Gus和黑Gus等。不同的地方品种分布在苏丹各地。在达尔富尔州西部的杰贝马拉地区存在一种椰枣野生亲属（*P. reclinata*），南苏丹也有野生椰枣，偶尔可发现可食用的果实。最近，阿拉伯国家推出了一些新的软枣品种进行评估。由于枣椰树的异花授粉的繁育系统，大量品种已经衍化。

椰枣在9月至翌年3月都可种植。种植后3年就开始结果收获。每公顷产量可达15～25吨（苏丹农科院）。椰枣的收获是通过手工剪切椰枣柄束，然后将其从树上丢弃到地面，这种收获方式造成高达50%的损失。

2012—2014年，苏丹平均每年收获椰枣面积3.66万公顷，平均单产11.9吨，年总产43.7万吨（FAO）。2015年苏丹椰枣树面积达3.98万公顷，椰枣产量91万吨，出口13.6万吨（H.S，2017）。

二、芒果

普通芒果（*Mangifera indica* L.）据信已经栽培了大约6000年，起源于东亚。芒果是健康的、健身的和天然的食品，因为它有极高的营养价值，含有果糖提供能量，其血糖指数低，富含膳食纤维、矿物质和维生素，包括维生素A和C以及痕量的维生素B复合物。此外，芒果有非常独特的热带风味，并可在任何阶段成熟使用，这就解释了为什么它也被称为“水果之王”。因此，这些属性使芒果成为体重控制和健康饮食的绝佳选择。

在苏丹，芒果是重要的园艺作物。几乎全年在全国不同地区都有生产，具有重要的经济价值，也具有区域和国际市场需求。作为一种让人喜爱的水果，芒果具有极大的营养价值和良好的口感，有出口海外市场巨大潜力。

2004年，苏丹的芒果种植面积约为28.14万公顷。据报道，约有57种品种在苏丹种植。苏丹芒果可分为三组：一是真正的印度品种；二是印度来源的埃及种苗品种如Zibda，Alphons，Malgoba和Hindibesinara；三是起源于印度的高品质苏丹种苗品种，包括Shendi，Taimoor，Nailm，Mabroka，Debsha和著名的品种Abu Samaka（Sanna Eltoum，2009）。印度类型主要区别在于水果的种子是一个部分组成，这种类型的芒果如Alfonse、Mabroka、Dibsha、Shendi、W白

butter、Malyoba、Abu samaka等。印度中国类型的芒果，主要区别是果核有许多部分组成，如绿色黄油、Tayrnor、Gale Alter和Kitchenar（Osman，1999）。

El Hag（2012）报告，苏丹最重要的出口芒果类型有：Alphonso、Ragabt Alwiz或Totabary、Dibsha、Zibda、Al malgoba、Mahmoudi、Golik、Langrbinesi、Ormans、Mabroka、Nilem mango、Taymour和Galbour Kleemoki等品种。

1. Alphonso芒果

果实重250克，长9厘米，宽约6.5厘米。水果厚度为6.1厘米。小牧笛形，左肩高于右肩，黄色和橙色。果肉黄油状、味甜。果肉离核。它有一种很好的香味，内核很小，一边的果肉组织短。Alphonso芒果在7月初成熟，可经受长途运输，可以停留近20天而没有任何损坏。这种类型在北部种植较多。

2. Ragabt Alwiz或Totabary芒果

重量约170克，长27厘米，宽8厘米，厚约为6厘米，形状如鱼，上下厚，有红橙色，内部红橙色，坚果仁，果肉甜度中等、离核，种子平坦而薄。9月成熟，被认为是晚熟品种，市场潜力巨大。

3. Dibsha芒果

大尺寸芒果之一。果实重800克，长17厘米，宽10厘米。果核9厘米，长圆形，底部有一顶峰，颈部坚韧，且常有分开的突起。鲜绿色，肉质橙色，口感甜美，多汁。有软组织，内核尺寸小，边缘有一些短纤维组织，9月底成熟，被认为是晚熟型。每棵树平均产200个。

苏丹芒果生产的主要区域在北方州和尼罗州，沿主要尼罗河畔延伸的区域。在苏丹中部的青尼罗河岸、南科尔多凡州和达尔富尔州的一些地区也有种植，这些地方还有其他的芒果品种。苏丹的大部分芒果品种在南苏丹也有种植（UNEP，2005）。

沙特市场是苏丹芒果的主要市场，出口总额达75%以上。其次是叙利亚、黎巴嫩、约旦、埃及、阿联酋和卡塔尔。欧洲市场出口份额很小（阿拉伯农业发展组织，2004）。2012—2014年苏丹芒果平均年收获面积2.98万公顷，单产21.4吨/公顷，总产量63.5万吨（FAO），平均年出口2 376吨（H.S，2017）。

三、柑橘类

苏丹种植的最重要的柑橘类水果包括甜橙（*Citrus sinensis* Osbeck）、

葡萄柚（*C.paradisi* Macf.）和酸橙（*C.aurantifolia*）。其他柑橘树也有种植，但规模有限，如柑橘（*C.reticulata Blanco*）、柠檬（*C.limon*）和柚子（*C.grandis*）。这是主要用其他类型的柑橘树作砧木嫁接的树种，其中酸橘（*C.aurantium*）是最广泛使用的砧木。北部、东部和中部地区是重要的生产区域。西、北达尔富尔州的杰贝马拉地区在柑橘生产中尤其重要，因为几乎所有的甜脐橙（无籽水果）都产自那里。在科尔多凡州的一些地区发现了一小部分柑橘类水果。柑橘类水果有许多古老品种，其中：甜橙5种、葡萄柚3种、酸橙3种。一些野生柑橘树在苏丹西部和中部的一些地区也有生长。20世纪80年代，一些新的橙子和葡萄柚品种被正式审定。

2012—2014年年均种植桔子11 984公顷，单产11.9吨/公顷，年均总产14.2万吨（FAO）。2015年种植1.38万公顷，总产量14.5万吨（H.S，2017）。

四、番石榴

番石榴（*Psidium guajava* L.）是一种引进的水果。番石榴没有当地名称，苏丹人叫番石榴沿用英文名称“果阿法”（Guava）。苏丹的番石榴一般分为白肉番石榴和红肉番石榴两类。有白Shendi、白Pakistani、红苏丹人、红萨姆巴特、红森贾和Qanib等种类。种子传播，导致许多可变类型，据报道仅达富尔州就有20多个类型。有些地方品种已经获得了其主要产地的名称。番石榴树高7米，宽6米，3 ~ 10年树龄年产量可达10 ~ 20吨/公顷，最高的可达45吨/公顷（苏丹农科院）。2012—2015年苏丹平均种植番石榴1万公顷，年产14万吨（H.S，2017）。

五、香蕉

香蕉（*Musa paradisiaca* L.）在苏丹很欢迎，在苏丹被称为Moz。苏丹农科院已经审定的品种有Grand Nain和Albeely等。自1896年以来用于生产的一个古老的品种是矮人卡文迪什（dwarf Cavendish）。香蕉主要生产地区是尼罗州南部、喀土穆州，沿苏丹中部的青尼罗河岸和卡萨拉州，达尔富尔的某些地区及洪泛平原的某些地方也有生产。一些水果种植者描述了一些具有非常小的可食用果实（手指型）的香蕉亲属（类型）。Fagusan（1953）报道，在苏丹南部发现了一个野生香蕉（*Musa enseate*）品种，生产可食用的种子，但水果不可食用。最近，引进了新栽培种和株行进行评估。苏丹南部也有某些类型的香蕉种植。苏丹国家品种审定委员会发布了一些新的香蕉品种，主要针对出口市场，如Granien和William。

香蕉主产区在青尼罗州、卡萨拉州。由于收获和运输的方法不当，香蕉成熟后出现大量瘀伤，不耐储藏。收获后的香蕉损失约为35%。矮人卡文迪什因其口味和品质而成为主要品种，但香蕉指短，且不利于保存和运输。2012—2014年苏丹年均种植香蕉2.9万公顷，平均单产2.77万吨/公顷，年均总产80.6万吨（FAO）。2015年种植面积为1.4万公顷，总产量4.4万吨，出口2.4万吨。

六、其他水果

苏丹还种植了其他果树，但规模有限。这些包括主要生长在南部的番木瓜（*Carica papaya* L.）、菠萝（*Annona spp.*）和葡萄（*Vitis Vinifera*）。在杰贝马拉地区，种植一些地中海气候的果树，包括苹果、梨、杏、无花果等。还有一种果树当地人称为泰伯迪尔，在苏丹西南部很常见，也是市面是很常用于鲜榨果汁。

图12.5　猴面包树

专栏15：猴面包树

苏丹西南部常见的一种树叫波巴布（Baobab），苏丹人称之为泰伯迪尔。其果实像一串面包，猴子常常爬上取食，被人称作猴面包树。鲜榨果汁有一种鲜木头的味道，是苏丹很常见的饮料。而苏丹哈姆族人则从其肥大的根茎中取水或者掏空树干后用于储水，所以也被当地人称为水缸树。图12.5所示，是青尼罗州首府达玛津市中的一棵猴面包树，十几人不能合围，据说已有200多年的历史。

苏丹已知的一些土著树种也可生产食用水果，由常住居民食用。已经命名的有十多种，如eldom（*Hyphaene thebaica*）、daleib（*Borassus aethiopum*），nabag（*Ziziphus spina-christi*）、aradieb（*Tamarindus indica*）、goddaim（*Grewia mucronata*）、laloub（*Balanifies aegyptiaca*）。苏丹可食用的野生水果包括“Tamr hindi”（*Tamarindus indica*）、野生无花果（*Ficus spp.*）．“tundub”（*Capparis decidua*）、“tabaldi”（*Adansonia digitata*）．“dom”（*Hyphaene thebaica*）和“kursan”（*Boscia senegalensis*）等。

第十三章　畜牧业

畜牧业是苏丹农业的重要组成部分，是苏丹人民家庭收入的重要来源，也是国家外汇收支平衡的重要支柱。2013年和2014年苏丹畜牧业对农业国民生产总值贡献稳定在60.0%。畜牧业增长率2013年为43.4%，2014年为29.8%（苏丹央行年报）。苏丹畜牧系统以游牧和农牧为主，主要牲畜是牛、绵羊、山羊和骆驼。苏丹牧草资源丰富，但季节性波动较大。苏丹畜牧疾病防控措施较差。

第一节　畜牧生产系统

苏丹畜牧系统可分为传统畜牧系统、现代化畜牧系统和过渡畜牧系统。该国的畜牧生产体系也可细分为五大体系：牧民体系，包括游牧和季节性迁徙；定居和半定居体系；农牧体系，即家畜/作物生产系统；商业养殖、乳制品和家禽生产体系；城镇庭院生产体系。其中，最主要的是游牧和农牧系统。

一、传统畜牧体系

1. 游牧系统

牧民依赖牧场，在特定的地理区域内移动牲畜以利用可用的牧草和水，主要分布在科尔多凡和达尔富尔，牧民主要放牧牛和骆驼。这个系统拥有全国牛总量的80%～90%、几乎100%的骆驼、80%的绵羊和60%的山羊。系统中牲畜群体大小各不相同，牛、绵羊、骆驼和山羊平均分别为200、70、90和200头（只）不等。该系统是当地需求和供应出口的主要肉类来源。

2. 季节性迁移系统

即在南部地区实行的畜牧系统，洪水来临时，牧民搬走，当洪水退去的时候又回来。牧群保存在围栏中。与游牧系统相比，季节性迁徙距离短，牧群规模小，牲畜主要是牛。

3. 定居和半定居系统

包括实行雨养农业的牲畜业主，将牲畜作为农副产品饲养。该系统还包括灌溉项目中的农民，他们饲养小型反刍动物以补充家庭现金收入。业主也饲养奶畜，产奶后将奶卖给游牧民以制备干奶制品。该系统向城镇和城市提供牛奶，其特点是技术门槛低。

4. 城镇庭院系统

该系统主要饲养山羊和家禽以供应国内市场。农村和城市地区普遍存在的“生产性家庭”就属于这个系统。家畜和家禽依靠家庭废弃食物和腐食生活。

二、现代化改进体系

1. 综合集约化畜牧/作物生产系统

在这个系统中，利用引进品种或当地品种，食用灌溉饲料和浓缩饲料集约化生产肉和乳制品。该系统被视为未来满足国家社会需求、供应牛奶和肉类的前瞻性饲养系统。

2. 商业生产系统

其中包括：一是奶牛合作社、专业大型乳制品企业和拥有高产奶牛的个人，主要分布在大城市周围。二是从国家西部地区到国家首都沿线的牛和羊育肥饲养场。在大型私营机械化雨养农业项目中，利用作物残留进行饲养。三是大城镇周边的家禽商业生产企业。

3. 过渡系统

过渡系统是传统系统的改进方式，是在附近的自然牧场上饲养家畜（特别是绵羊），在周围渐进活动，除了便于利用天然牧场外，还要利用水、饲料以及饲料添加剂，进行综合饲养。在机械化雨养农业项目上饲养家畜是这种类型的最新进展。

三、主要饲养系统

在苏丹，牲畜主要由牧民和农牧群体饲养，牧民依靠畜牧业，农牧民依靠畜牧业和种植业。牲畜群体数量从每个家庭50头到几千头不等。牧群主要是半游牧的，就像苏丹西部和青尼罗河南部一样。在雨季和旱季，放牧地区之间进行传统迁徙。由于牧场和雨水的季节性供应，放牧区间在降雨期间很有吸引力，而旱季条件非常不利。

1. 布塔纳平原

苏丹中东部的布塔纳（Butana）平原上的家庭经济，建立在畜牧业（山羊、绵羊、牛和骆驼）和作物生产（高粱）的农牧业生产体系的基础上。这个重要放牧地区的地理位置和牧民流动模式决定了每种动物类型的群体比例以及家畜生产和种植业在家庭经济中的相对重要性（Babiker，1997）。这不同于苏丹西部的牧区生产系统。在西部，部落是专门的骆驼业主（阿巴拉）或养牛业主（巴格拉），有限的作物种植只是满足全部或部分家庭粮食需求。

2. 南部湿润半湿润地区

苏丹多雨大草原以及苏丹南部半湿润地区生活着尼罗维亚部落养牛农牧民。他们的牧群经历有限的季节性变化；他们在靠近永久基地的附近，在雨季种植高粱、玉米和花生等作物，将牛群放在附近，向家庭提供牛奶。在干旱季节，男人与牧群一起转移，以利用尼罗河附近的可用牧场和多年生植物、水道以及尼罗河上的一些大型岛屿。

苏丹南部牧场出售一些牛给北方的牧民、农牧民和商业生产者。出售牲畜的收入用于满足家庭粮食需求以及支付商品、药品、疫苗、盐、饲料、水费和税收的费用（Sammani et al.，1996）。小规模畜牧业是另一种传统的以村为主的形式，其中可以饲养几头山羊、绵羊或牛，山羊一般比其他类型的牲畜更为常见。在牧场、休耕地和灌溉渠沿岸放牧，或者在废弃房屋、村庄附近和作物残留放牧。

3. 自由牧场

自由放牧牧场是苏丹畜牧业最常见的饲养系统。在短暂的雨季，饲草快速生长并成熟，产生丰富的生物能量。在此期间，家畜的身体状况良好，但随着旱季的到来，牧草数量和质量下降，不能满足牲畜的生长要求。在科尔多凡西部，干旱季节牧草主要由蒺藜草（*Cenchrus biflorus*）和白茅草（*Eragrostis tremula*）组成，天然饲料的粗蛋白质含量约为3.4%，远远低于维护生命所需的最低限度（Jaddalla，1994）。在牧草是畜牧业唯一饲料来源的传统制度下，干旱季节营养不足对放牧造成严重限制。干旱季节饲料的缺乏，严重影响了定居饲养的牲畜，因为他们缺乏在移动和游牧系统中运动的优势。

4. 其他饲养系统

有些地区，通过收集和储存干草，利用农作物残留物和农业加工业副产品和灌溉饲料，增加自然牧草的补充。相思树和牧豆树等饲料树木和灌木的荚果、叶子和树枝等，作为旱季饲料来源的作用不应低估。它们在半沙漠区和低降雨稀树草原有特别价值。

切割和便携式饲料饲养系统与小型灌溉农场相关联，农场规模一般不超过5公顷，饲料作物如苏丹草、高粱和苜蓿等，收获后用于饲养农场牲畜。农场剩余的绿色饲料在附近的城镇和村庄出售给其他牲畜业主。杂草和作物残留物也有助于这些农场的牲畜饲养。

在大型乳制品养殖场的灌溉高粱、苜蓿和有限的玉米、罗德草、玫瑰茄和扁豆等饲料作物，采用机械收割、切碎，或用手工切割后，用于饲养奶牛群，而剩余的饲料可以制成干草并储存。另外还可加入本地制成的浓缩饲料或加工饲料以保持较高的产奶量。

可从灌溉地区和旱作作物获得作物秸秆，包括谷物稻草和秸秆，如小麦、高粱、谷子、玉米等谷物的茬子；豆类如花生、牛豆、扁豆植物的蔓；甘蔗的顶稍和蔗渣以及西瓜秧；农业加工业副产品，包括糖蜜，棉花、花生、芝麻、向日葵的油籽饼，谷物和谷类碾磨副产品如麸皮等。作物残留物是干旱季节牲畜饲料的主要来源，部分放置于放牧的地方，部分用于运输和储存以供后续使用。然而，这些庞大的低营养价值物质的运输是其大规模利用的主要制约因素。

四、商业运营模式

1. 商业运营模式

苏丹畜牧业商业运营模式包括：全年使用天然牧场的商业畜群，由水罐运输的水或私人开发的运水设备供水，以满足旱季的要求。绵羊是该系统中最重要的牲畜类型，可以提供补充饲料。

在雨季，商业畜群利用放牧地区的天然牧场，到旱季后再返回灌溉地区，以利用作物秸秆和残留物。牛和绵羊是该系统中最重要的家畜类型。旱季的饲料补充可能非常有限。

城市中心附近的肥育活动，使用传统生产区刚断奶的小牛犊和年轻公牛，育肥后上市。饲料包括：作物秸秆、尿素和糖蜜的混合物；棉籽饼、高粱粒或麦麸和盐；加工饲料（加工浓缩物）。

保持在灌溉土地的商业畜群，主要是牛和羊，喂草料、高粱和紫花苜蓿。

灌区的现代奶牛场，使用粗饲料、高粱、玉米、苜蓿和罗德草和浓缩饲料。

小型乳制品单位，其中牛被保存在庭院或围栏内，饲养购买的饲料和浓缩物。这种类型常见于中心城镇。

2. 运营模式探索

尽管进行了各种研究，但在苏丹实行的商业牧场模式，即使在美国和一些非洲国家也没有进行过试验。一般来说，经验是由政府部门或项目发起的集体经营牧场逐步探索的结果。农村发展部门主动在科尔多凡建立集体经营牧场，但在北部取得的成功非常有限，而在西部地区以失败告终。自上而下的方法，即使目标社区参与规划和实施审批，也没有明确的目标和策略来管理和开发牧场资源，这些都是失败的主要原因。

在西部大草原发展项目，是通过在选定的地点建立4或5平方千米的集中牧区。在达尔富尔南部启动了固定牧场，以减少畜群流动。受益社区参与了所有行动，包括：建设围栏，重新种植和防止侵扰。颁布了一项地方法规来管理和控制这些农场的使用情况，其中包括需要支付维修和服务的各类费用（A.M.Taher）。

由牧场管理局（RPA）发起并由区域发展计划（ADS）项目扩大的一个更加可行和实用的集体放牧方法，是当地社区达成共识并积极参与的无限制放牧边界的划定和发展。牧场管理局建议这些社区提供技术指导、社区保护、改善和控制牧场的利用。这项试验为落户社区放牧管理提供了一种成本较低且社会可接受的方法。还有必要制定一个可以由半游牧牧民采用的合适模式。

第二节　畜牧业组成

一、牲畜普查

早在1916年，该国就开始尝试进行牲畜普查。这些普查常常是通过辅助数据或其他数据来源，如疫苗接种数、牲畜税收等。1975/1976年度，进行了大量的航测，到目前为止，这被认为是该国最可靠的牲畜普查。随之而来的牲畜数字是基于增长率、死亡率、买卖等的估计，都是基于这一来源推算的数据。

正如罗伊·比恩克和哈拉·穆罕默德·奥斯曼（2012）所说，“没有人知道苏丹境内现在有多少牲畜，所有数据都是依据36年前进行的最后一次全国牲畜普查”“苏丹官方估计的畜牧数量是由苏丹畜牧和动物资源部根据牛群增长模式产生的，而这个模型的增长参数并不合理”“我们之所以仍然采用这些数据，是因为我们找不到更准确的数据来替代这些数据，而且这些数据是官方的”。表13.1展示了苏丹牲畜（不包括家禽）数量及其变化，目前苏丹牲畜数量1.06亿头（2017）。

表13.1　牲畜数量估算　（单位：千头）

种类	2013年	2014年	增长率（%）
奶牛	30 010	30 191	0.6
绵羊	39 568	39 846	0.7
山羊	30 984	31 029	0.1
骆驼	4 773	4 792	0.4
合计	105 335	105 858	0.5

资料来源：畜牧部信息中心，2017

二、家畜分布

比较详细的分布情况是苏丹畜牧和动物资源部1998年公布的统计数据，包括南苏丹的动物资源。从地域分布来看，苏丹西部达尔富尔诸州占所有家畜的38%；南苏丹占26%；中部诸州包括现在的杰齐拉、森纳尔、青尼罗、白尼罗等占21%；东部三州包括红海州、卡萨拉和加达里夫占8%，北方州、尼罗州、喀土穆和科尔多凡州占其余部分。

按牲畜种类分布来看，牛主要分布在西部，占36%，南部占28%，中部占26.8%；绵羊，西部占39.7%，南部占23.3%，中部占20.5%，东部占11.7%；山羊，西部占36%，东部占30.3%，中部占20.1%；骆驼西部占60%，东部占25.2%，中部占10.2%（动物资源部，1998）。

第三节　牲畜的种类和品种

大多数牲畜品种或类型是在各部落中培育或饲养，通常带有部落或地方的名称。相同的类型也可以有不同的名称。现在已经确定了不同生态型的主要分类。

一、牛

苏丹的牛是*Bos indious*（Zebu）的后裔。由于高耐热性因而适应热带环境，部分抗蜱和许多蜱传播疾病和其他疾病；它们对营养要求不高，由于它们的体积小代谢率低，可能更有助于低营养水平的消化。但牛奶的生产力通常也较低。它们在生理和性行为方面都晚熟。苏丹的牛通常分为如下几种。

1. 泽布牛

苏丹北部短角泽布（Zebu）牛包括三种主要类型：苏丹中部的肯纳纳（Kenana）牛，布塔纳（Butana）牛和苏丹西部的巴格拉（Baggara）牛。

因为肯纳纳和布塔纳牛的牛奶生产潜力很大，所以它们都被认为是乳制品品种；而巴格拉与苏丹南部尼罗（Nilotic）类型的牛被认为是肉牛品种。肯纳纳、布塔纳和巴格拉牛分别占该国牛总数的15.3%、8.7%和22.6%。

肯纳纳类型的牛主要分布于青尼罗河西岸的区域，青尼罗河和白色尼罗河之间从森纳尔扩展到上尼罗河，这些牛都是钢灰色的。

布塔纳类型的牛颜色偏红，与肯纳纳牛的尺寸和生产力类似，主要分布在阿特巴拉河、青尼罗河和尼罗河三角形的布塔纳平原。

巴格拉牛被认为是用于当地消费和出口的肉牛，牛奶生产极差。有各种皮毛颜色的小型动物，主要分布在西部地区。

泽布牛还有其他类型，包括苏丹东部的Ayrashai牛、白尼罗牛、北科尔多凡的Fuga或Dar El Reeh牛、努巴山牛等。

2. 丁卡牛

丁卡（Dinka）牛包括苏丹南部的努尔（Nuer）和希卢克（Shiluk）部落饲养的尼罗（Nilotic）牛、Taposa牛和Mangala牛，其特征是牛角长。

二、绵羊

苏丹的绵羊属于所谓的“苏丹沙漠绵羊”。它是一种具有优良肉质和胴体特征的大型动物。这是一种出口动物，可以达到65～77千克的活重。存在一些生态型和部族类型。苏丹西北部、西部和中部的Kababish绵羊、Meidob绵羊、Hammar绵羊、Bija绵羊、Dubasi绵羊、Asghar绵羊、Wateesh绵羊；苏丹南部尺寸较小的尼罗（Nilotic）绵羊和南苏丹东赤道的Taposa绵羊。

三、山羊

1. 努比亚黑山羊

黑色努比亚山羊是该国存在的主要类型。它是一个产奶品种，相对个头大，腿长，耳朵下垂。常生活在苏丹中部。努比亚山羊占全国山羊的50%。活重最高纪录达40千克。

2. 沙漠山羊

沙漠山羊占全国山羊的17%，长腿，深棕色，由半沙漠地区的巴格拉（Baggara）和Kababish等游牧部落培育。

3. 尼罗山羊

尼罗（Nilotic）山羊，有黑色或白色两种颜色，主要位于12N°以南，占全国山羊总数的30%。

4. 山区短腿山羊

山区山羊具有短腿，灰色或棕色，占山羊总数的3%。

5. 引进山羊品种

一些国外的山羊品种已经传入到了苏丹。主要有托根堡（Toggenburg）山羊、盎格鲁—努比亚（Anglo-Nubian）山羊、桑尼（Saneen）山羊、温带品种山羊和大马士革（中东）山羊等。盎格鲁—努比亚是本土努比亚山羊与英国山羊的杂交种。桑尼被证明是一个合适的产奶品种，与选定的本地努比亚山羊的杂交种产生高达4.5千克/日的产奶量。

四、骆驼

苏丹有两种主要的单峰骆驼（*Camelus dromedarius*）：苗条骑用骆驼和重型包裹或行李驮运骆驼。

1. 苗条骑用骆驼

苗条骑用骆驼，包括：阿纳菲（舒克里）骆驼［Anafi（Shukri）］，在卡萨拉州可看到；比萨里（Bishari）骆驼，由Bija和Hadandawa拥有，比阿纳菲强壮，是一个优秀的骆驼种族，在加达里夫和红海州可以看到。

2. 重型骆驼

包裹或行李驮运类骆驼是重型动物，占总骆驼种群的90%，广泛分布在沙漠和半沙漠地区。这种类型包括：

拉什迪（Rashaidi）：一种强壮的短腿饲养动物，分布在红海州的

Rashaida、托卡尔（Tokar）和卡萨拉州的一些地区。

阿拉伯骆驼：主要的苏丹骆驼，分布在Hadandawa、Beni Amir和Amarar；舒巴拉（Shukria）和巴塔辛（Bataheen）也有分布。

卡巴比斯骆驼：卡巴比斯（Kababish）骆驼分布在尼罗河以西，并由科尔多凡（Kordofan）的Kababish、Hawawir和Kawahla饲养；这是在该国的行李驮运类型中尺寸最大的。

格拉巴维骆驼：格拉巴维（Gharbawi）（西部）骆驼主要发现在达尔富尔州。

五、其他饲养动物

1. 马科动物

（1）马：通常认为苏丹有两组马。一是阿拉伯类型：特别在达尔富尔北部和南部以及科尔多凡州饲养。这种类型有些是浅棕色，有些是白色。二是东枯拉威（Dongolawi）类型：在苏丹北部和中部和北达尔富尔州有发现。颜色从棕色到深棕色。这两种类型均为中等尺寸。

与外来品种杂交的马匹（主要是英国品种）在喀土穆、尼亚拉和埃尔法希尔饲养，优秀的杂交种被公认为赛马。

（2）驴：苏丹的驴是典型的包裹驴，主要用于驮运和运输，大都以当地的地名命名，如麦卡迪（Mackady），东枯拉威（Dongolawi）和达拉维（Darawy），几乎遍布全国各地。东枯拉威型驴高大而速度快，用于骑行。

2. 家禽

家禽鸡（*Gallus gallus*）在当地称作拜拉迪（beladi），在国内各地的庭院系统中得到很好的饲养。它是一种小型禽类，在农村地区为家庭生产鸡蛋。随着全国家禽业的发展，也引进了一些外国品种，如布朗sussex、Fayoumi等，以增加肉鸡和鸡蛋的生产。2014年苏丹鸡肉产量6万吨，比上一年增长9.1%；鸡蛋产量5万吨，比上年增长11.1%（畜牧和动物资源部）。

第四节 产奶量和活体销售

肉和奶产量的货币价值是官方估计牲畜对农业国内生产总值贡献的主要组成部分。因此，活体销售和产奶量也是依据这些估计而进行的估计。本节的主要依据是国际政府间发展委员会家畜政策倡议工作报告——“畜牧业对苏丹经济的贡献”（Roy Behnke et al.，2012）。所有数据，包括牲畜数量、性别比例和价格等都是基于2009年的价格。

一、牛奶

乳制品产量是多个变量相互作用的复杂结果：牛群中的母牛比例，每年产犊的比例，每头牛泌乳的产量，人类的提取量等。在牛奶和肉类生产模型中，动物资源与渔业部认为25%～30%的牛群是雄性，相应的雌性百分比是70%～75%，成年雌性的年产犊率为63%～66%，可同时为人类提供牛奶，每头哺乳期的母牛平均生产牛奶336升。南苏丹每头牛的平均哺乳期产量约为317升，或者南部畜群每头哺乳期的母牛或为人类提供82.3升的牛奶。而在苏丹北部，每头牛平均泌乳产量为663升，平均为每头牛提供160升奶以供人类消费。在北部和南部的牛群中，超过40%的群体由繁殖的雌性组成；大约1/4的牛全年都在喝牛奶。

A.2009年，北苏丹牛29 210 477头×每头160升牛奶=4 673 676 320升或4 673 676吨用于人类消费的牛奶×1 952SDG/吨=9 123 015 552SDG。

B.南苏丹牛12 352 525头×每头82.3升牛奶=1 016 612 807升或1 016 613吨用于人类消费的牛奶×1 952SDG/吨=1 984 428 576SDG。

2009年苏丹为人类消费提供的牛奶总产量：A+B=5 690 289吨×1 952SDG/吨=11 107 444 120SDG。

二、骆驼奶

在建立骆驼奶生产模型时，动物资源与渔业部认为，繁育雌性占全国骆驼群体的47%～48%，年平均产犊率为52%，每头哺乳期平均为人类提供奶量为36升。每只骆驼的平均哺乳量为1 762升，平均每头骆驼的人均消费量为368升。据估算2009年，苏丹北部正式存栏的4 520 999只骆驼产奶量估计为1 663 727 632升或166 3728吨，以供人类消费。据官方估计，苏丹南部没有骆驼。

北苏丹骆驼4 520 999头×每头人均消费量为368升，人类消费量为1 663 727 632升，人均消费量为1 663 728吨×1 952SDG/吨=3 247 597 056SDG。

三、绵羊和山羊奶

在建立羊奶生产模型时，动物资源与渔业部认为育种母羊占羊群的69%～70%，每年的产羔率为112%，每只哺乳期羊平均为人类提供消费奶量为18升，或18升×1.12=每只产奶母羊每年为人消费供奶20.16升，或20.16×0.7=每头羊的人均消费奶产量为14.1升，假设育种母羊是全国羊群的70%。

在山羊奶生产模型中，动物资源与渔业部假设母羊占羊群的69%～70%，每年的产羔率为114%，每次哺乳期人均消费的产奶量为64升。使用这些假设，每只产奶母羊每年产奶量每为64×1.14=73.0升，或73×0.7=每只山羊为人类消费的奶产量为51.1升，假设育种雌性山羊占总数的70%。

对苏丹的小批量羊奶生产进行了不充分的研究，以便对动物资源与渔业部的羊奶产量估算进行评估。采用动物资源与渔业部的假设，苏丹北部和南部在2009年生产了以下数量的山羊和羊奶：

A.2009年，南苏丹山羊12 937 730头×每头51.1升奶=661 118 003升或人类消费661 118吨×1 952SDG/吨=1 290 502 336SDG。

B.2009年，南苏丹绵羊12 811 421头×每头14.1升奶=180 641 036升或人类消费180 641吨×1952SDG/吨=352 611 232SDG。

C.2009年，北苏丹山羊30 332 270头×每头51.1升奶=1 549 978 997升或人类消费1 549 979吨×1 952SDG/吨=3 025 559 008SDG。

D.2009年，北苏丹绵羊38 743 585头×每头14.1升奶=546 284 548升或人类消费546 285吨×1952SDG/吨=106 6348 320SDG。

E.2009年，苏丹山羊奶生产用于人类消费A+C=2 211 097吨×1952SDG/吨=4 316 061 344SDG。

F.2009年，苏丹绵羊奶生产用于人类消费B+D=726 926吨×1952SDG/吨=1 418 959 552SDG。

四、商品牛销售

在模拟牛出口时动物资源与渔业部假定总畜群约15%的提取率，平均屠宰重量总计346千克，其中146千克用于国内消费，200千克用于出口。现有证据支持动物资源与渔业部的15%提取率。在北苏丹，这个比例大约是每年出售或屠宰的比例。在南苏丹，这个比例大约是牛群出售、屠宰或死亡等每年消耗的合计数量。然而，在苏丹北部或南部的最近的出口率（即在过去1/4个世纪），仍然存在很少的确切证据。由于生产不稳定和消费水平的波动，牧区生产者的商业参与度增加，目前的出口率可能与已经发表的数据来源有很大不同。Roy Behnke等（2012）的研究提供的证据是：

（1）在20世纪70年代在南苏丹的琼雷地区，人为处置为7.1%（佩恩，1977），总处理量为每年12%，其中包括死亡的动物，其中大部分将被吃掉（Niamir，1982）。

（2）加扎加勒比省的费拉达和丁卡牛年出口率为3.4%，年死亡率为12.3%。收获率略低于15.7%（Zessin，1985）。

（3）南达尔富尔州销售和消费的总收入为16%，未消费的死亡率为19%（Wilson，1980）。

（4）在对琼雷地区的丁卡群岛的两年研究中，有26.2%的动物每年退出群体，分列如下：年度总出生率为14.81%（包括死亡、销售、牺牲和债务或罚款平衡后的数据）；9.23%的牧群在牧区社会中流通，进行婚姻或其他社会交换安排；2.17%的牲口失踪（不计其数）（Howell，1988）。

（5）红海省（ERGO，1990）34.3%的牛被吃掉或出售，但这并不一定是消耗年率。

A.北苏丹商品牛：29 210 477头牛 × 0.15=4 381 572头 × 1 079SDG/2009年头数=4 727 715 702SDG。

B.南苏丹商品牛：12 352 525头牛 × 0.15=1 852 879头 × 1 079SDG/2009年头数=1 999 256 171SDG。

C.苏丹总商品牛A+B=6 234 451头牛 × 1 079SDG/2009年头数=6 726 972 629SDG。

五、骆驼销售

在建立骆驼模型时，动物资源与渔业部假定的平均每年提取率为16% ~ 19%，重量为155千克/头。在这项研究中，使用动物资源与渔业部估计的最低估计值16%，南达尔富尔州的15%（年度销售和消费）（Wilson，1980）。红海州骆驼后代销售率的24%（ERGO，1990），这不是年率。布塔纳（Abas et al，1992）年消费15%。

苏丹北部的骆驼（由于南苏丹的骆驼数量可以忽略，视为整个苏丹）可以估计为：

在2009年，4 520 999（2009年骆驼总头）×0.16=723 360头×1 024SDG/头=740 720 640SDG。

六、绵羊和山羊消费

动物资源与渔业部模型假设每年羊的提取率为27%，为国内消费提供12千克重的羊肉，出口15千克。在山羊养殖模型中，动物资源与渔业部给出的平均每年提取率为总羊群的24%～26%，羊肉屠宰量为每头8千克。尽管这些数据已经过时，但现有证据支持动物资源与渔业部估计的提取率，即绵羊每年为27%，山羊为25%。支持这一提取率证据如下。

（1）琼雷地区，公山羊35%、公绵羊32%和母山羊22%、母绵羊18%被人为宰杀、出售、交换或由其主人丢弃（Howell et al.，1988）。羊群中母绵羊占67.9%、母山羊占72.9%。这些百分比意味着每年每100头山羊中有9.5头雄性山羊和16.0头雌性山羊被处理；每100头绵羊每年有10.3只雄性绵羊和12.2头雌性绵羊被处理。因此派生出山羊消耗率为25.5%，绵羊的消耗率为22.5%。

（2）在南达尔富尔，绵羊的消费率为26%，山羊为28%（Wilson et al.，1980）。

（3）ERGO（1990）确定红海州的贝贾绵羊后代销售率为26.45；这不一定是年度出口率，但由于绵羊的生命周期短，可能接近一个周期。

（4）ERGO（1990）确定红海州贝贾山羊后代销售率为26.6%；这不一定是年度出口率，但由于山羊的生命周期短，可能近似于一个周期。

A.2009年，南苏丹山羊12 937 730头×0.25年度出口=3 234 432头×100SDG/头=323 443 200SDG。

B.2009年，南苏丹羊12 811 421头×0.27年度出口=3 459 084头×193SDG/头=667 603 212SDG。

C.2009年，北苏丹山羊30 332 270头×0.25年度出口=7 583 067头×100SDG/头=758 306 700SDG。

D.2009年，北苏丹羊38 743 585头×0.27年度出口=10 460 768头×193SDG/头=2 018 928 224SDG。

E.2009年，苏丹山羊总收入为2009年的A+C=10 817 499头×100SDG/头=1 081 749 900SDG。

F.2009年，苏丹羊的总收入为B+D=13 919 852头×193SDG/头=2 686 531 436SDG。

第五节　畜牧业对更广泛经济的贡献

畜牧业对苏丹经济更广泛的贡献表现在四个方面，一是私人消费，二是畜力运输，三是工业原料，四是出口。

一、家畜在家庭消费和支出中的作用

家畜食品（肉类、牛奶、乳制品和鸡蛋）约占家庭饮食支出的31.1%。这些肉蛋类相关支出在2006—2008年的三年中平均占家庭总支出的18.2%。对于可能预期通过牲畜生产（例如运输或衣物）支持的其他类型的支出，现有证据不充分，难以进行分类。

2009年，苏丹估计有39 154 490人。表13.2分析了2009年可供该消费者使用的家畜食品。

表13.2　国内消费的肉类和牛奶

品种	国内消费（头）	国内消费肉（kg）①	内脏（肉类生产量的25%，kg）	肉和内脏（t）	人均（kg/年）
牛（头）	6 234 451	910 229 846	227 557 461	1 137 787 307	29.06
骆驼（头）	723 360	112 120 800	20 030 200	132 151 000	3.38
绵羊（只）	13 919 852	167 038 224	41 759 556	208 797 780	5.33
山羊（只）	10 817 499	86 539 992	21 634 998	108 174 990	2.76
反刍动物总数		1 275 928 862	310 982 215	1 586 911 077	40.53
家禽肉（吨）		28 000 000		28 000 000	0.72
肉合计		1 303 928 862	310 982 215	1 614 911 077	41.25
牛奶②					26.29

注：①　基于牛146千克的屠宰重量，骆驼155千克，绵羊12千克，山羊8千克；②　流体乳可用于消费或加工成乳制品

二、畜牧产品作为制造业的投入

2000—2008年，食品、饮料和烟草制造占苏丹制造业和手工业国内生产总值的60.9%。在公开的数据的基础上，难以确定与畜牧产品加工有关的食品

和饮料制造的比例。2000—2008年年间，纺织品、服装和皮革的制造平均占苏丹制造业GDP的3.3%。使用畜牧产品的这种制造活动还不能从现有数据中确定（所有估计均基于中央银行2006—2008）（Roy Behnke，et al.，2012）。

三、畜禽产品出口

家畜对出口的贡献比对国内生产总值的贡献小。在石油开始出口之前，畜牧业和粮食作物的生产占苏丹出口总额的4/5，而作物产量的贡献则更大。石油出现之后，作物和牲畜出口的综合意义已下降到全国出口总额的5%～10%。2000年以来，活绵羊是苏丹最重要的畜牧出口商品，其次是皮革、骆驼和山羊。大量活绵羊和山羊在检疫后正式出口到沙特阿拉伯，还向乍得、利比亚和埃及进行跨境贸易。官方的活畜和肉类出口统计数据表明这些产品占贸易的大部分。但是，没有得到苏丹非正式跨境畜牧业贸易的可能数量和价值的估计（Roy Behnke et al.，2012）。

表13.3和13.4分别给出了2000—2010年苏丹活畜和肉类出口的数量。

表13.3　2000—2010年动物官方出口　（单位：只）

年份	绵羊	山羊	牛	骆驼
2000	731 242	16 599	315	145 246
2001	15 507	13 883	—	18 550
2002	1 602 638	53 164	2 655	155 710
2003	1 315 399	57 639	184	88 423
2004	1 703 562	101 989	750	132 602
2005	1 271 787	1 096 654	501	131 156
2006	1 422 109	102 378	—	116 184
2007	615 843	30 290	3 658	85 862
2008	610 832	14 337	1 198	140 757
2009	1 510 996	104 630	19 265	154 477
2010	1813926	120693	5 130	172 196
目的地	沙特阿拉伯、阿拉伯联合酋长国、利比亚、埃及、科威特、约旦	沙特阿拉伯、埃及、阿联酋	埃及、科威特、沙特阿拉伯、黎巴嫩、叙利亚、也门	沙特阿拉伯、埃及、卡塔尔、阿联酋、也门、利比亚

资料来源：动物资源与渔业部未发表的资料

表13.4　2000—2010年肉类出口

年份	绵羊		山羊		牛		骆驼	
	数量（头）	重量（t）	数量（头）	重量（t）	数量（头）	重量（t）	数量（头）	重量（t）
2000	534 552	6 157.82	43 067	311.91	13 133	2 350.09	97	9.53
2001	437 210	785.293	4 843	35.711	799	1 714.239	144	12.257
2002	652 398	7 148.788	49 582	353.848	1 886	347.073	64	6.647
2003	700 216	7 837.112	30 997	221.293	839	178.214	174	16.273
2004	510 673	5 570.909	32 637	217.1	5 514	765.3	599	57.4
2005	428 796	4 710.5	3 790	27.2	5 115	656.4	282	27.9
2006	224 087	2 263.9	1 182	8.4	—	—	100	10.2
2007	207 796	2 130.87	1 623	12.37	—	—	62	12.22
2008	22 709	207.356	257	1.567	12	2.935	6	0.712
2009	161 121	1 756.62	91	0.55	37	18.381	—	—
2010	409 793	4 126.53	762	4.731	3 923	991.287	3	0.498
目的地	约旦、卡塔尔、阿联酋、伊拉克、科威特		阿曼、阿联酋、约旦		埃及、卡塔尔、阿曼、阿联酋、伊拉克、科威特、约旦		卡塔尔、阿联酋	

资料来源：动物资源与渔业部未发表的资料

石油出口高涨似乎掩盖了作物和牲畜出口的重要性，也掩盖了20世纪60年代和70年代初期苏丹出口收入的97%～98%来自农业的根本转变（食品和自然资源部，1974；农业部，1967），而这些农业收入的大部分来自作物而不是畜牧业生产。例如，1957—1966年，只有6.58%的农业出口来自牲畜，1971年和1972年的牲畜出口分别为3.55%和5.46%。数字表明了政府政策对农业种植业的重视，也反映了殖民独立晚期作物出口的历史重要性。然而，从那时起，一直在逐渐转变。20世纪90年代后期石油出口开始之前，农作物和畜牧业共提供了苏丹出口的大约80%，作物出口比牲畜和牲畜产品更有价值。2009年，畜牧业出口占全部农产品出口的近一半，占总出口额的47%。2009年是家畜出口异常好的一年。尽管如此，自1997年以来的13年间，牲畜和牲畜产品平均仅提供了苏丹农产品出口价值的27%（苏丹央行未出版数据）。

表13.5展示了2013年和2014年畜产品出口情况。

表13.5　家畜和鱼产品出口情况的估计　（单位：千t）

种类	2013年	2014年	变化（%）
肉	1 466	1 476	0.7
牛奶	4 359	4 391	0.7
家禽	55	60	9.1

（续表）

种类	2013年	2014年	变化（%）
蛋	45	50	11.1
鱼	89	91	2.2
皮革	53.5	53.8	0.6

资料来源：畜牧和动物资源部

2015年，苏丹肉类出口分别为绵羊肉2 275 071吨，牛肉1 907 303吨，山羊肉174 789吨，骆驼肉8 908吨，合计肉类总出口4 366 071吨（H.S，2017）。

四、畜力

2009年，驴和马的平均销售价格分别为405SDG/头和1 059SDG/头。为了把这些价格放在统一的视角，2009年，一头驴平均价值相当于一头牛的38%，一匹马价值相当于一头牛的平均销售价格的98%。人们愿意支付这些钱意味着除运输之外没有其他经济用途的马可提供重要的运输收益，原则上可以量化。事实上，众多的资料来源证明了马对于运输人员、农产品、燃料和水的重要性，但是我们不能找出估计这些服务的货币价值的研究，因此本节不包含基于反刍动物或马类对农业或运输部门对国内生产总值的贡献（Roy Behnke et al.，2012）。

然而，粗略的计算可以提供一个非常近似的概念，即以可能归于马力的直接使用价值的货币价值表示的可能幅度。2009年，苏丹的反刍动物资本金额约为478.17亿SDG，这些反刍动物生产的肉和牛奶的价值为33.326SDG，不包括生产成本，或反刍动物的年投资回报率约为70%。2009年，784 578匹马的资本价值为6.23亿美元，驴子的价值为28.83亿美元。如果假设苏丹马的业主要求与其反刍动物类似的牲畜投资回报率达到70%，那么2009年由马提供的运输服务的直接使用价值约为20.34亿SDG。

第六节 牲畜疾病

潜在的牲畜重要性疾病是林德病（*Rinder pest*）、出血性败血症（*Haemorrhagic septicaemia*）、传染性牛侧耳肺炎（*Contagious Bovine Pleuro-pneumonia*）、黑季（Black quarter）、炭疽病（*Anthrax*）、锥虫病（*Trypanosomiasis*）、口蹄疫（Foot and Mouth）、结核病（*Tuberculosis*）、布

鲁氏菌病（*Brucellosis*）、蠕虫病（*Helminthiasis*）、绵羊痘（Sheep Pox）、心水症（Heart Water）和内部寄生虫（*internal parasites*）。由于苏丹与7个国家接壤，各地区的畜牧疾病问题非常复杂。昆虫叮咬在该国南部的湿季是常见的，迫使牧民将其畜群移动到干燥地区，以便减少了昆虫叮咬。

第七节　牧草和牧场

一、牧场类型及管理

整个苏丹就是包括各种生物栖息地的一个大型牧场。

苏丹的牧场变化很大，延伸到各类生态区：沙漠、半沙漠、沙漠上的降雨大草原、低降雨黏土洪泛地区、高降雨大草原和山区等。这些变化可维持植被和生产系统的多样性。苏丹牧场面积估计有1.1亿公顷，估计总饲料产量约为8 560万吨（干物质），其中自然牧草产量约为6 240万吨，还有2 320万吨的农业残余物、绿色饲料、干饲料和浓缩物。

已经收集并鉴定了约204种牧草。然而，自哈里森综合研究（1958）以来，没有对牧场进行全面的生态调查。

过去30年来，特别是在半沙漠和热带草原生态区，牧场覆盖面受到影响。调查显示牧场可口的“理想”物种减少，不可食用和侵入物种增加。由于兽医和饮水服务的改善，牲畜数量急剧增加。然而，在干旱时期，牲畜死亡率高。过度放牧是苏丹荒漠化的原因之一。

畜牧业、牧民与传统农村作物生产相结合，农村和传统的定居人口、部落群体形成的传统牧民，组成了苏丹的主要农牧系统。但游牧民数占苏丹总人口的百分比从1956年的13.5%下降到1993年的3.4%。

位于加达里夫州、卡萨拉州和喀土穆州的布塔纳地区，也是游牧民族在雨季使用的重要放牧区域。南科尔多凡州和南达尔富尔州的巴赫尔·阿拉伯地区是牛牧民的重要旱季放牧地。巴格拉传统的游牧路线和部落放牧地“达尔”（Dar）地区，由于机械化雨养种植业的兴起、气候变化引起的干旱和牲畜数量的扩大而遭受很大了变化，经常因资源利用而发生冲突。大面积的牧场属于社区公共使用，没有正式（合法）的土地权属制度。

牧场管理局（RPA）是负责在苏丹牧场管理的行政机构。随着农业的某些方面权利移交给各州，牧场管理局似乎在国家和地方两个层面都失去了作用。在过去的几十年中，行政当局一直受到高层领导的高度重视。但没有立法规定牧场使用，对牧场管理局的物质和财政支持不够，致使其管理效果日渐萎缩。

二、牧草资源

苏丹可以生产在饲养场的和奶牛养殖系统上饲养的牛和小型反刍动物所需的所有原料。苏丹约有86%的动物饲料来自牧场，作物残留物和农业副产品约占10%，而其他4%的饲料来自灌溉饲料和浓缩饲料。该国农业加工业副产品包括糖蜜、棉籽饼、花生饼、芝麻饼、向日葵饼和麦麸也是饲料的重要补充。

1. 饲料作物

饲料作物主要在灌溉条件下种植，以饲养奶牛、小型反刍动物和役畜，而且生产的很大一部分被引导到当地市场，以绿色饲料的形式出售。估计饲料作物总面积约12.6万公顷，喀土穆州几乎占了一半（Zaroug et al.，1997）。随着对奶制品生产的关注越来越多，特别是在城市中心，这一领域正在扩大。通常，年度分配给饲料作物面积的80%～90%主要是饲料高粱，但玉米和扁豆的面积有限；其余的地区被苜蓿占据，这是主要的常年饲料。

已经利用了草坪草、罗德草、索根草、对草、黍和蝶豆来建立灌溉牧场，特别是动物生产项目和牲畜研究站对这些牧草利用广泛。果树之间生长的饲料作物在有限的规模下进行；种植的作物主要是苜蓿。为了提高土壤肥力，控制杂草和生产优质饲料，还尝试了蝶豆、扁豆等种植。

2. 牧草种子生产

改良品种的优质种子是饲料作物生产和牧场建设的重要投入，饲料种子的生产和收集是为了恢复退化的牧场。引进豆科牧草到休耕地或与其他作物轮作，而且增加饲料作物生产以改善动物生产系统（Zaroug et al.，1997）。

通过苗圃、专业种子农场和动物生产研究站，实现饲料种子的生产和饲草植物的种植是牧场管理局的重要活动。几个州已经收集各种本地的种子，以满足当地播种作业的要求，并向其他州提供剩余的种子。例如从科尔多凡地区收集到的须芒草（*Andropogon gayanus*）、三芒草（*Aristida spp*）、龙爪茅（*Dactyloctenium aegyptium*）、光头稗（*Echinocloa colonum*）、画眉草（*Eragrostis tremula*）等；卡萨拉收集的毛竹百籥草（*Blepharis edulis*）、水牛草（*Cenchrus ciliaris*）、蒺藜草（*C. setigerus*）、虎尾草（*Chloris gayana*）等；达尔富尔收集的亚麻叶百簕草（*Blepharis linariifolia*）、臂形草（*Brachiaria*）、紫扁豆（*Lablab purpureus*）、柱花草（*Stylosanthes guianensis*）等共20多种。仍然有机会从改良的牧草或天然草场收获牧草种子，但是程度有限，主要原因是缺乏足够的募集资金。饲料作物种子生产主要由农民承担，小批农民在非正规种子供应系统中发挥着关键作用。

国家种子管理局参与了主要饲料作物苜蓿和“阿布萨彬”（Abu Sabeen）① 以及苏丹草、蝶豆、扁豆、稻米和玉米的种子生产。在农业部和林业部重组之后，这些工作转移到了新成立的阿拉伯苏丹种子公司。

三、牧场限制因素

缺少牧场的详细数据，未明确了解季节变化、放牧潜力、不同种类的牲畜和牧场的能力等是国家规划的严重制约因素（Dwyer，1979）。火灾也是牧场的主要灾难。火灾往往因为清理耕地，或为了多年生牧草的再生长，或为了驱赶蜜蜂以便从野生蜂巢中收集蜂蜜等人为因素而引起。火灾也可能是由于自然因素造成的。不受控制的燃烧是对牧场的严重威胁，导致在该国不同地区消耗10%～30%的常规干饲料。

雨养机械农业和灌溉农业的扩张都是以牧场和林地为代价的，没有充分考虑到这些资源对牧民及其畜群的重要性，也没有将牲畜融入发达农作物系统，或创造替代饲料来源，补偿自然放牧和迁徙的损失。粮农组织估计，苏丹每年的森林滥伐速度接近50万公顷，是非洲最高的一个国家（粮农组织项目：苏丹林业发展，1993）。其不利影响是减少了可利用的天然饲料。燃烧、砍伐破坏或清除植被等是土地退化和荒漠化背后的主要因素。

苏丹缺乏结构良好和长期的牧场研究。扎拉山畜牧站（GJ）的牧场研究项目失败，西部苏丹农业研究项目（WSARP）被终止。造成牧场管理和改进计划制度薄弱的主要因素包括：偏远地区缺乏对工作人员的激励机制且生活条件困难；合格和有经验的工作人员的流失；州和联邦当局之间的联系薄弱；缺乏国家整体政策和战略。

---

① “阿布萨彬”（Abu Sabeen）：阿拉伯语，这是一种类似苏丹草的野生高粱。阿布（Abu）是父亲之意，萨彬（Sabeen）是七十之意，综合起来就是“七十之父”。因这种草在第一次灌溉或第一次降雨后的70天内即可成熟，因此而得名，是一种很好的牧草

第十四章　林　业

2013年和2014年苏丹林业对农业国民生产总值的贡献分别为0.088%和0.09%，增长速度分别为36.8%和34.3%（苏丹央行年报）。Abdalla Gafaar（2011）认为，"森林部门对国民经济的贡献大于官方的估计。燃料木材的人均消费量为0.7立方米/年，当转换为石油当量（TOE）时，价值近20亿美元；此外，非木材林产品非常多样化，为家庭生活和国民经济作出了重大贡献"。而粮农组织在《2015年全球林业资源评估苏丹报告》中认为：林业对苏丹GDP的贡献为5%，这个估计值是真正的林业GDP值；而苏丹相关林业专家则估计为12%。

第一节　森林覆盖

苏丹和南苏丹从未进行过国家森林全面清查。苏丹国家森林公司（FNC）与联合国粮农组织合作，于1997年进行了国家森林资源部分抽查，覆盖了该国的核心部分，从10° N～16° N。覆盖面积达622.7平方千米，占苏丹总面积的24.9%。调查结果如下。

（1）森林覆盖主要集中在雨养大草原地区，其中几乎所有的灌溉和雨养农业、林业、牧场、人类居住区和油田的活动都集中在这里。很大一部分林产品来自这个抽查区域。

（2）调查区域森林覆盖率为12%。这足以支持粮农组织对全国的森林覆盖率为19%的估计，因为森林覆盖密集的南部未被列入该清单。

一、森林分布

苏丹森林分布遵循生态分类和从北到南的降雨趋势。在北部主要是灌木丛间杂分散着的乔木，向南逐渐密集，且高大的树木混合在阿拉伯胶树林带之中，间或有阔叶林分布，延续到热带草原和南部山区的最南端。

根据哈里森和杰克逊（1958）生态分类方法，苏丹森林生态可分为沙漠、半沙漠、低降雨草原、高降雨草原、特殊地区、山地植被、洪泛区共7个生态区。而根据降雨情况可分为干旱半干旱、半湿润和湿润气候三种类型（可参照本书第四章：农业生态区分类）。其所占比例如表14.1所示。

表14.1 苏丹共和国森林和林地生态分类（2011年） （单位：千km^2，%）

	生态区	面积	比例
干旱半干旱	沙漠	717	38.6
	半沙漠	486	76.2
	低降雨草原	507	27.3
半湿润	高降雨草原	17	0.9
	特殊地区	119	6.4
	山地植被	4	0.2
湿润	洪泛区	7	0.4
合计		1857	100

苏丹领土面积为185万平方千米①，其中：沙漠面积71.68万平方千米，没有森林植被；半沙漠面积48.64万平方千米，包括旋扭相思树—马尾云杉（*Acacia tortilis-M. crassifolia*）灌木丛、半沙漠黏土草原、半沙漠沙土草原、具蜜相思树（*Acacia mellifera*）—没药树灌木丛和*Acacia glaucophylla–A. etbaica*灌木丛。

低降雨森林草原面积62.54万平方千米，包括黏土低降雨草原29.46万平方千米，沙土低降雨草原21.22万平方千米，特殊区域11.86万平方千米。

黏土低降雨草原由具具蜜相思树荆棘带、塞伊尔相思树—埃及酸叶木（*A. seyal–Balanites aegyptica*）稀树草原和榆绿木—红豆杉（*Anogeissus spp.-Combretum hartmannianum*）森林组成。

沙土低降雨草原由塞伊尔相思树草原、*Combretum hartmannianum-Albizzia sericpcephala-Dalbergia spp.*森林草原和*Terminalia-Sclerocarya-Anogeissus-Prosopis spp.*森林草原组成。

特殊区域包括拓托山、丘陵系列、巴加拉系列和拉卡巴系列。

高降雨草原森林面积1.72万平方千米，包括*Anogeissus–Khaya–Isoberlinia*

① 苏丹的国土面积各专业报告数据不尽相同，应以联合国数据为准

*spp.*森林草原和近年来从雨林衍生出来的林地大草原。

洪泛区面积0.73万平方千米。

山地植被0.38万平方千米。

二、森林面积

哈里森和杰克逊（1958）估计，苏丹的树木覆盖率为36%～43%。粮农组织1990年森林资源评估的推断表明，苏丹森林覆盖率为19%。根据全球“森林资源评估（FRA）”资料显示，在南苏丹独立之前的苏丹森林覆盖逐年下降，如表14.2所示。

表14.2 原统一的苏丹森林覆盖面积及比例 （单位：千hm^2）

水土的类型	1990年	2000年	2005年	2010年
森林	76 381	70 491	70 220	69 949
其他林地	58 082	54 153	52 188	50 224
其他土地	103 137	112 956	115 192	117 427
内陆水体	12 981	12 981	12 981	12 981
合计	250 581	250 581	250 581	250 581
森林面积（%）	32.1	29.7	29.6	29.4
森林年度砍伐率	−959	−589	−589	−542
	−1.40%	−0.80%	−0.80%	−0.70%

资料来源：FRA，2010

1990年和2010年的“全球森林资源评估”表明，苏丹森林覆盖率从32.1%，7 638万公顷，下降到29.9%，6 995万公顷。但也显示了森林砍伐的情况有所改善，从1900年每年砍伐95.9万公顷下降到2010年的54.2万公顷。

许多人把苏丹森林覆盖率下降归因于农业的扩大、城市的扩张、薪材生产和过度放牧而导致的严重后果。苏丹大多数农民依靠雨养农业。自1944—1945年以来，发展了大型现代化的机械化雨养农业，并且在机械化灌溉和雨养农业方面继续大量投资。然而这种投资主要是扩大了耕地面积而不是提高了生产力（Abdel Magid，2011）。旨在横向开发农田的机械化农业的扩张与国家综合发展战略相矛盾，国家综合发展战略认为自然资源政策目标旨在保护森林等，环境保护和扶贫在国家和社区两级实行。而大规模森林消失和环境退化，导致了苏丹干旱地区的脆弱状况加剧。

而Nimir和Abdel Salam（2005）则认为石油工业对森林产生了不良影响，

并报告说，森林丰富地区的勘探活动在许多方面影响了森林：最初削减土地进行勘探活动导致了大片森林被清理。钻井数量、现场生产设施以及中央生产设施区和营地导致各领域的面积减少。过去10年来，安全一直是外勤部队兵营的安全措施的重大关切，军队强制砍伐树木来保护这个新兴产业。由于新兴社会居民被新兴产业所吸引，更多的村庄将建在靠近石油设施的地方，便于有更多的工作机会。因此，他们为了满足日常能源需求，将会增加更多的森林砍伐。

森林砍伐和森林退化实际上是苏丹林业发展的主要威胁。有关森林覆盖和生物多样性变化和森林砍伐地区的信息，是从各地采集的连续库存和遥感图像以及通过国家森林产品消费调查得出的（Abdalla Gafaar，2010）。天然林状况只能从这些特别调查和全球森林资源评估，如粮农组织在1990年、2000年、2005年和2010年进行的评估中推断出来（FRA）。全球森林资源评估（2010）表明，苏丹森林面积从1990年的7640万公顷下降到2009年底的700万公顷。

2015年进行的全球森林资源评估中，关于苏丹森林报告中的数据大多前后矛盾，因此本书不做介绍。

三、天然林现状

估计苏丹有533种乔木树种，其中25种是外来物种；苏丹还有大约184种灌木树种，其中33种是外来物种。但是，苏丹森林的植被没有充分探索或充分记录。这些物种中的一些物种具有广泛的分布和相当大的差异。在国家、区域和国际层面进行勘探，并在国家和州一级建立标本和植物园，在这方面有很大的合作机会。一些森林在苏丹是独一无二的，例如被称为“碗森林”的雨林文物，沿着红海海岸的红树林森林和山丘上的其他独特森林等。

苏丹从未有过全面国家森林清单。苏丹第一份不完全国家森林清单于1995年初发布，1997年完成，其中有一些森林被以前盘点过，如尼罗河以东的生物质资源（1991），尼罗河南部和加扎勒河北部（1984），科尔多凡州和达尔富尔地区（1990—1994年），青尼罗北部的部分地区（1994）等。天然林状况只能从这些特别调查和粮农组织（1990）等全球性调查中推断出来。

森林和林地不是森林保护区。苏丹森林保护区只占总土地面积的2.8%，且不断受到农业和城市化的侵蚀，或者被不受控制的砍伐而退化。1923年开始的森林保护进程只保护了170万公顷，只相当于全国总面积的0.4%。1993年9月，通过的一些政府法令将森林保护区面积提高到500万公顷，相当于总面积的2.8%。鉴于官方和公众意识的提高以及官方对该部门的重视，1992—2002年“国家综合战略”分配了更多的土地用于林业、牧场和野生动植物（Abdel Nour，1996）。

第二节 人工森林概况

1911年以来，苏丹实行造林和再造林活动。1910—1950年期间，苏丹林业公司（FNC）每年的植树造林和再造林计划从2 100公顷到2 520公顷不等，20世纪90年代约35 000公顷/年，2000—2009年期间从24 000增长到48 000公顷/年的人工林。人工造林的多少主要取决于资源的可用性和外来援助。

一、人工林主要用途

1. 人工林主要用途

人工造林的主要用途，一是薪柴和建筑材料，如桉树和相思树的灌溉种植园；二是锯材生产，如沿河的尼罗相思树森林，杰贝马拉的软木种植园，苏丹中南部的柚木和桃花心木种植园；三是环境保护，如农业项目中的风雨防护林带，半沙漠地区防治荒漠化的相思树种植园；四是流域保护，如季节性河流和水道沿岸的种植园，苏丹北部的运水干渠附近的种植园，杰贝马拉的沿河种植园；五是非木材林产品，主要是外来种植者建造的种植园，用于生产树胶、森林水果、单宁和饲料等。

工业林地由软木和硬木组成。大多数硬木种植园在城市和城郊地区并主要用于提供薪材和电线杆。软木种植园主要在伊马通山（Imatong Mts）。在苏丹南部和苏丹西部的杰贝马拉可提供用于不同目的的工业圆木。

2. 人工林主要树种

与天然林保护区和保护区外的森林储备相比，种植区面积只是一小部分。人工林包括本土树种和外来树种。最大的种植园由塞内加尔相思树（*Acacia senegal*）组成，目的是生产阿拉伯胶，用于补偿因火灾和非法砍伐而受损的地区。其次是尼罗相思树（*Acacia nilotica*）的种植，轮作管理，以生产锯材原木、建筑杆和薪柴。柚木（*Tectona grandis*），处于第三位，而桉树（*Eucalypts spp.*）是最重要的杆材生产树种。其他树种，例如卡亚楝（*Khaya spp.*），柏木

（*Cupressus spp.*），埃塞俄比亚的锐药竹（*Oxytenanthera abyssinica*），栎树（*Prosopis spp.*），塞伊尔相思树（*Acacia seyal*）和具蜜相思树（*A. mellifera*）等种植规模较小。

苏丹最早的灌溉种植园项目始于1932年，20世纪20年代在杰齐拉建立棉花和高粱灌溉项目时开始试验种植，该项目在青尼罗河西岸，与白尼罗河交汇处上游约170千米。开始于1937年，该地区的居民决定在杰齐拉发展种植园以提供燃料和电线杆，同年在弗瓦尔（Fewar）也开始种植。该地区经历严重的夏季干旱和降水量不稳定，平均年降水量约为200毫米。这些土壤包括广泛的黑色、碱性、裂纹黏土（vertisols），pH值有时超过8.5。它们起源于北部开阔的草原，具蜜相思树灌木丛在中心地带，塞伊尔相思树和埃及卤刺树（*Balanites aegyptiaca*）开阔的林地在南部。水的使用受到与埃及的尼罗河水协议的约束，从3月中旬到7月中旬几乎不能灌溉。分配给种植园的土地包括农业区内未使用的凹坑。特别是在1951年以后，这些往往是不规则地倾斜的区域，用于排放二手和多余的灌溉水，通常盐含量高。

选择桉树作为主要树种（图14.1），因为它耐受高热，适合该地区凝重的蒙脱石土壤，而且能经受一定程度的缺水状况。不幸的是，所有用于1932年的试验以及许多年后的桉树种子，都是1922年来自于南非，在萨姆巴特（Shambat）由梅西（Massey）种植的同一棵树。这导致了明显的近交衰退症状，表现在一个非常差的树干结构，这是该树种几乎所有本土化的一个显著特征。埃塞俄比亚锐药竹（*Oxytenanthera abyssinica*）也适合这种灌溉种植条件。

北方州桉树防护林的灌溉方式

成年桉树

图14.1　苏丹种植的桉树。这是2011年北方州一个农场利用滴灌模式栽培的桉树防护林

二、树种分布

造林和再造林项目仅限于几乎完全由苏丹林业公司控制的保留森林。用于造林和再造林的树木和灌木树种通常是适合降水量小于500毫米地区的土著品种和更潮湿或灌溉地区的外来品种。所使用的最常见的土著树是相思树（*Acacias*），特别是塞内加尔相思树（*A.senegal*），尼罗相思树［*A.Nilotica*（Sunt）］，塞伊尔相思树（*A.seyal*）和具蜜相思树（*A.mellifera*）。外来树种是山区的柏树（*Cupressus*）和桉树（*Eucalyptus*），降水量超过600毫米的地区或者灌区，与埃塞俄比亚锐药竹（*Oxytenanthera abyssinica*）一起种植。

1. 桑特树

即尼罗相思树，是一种相思树树胶树，当地人称为桑特（sunt），是苏丹北部迄今为止最重要的生产性森林。该树在降水较少的地区，可在河流泛滥水上生长，而这些水无法支撑其他树种。最丰富的树胶森林库存被发现在青尼罗河岸边。必须遵守沿河树胶森林储备政策，这除了能保护尼罗河生态系统外，还能生产锯木，主要是铁路枕木和薪柴以供应苏丹中部和北部的大城镇。

2. 桉树

在苏丹中部退化的土地上建立了桉树微观种植园。由于盐度高，或由于处于淹水和低洼的土地用作过剩水的倾倒场地，土地退化严重。在这些地区使用桉树为主要树种是由于其在重质开裂黏土土壤上旺盛的生长能力，并且在没有灌溉水的情况下承受相当长的时间。

3. 哈沙布树

即塞内加尔相思树，当地人称为哈沙布（Hashab），这是最主要的树胶树，在位于10N°～16N°的一个自然生长带上，面积约5.2万平方千米（约占苏丹总面积的1/5）。来自哈沙布树的树胶超过60%是从天然林得到的。苏丹西部沙区的土地利用格局涉及哈沙布树，经常被称为“树胶种植周期”。苏丹中部平原也建立了哈沙布种植园，实行机械化雨养作物生产。

这些种植园建在失去生产能力的农地上，不能再用于农作物生产。这些活动是由苏丹林业公司执行的，或者通过林业公司的监督下在租约基础上由私营部门实行。在这里，哈沙布的除草和播种是通过机械手段完成，目的是恢复生产力，并保持这些土地的战略储备价值，以在需要时稳定树胶的生产。

表14.3　2009年商业种植园树种和管理目标　（单位：hm^2）

种植/管理单位	锯材面积	薪柴面积	非木材林产品	合计面积
公共区：尼罗树胶、柏树、桉树	67 660	98 050	329 230	494 940
私营区：桉树、塞内加尔胶树、塞伊尔胶树		50 570	75 500	126 070
外来者和其他林地：塞内加尔胶树、塞伊尔胶树		69 500	630 250	699 750
合计	67 660	218 120	1 034 980	1 320 760

三、种植园管理

苏丹种植园管理建立在20世纪30年代中期以后的规划和业务项目中。1948—1958年期间沿河森林的第一份书面工作计划是将天然林转化为种植园的计划。其次是森纳尔水坝以南的所有森林转化为锯木种植园（1958—1968年）。该项目集中采用机械撒播或穴播方式播种、定苗、除草和1～5次疏苗的造林作业。30年轮作1次。每公顷的树木目标数量是120棵最大和最优质的树木。第三个工作计划（1968—1978年）是第二个计划的延续。此后修订了沿河树胶流域森林保护区（1997—2006年）的十年工作计划。

人工林种植园管理模式主要有以下三种：

1. 沿河树胶模式

（1）锯木工作园：包括森纳尔水坝以南的所有森林，这个工作园的桑特树的管理计划主要是为了每隔30年替换的铁路枕木。每公顷初次种植密度为2 500棵树。在1～20年之间通过间苗疏苗等细化操作最终将树苗密度确定为155～165棵/公顷。

（2）薪柴工作园：这个工作园的管理规划主要是用于木柴生产和建筑圆杆。模式轮作的持续时间为20年，以实现薪柴的最大产量。

2. 灌区桉树模式

桉树是灌区内的主要种植园树种。以2米×2米的间距种植幼苗。农作物的轮作和间作时间为4～8年，树苗定苗后的前几年也可种植一些作物，根据现场和最终用途而确定。首先采用明确的砍伐系统，然后选择性砍伐，以进行再生。小树修剪持续25～30年，最后树桩连根拔起。

3. 哈沙布树胶树周期栽培模式

哈沙布树胶树系统有约4～5年的修剪期，随后是15～20年的再生期，然后是休耕期。哈沙布与农作物一起种植或者直接来源于老树桩。哈沙布在种植期间不会被砍伐，但要保护幼苗免于游牧动物啃食，直到幼苗长高长大。然后，利用树胶的荚果和树下的草，在这里休闲放牧动物并通过粪便增加土壤肥力。

第三节 森林所有权

一、森林权属

1970年之前，关于土地利用和土地制度的研究表明，人们经常可以在农业、林业和牧场之间取得平衡。殖民时代之前，大部分森林、树木和牧场资源土地权属和传统的使用制度，是基于习惯法和土著传统，通常是以部落结构和部落领导为基础。农业实践和相关的树木和牧场是基于分配给家庭的小型持有者，而在大片土地上的牧场和牧草是作为政府控制下的共同放牧资源进行管理。

殖民地制度通过发行1899年《土地法令》和1925年《土地安置登记条例》开始对土地进行控制，在持续耕作的基础上向耕作人提供土地所有权，承认永久耕作的土地是私有土地。这些土地上的树木和林地被留给土地使用者。该法没有认可苏丹土地为私有财产，而是被视为政府土地，但土地上的树木不得受政府权力及某些情况下部族风俗的影响。

土地及其上的资源，如果未注册，习惯和法规将所有未登记的土地定为共同财产。农业、森林或牧场的土地分配，由部落领导和政府机构之间合作控制。然而，在20世纪70年代和80年代期间，政府控制下的土地使用分配方面，因对环境与发展的关注而出现了政策变化。在1970年政府发布了一项法令，即《未注册土地法》，所有未登记的土地都是政府的土地。1970年前后的资料显示，土地使用权法的改变对环境产生了影响。这个土地使用权制度对牧场和林地以及其他未开垦土地或非住宅用地上自然资源的使用产生了很大影响，形成了延续至今的土地权属。虽然政府对未登记的土地有正式的所有权，但不可能有效控制森林资源并使其可持续利用。这造成了对林业资源产生不利影响的行政真空（FNC，2000）。土地制度的模糊性导致许多天然林的损失，其结果是，苏丹地区森林覆盖率从20世纪50年代后期的40%（哈里森，1958）下降到2005年的约29%（FAO，2005）。

苏丹全面的环境和自然资源政策和立法较少，以便综合地处理土地和资源使用权（Atta Elmoula，1985）。相反，部门政策涉及广泛的具体利益，例如林业、野生动物等资源。根据Tolentino（1994）的说法，没有专门立法处理土地使用权问题。虽然苏丹的土地一般用于农业、畜牧业和林业，有关资源权属的立法只能在《土地登记法》（1925）、《收购法》（1930）、《城镇/村庄规划法》（1961）和《未注册土地法》（1970）中找到。

缺乏关于权利制度的法律也导致了土地使用和土地使用者之间的冲突。传统雨养农民、机械化农民、牧民、林产品使用者和国家（作为所有未登记土地的所有者）之间的利益冲突，阻碍了资源的管理，特别是森林经营。许多情况下，处理森林保护和可持续的森林管理政策和立法不受尊重，常受到机械化农业的侵害。然而，由于传统的管辖权和使用权的法律的有效性，习惯持有的林地更加稳定。这可能是由于当地领导人实施的部落习俗，试图确保每个地方社区成员的平等和生存权（Metz，1991）。

另一方面，森林禁伐区的概念被很好地理解为一个有效和有利的森林和树木权属制度，为政府、社区、私营和企业层面提供了森林和树木所有权属。树木使用权是以土地所有权为基础的，其中包含三种土地权属。土地所有权、土地使用权和土地清理制度相关的、相结合的法律不断发布和修改。这包括私人、政府和社区土地，但大多数土地都在政府控制之下。然而，每个类别都面临许多使用和立法相冲突的问题，这些问题使政府对资源的使用有更大的控制权（表14.4）。

1. 私人拥有的土地

一般都是小块土地，通常用于农业生产。当土地生产力下降时，农民放弃农业生产，离开种植的土地，通常是塞内加尔胶树填充休闲的土地。农民是阿拉伯树胶树的所有者，用于创收。也种植其他树，如卤刺树、塞伊尔相思树、叙利亚枣等。该系统被定义为丛林休闲系统，这是自20世纪初以来，在苏丹最著名的土地使用的做法。

它允许多种土地利用方式，包括放牧和树木种植。然而，1970年《未注册土地法》之后，大多数私有土地未经注册，从事机械化耕作的公司和个人进行土地收购。这种情况为不同利益相关者之间的冲突埋下了隐患。

2. 政府控制的土地

1970年的《未注册土地法》将这些土地置于政府控制之下，并允许根据机械化农业的需要，将所有未注册土地集中用于农业用地。因此，出现了森林退化，牧场被剥夺，使森林发展和牧民生存面临重大问题。每年向农业用地提供50万~70万公顷的天然林，并将其添加到以前清理的土地上。现在有1 500万公顷荒芜的土地躺在曾被森林覆盖的中部平原上。这些土地大部分属于森纳尔、青尼罗、杰齐拉和加达里夫四个州。

3. 公共土地

是指依靠当地部落领导、在传统模式下管理的未登记的土地，这些领导人也是以往负责个人或家庭事务的土地分配者。这些领导人与社区成员合作，保护自然资源，解决冲突。自1970年《未登记土地法》颁布以来，这个体系发生了变化。然而，自80年代中期以来，社区森林继续保留社区称号，由社区继续管理。

表14.4 不同所有制模式和管理/使用制度下的森林面积

	所有者和管理系统类别	面积（hm²）	占比（%）
	政府/公共森林	15 000 000	70
私人管理	阿拉伯胶生产者（社会/家庭）	6 006 000	28
	个体农民	49 000	0.2
	私人公司	126 000	0.6
社区管理		166 000	0.8
	合计	21 347 000	100

1986年的《苏丹森林政策》和2006年进行的修订，都强调了关于林业使用权的事实：承认并鼓励建立社区、私营和机构森林；强调人民参与森林种植、管理和保护的作用；在综合国家战略中概念化森林的多重用途；鼓励当地居民参与编制林业和环境项目及其执行。

二、森林管理

有三种类型的森林和树木使用权，即：政府森林、社区森林和私人森林。一般来说，苏丹林业与农业一体化相结合，可以利用树木和森林保护来提高作物产量。

森林保有权的影响及其对减轻贫困的贡献在阿拉伯胶领域得到了广泛认可，特别是在小生产者获得授权和良好的组织培训的地区。非木质林产品，如树胶，对农村社区的经济有重大影响。最近的调查结果显示，平均而言，家庭收入的19%来自阿拉伯胶（FAO，2005）。这对农村地区的收入来源很重要，但机会非常有限。

合作参与或联合森林管理（JFM）是1986年“国家森林政策”的举措。它们涉及国家林业公司与社区之间分享森林利益和森林管理责任，目前在许多储备森林管理中得到实施。协作管理为相关的人们提供森林利用。在苏丹，现在已经建立了关于退化森林保护和再生的参与式或联合森林管理模式。这样做的好处是更大的权力下放和惠益分享给社区。联合森林管理为当地人民创造了更多的就业机会，为无地人民提供了通过农林业系统种植作物的土地，确保了从预留森林收集非木材林产品和薪柴需求的权利。无地人口在农村和贫困群体中占了很大一部分。

苏丹东部Elrawashda森林保护区的部分退化区块，被纳入森林恢复进程和参与式管理的综合土地利用模式（Glover，2005）。这种模式代表了包括国家林业公司与当地人民在种植、保护和获得森林储备利益间的伙伴关系。自1994年合作以来，就在合作伙伴关系的基础上确定了农民在保护区内种植作物（例如高粱、谷子和芝麻）的权利，土地所有权得到保障。每个农民种植的土地75%用于农作物，25%用于森林。

第四节　林产品供需状况

一、林产品供应

以1994年和1997年为基准年度，木材供应和木材消费量在国家一级进行了严格的调查，苏丹的年木材消费总量为1 600万立方米（FNC，1995），而允许砍伐量（供应量）为1 100万立方米/年（FAO/FNC，1998）。消费将以与一般人口增长率，特别是城市化速度成比例的增长。根据1994年人均木材消费量估计，到2015年消费量将达4 000万立方米。

然而，消费量超过供应45.5%。预计这一赤字将随着农业扩张速度的增加而增加，导致森林砍伐加速和森林面积减少。与森林转化率相比，重新造林率非常低。许多研究表明，造林与森林砍伐的比例为1：29。这种情况预计不会发生大的变化。根据上述信息，表14.5展示了部分州供应和消费状况。

表14.5　苏丹北部木材生产和消费　（单位：km^3）

区域	木材总量	年度增量	木材消耗	盈余/赤字
尼罗州	672	47	452	-405
东部	3 234	226	2 026	（1 800）

（续表）

区域	木材总量	年度增量	木材消耗	盈余/赤字
中部	29 531	2 067	7 475	（5 408）
科尔多凡	44 218	3 095	2 551	544
达尔富尔	89 097	6 237	4 018	2 219
合计	166 753	11 673	16 522	（4 849）

资料来源：国家森林资源，1998

根据表14.5中的数据，苏丹国家林业公司为国家林业战略确定了三个未来供需预测情景，如表14.6所示。在所有情况下，在所有时间点，木材的预测消耗远远超过可持续管理的木材可能获得的量（Abdalla Gafaar，2011）。

表14.6 木材生产和消费情况 （单位：km^3）

年份	木材总量	采伐量（库存7%）	木材消费（每5年增长15%）
情景1：目前的情况仍然存在，实现森林保护，造林和持续生产管理计划制定目标所需的投入不到位			
1998	166 753	11 673	16 522
2005	173 236	12 127	19 000
2010	166 363	11 645	21 850
2015	156 157	10 931	25 128
2020	141 950	9 937	28 897
2025	103 116	7 218	33 232
2030	62 666	4 387	38 217
情景2：将提供投入并实现战略目标			
2015	171 157	11 981	18 846
2020	188 273	13 179	21 673
2025	207 100	14 547	24 924
2030	227 811	15 947	28 662
情景3：使用液化石油气减少木材燃料需求25%			
2015	156 157	10 931	18 846
2020	141 950	9 937	21 673
2025	103 116	7 218	24 924
2030	62 666	4 387	28 662

二、林产品需求状况

1. 木材需求

1994年，苏丹国家林业公司与粮农组织合作开展了一项关于苏丹森林产品消费的研究。研究推测的人均消费量似乎是现实的，并符合邻近国家和类似生态的国家的消费规律，为社会事业的发展提供了理性评估林业部门对苏丹的国内生产总值贡献的依据。

2. 林产品用途

主要木材产品是薪材和建筑圆木和锯材。数量虽少却非常重要，如用于旋木、工艺品、工具手柄、厨具、床、马鞍等。1994年，苏丹共消耗了1 600 ~ 2 000立方米的圆木。在各经济部门中，家庭部门的消费份额最高，约占木材消费量的80% ~ 90%，其余10% ~ 20%分布在工业（6.8%）、商业和服务业（2.5%）一级其他一些用途。

产品总消费量分析显示，燃料木材（柴火和木炭）占消费总量的比例为87.5%。建筑、维修和家具木材分别占消费量的7.2%、3.8%和1.5%。根据总消费量和估计人口，所有产品的年人均木材消费量估计相当于0.973立方米的圆木。然而，估计人均木材消费量在各州之间和城乡之间差异很大，也受到收入水平和教育的影响。

家庭木材人均年消费量构成国家木材消费总量的最高组成部分，城镇家庭人均0.685立方米，农户0.627立方米。此外，人均估计也随收入、生态区和教育而变化。调查分析显示，随着液化石油气等替代能源的应用，木材消费量随着收入的增长和教育水平的上升而下降。木柴和建筑木材的消费往往随着收入的增长而减少，但木炭和家具木材消费量呈现相反的趋势。平均而言，木炭是年度家庭木材消费量的最高部分，占木材消费总量的43%（参考图14.2）。柴火占人均年消费总量的41.8%。建筑、家具和维修木材消费合计占人均年消费总量的13.5%，如表14.7。

迈达尼市木炭供应

青尼罗河岸边砖场

图14.2 苏丹燃料木材主要用途

注：木炭和烧砖是木材作为燃料消耗最主要方式。苏丹的砖场主要在青尼罗河岸边，就近取土，用水方便，以木材和牛粪为燃料烧制，因此苏丹的砖常常被称为牛粪砖

表14.7 年度家庭人均木材消费量（1994年） （单位：m^3）

家庭	柴火	木炭	杜汉木[①]	建筑	维护	家具	合计
城市	0.117	0.493	0.016	0.028	0.021	0.010	0.685
农村	0.354	0.162	0.009	0.064	0.029	0.009	0.627
合计	0.273	0.281	0.013	0.051	0.026	0.009	0.653
比例（%）	41.8	43.0	1.7	7.8	4.3	1.4	100

资料来源：FNC

3. 工业木材消费

1994年，工业木材消费占苏丹木材消费总量的6.8%，而这其中的98.5%用作燃料。这主要是由于传统行业的主导地位，如制砖、面包店、石灰烧制、植物油加工，其中所有这些都主要依靠木材能源进行。苏丹制砖的木材消耗量为每1 000块砖需0.13 ~ 1.10立方米木材，这与制砖技术问题有关。已经有不使用柴火的现代砖窑和面包店。其他工业部门的木柴消费量，如每生产1吨肥皂要消耗木材0.062立方米，每吨面粉（烤）消耗木材0.865立方米。

三、家庭和行业对各种木制品的需求预测

FAO/FNC（1995）根据1994年消费/需求的实际估计，在早期引用的研究中提出了家庭和工业的各种木制品需求预测，然后采用各种假设来构建不同的消费预测方案。由于这些预测已经过去多年，除了2015年作为最后一个预测年度的一部分外，似乎没有实际的后续行动，这里只是简要介绍。

鉴于人口的高增长率和苏丹迅速城市化进程，木材、木制品，特别是建筑业和其他非能源用途的需求预计会增加。后者也被假定为改变家用燃料需求的类型，影响总木材需求以及消耗的木材类型和获得的木材来源。即使家庭用于烹饪的石油燃料的替代水平有所增加，木材燃料的总量需求仍将会增加。贫困将是影响替代程度的决定性因素（Abdelsalam et al.，2000）。木材燃料消费模式的延续将对环境产生不利影响。

---

① 杜汉（Dukhan）木是苏丹常用的一种香料，取自塞伊尔金合欢树，切割成碎屑焚烧后产生香味，以熏蒸女人身体。苏丹男人非常喜欢这种味道，所以女子经常使用。集市多有售卖

第五节　非木材林产品

非木材林产品（NWFPs）：阿拉伯树胶是塞内加尔相思树和塞伊尔相思树胶树的分泌物，是苏丹经济中最重要的非木材林产品，既是农民的现金收入来源，也是国家的外汇来源。在干旱季节（11月至翌年3月），其他现金收益机会稀缺，而阿拉伯胶为该国胶带内的约250万农民提供就业机会。在对外贸易方面，阿拉伯胶在1970年代初期在国家出口中排在第二位。此后，它排在畜牧业之后成为出口第三位，但其盈利仍然很大，1987年创下创纪录的7 880万美元。阿拉伯胶的种类和份额如表14.8所示。

表14.8　主要阿拉伯胶产品　（单位：千t）

作物		2013	2014	贡献率（%）	变化率（%）
塔勒赫胶	Gum Talh	39.6	21.25	50.8	−46.34
哈沙布胶	Gum Hashab	33.39	18.14	43.37	−45.67
鲁班胶	Gum Luban	2.17	1.61	3.85	−25.81
卡卡莫特胶	Gum Kakamot	0.8	0.83	1.98	3.75
合计		75.96	41.83	100	−44.93

资料来源：FNC

阿拉伯胶生产加工详细情况请参考第十六章。

然而世界市场出现变化，树胶消费量下降，造成苏丹树胶出口下降的局面，从1950年代中期的平均每年4.5万～5万吨下降到近几年的1.4万～2万吨。不仅影响了国民经济，而且对几个世纪以来以阿拉伯胶作为现金收入的农民也造成了破坏性的打击。此外，阿拉伯胶消费量的下降还可能导致环境灾难，因为农民试图将树胶树砍伐为柴火，并将种树的土地改用于种植农作物。

其他具有经济意义的非木材林产品包括树脂、纤维、蜂蜜、蜂蜡、水果、叶子、食品、森林狩猎、渔业以及在森林中生长的芳香和药用植物。这些产品大部分都收获用于家庭消费或用于出口。但本地销售数量有限。纤维是家庭工业和国内贸易项目的重要原料，特别是制作绳索和垫子。枝叶饲料、树枝和水果有助于牲畜以及生产效率的维持。在干旱季节和干旱年份对动物生存更为重要，可贡献30%～37%的动物饲料。游牧民族从苏丹北部的半沙漠地区到苏丹中南部的热带稀树草原，这是一条漫长的跨越走廊。这种运动构成了游牧民族和定居者之间的农产品和动物产品经济交换的机会。

有各种各样的土著树种，生产了多种用于家庭消费和创收的非木材林产品。纤维和藤条为家庭手工业提供了原料，包括帽子、食品罩、篮子和装饰等，各种水果用于软饮料和食品制备，可以用自然生长的方式和种植园管理的模式种植多种树木，以提供非木材材料（Elsiddig，2004）。

除了阿拉伯胶，还有一些其他的非木材林产品，如来自尼罗相思树的丹宁和来自油桐（*Vitelaria paradoxica*）的油，这是当地市场和出口的潜在商品。除了阿拉伯胶和其他胶质外，系统的非木材林产品的研究还未进行。Mahir和Eldoma关于在1995年国家森林产品消费调查框架内提出的非木质林产品的利用和销售的研究，对了解这些产品对苏丹经济的重要性，提供了一般指标和主要的统计数据。这个研究提供了18种此类产品的使用和销售数据，以及它们的销售市场和上市方式。

第六节　林业在国民经济中的作用

除了在保护环境、保护生物多样性、改良土壤，为农村人口提供工作机会等方面带来的间接效益外，林业部门一度贡献了苏丹国内生产总值的12%左右。薪材和木炭也是苏丹人民从他们的薪材林中获得的最实际的利益。1999年根据“森林产品调查”（1994）的结果，苏丹消耗的能源相当于700万吨石油当量（TOE），其中80%是以木材、木炭和其他生物物质的形式被消耗，18%为石油产品，2%为电力。阿拉伯胶每年出口量在2万～4万吨之间，获利约5 000万～8 000万美元。

苏丹进口森林产品主要是软木和木制品用于建筑和家具制造以及印刷和出版业的纸和纸制品，并满足其他行业的需求。大部分锯木、纸浆和纸张的进口主要来自中国、韩国、马来西亚、意大利、土耳其和埃及。如表14.9所示，本地和国际市场价格差异很大。

表14.9　本地和进口木材和木制品及原产国的价格（2010年）　（单位：USD）

林产品	当地价格	进口价格	来源国
工业圆木（m³）	130	767	中国、韩国 马来西亚、意大利 泰国、土耳其 埃及、阿联酋
锯木（m³）	320	1 306	
纸浆（t）	—	331	
纸和纸板（t）	—	700	

资料来源：FNC

除了表14.9所示的工业木材外，苏丹还进口一系列其他木材衍生产品，例如家具、木炭、门和其他建筑附属用品等。还有非常重要的非木材林产品需要进口，例如竹子、水果、荚果和调节剂等表14.10。

表14.10 苏丹所有合法进口的木材和非木材林产品 （单位：1×10^6US）

项目/年份	2004年	2005年	2006年	2007年	2008年	2009年	2010年
木材产品	293.5	289.1	332.6	173.7	343.7	无可用数据	477.9
非木材产品	123.3	248.5	177.4	60.6	2.8	0.8	2.2
合计	416.8	537.6	510	234.3	346.5	n/a	480.1

资料来源：FNC

苏丹林产品出口额超过进口林产品的价值，说明林业部门对国际收支的积极贡献。苏丹最重要的森林产品是阿拉伯胶。阿拉伯胶是苏丹的主要出口商品之一，对外汇收入有重要作用。尽管苏丹在世界生产阿拉伯胶中的份额在过去30年中一直在急剧下降，但与参与国外市场竞争的其他非洲国家相比，在生产和出口阿拉伯胶方面苏丹仍然具有竞争优势。过去40年来阿拉伯胶出口的总量和价值见表14.11。

表14.11 1970—2010年苏丹阿拉伯胶出口

年代	出口（t）	价值（百万美元）
1970—1979	348 120	356.5
1980—1989	247 902	504.7
1990—1999	198 477	387.3
2000—2010	307 818	454.7

资料来源：FNC

2000—2014年苏丹阿拉伯胶的主要进口国是法国、美国、意大利、德国和英国。除了法国进口增加外，其他国家在2000—2005年、2006—2010年和2011—2014年的三个时期都有所下降。法国从苏丹进口的阿拉伯胶平均占苏丹总出口额的50%左右（表14.12）。

表14.12 2000—2014年阿拉伯胶主要进口国家 （单位：千US）

时期	法国	美国	意大利	德国	英国
2000—2005	12 034	6 640	6 889	10 812	11 424
2006—2010	18 394	5 197	4 032	3 290	5 610
2011—2014	20 394	4 188	2 61	2 308	2 079

资料来源：苏丹央行年报

虽然阿拉伯胶平均占非木材林产品出口总值的85%（年份有差异），苏丹仍然有其他非木质林产品出口，如加拉德豆荚、蜂蜡、香、芳香植物和天然蜂蜜用于出口。

第十五章　渔　业

目前，苏丹渔业对国内生产总值的贡献微不足道。2013年和2014年苏丹渔业对农业国民生产总值的贡献分别为1.47%和1.52%，增长率分别为38.6%和34.3%（苏丹央行年报）。然而，苏丹拥有丰富的水资源，可有力支持渔业捕捞和水产养殖。2012年，苏丹的捕捞渔业产量估计约为3.4万吨，其中内陆捕捞量为2.9万吨，海洋渔业捕捞量为5 000吨。水产养殖部门仍然处于初期阶段，2012年的水产养殖的产量估计为 2000吨。据世界银行收集的官方认可来源的发展指标显示，2014年，苏丹的渔业总产量为35 988吨，捕捞渔业产量为34 008吨。捕捞渔业活动围绕尼罗河及其支流、季节性洪泛平原和四个主要水库以及苏丹领海红海。淡水鱼类养殖主要以尼罗罗非鱼（*Oreochromis niloticis*）的池塘养殖为基础。该国还依赖鱼和渔产品的进口，2012年进口价值为520万美元，以满足人均有限的鱼类消费。2012年鱼类人均消费约为1.1千克。出口额很小，2012年鱼类出口价值为20万美元（FAO）。

第一节　水域生态系统

苏丹水域生态系统分为内陆生态系统和海洋生态系统。

一、淡水（内陆）生态系统

1. 微生物

一般来说，苏丹南部水体中的微生物群体是主导群体，其物种组成特征是单调性和同质性。尼罗河内的浮游生物，从博尔到马拉卡勒这一区域数量非常少。河流流量高和沿水体分散的垃圾碎屑阻碍了浮游生物的生长发育。

2. 鱼类

对整个尼罗河的研究显示，尼罗河流域含有至少54属的鱼类，超过300种；在苏丹境内有29个鱼属，126种鱼类，许多苏丹淡水鱼已经被确认。在白尼罗河有24个科，已鉴定出52属和106种鱼类。南方地区最有利于鱼类繁殖和幼鱼生长，那里的水位没有大的波动，广布着繁茂的植被，可作为产卵基质、避难所和幼鱼饲养场。

3. 水生植物

苏丹水生植物（Macrophytes）的生物学、生态学和控制等都有很好的人工记录，但文献中没有关于苏丹南部白尼罗河水生植物的丰富数据。虽然在环境发展基金（EDF）赞助的“牧场和沼泽”（1979—1983年）调查期间，在灵莱项目区确定了350种高等植物，但该数字占水生植物的百分比没有确定。有一种特有的植物，是1979年发现的特殊沼泽草*Suddia sagitifofia*，这是一个新的属。

南苏丹的湿地主要是由水生植物组成的一个非常重要的生态系统。它们有重要的经济、文化和历史价值。一些专家对青尼罗河的水生植被也进行了研究。青尼罗河是一条水位落差较大的河流，其水位和流量具有明显的季节性变化，最大特点是河滩被季节性淹没。这为水生植物提供了非常有利的生态栖息地，例如*Na.las pectinata*、*Ottelia afismoides*和*Chara globalaris*等。

杰齐拉灌溉渠静水水域环境有两条主要运河，这是为了灌溉杰齐拉灌区和蒙纳基扩建项目区。这些运河从森纳尔水坝通过主运河分支出来，供应小运河，小运河流入小灌渠，小灌渠直接到耕地（可参考图6.4）。这些静水水域发现有三种类型水草：*Echinochloa haploclada*，*Sporobolus pyramidalis*和*Hyparrheina rufa*。

4. 微植物（Microphytes）

与水生植物不同的是，微植物（microphytes）反映了鲜明的场景。阿姆巴迪（Ambadi）湖位于加扎勒河（Bahr el Ghazal）和蕉尔（Jour）河的交界处，藻类的数量众多。1955年收集的样本有21个新品种，其中2项新发现获得了新的命名。这些藻类群体都是鼓藻类。还有丰富的浮游植物群落。另外一组藻类被发现是附着于淹水蕨类植物上，其中包括2种新物种。

二、沿海和海洋生态系统

苏丹红海沿岸延伸约720千米。红海海岸线的特点是区域分明，盐度是植被分区的决定性因素。植被分区包括红树林区域、白骨壤（Avicennia marina）的海岸线、盐生植物区、接收季节性降水的沿海平原、山区和高原，以及西部的半干旱地区，其特点是几种热带稀树草原植物北部分布较多。薄雾绿洲如Erkawit和Elba具有独特的植被特征。

沿海地区对渔业生物多样性非常重要。海洋渔业资源主要包括硬骨鱼类。红海已知的450种特种鱼中，在苏丹红海海域确认有250种，且93种具有商业开发价值。红海是世界三大主要拥有观赏鱼类潜力的地区之一，已鉴定了17个科的观赏鱼类。虾也被从各地捕获。

苏丹牡蛎贝壳的潜力尚未得到全面评估。沿着整个苏丹浅海沿岸的水域发现野生珍珠贝壳（*Pinctade rnargaritifera*）。自1905年以来，栋哥纳布（Dongonab）湾也有珍珠贝壳养殖。苏丹沿海的浅水区也发现了马蹄螺鲆（*Trochus dentatus* Kokian）。整个苏丹海岸线也发现鲨鱼和海参。

苏丹有世界上最美丽的珊瑚礁之一。珊瑚礁有三种类型：由珊瑚礁不断壮大成长而形成的边缘珊瑚礁，在离岸海域4.8 ~ 9.6千米的隔离礁（外礁）和已经宣布为海洋公园的桑加奈布（Sanganeb）环礁。

第二节　渔业生产

一、渔业概况

1. 渔业资源

2011年是苏丹统一历史上以及其整个经济，包括渔业的一个分水岭。南苏丹当年7月9日分离。南苏丹的独立导致苏丹损失大量内陆水域，然而苏丹的渔业仍然潜力巨大。白尼罗河和青尼罗河在喀土穆交汇形成尼罗河，这是苏丹最突出的内陆地理特征。这些河流以及苏丹境内许多其他水生栖息地的水域拥有巨大的渔业资源。

苏丹的渔业部门拥有丰富的资源基础，主要来源于以下多样的水域：离岸水域，海岸水域、青尼罗河、白尼罗河、其他内陆水域，包括其他河流、支流和洪泛区，湖泊、湿地以及为供水、灌溉和发电设计的人造水库。

主要的捕鱼地点是尼罗河流域（青尼罗河和白尼罗河）、杰布奥利亚

（Gebel Aulia）水库、路舍里斯（Roseires）水库、森纳尔（Sennar）水库、喀什姆埃尔吉尔巴（Khashm El Girba）水库、努比亚（Nubia）湖和红海。红海是苏丹海洋渔业的神经中枢，所有的河流、水库和湖泊都是内陆渔业（图15.1）。

青尼罗河（迈达尼段）

白尼罗河（科斯特段）

青白尼罗河交汇点（喀土穆）

杰齐拉引水渠（森纳尔大坝）

图15.1 尼罗河流域

2. 渔业类型

苏丹的渔业有多种类型，根据商业模式可分为三个主要部门，即：自给渔业、手工渔业和商业渔业；按照经营目的可分为水产养殖和休闲渔业。

（1）自给渔业：捕鱼为生，使用基本的捕捞方法，如矛、陷阱、撒网、渔钩和钓鱼线等，无论是在河岸还是用独木舟和木筏，主要在苏丹内陆水域作业。

（2）手工渔业：渔民通常使用传统设计的单桨推进船，有时与自给性捕鱼相辅，主要在杰布奥利亚水库以及喀土穆汇合之前的白色尼罗河下游进行。

（3）商业海洋渔业：商业渔业主要利用电动船在海洋作业，虽然仍处于起步阶段，但一些较为富裕的渔民和渔民协会（如合作社）已经作业多年。

（4）水产养殖：处于早期发展阶段，但潜力巨大。

（5）休闲渔业：目前仍不发达。

3. 渔业管理

直接参与渔业管理的机构是联邦动物资源和渔业部的下属机构渔业管理局、渔业培训研究所（隶属动物资源与渔业部）和渔业研究中心（隶属科技部）。南苏丹独立后，2011年7月，拥有10个州的南苏丹政府，成立了包括南苏丹动物资源和渔业部以及派德克（Padak）渔业培训中心。虽然内陆鱼类生产有可能增加，但内陆渔业仍然处于维持生计水平，部分原因是21年的冲突，导致渔业社区长期隔离，中断了贸易和供应渠道。其他问题和制约因素是在包括渔业政策和管理、法律法规、监测统计、基础设施和机构、投资和融资、能力培训、加工和销售等在内的机构和渠道的缺乏或不足等。

苏丹加入的国际组织包括：苏丹于1985年1月成为“1982年联合国海洋法公约”（UNCLOS）的缔约国。苏丹是渔业委员会和两个粮农组织区域渔业机构的成员：印度洋金枪鱼委员会（IOTC）和非洲内陆渔业委员会（CIFA）；还参加了阿拉伯地区渔业产品营销信息和咨询服务中心（INFOSAMAK）。重要的是，苏丹率先提出建立红海和亚丁湾渔业委员会，参见附件五。苏丹是非洲内陆渔业和水产养殖委员会（CIFAA）、印度洋金枪鱼委员会（IOTC）、红海和亚丁湾区域环境保护组织（PERSGA）等区域渔业机构成员国。

二、海洋渔业

苏丹的海洋渔业可分为远海渔业、近海渔业和沿海手工渔业以下几类。距离海岸5海里至海陆边缘的近海水域资源特别丰富，渔业非常活跃。苏丹港是苏丹通往海洋的门户，也是苏丹海域捕捞渔业和海水养殖的陆地中心。苏丹的总海岸线为853千米，大陆架面积为22 300平方千米，其在红海的领土权利则延伸到91 600平方千米的专属经济区（EEZ）（FAO，2014）。这里有水域丰富的渔业资源，还拥有丰富的珊瑚种群。它们的基本特征是弱潮流；弱浪潮（30 ~ 60厘米）；没有上升流现象；尽管水域渔业资源丰富，但与其他上升流发生的海域相比，海域更小、规模更小；水温在2月的20℃到8月的33℃之间，除起源于南部托卡尔三角洲的季节性巴拉卡（Baraka）河的流量以及沿海季节性雨水径流和短暂水湾（溪流）以外，没有长年的河流和淡水径流入海。

苏丹近海水域的生物资源在大陆架和200海里的专属经济区之间已经被大大挖掘出来，尽管不是全部的。但是，随着市场的发展对渔业的压力越来越大，渔业开发力度的扩大势必继续增加。这种趋势的标志是，多年来，越来越多的重吨位渔船已经在苏丹红海地区进行登记运作。

1. 苏丹专属经济区内的渔业

苏丹专属经济区内的渔业包括：海湾、入海口和突起的台地以及内陆延伸1～5千米的水体；近岸1千米沿海船只通道；距离海岸平行1～2海里的边缘礁石；拥有短鳍鱼属（*Aprion spp*）和鲨鱼的深船通道；大陆边缘的外部障碍礁；超过300寻（549米）的远洋地带。

2. 捕捞资源

苏丹海洋渔业主要在沿海地区，采用传统装备，传统工艺如纸莎草筏和独木舟以及传统的捕捞技术，而海洋商业渔民则使用围网渔船和小型、中型拖网渔船利用大陆架内外的资源。苏丹手工海洋渔业的目标生产资源包括：有鳍鱼（硬骨和软骨鱼）；甲壳类，特别是小虾和对虾；软体动物，特别是珍珠母蚝；海参（*Echinoidea*）。

商业海洋渔业，使用拖网渔船，围网和机械化工艺，重点是中上层和深层有鳍鱼类以及对虾资源。手工渔业鱼类有乌鱼、石斑鱼（*Epinephelus areolatus*）、白斑笛鲷（*Lutjanus bohar*）、康氏马鲛（*Scomberomorus commerson*），这些是最重要的海洋渔类；其次是拖网渔业鱼类；再次是野生软体动物渔业；紧随其后的虾类渔业；而鲨鱼渔业、海参和沙丁鱼的渔业微不足道。2009年获得5 700吨的海洋总捕捞量，2012年海洋捕捞量为5 000吨。

鱼类码头通常由硬骨鱼和软骨鱼品种占主导，包括鲨鱼、凤尾鱼、金枪鱼、海鲂和鲷鱼以及由甲壳类动物和软体动物。

金枪鱼不是苏丹红海沿岸的捕捞目标。从苏丹港鱼市记录的统计数据来看，所有金枪鱼都以鲭鱼名义记录。鲨鱼和其他海鱼产品在苏丹港的鱼市也有记录。对海洋哺乳动物和海鸟没有统计和定期的数据。

（1）软骨鱼类：在众多的物种存量中，软骨鱼类动物群为49种，鲨鱼占总量的57%左右。最重要的软骨物种如下表15.1所示。

表15.1 苏丹红海的主要软骨鱼

通用名	学名
长尾鲨	*Alopias vulpinus*
锈须鲛口鲨	*Ginglymostoma ferrugineum*，*syn. Nebrius ferrugineus*
虎鲨	*Galeocerda cuvier*
大星鲨	*Mustelus canis*
犬鲨	*Scoliodon palasorrah*，*syn. Rhizoprionodon acutus*

（2）硬骨鱼类：对于海洋硬骨鱼，红海捕捞中记录了约280种，其中70%包括：石斑鱼（*Epinephelus areolatus*）、白斑笛鲷（*Lutjanus bohar*）、隆背笛鲷（*Lutjanus gibbus*）、裸颊鲷（*Lethrinus* spp.）、鲹属（*Caranx* spp.）、斑鳃棘鲈（*Plectropomus maculatus*）、康氏马鲛（*Scomberomorus commerson*）、鲻属（*Mugil* spp.）和短鳍笛鲷（*Aprion* spp.）。

（3）虾类：苏丹海域捕获的甲壳类动物的大部分。最引人注目的虾种有*Peneaus semisulcatus*、Peneaus latisulcatus和 Metapeneaus monocerus；它们可以从托卡尔（Toker Delta）三角洲、阿格古（Agieg）湾、莫加达姆（Mogadam）洲和纳瓦拉（Nawarat）河等渔场捕获。

（4）珍珠牡蛎：珠母贝（*Pinctada margaritifera*）、马蹄螺鲆（*Trochus dentatus*）、凤螺（*Strombus* spp.）和兰比亚属（*Lambia* spp。），这些是为欧洲市场捕获的主要软体动物，它们用于钮扣生产、镶嵌工作和化妆品生产。

（5）其他水产：苏丹的领海偶尔利用的其他海洋生物资源还有海参（*Echinoidea*）；哺乳动物如儒艮（*Dugong dugon*）；3种海豚，即普通的海豚（*Dolphinus dolphin*）、宽吻海豚（*Tursiops truncatus*）和灰白海豚（*Sousa plumbea*）；海龟，如绿海龟（*Chelonia mydas*）和玳瑁（*Eretmochelys imbricata*）；海藻包括喜盐草（*Halophila ovalis*）、盐黄花（*Halophila stipulacea*）、二药藻（*Haloduleuninervis*）和海黾草（*Thalassia hemprichii*）；红树植物白骨壤（*Avicennia marina*）。此外，红海的珊瑚礁比较多，潜水员利用三种已知类型的珊瑚礁，即边缘珊瑚礁、障碍礁和环礁。

3. 码头

海鱼捕获后被带到红海沿岸的码头和渔村。表15.2展示了主要的捕捞码头和重要的村庄；它们被划分为若干地理区域以便于管理。

表15.2　苏丹主要的海洋捕捞区，其特点和百分比

渔业区	位置	特点	占比（%）
南部	Nawarat	通海小河（水道）	40
	Khalafia（Ras Abbas）	捕捞码头/村庄	
	Ageing	捕捞码头/村庄	
	Ras Asees	捕捞码头	
	Trikitat	捕捞码头/村庄	
	Ashat	捕捞码头/村庄	
	Takrinyay	捕捞码头/村庄	
	Sheihk Saad	捕捞码头/村庄	
	Sheihk Ibrahim	捕捞码头/村庄	
	Heidoub	通海小河/捕捞码头	
	Hidi（Houb）	通海小河/捕捞码头	
中部	Sawakin/Osman Digna	港口，乘客和货物	20
	Antabeeb	捕捞码头/村庄	
	Damat	捕捞码头/村庄	
	Ein Harees	石油出口/免税区	
	Housheri	免税区	
	Kewi	捕捞码头	
	Ata	捕捞码头	
	Ameed	捕捞码头	
	Port Sudan	主港/城镇	
	Flamengo	船舶停留	
	Haloot	村庄	
	Al Ragaba	旅游村	
	Darour	村庄	
	Arous	旅游村	
	Fiega	捕捞码头	
	Arkyay	村庄	
	Salak El Sageer	捕捞码头	
	Salak El Kabeer	捕捞码头	
北部	Takfial	捕捞码头	40
	Sheihk accod	捕捞码头	
	Mohammed Goal	渔港/村庄	
	Dongunab	港湾/村庄	
	Dalaw	捕捞码头/村庄	
	Shanaab	港湾	

（续表）

渔业区	位置	特点	占比（%）
北部	Ooseif	港口/村庄	40
	Halaib	港口/村庄	
	Abu Ramad	村庄	
	Shlatain	村庄	

4. 捕捞方法/系统

在苏丹的海上手工渔业中，渔民主要采用传统装备，例如渔竿、线、长线钩、撒网、鳃网和拉网。捕捞方式在很大程度上也是传统的，捕鱼工艺也包括侯瑞斯（独木舟）、桑布克（快艇）以及斐卢卡（木制和钢铁船）。虽然大部分独木舟是由木桨或竹竿驱动，但是桑布克和斐卢卡也都有内置或外置的发动机。此外，几乎没有相对较大的木制和钢质拖网渔船从事有限的季节性捕捞活动。海洋渔业大部分是季节性的，主要使用围网渔船和拖网渔船，目标主要是虾、金线鲷鱼、蜥蜴鱼和山羊鱼。苏丹在红海区域的拖网渔船范围覆盖面积71 000公顷。

5. 海洋渔业的应用管理

苏丹目前重点管理以下捕捞渔业：有鳍鱼类渔业、贝类渔业、虾类渔业，对海参和海洋环境的保护程度较小。

（1）管理目标：政府在这方面的主要目标和意图是：合理利用和保护海洋生物资源；保护海洋环境免受污染和生态退化；促进投资；发展农村社区；改善鱼类分销和销售；协调国家、区域和国际层面沿海综合管理工作。

（2）管理措施和制度安排：苏丹渔业原则上适用以下管理措施。

技术措施：

捕捞准入规定：当地渔民和渔船应当获得许可；外国船只应与苏丹对口单位签约并获得特别许可证。

网格规定：推荐用于渔具的标准网眼尺寸，执行日常检查。

禁止不正当的捕鱼方法：捕鱼时禁止炸药、毒药和矛枪。

定期提高渔民的能力：培训、推广服务，改进渔船，建立船舶和发动机维修车间，提供基本服务。

封闭区域：被指定为海洋公园的桑加奈布（Sanganab）环礁岛禁止捕鱼。牡蛎养殖、小规模捕鱼和野生牡蛎收集，也在国家保护的栋哥纳布（Dongonab）湾被禁止。

休渔期：在3月中旬到8月中旬的繁殖季节，虾场不允许捕捞。

输入控制：所用渔具和工艺是已经注册的；渔具和工艺需要获得初步批准和规范批准。

产出控制：规定外国承包船舶的有鳍鱼和虾的总允许捕捞量（TAC）；对于手工船只没有规定捕鱼的配额。

经济激励：对于私营部门捕鱼公司的激励措施载于“鼓励投资法”。当地渔民从有偿还款条件的信贷计划中获益。

6. 渔业团体

2009年海洋渔业共有2 300名渔民组成，其中共有1 500名兼职，800名全职人员参与沿海海洋渔业。这些不同种族的渔民，大多数属于各种渔业协会和工会，包括：萨瓦金的难民合作社、奥舍瑞（Ausheri）渔民联盟、东海岸渔民联盟、红海船舶船主联盟和穆罕默德目标渔民协会等。

三、淡水渔业

白尼罗河、青尼罗河及其支流，杰贝奥利亚（Gebel Aulia）、路舍里斯（Roseires）、哈什姆·埃尔吉尔巴（Khashm El Girba）、森纳尔（Sennar）和努比亚（Nubia）等5个人造湖，是苏丹主要内陆捕鱼区域。尼罗河是世界上最长的河流，全长6 700千米，很大一部分流经苏丹，是流经总面积最大的河流。

路舍里斯、森纳尔和哈什姆·埃尔吉尔巴的渔业处于充分开采阶段，杰贝奥利亚的渔业已经过度扩张，而努比亚湖仍然在很大程度上受到不利影响。渔业正在日益商业化，尽管在内陆渔业中使用的捕捞技术和工艺在很大程度上仍然是手工的。

苏丹淡水渔业的开发模式是多样的，因为内陆水域本身是多样化的。位于尼罗河及其支流网络内的5个人造湖一起维持每年约23 700吨的鱼类生产能力（FAO，2014）。

1. 水库码头

除主尼罗河之外，白尼罗河上的杰贝奥利亚水库、青尼罗河上的路舍里斯水库和森纳尔水库，沿阿特巴拉河的哈什姆·埃尔吉尔巴水库和尼罗河上的努比亚湖，都是人造湖，并构成重要的淡水码头，具有大量渔业捕捞能力。考尔斯（Khors）、哈菲雅（haffirs）[①]和灌溉渠是其他捕鱼活动的水体。水库的基

① 考尔斯：溪流；哈菲雅：自然或人造雨水蓄水池

本特征见表15.3。

表15.3　苏丹尼罗河网络五座人造湖泊的基本特征

水库面貌	杰贝奥利亚	努比亚湖	路舍里斯	森纳尔	哈什姆·埃尔吉尔巴
流域	白尼罗	尼罗	青尼罗	青尼罗	阿特巴拉河
开启年份	1 937	1 964	1 966	1 925	1 964
表面积（千米^2）	600 ~ 1 500	830 ~ 1 144	290	140 ~ 160	125
长度（千米）	629	180	75	—	99
最大深度（米）	12	25	68	26	10
鱼潜力（吨/年）	15 000	5 100	1 700	1 100	800
鱼类数量	56	43	22	22	15

（1）杰贝尔奥利亚水库：杰贝尔奥利亚水库是由于1937年在白尼罗河上的杰贝尔奥利亚大坝造成的，位于喀土穆以南45千米，平均深度为2.6 ~ 6米，表面积为600 ~ 1 500平方千米，年产能达1.5万吨，现在年捕捞量为13 000吨，占总产能的86%。

（2）努比亚湖：这个湖泊在远离喀土穆的沙漠中，遭受了生产困难和非法开采。湖泊建于尼罗河流域，水面1 144平方千米，平均深度25.2米，年生产能力达到5 100吨，实际生产年均不超过1 000吨，只占库容的19.6%。水产种类限于25个科的48种。湖泊的最高生产率是两个时期：夏季的3—6月和洪水期的8—10月。

（3）路舍里斯湖：路舍里斯湖于1966年在青尼罗河盆地建成，面积290平方千米，最大深度68米，平均深度3米。每年容量为1 700吨，而每年捕捞约1 500吨的鱼，达产能的88.2%。

（4）森纳尔水库：建于1925年，在青尼罗河盆地，估计地表水面积为140 ~ 160平方千米，最大深度为26米，平均深度为6.5米。据估计，森纳尔水库的捕捞潜力约为每年1 100吨，而实际产量为每年1 000吨，达产能的91%。

（5）哈什姆吉尔巴水库：建于1964年的阿特巴拉河流域，估计水面125平方千米，平均深度为6.8米。水产容量每年860吨，年开采量800吨。

（6）麦罗维大坝：在麦罗维大坝建成后，可以投入大量的水来生产数量庞大的鱼，除了在该地区建立与环境相适应的养鱼场外，还能给该地区提供更多就业机会；麦罗维大坝农业发展局在这个方面起着重要作用。在伊姆雷（Imre）地区建立一个占地45英亩的示范养鱼场，用于开发当地鱼类或进口鱼类。建立鱼池和农场的目的，是补偿湖中缺乏的鱼类，专门释放当地鱼苗在湖中的农场生产。麦罗维大坝农业发展局引进了几种鱼类，用于消除水渠和农业项目的水生杂草和灌木。引进的主要是草鱼和鲤鱼两种鱼类。

目前在麦罗维湖上捕鱼的场址约35个，渔民约370名，但捕鱼仍是一些古老的传统方式，不能捕捞到更深处的鱼，而且鱼不论大小全部捕捞，对鱼的生产非常不利。当局试图通过引进现代技术进行捕捞和举办研讨会，教育渔民维护鱼类种群，保持鱼的种类和数量之间的平衡；同时也正在寻求引进笼养技术。

2. 捕捞方法

在苏丹的所有内陆水域进行常规和季节性的广泛手工捕鱼活动。渔民主要使用传统工艺，包括木筏和独木舟。商业渔业公司使用机动钢船和板条船。公司和主要的鱼类贸易商采用绝缘卡车和冰箱将鱼运输到市场。内陆渔业使用的渔具包括传统的陷阱、矛、延绳、钩线、漂流刺网、拉网和三层刺网等。

3. 主要资源

苏丹的淡水鱼类已知的超过100种。表15.4说明这些物种的数量和其分类地位。苏丹淡水鱼名录参见附件六。

表15.4 苏丹淡水鱼类及其各个品种的数量

品种序号	科	品种数量	品种序号	科	品种数量
1	*Propteridae*	1	10	鲤科*Cyprinidae*	25
2	多鳍鱼科*Polypteridae*	3	11	鲿科*Bagridae*	7
3	鳗鲡科*Angullidae*	1	12	北非鲶科*Schilbeidae*	6
4	骨舌鱼科*Osteoglossidae*	1	13	*Amphillidae*	1
5	弓背魚科*Notopteridae*	1	14	*Claridae*	8
6	象鼻鱼科*Mormyridae*	15	15	电鲶科*Malapteruridae*	1
7	裸臀鱼科*Gymnarchidae*	1	16	倒立鲶科*Mochochidae*	15
8	*Cromeridae*	1	17	鳉科*Cyprinodontidae*	3
9	脂鲤科*Characidae*	9	18	花鳉科*Poecillidae*	1

苏丹淡水鱼上岸的品种以以下品种为主：裸臀鱼（*Gymnarchus* sp.）、非洲黑龙鱼（*Heterotis* spp.）、琴脂鲤鱼（*Citharinus* spp.）、胡鲶鱼（*Clarias* spp.）、尼罗尖吻鲈（Lates niloticus）、罗非鱼（*Tilapia* spp.）、野鲮鱼（Labeo spp.）、鲑脂鲤属（*Alestes* spp.）、多斑复齿脂鲤（*Distichodus* spp.）、大鳞肥鲤（Barbus binny）、鲿鱼（*Bagrus* spp.）和鲸形鲶科。

4. 渔业管理

动物资源部渔业管理局管理苏丹内陆水域的渔业。

（1）战略目标：建立和维持繁荣的渔业；加强研究能力，提高行政效率；国家投资促进；改善渔民的社会经济地位；向利益相关方传播信息；增加鱼类生产；提高鱼和鱼产品的质量；加强鱼类营销；努力协调与有关国家和国际机构的关系。

（2）技术措施：捕鱼准入规定，全日制渔民和渔船已经登记并签发了必须每年更新的许可证；网格规定，渔网规格由渔业条例规定，具体视目标鱼种类而定。经常进行零星检查以执行本规定；禁止不正确的渔具和方法，禁止使用单丝丝网，禁止通过电触、炸药和有毒物质进行捕捞；封闭区域，尚未建立封闭区；封闭季节，原则上，根据库存情况规定休渔季节；提高渔民的能力，这是通过培训渔民、推广服务和改进渔具和手工来实现的。替代渔业和新渔业，在杰贝尔奥利亚水库中进行有限的罗非鱼笼养饲养。此外，努比亚湖已经开始实验拖网捕捞。

（3）输入控制：任何地区经营的渔船的数量均通过许可证的方式进行控制；事先许可并遵守进口钓鱼线、网和手工捕捞所需的规定规格。

（4）产出控制：没有严格的措施来控制不同水库的允许捕捞量，在杰贝尔奥利亚水库北部某些地方观察到过度捕捞的迹象；捕鱼法禁止捕获过小的鱼；被捕的鱼类在违法的情况下被没收，并给予严厉的惩罚。

（5）激励措施：《鼓励投资法》鼓励发展渔业项目；最长免征五年的营业利润税；在到期日以最佳申报汇率汇出外国资金的财务利润和费用或以进口资本或贷款的货币贷款；以优惠条件分配土地；一些渔具和工具，按照分期付款和租金付款条件提供给渔民；没有鱼类价格限制，从而允许市场力量确定需求和供应水平；银行贷款给合格的投资者。

5. 渔业团体

约26 000名渔民，包括20 000名全职和6 000名兼职人士，参加了2009年的苏丹内陆捕鱼作业。虽然由阿拉伯部落主宰，但渔业也涉及其他民族的渔民。所有这些不同的人民居住在同一个捕鱼社区，因此，引起广泛的文化融合，融合了不同的民族社会背景和捕鱼技能。这些渔民，特别是处于社会经济下层阶级的工匠，经常被在相对较好的条件下组成的较大团体所蔑视。一般来说，渔业社区缺乏适当的组织结构，尽管在白尼罗州和喀土穆州也有一些组织有序、有效率的渔民团体存在。

四、水产养殖

在苏丹，水产养殖有海水鱼养殖和淡水鱼养殖，且有巨大的潜力，能大大提高全国的鱼类生产。但2010年仅收获了2 000吨鱼类。

1. 海水养殖

海水养殖在苏丹港沿岸的红海大陆架地区进行。主要是在海上进行牡蛎养殖，鱼类养殖大部分在淡水系统中进行。在苏丹，海水养殖起源于1905年，当时在栋哥纳布湾建立了一个珍珠母蚝（*Pinctada margaritifera*）的实验农场。随着试验成功，基于基层培养技术的家庭农场和牡蛎出口快速兴起。苏丹海域由于牡蛎资源的巨大潜力而闻名于世。萨瓦金（Sawakin）群岛和栋哥纳布（Dongonab）湾汲取了最好的肥沃土地。苏丹红海北部沿海地区进行牡蛎养殖，几乎所有的珍珠养殖生产基地均位于乌姆谢赫（Um El-Sheihk）岛和周边地区。

其余的海水养殖技术是浅层沿海水域的底层和离底牡蛎养殖，以及一些陆上对虾养殖。养殖操作有三个阶段：贝苗收集、苗圃、养殖直至达到市场要求的规格。牡蛎和其他软体动物的繁殖发生在6—7月的夏季。需要大约3年的培养周期来生产市场可接受的尺寸的牡蛎壳。

为减轻天然牡蛎种群的压力和稳定生产，牡蛎养殖受到国家鼓励，但产量低于预期的生产水平。苏丹水产养殖业相对失败的主要原因是缺乏相关专门知识和现代生产技术，以及欧洲珍珠价格大幅下滑，因为苏丹的贝壳主要出口到欧洲用于制造钮扣、镶嵌和化妆品。所以，牡蛎家庭农场发展计划的活动受到严重阻碍。

2. 淡水鱼养殖

伴随着1953年在栋哥纳布、喀土穆建立的研究/示范农场，淡水鱼养殖得到快速发展，主要养殖品种为本地的有鳍鱼以及引进的外来品种。表15.5展示了苏丹引进的淡水品种和养殖目的。

表15.5　苏丹引进外来水产养殖物种

品种	推出年度	起源	目的
食蚊鱼属*Gambusia* sp.	1929	意大利	疟疾控制
鲑属*Salmo* sp.	1947	肯尼亚	运动钓鱼
罗非鱼*Tilapia melanopleura*	1953	刚果	杂草控制
锦鲤*Cyprinus carpio*	1975	印度	池塘混养
草鱼*Ctenopharyngodon idella*	1975	印度	杂草控制

资料来源：FAO

淡水养鱼场的做法主要是基于池塘系统，浮体笼和工业混凝土池塘的比例不大。而且这个系统是尼罗罗非鱼主导的、主要的、广泛的养殖系统。这在一定程度上是苏丹唯一成功养殖的本土鱼种；虽然养殖试验已在尖吻鲈罗非鱼（*Lates niloticus*）、鲮属（*Labeo* spp.）和胡子鲇（*Clarias gariepinus*）上已开展，但这种成功微不足道。

五、休闲渔业

休闲渔业在苏丹仍然不发达，主要是因为经济困难和国民对粮食安全的重视。不过，尽管如此，一些体育钓鱼活动，如水肺潜水、水下摄影、海洋海域旅游和在内陆水域钓鱼等，偶尔也有举行。此外，众多珊瑚礁群体共同拥有的鱼类资源有强大的能力支持繁荣的观赏性渔业。而苏丹港东北35千米处的桑加奈布环礁，自1990年以来一直被国际公认为国家海洋公园。

六、鱼类市场

1. 鱼的消费

在苏丹鱼类终端用户以多种方式利用捕获的鱼。约70%的鱼被新鲜消费，干制和腌制分别占25%和5%。从遥远的渔场，鲜鱼被冷冻或冷藏运送到国家首都喀土穆和其他城镇。晒干的产品主要用于贫困农村社区，这里主要依赖于雨养农业而且没有足够的鱼类保鲜方法。湿腌制品主要包括虎鱼（*Hydrocyon spp.*）、鲑脂鲤（*Alestes spp.*）和鲻鱼（*Mugil spp.*），用于当地消费或出口。虾和对虾是当地价格昂贵的美食，特别是在高档酒店。用于动物饲料生产的捕捞量可以忽略不计，主要由低值物种、丢弃物和内脏组成。

虽然珍珠牡蛎（*Pinctada margaritifera*）和腹足动物（*Trochusdentatus*）的贝壳销售到欧洲市场，但其他贝壳也被收获并作为动物饲料的钙源或者是纪念品销售。此外，捕获的很小一部分在当地家庭手工业用于生产工艺品和化妆品。大量的收获因为不当的保鲜、加工、存储和分销处理而损失，个人、用具和环境卫生条件差，而且缺乏基本的鱼类生产加工技术。

2. 鱼类市场

虽然最大的淡水鱼市场是在首都喀土穆，一些虾也在首都出售，但苏丹港是海产品的主要消费地。此外，红海、卡萨拉和加达里夫州构成海产品的可观市场。沿尼罗河的大城镇几乎都有鱼类销售市场。

第三节 渔业对社会经济的贡献

一、渔业在国民经济中的作用

苏丹2012年国内生产总值587.7亿美元之中，渔业略有贡献，虽然由于普遍的统计数据收集工作不佳，并没有记录确切的价值。但是，2009年的鱼类出口总值为20万美元，人均鱼类消费量为1.8千克。海洋捕捞和内陆水域的渔业对经济的贡献相对较高。然而，全国鱼类产量仅占本地鱼类需求的一小部分，而进口量仍然有所增加。

二、贸易

由于生产水平较差，苏丹的鱼类自给自足水平较低，因此，进口鱼类以满足日益增长的年度需求。苏丹与其他非洲和阿拉伯邻国之间存在着涉及鱼和鱼产品进出口的蓬勃发展的跨境贸易。

2009年，苏丹的鱼和鱼类产品的进口额为460万美元。由于当地的鱼类生产不足以满足人们的消费需要，冷冻鱼从埃塞俄比亚进口，虾从阿拉伯联合酋长国、沙特阿拉伯和埃及进口。罐头沙丁鱼、鲭鱼和金枪鱼从不同的亚洲和欧洲国家进口。另外，约有1.6万吨的新鲜鱼类从南苏丹通过松懈的边境进口到白尼罗州的科斯蒂和苏丹其他南部地区，甚至从那里运到首都喀土穆。另外，一批数量不详的称为迈达夏（Mandesha）的鱼类产品（柳条篮中小型鱼类的压实块），通过相同的途径从南苏丹跨境交易。

在出口方面，重点是海鱼类产品，包括有鳍鱼、海参、虾和一些腌制的鲻鱼制品。养殖虾出口到沙特阿拉伯，少量鲨鱼鳍被带到亚洲。埃及和欧洲是其他苏丹鱼出口目的地。

三、营养安全

虽然渔业对国家生产总值贡献的确切价值未被记录，但整个农业部门（其中包括渔业）贡献了国内生产总值的24%，达141亿美元（FAO，2014）。鱼和鱼类产品在苏丹饮食中得到高度赞赏，因为它们是不可或缺的高价值营养品，它们对人口的食物和营养安全作出了重大贡献。

四、就业

渔业和水产养殖部门在苏丹产生一系列全职或兼职的就业活动。这些可分为初级和二级就业的活动，吸引渔民、鱼类加工者、营销人员、造船工人、渔具贸易商和养鱼者等。2009年，共有6 800人从事兼职海洋和内陆水域捕鱼活动，全职渔民人数为21 500人，比2006年的12 900名全职注册渔民数大幅增加了67%。而2010年共有28 300名渔民共同参与海洋和内陆渔业活动。

五、农村发展

苏丹的大多数农村地区都受益于在周边进行的渔业活动。渔业和相关经济运行产生就业和投资机会，从而遏制城乡人口转移。

位于苏丹北部沿岸的小型牡蛎养殖场，对这些多民族社区的社会经济状况的稳定和改善作出了重大贡献，这些社区几乎没有其他创收机会。因此，渔业和水产养殖有可能加强苏丹的农村社会经济稳定。

农村渔业社区比其他地方更多地主要依靠鱼类来摄取人体需要的蛋白质，这些社区人均鱼类消费量明显高于全国平均水平。因此，渔业可以为这些社区发挥作为粮食和营养安全、生计和创收的主要来源的多重不可或缺的作用。另外，一些社区是关系密切的、强大的和有组织的，从而具有足够的能力，使其领域得到改善。在一些农村社区渔业往往几乎是全部生活的唯一中心，如社会、文化和政治活动都围绕着鱼。但是，有时关于水的使用确实发生了竞争，竞争的一方是渔民/养鱼者，另一方是农民/牧民，他们都需要水来灌溉或供牲畜饮用。

第四节　渔业发展的制约因素和机遇

一、制约因素

苏丹的渔业和水产养殖充满了许多制约因素，其中包括：由于数据收集不力，不能获得全面的数据覆盖，现有的数据很大程度上不可靠，这大大妨碍了渔业管理和政策制定。缺乏有能力和经验的渔业管理和技术人员；一些河流和支流上的茂密植被对捕鱼和导航构成重大障碍，导致资源利用、鱼类密度和鱼产品的生产力不足；大量的珊瑚礁群落对拖网捕捞潜力的挖掘构成了障碍；

尽管水产养殖有其良好条件，但其发展是边缘化的；由于处理不良、保存、加工、储存和分配不畅造成收获后的损失很高，部分原因是个人用具不当，或者卫生条件太差。

二、发展机会

但苏丹渔业和水产养殖方面的机会也比较多，其中包括：在其所有先决条件良好的情况下，水产养殖是提高苏丹鱼类生产水平的必要条件；改进捕捞渔业技术和获得必要的专门知识，肯定会促进生产发展；随着捕鱼技术和饲养技术的改进，价值链上的渔民和其他人将有很多的初级和周边就业机会，以提高其粮食安全、营养和社会经济地位；技术和经验丰富的渔业管理、技术和推广服务可以给渔业和水产养殖带来显著发展；通过改善卫生、鱼类处理、保存、加工、储存和分配，可以大大减少收获后的损失。

第五节 政策和发展战略

一、发展战略指导原则

苏丹“1/4世纪战略”（2002—2027年）要求以下要素作为渔业部门战略的价值指导：加强渔业在减贫、粮食安全、人类健康和环境方面的作用；推进科学研究和技术进步，提高生产效率；通过可持续生产管理，减少鱼类库存和补充的污染控制，合理利用、保护和发展水产和渔业资源；加强经济基础设施，促进私有化；加强公共和私营部门机构设置；确保渔业部门受益人参与管理和发展进程；通过改进营销渠道、质量控制和安全，加强和发展渔业产品的竞争力；促进可持续发展；发展和加强信息资源和数据库；加强区域和国际合作，包括国际协议、经验交流、联合计划和科学论坛；进行体制和立法改革；加强中央和州级公私部门之间的协调机制；建立和发展渔民和生产者组织；通过采取轻松的信贷制度，激励鱼类生产者和渔业投资者。

二、发展战略的主要内容

环境可持续性；合理利用和节约资源；水产养殖投资与发展；发展水产养

殖渔业；保护遗传资源；提高鱼类产品质量和安全性；人力资源投资；研发投资；加强数据库和联系；机构支持；促进营销和贸易；区域和国际合作。

第六节 研究教育和培训

一、研究

渔业研究主要在动物资源研究公司（隶属于科学和技术部）渔业研究中心进行，该研究中心设有的专业站点的地理位置涵盖主要海洋和内陆水域。有以下研究站可用：渔业研究中心，总部喀土穆；红海研究站，苏丹港；白尼罗河研究站，科斯蒂；努比亚湖研究站，瓦迪哈尔法；路舍里斯研究站，达玛津；喀什姆·埃尔·吉尔巴研究站，哈尔福·埃尔·加迪达；水产养殖研究站，喀土穆。

红海渔业研究站本身主要涉及海洋渔业，水产养殖研究站针对当地关注的鱼类养殖研究。位于喀土穆北部的苏丹科技大学动物生产科学与技术学院渔业和野生动物科学系、红海大学和国内其他一些大学，也开展了渔业研究。

二、教育和培训

苏丹有100多所大学，其中一些像红海大学和苏丹科技大学，进行渔业培训。喀土穆大学动物生产学院和森纳尔大学自然资源学院也提供渔业课程。渔业培训处负责为渔业官员、技术人员、养鱼者和渔民设计短期课程。

三、外援

协助苏丹发展渔业的一些国际组织有：联合国粮食及农业组织（FAO），联合国开发计划署（UNDP），石油输出国组织（OPEC），联合国儿童基金会（UNICEF），红海保护和亚丁湾区域组织（PERSGA），乐施会（OXFAM）和加拿大国际发展研究中心（IDRC）。粮农组织通过其渔业部门，特别在苏丹的渔业和水产养殖可持续发展方面发挥了重要作用。其他国际援助组织参考附件五。

四、法律框架

关于苏丹渔业的总体法律文书是1998年《苏丹共和国宪法》。1954年《淡水捕捞法》经过1960年第一次修订，1995年再次修订。该法律规定了内陆捕捞渔业的相关事宜。

苏丹“1/4世纪战略”（2002—2027年）规定了渔业部门的一系列指导原则。而且，1975年《海洋渔业条例》继承了1937年《海洋渔业条例》，旨在规范在苏丹领水内的捕鱼和海洋资源的利用。

区域和国际法律框架：

1985年1月，苏丹成为“1982年联合国海洋法公约”的签署国。该公约规定了世界海洋上的全面治安制度，并制定了一切海洋用途及其资源的规则。

五、制度框架

渔业研究中心（科技部）负责渔业研究；位于联邦动物资源和渔业部内的渔业局负责规划、政策制定、提供培训和推广服务，以及对渔业部门进行总体监督。图15.2是动物资源和渔业部渔业局的组织结构图。

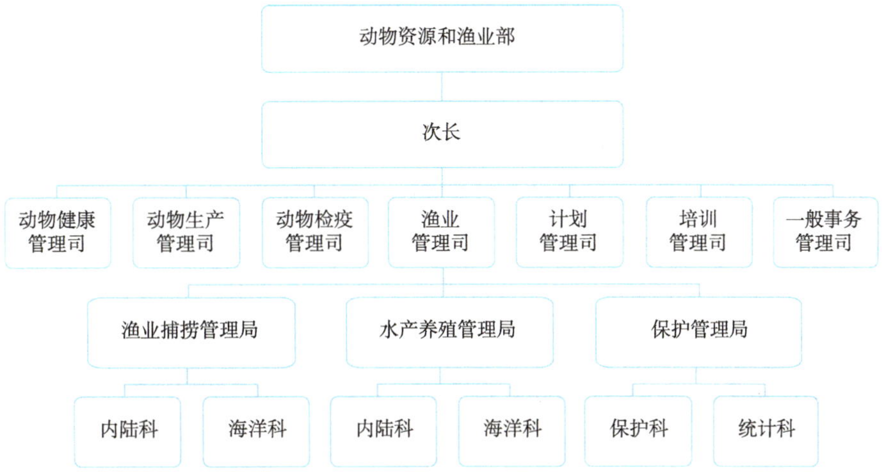

图15.2 苏丹动物资源和渔业部渔业管理组织结构

第十六章　农业加工业

苏丹工业基础薄弱，农业加工业也不完善，但农业加工业是苏丹工业最重要组成部分，也是苏丹工业发展的先驱。首先在1918年成立了一家水泥厂，标志着苏丹工业化的开始。食品加工业始于20世纪40年代，伴随着植物油提取和洗衣皂的生产。另外还有很多传统手工行业也逐渐兴起。

在20世纪初，棉花轧花促进了苏丹的工业化开端。独立后不久，苏丹就出现了“工业发展”的概念。随着棉花生产的扩张，轧花厂数量不断增加，杰齐拉董事会独自经营着世界上最大的苏丹唯一的轧花厂。此后建设了超过25家纺纱和织造厂，其中大部分建于20世纪60年代和70年代。

20世纪60年代制糖业的建设，使工业部门进一步扩大。此后，该行业被认为是社会和经济可持续发展的基本要素之一，制糖业创造新的就业机会以及个人和国家收入的多样化手段。

苏丹的制造业分类按照国际标准类别（ISO）可分为：食品工业，纺织和印染，烟草制品，工程，化学药品，建筑材料，非金属矿产品，金属矿产品，包装产品，印刷出版，橡胶制品，皮革鞣制和加工，锯木和木材，纸张和纸制品等。

在制造业方面，以农产品加工为主，特别是纺织、制糖、油料加工、蔬菜和水果加工、软饮料生产、淀粉和葡萄糖、皮革制品和轻工业部门等。私营部门占苏丹国内生产总值的70%以上；制造业企业占84%，占总产出的80%以上，占总资本额的50%以上。在私有化之后，私营部门的份额变得更加重要。食品加工、纺织和鞣革和皮革制品是主要的加工部门。制造活动高度集中在喀土穆和中部地区。这两个地区约占制造业的60%，占制造业就业总量的80%，占制造业总产出的75%。

工业部门由联邦一级的工业部和投资部和州级相似的部长监督。工业研究和咨询中心（IRCC）为行业提供了充分的研究和咨询服务。此外，苏丹标准与计量组织（SSMO）通过确保完全符合原材料和投入使用标准以及最终产品的标准来保障行业利益。苏丹有两个免税区，红海州免税区和阿尔佳利（AL Gaily）免税区。在这些免税区投资比在国内其他地区投资享有更多的权利。他们享有至少十年的豁免商业利润税。这些投资中的员工免征个人所得税。免税区项目允许雇佣外劳而不受限制，还可以为他们生产的商品和服务收取外汇。

第一节 饲料工业

根据粮农组织的说法，动物饲料工业的定义有三个类型。其一是商业经营，“以商业运作模式生产饲料用于销售”，二是综合经营，“大生产者特别生产自用饲料的综合经营”，第三是合作经营，“农民共同拥有使用饲料的饲料厂或生产车间的合作经营”。在许多国家，使用了“混配饲料”和“复合饲料”。

苏丹动物饲料的生产始于20世纪60年代初，由于干旱、荒漠化、火灾和过度放牧，苏丹的自然牧场受到重大影响，饲料生产变得越来越重要。饲料生产行业基本上都位于首都喀土穆附近，部分工厂位于杰齐拉、卡萨拉和加达里夫州。在喀土穆州有27个动物饲料厂，现在只有19个在运行。加工饲料总产量为176.7吨，估计为这些工厂的设计能力的60%。肯纳纳糖业公司（KSC）于2004年在白尼罗州建立了现代动物饲料厂，年产量达7.5万吨，到2007年实际产量达10.5吨/小时。肯纳纳动物饲料厂旨在利用精炼糖时的甘蔗渣（SCB）、甘蔗糖蜜（SCM）和甘蔗稍（SCT）等农业副产品。

饲料标准：动物饲料工业是苏丹主要的动物饲料资源之一，它为家禽业提供了饲料、矿物质和维生素。但饲料工业对牲畜饲养的贡献较小，因为牛和羊主要是依靠放牧。动物营养学家根据苏丹当地动物的营养需求，对饲料营养成分进行了一些研究，提出了一些初步标准，但这些标准缺乏可操作性，且不系统、不全面。没有这些标准，苏丹的动物饲料工业就不可能发展起来。配方平衡的饲料要以公布的温带饲料和品种建议为依据，之所以这样做，是因为，国家研究委员会（NRC）和/或农业研究委员会，要用当地的动物营养需求（最佳生产）和营养补助（提供边际安全），去指导和引导畜牧生产者选择适当平衡的家畜饲料。苏丹的科学家应该准备饲料标准，饲养不同种类的牲畜要有相应营养成分数量，对于用于不同的生理期的饲料，如维护增长、哺乳、产蛋和羊毛生产等，必须提供足够的边际营养安全，以涵盖饲料组成和饲料中各种动物差异的变化。

除了饲养生产标准外，还有一些其他因素影响动物饲料行业生产。如电力供应不稳定且电价昂贵，导致饲料生产成本高，Abuswar & Darag报道电力价格高达饲料成本的10%。饲料原料的季节性强和高成本、训练有素的工人和技术人员的缺乏、农业和兽医人员对生产者的有效服务缺乏、苏丹境内没有饲料行业的规则和管理条例以及缺乏动物饲料的标准、饲料安全性检测和质量控制等，都是限制苏丹饲料加工业发展的制约因素。苏丹的动物饲料工业的发展必须解决这些问题。表16.1列出了喀土穆州的部分动物饲料工厂生产情况。

表16.1 喀土穆州的动物饲料工厂

工厂名称		产量（t/年）	设计能力（t/年）	比例（%）
珊瑚	Coral	7 488	14 976	50
阿拉伯公司动物饲料部	Arab Company Animal Feed Unit	12 000	36 000	33
非洲家禽公司	African Poultry Company	14 400	14 400	100
加德	Gad	4 300	4 300	100
阿布哈马	Abuhalima	63	120	52.2
塔拉法饲料	Tarafa Feed	192	384	50.5
高斯动物饲料	Gaith for Animal Feeds	500	3 500	14
喀土穆大学农学院	University of Khartoum Farm	150	300	50
埃尔沙希德	Elshaheed	4 000	4 000	100
阿纳姆	Anaam	24	31.104	77.1
埃尔甘都	Elgandool	90	150	60
埃尔马齐（中央动物饲料厂）	Elmarkazi（Central Animal Feed Factory）	15 000	25 000	60
格拉贝斯1	Grabis 1	1 868	1 868	100
埃尔巴德里	Elbadri	144	144	100
国家公司（瓦塔尼亚）	National Company（Watania）	1 200	360	33
肯纳纳动物饲料	Kenana Animal Feed*	75 000	*	*
总计		292.386	176.655	

资料来源：喀土穆州农业部与动物资源部

第二节 林业加工业

苏丹的林业加工业还处于起步阶段，以不同类型的木材和非木材林产品加工为主。苏丹的林业加工业通常由政府或私营企业所有。木材林业加工业包括传统和现代化的锯木厂和家具厂，私人拥有的纸浆、纸板厂和胶合板厂；非木材林产品加工业包括树胶加工和其他非木质林产品，其他形式的加工业，如软饮料、村舍建设行业和植物油加工业等。

一、锯木厂

锯木厂被认为是苏丹最重要的林业加工业。关于苏丹的家具行业，Mahmoud和Abdelgadir（1995）指出，这些车间根据应用的技术类型和水平分为大、中、小三种。所有“小型”车间都是完全依赖手工工具的车间组成的；“中型”车间拥有5台机器；“大型”车间拥有5台及以上机器的车间。

木材加工行业的机器工作效率较差，大多都是老式的、低效率的设备。当地木材（主要是硬木）的转换系数为35%～65%。对于主要依靠国外进口的软木木材，转换系数从70%到80%不等。本地木材的转换系数较低，除了固有的生物学缺陷外，主要是由于木材有缺陷、辅料有问题、锯机容量差等。据估计，家具行业的年产量每年约9万多立方米，而装机容量估计为46万立方米/年。但是，这些车间只有20%的机组在工作。大多数木工店仍然在工匠手工作业水平，家具生产商主要是“定制家具制造商”。表16.2显示了使用种植园木材和天然林产品的林业加工业的生产潜力。

表16.2 利用种植园木材和天然林木材和非木材林业加工的现状和潜在能力（2009年）

所有者	行业类别	单位	当前容量	潜在能力
政府（FNC）	锯木厂	m^3	24 000	30 000
私营部门	锯木厂	m^3	5 000	8 000
私营部门	树胶加工	t	40 000	200 000

基于私营部门传统的木柴加工工业，其特点是效率低、浪费高。树木砍伐和用于柴火和木炭的原木横切，可能会导致10%～12%的浪费（Elsiddig，1986），而改进砍伐技术可将废物减少到5%。另一方面，传统木炭生产技术的效率，特别是地窑的效率太低，成品率不超过30%。不过也有人探索木炭生产

新工艺的可能性。

二、原材料供应

工业木材以圆木的形式供应，最后被加工成为锯木材、建筑施工木材，柴火和木炭、工艺品和农具的简单手柄等。铁路枕木使用的锯木，是由一些最有价值的树种所提供的高品质木材加工而成，如尼罗相思树和合欢属（*Albizia sp.*）的树木，所使用的不同类型的锯木的原料有许多不同来源；例如非洲楝树（*Khaya senegalensis*）、香柏树（*Cupressus lusitanica*）、埃塞俄比亚破布木（*Cordia abyssinica*）、卤刺树（*Balanites aegyptiaca*）和柚木（*Tectona grandis*）等，都来自种植园或天然林。

这些树木的木材质量参差不齐，在大多数情况下造成生产效率低下，废物占比很大。由种植园种植的树木提供的木材如柚木和（*Plressusus lusitanica*）由于管理良好，质量非常高，而天然林木材的质量很差（表16.3）。用于生产火柴、棍棒和其他建筑用途的木材来自自然林和人造林中的不同树种。

表16.3　苏丹国家森林公司（FNC）工厂生产锯木和其他产品

年份	锯木生产（m^3）				其他产品				
	枕木	根数	木板	合计	烧材（m^3）	木炭（t）	原木	m^3/根数	建筑杆（根数）
2002	2 448	44 200	1 346	3 794	59 700	2 180	9 554	—	90 400
2003	1 264	20 000	2 474	3 738	49 900	—	—	45 000	75 100
2004	1 333	21 900	3 724	5 057	57 800	1 600	8 443	45 500	215 700
2005	1 086	17 700	2 916	4 002	93 000	3 880	8 938	48 200	43 300
2006	1 411	22 100	1 638	3 049	56 900	5 530	10 288	52 500	111 100
2007	2 231	34 800	1 737	3 968	50 000	7 520	7 382	29 500	16 100

资料来源：FNC

苏丹当地和一些国际文献中都强调了森林在为工业和其他相关服务提供广泛的非木质林产品方面的作用。大多数非木质林产品，如树胶、水果和种子，为食品工业提供油、软饮料、富含蛋白质的食品和其他产品的原料。阿拉伯胶是来自苏丹干旱地区相思树林的重要林业商品。非木材林产品通常向农村人口和城市消费者提供必需的食品和营养、药物、饲料和其他相关的国内需求。这些非木材林产品在减轻农业周期性的饥饿时期尤其重要，可以在闲暇时期提供就业机会，并作为对家庭风险和紧急事件的缓冲。对森林这类服务的需求通常不大，很少构成对森林的威胁。由于收获后的储藏和加工不当，非木材林产品增值较小、损失较大；大部分非木材林产品常常作为未经处理的原材料销售，价值较低（Tchatat，2010）。

除了阿拉伯胶之外，非木质林产品几乎没有质量控制措施，包括基本的分级和清洁操作也很缺乏。出口用品除外，产品几乎不分级。一般来说，生产者没有遵守加工或质量要求。无论质量如何，根据重量或体积大量混合销售。然而，近些年生产者已经积累了一些经验和技能，可以初步区分优质和劣质产品。

三、林业加工业的制约因素

苏丹对于森林产品的原料、处理或半处理状态的税收和税率相同，与产品的丰富与否或市场价值没有关系（Mahir，1995）。缺乏关于物质数量和生产来源和交易的信息是森林工业发展的重要制约因素。相关信息来源分散，信息之间少有关联，即使信息可用，也往往缺乏一致性。这对于分析、估计和预测林业加工业的发展极为不利。

但值得一提的是，苏丹国家森林公司与粮农组织合作，作出了显著的努力来调查苏丹的森林产品消费模式和数量（1995）。对非木质林产品的重要性及其广泛的应用认识越来越多，但仍然缺乏其数量、价值、生产区域、生产者、营销和分销链等相关信息，这是一个主要的制约因素。

干旱和荒漠化侵入到苏丹北部1/3的国土，使得林业发展变得困难。不断扩大的冲突和战争使得苏丹南部的1/3国土进入动荡，特别是自1950年代中期以来地雷的扩散，更是限制了林业发展。生态限制，包括环境退化、荒漠化、不稳定/不可靠降雨和连续干旱，特别是12N° 地区，减缓了造林和再造林面积的扩大。

苏丹北部和中部以及全国各地，特别是北达尔富尔难民和流离失所者难民营难以获取薪柴是一个主要问题。苏丹的机械化农业实际上已经变成了用拖拉机广泛转移种植的粗暴模式，可利用的土地消耗殆尽。由此造成的一系列破坏环境、社会和经济的严重后果，包括森林和原有的农业和社会制度的破坏，水土流失和洪水泛滥，土壤枯竭和产量崩溃（UNEP，2007）。苏丹在林业方面的严峻形势引发了政府的一项倡议（2011年6月），即：2012—2014年期间在现有的灌溉和雨养农业项目中建立120万公顷造林和再造林专项资金。

四、林业投资潜力

苏丹在森林工业方面潜力巨大。除了目前用于锯木厂的木材树种外，值得一提的是，苏丹有许多不同的树种，可能适合用于锯木厂。大多数这些物种目前用作柴火和木炭。还有其他有潜力的树木，像塞伊尔相思树和一些小灌木，代儿茶（*Dichrostachys cinera*）、圆叶香茅（*Cadaba rotundifolia*）、紫荆（*Bauhinia rufescens*）、*Indigofera oblaongifolia*、*Leptadenia pyrotechnica*和其他草原带上的树木。有很多单子叶植物，如*Cymbopogon nervatus*、*Cyprus papyrus*、*Panicum turgidum*和*Oxytenanthera abyssinica*，其特点其纤维长，这使得在苏丹的造纸工业上有实际作用。它们可以在该国广泛地种植，预计产量也不低。农业残留物，如甘蔗渣、棉柴等也可用作造纸工业的可能原料。据工业部统计，5家糖厂每年甘蔗渣产量近78万吨。

五、非木材林产品生产类型

据Mahir和El Doma（1995）报告，根据农产品类型、生产地区和生产者类别，将苏丹非木质林产品归纳为三个生产系统。

1. 生产非木材林产品作为附带活动

在这个体系下，农民/牧民收集产品与他们的农业和牲畜看护的主要工作一起进行。

2. 小规模生产

在这种体系下，家庭成员，主要是妇女和儿童，参与收集非木质林产品的活动。

3. 大规模生产

在这个体系内，团队收集工作可以持续数天或数周，例如敲打和收集胶块。在这种情况下，交易商可能会为1名或多名佣金代理人支付流动资金；交易者在收集季节开始时访问生产区域，并根据当地最低收成价格，与需要资金的人员进行谈判。交易员在收集后返回生产区域，安排产品包装，并运输到城镇进行贸易。

第三节 阿拉伯胶生产与加工

一、阿拉伯胶概况

相思树胶也称为阿拉伯树胶，是来自非洲树胶带地区的天然农业资源。在商业圈内，它也被称为相思胶、土耳其胶和印度胶等。在古代埃及，相思树胶有最遥远悠久的历史古迹的纪录。在拉美西斯三世统治期间的埃及绘画中，相思树与阿拉伯胶块相互联系在一起。不仅埃及人将其用作纸莎草纸的黏合剂，而且还用作纸莎草纸上的墨水或用于包裹木乃伊绷带的固定剂。公元前1700年，就从亚丁湾出口相思树胶。树胶在埃及的题字中经常被提及，在这些文字里被称为迦南（Canaan）胶。在基督之前的第三和第四个世纪，泰奥弗拉斯（Theophrastus）描述了这种胶，也名为“埃及胶”。在中世纪，相思树胶已经从艺术中一直延伸到医药和商业领域。如今，相思树胶被广泛应用于食品和制药行业。

在苏丹，最重要的非木质林产品就是阿拉伯胶。从塞内加尔相思树渗出的胶被称为哈沙布（hashab）或硬质胶；塞伊尔树胶被称为塔尔哈（talha）或脆性胶。在东部的黏土平原和西方的沙质土壤的低降雨草原的中心地带，这两种物种自然生长，它们单独或者混合生存。除了对国家的重大经济作用外，它在农村生活中起着重要作用，为农村家庭提供稳定的收入，特别是在农作物歉收的干旱年份（图16.1）。

图16.1　当地人在“打胶”

注：图中的树为塞伊尔树胶树，这种胶被称为塔尔哈（talha）或脆性胶。树胶收获前要用专门工具“打胶”，即在树皮上切个口，等胶流出凝结成胶块后再收获

苏丹统治了全世界的阿拉伯胶生产和贸易。1925—1985年间苏丹阿拉伯胶的出口占世界出口量的80%左右。但近年来产量和出口量有所下降。阿拉伯胶公司（由政府拥有28.2%的股份）是从苏丹出口粗制阿拉伯胶的垄断持有人。

二、阿拉伯胶的生产

1. 阿拉伯胶树的种类

阿拉伯胶是干的，是从豆科的各种相思树中获得的胶质渗出物。联合粮农组织/世卫组织食品添加剂专家委员会（JECFA）将阿拉伯胶定义为干燥的渗出物，来自塞内加尔相思树或豆科树的树干和枝条。相思树属于豆科植物，其中只有10种可生产具有不同性质的树胶。但只有塞内加尔相思树和塞伊尔相思树的树胶才是阿拉伯胶。

塞内加尔相思树是一种中小型带刺的树，其树干形状不规则并且通常高度分枝。树叶像许多其他相思树一样，它有密集的扩展树冠，分支上具有典型性的刺，通常在3个刺中间有一个向下，而且侧面的一个刺向上弯曲。这种树是落叶树，在苏丹11月落叶。

塞伊尔相思树有一个典型笔直的树干，颜色通常是橙红色，粉状树皮，刺直而不像塞内加尔相思树刺的弯曲。

2. 主要树胶理化性状对比

塞内加尔相思胶（哈沙布）是一种浅白色至橙棕色的固体，断裂处如玻璃状。最好的品级是整体的，具有亚光表面纹理，大小不同的断裂球状。当放在地上时，颜色比较淡，并具有玻璃状的外观。塞伊尔相思树胶（塔尔哈）比塞内加尔胶的硬撕裂更脆弱，两种树胶的差异如表16.4所示。

表16.4　相思树胶对比

规格	哈沙布	塔尔哈
团块色	白色或淡黄色白色	微红色
原料外观	有光泽的不同大小或角度的片段断裂留体	平淡不规则的碎片，用手一碰即碎
味道	无味	稍微苦
比旋光度	$-26° \sim -34°$	$+45° \sim +60°$
氮含量（%）	0.27 ~ 0.39	0.106 ~ 0.156
黏度（25%溶胶25℃）（cps）	75 ~ 110	低
丹宁	无	痕量
pH	4.1 ~ 4.8	4.3 ~ 4.6
总灰分（%）	≤4	≤3
毒性	证明无毒	还没有证明
功能和应用	优良	—

资料来源：Husamelden ElBagher Mohammed Ahamed ElKhawad

3. 树胶的分泌

树胶在相思树受伤的条件下，从相思树的树干和树枝中自然渗出，如因热、干燥、伤口和非洲撒哈拉地区常见的疾病，以浓稠的液体泡沫的形式自然地从树皮上流出，以大约5厘米直径的液滴的形式，在阳光下快速凝结成块。

4. 树胶的生产方法

（1）“打胶”：要用斧子去除部分树皮但不要损坏树木。近几年“打胶”已经不用斧头，而有一个专门设计的工具，当地称作“桑基”（sunki）。这个工具具有固定在长木柄上的金属头，头部的金属尖端切入茎或分支以深入到树皮的正下方，然后拉起，纵向剥去一小段树皮。在5～6周内，树胶会开始在伤口集中。沙土上生长的树木第一次“打胶”的最佳时机是在11月，黏土土壤树林在12月至翌年1月之间。第二次“打胶”是在3—4月之间。收集的树胶必须好好地干燥。用种子种植的胶树，在树龄4～5年开始“打胶”；对于那些栽种树苗，可以在第3年开始“打胶”。

（2）收获：从树干或树枝直接用手收集胶块，避免胶块敲打到地上沾染污垢。

（3）产量：年轻树木的年产量可能在188～2 856克（平均900克）之间，较老的树木的379～6 754克（平均2 000克）。此外，胶的产量也因树胶园中的树木密度而异。

（4）清洁：收获后清洁以除去杂质、沙子和树皮片。然后阳光下晾晒。

（5）包装：树胶是天然产品，在运输过程中，包装要保持通风，以促进聚合。

（6）存储：阿拉伯胶是一种水溶性产品，必须严格防止潮湿。

5. 树胶等级

阿拉伯胶基于其物理参数如颜色、形状、尺寸和纯度分级。苏丹已经对其阿拉伯胶的种类进行了非常详细的分类，并成为世界市场的参考。这种分类称为“科尔多凡”，以国家主产区命名。科尔多凡（Kordofan）是来自塞内加尔相思树的树胶，其等级标准如表16.5所示。

表16.5 阿拉伯胶的“科尔多凡”等级

各等级名称	描述	分拣（%）
清洁琥珀色类（CAS）	整块清新Ø>30mm	0～5
手选（HPS）	整块Ø>20mm	5～10

（续表）

各等级名称	描述	分拣（%）
清洗	整块加碎片10<Ø<20mm	70
筛分胶	碎片加筛分2.5<Ø<10mm	5
粉胶	Ø<2.5mm	5
红胶	废品——只限本地使用	

三、阿拉伯树胶理化性质

1. 阿拉伯胶的化学组成

阿拉伯胶主要由高分子多糖及钙、镁和钾盐组成，水解时产生阿拉伯糖、半乳糖、鼠李糖和葡萄糖醛酸。塞伊尔相思树胶具有较低的鼠李糖和葡萄糖醛酸含量，有较高的阿拉伯糖和4-O-甲基-D-葡萄糖醛酸含量。塞伊尔相思树胶含有较低的氮并且具体的旋转方式非常不同，氨基酸组成与羟脯氨酸和丝氨酸相似；主要成分如表16.6所示。

表16.6 相思树胶的平均组成（APIG）

水解后组成	单位	数量/比例
半乳糖	%	35～45
阿拉伯糖	%	25～45
鼠李糖	%	4～13
葡萄糖醛酸	%	6～15
分子量平均值	%	350 000
25%时pH值	%	4.4
特性黏度	ml/g	12
布鲁克菲尔德黏度（溶液25%、60rpm）	cp	70
蛋白质含量	%	1～2
总灰分（钾、钙和钠盐）	%	3～4
阿拉伯半乳聚糖（AG）	%	89～98
阿拉伯半乳糖蛋白（AGP）	%	1～10
糖蛋白（GP）	%	<1

2. 胶阿拉伯胶的物理性质

（1）溶解性：产生高达55%浓度的溶液。阿拉伯胶是真正溶于冷水的。

（2）黏度：20%的水溶液将产生小于100cps，即阿拉伯胶在这种浓度下不是非常粘稠的。高黏度仅在浓度为40%～50%时得到。

（3）颜色：顶级品质无色，中等品质淡草色。

（4）味道：没有异味。

（5）毒理学和状态：（JEFCA+EEC）未确定ADI，一般状况（GRAS）。

（6）纤维：根据一些可用的测试方法可以确认95%的可溶性纤维。

（7）成膜：超级成膜性能使其成为糖果涂料和平版印刷的理想选择。

（8）乳化性：产生高度稳定的乳液，使其非常适用于制备“油包水”食品香料乳液，特别是柑橘油。如表16.7所示。

表16.7　“科尔多凡”树胶粉末哈沙布的实验室分析

规格	单位	比例
纯度	%	≥99.50
水分	%	<15
总灰分	%	≥4.00
酸不溶物	%	<0.50
pH值		4.2～4.8
黏性	cps	75～110
砷	mg/kg	<3
铅	mg/kg	<10
总重金属	mg/kg	<20
旋光度		−26°～34°
T.V.C.	mg/kg	<2 000
酵母和霉菌	mg/kg	200
沙门氏菌		未测
大肠杆菌		未测

四、胶阿拉伯胶的用途

1. 糖果

阿拉伯胶是一种极好的风味载体，常被配方设计师赋予纯净、持久的新鲜口味。主要用于甜食中乳化调味油。阿拉伯胶的成膜能力使其成为糖果涂料的有效成分，包括水果和坚果的泛包衣。

2. 其他烘焙应用

无论膜成型和乳化性能如何，都不影响产品的味道。

3. 饮料

作为乳化剂，阿拉伯胶广泛用于各种饮料。它用作各种饮料中的组分——

混浊剂。它还用作生产酒精饮料，如高品质的葡萄酒澄清剂。

4. 风味封闭

干包装产品如速溶饮料、混合甜点、汤基和干燥香料可以使用阿拉伯胶。保护口味，理想的口味释放，保质期长，分散性高是阿拉伯胶的优点。

5. 制药、维生素和化妆品

阿拉伯胶作为胶囊中的载体和作为表面光滑剂。其最古老和最著名的用途之一是在咳嗽糖浆中。它也用于化妆品，如面膜、发霜和固定剂、保护霜和乳液。

6. 油墨

阿拉伯胶是许多专用油墨的重要成分。水彩和快干油墨利用阿拉伯胶的悬浮和结合性质。

7. 酿造

用作泡沫稳定剂和促进泡沫粘合到玻璃上的试剂。

8. 纺织品

阿拉伯胶用于熔融纱线工艺。添加它使纱线更强，增加拉伸强度。今天，许多纺织品制造商使用与阿拉伯胶混合的改性淀粉。

9. 胶印

19世纪以来，阿拉伯胶与敏化剂和可溶性颜料一起应用于纸张，并在强大的光源下通过负片曝光。这可以产生美丽的印花，只有通过在配准中加入更多的胶质颜料才能超越。另外，也可以打印彩色分离黑白负片以产生华丽真彩色打印，但需要精确配比。

10. 平版印刷

平版印刷通过使印版的一部分感光以使其接受油脂、油、印刷油墨而起作用。将图像绘制或转移到铝或锌板上，并用阿拉伯胶、水和硝酸的溶液“蚀刻”。这个区域称为亲水性非致敏区域。由于胶片制备和印刷操作的前期成本低，胶版印刷仍然是最经济合理的印刷工艺。

11. 注塑

在注塑过程之前必须用石蜡覆盖，使其易于除去模具，但石蜡难以清除。制造商必须将阿拉伯胶与石蜡混合，然后将模具放入热水过夜。阿拉伯胶很容易将蜡溶解。

12. 作为膳食纤维的来源

最新的研究成果证明了阿拉伯胶在消化过程中产生的作用。

在食品工业中，塞内加尔树胶主要用作乳化剂。塞伊尔树胶用作膳食纤维和作为包衣剂。塞伊尔树胶也用作乳化剂，在饮品中稳定香味。两种类型的胶都可用作包封剂，作为香料的保护剂、果冻剂和增稠剂。

五、阿拉伯胶的加工

历史上，苏丹很少或根本没有对阿拉伯胶进行加工，多是在天然状态下销售阿拉伯胶。最早是销售原材料，但现在已经先预清洁，除去树皮、沙子和杂质。阿拉伯胶可能进一步加工成为最终产品所需的形式。这些方法包括“粗磨”（制作均匀的粗碎片）、造粒、粉化和喷雾干燥等。大约一半的阿拉伯胶是使用喷雾干燥的形式加工。加工方式大约有3种。

1. 粗粒加工

首先清洁整个或大块的胶料，以除去诸如树皮、沙子和黏土等杂质，然后通过锤磨机粗加工，以产生更均匀的较小颗粒。这些小颗粒容易溶于水。

2. 粉末工艺（机械）

首先清洁整个大块胶，以除去杂质如树皮、沙子和黏土。然后将生胶的组合粉碎，直至获得合格的胶粉末。这个过程比喷雾干燥能耗更低，因此生产成本更低，细菌污染较少。

3. 喷雾干粉工艺

首先清洁整个大块胶，以除去杂质如树皮、沙子和黏土。之后，将胶溶于水中，过滤和离心以除去杂质。然后将溶液巴氏消毒以除去微生物污染物，在喷雾干燥塔中喷射到热空气流中，以促进水的蒸发（与用于生产奶粉的相同种类的喷雾干燥塔）。这种工艺产品质量高，胶粉比粗磨胶有更好的溶解特性。喷雾干燥是一种能源密集型过程，还需要大量纯水，使得大多数阿拉伯胶生产者望而却步。

1993年在苏丹成立了第一家阿拉伯胶制粉工厂（KGAPC），但在阿拉伯胶有限公司（GAC）收购之前未取得成功。阿拉伯胶有限公司和阿拉伯胶制粉工厂归政府所有，商业运营状况不是很好。得到苏丹政府许可的其他10家阿拉伯胶出口加工公司，也仍然在努力寻找自己立足点，它们主要涉及阿拉伯胶的粉碎。

第四节　苏丹水果蔬菜生产加工业状况

苏丹有高质量的水果和蔬菜生产潜力，但无论是总产量还是生产效率都较低，出口量有限。研究显示，水果和蔬菜在收获、运输和处理等环节可达30%～40%的损失。这些损失增加了生产成本，对营销和国民经济产生了负面影响。因此，应采用适当的收获后加工存储技术，提高产品质量，降低存储成本，使其在国际市场上更具竞争力。

一、水果蔬菜生产状况

由于多样的气候和丰富的水土资源，各种类型的水果和蔬菜全年几乎都可以生产。然而，园艺作物占全国农业收入的比例约为12%，而棉花为17%，谷物和油料种子为29.6%（农业部，2010）。因此，与国内实际生产潜力相比，水果和蔬菜的经济影响仍然非常有限。这是因为与经济作物如棉花、阿拉伯胶和主要粮食作物相比，人们对它们的关注较少。即使是关于水果和蔬菜的面积和产量的可靠数据仍然难以获得（Hind A. Elbashir，2010）。苏丹的大部分园艺作物都是灌溉农田、西部各州的山谷、南部的高降雨地区。苏丹南部的大部分地区和南科尔多凡州、南达尔富尔和青尼罗州的肥沃地区被认为是园艺生产的主要潜在领域（H.S，2009）。

在灌区和雨养区种植各种蔬菜，总面积约为27.3万公顷，占总耕地面积的3%左右，年均产量约有340万吨蔬菜。除第十二章中介绍的主要蔬菜外，其他蔬菜如胡萝卜、卷心菜、红甜菜和花椰菜在大城市郊区也有种植。这些蔬菜种植在不同的地区，在产地或运往其他地区销售。过去几年，由于城市化程度的提高，对营养价值的关注增加，也提高了对单位面积回报率的预期，蔬菜种植面积大幅增加。新鲜蔬菜和水果的生产和消费由于本地和外部需求相对较高而增加。每年新鲜蔬菜和水果的消费量分别约为43千克/人和32千克/人（PFS，2005）。

苏丹的水果生产很少使用农用化学药品，因此水果相对没有化学残留物，在国际市场上具有竞争优势。气候和地形的变化为生产各种类型的水果创造了条件，包括椰枣、柑橘、芒果、番石榴、苹果和香蕉。在杰贝马拉的高山地区，温带水果如苹果、葡萄、草莓和甜橙也生长良好。然而，由于缺乏投资和运输设施较差，商业生产受到阻碍。估计苏丹水果总产量约190万吨，种植面积约18.6万公顷（农业部，2010）。

芒果树是苏丹生产中第一果树，其次是香蕉、椰枣和酸橙。苏丹水果生产占阿拉伯世界水果总产量的约5.7%。芒果主要在西达尔富尔、科尔多凡南部、北方州和喀土穆州种植。卡萨拉州是香蕉生产的主要地区，约占35%；其次是青尼罗州，约占25%；杰齐拉、森纳尔和喀土穆州位列其次。橘子也在尼罗州和西达尔富尔州生产。尼罗州的干椰枣占全国产量的75%，半软椰枣占25%，都是由当地农民生产（PAB，2003）。

二、水果和蔬菜生产中的主要问题

1. 制约因素

苏丹水果和蔬菜生产中的主要制约因素包括：缺乏足够的管理技术；财务和信贷设施不足；土地零碎不集中；蔬菜种子质量差；技术推广服务不到位，农业研究不足；传统的栽培习俗而导致产量低下；本地运输成本高昂；杂草和病虫害严重。

2. 加工和处理

一般来说，园艺作物的巨大损失是由于收获后的做法不当而导致，损失一般在30%～40%（H.S，2003）。这对国民经济有严重负面影响。苏丹园艺作物供应链条几乎全部为手工：手工收获、手动清洗、手工分选和分级，手工包装。

3. 存储

水果和蔬菜的冷藏设施建设始于20世纪70年代初，当时迫切需要解决马铃薯的储存难题（FRC，1998）。此后建成了约1万吨容量冷库。当地市场上的水果和蔬菜存放非常糟糕，许多包装材料主要是用于散装包装，不能满足消费者需求。例如，西红柿15千克用锡纸包；由椰枣树叶制成的不同尺寸的土著容器；洋葱50千克用黄麻袋；土豆50千克用黄麻袋；茄子和秋葵往往用肥料袋。所有这些包装都可在当地市场上买到，虽然这种包装价格便宜，但这却是造成零售商收获后损失的主要原因（FRC，2008）。

4. 市场营销

产品销往路边、乡村小摊、城乡街市和部分超市。一些生产商直接在不同的市场上出售他们的产品，即汇集成流动批发商。在这种情况下没有真正的市场存在，产品直接从供应中心转移到消费中心。

三、收获后损失的具体原因

1. 香蕉

香蕉生长在青尼罗州、卡萨拉州，距离喀土穆市场约有600千米。每卡车运输5～6吨，香蕉束堆叠到最大允许负载。成熟后出现的大多数瘀伤是由于收获和运输所致。香蕉收获后的损失约为35%。

2. 芒果、番石榴和柑橘类

芒果、番石榴和柑橘、柠檬、橙子、柑橘和葡萄水果等主要通过使用钩子和棍棒收获。这种方法由于与向地面的跌落和摔打，导致果实变质，在处理和储存过程中的损失增加。

3. 瓜类

瓜类的收获后损失为15%～20%。

4. 椰枣

椰枣收获时通过手工切割叶柄束，并将其丢弃到地面。造成高达50%的损失。

5. 叶菜

当地市场的叶菜类被包装在秸秆或树条编织的容器中，或者是用水浸泡过的黄麻袋。它们往往在收获24小时后就完全失去了食用价值。

6. 土豆

当马铃薯藤蔓变黄时人工收获。块茎在田间覆盖着马铃薯藤熟化10天。然后将块茎包装在大麻袋中，并在30～37℃的太阳直射下放置在田间2～3天，等待装载到冷库。这种方法导致马铃薯质量差，损失约30%。

四、收获后研究

收获后技术研究主要在食品研究中心采后生理及贮藏部门进行。研究中心成立于1969年，旨在通过提高保存性和保持园艺作物的质量，来改善收获后技术，以减少损失。重点对以下方面进行了若干研究。

（1）改善采收方式（成熟期和成熟度指数，用于收获的最佳土著工具和用于收获的合适容器，处理和出口）。

（2）出口水果和蔬菜的准备（分拣、分级、打蜡和包装）。

（3）已达成熟采收期水果的催熟（香蕉、芒果和番石榴）。

（4）柑橘褪绿。

（5）适用于出口水果和蔬菜的储存温度研究。

（6）改善本地洋葱储存方法。

（7）水果和蔬菜如马铃薯、芒果和柑橘的冷藏技术。

（8）出版苏丹当地市场新鲜水果蔬菜标准计量指标。

（9）使用γ射线照射延长蔬菜和水果保质期（马铃薯、番石榴、芒果、香蕉和洋葱）。

（10）水果和蔬菜加工和出口市场评估。

（11）在食品研究中心脱水和罐头部门进行的关于收获后技术的研究，包括制作罐头（果酱、番茄酱等），干燥贮藏与加工（秋葵、马铃薯）。

然而，这些研究结果没有实用性，因此对国民经济的贡献较小。主要由于推广服务不足和食品行业投资有限。收获后研究有许多制约因素，包括技术人员数量限制，研究与工业部门之间的联系薄弱，为科研和技术人员提供的国外培训机会有限，与国际信息和研究中心的联系薄弱等。

五、水果蔬菜市场

1. 当地市场

没有营销机构或加工厂专门处理水果和蔬菜。农民和生产者直接与当地贸易商和出口商交易。缺乏展览棚、装卸平台、冷库和卡车装卸设备。因此，生产商以非常低的价格在早上销售他们的产品，特别是易腐蔬菜，即西红柿和叶菜。市场由地方当局管理，收取服务费、废物处理费、销售摊位费和商店的租金。卡萨拉、加达里夫、尼罗河和北部各州都有农民和贸易商协会。当地主要市场分布在喀土穆、北喀土穆、恩杜曼、迈达尼和苏丹港。

园艺作物销售价格在季节开始和季节期间都大幅波动。例如，西红柿将在冬季开始时以低价出售两个月，但在夏季，价格将上涨至10 000SDG/吨甚至更高，这种高价位也许持续两个多月。表16.8显示了卡萨拉州一些园艺作物的生产成本和销售价格，虽然资料较陈旧，但当前市场波动情况仍然继续。

表16.8　卡萨拉州主要蔬菜和水果的平均生产成本、售价和利润率　（单位：SDG/t）

作物	生产成本	售价		效益	
		当季	淡季	当季	淡季
洋葱	150	200	1 200	50	1 050

（续表）

作物	生产成本	售价		效益	
		当季	淡季	当季	淡季
番茄	500	1 000	10 000	500	9 500
芒果	535	1 162	4 980	827	4 645
葡萄柚	325	600	2 000	275	1 675

资料来源：卡萨拉州农业部，2003年

2. 水果和蔬菜进口

20世纪90年代中期开始，苏丹从埃及、中国、卡塔尔和黎巴嫩进口水果。主要是葡萄、草莓、苹果、樱桃、猕猴桃和梨。

3. 水果和蔬菜出口

尽管园艺产品多样化且潜力巨大，但水果和蔬菜的出口却非常有限，因为它只占出口食品总量的2%左右。出口业务始于20世纪70年代初，出口额仍然很低（伊德里斯，2006）。大多数苏丹蔬菜在冬季（11月至翌年3月）生产，这是填补欧洲市场对洋葱、茄子、甜椒、加利亚瓜、辣椒、南瓜和秋葵的季节性差距需求的最佳时机。出口潜力高的水果有芒果、香蕉、葡萄柚、椰枣和酸橙。杰齐拉州是水果和蔬菜出口最重要的州，其次是尼罗州。

影响水果和蔬菜出口的因素是生产者规模太小和不科学的种植习惯；缺乏合适的出口品种在国际市场上竞争；缺乏适合和明确的技术，用于种植出口水果和蔬菜。

制约水果蔬菜出口的主要因素：

一是收获后的做法不当。运输体系不足，冷藏运输不畅，冷库不足，分级和包装设施差，物流和基础设施缺乏等；生产者和出口商缺乏收获操作的知识；复杂的定制服务；机场处理差且慢。

二是航空货运问题。园艺作物主要以空运出口。面临的问题是到欧洲每吨1 000～1 200美元的巨大的运输成本；航班时刻表频繁延误；签订的航班没有配备在欧洲国家登陆的隔音系统；租用飞机费用高；与其他出口国竞争激烈。

三是技术壁垒。收获后处理欠缺，产品质量差；缺乏可持续性；内部运输系统和加工设施差；生产不良，专业出口品种不足；缺少卫生证书；不可靠的反馈和缺乏市场信息；有限的技术营销专长；有限的营销组织和市场信息传播。

四是金融壁垒。缺乏农业金融服务；高生产和出口风险，限制银行信贷和融资；高昂的服务费和税费；农业投入成本高；苏丹市场拓展不足。

六、园艺部门的制约因素和潜力

1. 制约因素

由于疾病和虫害问题导致的生产力低下，认证种子缺乏，收获后损失高达50%。不规范的生产、消费和市场价格。高温导致不规则开花，例如芒果的最佳开花夜间温度为8～15℃，高温增加了成熟度或者超熟，因此保质期相对较短。农业投入的成本高。适宜可用的包装材料缺乏。冷链不足，保持质量需要一个从现场到消费者的连续冷藏链，生产中心、中央市场和机场都没有冷库设施。企业技能薄弱。市场知识不足，营销渠道和机制薄弱，没有建立有效的市场联系。在新鲜消费、加工和出口的正确成熟期间，生产计划、生产实践和收获组织领域的管理技能薄弱。食品研究中心（FRC）和农科院（ARC）的研究也缺少适应收获后操作，推广服务和技术推广机制薄弱。难以获得信贷和融资。

2. 潜力

园艺作物是本地和海外市场需求旺盛的产品。扩大生产区域的潜力很大，例如在卡萨拉和加达利夫州等。由于适宜的生长期长（冬季和夏季），制造了一个冬季市场出口机会（12月至翌年3月）。加工后价值高，因此对GDP的影响将会明显。有经验的劳动力，便宜且丰沛的水资源和灌溉基础设施。有公共部门提供广泛服务的机构和技能，例如农林部、ARC、FRC和一些大学等。

第五节　棉花产业

一、棉花加工业

1. 棉花加工概况

苏丹棉花商业化生产伊始，棉花是以籽棉的形式包装后运往英国的。20世纪70年代棉花种植面积飞速发展，棉花加工生产线也得到了快速建设和安装。最早建设的棉花加工厂有40处，大都隶属于农民协会和苏丹棉花公司。其中杰齐拉州3处：分别在迈达尼（Wad Madani）、哈莎黑萨（Hasaheisa）、巴盖欧（Bagail）；戈达里夫州3处：分别在法乌（AL-Faw）、纳尔法（Nalfa）、戈道夫（Gedauf）；白尼罗州1处：拉巴克（Rabak）；森纳尔州1处：苏基（Suki）；卡萨拉州1处：新哈尔法；青尼罗州1处：达玛津（Damazin）。这些生产设备大多来自欧美，轧花机、打包机多产于美国，长绒棉轧花设备都是英国1942年前后的产品，部分轧花机、剥绒机和吸花管道产自中国邯郸；也有一些是美国鲁姆斯（Lummus）公司的设备。现在这些加工设备有的还能运转，但吸花管道、清花设备、去杂设备大多已经不能工作。目前，每年还有一定加工量的主要是法乌、麦达尼、新哈尔法、达玛津等。清花除杂程序不能正常使用，加之质量管理松懈，工作散漫，加工进度放任自流，从而导致加工质量差，成本高。总之，棉花加工设备破旧，加工能力低下，加工质量差，是苏丹棉花加工业的现状。好的棉花资源，却缺乏国际竞争力。

2010年4月，苏丹政府和苏丹棉花公司融资，从土耳其等国引进了10台新的加工设备，其中8台锯齿轧花机和2台皮辊轧花机。但直到2017年真正能正常生产的只有4条生产线：法乌2条锯齿生产线，拉巴克锯齿、皮辊各1条。这几条生产线，是目前苏丹最先进的棉花加工设备，智能化程度非常高，且增加了棉花加湿程序。杰齐拉棉花加工厂1条锯齿生产线从2013年开始安装到2017年仍未完成。有些生产线仍然躺在集装箱里。

另外，一些外资企业新上了几条生产线。中天国际公司2012年在麦达尼新上一条生产线，其中包括4台型锯齿轧花车间和8台型剥短绒车间的生产线，年加工能力3万吨。新纪元公司在法乌新上2条生产线，4台199片锯齿轧花机，中国山东天鹅棉机的设备，设计半年生产期加工皮棉2万吨。当地一家私人公司在森纳尔新上1条生产线，也是山东天鹅棉机设备，型号177，年加工能力8 000吨，2014年投产。由于苏丹气候干燥，为提高加工质量，现在安装的棉机设备都有加湿工序，这是中国企业新上加工设备在设计安装过程中应当关注的问题。

2. 苏丹主要棉花加工厂

苏丹曾经最为辉煌、生产加工能力最强的棉花加工厂在杰齐拉州。杰齐拉棉花加工公司是苏丹规模最大实力最强的轧花基地，该公司隶属于杰齐拉灌区农民协会。杰齐拉棉花加工公司拥,3处棉花加工厂：迈达尼加工厂、哈萨黑萨加工厂和巴盖欧加工厂。麦达尼加工厂位于麦达尼市西南部，有铁路通到厂区。拥有专业的质量控制体系，在这里，一度加工苏丹75%的长绒棉。长绒棉加工设备是单台的皮辊轧花机进行组合，有皮棉传输带和小铁轨向打包机传输，系英国产设备，已有70多年历史。打包机也产自英国，其规格为

37×39×57英尺（100毫米×75毫米×60毫米），包皮是麻袋片或者白布，钢带打包。

法乌镇棉花加工厂隶属于苏丹国家棉花公司，位于加达里夫州法乌镇，是拉哈德灌区所在地，也是中国援苏丹农业技术示范中心所在地。该厂建于1978年，是中长绒棉加工企业，当时总投资2 000万SDG，占地342费丹，正常生产时有职工84人。共有两条生产线，一条生产线有轧花和脱绒机械3台，打包机1台。轧花设备是巴西生产的142片锯齿轧花机，脱绒设备产自中国邯郸，打包机是美国生产，规格100毫米×85毫米×80毫米，单包重400～420磅。这个厂生产最高峰时一天加工88.8吨，原来的设备大多不能使用。这个棉花加工厂接受来料加工，收取加工费。2012年法乌加工厂又新上了两条土耳其锯齿轧花设备，2013年底年投入使用。苏丹棉花公司另一个棉花加工厂位于白尼罗州拉巴克，总投资约550万美元，由土耳其人承建并帮助管理，现有一条20台皮辊机生产线，加工能力35包/小时；一条锯齿棉生产线，200片的锯齿轧花机，加工能力30包/小时。

二、棉花等级标准和品质检测

苏丹国家棉花公司是苏丹政府指定的管理棉花生产、棉花统销和制定棉花品级实物标准的半官方机构。苏丹长绒棉花实物标准为低线标准，由国家棉花公司制订，标准的正本送国际棉花协会保存，在处理索赔案件中只承认利物浦棉花协会的仲裁。苏丹棉花标准主要根据棉花外观形态等因素评定，如有一项不合格即作降级处理，不搞综合平衡。

苏丹长绒棉、陆地棉和努巴棉的分级标准分述如下。

1. 长线棉标准

苏丹长绒棉等级参照埃及棉花标准制定，分为6个整级，在1～6级之间还增加5个“x”级。“x”级是指：如长度长于本级，而强力稍好的，可在本级前加“x”符号；如长度长于本级而强力较差的，仍保留原级。

苏丹长绒棉如为国家棉花公司经营出口的，在等级前面冠以“G”字样，以区别于其他单位生产的棉花。苏丹长绒棉因品种的不同，在表示棉花产地、级别同时，在品级符号后面再加上品种代号，诸如VS、B字、M、T字、H棉和SH棉等字样。

苏丹长绒棉花品级符号分列如下：

B字棉（Barakat）	SH棉（Shambart-B）
G B	G SH
G2B >XG2B	G2SH >XG2SH
G3B >ZG3B	G3SH >XG3SH
G4B >ZG4B	G4SH >XG4SH
G5B>ZG5B	G5SH >XG5SH
G6B >ZG6B	G6SH >XG6SH
CG6B	CG6SH
DG6B	DG6SH

苏丹长绒棉在6级下面还增加C6和D6两个品级符号，C6表示清洁棉花，D6表示不清洁的棉花。因此又可以说，苏丹长绒棉花由13个等级组成。

苏丹长纤维棉花除品级标准外，还根据不同品种、品级等制备手扯长度标样，供作长度检验依据。

2. 中绒棉标准

苏丹中绒棉花主要为引进的美国陆地棉品种，因轧花方式不同，又可分为锯齿棉（SG）和皮辊棉（RG）两套标准。

锯齿棉分为4个品级：1SG、2SG、3SG、4SG

皮辊棉分为2等各4级：一等1G、2G、3G、4G、G表示品质良好。二等1M、2M、3M、4M、M表示品质中等；

3. 短纤维棉花标准

苏丹短纤维棉花称作努巴棉（Nuba），共3等4级，其表示方法为：

1A	2A	3A
1B	2B	3B
1C	2C	3C
1D	2D	3D

1 ~ 3代表等级。A ~ D代表长度。A级长度1"；B级长度15/16"；C级长度7/8"；D级长度13/16"

4. 棉花品级检验

苏丹棉花名义上由苏丹棉花公司负责检验，实际上苏丹棉花公司只确定每年品级标准的实物样品及货到苏丹港口的抽查复验，真正的具体检验工作分别由各轧花厂承担。苏丹棉花分级过程是先确定品级标准和实物标样后，分发到各轧花厂以参照分级。轧花厂在籽棉加工前进行初检，打包后运至苏丹港。出口前，再由国家棉花等级质量委员会抽查复验。

国家棉花公司设有专门的棉花等级质量委员会，该委员会为非常设机构，需要临时组建；委员会共有4名成员组成，主要来自国家棉花公司、国家农科院、有关大学纤维研究所和大型棉花加工厂；复验以实物标准为参照，检测指标是色泽、长度、整齐度、比强度和马克隆值等，最后质量等级由4人委员会商量确定；复验之后确定的品级结果喷刷于棉包上，即作为出口品级。

三、棉花种子加工

1. 传统加工方法

苏丹因耕地面积大，机械化程度高，棉花播种必须脱短绒。传统脱绒方式有两种。

（1）机械脱绒：苏丹棉花公司法乌加工厂有专门机械脱绒车间，建于20世纪70年代。毛籽如果用作榨油时，则重脱短绒，用作种子时则轻脱，以免损伤种子。短绒脱不干净，影响播种效果；脱绒过重则种子破损严重。机械脱绒，效果差，全裸或者半裸的种仁达40%，严重影响出苗。

（2）人工硫酸脱绒：苏丹有一批专业从事棉花种子硫酸脱绒的队伍。他们的专用工具就是废弃的石油桶，侧面去掉1/3，做成一个水槽，外加一个棍子。1.5升浓硫酸倒入42千克种子中，迅速搅拌，观察种皮变黑后加水冲洗，然后晾晒。一个人一天可加工500千克左右。这种脱绒方式，比机械脱绒损伤轻，出苗率较高；但与现代化硫酸脱绒工艺相比，质量明显差，且有时脱绒不干净，有时种子烧过头，而影响芽率和芽势。

2. 硫酸脱绒包衣加工工艺

苏丹全国有三条棉花种子硫酸脱绒包衣生产线。这三条生产线如果满负荷运转，可满足苏丹棉花用种量的40%～60%，但苏丹人对此并不热衷，只有灌区或者棉花公司自己使用的种子用这种方法加工，许多私有农场和农民仍然使用传统加工方法。

苏丹棉花公司种子加工厂，位于迈达尼的杰齐拉棉花加工厂院内，设备由土耳其进口并由土耳其人安装，智能化程度较高。这条生产线采用泡沫酸脱绒工艺，设计产能5吨/小时，2013年投产。但存在设计缺陷，尤其种子传输使用搅龙较多，导致种子破损率高。

新纪元种子加工生产线，位于加达里夫法乌镇新纪元公司内，设备由中国湖北天门生产安装，采用过量式稀硫酸加工工艺，设计加工能力2吨/小时。2014年投产。

新哈尔法种子生产线，位于新哈尔法灌区，由中国私人企业投资引进的中国设备，采用过量式稀硫酸加工工艺，设计加工能力3吨/小时。2013年投产。

四、棉纺织服装行业

1. 棉纺织服装行业概况

苏丹第一家纺织厂由私营部门于1945年在赤道州安扎拉①建成。设计年生产能400万～500万码，使用当地种植和生产的原棉。大规模建设纺织工业的思想始于1956年苏丹独立之后。“苏丹纺织厂”成立于1962年，完全由苏丹私营部门投资。随后很快建设了多家纺织工厂。

1989年巴希尔政府成立之后，拟定了纺织企业发展宏伟计划，其产业设计总产能约为年产54万吨棉纱和3.8亿米布。相继在喀土穆、迈达尼、科斯蒂等地建设纺织厂。但由于资金短缺、技术不到位等原因，其实际生产能力未达到设计能力的30%。2004年苏丹工业部制定了全面恢复和拯救纺织工业的计划，引进德国、印度、中国、瑞士等国的先进技术，恢复苏丹82个纺织和服装厂的生产和出口。2004年10月13日，停工长达5年的苏丹哈吉阿卜杜拉纺纱厂复工。2006年，苏工业部同印度一出口公司签署协议，决定对森佳（Sinjah）、杜威姆（Ad Douiem）和科斯蒂（Kosti）的三个纺织厂进行修复，苏丹财政部为这三个纺织厂的修复提供2 100万欧元。苏丹政府为了促进当地纺织品的消费颁布总统令，限定军队及政府部门购买本国服装产品。但政府相关部门未履行承诺，大量货款不能兑付，导致纺织企业纷纷关门，纺织工业几乎处于全线停工状。2009年4月苏纺织企业商会向苏丹财政部追缴由此拖欠的4 500万SDG采购费。此后苏丹工业部多次出台政策刺激纺织业的发展。

多年以来，该行业面临着财务和技术上的困难，一直处于下降趋势。大多数工厂关闭。那些正在工作的人在很大程度上未得到充分利用。国内生产的大部分棉花以皮棉形式出口。市场主要由进口纺织品和服装商品主导。

自20世纪90年代以来，通货膨胀率非常高，生产成本高昂，最终导致该行

① 赤道州安扎拉现属于南苏丹

业垮台。不过，近年来，政府再次兴起振兴该行业。工业部2002年计划重点是纺织和纺织行业的升级。

苏丹有75家制衣厂，其中只有13家正在运营。苏丹制衣服装主要用于国内消费。服装和服装制成品的出口几乎可以忽略不计。生产最多的产品是加拉比亚和托贝（民族服装）、内衣、套装（裤子和衬衫）、衬衫、女式衬衫、灰布织布（纯棉）16/1支纱、漂白布16/1支纱、床单和毯子等。

目前当地正常生产的纺纱厂已经不多。哈莎黑萨纺纱厂是正常开工的企业之一，这个纺纱厂是由中国人援建，现在由土耳其人经营，后又停产。2016年1月，苏丹政府与卡塔尔和土耳其联合对该纺织厂改造，成为以生产军工服装为主的现代化企业。2013年11月中国中天国际公司在麦达尼建设一处纺纱厂并投产，该纺纱厂设计3万纱锭，劳动定员500人，年产成品纱10万吨。

2. 支撑苏丹纺织服装行业的主要机构

（1）苏丹棉花公司：苏丹棉花公司成立于1990年，负责苏丹所有棉花的生产和销售。

（2）工业研究咨询中心：工业研究和咨询中心（IRCC）专注于苏丹工业的研究和咨询。工业研究和咨询中心开展工业信息化、产品设计、技术和生产线设计、质量保证、经济与可行性研究，以及工业过程建模等多项研究，技术和发展方向咨询。工业研究和咨询中心的活动针对苏丹工业的各个方面，涵盖了其所有顾问需求，促进了可持续发展。

（3）苏丹商人与雇主联合会：苏丹商人和雇主联合会鼓励在不同方面进行经济、科学和实践研究，支持工商业和农业研究。还在苏丹境内外举办营销展会、展示和分发国家产品。

（4）苏丹工业协会理事会：苏丹工业协会理事会（SCIA）是苏丹境内外苏丹工业部门的代表。它有助于制定产业政策的规则。苏丹工业协会理事会还参与了贸易协定和工人立法。

（5）苏丹标准与计量组织：苏丹标准与计量组织成立于1992年，目的是保护消费者意识，加强国民经济，提高国家生产和服务的数量和质量，采用质量保证理念，执行实施商品标准化和监督进出口品质。

（6）农民商业银行：农民商业银行的主要职责是为农业、工业、商业和出口部门提供资金，促进农业部门的生产投入，采取有助于苏丹农村发展的综合农村发展项目，并提供全面的银行服务。

苏丹主要农业企业和相关机构可参考附件七：苏丹农业企业和相关机构名录。

专栏16：中国援苏丹农业技术示范中心

2006年在北京召开的非洲峰会上，中国政府提出了援助非洲 8 项举措，其中包括在非洲20个国家援建20个农业技术示范中心，中国援苏丹农业技术示范中心是其中之一。该项目由中国山东对外经济技术合作集团公司和山东省农业科学院联合承担，由山东金色农业开发有限责任公司具体执行。

项目实施期限为10年，主要功能包括农作物新品种引进、新技术示范推广、良种繁育、农业技术培训等。

示范中心成立以来，与苏丹国家农业科学院合作，建立了苏丹第一套转基因作物安全评价体系，为苏丹转基因作物的引进奠定了基础。审定通过了2个转基因棉花品种（seeni1和seeni2），集成“ETE”新型棉花栽培技术措施一套。现场测产表明，seeni1亩产达250 ~ 300千克，是当地棉花品种产量的7.4倍。自2014年以来，示范中心平均每年向苏丹农业部提供棉花原种（seeni1）100吨左右。目前，seeni1种植面积占苏丹棉花种植总面积的95%以上。1个玉米品种杂交种（golden1）、2个油葵杂交种（Chinasun1和Chinasun2）也先后通过苏丹国家审定，正处于推广和示范阶段。目前还有一些芝麻、农药品种处在不同的试验阶段。

示范中心为强化新品种、新技术的推广应用，先后举办现场观摩会7次，累计参会人员1 000多人次。举办技术培训班20期，培训当地专业技术人员500多人次。

以示范中心为平台，山东省农业科学院与苏丹国家农科院实现专家互访30多人次。先后引荐20多家中资企业到苏丹进行农业项目考察。目前有2家中资企业在苏丹累计投资达2亿元人民币，重点投资棉花种植、收购、加工、贸易等产业。

3. 行业竞争力

（1）原材料：苏丹是全球较大的棉花生产国之一；然而由于农民转向其他更有利可图的农作物，近年来的产量大幅度下降。

（2）人力资源：大部分纺织服装制造厂被迫停业。因此，人力需求也在减少。苏丹有2所大学提供纺织专业文凭，设置研究生和硕士课程，但最近学生实力并不乐观，因为他们面临着就业问题。

（3）电力、水和燃料：电力供应非常不稳定，其他公用服务没有重大问题。

（4）财政支持：苏丹银行不向企业提供长期信贷，只有短期融资。另外，阿拉伯国家也有一些资金。

（5）市场准入：苏丹纺织品和服装产品可以进入欧盟和其他一些经济体，不受任何关税限制，无配额限制。他们签署了市场优惠准入的贸易协议，包括：与欧盟的经济伙伴关系协议（EPA），东北非共同市场，阿拉伯贸易组织。

（6）工业区：到目前为止，没有纺织品和服装部门在任何工业区运作，但苏丹政府设想建立几个这样的区域，这可能有利于未来的业务。

第六节　制革工业

苏丹拥有非常大的牲畜种群，苏丹牛群全世界排名第七，绵羊排名第六，山羊排名第四（FAO，2001）。然而，这样大的在畜群每年提供的各种生皮和皮革却相对较少。畜牧业种群数量与生皮和皮革产量之间存在很大的差距。主要原因是消费水平低，肉类产业发展缓慢，牛的消费水平整个非洲平均为8%，苏丹只有6%。

苏丹生产的生皮和皮革有许多缺陷。主要是由于放牧方式不当、疾病传播和机械损伤而在动物生命中发生的死前缺陷；另外，由于屠宰失误和后期缺乏生皮养护，加工、储存和运输问题导致的死后缺陷。

20世纪70—80年代建设了一批不同规模的私人和公共制革厂。这些制革厂大多数生产出口附加值较低的中间产品，即浸酸浸灰和蓝湿皮。个别制革厂为本地市场用牛皮生产鞋面的成品皮革，并用绵羊和山羊皮生产衬里皮革。尽管政府政策支持皮革、纺织和植物油行业，但到目前为止，制革业和鞋类的投资规模不大。

一、制革业发展现状

1. 制革业管理

苏丹皮革行业发展潜力巨大，政府采取了一系列的行动和政策，促进经济发展，制革行业也得到了发展。

1992—1994年，政府在喀土穆、白尼罗州、杰齐拉的大型制革厂和萨塔鞋厂都采取了私有化。1993年，再次放开了生皮和皮革出口，2000年原料出口税为15%。1992年，国家皮革技术中心（LLTC研究所）被列入工业部门工业研究和咨询中心（IRCC）的行政部门，在苏丹的皮革工业方面发挥更大的作用。这些政策导致了更多的中小型制革厂的建立，其数量从8个增加到23个，并增发了20个生产许可证。生皮和皮革制品的一些原始出口商也通过鞣制佣金转向生皮出口加工。同时增加了皮革制成品的生产，鞋类制造生产车间。

2003年成立的皮革促进委员会（leather promotion committee），2008年通过部级命令更改为皮革促进理事会（leather promotion council）。2008年通过向出口银行和苏丹政府的地方财政贷款，建立了皮革行业孵化器；并在2009年5月6日“非洲喀土穆”会议期间开放。

2. 全国主要工业区

制革厂等皮革生产单位所处城市位置：喀土穆州制革厂14家，杰齐拉州3家，白尼罗州1家，南达尔富尔州1家，红海州3家，卡萨拉州1家。

二、生产状况

1. 生产情况

苏丹提高畜牧部门生产力和竞争力的政策和战略是按照国际标准对检疫屠宰场进行修复和改良，康复和发展州级兽医服务，保证国家粮食安全和稳定增加出口，改善当地品种，并推广现代生产技术。

屠宰设施：苏丹共有195个屠宰场，根据能力分为不同类别，如表16.9所示。

表16.9　屠宰和可用设施类别

等级	处	牛/天	绵羊和山羊/天
Ⅰ级	9	100+	1 000+
Ⅱ级	3	50 ~ 99	300 ~ 500
Ⅲ级	28	20 ~ 49	150 ~ 200
Ⅳ级	50	10 ~ 19	50 ~ 100
Ⅴ级	50	5 ~ 9	25 ~ 45
大板	55	小于5	小于25

资料来源：动物资源和渔业部

皮革贸易的重要角色是：大商家和制革厂是主要的买家，并为他们的一些代理人预先融资，以代表他们收集生皮和皮革。苏丹牛皮、绵羊、山羊皮和骆驼皮收集率在90%～95%。

2. 生皮及皮革等级

生皮及皮革分级基于加工模式、缺陷及其位置、厚度等。最新的分类法是根据1993年联合国工业发展组织（UNIDO）和东南非皮革工业协会（ESALIA）的指导方针，并列入苏丹标准。

等级分为：一级、二级、三级和四级。尺寸：大、中、小。

等级（%）：Ⅰ：牛，5；绵羊，5；山羊，5；骆驼，0。

Ⅱ：牛，20；绵羊，15；山羊，15；骆驼，0。

Ⅲ：牛，25；绵羊，50；山羊，40；骆驼，25。

Ⅳ：牛，50；绵羊，30；山羊，40；骆驼，75。

3. 制革工业

制革工业是苏丹的一个老工业，现代机械化制革始于1945年，在20世纪60年代和70年代建立了一些政府和私人制革厂，制革业得以扩大。

目前苏丹机械制革厂有23个。设计制革能力：绵羊和山羊2 500万件；牛和骆驼毛皮140万件。实际工作的制革厂只有17家，年加工能力：羊皮，600万；牛皮，60万件（2008年）。在苏丹各地还有30多个制革工匠组织，员工人数约1 500名，估计可鞣制处理200张牛皮和骆驼皮，2 000 000～3 000 000张绵羊和山羊皮，加上爬行动物（蛇和蜥蜴）和其他狩猎动物皮约100 000件。

剥皮方法：手工剥皮或机械剥皮。

保存方法：空气干燥，地面、悬挂或框架；湿盐渍或者干盐渍。

4. 产品和原料

（1）浸酸皮：牛，13 600件；羊，905 121件。

（2）蓝湿皮：牛，502 718；绵羊，4 273 772；山羊，2 199 731。

（3）成品皮革：牛，63 682；山羊，737 862。

（4）材料来源：原料生皮，可在当地市场得到。制革化学品，机械和腋片，主要从欧洲市场进口，包括意大利和印度市场。

5. 制革成本

原料，55%；劳工，20%；化学品投入，15%；设施，10%。

三、皮革制品市场

1. 主要市场

东南非共同市场国家只有埃及需要生料，与厄立特里亚、肯尼亚、埃塞俄比亚和乌干达进行一些边境贸易；与意大利和印度有一些加工原料和出口贸易。绵羊和山羊经加工的皮革国际市场占90%，本地市场占10%。牛皮国际市场占75%，当地市场占25%。国际市场主要是埃及、叙利亚、土耳其和中国。原皮主要销售到东亚、印度和巴基斯坦。加工的优质生皮和皮革主要销售到意大利和西班牙，低质量的销往印度、巴基斯坦和远东地区。

2. 制鞋业

皮革制品主要用于鞋类，其他用品是在小作坊生产，包括一些服装生产。苏丹制鞋业有4个等级加工水平。一是3大制鞋工厂，每厂每天可生产各类鞋500双，各员工25～100人；二是13个中小企业，每厂每天生产鞋100～300双，各有员工15～25人；三是共400个小、中、大型车间，每个车间每天生产鞋25～50双，各有员工5～15人；四是3 000个小作坊，每个作坊每天生产鞋10～25双，各有员工1～5人。

通常鞋类工厂员工根据每双支付劳务费。袋子和其他物品主要由小工场和作坊生产。

苏丹鞋类制造总能力2 534万双，实际产量1997年为413万双，2004年为316万双（工业部）。2010年，苏丹工业部给予正常工作的工厂1 300万双指标，给予工匠生产800万双指标。而工厂实际完成了500万双，只完成了分配任务的38%。估计苏丹全国皮鞋年需求2 000万双。

苏丹有5个塑料鞋底制造商，但其中4个已倒闭，只有一个做军用鞋底的仍然在生产。

由于管理、税收和质次价低的鞋子充斥市场等问题，设计产能浪费30%以上。

四、进出口手续及税费

1. 出口要求

苏丹的生皮和皮革出口，应该向外贸部和和动物资源和渔业部登记注册，并与进口商签订商业合同，应有兽医管理机关有效证件和苏丹标准计量组织（SSMO）的证书，动物资源和渔业部国家皮革和生皮改良中心的分级证书。

2. 进口要求

要标明原产国、制造商名称、尺寸和面料内容（适用时），产品不应包含任何与伊斯兰传统相抵触的图片或文字等。

苏丹几乎没有进口限制，除了政府规定的、伊斯兰价值观或安全考虑禁止的，所有货物都可以进口到苏丹。被禁止的商品包括酒精、麻醉品、赌博设备、武器和弹药。非政府组织禁止进口二手服装。

3. 进口商必须提交的文件

进口报关单、商业发票、原产地证明；满足苏丹标准和计量组织的要求或其他特定类型商品的文件，例如包装清单、分析证书和制造及过期日期；完成银行的手续文件，然后支付要求的税费和发放货物；由苏丹标准计量组织国际货物检验员登记发出的出货前检验证明。苏丹标准计量组织可能进行双重检查。

4. 进口税费

苏丹海关法规明确进口皮革制品的关税主要如下。

生皮原料：关税45%，其他税收与费用20%。其中，增值税15%，港口税2%，机场税1.5%。

化学药品：关税3%，其他税收与费用20%。

鞋类和皮革制品：关税45%，其他税收与费用30%，另10%的开发税。

鞋底：关税45%，其他税收与费用20%。

第七节　其他农业产业

一、种子产业

苏丹的国有种子公司目前只有CTC和阿拉伯种子公司等少数公司经营种子，主营业务多是高粱种，还有少量小麦、玉米种子，只能满足15%～20%的市场需求。苏丹的个别大型私营农业公司根据自己的需要进口和生产种子。各灌区有自己的种子基地和加工厂，主要生产棉花种子。但是，农民自留种仍是苏丹作物种子的主要来源，如小麦、高粱、谷子自留种均占用种量的70%以上。据调查，除棉花种子有脱绒包衣外，其他种子生产加工非常原始，远远不能满足农业生产需要。

二、农药化肥产业

苏丹目前没有化肥和农药生产企业，化肥、农药均来自国外进口。当前苏丹化肥农药施用量和施用的农田较少，主要在灌区使用，一般施用率不到30%。

三、花生加工产业

花生是苏丹的主要油料作物，其生产主要用于国内消费。苏丹的食用油年需求量约21万吨，80%自产，20%需要进口。在全部食用油中，花生油约占50%。

四、苜蓿产业

苜蓿是“牧草之王”，多年生豆科牧草，蛋白质含量高达18%～22%，是饲养奶牛不可缺少的优质粗饲料。牛、羊育肥比饲喂普通粮食、饲草报酬率提高20%～25%，可节约粮食50%。苏丹气候干燥，非常利于苜蓿干草晒制。播种一次，可以收获4～5年。据调查，在苏丹种植苜蓿，25～30天可收割一次，每费丹年产干草10吨左右。苏丹生产的苜蓿杂草少，质量明显高于中国。

五、牛羊屠宰业

苏丹是一个以伊斯兰教为主体的国家，肉类消费主体是牛羊肉。如在宰牲节，原则上每个成年男人要宰杀一只羊。随着苏丹人民生活水平的提高，消费量将会不断提高。苏丹活牛、活羊和牛羊肉主要出口到阿拉伯国家、马来西亚等，具有良好的声誉和相对固定的客户群体。苏丹周边国家对牛羊肉市场需求很大。苏丹牛羊以放牧为主，同周围国家相比，饲养成本较低。苏丹现在仅有6处比较大的屠宰加工厂，每小时羊屠宰能力总计1 050只、牛175头，屠宰设备、贮存设备和产品深加工设备急需更新。如埃尔科达若（Al-Kadaro）屠宰场建于1967年，隶属畜牧资源部，每小时屠宰羊200只、牛30头。苏丹急需肉牛肉羊加工项目，通过合作带来新技术、新产品。

六、兽药产业

据苏丹畜牧资源部介绍，苏丹兽药市场自给率只有35%，每年进口的兽药在5 000万美元以上，加上走私的货值在1亿美元以上，市场缺口非常大。目前，苏丹全国只有1个兽药企业，生产的兽药品种只有7 ~ 8个，远远不能满足动物防疫的需要。同时，随着畜禽饲养量的扩大和科学养殖技术的普及，兽药需求量将不断扩大。

参考文献

商务部国际贸易经济合作研究院，商务部投资促进事务局，中国驻苏丹大使馆经济商务参. 2016. 对外投资合作国别（地区）指南 苏丹[R/OL]. http：//fec.mofcom.gov.cn/article/gbdqzn

Abbass，ElHag A M H. 2013. Crop Assessment and Monitoring for Sugar Cane Crop，Sudan，（New Halfa Case Study）Using Remote Sensing and GIS Techniques[J]. International Journal of Scientific and Research Publications，3（3）：2 250–3 153.

Abdel Raouf Suleiman Bello. 2014. Agricultural Extension in the Sudan：Background Development and Present[J]. Wulfenia，21（2）：301–323.

Ali W M E，Bakheit Saeed A，Boush A. 2011. Water Use Efficiencies of Gezira，Rahad and New Halfa Irrigated Schemes under Sudan Dryland Condition[J]. Sudan Journal Des. Research，3（1）：62–72.

Babiker I A. 2015. Animal Feed Industry in Sudan，Current Status，Problems and Prospects[J]. Journal of Dairy Veterinary & Animal Research，2（4）.

Elhag A Z，Ahmed A A. 2014. Effect of Cultivar and Sowing Date on Okra（Abelmoschus Esculentus L. Moench.）Seed Yield[J]. Universal Journal of Applied Science，2（3）：64–67.

Elsheikh O E，Elbushra A A，Salih A A A. 2015. Economic impacts of changes in wheat's import tariff on the Sudanese economy[J]. Journal of the Saudi Society of Agricultural Sciences，14（1）：68–75.

Fadl K E M. 2004. Crop Performance and Yield of Groundnut，Sesame and Roselle in an Agroforesty Cropping System with Acacia senegal in North Kordofan（Sudan）[J]. Journal of Agriculture & Rural Development in the Tropics & Subtropics，105（2）：149–154.

Ghada a M Yasseen，ADIL，Yousif Eljack，Mohammed，Elawad Dafa Ella Ahmed . 2015.Sudan Gum Arabic Export Performance during（2000–2014）[J].International Journal of Chemical，Environmental & Biological Sciences（IJCEBS），3（5）：2 320–4 087（Online）.

Khalid Ali El Amin. 2016. The State Land and Conflicts in the Sudan[J]. International Journal of Peace and Conflict Studies（IJPCS），3（1）：7–18.

Khalid H A Siddig，Babiker I Babiker. 2011.Agricultural Efficiency Gains and Trade Liberalization in Sudan[D]. Khartoum：University of Khartoum.

Khogali M. 1976. Byssinosis：a follow-up study of cotton ginnery workers in the Sudan[J]. British Journal of Industrial Medicine，33（3）：166–174.

Mahgoub G. Zaroug. 2006. Country Pasture/Forage Resource Profiles of Sudan. © FAO

Nasredin A. Hag Elamin. 1997. Export Performance in Sudan：Recent Trends and Policy Impact[J]. Journal of Economic Cooperation Among Islamic Countries，18（4）：57–76.

Omran AbbasYusif Abd Alla &Gadda Mohummed Awad，et al. 2015. Some Economics Determinants of Non-Oil Exports in Sudan：An Empirical Investigation（1990–2012）[J]. Journal of Business Studies Quarterly，7（1）：2 152–1 034.

Rawia Mohammed，Ahmed Hafiz. 2015. An Econometric Study for the Fisheries and Aquaculture Sector in Sudan[D] Khartoum：University of Khartoum.

Salih M N T. 2013. Response of sunflower（Helianthus annuus L.）to phosphorus and nitrogen fertilization under rainfed conditions，Blue Nile State-Sudan.[J]. Helia，36（58）：101–110.

Siddig K H A，Babiker B I. 2011. Agricultural efficiency gains and trade liberalization in Sudan.[J]. Agricultural Economics Working Paper，7（1）：51–69.

Sulieman A M E，Elhafise I A A，Abdelrahim A M. 2012. Comparative Study on Five Sudanese Date（Phoenix dactylifera L.）Fruit Cultivars[J]. Food and Nutrition Sciences（9）：1 245–1 251.

Tahani Ahmed Algizouli. 2000. Economics of Potato Production And Marketing in Khartoum State，Sudan[D] Khartoum：University of Khartoum.

Yasir A，Alla E.1996.Evaluation of the Factors Affecting the Production and Marketing of Tomato Crop in Khartoum States，Sudan[D]. Khartoum：Department of Agricultural Economics University of Khartoum.

Yousif Adam S，Eltayeb E A A. 2010. Soil Texture and Vegetation Cover Assessment in Three Sites in the Eastern Nile Locality，Khartoum State，Sudan[J]. 2：1–13.

附　录

APPENDIX

附录一　苏丹主要地名列表

附表1　苏丹主要地名列表

名称	所属地区	经度	纬度	海拔（英尺）	人口密度
Ad Da' ein　达安	East Darfur State东达尔富尔州	11.43	26.15	1 669	23 117
Ad Da' ayn　达昂	East Darfur State东达尔富尔州	11.43	26.15	1 669	23 117
Ad Da' en　达恩	East Darfur State东达尔富尔州	11.43	26.15	1 669	23 117
Ad Daba　达巴	Wilayat Janub Kurdufan南科尔多凡州	11.08	30.31	1 958	9 536
Ad Dabadib　达巴迪布	Wilayat Janub Kurdufan南科尔多凡州	12.36	31.42	1 719	894
Ad Dabba　达巴	Al wi				
Ad Dabba　达巴	White Nile State白尼罗州	12.87	32.28	1 669	5 066
Ad Dabbch					
Ad Dabbah　达巴哈	Gezira State 杰齐拉州	14.77	33.32	1 220	31 385
Ad Dabbah　达巴哈	Wilayat Janub Kurdufan南科尔多凡州	10.97	31.66	1 669	894
Ad Dabburah　达布罗	River Nile State尼罗州	17.53	34.23	1 187	894
Ad Dabkar　达布卡	Shimal Kurdufan北达尔富尔州	12.56	31.01	1 669	894
Ad Dabkir　达布科	Wilayat Janub Kurdufan南科尔多凡州	10.64	29.70	1 669	9 536
Ad Dahhab　达哈布	Gedaref State加达里夫州	13.90	36.10	1 765	894
Ad Dai　达伊	Shimal Kurdufan北达尔富尔州	13.25	31.50	1 669	3 278
Ad Dakka　达卡	Wilayat Janub Kurdufan南科尔多凡州	11.27	31.01	1 906	894
Ad Dalanj　达兰济	Wilayat Janub Kurdufan南科尔多凡州	12.05	29.65	2 509	10 762
Ad Dam　代姆	White Nile State白尼罗州	14.71	32.13	1 669	6 109
Ad Damar　达马尔	River Nile State尼罗州	17.59	33.96	1 207	57 367

（续表）

名称	所属地区	经度	纬度	海拔（英尺）	人口密度
Ad Damazin 达马金	Blue Nile青尼罗州	11.79	34.36	1 669	2 513
Ad Damir 达米尔	River Nile State尼罗州	17.59	33.96	1 207	57 367
Ad Damra 达姆拉	Wilayat Janub Kurdufan南科尔多凡州	12.17	31.28	2 509	894
Ad Dandour 丹多尔	Wilayat Janub Kurdufan南科尔多凡州	11.24	30.09	1 856	1 639
Ad Danget 丹盖特	Blue Nile青尼罗州	11.28	34.67	1 669	1 788
Ad Danqu 丹曲	White Nile State白尼罗州	12.66	31.85	1 669	3 129
Ad Daqqaqah 达恰恰哈	Sinnar State森纳尔州	13.15	34.20	1 669	3 176
Ad Darabi 达拉比	Gedaref State加达里夫州	13.97	36.07	1 761	894
Ad Daradir 达拉迪尔	White Nile State白尼罗州	14.67	32.21	1 236	2 433
Ad Daradir 达拉迪尔	White Nile State白尼罗州	12.97	32.17	1 669	4 346
Ad Daw 达瓦	White Nile State白尼罗州	12.88	33.05	1 669	2 889
Ad Daw 达瓦	River Nile State尼罗州	17.17	32.30	1 669	1 043
Ad Dawm 达瓦姆	Khartoum State喀土穆州	16.03	32.58	1 669	29 213
Ad Dawmah 达瓦马哈	Khartoum State喀土穆州	15.37	32.90	1 669	894
Ad Dawmah 达瓦马哈	Blue Nile青尼罗州	11.92	34.38	1 669	2 839
Ad Dawwab 达瓦毕	Khartoum State喀土穆州	16.02	32.54	1 669	22 722
Ad Dawḩah 达瓦哈	Gezira State 杰齐拉州	13.98	33.43	1 669	9 089
Ad Daym 达伊姆	Blue Nile青尼罗州	11.23	34.93	1 669	1 627
Ad Dayra 达伊拉	Sinnar State森纳尔州	12.92	34.00	1 669	11 124
Ad Da'en 达恩	East Darfur State东达尔富尔州	11.43	26.15	1 669	23 117
Ad Debeilu 德贝鲁	Shimal Kurdufan北达尔富尔州	12.35	30.53	1 669	1 278
Ad Delatia 德拉提亚	Khartoum State喀土穆州	15.37	32.88	1 669	894
Ad Dem 德姆	Gezira State 杰齐拉州	14.64	33.40	1 253	2 751
Ad Dem 德姆	White Nile State白尼罗州	13.28	32.04	1 669	3 840
Ad Dem 德姆	Sinnar State森纳尔州	12.91	34.03	1 669	11 175
Ad Dem 德姆	Wilayat Janub Kurdufan南科尔多凡州	12.32	31.14	2 509	894
Ad Dereis 德雷斯	Wilayat Gharb Kurdufan西科尔多凡州	11.73	27.45	1 669	1 788
Ad Dibab 迪巴毕	Gezira State 杰齐拉州	14.31	33.07	1 669	13 998
Ad Dibeba 迪博巴	Gezira State 杰齐拉州	14.96	33.02	1 669	15 943
Ad Dibeba 迪博巴	Wilayat Janub Kurdufan南科尔多凡州	11.93	31.72	2 050	894
Ad Dibeba 迪博巴	Gezira State 杰齐拉州	14.50	32.93	1 669	14 583
Ad Dibeba 迪博巴	White Nile State白尼罗州	14.95	32.36	1 669	894
Ad Dibeba 迪博巴	White Nile State白尼罗州	14.11	32.34	1 669	5 944
Ad Dibeba 迪博巴	White Nile State白尼罗州	13.19	32.32	1 669	4 984
Ad Dibeba 迪博巴	White Nile State白尼罗州	12.85	31.74	1 669	3 129

（续表）

名称	所属地区	经度	纬度	海拔（英尺）	人口密度
Ad Dibeba 迪博巴	Sinnar State森纳尔州	12.87	34.01	1 669	10 839
Ad Dibeba 迪博巴	Sinnar State森纳尔州	12.49	34.13	1 669	894
Ad Dibeba' Abd Allah 迪博巴 阿布达拉哈	Gezira State 杰齐拉州	15.00	33.11	1 669	11 876
Ad Dibeba al Hiwe 迪博巴 阿尔黑维	Khartoum State喀土穆州	15.40	32.86	1 669	894
Ad Dibeba' Abd Allah 迪博巴 阿布达拉哈	Gezira State 杰齐拉州	15.00	33.11	1 669	11 876
Ad Dibeda 迪博达	White Nile State白尼罗州	12.75	32.74	1 223	894
Ad Dibkarāya 迪布卡拉亚	White Nile State白尼罗州	12.26	32.70	1 669	894
Ad Difena 迪芬纳	Shimal Kurdufan北达尔富尔州	12.95	31.60	1 669	3 278
Ad Dighena 迪哥合纳	Wilayat Janub Kurdufan南科尔多凡州	12.05	31.72	1 669	894
Ad Diheshat 迪和沙特	White Nile State白尼罗州	12.72	32.01	1 669	3 129
Ad Dikeri 迪科里	Wilayat Janub Kurdufan南科尔多凡州	10.54	30.28	1 669	894
Ad Dikka North 北迪卡	River Nile State尼罗州	18.00	34.00	1 131	87 838
Ad Dilebat 迪勒巴特	Wilayat Janub Kurdufan南科尔多凡州	11.41	31.36	1 856	894
Ad Dindar 丁达尔	Sinnar State森纳尔州	13.20	34.17	1 669	6 582
Ad Dineqila 丁那奇拉	White Nile State白尼罗州	13.88	32.37	1 256	9 329
Ad Dineqila 丁那奇拉	Gezira State 杰齐拉州	14.64	32.85	1 669	15 943
Ad Diqayyab 迪恰亚比	Sinnar State森纳尔州	14.04	33.16	1 669	47 530
Ad Direra 迪瑞拉	White Nile State白尼罗州	12.65	32.79	1 669	894
Ad Diresa 迪瑞萨	Gedaref State加达里夫州	12.97	35.02	1 669	894
Ad Diresāt 迪瑞萨特	Shimal Kurdufan北达尔富尔州	12.94	31.19	1 669	80 635
Ad Diseis 迪塞斯	Gezira State 杰齐拉州	14.25	33.00	1 669	104 517
Ad Dishenāt 迪森纳特	Gezira State 杰齐拉州	14.03	32.86	1 669	11 771
Ad Diwem 迪维姆	White Nile State白尼罗州	14.00	32.31	1 236	64 245
Ad Doha Fallata 多哈 法拉塔	Blue Nile青尼罗州	12.04	34.33	1 669	1 788
Ad Doha Qimaz 多哈 奇马兹	Blue Nile青尼罗州	12.03	34.33	1 669	1 788
Ad Doma 多玛	Khartoum State喀土穆州	15.37	32.90	1 669	894
Ad Douiem 多维亚姆	White Nile State白尼罗州	14.00	32.31	1 236	64 245
Ad Drout 底落特	Wilayat Janub Kurdufan南科尔多凡州	11.17	30.05	1 788	1 639
Ad Du' ayn 杜阿英	East Darfur State东达尔富尔州	11.43	26.15	1 669	23 117
Ad Dubasi 杜巴斯	White Nile State白尼罗州	14.22	32.23	1 669	894
Ad Dubaybah 杜贝巴哈	Al Wilayah ash Shimaliyah北方州	18.45	31.80	885	72 270

（续表）

名称	所属地区	经度	纬度	海拔（英尺）	人口密度
Ad Dubaybah 杜贝巴哈	White Nile State白尼罗州	13.72	32.47	1 253	9 658
Ad Dubaybah 杜贝巴哈	White Nile State白尼罗州	13.37	32.63	1 246	894
Ad Dubaybat 杜贝巴特	White Nile State白尼罗州	12.82	32.53	1 240	5 066
Ad Dubaykir 杜贝科尔	White Nile State白尼罗州	12.70	32.47	1 669	5 066
Ad Dukaydik 杜科迪克	Wilayat Janub Kurdufan南科尔多凡州	10.87	32.08	1 669	894
Ad Dulayb 杜雷博	Wilayat Janub Kurdufan南科尔多凡州	11.90	31.63	1 981	894
Ad Dulaybah 杜雷巴哈	Gezira State 杰齐拉州	14.17	33.65	1 246	34 945
Ad Duqja 杜克扎	White Nile State白尼罗州	12.53	32.05	1 669	4 821
Ad Duql 杜克拉	Wilayat Janub Kurdufan南科尔多凡州	11.06	30.06	1 774	5 917
Ad Dushaynāb 杜沙那博	Khartoum State喀土穆州	15.98	32.55	1 174	35 191
Ad Duwara 杜瓦拉	South Darfur State 南达尔富尔州	10.38	25.35	1 669	735
Ad Duwaym 杜维姆	Al Wilayah ash Shimaliyah北方州	18.50	31.83	892	200 511
Ad Duwaym 杜维姆	White Nile State白尼罗州	14.00	32.31	1 236	64 245
Ad Duwaymah 杜维玛哈	Shimal Kurdufan北达尔富尔州	14.12	31.08	1 669	1 490
Ad Duwem 杜外姆	White Nile State白尼罗州	14.00	32.31	1 236	64 245
Ad Duwenib 杜文尼博	Gezira State 杰齐拉州	14.66	33.37	1 669	4 828
Ad Du'ayn 杜阿英	East Darfur State东达尔富尔州	11.43	26.15	1 669	23 117
Ad Dādōri 达多里	Wilayat Janub Kurdufan南科尔多凡州	12.30	31.11	2 509	894
Ad Dākhla 达科哈拉	Blue Nile青尼罗州	11.60	34.42	1 669	1 788
Ad Dāli 达里	Sinnar State森纳尔州	12.87	33.41	1 669	894
Ad Dāya 达亚	Shimal Kurdufan北达尔富尔州	12.69	31.00	1 669	1 516
Ad Dīsa 迪萨	Blue Nile青尼罗州	12.04	34.31	1 669	1 788
Ad Ḑarawāb 达拉瓦博	White Nile State白尼罗州	13.50	32.23	1 669	5 960
Ad-Damazin 达玛金	Blue Nile青尼罗州	11.79	34.36	1 669	2 513
Ad-Damir 达米尔	River Nile State尼罗州	17.59	33.96	1 207	57 367
Adalata 阿拉塔	West Darfur State 西达尔富尔州	13.23	22.48	2 726	4 023
Adaluta 阿鲁塔	West Darfur State 西达尔富尔州	13.23	22.48	2 726	4 023
Adam 阿姆	Gezira State 杰齐拉州	14.28	33.49	1 669	30 909
Adam Bawsh 巴瓦什	North Darfur State 北达尔富尔州	14.90	23.63	3 349	447

（续表）

名称	所属地区	经度	纬度	海拔（英尺）	人口密度
Adam Bosh 博什	North Darfur State 北达尔富尔州	14.90	23.63	3 349	447
Adara 阿达拉	Shimal Kurdufan北达尔富尔州	13.57	30.80	1 669	3 256
Adarabati 阿达拉巴提	Wilayat al Bahr al Ahmar 红海州	18.95	36.67	3 408	3 237
Adarama 阿达拉玛	River Nile State尼罗州	17.08	34.89	1 236	894
Adariam 阿达里阿姆	West Darfur State 西达尔富尔州	14.37	22.54	3 349	4 023
Adassi 阿达斯	Blue Nile青尼罗州	11.28	34.80	1 669	1 788
Addabba 阿达巴	Gezira State 杰齐拉州	14.10	32.68	1 256	14 194
Addib ē bāt 阿迪贝巴特	Wilayat Janub Kurdufan南科尔多凡州	11.26	29.90	1 722	1 639
Adeloiab 阿迪劳阿博	Wilayat al Bahr al Ahmar 红海州	21.47	33.88	1 669	149
Adhasri 阿迪哈斯里	Wilayat al Bahr al Ahmar 红海州	18.05	38.05	1 669	1 937
Adi 阿迪	Blue Nile青尼罗州	11.10	34.87	2 053	1 788
Adigi 阿迪奇	West Darfur State 西达尔富尔州	13.10	22.01	2 509	3 064
Adira 阿迪拉	West Darfur State 西达尔富尔州	13.63	22.15	2 595	2 394
Adobana 阿多巴那	Wilayat al Bahr al Ahmar 红海州	18.18	38.27	59	1 538
Adona Sughaiyir 阿多那 苏法亚尔	Wilayat Janub Kurdufan南科尔多凡州	11.64	30.36	2 552	1 639
Adrur 阿迪鲁尔	North Darfur State 北达尔富尔州	15.10	26.41	3 520	149
Adum 阿杜姆	West Darfur State 西达尔富尔州	14.34	22.60	2 919	4 023
Adusa 阿杜萨	Shimal Kurdufan北达尔富尔州	13.88	30.85	1 167	1 490
Ash Lawiyya 拉维亚	Shimal Kurdufan北达尔富尔州	12.61	31.10	1 669	897
Ash Sha'iqiyah 沙伊奇亚哈	River Nile State尼罗州	16.66	33.23	1 194	1 043
Ash Sha'air 沙阿尔	Wilayat Janub Kurdufan南科尔多凡州	11.22	29.66	1 847	1 639
Ash Sha'lab 沙拉博	Gezira State 杰齐拉州	14.47	33.02	1 669	12 555
Ash Shaghrah 沙夫拉哈	Khartoum State喀土穆州	15.54	32.49	1 243	186 548
Ash Shahatub 沙哈图博	White Nile State白尼罗州	13.46	32.07	1 669	6 258
Ash Shajara 沙加拉	Khartoum State喀土穆州	15.54	32.49	1 243	186 548
Ash Shajarah 沙加拉哈	Khartoum State喀土穆州	15.54	32.49	1 243	186 548

（续表）

名称	所属地区	经度	纬度	海拔（英尺）	人口密度
Ash Shal Shala al Madrasa 沙尔沙拉 阿尔 玛德拉萨	White Nile State白尼罗州	12.89	32.74	1 240	894
Ash Shal Shala al Qubba 沙尔沙拉 阿尔 曲巴	White Nile State白尼罗州	12.87	32.73	1 669	894
Ash Shallāl 沙拉尔	Blue Nile青尼罗州	11.80	34.40	1 669	2 403
Ash Shammam 沙玛姆	Gedaref State加达里夫州	13.23	34.83	1 669	894
Ash Shana 沙那	Shimal Kurdufan北达尔富尔州	13.60	30.02	1 771	1 174
Ash Shanābla 沙那博拉	Gezira State 杰齐拉州	14.57	33.46	1 669	1 937
Ash Shaq 沙奇	White Nile State白尼罗州	13.25	32.31	1 669	4 918
Ash Shaqq 沙阿奇	White Nile State白尼罗州	13.20	32.30	1 669	4 971
Ash Sharafa 沙拉法	Gezira State 杰齐拉州	14.59	33.45	1 669	1 937
Ash Sharafa Al Bahar 沙拉法 阿尔巴哈尔	Gezira State 杰齐拉州	14.56	33.46	1 669	1 937
Ash Sharafa Al Fōq 沙拉法 阿尔 夫奇	Gezira State 杰齐拉州	14.58	33.48	1 669	1 937
Ash Sharef Mukhtar 沙尔夫 姆科塔	Gezira State 杰齐拉州	14.02	33.43	1 669	9 089
Ash Sharit 沙里特	White Nile State白尼罗州	12.99	32.54	1 243	5 058
Ash Sharmah 沙玛哈	Kassala卡萨拉州	15.60	34.40	1 669	894
Ash Sharīfiyya 沙里夫亚	White Nile State白尼罗州	12.83	33.08	1 669	902
Ash Shatawi 沙塔维	White Nile State白尼罗州	14.65	32.10	1 669	6 109
Ash Shawa 沙瓦	White Nile State白尼罗州	12.65	32.73	1 256	894
Ash Shawaia 沙瓦亚	Wilayat Janub Kurdufan南科尔多凡州	11.17	30.34	2 509	5 174
Ash Shawal 尔沙瓦	White Nile State白尼罗州	13.57	32.65	1 240	3 593
Ash Shawrāb 沙瓦拉博	Gezira State 杰齐拉州	14.85	33.24	1 669	17 521
Ash Shawwafa 沙瓦法	White Nile State白尼罗州	13.36	32.25	1 669	5 174
Ash Shawwafa 沙瓦法	Shimal Kurdufan北达尔富尔州	12.89	31.67	1 669	3 224
Ash Shawwafa al Lahamda 沙瓦法 阿尔 拉哈姆达	White Nile State白尼罗州	13.41	32.25	1 669	5 797
Ash Shawwāf 沙瓦夫	Shimal Kurdufan北达尔富尔州	14.53	30.42	1 669	298
Ash Shawāfa 沙瓦法	White Nile State白尼罗州	12.88	32.37	1 669	5 066
Ash Shaykh al Hasin 沙伊卡 哈森	White Nile State白尼罗州	14.47	32.08	1 669	6 109
Ash Shaykh al Imam 沙伊卡 阿尔 伊玛姆	White Nile State白尼罗州	14.12	32.31	1 233	1 321
Ash Shaykh Talḩah 沙伊卡 塔尔哈	Sinnar State森纳尔州	13.43	33.68	1 669	9 630
Ash Shaykh Hājjū 沙伊卡 哈局	Sinnar State森纳尔州	13.72	33.45	1 669	9 258
Ash Shayqab 沙伊曲博	Gezira State 杰齐拉州	14.42	33.32	1 669	9 089

（续表）

名称	所属地区	经度	纬度	海拔（英尺）	人口密度
Ash Shayqiyya 沙伊奇亚	Gezira State 杰齐拉州	14.57	33.02	1 669	15 943
Ash Sha' aīr 沙阿尔	Wilayat Janub Kurdufan南科尔多凡州	11.22	29.66	1 847	1 639
Ash Sha' lab 沙拉博	Gezira State 杰齐拉州	14.47	33.02	1 669	12 555
Ash Sheikh al Imām 舍伊科 阿尔 伊玛姆	White Nile State白尼罗州	14.12	32.31	1 233	1 321
Ash Shekab 舍科博	River Nile State尼罗州	16.45	32.84	1 669	1 043
Ash Shekh 舍科哈	White Nile State白尼罗州	12.69	32.19	1 669	4 751
Ash Shekh Al Başīr 舍科 阿尔 巴斯尔	Gezira State 杰齐拉州	14.81	33.21	1 669	8 272
Ash Shekh Al Mahi 舍科 阿尔 玛黑	White Nile State白尼罗州	12.83	32.85	1 240	894
Ash Shekh Hisen 舍科 黑森	White Nile State白尼罗州	12.74	32.88	1 240	894
Ash Shekh Mūsa 舍科 姆萨	White Nile State白尼罗州	14.83	32.37	1 669	894
Ash Shekh Mūsa 舍科 姆萨	White Nile State白尼罗州	12.86	32.81	1 217	894
Ash Shewen 舍文	Gezira State 杰齐拉州	15.23	33.00	1 669	1 937
Ash Sheyaliya 舍亚里亚	River Nile State尼罗州	17.63	34.04	1 200	23 564
Ash Shigil 史吉尔	River Nile State尼罗州	17.25	34.54	1 217	894
Ash Shigri 史吉尔	River Nile State尼罗州	17.18	34.67	1 236	894
Ash Shikeniba 史肯尼巴	Gezira State 杰齐拉州	14.17	33.02	1 669	21 602
Ash Shiker 史科尔	Gezira State 杰齐拉州	14.50	32.64	1 669	13 399
Ash Shikera Al Ḩilewab 史科拉 阿尔 黑拉瓦博	Gezira State 杰齐拉州	14.82	33.06	1 669	15 943
Ash Shilekh al Mustafa 史科拉 阿尔 姆斯塔法	Gezira State 杰齐拉州	14.14	32.97	1 669	11 771
Ash Shilekha 史勒卡	Gezira State 杰齐拉州	14.30	33.32	1 669	9 089
Ash Shiqeyyab 史曲亚博	Gezira State 杰齐拉州	14.91	32.82	1 669	15 943
Ash Shiqlah 史曲拉哈	River Nile State尼罗州	17.68	34.01	1 174	89 937
Ash Shiqlah 史曲拉哈	Shimal Kurdufan北达尔富尔州	14.17	30.43	1 669	1 490
Ash Shiqlah 史曲拉哈	Shimal Kurdufan北达尔富尔州	13.82	29.73	1 758	1 490
Ash Shiqlah 史曲拉哈	Shimal Kurdufan北达尔富尔州	13.75	31.33	1 669	1 490
Ash Shirek 史来科	Khartoum State喀土穆州	15.37	32.79	1 669	1 500
Ash Shirek 史来科	White Nile State白尼罗州	13.51	32.18	1 669	6 258
Ash Shirek 史来科	White Nile State白尼罗州	13.50	32.17	1 669	6 258

（续表）

名称	所属地区	经度	纬度	海拔（英尺）	人口密度
Ash Shiţeb 史特博	White Nile State白尼罗州	14.97	32.34	1 669	894
Ash Shiţeb 史特博	White Nile State白尼罗州	14.22	32.19	1 669	894
Ash Shiḩeţ 史和特	White Nile State白尼罗州	13.33	32.32	1 669	4 940
Ash Shoona 舒那	River Nile State尼罗州	17.44	34.22	1 181	894
Ash Shoteba 首特巴	Sinnar State森纳尔州	12.87	33.98	1 669	8 573
Ash Showak 首瓦科	Gedaref State加达里夫州	14.38	35.87	1 669	49 096
Ash Shubayk 舒巴伊科	Gezira State 杰齐拉州	14.44	33.12	1 669	9 089
Ash Shubrab 舒博拉博	Khartoum State喀土穆州	16.15	32.56	1 194	1 306
Ash Shuhaynab 舒黑那博	Khartoum State喀土穆州	16.06	32.54	1 669	7 497
Ash Shukri al ' Aqaliyyin 舒科里 阿尔 阿恰里英	White Nile State白尼罗州	14.28	32.35	1 669	6 367
Ash Shukri al ' Aqaliyyin 舒科里 阿尔 阿恰里英	White Nile State白尼罗州	14.28	32.35	1 669	6 367
Ash Shukriyya 舒科里亚	Gezira State 杰齐拉州	14.50	32.66	1 669	14 942
Ash Shuqaylah 舒卡拉哈	Khartoum State喀土穆州	15.33	32.47	1 243	286 824
Ash Shuqayq 舒卡奇	White Nile State白尼罗州	14.47	31.90	1 669	6 109
Ash Shurrak 舒拉科	Sinnar State森纳尔州	12.60	33.12	1 669	894
Ash Shurrak 舒拉科	White Nile State白尼罗州	12.53	33.07	1 669	894
Ash Shush 舒石	White Nile State白尼罗州	12.27	32.65	1 249	894
Ash Shutaytah 舒塔伊塔哈	Gezira State 杰齐拉州	14.42	32.95	1 669	11 771
Ash Shuwayb 舒瓦伊博	South Darfur State 南达尔富尔州	11.43	24.13	1 899	1 937
Ash Shuḩayţah 舒哈伊塔哈	White Nile State白尼罗州	13.83	32.58	1 249	13 826
Ash Shā' iqīyah 沙伊奇亚哈	River Nile State尼罗州	16.66	33.23	1 194	1 043
Ash Sh ē kh as Sidīq 舍科 阿兹 思迪科	White Nile State白尼罗州	14.95	32.34	1 669	894
Ash Shūr 舒尔	White Nile State白尼罗州	13.68	32.33	1 669	894
Ashabalu 阿沙巴鲁	Blue Nile青尼罗州	10.83	34.90	3 349	1 300
Asharaya 阿沙拉亚	South Darfur State 南达尔富尔州	11.12	24.88	1 669	1 341
Ashkeit 阿什凯特	Kassala卡萨拉州	15.28	35.67	1 669	27 712
Ashkeit S. 阿什凯特S	Kassala卡萨拉州	15.28	35.62	1 669	45 059
Ashshekh at Tijani 阿什社科 阿特 提加尼	White Nile State白尼罗州	13.19	32.37	1 249	4 999
Ashshiqla 阿什时奇拉	Gezira State 杰齐拉州	14.50	32.76	1 669	14 328

（续表）

名称	所属地区	经度	纬度	海拔（英尺）	人口密度
Ashshiteta 阿什时泰拉	Gezira State 杰齐拉州	14.42	32.95	1 669	11 771
Ashshuweliyya 阿什舒维利亚	White Nile State白尼罗州	14.81	32.72	1 669	15 943
Ashshuwerif 阿什舒维利夫	Gezira State 杰齐拉州	14.38	32.59	1 669	12 762
ZLX	Wilayat Wasat Darfur	12.91	23.47	3 349	49 539
ZLX12a					
Za`afaya 扎阿发亚	Shimal Kurdufan北达尔富尔州	12.72	30.93	1 669	1 760
Zaghawa 扎嘎瓦	Wilayata Wasat Darfur	13.30	23.43	3 349	2 682
Zaghawi 扎噶维	West Darfur State 西达尔富尔州	13.29	22.44	2 660	4 023
Zaheili 扎黑里	East Darfur State东达尔富尔州	10.36	25.96	1 669	1 639
Zaid 再德	Wilayat Janub Kurdufan南科尔多凡州	11.15	30.53	3 349	5 974
Zaid Da' ash 再德 达阿什	East Darfur State东达尔富尔州	11.58	27.03	1 669	1 639
Zaid Da' ash 再德 达阿什	East Darfur State东达尔富尔州	11.58	27.03	1 669	1 639
Zaida 再达	Shimal Kurdufan北达尔富尔州	13.30	30.95	1 669	3 278
Zakariyya 扎科里亚	White Nile State白尼罗州	12.87	32.79	1 223	894
Zakfero 扎科发罗	Wilayat Gharb Kurdufan西科尔多凡州	12.17	27.58	1 696	1 788
Zalata 扎拉塔	South Darfur State南达尔富尔州	11.90	24.98	2 040	3 725
Zalatay 扎拉塔伊	Wilayat Janub Kurdufan南科尔多凡州	11.91	30.42	2 080	1 639
Zalatay 扎拉塔伊	Wilayat Janub Kurdufan南科尔多凡州	11.72	30.47	2 509	1 599
Zalataya 扎拉塔伊	Wilayat Janub Kurdufan南科尔多凡州	11.91	30.42	2 080	1 639
Zalatayah 扎拉塔亚哈	Wilayat Janub Kurdufan南科尔多凡州	11.91	30.42	2 080	1 639
Zalaţah 扎拉塔哈	South Darfur State 南达尔富尔州	11.90	24.98	2 040	3 725
Zalingei 扎林格	Wilayat Wasat Darfur	12.91	23.47	3 349	49 539
Zalinjay 扎林加	Wilayat Wasat Darfur	12.91	23.47	3 349	49 539
Zalinje 扎林杰	Wilayat Wasat Darfur	12.91	23.47	3 349	49 539
Zalinji 扎林吉	Wilayat Wasat Darfur	12.91	23.47	3 349	49 539
Zallaq 扎尔拉曲	Kassala卡萨拉州	15.43	35.68	1 669	3 926
Zallāq 扎尔拉阿曲	Kassala卡萨拉州	15.48	35.73	1 669	2 779
Zalqa 扎尔卡	Gezira State 杰齐拉州	15.22	32.93	1 669	1 937
Zami 扎米	Wilayat Wasat Darfur	11.68	22.82	2 509	1 937

（续表）

名称	所属地区	经度	纬度	海拔（英尺）	人口密度
Zan Gamat　赞 格玛特	Wilayat Janub Kurdufan南科尔多凡州	11.92	29.93	2 509	1 639
Zananda　赞南达	Gezira State 杰齐拉州	14.05	33.47	1 669	9 089
Zananidah　赞南尼达哈	Gezira State 杰齐拉州	14.05	33.47	1 669	9 089
Zankor　赞括尔	Wilayat Gharb Kurdufan西科尔多凡州	13.87	27.97	2 509	1 639
Zannuba　赞奴巴	White Nile State白尼罗州	13.18	32.68	1 187	115 550
Zannubah　赞奴巴哈	White Nile State白尼罗州	13.18	32.68	1 187	115 550
Zanqo　赞口	White Nile State白尼罗州	14.36	32.11	1 669	3 604
Zaqalona　赞恰楼那	White Nile State白尼罗州	13.39	32.14	1 669	5 333
Zaqalona　赞恰楼那	Wilayat Janub Kurdufan南科尔多凡州	11.76	31.25	2 509	894
Zaqalona　赞恰楼那	Shimal Kurdufan北达尔富尔州	12.64	31.30	1 669	894
Zaqalona　赞恰楼那	White Nile State白尼罗州	12.89	31.85	1 669	3 129
Zaqalona Kanjāra 赞恰楼那 堪加拉	White Nile State白尼罗州	12.91	31.77	1 669	3 139
Zarafa　扎拉发	East Darfur State东达尔富尔州	11.73	25.70	1 669	3 725
Zarafah　扎拉发哈	East Darfur State东达尔富尔州	11.73	25.70	1 669	3 725
Zaringa　扎林格	North Darfur State 北达尔富尔州	18.52	25.62	1 817	298
Zarqa Gamal ed Din 扎尔恰 格玛尔 艾德丁	Wilayat Gharb Kurdufan 西科尔多凡州	11.88	27.50	1 669	1 788
Zarqa Hadida 扎尔恰 哈迪达	North Darfur State 北达尔富尔州	11.83	27.15	1 669	1 043
Zarqa' Hadidah 扎尔恰 哈迪达哈	North Darfur State 北达尔富尔州	11.83	27.15	1 669	1 043
Zarqa' Jamal ad Din 扎尔恰加玛尔 艾德 丁	Wilayat Gharb Kurdufan西科尔多凡州	11.88	27.50	1 669	1 788
Zarqā' Jamāl ad Dīn 扎尔恰加玛尔 艾德 迪恩	Wilayat Gharb Kurdufan西科尔多凡州	11.88	27.50	1 669	1 788
Zarqā' Ḩadīdah 扎尔恰 哈迪达哈	North Darfur State 北达尔富尔州	11.83	27.15	1 669	1 043
Zarzur　扎尔祖儿	White Nile State白尼罗州	13.60	32.08	1 669	6 258
Zarāfī　扎拉非	North Darfur State 北达尔富尔州	13.65	26.83	2 509	1 043
Zarāmi　扎拉米	Shimal Kurdufan北达尔富尔州	12.49	31.02	1 771	894
Zawia　扎维尔	South Darfur State 南达尔富尔州	12.43	25.32	2 089	3 725
Zawiyah　扎维亚哈	South Darfur State 南达尔富尔州	12.43	25.32	2 089	3 725
Zawni　扎乌尼	Blue Nile青尼罗州	12.36	34.35	1 669	11 175

（续表）

名称	所属地区	经度	纬度	海拔（英尺）	人口密度
Zayd 扎伊德	Wilayat Janub Kurdufan南科尔多凡州	11.15	30.53	3 349	5 974
Zayd Da`ash 扎伊德 达艾什	East Darfur State东达尔富尔州	11.58	27.03	1 669	1 639
Zayd Da ‘ash 扎伊德达艾什	East Darfur State东达尔富尔州	11.58	27.03	1 669	1 639
Zaydah 扎伊达哈	Shimal Kurdufan北达尔富尔州	13.30	30.95	1 669	3 278
Zayf 扎伊夫	White Nile State白尼罗州	13.40	32.38	1 669	3 055
Zayfāt 扎伊发特	Wilayat Janub Kurdufan南科尔多凡州	11.65	31.67	1 797	894
Za ‘afaya 扎阿法亚	Shimal Kurdufan北达尔富尔州	12.72	30.93	1 669	1 760
Zeidab 泽伊达布	River Nile State尼罗州	17.43	33.86	1 200	894
Zeidab East 东泽伊达布	River Nile State尼罗州	17.40	33.88	1 194	894
Zeidab North 北泽伊达布	River Nile State尼罗州	17.43	33.86	1 200	894
Zeidāb South 南泽伊达布	River Nile State尼罗州	17.37	33.82	1 194	894
Zeif 泽伊夫	White Nile State白尼罗州	13.40	32.38	1 669	3 055
Zeifat 泽伊法特	Wilayat Janub Kurdufan南科尔多凡州	11.65	31.67	1 797	894
Zeiyadiya 泽伊亚迪亚	North Darfur State 北达尔富尔州	13.77	26.05	2 509	149
Zeleita 泽雷塔	Wilayat Janub Kurdufan南科尔多凡州	11.11	30.14	1 925	3 559
Zeleitay 泽雷塔亚	Wilayat Janub Kurdufan南科尔多凡州	11.28	30.12	1 879	1 639
Zenab 泽那布	River Nile State尼罗州	16.58	33.11	1 204	1 043
Zerafa 泽拉发	East Darfur State东达尔富尔州	11.73	25.70	1 669	3 725
Zeret 泽来特	North Darfur State 北达尔富尔州	16.52	24.86	2 509	298
Zimamiya 兹玛米亚	River Nile State尼罗州	17.43	34.25	1 164	894
Zindiya 真迪亚	Shimal Kurdufan北达尔富尔州	14.28	30.92	1 669	1 490
Zindiyya 真迪亚	White Nile State白尼罗州	13.12	32.41	1 669	5 066
Zireqa 兹莱恰	White Nile State白尼罗州	13.58	32.05	1 669	6 258
Zireqa 兹莱恰	Wilayat Janub Kurdufan南科尔多凡州	11.43	31.47	1 732	894
Zirug 兹鲁奇	North Darfur State 北达尔富尔州	12.08	26.98	1 669	1 043
Zolein 左莱因	Wilayat Janub Kurdufan南科尔多凡州	11.78	31.25	2 798	894

（续表）

名称	所属地区	经度	纬度	海拔（英尺）	人口密度
Zoro 左罗	South Darfur State 南达尔富尔州	11.88	23.77	2 509	1 937
Zoroq Korbab 左罗奇 括尔巴博	River Nile State尼罗州	16.52	32.95	1 249	1 043
Zoulekederi 祖来科德里	Wilayat Wasat Darfur	12.55	23.55	4 189	2 430
Zubera 祖博拉	Wilayat Wasat Darfur	12.71	23.06	2 795	2 681
Zughani 祖法尼	Gedaref State加达里夫州	14.28	36.39	1 883	894
Zuhani 祖哈尼	Gedaref State加达里夫州	14.28	36.39	1 883	894
Zukhani 祖卡尼	Gedaref State加达里夫州	14.28	36.39	1 883	894
Zulayṭah 祖拉塔哈	East Darfur State东达尔富尔州	12.57	25.75	1 916	3 725
Zule Kederi 祖勒 科德里	Wilayat Wasat Darfur	12.55	23.55	4 189	2 430
Zuleit 祖雷特	White Nile State白尼罗州	12.82	32.75	1 227	894
Zuleita 祖雷塔	East Darfur State东达尔富尔州	12.57	25.75	1 916	3 725
Zuli 祖里	Wilayat Wasat Darfur	12.73	23.42	3 349	2 682
Zuma					
Zulumingtong 祖鲁明同	South Darfur State 南达尔富尔州	12.73	24.68	3 681	3 725
Zumurka 祖姆尔卡	Sinnar State森纳尔州	12.88	34.05	1 669	11 175
Zumām 祖玛姆	Gezira State 杰齐拉州	14.07	33.49	1 669	9 089
Zungah 准嘎	Shimal Kurdufan北达尔富尔州	13.30	30.38	1 998	894
Zungaha 准嘎哈	Gezira State 杰齐拉州	14.40	33.21	1 669	9 089
Zunqaha 准恰哈	Gezira State 杰齐拉州	14.40	33.21	1 669	9 089
Zunqaha 准恰哈	White Nile State白尼罗州	13.68	32.08	1 669	6 258
Zurayqa' 祖拉伊恰	Shimal Kurdufan北达尔富尔州	13.70	30.77	1 669	1 707
Zurayqa' 祖拉伊恰	White Nile State白尼罗州	13.58	32.05	1 669	6 258
Zurayqa' 祖拉伊恰	Shimal Kurdufan北达尔富尔州	13.57	30.63	1 988	3 278
Zurayqa' 祖拉伊恰	Shimal Kurdufan北达尔富尔州	13.53	30.62	2 027	3 278
Zurayqā' 祖拉伊恰	Shimal Kurdufan北达尔富尔州	13.70	30.77	1 669	1 707
Zurayqā' 祖拉伊恰	White Nile State白尼罗州	13.58	32.05	1 669	6 258
Zurayqā' 祖拉伊恰	Shimal Kurdufan北达尔富尔州	13.57	30.63	1 988	3 278
Zurayqā' 祖拉伊恰	Shimal Kurdufan北达尔富尔州	13.53	30.62	2 027	3 278
Zureiga 祖雷格	Shimal Kurdufan北达尔富尔州	13.70	30.77	1 669	1 707
Zureiqa 祖雷恰	Shimal Kurdufan北达尔富尔州	13.70	30.77	1 669	1 707
Zureiqa 祖雷恰	White Nile State白尼罗州	13.58	32.05	1 669	6 258
Zureiqa 祖雷恰	Shimal Kurdufan北达尔富尔州	13.57	30.63	1 988	3 278
Zureiqa 祖雷恰	Shimal Kurdufan北达尔富尔州	13.53	30.62	2 027	3 278
Zureiqa 祖雷恰	Shimal Kurdufan北达尔富尔州	13.95	30.80	1 669	1 544
Zurga 祖儿格	Gezira State 杰齐拉州	14.95	33.52	1 669	1 937

（续表）

名称	所属地区	经度	纬度	海拔（英尺）	人口密度
Zurga　祖儿格	Gezira State 杰齐拉州	14.93	33.53	1 669	1 937
Zurq　祖儿恰	South Darfur State 南达尔富尔州	11.17	25.12	1 669	1 341
Zurq					
Zurzūr　祖儿祖儿	White Nile State白尼罗州	13.60	32.08	1 669	6 258
Zurēqa　祖来恰	White Nile State白尼罗州	13.58	32.05	1 669	6 258

附录二 苏丹宏观经济指标（2009—2016年）

附表2 苏丹宏观经济指标（2009—2016年）

			单位	2009年	2010年	2011年	2012年	2013年	2014年	2015年	2016年
国内生产总值	不变价格	国家货币	10亿元	99.813	102.813	101.522	98.057	103.17	104.826	109.941	113.294
		百分比变化		4.681	3.005	−1.255	−3.413	5.214	1.605	4.879	3.05
	现价	国家货币	10亿元	122.314	151.324	179.25	223.836	311.603	407.782	491.289	574.484
		美元	10亿元	53.145	65.622	67.22	62.647	65.507	71.081	81.444	94.297
	平减指数	指数		122.543	147.184	176.563	228.27	302.028	389.007	446.866	507.073
人均国内生产总值	价格不变	国家货币		2 551.674	2 561.748	3 108.334	2 797.202	2 852.856	2 811.158	2 860.422	2 861.06
	现价	国家货币		3 126.886	3 770.476	5 488.156	6 385.182	8 616.426	10 935.61	12 782.24	14 507.65
		美元		1 358.61	1 635.071	2 058.095	1 787.085	1 811.406	1 906.199	2 119.003	2 381.309
基于国内生产总值的购买力评价（PPP）估值的国内生产总值		当前国际美元	10亿元	139.376	145.319	146.457	144.064	154.023	159.298	168.868	176.304
基于购买力评价（PPP）的人均国内生产总值国内生产总值		当前国际美元		3 563.077	3 620.849	4 484.104	4 109.596	4 259.048	4 271.94	4 393.565	4 452.256
基于购买力评价（PPP）的国内生产总值占世界总量的比重		百分比		0.167	0.163	0.155	0.145	0.148	0.145	0.148	0.148
暗示PPP转换率		当前国际美元的国民币		0.878	1.041	1.224	1.554	2.023	2.56	2.909	3.258
总投资		占GDP比例		20.094	19.308	18.495	18.216	19.649	16.989	17.104	16.555
国民储蓄总额		占GDP比例		10.463	17.254	18.066	8.894	10.997	9.955	9.263	10.674
通货膨胀	平均消费价格	指数		127.149	143.666	169.908	229.975	313.967	429.842	502.526	570.292
		百分比变化		11.257	12.99	18.266	35.352	36.522	36.907	16.91	13.485
通货膨胀	消费价格终止	指数		132.676	153.043	181.944	262.793	372.91	468.628	527.589	614.641
		百分比变化		15.477	15.352	18.884	44.436	41.903	25.668	12.582	16.5
货物和服务进口量		百分比变化		10.11	1.507	−15.754	5.043	3.072	−3.842	20.324	1.675
货物进口量		百分比变化		10.11	1.507	−15.754	5.043	3.072	−3.842	20.324	1.675

（续表）

		单位	2009年	2010年	2011年	2012年	2013年	2014年	2015年	2016年
货物和服务出口量	百分比变化		−0.303	7.895	−37.841	−59.179	13.86	−5.667	−1.006	5.15
货物出口量	百分比变化		−0.303	7.895	−37.841	−59.179	13.86	−5.667	−1.006	5.15
失业率	总劳动力百分比		14.894	13.733	12.033	14.8	15.2	19.8	21.6	20.6
人口	人	百万	39.117	40.134	32.661	35.056	36.164	37.289	38.435	39.599
一般政府收入	国家货币	10亿	18.986	29.245	32.385	22.266	34.311	49.021	54.169	56.724
	占GDP比例		15.523	19.326	18.067	9.947	11.011	12.021	11.026	9.874
政府总支出	国家货币	10亿	25.198	28.815	32.217	29.741	41.459	54.775	63.353	67.983
	占GDP比例		20.601	19.042	17.973	13.287	13.305	13.432	12.895	11.834
一般政府净贷款/借款	国家货币	10亿	−6.211	0.43	0.167	−7.475	−7.147	−5.754	−9.184	−11.259
	占GDP比例		−5.078	0.284	0.093	−3.34	−2.294	−1.411	−1.869	−1.96
一般政府主要净贷款/借款	国家货币	10亿	−4.957	2.099	2.377	−4.95	−5.636	−2.233	−5.597	−7.097
	占GDP比例		−4.053	1.387	1.326	−2.212	−1.809	−0.548	−1.139	−1.235
一般政府总债务	国家货币	10亿	88.203	110.642	126.522	210.957	280.029	315.052	358.187	362.792
	占GDP比例		72.112	73.116	70.584	94.246	89.867	77.26	72.908	63.151
国内生产总值对应会计年度，现价	国家货币	10亿	122.314	151.324	179.25	223.836	311.603	407.782	491.289	574.484
经常账户余额	美元	10亿	−5.118	−1.348	−0.288	−5.84	−5.668	−5	−6.386	−5.545
	占GDP比例		−9.631	−2.054	−0.429	−9.322	−8.653	−7.035	−7.841	−5.881

数据来源：全球金融国家经济和GDP报告

附录三 苏丹双边投资条约清单

附录3 苏丹双边投资条约清单

涉及的国家	状态	签署日期	生效日期
土耳其	签字（尚未生效）	30-Apr-14	
南非	签字（尚未生效）	7-Nov-07	
布隆迪	签字（尚未生效）	5-Nov-07	
毛里塔尼亚	签字（尚未生效）	8-Jul-07	
意大利	签字（尚未生效）	19-Nov-05	
BLEU（比利时—卢森堡经济联盟）	签字（尚未生效）	7-Nov-05	
黎巴嫩	有效	9-Sep-04	21-Apr-07
印度	有效	22-Oct-03	18-Oct-10
突尼斯	有效	8-Oct-03	24-Sep-06
瑞士	目前正在协商签署（不生效）/新提案	24-Oct-02	
保加利亚	签字（尚未生效）	3-Apr-02	
乍得	签字（尚未生效）	23-Mar-02	
荷兰	签字（尚未生效）	12-Mar-03	
科威特	有效	4-Nov-01	28-Feb-04
阿尔及利亚	签字（尚未生效）	24-Oct-01	
厄立特里亚	签字（尚未生效）	5-Oct-01	
埃及	有效	8-Jul-01	1-Apr-03
阿拉伯联合酋长国	有效	18-Mar-01	16-Mar-02
吉布提	有效	25-Nov-00	12-Nov-05
约旦	有效	30-Mar-00	3-Feb-01
埃塞俄比亚	有效	7-Mar-00	15-May-01
巴林	有效	22-Mar-06	16-Jul-06
阿拉伯叙利亚共和国	有效	7-Jan-00	1-Sep-01
阿曼	有效	25-Oct-99	28-May-02
伊朗伊斯兰共和国	有效	7-Sep-99	19-Oct-01
也门	有效	10-Aug-99	28-Mar-03
摩洛哥	有效	23-Feb-99	4-Jul-02
马来西亚	有效	14-May-98	3-Oct-02
卡塔尔	有效	3-Jun-98	12-Dec-01
印度尼西亚	有效	10-Feb-98	25-May-02
中国	目前正在谈判中，有效/新建议	30-May-97	1-Jul-98
利比亚	签字（尚未生效）	15-Dec-90	
法国	有效	31-Jul-78	5-Jul-80
罗马尼亚	签字（尚未生效）	8-Dec-78	
德国	有效	7-Feb-63	24-Nov-67

附录四　苏丹区域性和国际投资协定的名单

1.阿拉伯经济一体化协定（阿拉伯国家联盟）（1957年）

2.阿拉伯国家投资和阿拉伯资本自由流动协定（1970年）

3.荷兰—苏丹经济和技术合作协定（1970年）

4.“荷兰王国政府与苏丹民主共和国政府经济技术合作协定”（1970年）

5.“阿拉伯国家阿拉伯资本投资统一协定”（1980年），2013年修订

6.“伊斯兰会议组织成员国间投资促进，保护和保障协定”（伊斯兰会议组织投资协定）（1981年）

7.“建立非洲经济共同体—非洲联盟条约”（非盟条约）（1991年）

8.建立东部和南部非洲共同市场的条约（1993年）

9.“非洲，加勒比和太平洋国家集团成员国之一”与“欧洲共同体及其成员国”（科托努协定）（2000年）之间的“伙伴关系协定”

10.东南非共同市场和美利坚合众国关于发展贸易和投资关系的协定（COMESA-美国TIFA）（2001年）

11.东南非共同市场共同投资协定（2007年）

12.欧洲联盟与东部和南部非洲（欧空局—欧盟环保局）之间的临时经济伙伴关系协定（2009年）

附录五　苏丹加入的国际组织

1. 非洲阿拉伯经济发展银行

2. 非洲，加勒比和太平洋国家集团

3. 非洲开发银行

4. 阿拉伯基金

5. 阿拉伯货币基金组织

6. 非洲联盟

7. 阿拉伯经济统一委员会

8. 东部和南部非洲共同市场（COMESA）

9. 联合国粮食及农业组织（FAO）

10. 77国集团（G-77）
11. 国际原子能机构（IAEA）
12. 国际复兴开发银行（IBRD）
13. 国际民用航空组织（ICAO）
14. 国际红十字与红新月运动（ICRM）
15. 国际开发协会（IDA）
16. 伊斯兰开发银行（IDB）
17. 国际金融公司（IFC）
18. 红十字会与红新月会国际联合会（IFRCS）
19. 政府间发展管理局（IGAD伊加特）
20. 国际劳工组织（ILO）
21. 国际货币基金组织（IMF）
22. 国际海事组织（IMO）
23. 国际刑警组织
24. 国际奥委会（IOC）
25. 国际移民组织（IOM）
26. 国际议会联盟（IPU）
27. 国际标准化组织（ISO）
28. 国际电信和空间组织（ITSO）
29. 国际电信联盟（ITU）
30. 阿拉伯国家联盟（LAS）
31. 国际投资担保机构（MIGA）
32. 不结盟运动
33. 伊斯兰会议组织（OIC）
34. 禁止化学武器组织（OPCW）
35. 常设仲裁法院（PCA）
36. 联合国
37. 联合国贸易和发展会议（UNCTAD）
38. 联合国教育，科学及文化组织（UNESCO）
39. 联合国难民事务高级专员公署（UNHCR）
40. 联合国工业发展组织（UNIDO）

41. 世界旅游组织（UNWTO）
42. 万国邮政联盟（UPU）
43. 世界海关组织（WCO）
44. 世界工会联合会（WFTU）
45. 世界卫生组织（WHO）
46. 世界知识产权组织（WIPO）
47. 世界气象组织（WMO）
48. 世界贸易组织（WTO）

附录六 苏丹淡水鱼名录

淡水鱼共有136个品种。下面的表格来自Fishbase.org。该项目作为全球生物多样性研究基准数据集，为所有已知物种提供索引和链接。下面所有的链接将您带到fishbase.org网站页面。 记录编号1 到136。

目	科	属	产地	名称	当地名称
Perciformes 鲈形目	Sparidae 海鲋科	*Acanthopagrus berda*	Native 本地产	Picnic seabream 野餐海鲤	
Characiformes 脂鲤目	Alestidae 非洲脂鲤科	*Alestes baremoze*	Native 本地产	Silversides 银汉鱼	Kawara baladi
Characiformes 脂鲤目	Alestidae 非洲脂鲤科	*Alestes dentex*	Native 本地产	Characin脂鲤	Kawwara baladi
Cyprinodontiformes 胎鳉形目	Cyprinodontidae 鳉科；银汉鱼科	*Aphanius dispar dispar*	Native 本地产		
Cyprinodontiformes 胎鳉形目	Poeciliidae 杂色鱼科	*Aplocheilichthys hutereaui*	Native 本地产	Meshscald topminnow 食蚊鱼	
Cyprinodontiformes 胎鳉形目	Poeciliidae 杂色鱼科	*Aplocheilichthys kingii*	Native 本地产		
Cyprinodontiformes 胎鳉形目	Poeciliidae 杂色鱼科	*Aplocheilichthys normani*	Native 本地产	Norman’s lampeye 七鳃鳗	
Siluriformes 鲶目	Amphiliidae 无棘鲶科	*Andersonia leptura*	Native 本地产		
Siluriformes 鲶目	Claroteidae 脂鲶科	*Auchenoglanis biscutatus*	Native 本地产		Zammar
Siluriformes 鲶目	Claroteidae 脂鲶科	*Auchenoglanis occidentalis*	Native 本地产	Bubu 布布河鱼	Humar el hut
Siluriformes 鲶目	Bagridae 鮠科	*Bagrus bajad*	Native 本地产	Bayad	Bayad
Siluriformes 鲶目	Bagridae 鮠科	*Bagrus docmak*	Native 本地产	Semutundu	Abu shanad
Cypriniformes 鲤目	Cyprinidae 鲤科	*Barbus anema*	Native 本地产		
Cypriniformes 鲤目	Cyprinidae 鲤科	*Barbus bynni bynni*	Native 本地产		Barbel 鲃
Cypriniformes 鲤目	Cyprinidae 鲤科	*Barbus leonensis*	Native 本地产		
Cypriniformes 鲤目	Cyprinidae 鲤科	*Barbus neglectus*	Native 本地产		
Cypriniformes 鲤目	Cyprinidae 鲤科	*Barbus nigeriensis*	Native 本地产		Pedi

（续表）

目	科	属	产地	名称	当地名称
Cypriniformes 鲤目	Cyprinidae 鲤科	*Barbus perince*	Native 本地产		Pedi
Cypriniformes 鲤目	Cyprinidae 鲤科	*Barbus pumilus*	Native 本地产		
Cypriniformes 鲤目	Cyprinidae 鲤科	*Barbus stigmatopygus*	Native 本地产		Pedi
Cypriniformes 鲤目	Cyprinidae 鲤科	*Barbus tongaensis*	Native 本地产		
Cypriniformes 鲤目	Cyprinidae 鲤科	*Barbus yeiensis*	Native 本地产		
Osteoglossiformes 骨舌鱼目	Mormyridae 管嘴鱼科	*Brienomyrus niger*	Native 本地产		Um shiffa
Characiformes 脂鲤目	Alestidae 非洲脂鲤科	*Brycinus macrolepidotus*	Native 本地产	True big-scale tetra 大尺脂鲤	Kawwara safsaf
Characiformes 脂鲤目	Alestidae 非洲脂鲤科	*Brycinus nurse*	Native 本地产	Nurse tetra	Kawwara himila
Cypriniformes 鲤目	Cyprinidae 鲤科	*Chelaethiops bibie*	Native 本地产	Lake Turkana sardine 图尔卡纳湖的沙丁鱼	Bibie
Siluriformes 鲇形目	Mochokidae 倒立鲶科	*Chiloglanis niloticus*	Native 本地产		
Siluriformes 鲇形目	Claroteidae 脂鲿科	*Chrysichthys auratus*	Native 本地产		Abu rial
Siluriformes 鲇形目	Claroteidae 脂鲿科	*Chrysichthys rueppelli*	Native 本地产		
Characiformes 脂鲤目	Citharinidae 琴鲤科	*Citharinus citharus citharus*	Native 本地产	Moon fish 月亮鱼	Betkoya
Characiformes 脂鲤目	Citharinidae 琴鲤科	*Citharinus latus*	Native 本地产		Betkoya
Siluriformes 鲇形目	Clariidae 须子鲇科	*Clarias alluaudi*	Native 本地产	Alluaud's catfish	Tukpe
Siluriformes 鲇形目	Clariidae 须子鲇科	*Clarias anguillaris*	Native 本地产	Mudfish 泥鱼	Garmut
Siluriformes 鲇形目	Clariidae 须子鲇科	*Clarias engelseni*	Native 本地产		
Siluriformes 鲇形目	Clariidae 须子鲇科	*Clarias gariepinus*	Native 本地产	North African catfish 北非鲶鱼	Abu shanab
Siluriformes 鲇形目	Clariidae 须子鲇科	*Clarias liocephalus*	Native 本地产	Smoothhead catfish 平头鲶鱼	Tukpe
Siluriformes 鲇形目	Clariidae 须子鲇科	*Clarias werneri*	Native 本地产	Werner's catfish	Abu shanab

（续表）

目	科	属	产地	名称	当地名称
Siluriformes 鲇形目	Claroteidae 脂鲿科	*Clarotes laticeps*	Native 本地产	Widehead catfish 宽头鲶鱼	Abu misaika
Gonorynchiformes 鼠鱚目	Kneriidae 克奈鱼科	*Cromeria nilotica*	Native 本地产	Naked shellear	
Cypriniformes 鲤目	Cyprinidae 鲤科	*Ctenopharyngodon idella*	Introduced 引进	Grass carp 草鱼，鲩；草鲤	
Perciformes 鲈形目	Anabantidae 攀鲈科	*Ctenopoma muriei*	Native 本地产	Ocellated labyrinth fish	Nakpaia
Perciformes 鲈形目	Anabantidae 攀鲈科	*Ctenopoma petherici*	Native 本地产		Nakpaia
Cypriniformes 鲤目	Cyprinidae 鲤科	*Cyprinus carpio carpio*	Not established 未被确定	Common carp 鲤鱼	
Characiformes 脂鲤目	Citharinidae 琴鲤科	*Distichodus brevipinnis*	Native 本地产		Khraish
Characiformes 脂鲤目	Citharinidae 琴鲤科	*Distichodus engycephalus*	Native 本地产	Perch 鲈鱼	Khraish
Characiformes 脂鲤目	Citharinidae 琴鲤科	*Distichodus niloticus*	Native 本地产		Khraish
Characiformes 脂鲤目	Citharinidae 琴鲤科	*Distichodus rostratus*	Native 本地产	Grass-eater 食草鱼	Khraish
Cyprinodontiformes胎鳉形目	Nothobranchiidae假鳃鳉科	*Epiplatys bifasciatus bifasciatus*	Native 本地产		
Cyprinodontiformes胎鳉形目	Nothobranchiidae假鳃鳉科	*Epiplatys spilargyreius*	Native 本地产		
Cyprinodontiformes胎鳉形目	Poeciliidae 杂色鱼科	*Gambusia affinis*	Introduced 引进	Mosquitofish 食蚊鱼	
Cypriniformes 鲤目	Cyprinidae 鲤科	*Garra blanfordii*	Native 本地产		
Cypriniformes 鲤目	Cyprinidae 鲤科	*Garra dembeensis*	Native 本地产	Dembea stone lapper	
Osteoglossiformes 骨舌鱼目	Gymnarchidae 裸臀鱼科	*Gymnarchus niloticus*	Native 本地产	Aba	Weer
Perciformes 鲈形目	Cichlidae 慈鲷科	*Haplochromis loati*	Native 本地产		
Perciformes 鲈形目	Cichlidae 慈鲷科	*Hemichromis fasciatus*	Native 本地产	Banded jewelfish 带状珠宝鱼	Mbagui
Perciformes 鲈形目	Cichlidae 慈鲷科	*Hemichromis letourneuxi*	Native 本地产	Jewel fish 宝石鱼	Saraba
Siluriformes 鲶目	Clariidae 须子鲇科	*Heterobranchus bidorsalis*	Native 本地产	African catfish 非洲鲶鱼	Ngaru

（续表）

目	科	属	产地	名称	当地名称
Siluriformes 鲶目	Clariidae 须子鲇科	*Heterobranchus longifilis*	Native 本地产	Vundu	Surta
Osteoglossiformes 骨舌鱼目	Arapaimidae 骨舌魚科	*Heterotis niloticus*	Native 本地产	Heterotis	Nauk
Osteoglossiformes 骨舌鱼目	Mormyridae 管嘴鱼科	*Hippopotamyrus harringtoni*	Native 本地产		
Osteoglossiformes 骨舌鱼目	Mormyridae 管嘴鱼科	*Hippopotamyrus pictus*	Native 本地产		
Characiformes 脂鲤目	Alestidae 非洲脂鲤科	*Hydrocynus brevis*	Native 本地产	Tiger-fish 老虎鱼	Kalb el bahr
Characiformes 脂鲤目	Alestidae 非洲脂鲤科	*Hydrocynus forskahlii*	Native 本地产		
Characiformes 脂鲤目	Alestidae 非洲脂鲤科	*Hydrocynus vittatus*	Native 本地产	Tiger fish 老虎鱼	Kas
Osteoglossiformes 骨舌鱼目	Mormyridae 管嘴鱼科	*Hyperopisus bebe bebe*	Native 本地产		Sawya
Characiformes 脂鲤目	Citharinidae 琴鲤科	*Ichthyborus besse besse*	Native 本地产		Alekagurgur
Perciformes 鲈形目	Eleotridae 塘鳢科	*Kribia nana*	Native 本地产		
Cypriniformes 鲤目	Cyprinidae 鲤科	*Labeo coubie*	Native 本地产	African carp 非洲鲫鱼	Tutkum
Cypriniformes 鲤目	Cyprinidae 鲤科	*Labeo forskalii*	Native 本地产		Durumbia
Cypriniformes 鲤目	Cyprinidae 鲤科	*Labeo horie*	Native 本地产		Dabs kabir
Cypriniformes 鲤目	Cyprinidae 鲤科	*Labeo meroensis*	Endemic 本地特有		
Cypriniformes 鲤目	Cyprinidae 鲤科	*Labeo niloticus*	Native 本地产		Dabs kabir
Cypriniformes 鲤目	Cyprinidae 鲤科	*Labeo parvus*	Native 本地产		Durumbia
Cypriniformes 鲤目	Cyprinidae 鲤科	*Labeo tongaensis*	Native 本地产		
Perciformes 鲈形目	Latidae 鸭科	*Lates niloticus*	Native 本地产	Nile perch 尖吻鲈；尼罗河鲈鱼	Igl
Cypriniformes 鲤目	Cyprinidae 鲤科	*Leptocypris niloticus*	Native 本地产		Pedi
Siluriformes 鲶目	Malapteruridae 电鲇科	*Malapterurus electricus*	Native 本地产	Electric catfish 电鲇	Barada
Osteoglossiformes 骨舌鱼目	Mormyridae 管嘴鱼科	*Marcusenius cyprinoides*	Native 本地产		Mbongom-bongo
Osteoglossiformes 骨舌鱼目	Mormyridae 管嘴鱼科	*Marcusenius macrolepidotus macrolepidotus*	Native 本地产	Bulldog	Mbongom-bongo

（续表）

目	科	属	产地	名称	当地名称
Osteoglossiformes 骨舌鱼目	Mormyridae 管嘴鱼科	*Marcusenius senegalensis senegalensis*	Native 本地产		
Elopiformes 海鲢目	Megalopidae 冢雉科	*Megalops cyprinoides*	Native 本地产	Indo-Pacific tarpon 大海鲢	
Characiformes 脂鲤目	Alestidae 非洲脂鲤科	*Micralestes acutidens*	Native 本地产	Sharptooth tetra 尖齿脂鲤	Pedi
Characiformes 脂鲤目	Alestidae 非洲脂鲤科	*Micralestes elongatus*	Native 本地产	Elongated Turkana robber 细长的图尔卡纳强盗鱼	
Perciformes 鲈形目	Anabantidae 攀鲈科	*Microctenopoma pekkolai*	Native 本地产		
Cyprinodontiformes 胎鳉形目 胎鳉形目	Poeciliidae 杂色鱼科	*Micropanchax loati*	Native 本地产	Nile killifish 尼罗鳉鱼	
Siluriformes 鲶目	Mochokidae 倒立鲶科	*Mochokus brevis*	Native 本地产		
Siluriformes 鲶目	Mochokidae 倒立鲶科	*Mochokus niloticus*	Native 本地产		
Osteoglossiformes 骨舌鱼目	Mormyridae 管嘴鱼科	*Mormyrops anguilloides*	Native 本地产	Cornish jack	Taraza
Osteoglossiformes 骨舌鱼目	Mormyridae 管嘴鱼科	*Mormyrus caschive*	Native 本地产		Khashm al banat
Osteoglossiformes 骨舌鱼目	Mormyridae 管嘴鱼科	*Mormyrus hasselquistii*	Native 本地产	Elephant snout 长颌鱼	Khashm al banat
Osteoglossiformes 骨舌鱼目	Mormyridae 管嘴鱼科	*Mormyrus kannume*	Native 本地产	Elephant-snout fish 长颌鱼	Khashm el banat
Osteoglossiformes 骨舌鱼目	Mormyridae 管嘴鱼科	*Mormyrus niloticus*	Native 本地产		
Characiformes 脂鲤目	Citharinidae 琴鲤科	*Nannocharax niloticus*	Native 本地产		
Characiformes 脂鲤目	Citharinidae 琴鲤科	*Neolebias trewavasae*	Native 本地产		
Cyprinodontiformes 胎鳉形目	Nothobranchiidae 假鳃鳉科	*Nothobranchius nubaensis*	Native 本地产		
Cyprinodontiformes 胎鳉形目	Nothobranchiidae 假鳃鳉科	*Nothobranchius virgatus*	Native 本地产		
Salmoniformes 鲑目	Salmonidae 鲑科	*Oncorhynchus mykiss*	Introduced 引进	Rainbow trout 虹鳟鱼	
Perciformes 鲈形目	Cichlidae 慈鲷科	*Oreochromis macrochir*	introduced 引进	Longfin tilapia 长鳍罗非鱼	
Perciformes 鲈形目	Cichlidae 慈鲷科	*Oreochromis niloticus niloticus*	Native 本地产	Nile tilapia 尼罗罗非鱼	Bulti

（续表）

目	科	属	产地	名称	当地名称
Osteoglossiformes 骨舌鱼目	Notopteridae 弓背鱼科	*Papyrocranus afer*	Native 本地产	Reticulate knifefish 网状刀鱼	
Perciformes 鲈形目	Channidae 蛇头鱼科	*Parachanna obscura*	Native 本地产	Snake-head 蛇头鱼	Fakka
Siluriformes 鲶目	Schilbeidae 北非鲶科	*Parailia pellucida*	Native 本地产	Glass schilbid	
Osteoglossiformes 骨舌鱼目	Mormyridae 管嘴鱼科	*Petrocephalus bane bane*	Native 本地产		Ras el hagar
Osteoglossiformes 骨舌鱼目	Mormyridae 管嘴鱼科	*Petrocephalus bovei bovei*	Native 本地产		Ras el hagar
Osteoglossiformes 骨舌鱼目	Mormyridae 管嘴鱼科	*Petrocephalus keatingii*	Endemic 本地特有		
Osteoglossiformes 骨舌鱼目	Mormyridae 管嘴鱼科	*Pollimyrus isidori isidori*	Native 本地产	Elephant Fish 叶吻银鲛	Ras el hagar
Osteoglossiformes 骨舌鱼目	Mormyridae 管嘴鱼科	*Pollimyrus petherici*	Endemic 本地特有		Ras el hagar
Polypteriformes 多鳍目	Polypteridae 多鳍鱼科	*Polypterus bichir bichir*	Native 本地产	Nile bichir 尼罗河多鳍鱼	Dabib el hut
Polypteriformes 多鳍目	Polypteridae 多鳍鱼科	*Polypterus endlicheri endlicheri*	Native 本地产	Saddled bichir 恐龙王鱼	Bichir 多鳍鱼
Polypteriformes 多鳍目	Polypteridae 多鳍鱼科	*Polypterus senegalus senegalus*	Native 本地产	Gray bichir 灰色多鳍鱼	Bichir 多鳍鱼
Lepidosireniformes 肺鱼目	Protopteridae 倒立鲶科	*Protopterus aethiopicus aethiopicus*	Native 本地产	Marbled lungfish 石花肺鱼	Samak el teen
Lepidosireniformes 肺鱼目	Protopteridae 倒立鲶科	*Protopterus annectens annectens*	Native 本地产	West African lungfish 西非肺鱼；原鳍鱼	Um koro
Perciformes 鲈形目	Cichlidae 慈鲷科	*Pseudocrenilabrus multicolor multicolor*	Native 本地产	Egyptian mouth-brooder 多色褶唇丽鱼	
Cypriniformes 鲤目	Cyprinidae 鲤科	*Raiamas senegalensis*	Native 本地产	Silver fish 银鱼	Makem-bako
Perciformes 鲈形目	Cichlidae 慈鲷科	*Sarotherodon galilaeus galilaeus*	Native 本地产	Mango tilapia 芒果罗非鱼	
Siluriformes 鲶目	Schilbeidae 北非鲶科	*Schilbe intermedius*	Native 本地产	Silver catfish 银鲶鱼	Shilbaya
Siluriformes 鲶目	Schilbeidae 北非鲶科	*Schilbe mystus*	Native 本地产	African butter catfish	Shilbaya aravbia
Siluriformes 鲶目	Schilbeidae 北非鲶科	*Schilbe uranoscopus*	Native 本地产		Um katif
Perciformes 鲈形目	Sillaginidae 沙鲮科	*Sillago sihama*	Native 本地产	Silver sillago 多鳞鱚	

（续表）

目	科	属	产地	名称	当地名称
Siluriformes 鲶目	Schilbeidae 北非鲶科	*Siluranodon auritus*	Native 本地产		Shilba areanna
Siluriformes 鲶目	Mochokidae 倒立鲶科	*Synodontis batensoda*	Native 本地产	Upsidedown catfish 反游猫	Galabaya
Siluriformes 鲶目	Mochokidae 倒立鲶科	*Synodontis caudovittata*	Native 本地产		Gargur
Siluriformes 鲶目	Mochokidae 倒立鲶科	*Synodontis clarias*	Native 本地产	Mandi	Gargur
Siluriformes 鲶目	Mochokidae 倒立鲶科	*Synodontis euptera*	Native 本地产	Featherfin squeaker	
Siluriformes 鲶目	Mochokidae 倒立鲶科	*Synodontis filamentosa*	Native 本地产		Gargur
Siluriformes 鲶目	Mochokidae 倒立鲶科	*Synodontis frontosa*	Native 本地产		Gargur
Siluriformes 鲶目	Mochokidae 倒立鲶科	*Synodontis khartoumensis*	Native 本地产		
Siluriformes 鲶目	Mochokidae 倒立鲶科	*Synodontis membranacea*	Native 本地产		Galabaya
Siluriformes 鲶目	Mochokidae 倒立鲶科	*Synodontis nigrita*	Native 本地产		Gargur
Siluriformes 鲶目	Mochokidae 倒立鲶科	*Synodontis schall*	Native 本地产	Wahrindi	Gargur
Siluriformes 鲶目	Mochokidae 倒立鲶科	*Synodontis serrata*	Native 本地产		Gargur
Siluriformes 鲶目	Mochokidae 倒立鲶科	*Synodontis sorex*	Native 本地产		Gargur
Tetraodontiformes 鲀形目	Tetraodontidae 河鲀；河豚	*Tetraodon lineatus*	Native 本地产	Globe fish 河豚鱼	Tambera
Perciformes 鲈形目	Cichlidae 慈鲷科	*Thoracochromis wingatii*	Native 本地产		
Perciformes 鲈形目	Cichlidae 慈鲷科	*Tilapia zillii*	Native 本地产	Redbelly tilapia 红肚罗非鱼	Bulti
Osteoglossiformes 骨舌鱼目	Notopteridae 弓背鱼科	*Xenomystus nigri*	Native 本地产	African knifefish 非洲刀鱼	

想阅读更多内容，请点击https：//fish.mongabay.com/data/Sudan.htm#0i0WS6I68BYIaTuS.99

本附录汉语部分由张丽萍翻译

附录七 苏丹农业企业和相关机构名录

序号	企业名	中文名
1	Dal Group	达尔集团
2	Mahgoub sons group	马哈古卜子集团
3	CTC group	CTC集团
4	Giad Industrial Group / Giad -Aauto	吉雅德工业集团
5	Zadna international LTD	Zadna国际有限公司
6	Kenana suger co.ltd	肯纳纳糖业公司
7	Sudanese Center for sterilization exports	苏丹出口产品消毒中心
8	Was international Company	沃斯国际公司
9	Crown engineering Company	皇冠工程公司
10	Faapy food industries co	法比食品工业有限公司
11	Zahra Project for Productive Families	扎赫拉项目生产性家庭
12	GLB agricultural Project	GLB农业项目
13	Mimo meat factory	米姆肉联厂
14	Al Fiha Agriculture Project	艾尔菲哈农业项目
15	Federation of Chambers of Agriculture and Animal Production	农业和畜牧生产商会联合会
16	Federation of Chambers of Commerce	商会联合会
17	Federation of Chambers of Industrial	工业商会联合会
18	Federation of Chambers of Transportation	交通运输协会联合会
19	Federation of Chambers of small industries and craft	小型工业和手工艺商会联合会
20	Chamber of Agricultural Services	农业服务协会
21	Chamber of production inputs	商会投入生产
22	Chamber of Agricultural Investment	农业投资商会
23	Whit Nile Suger co.ltd	惠氏尼罗河苏格尔有限公司
24	The Arab Authority for Investment and Agricultural Development	阿拉伯投资和农业发展局
25	The China-Sudan Agriculture Techenolog Demonctration Center	中国—苏丹农业技术示范中心
26	Shan Dong golden Agriculture Development co.ltd	山东金色农业开发有限公司
27	New Epoch Agriculture Development co.ltd	新纪元农业发展有限公司